IMPÉRIO DA DOR

IMPÉRIO DA DOR

A ASCENSÃO E QUEDA DE UMA DAS
MAIS PODEROSAS FAMÍLIAS AMERICANAS
E SEU CRIMINOSO IMPÉRIO FARMACÊUTICO

PATRICK RADDEN KEEFE

TRADUÇÃO
BRUNO CASOTTI
NATALIE GERHARDT

Copyright © 2022 por Patrick Radden Keefe.
Todos os direitos reservados mundialmente a Patrick Radden Keefe a/C William Morris
Endeavor Entertainment, LLC.

TÍTULO ORIGINAL
Empire of Pain

PREPARAÇÃO
Mariana Moura

REVISÃO
Juliana Souza
Clarice Goulart

DIAGRAMAÇÃO
Inês Coimbra

DESIGN DE CAPA
Angelo Bottino

IMAGENS DE CAPA
Bjarte Rettedal | Getty Images e Dif.pt

CIP-BRASIL. CATALOGAÇÃO NA PUBLICAÇÃO
SINDICATO NACIONAL DOS EDITORES DE LIVROS, RJ

K34i

Keefe, Patrick Radden, 1976-
    Império da dor : a ascensão e queda de uma das mais poderosas famílias
americanas e seu criminoso império farmacêutico / Patrick Radden Keefe ;
tradução Bruno Casotti, Natalie Gerhardt. - 1. ed. - Rio de Janeiro :
Intrínseca, 2023.

    Tradução de: Empire of pain : the secret history of the Sackler dynasty
    ISBN 978-65-5560-387-3

    1. Sackler, Arthur M.- Família. 2. Purdue Pharma - História. 3.
Indústria farmacêutica - Corrupção. 4. Família Sackler - Biografia. I.
Casotti, Bruno. II. Gerhardt, Natalie. III. Título.

22-81745   CDD: 338.7616151092
                                  CDU: 929:(338.45:615.322)

Mari Gleice Rodrigues de Souza - Bibliotecária - CRB-7/6439

[2023]
Todos os direitos desta edição reservados à
EDITORA INTRÍNSECA LTDA.
Rua Marquês de São Vicente, 99, 6º andar
22451-041 — Gávea
Rio de Janeiro — RJ
Tel./Fax: (21) 3206- 7400
www.intrinseca.com.br

PARA BEATRICE E TRISTRAM

E PARA TODOS AQUELES QUE PERDERAM
ALGUÉM PARA A CRISE

Com frequência zombamos da superstição e da covardia dos barões medievais, que acreditavam que doar terras à Igreja apagaria a memória dos roubos e invasões, mas os capitalistas modernos parecem ter exatamente a mesma crença — com o acréscimo não irrisório de que, no caso dos capitalistas, a memória dos roubos é realmente apagada.

— G. K. Chesterton (1909)

Doutor, por favor, mais alguns desses.

— Rolling Stones (1966)

SUMÁRIO

Prólogo: A raiz principal 11

LIVRO I | PATRIARCA 19

1 Um bom nome 21

2 O manicômio 30

3 Med Man 43

4 Penicilina para melancolia 61

5 Febre chinesa 74

6 O polvo 84

7 O Derby de Dendur 103

8 Afastamento 114

9 Marcas-fantasma 125

10 Contrariar a inevitabilidade da morte 135

LIVRO II | DINASTIA 143

11 Apollo 145

12 Herdeiro aparente 152

13 A causa Sackler 164

14 O tempo está se esgotando 174

15 Deus dos sonhos 185

16 A bomba H 197

17 Vender, vender, vender 204

18 Ann Hedonia 219

| 19 | O Pablo Escobar do novo milênio | 238 |
| 20 | Quem vai pagar o pato? | 261 |

LIVRO III | LEGADO — 287

21	Turks	289
22	À prova de adulteração	305
23	Embaixadores	317
24	É uma dura verdade, não?	332
25	Templo da ganância	350
26	Prontos para a guerra	362
27	O nome dos réus	377
28	A fênix	391
29	Retirando o nome	405
	Posfácio	435
	Agradecimentos	443
	Uma observação sobre as fontes	447
	Notas	455
	Índice	521

Prólogo

A RAIZ PRINCIPAL

A SEDE NOVA-IORQUINA DO ESCRITÓRIO de direito internacional Debevoise & Plimpton ocupa dez andares de um edifício preto reluzente numa alameda de arranha-céus no centro de Manhattan. Fundado em 1931 por uma dupla de advogados de sangue azul oriundos de um respeitado escritório de Wall Street, o Debevoise também conquistou respeito, crescendo ao longo de décadas até se consolidar como uma potência global com oitocentos advogados, uma lista de clientes valiosos e uma renda anual de quase 1 bilhão de dólares.[1] Não há mais vestígio do couro e da madeira que caracterizaram as origens rústicas da firma, substituídos por uma decoração nos tons banais do típico ambiente corporativo contemporâneo, com corredores acarpetados, salas de conferência envidraçadas e escrivaninhas. No século XX, o poder *anunciava* a si mesmo. No século XXI, a melhor maneira de reconhecer o poder real é pela sua reserva.

Numa manhã límpida e fria de primavera em 2019, enquanto o reflexo das nuvens deslizava pelo vidro escuro da fachada, Mary Jo White entrou no edifício,[2] subiu de elevador até a sede do Debevoise e assumiu seu lugar numa sala de conferências que vibrava com uma energia reprimida. Aos 71 anos, White era, até mesmo por suas características físicas, um epítome do poder reservado. Era mirrada — mal chegava a 1,50 metro de altura, seu cabelo castanho era cortado rente e tinha olhos murchos —, e seu jeito de falar era direto e despretensioso. Mas ela era boa de briga. Às vezes, brincava que sua especialidade eram os casos "complicados":[3] contratá-la não era barato, mas, se você estivesse enrascado e por acaso tivesse muito dinheiro, era ela a advogada que você procuraria.

White foi promotora federal do Distrito Sul de Nova York por quase uma década, e lá processou os autores do atentado a bomba contra o World Trade Center em 1993. Barack Obama a nomeou presidente da Comissão de Valores Mobiliários. Mas, entre um mandato e outro, ela sempre retornava ao Debevoise. Ingressou na firma como uma jovem associada e tornou-se a segunda mulher a se tornar sócia. Representava os grandes:[4] Verizon, JP Morgan, General Electric, NFL.

A sala de conferências fervilhava de advogados, não apenas do Debevoise, mas de outras firmas também. Eram mais de vinte, com cadernos de anotações, notebooks e fichários imensos, abarrotados de post-its. Havia um telefone com viva-voz na mesa, e outros vinte advogados de várias partes do país estavam do outro lado da linha. A ocasião que motivou a reunião desse pequeno exército de advogados era o depoimento de uma cliente de longa data de Mary Jo White, uma bilionária reclusa que estava no centro de um furacão de processos alegando que a acumulação de seus bilhões de dólares levara à morte de centenas de milhares de pessoas.

White certa vez observou que, quando era promotora, seu trabalho era simples: "Faça a coisa certa. Você está indo atrás dos bandidos. Está fazendo algo bom para a sociedade todos os dias."[5] Porém ali a situação era mais complicada. Advogados corporativos de grande porte como White são profissionais habilidosos, com certa respeitabilidade social, mas a alma do negócio é o foco no cliente. Essa é uma dinâmica conhecida por muitos promotores, que precisam pagar a dívida do financiamento estudantil ou as parcelas da casa própria. Na primeira metade da carreira, perseguem os bandidos; na segunda, os representam.

O advogado que conduziria o interrogatório naquela manhã era um homem de quase setenta anos chamado Paul Hanly. Ele não se parecia com os outros. Era um advogado de querelantes em ações coletivas. Gostava de ternos sob medida e cores arrojadas, e camisas de alfaiataria com colarinho engomado e contrastante. O cabelo grisalho em tom grafite era penteado para trás, e os olhos penetrantes eram realçados por óculos de tartaruga. Se White era uma mestra do poder reservado, Hanly era o oposto: parecia um advogado do *Dick Tracy*. Mas era competitivo como White e tinha um desprezo visceral pelo verniz de propriedade que pessoas como ela traziam para aquele tipo de incumbência. Não vamos nos enganar, pensava Hanly. Na sua visão, os clientes de White eram "imbecis arrogantes".[6]

A bilionária que estava sendo interrogada naquela manhã era uma mulher de setenta e poucos anos, uma médica, embora nunca houvesse exercido de fato a profissão. Tinha cabelo louro e um rosto largo, com testa grande e olhos arregalados. Seus modos eram bruscos. Seus advogados haviam feito de tudo para evitar o depoimento, e ela não queria estar ali. Projetava a impaciência casual, pensou um dos advogados presentes, de alguém que nunca espera na fila para embarcar num avião.

"Seu nome é Kathe Sackler?", perguntou Hanly, e a bilionária confirmou.

Kathe era da família Sackler, uma proeminente dinastia filantrópica de Nova York. Alguns anos antes, a revista *Forbes* a classificara como uma das vinte famílias mais ricas dos Estados Unidos,[7] com uma fortuna estimada em cerca de 14 bilhões de dólares, "desbancando famílias célebres como Busche, Mellon e Rockefeller". O nome Sackler adornava museus de arte, universidades e instalações médicas no mundo. Da sala de conferências, Kathe poderia ter percorrido vinte quarteirões até o Sackler Institute of Graduate Biomedical Sciences, um instituto de pós-graduação em ciências biomédicas da faculdade de medicina da Universidade de Nova York (NYU), ou seguido dez quarteirões na outra direção até a ala Sackler do museu Metropolitan, e continuar na Quinta Avenida até o Sackler Center for Arts Education, o centro de educação artística no museu Guggenheim.

Nas seis décadas anteriores, a família Sackler deixara sua marca na cidade de Nova York assim como os Vanderbilt ou os Carnegie já haviam feito. Mas os Sackler eram mais ricos do que qualquer uma dessas famílias, cujas fortunas remontavam à Era de Ouro. E as doações que eles faziam se estendiam bem além de Nova York: o Sackler Museum, em Harvard; a Sackler School of Graduate Biomedical Sciences, em Tufts; a Sackler Library, em Oxford; a ala Sackler, no Louvre; a Faculdade de Medicina Sackler, em Tel Aviv; e o Museu Sackler de Arte e Arqueologia, em Pequim.

"Meus pais tinham fundações desde que eu era pequena", disse Kathe a Hanly. Eles contribuíam para "causas sociais".

Os Sackler haviam doado centenas de milhões de dólares, e por décadas o nome da família foi associado à filantropia pela opinião pública. Um diretor de museu os comparou aos Médici,[8] o nobre clã quinhentista de Florença cujo mecenato ajudou a dar origem ao Renascimento. Mas, enquanto a família florentina fez fortuna com atividades bancárias, a origem precisa da riqueza dos Sackler permaneceu, por muito tempo, obscura. Membros da família concediam seu nome a instituições de arte e educação em uma espécie de compulsão. O nome era gravado em mármore, marcado em placas de metal e até escrito em vitrais. Havia cátedras Sackler, bolsas de estudo Sackler, séries de palestras Sackler e prêmios Sackler. No entanto, para um observador casual, podia ser difícil ligar o nome da família a algum negócio que pudesse ter gerado toda aquela riqueza.[9] Conhecidos viam a família em jantares de gala e eventos filantrópicos nos Hamptons, em um iate no Caribe ou esquiando nos Alpes suíços e se perguntavam, aos sussurros, como ganhavam dinheiro. E isso era estranho, porque o grosso da riqueza dos Sackler fora acumulado não na era dos barões ladrões, mas em décadas recentes.

14   PATRICK RADDEN KEEFE

— Você se formou na NYU em 1980, certo? — disse Hanly.

— Correto — respondeu Kathe Sackler.

— E na faculdade de medicina da NYU em 1984?

— Sim — confirmou a interrogada.

E era verdade, quis saber Hanly, que ela tinha ido trabalhar para a Purdue Frederick após uma residência cirúrgica de dois anos?

A empresa era uma fabricante de medicamentos que depois se tornou conhecida como Purdue Pharma. Com sede em Connecticut, era a fonte da maior parte da fortuna dos Sackler. Embora eles tendessem a insistir, por meio de elaborados contratos de "direito ao nome", que qualquer galeria ou centro de pesquisa que recebesse sua generosidade deveria exibir com proeminência o nome da família, o *negócio* da família não tinha o nome dos Sackler. Na verdade, é possível fazer uma varredura no site da Purdue Pharma e não encontrar nenhuma menção a eles. Mas a Purdue era uma empresa privada que pertencia inteiramente a Kathe Sackler e outros membros da família. Em 1996, a companhia lançou um medicamento inovador, um potente analgésico opioide chamado OxyContin, anunciado como uma maneira revolucionária de tratar dores crônicas. O remédio se tornou um dos maiores sucessos da história farmacêutica,[10] gerando cerca de 35 bilhões de dólares em receitas.

Mas também gerou vício e uso abusivo. Quando Kathe Sackler se apresentou para depor, os Estados Unidos viviam uma epidemia de opioides em que americanos de todos os cantos do país se encontravam viciados nesses remédios fortes. Muita gente que começou abusando de OxyContin acabou passando para drogas de rua, como heroína e fentanil. Os números eram estarrecedores.[11] De acordo com os Centros de Controle para Prevenção de Doenças (CDC, na sigla em inglês), nos 25 anos que se seguiram à introdução do OxyContin, cerca de 450 mil americanos morreram de overdose de opioides. Essa se tornou a principal causa de morte acidental no país, ultrapassando o número de óbitos por acidentes de carro e, inclusive, a causa mais tipicamente americana: armas de fogo. Na verdade, mais americanos perderam a vida por overdose de opioide do que em todas as guerras que o país lutou desde a Segunda Guerra Mundial.

Mary Jo White às vezes comentava que adorava a maneira como o direito podia forçar uma pessoa a "destilar as coisas à sua essência".[12] A epidemia de opioides foi uma crise de saúde pública extremamente complexa. Mas, quando Paul Hanly questionou Kathe Sackler, ele estava tentando dissecar essa épica tragédia humana até as entranhas de suas causas. Antes da introdução do OxyContin no mercado, não havia uma crise de opioides nos Estados Unidos. Depois da introdução do OxyContin, passou a haver. Os Sackler e sua empresa se tornaram réus em mais de 250 processos abertos por cidades, estados, condados, tribos indígenas, hospitais, distritos escolares e um grande número de outros litigantes. Eles foram atropelados por um movimento civil coordenado, em que advogados públicos e privados tentaram responsabilizar empresas farmacêuticas por seu papel na comercialização desses medicamentos pesados e por enganar o público quanto às propriedades viciantes desses remédios. Algo assim já acontecera quando as empresas de tabaco foram obrigadas a responder por sua decisão de intencionalmente minimizar a gravidade dos riscos que os cigarros trazem à saúde. Executivos foram obrigados a comparecer ao Congresso,[13] e a indústria acabou aceitando um acordo histórico envolvendo 206 bilhões de dólares em 1998.

O trabalho de White era impedir que esse tipo de ajuste de contas acontecesse com os Sackler e a Purdue. O procurador-geral de Nova York, que estava processando a empresa e citara Kathe e outros sete membros da família como réus, argumentou numa denúncia que o OxyContin estava na "raiz da epidemia de opioides".[14] Foi um tipo de analgésico pioneiro, que mudou o modo como médicos americanos receitavam medicações para dor, com consequências devastadoras. O procurador-geral de Massachusetts, que também estava processando os Sackler, sustentou que "uma única família tomou as decisões que causaram grande parte da epidemia de opioides".[15]

White não pensava assim.[16] Aqueles que processavam os Sackler estavam distorcendo os fatos para fazer de seus clientes bodes expiatórios, argumentou. Que crime eles cometeram? Tudo o que fizeram foi vender um medicamento perfeitamente legal, aprovado pela Food and Drug Administration (FDA) —, a agência reguladora do governo americano. Toda aquela distorção era "um jogo de culpa judicial", sustentou White, insistindo que a epidemia de opioides "não é uma crise que envolva meus clientes nem uma criação da Purdue".

Mas ela não disse nada no depoimento daquele dia. Depois de se apresentar ("Mary Jo White, Debevoise & Plimpton, representando a dra. Sackler"), simplesmente sentou e escutou, dando espaço aos colegas para interromperem Hanly com objeções. Sua função não era fazer barulho, mas servir como uma arma no coldre, silenciosa mas visível, ao lado de Kathe. E White e sua equipe haviam treinado bem sua cliente. O que quer que a advogada pudesse dizer sobre chegar à "essência" das coisas por meio do direito, quando sua cliente vai prestar um depoimento, o objetivo é evitar a essência.

— Dra. Sackler, a Purdue tem alguma responsabilidade sobre a crise de opioides? — perguntou Hanly.

— Protesto! — interpôs um dos advogados.

— Protesto! — interrompeu outro.

— Eu acredito que a Purdue não tenha responsabilidade legal — respondeu Kathe.

Hanly observou que aquilo não respondia sua pergunta. Ele queria saber "se a conduta da Purdue *causou* a epidemia de opioides", esclarecimento seguido de mais um protesto. E ela respondeu que considerava o tema "um conjunto muito complexo de fatores e uma confluência de diferentes circunstâncias, questões sociais e médicas, problemas e lacunas em regulamentos em diferentes estados do país. Quer dizer, é muito, muito, muito complexo".

Mas então Kathe Sackler fez algo surpreendente. Seria de se supor, considerando o legado obscuro do OxyContin, que ela se distanciaria do medicamento. Contudo, ao ser indagada por Hanly, ela se recusou a aceitar a própria premissa do questionamento. Os Sackler não tinham nada do que se envergonhar ou por que se desculpar, sustentou — porque não havia nada de errado com o OxyContin. "É um remédio muito bom, muito eficaz e seguro", disse ela.

Era de se esperar uma postura defensiva por parte de uma executiva que estava sendo interrogada num processo de muitos bilhões de dólares. Mas aquilo era outra coisa. Era *orgulho*. A verdade, prosseguiu, é que ela, Kathe, merecia crédito por ter tido a "ideia" do OxyContin. Os acusadores estavam sugerindo que o OxyContin era a raiz de uma das crises de saúde pública mais mortais da história moderna, e Kathe Sackler estava se colocando, orgulhosamente, como a raiz do OxyContin.

— Você reconhece que centenas de milhares de americanos se viciaram em OxyContin? — perguntou Hanly.

— Protesto! — interrompeu uma dupla de advogados.

Kathe hesitou.

— Pergunta simples — pressionou Hanly. — Sim ou não.

— Eu não sei responder a isso — disse ela.

Em determinado momento do interrogatório, Hanly perguntou sobre um prédio específico na East 62nd Street, a apenas alguns quarteirões da sala de conferências onde estavam. Na verdade, são dois prédios, Kathe o corrigiu. "Funcionam como um." Por fora, parecem dois endereços distintos, mas por dentro "são conectados". Eram belas casas de pedra calcária num bairro nobre junto ao Central Park, aqueles prédios atemporais de Nova York que despertam inveja e invocam devaneios sobre outros tempos. "Aquilo é um escritório que *é*...", e então se corrigiu, "que *foi* de meu pai e meu tio".

Originalmente, havia três irmãos Sackler, explicou ela. Arthur, Mortimer e Raymond. Mortimer era o pai de Kathe. Todos os três eram médicos, mas eles eram "muito empreendedores", prosseguiu. A saga de suas vidas e a dinastia que estabeleceriam era também a história de um século do capitalismo americano. Os irmãos Sackler haviam comprado a Purdue Frederick nos anos 1950. "Era uma empresa muito menor, originalmente", explicou Kathe. "Era um pequeno negócio de família."

LIVRO I

PATRIARCA

Capítulo 1

UM BOM NOME

ARTHUR SACKLER NASCEU no Brooklyn, no verão de 1913.[1] Era um momento em que o Brooklyn florescia com sucessivas ondas de imigrantes do Velho Mundo, novos rostos todos os dias, o ritmo estranho de novos idiomas nas esquinas, novos prédios subindo a torto e a direito para abrigar e empregar os recém-chegados; em toda parte, uma sensação exultante, incontida, de *adaptação*. Filho primogênito de imigrantes, Arthur passou a compartilhar os sonhos e ambições daquela geração de novos americanos, a entender seu espírito e seus anseios. Essa energia o estimulava praticamente desde o berço. Quando nasceu, foi chamado de Abraham, mas abandonou esse nome do Velho Mundo em favor de Arthur, de sonoridade mais americana.[2] Uma foto de 1915 ou 1916 mostra Arthur ainda bebê, sentado num gramado, com sua mãe, Sophie, reclinada atrás dele como uma leoa.[3] Ela tem cabelo escuro, olhos escuros e está esplêndida. Arthur olha para a câmera, um querubim de calças curtas, as orelhas se projetando para os lados, o olhar firme e impressionantemente sério, como se já entendesse tudo.

Sophie Greenberg emigrara da Polônia alguns anos antes.[4] Era adolescente quando chegou ao Brooklyn, em 1906, e conheceu um homem de modos gentis quase vinte anos mais velho chamado Isaac Sackler. Imigrante advindo da Galícia[5] — que na época ainda fazia parte do Império Austríaco —, ele viera de navio para Nova York com os pais e irmãos em 1904. Era um homem orgulhoso.[6] Descendia de uma linhagem de rabinos que haviam fugido da Espanha para a Europa Central durante a Inquisição.[7] Em Nova York, ele e sua jovem noiva construiriam uma nova base. Isaac abriu uma pequena mercearia com o irmão, chamada Sackler Bros, no nº 83 da Montrose Avenue, em Williamsburg.[8] A família morava num apartamento no mesmo prédio. Três anos depois do nascimento de Arthur, Isaac e Sophie tiveram um segundo menino, Mortimer, e, quatro anos depois, um terceiro, Raymond. Arthur se dedicava bastante aos irmãos e os protegia com fibra. Por algum tempo, quando eram pequenos, os três irmãos compartilhavam a mesma cama.[9]

A mercearia deu certo,[10] ao menos o bastante para a família logo se mudar para Flatbush. O bairro movimentado parecia ser o coração do distrito e era considerado de classe média,[11] até mesmo de classe média *alta*, comparado aos bairros mais distantes do Brooklyn ocupados pelos imigrantes, como Brownsville e Canarsie. Já naquela época, os imóveis eram uma grande referência em Nova York, de modo que o novo endereço significava que Isaac Sackler vencera na vida no Novo Mundo, alcançando certa estabilidade. Flatbush parecia um lugar a ser conquistado, com ruas arborizadas e apartamentos sólidos, espaçosos. Um contemporâneo de Arthur chegou a comentar que, para os judeus do Brooklyn daquela época, parecia que os judeus que moravam em Flatbush eram "praticamente gentios".[12] Com seus ganhos na mercearia, Isaac investiu em imóveis,[13] comprando prédios residenciais e alugando apartamentos. Mas Isaac e Sophie tinham planos para Arthur e seus irmãos, planos que se estendiam além de Flatbush, além até mesmo do Brooklyn. Eles acreditavam em um desígnio maior. Queriam que os irmãos Sackler deixassem sua marca no mundo.

Arthur começou cedo, algo que, em épocas posteriores, lhe imprimiria o aspecto de ter vivido mais vidas em uma única encarnação do que qualquer outra pessoa conseguiria viver. Ele trabalhava desde criança, auxiliando o pai na mercearia.[14] Desde novo, mostrou qualidades que impulsionariam e moldariam sua vida: um vigor singular, uma inteligência inquieta, uma ambição inesgotável. Sophie era inteligente, mas sem instrução. Aos 17 anos, foi trabalhar numa confecção e jamais alcançou fluência no inglês escrito.[15] Isaac e Sophie falavam iídiche em casa, mas incentivavam os filhos a se integrarem à nova cultura.[16] Eles mantinham uma alimentação kosher,[17] mas raramente frequentavam a sinagoga. Os pais de Sophie moravam com a família,[18] e havia a sensação, não incomum em qualquer enclave de imigrantes, de que todas as esperanças e aspirações acumuladas das gerações mais antigas seriam investidas naquelas crianças nascidas nos Estados Unidos. Arthur, em particular, sentia o peso dessas expectativas: ele era o pioneiro, o primogênito americano, e todos apostavam seus sonhos nele.[19]

O veículo para a realização desses sonhos seria a educação. Num dia de outono, em 1925, Artie Sackler (como era chamado) chegou à Erasmus Hall High School,[20] um colégio de ensino médio na Flatbush Avenue. Com 12 anos recém-completos, ele era jovem para a turma, mas havia passado por um programa de incentivo para alunos brilhantes.[21] Artie não era de se atemorizar facilmente, mas a Erasmus era uma instituição intimidante.[22] Construída por holandeses no século XVIII, sua estrutura original era uma casa de madeira de dois andares. Nos primeiros anos do século XX, a escola se expandiu em torno da casa antiga e incluiu um pátio interno ao estilo da Universidade de Oxford, com construções neogóticas semelhantes a castelos, cobertas de heras e adornadas com gárgulas. Essa expansão foi planejada para acomodar o grande fluxo de crianças imigrantes no Brooklyn. O corpo docente e os estudantes se viam como a vanguarda do experimento americano e levavam a sério a noção de ascensão social e assimilação, proporcionando uma educação pública de primeira classe. A escola tinha laboratórios de ciência e oferecia aulas de latim e grego.[23] Alguns professores tinham doutorado.[24]

A Erasmus também era enorme. Com cerca de oito mil alunos,[25] era uma das maiores escolas de ensino médio do país, e a maioria dos estudantes era como Arthur Sackler — filhos ávidos de imigrantes, crianças dos Loucos Anos 20, olhos vívidos, cabelos reluzentes de brilhantina. Lançavam-se em bandos pelos corredores, os meninos de terno e gravata vermelha,[26] as meninas de vestido e fita vermelha no cabelo. Quando se encontravam na hora do almoço sob o grande arco da entrada abobadada, parecia, nas palavras de um colega de Arthur, uma "festa hollywoodiana".[27]

Arthur adorava a escola.[28] Na aula de história, descobriu que admirava os Pais Fundadores dos Estados Unidos e se identificava com eles, em particular com Thomas Jefferson. Assim como Jefferson, Artie tinha interesses ecléticos — arte, ciência, literatura, história, esportes, negócios; ele queria fazer de *tudo*, o que vinha a calhar, já que a Erasmus dava grande ênfase a atividades extracurriculares. Devia haver uma centena de grupos de discussão, praticamente um para cada tema. No fim de uma tarde de inverno, quando as aulas haviam acabado e já estava escuro, toda a escola se iluminava, as janelas luzindo em torno do pátio interno, e, quando se andava pelos corredores, ouvia-se a reunião de um grupo ou outro: "Senhor presidente! Questão de ordem!"[29]

Tempos depois, quando se referia a esses primeiros anos na Erasmus, Arthur falava do "grande sonho".[30] A Erasmus era um grande templo à meritocracia americana, e a maior parte do tempo parecia que a única limitação prática ao que Arthur poderia esperar da vida era o quanto ele estava pessoalmente disposto a investir. Sophie o estimulava a estudar: "Você fez boas perguntas hoje?"[31] Após a fase do estirão, Arthur ganhou ombros largos e um rosto quadrado, somado ao cabelo louro e aos olhos azuis e míopes. Tinha um vigor tremendo, do qual precisava. Além dos estudos, ingressou no jornal estudantil como editor e encontrou espaço no departamento editorial da escola, vendendo anúncios para as publicações.[32] Em vez de aceitar um pagamento-padrão, Arthur propôs receber uma pequena comissão sobre cada anúncio vendido. A administração concordou, e logo ele começou a ganhar dinheiro.

Essa foi uma lição que aprendeu cedo e que depois se tornaria um componente importante de sua vida: Arthur Sackler gostava de apostar em si mesmo,[33] indo longe para inventar um esquema em que sua energia formidável pudesse ser recompensada. Ele não se satisfazia com apenas um trabalho, então montou um negócio para administrar o anuário escolar. Depois de vender um espaço de anúncios para a Drake Business School, uma rede de ensino técnico especializada em administração, Arthur, ainda aluno do ensino médio, propôs à empresa que o tornasse gerente de publicidade.[34] E assim foi feito.

Com entusiasmo inesgotável e sua incansável criatividade, ele parecia estar sempre borbulhando com ideias e inovações. A Erasmus emitia "calendários de atividades"[35] e outros documentos escolares enfadonhos para seus oito mil estudantes. Por que não vender anúncios no verso desses materiais? E se a Drake Business School encomendasse réguas com o nome da empresa e as produzisse de graça para os alunos da Erasmus?[36] Aos 15 anos, essas atividades rendiam a Arthur dinheiro suficiente para ajudar a sustentar a família.[37] Pegava mais trabalhos do que dava conta de fazer, então começou a repassar alguns para seu irmão Morty.[38] De início, Arthur achava que Ray, por ser o mais novo, não deveria trabalhar. "Deixe o garoto aproveitar", dizia.[39] Mas Ray acabou assumindo trabalhos também. Arthur possibilitou que os irmãos vendessem anúncios para *The Dutchman*, a revista estudantil da Erasmus. Eles persuadiram a marca de cigarros Chesterfield a publicar anúncios direcionados a seus colegas estudantes. Isso gerou uma boa comissão.[40]

Apesar de estar voltada ao futuro, a Erasmus também tinha uma ligação vívida com o passado. Alguns dos Pais Fundadores reverenciados por Artie Sackler apoiaram a escola que ele frequentava: Alexander Hamilton, Aaron Burr e John Jay doaram fundos para a Erasmus.[41] A escola tinha o nome do acadêmico quinhentista Desiderius Erasmus, e na biblioteca os vitrais de uma janela celebravam cenas de sua vida.[42] A janela fora concluída alguns anos antes de Arthur começar a estudar lá e era dedicada ao "grande homem cujo nome carregamos há 124 anos". Todo dia, instilava-se em Arthur e seus colegas a ideia de que eles assumiriam um lugar numa longa e contínua linhagem de grandes americanos, que remontava à fundação do país. Não importava que morassem em alojamentos apertados ou vestissem o mesmo terno surrado todos os dias, ou que seus pais falassem outro idioma. Aquele país era deles, e no espaço de uma vida a verdadeira grandeza poderia ser alcançada. Eles passavam os dias na Erasmus cercados de vestígios dos grandes homens que os antecederam, imagens e nomes, legados gravados em pedra.

No centro do pátio interno, a velha casa da antiga escola holandesa permanecia em pé, relíquia de um tempo em que toda aquela região do Brooklyn era composta de fazendas. Quando o vento soprava no inverno, as vigas de madeira da antiga construção rangiam, e os colegas de Arthur brincavam que era o fantasma de Virgílio[43] gemendo ao ouvir seus belos versos em latim sendo recitados com o sotaque do Brooklyn.

A produtividade hiperativa de Arthur naqueles anos pode ter decorrido, em parte, de uma ansiedade: a fortuna de seu pai começou a decair.[44] Alguns investimentos imobiliários iam mal, e os Sackler foram forçados a se mudar para uma casa mais barata. Isaac comprou uma sapataria na Grand Street, mas a loja acabou sendo fechada. Como vendera a mercearia para financiar seus investimentos, Isaac teve que buscar uma nova fonte de renda, aceitando um emprego mal remunerado atrás do balcão da mercearia de outra pessoa.

Arthur recordaria depois que, naqueles anos, sentia frio com frequência, mas nunca fome. A Erasmus tinha uma agência de empregos para ajudar estudantes a encontrar trabalho fora da escola, e Arthur começou a aceitar outros trabalhos para dar suporte à família. Ele distribuía jornais. Entregava flores.[45] Não tinha tempo para namorar ou participar de acampamentos no verão ou ir a festas. Trabalhava. O fato de nunca ter tirado férias até os 25 anos se tornaria um motivo de orgulho para ele.[46]

Ainda assim, em momentos sem rumo, Arthur vagava por outros mundos — uma vida além do Brooklyn, uma vida diferente, que parecia estar ao alcance das mãos. De tempos em tempos, ele fazia uma pausa em sua agenda frenética e subia os degraus de pedra do Museu do Brooklyn, atravessava a alameda de colunas jônicas e entrava nos salões amplos, onde se maravilhava com as obras de arte em exposição.[47] Às vezes, seus trabalhos como entregador o levavam a Manhattan, adentrando a zona norte da cidade até os palácios dourados da Park Avenue. No Natal, ele entregava grandes buquês de flores e, ao caminhar pelas avenidas largas, espiava pelas janelas iluminadas o interior dos apartamentos e via o cintilar das luzes natalinas.[48] Adorava a sensação — ao entrar com os braços cheios de flores num grande prédio com porteiro — de sair da calçada fria e ser envolvido pelo calor aveludado do saguão.[49]

26 PATRICK RADDEN KEEFE

Quando a Grande Depressão se abateu em 1929, o azar de Isaac Sackler se intensificou.[50] Todo o seu dinheiro estava comprometido com prédios residenciais que não tinham mais valor: ele perdeu o pouco que tinha. Nas ruas de Flatbush, homens e mulheres em aparente miséria faziam fila para conseguir pão. A agência de empregos da Erasmus começou a aceitar inscrições não apenas de estudantes, mas também de seus pais.[51] Um dia, Isaac chamou os três filhos e, com um lampejo imponente do velho orgulho da família, os informou de que não iria falir. Havia organizado seus parcos recursos de forma responsável e conseguido pelo menos pagar as contas. Mas não restava nada. Isaac e Sophie queriam desesperadamente que os filhos continuassem estudando — que fossem para a faculdade, subissem na vida, fizessem tudo o que se esperava de um jovem ambicioso nos Estados Unidos. Mas Isaac não tinha dinheiro para isso. Se os jovens Sackler quisessem estudar, teriam que financiar a si mesmos.

Isso deve ter sido doloroso para Isaac. Mas ele insistiu que não era desses que não deixam nenhum legado aos filhos. Pelo contrário, tinha concedido algo mais valioso que dinheiro. "O que eu dei a vocês é a coisa mais importante que um pai pode dar", declarou Isaac a Arthur, Mortimer e Raymond. O que ele lhes dera havia sido "um bom nome".[52]

Quando Arthur e seus irmãos eram crianças, Sophie Sackler os beijava na testa para verificar se estavam doentes, medindo a temperatura com os lábios.[53] Ela tinha uma personalidade mais dinâmica e assertiva que o marido, e uma noção muito clara, desde que os filhos eram pequenos, do que queria para eles na vida: que fossem médicos.[54]

"Quando eu tinha quatro anos, sabia que seria médico", disse Arthur tempos depois. "Meus pais meteram na minha cabeça que eu seria médico."[55] Sophie e Isaac consideravam a medicina uma profissão nobre.[56] No século XIX, muitos médicos eram percebidos como vendedores de panaceias ou charlatões. Mas Arthur e seus irmãos nasceram durante o que hoje é conhecido como a era de ouro da medicina americana, um período do início do século XX em que a eficácia da medicina — e a credibilidade da profissão — aumentou muito em razão das novas descobertas científicas a respeito da causa de diversos males e dos melhores meios de tratá-los.[57] Como consequência, não era incomum famílias de judeus aspirarem a que seus filhos buscassem a medicina. Havia uma percepção de que médicos eram moralmente corretos e de que aquela era uma vocação que servia ao bem público, além da promessa de prestígio e de estabilidade financeira.

No ano do colapso da bolsa de valores, Arthur se formou na Erasmus e se matriculou no curso preparatório para medicina da Universidade de Nova York.[58] Ele adorava a faculdade. Não tinha dinheiro. Seus livros eram usados ou emprestados, e com frequência estavam aos pedaços.[59] Mas ele os prendia com elásticos e estudava com afinco,[60] aprofundando-se sobre a vida de antigos pensadores médicos, entre eles Alcmeão de Crotona — que identificou o cérebro como o órgão da mente — e Hipócrates, considerado o pai da medicina — cuja famosa advertência "Primeiro, não causar dano" sacramentava o pressuposto de integridade dos médicos.

Apesar dos rigores da carga curricular, Arthur de algum modo conseguiu se dedicar a seu interesse por atividades fora do universo acadêmico, trabalhando no jornal da faculdade, na revista de humor e no anuário. À noite, encontrava tempo para estudar artes na Cooper Union e arriscava desenhos e esculturas anatômicos.[61] Num editorial dessa época, Arthur escreveu que uma abordagem eclética em relação às atividades extracurriculares "dá ao estudante uma perspectiva da vida e de seus problemas de modo a aumentar em muitas vezes a eficácia e a utilidade das técnicas e dos fatos aprendidos no currículo formal".[62] No intervalo do almoço, ele fazia as vezes de garçom no café do campus. Nas horas vagas entre as aulas, operava uma máquina de refrigerantes numa doceria.[63]

Arthur enviava dinheiro para Sophie e Isaac no Brooklyn e instruía os irmãos sobre os trabalhos que lhes repassava.[64] Para Arthur, Morty e Ray seriam sempre seus "irmãozinhos".[65] Pode ter sido apenas a Grande Depressão, durante a qual Arthur foi forçado a sustentar os pais, ou sua posição elevada de primogênito, ou sua personalidade naturalmente dominante, mas havia a sensação de que ele desempenhava não o papel de irmão mais velho de Mortimer e Raymond, mas antes o de pai.

Naqueles tempos, o campus da NYU se estendia por toda a zona norte do Bronx. Mas Arthur se aventurava na metrópole com empolgação. Visitava os museus, seus passos ecoando pelas galerias de mármore que tinham o nome de grandes industriais. Levava namoradas ao teatro, embora só pudesse pagar ingressos para ficar em pé, e assim eles permaneciam durante todo o espetáculo. Mas seu passeio barato favorito era levar a namorada para um cruzeiro por Manhattan — na barca de Staten Island.[66]

Quando se formou na faculdade, em 1933, Arthur tinha ganhado dinheiro suficiente (numa época de níveis recordes de desemprego) para comprar outra loja para os pais, com uma moradia nos fundos.[67] Ele foi aceito na faculdade de medicina da NYU[68] e se matriculou imediatamente, cumprindo a carga horária completa e editando uma revista estudantil. Há uma foto de Arthur desse período. Ele está com um terno elegante, postura ereta, com uma caneta à mão. Parece que acabou de ser interrompido no meio de um pensamento, embora a foto tenha sido claramente posada.[69] Ele adorava a medicina — adorava os mistérios e as possibilidades, o modo como podia "revelar seus segredos" a um investigador diligente.[70] "Um médico pode fazer tudo", observaria.[71] A medicina é "uma fusão de tecnologia e experiência humana".

Mas ele também tinha consciência de que a medicina carrega uma profunda responsabilidade, uma vocação em que a diferença entre uma decisão boa e uma ruim podia ser uma questão de vida ou morte. Quando Arthur estava no último ano da residência cirúrgica, o chefe do departamento era um estimado cirurgião que estava envelhecendo rapidamente e, na visão de Arthur, parecia mostrar sinais de senilidade. O homem não seguia os protocolos de higiene, lavando-se para uma cirurgia e em seguida se curvando para amarrar o sapato. De forma mais preocupante, suas habilidades com o bisturi haviam deteriorado a ponto de os pacientes morrerem sob seus cuidados. Isso acontecia com frequência suficiente para que alguns funcionários se referissem a ele, por trás de suas costas, como o "Anjo da Morte".

Numa terça-feira, Arthur estava acompanhando o cirurgião em seu plantão quando eles chegaram ao leito de uma jovem na casa dos trinta anos que sofria de uma úlcera péptica perfurada. A úlcera estava associada a um abscesso, e, quando Arthur examinou a paciente, viu que ela não estava em perigo imediato. Mas o cirurgião-chefe anunciou: "Vou cuidar disso na quinta-feira."

Alarmado de que a mulher pudesse correr risco de vida num procedimento desnecessário, Arthur apelou diretamente a ela, sugerindo que estava bem e deveria deixar o hospital. Disse que os filhos precisavam dela e o marido também. Mas Arthur concluiu que não podia revelar o verdadeiro motivo de sua preocupação; isso seria considerado uma violação do protocolo e uma profunda insubordinação. A mulher não queria ir embora. Então Arthur apelou ao marido. Mas também não conseguiu persuadi-lo a tirá-la do hospital. Muita gente sem instrução em medicina tem um impulso natural de confiar no conhecimento e na boa avaliação dos médicos, de pôr sua vida — e a de seus entes queridos — nas mãos de um médico. "O professor vai operá-la", disse o marido a Arthur.

No dia marcado, o Anjo da Morte operou a mulher. Ele fez uma incisão no abscesso, e a paciente morreu. Será que Arthur havia permitido que sua

IMPÉRIO DA DOR 29

ambição em relação à carreira o cegasse para os riscos que estavam em jogo? Se tivesse quebrado a hierarquia e confrontado o Anjo da Morte, poderia ter salvado a vida da mulher. Ele se arrependeria para sempre de ter permitido que a operação fosse feita. Mesmo assim, como refletiria tempos depois, "a medicina é uma hierarquia, e talvez com razão de ser".[72]

Além da grande responsabilidade associada a uma carreira na medicina, Arthur tinha outras preocupações persistentes. Será que a vida de médico bastaria, por si só, para satisfazê-lo? Sempre lhe parecera que ser médico implicava estabilidade financeira. Mas na época, durante a Grande Depressão, alguns médicos no Brooklyn tiveram que vender maçãs na rua.[73] E, além da riqueza material, havia a questão do estímulo mental e intelectual. Não que Arthur tivesse alguma vez cogitado virar artista; não seria nada razoável. Mas ele sempre teve uma sensibilidade empreendedora, um interesse aguçado por negócios, e nenhum juramento médico poderia mudar isso. Além do mais, ele tinha ido parar num interessante trabalho de meio período durante o curso de medicina, outra atividade paralela, dessa vez como redator publicitário para uma farmacêutica alemã chamada Schering. Arthur havia descoberto que, entre todos os seus muitos talentos, era particularmente bom em vendas.

Capítulo 2

O MANICÔMIO

MARIETTA LUTZE SAIU DA ALEMANHA em 1945 e, assim que chegou a Nova York, sentiu que a maré estava contra ela. Não era, para usar um eufemismo, um momento hospitaleiro para os alemães nos Estados Unidos. Alguns meses antes, Hitler se matara em seu bunker com um tiro enquanto as tropas russas entravam em Berlim. Marietta tinha 26 anos quando desembarcou no Novo Continente.[1] Era alta, magra e tinha um porte aristocrático, com cabelo louro encaracolado e olhos claros, alegres. Ela já era médica, tendo se formado na Alemanha durante a guerra, mas ao chegar descobriu que precisaria fazer duas residências antes de se apresentar aos conselhos de medicina do estado de Nova York.[2] Conseguiu trabalho num hospital em Far Rockaway, no distrito do Queens. A transição não foi fácil. As pessoas tendiam a desconfiar daquela recém-chegada de forte sotaque alemão. Duvidavam ainda mais diante da presença de uma mulher que fosse médica. Quando Marietta iniciou a residência em Far Rockaway, parecia que ninguém — nem os pacientes, nem o pessoal da emergência que os trazia, nem mesmo os próprios colegas — a levava a sério. Quando fazia plantão no hospital, vaias a acompanhavam em suas rondas.[3]

Mas ela trabalhou duro. Achava o trabalho exaustivo, mas estimulante. E fez dois amigos — uma dupla de residentes jovens do Brooklyn que por acaso eram irmãos, chamados Raymond e Mortimer Sackler.[4] Mortimer, o mais velho, era falante e jovial, com um sorriso de quem está tramando algo, cabelo encaracolado e olhos escuros penetrantes. Raymond, o mais novo, tinha cabelo mais claro, já rareando no topo da cabeça, olhos verdes, feições suaves e um jeito mais sereno.[5]

Assim como Marietta, os irmãos iniciaram a formação médica fora dos Estados Unidos. Após concluírem a graduação no curso básico da NYU, Mortimer e Raymond tentaram entrar numa faculdade de medicina. Mas, nos anos 1930, muitos cursos de medicina do país estabeleceram cotas para a quantidade de estudantes judeus que podiam ser matriculados. Em meados daquela década, mais de 60% dos candidatos a esses cursos eram judeus, e esse desequilíbrio levou a mais restrições.[6] Em algumas universidades, como Yale, os pedidos de matrícula de alunos judeus eram marcados com um *H*, de "hebreu".[7] Mortimer, que se candidatara primeiro, constatou que foi posto na lista de bloqueio com base em sua etnia. Ele não encontrou uma faculdade de medicina nos Estados Unidos que o aceitasse. Então, em 1937, embarcou na terceira classe de um navio com destino à Escócia, para estudar medicina na Anderson College of Medicine, em Glasgow.[8] Raymond fez o mesmo um ano depois.

Muitos judeus americanos, excluídos de universidades em seu próprio país, buscaram educação médica no exterior. Mas havia uma ironia perversa no fato de que a família Sackler, tendo deixado a Europa décadas antes em busca de oportunidade nos Estados Unidos, seria forçada, na geração seguinte, a retornar ao continente em busca de acesso igualitário à educação. A permanência de Raymond e Mortimer na Escócia, Marietta descobriria com o tempo, fora financiada pelo irmão mais velho. O alojamento dos irmãos era frio devido à escassez de carvão, e eles sobreviviam à base de feijão. Mas os dois passaram a amar a cordialidade e sagacidade do povo escocês.[9] Em todo caso, não ficaram muito tempo: depois que a Alemanha invadiu a Polônia, em 1939, foram forçados a interromper os estudos na Escócia e encontraram uma vaga na Middlesex University, em Waltham, Massachusetts — uma faculdade de medicina sem certificação que se recusava a impor cotas a judeus e que depois foi incorporada pela Brandeis University.[10]

Foi assim que, após a guerra, Morty e Ray acabaram fazendo residência juntos no hospital em Far Rockaway. Os irmãos eram inteligentes e ambiciosos. Marietta gostou deles. A residência era extenuante, mas os Sackler tinham uma alegria de viver que ela apreciava. No temperamento, um e outro eram bem diferentes. Morty era intenso e tinha pavio curto, com um humor ácido, enquanto Ray era mais equilibrado e racional. "Raymond era um pacificador", recordou uma pessoa que os conheceu. "Mortimer era um atirador de granada."[11] Apesar de terem jeitos diferentes, os irmãos tinham feições parecidas, então de vez em quando trocavam de lugar no hospital, e um fingia que era o outro durante o turno.[12]

Certa noite, depois de um plantão particularmente cansativo, os residentes decidiram fazer uma festinha num quarto vazio do hospital.[13] Levaram bebidas e, abandonando os jalecos brancos, vestiram-se para a ocasião. Marietta pôs um vestido de malha preto que deixava entrever sua pele pálida. Todos os residentes beberam e conversaram, e, num certo momento da noite, começaram a cantar. Marietta normalmente era bem tímida, mas gostava de cantar. Ela se colocou diante dos foliões, evocou sua confiança e se lançou numa canção que costumava cantar em Berlim. Era uma canção francesa, "Parlez-moi d'amour", ou "Fale-me de amor", e, antes de se dar conta, Marietta se viu fazendo uma performance, cantando com voz rouca, sensual, no estilo cabaré.[14]

Enquanto cantava, ela notou um homem desconhecido no grupo. Ele estava sentado, muito quieto. Seu cabelo louro-acinzentado e seus óculos sem aro lhe davam um ar professoral, e ele assistia a sua apresentação atentamente. Assim que Marietta terminou a canção, o homem foi até ela e lhe disse o quanto gostara de vê-la cantar. Tinha olhos azul-claros, uma voz suave e um jeito muito confiante. Também era médico, disse ele. Seu nome era Arthur Sackler.[15] Era o irmão mais velho de Morty e Ray. Todos os três eram médicos; seus pais, Arthur gostava de brincar, "gabaritaram".[16]

No dia seguinte, Arthur telefonou para Marietta, convidando-a para sair.[17] Mas ela declinou.[18] Estava sobrecarregada com a residência; não tinha tempo para sair.

Marietta não o viu nem ouviu falar dele novamente por um ano, concentrando-se no trabalho. Mas, quando sua primeira residência estava chegando ao fim, começou a procurar uma segunda. Estava interessada no Creedmoor Hospital, um estabelecimento psiquiátrico no Queens, e, quando perguntou se Ray Sackler tinha algum contato lá, ele disse que sim: seu irmão Arthur, que ela conhecera na festa, trabalhava nesse hospital. Então Marietta telefonou para Arthur Sackler e marcou de encontrá-lo.[19]

Fundado em 1912 como colônia agrícola do Brooklyn State Hospital, o Creedmoor Psychiatric Center crescera e se tornara, nos anos 1940, um vasto manicômio com setenta prédios espalhados por 121 hectares.[20] Ao longo da história, as sociedades digladiaram sobre o que fazer com doentes mentais. Em algumas culturas, essas pessoas eram exiladas ou morriam na fogueira, como bruxas. Outras culturas se voltavam para aqueles que tinham patologias psicológicas em busca de inspiração, supondo que possuíam alguma sabedoria especial. Mas nos Estados Unidos, no século XIX, o que a comunidade médica tendia a fazer era confinar essas pessoas numa rede de manicômios sempre em expansão. Em meados do século XX, cerca de meio milhão de americanos eram mantidos nesses locais. E não eram internações temporárias: quem se internava em lugares como o Creedmoor geralmente não ia embora. Permanecia por décadas, passando o resto da vida em confinamento. Como resultado, as instalações ficaram terrivelmente superlotadas: um hospital com capacidade para receber pouco mais de quatro mil pessoas abrigava seis mil.[21] Era um tipo de instituição sombria e assustadora. Alguns pacientes ficavam de fato entorpecidos: mudos, incontinentes, inalcançáveis.[22] Outros, propensos a acessos violentos. Os visitantes viam pacientes perambulando pela área, confinados em camisas de força brancas, como numa gravura de Goya.[23]

Arthur Sackler chegou ao Creedmoor em 1944, depois de concluir sua formação médica na NYU e passar dois anos como residente num hospital no Bronx.[24] Lá, trabalhava em turnos de 36 horas, fazendo partos, circulando em ambulâncias e aprendendo continuamente, sempre motivado, aproveitando a constante exposição a novos tratamentos e doenças.[25] Ao longo do caminho, ele desenvolveu fascínio pela psiquiatria. Estudou com Johan van Ophuijsen,[26] psicanalista holandês de cabelo branco que, como Arthur gostava de bradar, era o "discípulo favorito de Freud".[27] Arthur o chamava de "Van O.",[28] e ele era seu tipo de sujeito: um homem renascentista que atendia os pacientes, pesquisava, escrevia artigos, falava várias línguas e, no tempo livre, lutava boxe e tocava órgão. Arthur reverenciava Van O., descrevendo-o como seu "mentor, amigo e pai".[29]

Naqueles tempos, a psiquiatria não era considerada um campo importante na medicina, pelo contrário. Nas palavras de um contemporâneo de Arthur, era "uma carreira um tanto desvalida".[30] Os psiquiatras ganhavam menos do que cirurgiões ou clínicos gerais, e gozavam de menos prestígio social e científico.[31] Depois de concluir a residência, Arthur queria continuar a pesquisa em psiquiatria, mas não tinha vontade de abrir uma clínica e ainda sentia a necessidade de ganhar dinheiro para sustentar a família; afinal, precisava pagar a faculdade dos irmãos. Então, ele conseguiu um trabalho na indústria farmacêutica, na Schering, a empresa onde trabalhara como redator publicitário freelancer nos tempos de estudante.[32] Por um salário de 8 mil dólares por ano,[33] Arthur trabalhou na equipe de pesquisas médicas e no departamento de publicidade da Schering. Quando os Estados Unidos entraram na guerra, não pôde se alistar por causa de seus problemas de vista. Então, em vez do serviço militar, iniciou uma nova residência — no Creedmoor.[34]

Por milênios os médicos tentaram entender o mistério das doenças mentais. Testaram uma série de teorias, várias delas rudes e grotescas: no mundo antigo, muitos acreditavam que a loucura era resultado de um desequilíbrio de "humores" corporais, como bile negra; na Idade Média, os médicos pensavam que alguns tipos de doença mental vinham de possessão demoníaca.

Embora a primeira metade do século XX tenha sido um período de enorme progresso em outras áreas da medicina, os médicos americanos ainda estavam em grande parte intrigados com as funções e disfunções da mente humana na época em que Arthur ingressara no Creedmoor. Eles reconheciam distúrbios, como a esquizofrenia, mas não conseguiam fazer nada além de imaginar o que os causavam, que dirá tratá-la. Como a romancista Virginia Woolf — que sofria ela própria de uma doença mental — observou certa vez, há "uma pobreza de linguagem" quando se trata de certas enfermidades. "A mais simples colegial, quando se apaixona, tem Shakespeare, Donne, Keats para falarem o que ela pensa; mas deixe um sofredor tentar descrever uma dor na cabeça a um médico, e as palavras se esgotam imediatamente." [35]

Quando Arthur amadureceu como médico, havia, em linhas gerais, duas teorias opostas sobre as origens das doenças mentais. Muitos médicos acreditavam que a esquizofrenia — e outros distúrbios, como epilepsia ou deficiências intelectuais — era hereditária. Os pacientes nasciam com esses distúrbios, que, por isso, eram inatos, imutáveis, incuráveis. O melhor que a comunidade médica podia fazer era segregar esses casos tristes do resto da sociedade — e, com frequência, esterilizar esses pacientes a fim de impedir que transmitissem sua doença. [36]

Na outra extremidade do espectro, estavam os freudianos, que acreditavam que os distúrbios mentais *não* eram intrínsecos e presentes desde o nascimento, mas advinham de experiências prévias do paciente. Freudianos como Van O. postulavam que muitas patologias podiam ser tratadas por meio de terapia e análise. Mas a terapia da palavra era uma solução cara e personalizada, além de não ser prática para um estabelecimento de escala industrial como o Creedmoor. [37]

Historicamente, o diagnóstico de doença mental evidenciava um desequilíbrio de gênero notável: no Creedmoor, o número de pacientes do sexo feminino era bem maior que os do sexo masculino, quase duas para um. [38] Quando Arthur chegou, foi designado para o Bloco R, [39] uma ala especial para "mulheres violentas". Esse lugar podia ser assustador. Às vezes, Arthur tinha que segurar as pacientes para contê-las. Em outras ocasiões, ele era atacado. Uma mulher o agrediu com uma colher de metal como se fosse um punhal. [40] Ainda assim, Arthur sentia muita compaixão por suas pacientes. Quando aquelas pessoas sensíveis, em sofrimento, eram isoladas em comunidades muradas, relegadas ao que ele passou a enxergar como "o limbo dos mortos-vivos", ele se perguntava o que isso dizia sobre a sociedade americana. [41] Era insensatez acreditar que bastava trancar aqueles indivíduos — que institucionalizá-los de algum modo dispensava a comunidade em geral (e os médicos em particular) da obrigação de aliviar o sofrimento deles. "É quase como se a sociedade tivesse se anestesiado ou se iludido com a crença de que o sofrimento individual intenso e a destruição em massa de talentos e capacidades humanas não existem — porque colocamos essas pessoas atrás de muros de hospitais", refletiu Arthur na época.[42] Van O. compartilhava de sua insatisfação com manicômios públicos. Nos Estados Unidos havia uma epidemia de doenças mentais, acreditava Van O.[43] Enfrentá-la encarcerando pacientes — "enterrando-os" num hospital psiquiátrico — era condená-los a uma espécie de morte.[44]

Arthur tinha uma mente incansavelmente analítica e, ao se debruçar sobre esse dilema, concluiu que o problema prático era que o número de casos de transtornos mentais parecia estar aumentando num ritmo mais rápido do que a capacidade das autoridades de construir manicômios.[45] Um passeio pelas repartições superlotadas do Creedmoor mostrava isso. O que Arthur queria era encontrar uma *solução*. Algo que funcionasse. O desafio, em se tratando de doença mental, estava na eficácia: quando se faz uma cirurgia, geralmente se pode avaliar, em pouco tempo, se o procedimento foi um sucesso. Consertar um cérebro, no entanto, era algo mais difícil de mensurar. Assim, essa dificuldade em avaliar resultados havia levado à realização de alguns experimentos verdadeiramente estranhos. Algumas décadas antes, o superintendente de um hospital estadual em Nova Jersey se convencera de que era preciso remover os dentes do paciente para curar a insanidade.[46] Como parecia que alguns de seus pacientes não respondiam a esse tratamento, o superintendente prosseguiu removendo amígdalas, cólons, vesículas biliares, apêndices, trompas de Falópio, úteros, ovários e colos de útero. No fim, ele não curou ninguém com esses experimentos, mas matou mais de uma centena de pessoas.[47]

O tratamento de praxe no Creedmoor nesse período era um procedimento não invasivo, mas do qual Arthur, mesmo assim, desdenhava: a terapia de eletrochoque. O tratamento fora inventado alguns anos antes por um psiquiatra italiano, que teve a ideia depois de visitar um matadouro.[48] Observando como os porcos ficavam atordoados com um choque elétrico antes de serem mortos, ele elaborou um procedimento em que eletrodos eram firmados nas têmporas de um paciente para que uma corrente elétrica passasse pelo lobo temporal e por outras regiões do cérebro onde a memória é processada. O choque levava o paciente a convulsionar e, em seguida, perder a consciência. Quando voltava a si, com frequência estava desorientado e nauseado. Alguns pacientes tinham perda de memória, outros ficavam profundamente abalados depois do procedimento e não sabiam quem eram.[49]

Mas, apesar da brutalidade do procedimento, parecia que a terapia de eletrochoque oferecia alívio a muitos pacientes.[50] Parecia atenuar a depressão profunda e acalmar pessoas em episódios psicóticos; podia não ser a cura para a esquizofrenia, mas com frequência mitigava os sintomas.[51]

Ninguém entendia exatamente *por que* esse tratamento funcionava algumas vezes. Só sabiam que funcionava. E, num lugar como o Creedmoor, isso bastava. A terapia foi usada pela primeira vez no hospital em 1942,[52] e com o passar do tempo foi administrada em milhares de pacientes. Certamente havia efeitos colaterais. As convulsões que os pacientes sofriam quando a descarga elétrica pulsava através de sua cabeça eram dolorosas e profundamente assustadoras. A poetisa Sylvia Plath, que foi submetida ao tratamento de eletrochoque num hospital em Massachusetts nesse período, descreveu que se sentia como se "um grande solavanco me atingisse até eu achar que meus ossos se quebrariam e a seiva sairia de mim como numa planta partida."[53] O cantor Lou Reed, que recebeu tratamento de eletrochoque no Creedmoor em 1959, ficou temporariamente debilitado pelo suplício, que o deixou, nas palavras de sua irmã, "como num estupor" e incapaz de caminhar.[54]

O eletrochoque teve seus defensores e até hoje continua sendo um tratamento amplamente usado para depressão profunda.[55] Mas Arthur Sackler o odiava. Não demorou muito para que, no Creedmoor, todos os blocos fossem equipados com uma máquina de eletrochoque.[56] Arthur foi forçado a realizar o procedimento várias e várias vezes seguidas. Alguns pacientes melhoravam, outros não. Mas o procedimento parecia de uma brutalidade extrema — amarrar pacientes para não ferirem ninguém ao se debaterem, ajustar a corrente elétrica como um cientista louco num filme de Hollywood — e com frequência deixava traumas profundos.

Arthur sempre incentivara os irmãos mais novos a seguir seus passos — na Erasmus, nos vários trabalhos de meio período que lhes conseguiu e, por fim, na medicina. Então, recrutou Mortimer e Raymond para se juntarem a ele no Creedmoor, e logo os dois também estavam administrando a terapia de eletrochoque. Os irmãos realizaram o procedimento milhares de vezes, uma experiência que passaram a achar desmoralizante. Eles ficavam indignados com as limitações do próprio conhecimento médico diante da ideia de que não tinham uma terapia mais humana a oferecer.[57]

Como se a terapia de eletrochoque já não fosse bastante ruim, uma técnica muito mais severa também se popularizava: a lobotomia. Esse procedimento, que envolvia cortar nervos do cérebro de um paciente, parecia aliviar a inquietação psicológica. Mas era como se outra parte do cérebro fosse desligada. Em hospitais estaduais superlotados como o Creedmoor, era um procedimento atraente, por ser rápido e eficiente. "É muito fácil", explicou um médico, demonstrando como a lobotomia funcionava em 1952. "Eu pego uma espécie de quebrador de gelo, seguro assim, enfio através dos ossos em um ponto um pouco acima do globo ocular, empurro no cérebro, torço, corto as fibras do cérebro assim e pronto. O paciente não sente nada."[58] O procedimento era mesmo rápido. Os pacientes muitas vezes iam para casa algumas horas depois. Era possível identificá-los ao saírem do hospital, porque eles ficavam com os olhos pretos.[59] Alguns — entre os quais muitas mulheres — eram lobotomizados para tratar não esquizofrenia ou psicose, mas depressão.[60] O procedimento era irreversível, deixando as pessoas mais fáceis de lidar ao transformá-las em zumbis.

Confrontados com essas técnicas pavorosas, Arthur Sackler e seus irmãos se convenceram de que era preciso encontrar uma solução melhor para doenças mentais. Arthur não acreditava que a loucura fosse imutável e intratável, como sugeriam os eugenistas. Mas também achava, apesar de sua formação como freudiano, que a experiência de vida não era totalmente responsável pela doença mental;[61] devia haver um componente bioquímico e um tratamento mais robusto do que a análise freudiana. Arthur começou a trabalhar para encontrar uma resposta, uma chave que pudesse abrir a porta que revelaria o mistério por trás das doenças mentais e libertaria aquelas pessoas.[62]

O chefe do Creedmoor era um médico chamado Harry LaBurt,[63] um homem que não poderia ser descrito como particularmente receptivo a novas ideias. Ele gostava do poder que lhe era conferido como chefe do manicômio. Morava numa casa grande na propriedade do hospital, conhecida como mansão do diretor. Sua sala no prédio da administração estava sempre trancada:[64] quem quisesse vê-lo precisava tocar a campainha. Às vezes LaBurt parecia menos um médico do que um diretor de presídio. Um contemporâneo de Arthur no Creedmoor descreveu o lugar como "uma prisão com seis mil leitos".[65] LaBurt gostava do status quo e não parecia muito disposto a invocar soluções novas e criativas para libertar aquelas pessoas do reino murado presidido por ele. "A diretoria observou, com muita satisfação, os efeitos benéficos da televisão sobre os pacientes", declarava um dos relatórios anuais do Creedmoor.[66] Para uma personalidade inquieta e ambiciosa como Arthur Sackler, tal complacência só podia causar irritação, e Arthur e LaBurt não tinham uma boa relação.[67]

Mas, em conversas com os irmãos, Arthur começou a investigar a questão das doenças mentais. E se os eugenistas e freudianos estivessem errados?

E se a resposta não estivesse nos genes do paciente nem em sua experiência de vida, mas em desarranjos na química cerebral?[68]

No fim, Marietta Lutze não precisaria de um trabalho no Creedmoor: foi aceita na residência de outro hospital, no Queens. Mas, quando ela encontrou Arthur Sackler para se informar sobre o Creedmoor, ele aproveitou para chamá-la de novo para sair. Dessa vez Marietta aceitou. Por acaso, Arthur tinha que ir a uma conferência médica em Chicago e perguntou se ela gostaria de acompanhá-lo. Marietta estava tão concentrada em trabalho desde que chegara a Nova York que ainda não tinha ido conhecer nenhum lugar do país. Então, concordou. Certo dia, vestiu um conjunto preto, pôs um chapéu de aba larga e foi para o centro de Manhattan. Eles haviam combinado de se encontrar no Grand Central Terminal. Mas não iriam de trem. Marietta encontrou Arthur à sua espera na rua em frente à estação, num belo conversível Buick Roadmaster azul-escuro.[69]

No longo percurso até Chicago, ela contou a Arthur sobre seu passado. Crescera numa família de bom nível, que tinha uma empresa farmacêutica alemã de renome chamada Dr. Kade. Ela relembrou suas experiências durante a guerra.[70] Embora fosse estudante de medicina em Berlim, não tinha muita ideia dos horrores que se passavam à sua volta.[71] Ao saberem que ela emigrara da Alemanha recentemente, muitos americanos tornavam-se hostis, interpelando-a sobre sua história pessoal.[72] Mas Arthur não. Se ele desconfiou do relato dela sobre a guerra, não demonstrou. Apenas a escutou com atenção.

Marietta não permaneceu completamente alheia ao conflito. Na verdade, casara-se com um oficial da Marinha alemã chamado Kurt. Era um cirurgião um tanto mais velho que ela; eles se conheceram e se casaram durante a guerra, mas moraram juntos apenas um mês antes de Kurt ser convocado. Ele foi capturado por forças americanas em Brest e enviado a um campo de prisioneiros de guerra. Durante algum tempo, escreveu cartas à esposa, pequenos bilhetes que redigia em papel de cigarro e enviava clandestinamente, mas ficou preso por tanto tempo que o casamento acabou se dissolvendo.[73]

Para Arthur — um judeu americano que sofreu pessoalmente com o antissemitismo; que, quando estudante, protestou contra a ascensão de Hitler; e cuja família odiava muito os alemães, provavelmente ainda mais do que outros americanos —, só pode ter sido estranho ouvir a história de Marietta. Mas até pouco antes o próprio Arthur trabalhara para uma empresa alemã, a

Schering.[74] Também devia haver algo de exótico em Marietta, uma beldade teutônica que parecia Ingrid Bergman em *Casablanca* e, ainda por cima, era médica. A xenofobia estava crescendo nos Estados Unidos pós-guerra, mas uma característica permanente de Arthur Sackler era sua intensa curiosidade por povos e culturas diferentes dos seus. Ele falou pouco sobre si mesmo no caminho, notou Marietta, preferindo fazer perguntas com sua voz suave. Isso era um belo contraste com suas experiências anteriores com homens americanos; parecia que muito poucos a levavam a sério como adulta e ainda menos como médica. Mas Arthur absorvia suas histórias. Na época, ela interpretou essa diferença simplesmente como uma curiosidade natural. Só depois viria a reconhecer na reserva de Arthur certa tendência ao sigilo.[75]

Quando voltaram de Chicago e Marietta retornou ao Queens General Hospital, começaram a chegar grandes quantidades de flores a sua repartição. Era uma abundância de flores, a ponto de ser *constrangedor*, e novos buquês apareciam todos os dias. Arthur, que já fora entregador de flores, enviava elaborados *corsages*, o tipo de coisa que Marietta não podia usar nos plantões. E ele começou a telefonar para ela no hospital a qualquer hora, interrompendo seu trabalho para manifestar seu ardor.[76]

— Quero ver você... agora — dizia ele, no meio da noite.

— Não posso — protestava Marietta. — Estou exausta.

— Tenho que ver você — pressionava ele. — Quando vou poder?

Seu foco absoluto parecia opressivo.[77] Ainda assim, havia algo em Arthur Sackler — uma força de vida, uma tenacidade do tipo que não aceitava não como resposta, uma visão. Quando estava com Arthur, Marietta sentira que tudo era possível. Não havia obstáculos insuperáveis. Na verdade, quando ela soube que Arthur Sackler, o homem com o qual vinha saindo, já tinha uma esposa e dois filhos, ele tratou isso como um mero detalhe, uma tecnicalidade que não deveria impedi-los.

Um dia, no Creedmoor, os irmãos Sackler juntaram dinheiro para comprar um coelho. Se o tratamento de eletrochoque funcionava, pelo menos às vezes, os irmãos queriam entender por quê. O que havia na descarga elétrica no cérebro de um paciente que lhe dava algum grau de alívio? Eles ligaram o coelho a uma máquina de eletrochoque, prendendo eletrodos em uma de suas orelhas caídas. Em seguida, administraram o choque. Observando o coelho, os irmãos perceberam que os vasos sanguíneos da orelha imediatamente incharam, cheios de sangue. Segundos depois, notaram que os vasos sanguíneos da *outra* orelha do coelho — a que não recebera o eletrochoque — também incharam. A corrente elétrica parecia ter liberado alguma substância química que, ao circular pela corrente sanguínea da orelha oposta, dilatou os vasos. Nesse momento, os irmãos se lembraram de um hormônio corporal chamado histamina, uma substância química que eles sabiam que era liberada quando havia lesão nos tecidos, levando os vasos a se dilatarem. E se o tratamento de eletrochoque funcionasse justamente por liberar histamina na corrente sanguínea, fazendo os vasos sanguíneos dilatarem e levando mais oxigênio para o cérebro?[78] E se fosse esse o caso, seria possível administrar a histamina sem precisar do choque?

Os Sackler começaram a realizar experimentos em pacientes no Creedmoor.[79] Do ponto de vista clínico, a escala industrial do Creedmoor sempre foi uma desvantagem; havia pacientes de mais, poucos funcionários e sempre alguma emergência para atender. Mas, se você fosse estudar uma doença mental e não apenas tratá-la, a escala populacional de pacientes se tornava uma vantagem. Era um *conjunto de dados*. Arthur ficou tão animado com a perspectiva de sua pesquisa que seduziu seu mentor, Van O., a se juntar aos irmãos no Creedmoor.

Quando eles injetaram histamina em quarenta pacientes diagnosticados com esquizofrenia, quase um terço deles melhorou num grau que tornava possível enviá-los para casa.[80] Alguns dos que não haviam respondido a nenhum outro tratamento *responderam* à histamina.[81] Com base nessa pesquisa, os irmãos Sackler publicaram mais de cem artigos médicos. O objetivo, como explicaram, era investigar "as causas químicas da insanidade".[82] Com sua experiência incomum como editor, diretor de marketing e publicitário, Arthur sabia atrair uma cobertura de imprensa impressionante. "Médicos acreditam ter encontrado um meio de tratar doenças mentais sem hospitalização", anunciou o *Philadelphia Inquirer*.[83] Os irmãos previram que sua descoberta poderia dobrar o número de pacientes a serem liberados.[84] Um artigo publicado na *Better Homes and Gardens* sugeriu, com grande exagero, que "a teoria de atividade química dos Sackler é tão revolucionária e quase tão complicada quanto a da relatividade de Einstein".[85]

As notícias da imprensa davam a entender que aquele trio de irmãos em um hospital psiquiátrico no Queens haviam encontrado uma solução para um enigma médico que atormentara as sociedades por milhares de anos. Se o problema da doença mental tinha origem na química cerebral, talvez a química pudesse fornecer a solução. E se, no futuro, a cura para a insanidade fosse tão simples quanto tomar uma pílula? O *Brooklyn Eagle* celebrou os Sackler como meninos comuns que venceram na vida.[86] "Por acaso, três estudantes — irmãos — da Erasmus Hall High School seguiram a mesma trilha", afirmou o jornal, acrescentando: "Agora, os três têm consultório em Manhattan."

Esses relatos na imprensa raramente diferenciavam os irmãos, referindo-se a eles apenas como "os Sackler", mas Arthur permaneceu à frente — uma posição de autoridade que só foi reforçada com a morte de Isaac Sackler.[87] Os irmãos estavam no Creedmoor quando souberam que o pai tivera um ataque cardíaco e correram para ficar ao seu lado no leito.[88] Em suas últimas horas, Isaac ainda estava com a mente lúcida e pôde se despedir da família. Disse a Sophie que ainda se lembrava do vestido azul que ela usou na primeira vez que a viu. E disse aos filhos que lamentava não ter deixado algum legado além do bom nome. Isso se tornara um mantra para Isaac. Se você perde uma fortuna, sempre pode ganhar outra, observava. Mas, se perde seu bom nome, nunca o recupera.

Depois da morte do pai, Arthur começou a usar o próprio dinheiro para subsidiar a pesquisa junto a Raymond e Mortimer, e em muitos artigos que eles publicaram mencionavam nos agradecimentos que o trabalho tinha sido possibilitado "por doações feitas em memória de Isaac Sackler".[89] Em geral, Arthur levava crédito como o primeiro autor, o impulsionador. Uma foto no *New York Herald Tribune* captou os irmãos recebendo um prêmio:[90] Raymond, com um sorriso ligeiramente bobo e a pele macia de irmão caçula; Mortimer, com óculos de armação preta grossa, o cabelo escuro alisado para trás, os lábios contraídos, um cigarro entre os dedos; e Arthur, de perfil, num terno de lapelas pontudas e fitando com benevolência os irmãos. Parecia que os Sackler estavam num ponto de virada. Eles diziam que sua pesquisa poderia, em última análise, "prevenir a insanidade".[91]

Arthur se casara em 1934, quando ainda era estudante de medicina.[92] Sua esposa, Else Jorgensen, era imigrante, filha de um capitão de navio dinamarquês.[93] Eles haviam sido apresentados um ao outro por um amigo da faculdade de Arthur.[94] Casar ia contra a política acadêmica da universidade, então de início Arthur manteve isso em segredo.[95] Else estudou dois anos na NYU, mas largou a faculdade porque precisava ganhar dinheiro. Eles se mudaram para um imóvel mobiliado em St. Mary's Place, perto do Lincoln Hospital, no Bronx, e depois para um apartamento na West 25th Street, em Manhattan.[96] Em 1941, nasceu a primeira filha, Carol, seguida de outra, Elizabeth, em 1943.

Apesar disso, quando Marietta soube que Arthur tinha uma família — uma outra vida por inteiro —, não pôde deixar de sentir que o foco dele permanecia firme nela. Certa noite, não muito depois de voltarem de Chicago, ele a levou a um restaurante italiano na Mulberry Street, em Little Italy, chamado Grotta Azzurra.[97] Era um lugar romântico, e Arthur disse a Marietta que queria vê-la com mais frequência.

Em protesto, Marietta afirmou que estava exausta demais, pois o hospital estava acabando com sua energia. Arthur não queria ouvir aquilo. Afinal, ele também estava trabalhando duro — em *vários* empregos — e tinha uma família em casa para cuidar. Mas conseguia encontrar tempo para Marietta, e queria ainda mais, dizendo que queria estar com ela o tempo todo. "Sabe, Arthur, você é o tipo de homem com quem eu poderia me casar", disse Marietta. "Mas não quero acabar com seu casamento."

Arthur não desistiu. Escrevia cartas de amor [98] sugerindo, no verão de 1949, que "começassem uma vida nova", "cheia de esperança, de alegria e de paixão". O que propôs a Marietta foi uma parceria, com um espírito claramente público. "Vamos nos unir e trabalhar como um só organismo para ajudar as pessoas, desbravar novos campos e dar nossa contribuição... à humanidade." Com o tempo, as cartas se tornaram mais insistentes. "A vida literalmente se tornou impossível sem você", escreveu ele. "Eu amo você e só você... eu pertenço a você e só a você."

Mas ambos expressavam alguma resistência. Marietta estava focada na carreira e tinha uma família na Alemanha. Sua avó morrera recentemente, e Marietta tinha herdado a empresa farmacêutica da família.[99] Ela também estava começando a perceber que Arthur era propenso a indecisões e tendia a deixar as coisas correrem. Ele sempre fizera de tudo, todos os cursos, todos os trabalhos. Diante de qualquer tipo de escolha, tendia simplesmente a optar por ambas. Não lidava bem com limitações. Arthur tinha esposa, filhas e várias carreiras em construção. Talvez houvesse uma sensação de que ele poderia ficar confortável ao adicionar Marietta à mistura. "Sempre foi muito difícil para ele fazer escolhas claras", refletiria ela muito tempo depois, acrescentando: "O fato de eu ter engravidado forçou uma decisão."[100]

Capítulo 3

MED MAN

Em 1949, um anúncio incomum apareceu em várias revistas médicas.[1] "Terra bona", dizia em letras marrons grossas sobre um fundo verde. Não estava claro o que *Terra bona* significava — nem, aliás, se havia algum produto específico a ser vendido. "A boa terra dá mais ao homem do que apenas pão", dizia a legenda, observando que novos antibióticos descobertos no solo tinham tido sucesso em prolongar a vida humana. "No isolamento, na seleção e na produção desses agentes vitais, um papel notável tem sido desempenhado pela... *Pfizer*."

Durante quase um século, a Chas. Pfizer & Company, sediada no Brooklyn, foi uma modesta fornecedora de substâncias químicas.[2] Até a Segunda Guerra Mundial, empresas como a Pfizer vendiam seus produtos a granel, sem o nome da marca, quer para outras companhias, quer para farmacêuticos (que misturavam as substâncias).[3] Então, no início dos anos 1940, a introdução da penicilina iniciou uma nova era dos antibióticos — medicações fortes que podem interromper infecções causadas por bactérias. Quando a guerra estourou, as tropas americanas precisaram de grandes quantidades de penicilina para administrar nos soldados, e empresas como a Pfizer foram recrutadas para produzir o medicamento.[4] A guerra mudou para sempre o modelo de negócio dessas empresas químicas:[5] elas passaram a produzir em massa não apenas substâncias químicas, mas também medicamentos finalizados, prontos para serem vendidos. A penicilina era um remédio revolucionário, mas não era patenteada, o que significava que qualquer um podia produzi-la. Como nenhuma empresa tinha o monopólio, o medicamento permaneceu barato e, portanto, não particularmente lucrativo.[6] Então a Pfizer, encorajada, começou a procurar outros remédios que *pudesse* patentear e vender a um preço maior.[7]

Essa foi a era da "droga milagrosa":[8] os anos pós-guerra foram marcados pelo boom da indústria farmacêutica, e havia um otimismo generalizado quanto ao potencial das inovações científicas em desenvolver formulações químicas inéditas que iriam conter mortes e doenças e gerar lucros incalculáveis para os fabricantes. A mesma promessa utópica que os Sackler vinham pregando no Creedmoor — a ideia de que qualquer enfermidade humana poderia, um dia, ser curada com uma pílula — estava começando a se disseminar pela cultura em geral. Nos anos 1950, a indústria farmacêutica americana lançava um novo medicamento quase toda semana.[9]

Esses novos tratamentos eram conhecidos como "drogas éticas", uma designação reconfortante, que significava que não eram uma poção de bruxa comprada numa caçamba; eram medicamentos vendidos apenas para médicos — e receitados por eles. Mas, como havia muitos produtos novos, as empresas farmacêuticas recorriam a anunciantes a fim de encontrar maneiras criativas de fazer com que médicos e pacientes conhecessem suas inovações. O presidente da Pfizer era um executivo jovem e dinâmico chamado John McKeen.[10] Sua empresa acabara de desenvolver um novo antibiótico registrado como Terramicina,[11] em homenagem ao nome da cidade de Terre Haute, Indiana, onde os cientistas da Pfizer haviam supostamente isolado a substância química em uma amostra de solo. McKeen acreditava que, se o medicamento fosse bem comercializado, poderia decolar de verdade.[12] Ele queria fazer uma distribuição massiva a atacadistas e hospitais, então recorreu a uma agência pequena de Nova York especializada em publicidade farmacêutica.[13] A agência se chamava William Douglas McAdams. Mas seu proprietário — e quem lidou com a conta da Pfizer — era Arthur Sackler. "Se me derem dinheiro, tornarei famosos o nome Terramicina e o de sua empresa", disse Arthur a McKeen e seus colegas.[14]

William Douglas McAdams[15] era um ex-jornalista de Winnetka, Illinois, que trabalhou para o *St. Louis Post-Dispatch* antes de abandonar a carreira em 1917 para se dedicar à publicidade. De início, ele teve uma agência tradicional, anunciando uma série de produtos, de aveia Mother's a feijão Van Camp's. Mas uma de suas contas era a do óleo de fígado de bacalhau fabricado por uma empresa farmacêutica, a E. R. Squibb.[16] McAdams teve uma ideia: a Squibb poderia vender mais se o produto fosse comercializado diretamente para médicos.[17] Então ele pôs um anúncio numa revista médica. Funcionou. As vendas aumentaram e, no fim dos anos 1930, McAdams decidiu focar exclusivamente no setor farmacêutico.[18] Em 1942, ele contratou Arthur Sackler.[19]

Arthur ainda não tinha trinta anos na época, mas já passara metade de sua vida no mercado publicitário quando McAdams o contratou[20] — Arthur fora lançado à maturidade pela Grande Depressão, vendendo e redigindo anúncios para custear o ensino médio, a faculdade e a escola de medicina. Além da formação médica, ele tinha uma forte sensibilidade visual e habilidade com a linguagem. Tinha também o dom de cultivar mentores. Assim como se tornara aprendiz de Van O. na psiquiatria, fez o mesmo com McAdams (ou "Mac", como o chamava) na publicidade.[21] Arthur podia ser o candidato ideal à vaga de emprego, mas agradeceu a Mac por contratá-lo, porque considerava a indústria de publicidade na Madison Avenue "um clube proibido"[22] para judeus. Com olhos claros e cabelo louro, Arthur podia se passar por gentio, o que acontecia ocasionalmente.[23] Mas era sensível ao antissemitismo, que era difundido, mesmo em Nova York.[24]

Oficialmente, o trabalho na McAdams era de meio expediente, pois Arthur já *tinha* um emprego de período integral no Creedmoor. Então, à noite e nos fins de semana, ele passava longas horas nos escritórios da agência de publicidade no centro de Manhattan.[25] Mas a oportunidade de combinar seus interesses em medicina, marketing e produtos farmacêuticos provou-se irresistível, e Arthur prosperou na McAdams. O marketing de drogas éticas era um negócio sério por tradição, sobretudo quando comparado a outros tipos de publicidade. Enquanto os executivos criavam campanhas alegres para cigarros, carros e cosméticos, as de medicamentos controlados eram em sua maioria genéricas, não exibiam o nome da marca, e havia pouca diferenciação entre os produtos.[26] Além disso, medicamentos não são apelativos. Como vender um comprimido?

A resposta de Arthur foi adotar o entusiasmo sedutor da publicidade tradicional — textos cativantes, imagens chamativas — e vender diretamente para o público de influenciadores: aqueles que receitavam os medicamentos. Arthur herdara dos pais uma reverência pela profissão médica. "Eu preferiria colocar a mim e minha família sob o julgamento e à mercê de um companheiro médico do que do Estado", gostava de dizer.[27] Então, para vender medicamentos, ele criou campanhas que chamavam a atenção diretamente dos clínicos, pondo anúncios atraentes em revistas especializadas e distribuindo materiais impressos em consultórios. Percebendo que os médicos eram mais influenciados por seus colegas, convocou profissionais proeminentes para endossar os produtos. Para os médicos, era como colocar a foto de uma celebridade na embalagem. Sob a direção de Arthur, empresas de medicamentos citavam estudos científicos (que com frequência haviam sido financiados pelas próprias empresas) como prova da eficácia e da segurança de cada novo remédio. John Kallir, que trabalhou com ele durante dez anos na McAdams, relembrou: "Os anúncios de Sackler tinham um olhar muito sério, clínico — um médico falando para um médico. Mas era publicidade."[28]

Arthur podia ser arrogante, sobretudo quanto à nobreza da medicina, mas tinha sagacidade e imbuiu seu trabalho de um sentido de brincadeira e descontração. Um anúncio de Terramicina emulava um exame de vista no consultório do oftalmologista.[29]

IN
FEC
ÇÕES
OCULARES
RESPONDEM
A TERRAMICINA
DE AMPLO ESPECTRO

Dois anos depois de Arthur começar a trabalhar na McAdams, Mac o promoveu a presidente da agência.[30] A Pfizer era um cliente grande, e Arthur lidava diretamente com a conta, indo à sede da empresa, no nº 11 da Bartlett Street, no Brooklyn, para se encontrar com o próprio John McKeen. (Nos bastidores, Arthur se referia a essas excursões como visitas à "cova do leão").[31] Arthur era, nas palavras de um contemporâneo, "um homem de ideias sem paralelo".[32] E a Terramicina era um novo tipo de antibiótico — um medicamento de "amplo espectro". Os primeiros antibióticos eram classificados como de espectro estreito, o que significa que eram feitos para tratar males específicos. Mas então novas drogas foram desenvolvidas para tratar um conjunto cada vez maior de distúrbios. Para uma empresa farmacêutica, essa era uma estratégia lucrativa: um empresário não quer um produto de nicho; quer vendê-lo para o maior número possível de pacientes. O termo "amplo espectro" parece clínico, mas na verdade foi cunhado por publicitários:[33] entrou na literatura médica com a campanha que Arthur fez para a Terramicina.

Aquele primeiro anúncio vermelho e verde com os dizeres "Terra bona" nem sequer mencionava a Terramicina. O que Arthur estava vendendo de fato era a *promessa* de um novo produto e a informação de que seria fornecido pela Pfizer. Arthur sabia, intuitivamente, que o nome da marca era tão importante quanto o do medicamento e prometera tornar a Pfizer, com seu exótico *P* mudo, um nome famoso. O *teaser* — anúncio que dá uma pista, com grande alarde, da iminente chegada de um novo produto — já havia sido empregado em outras áreas do marketing. Mas até Arthur Sackler usar o formato para a Terramicina, isso nunca havia sido feito em publicidade farmacêutica.[34]

Em seguida, Arthur trabalhou com McKeen para lançar uma operação de marketing sem precedentes. A tropa de choque dessa campanha era composta pelos representantes — homens jovens e refinados que podiam visitar os médicos em seus consultórios, munidos de material promocional, e falar sobre os valores de um medicamento. De início, apenas oito representantes trabalhavam com a Terramicina, mas eles promoviam o novo medicamento de forma tão agressiva que, segundo um relato da imprensa na época, estabeleceram "uma espécie de recorde de velocidade... para o trajeto que ia do laboratório até o amplo uso clínico".[35] Dezoito meses depois, a equipe de vendas da Pfizer passou de oito para trezentos homens. Em 1957, teria dois mil.[36] A Terramicina não era um produto particularmente inovador, mas se tornou um enorme sucesso porque foi comercializada como nenhum medicamento jamais havia sido. Foi Arthur Sackler quem recebeu o crédito não só pela campanha, mas também por revolucionar todo o campo da publicidade médica. Nas palavras de um de seus funcionários de longa data na McAdams, em termos de marketing de produtos farmacêuticos, "Arthur inventou a roda".[37]

Dali em diante, os remédios seriam oferecidos aos médicos mais ou menos nos mesmos termos em que roupas de banho ou seguros de automóvel eram apresentados aos consumidores comuns. Para vender antibióticos de amplo espectro, Arthur empregaria uma estratégia de publicidade de amplo espectro. Além de anúncios luxuosos de página dupla em revistas médicas, os representantes passavam nos consultórios, às vezes se ofereciam para pagar uma refeição aos médicos e então deixavam algum material impresso de aparência oficial. Além disso, uma avalanche de malas diretas chegava para os médicos, informando-os sobre novos produtos. "O médico é festejado e cortejado por empresas de medicamentos com o ardor de uma paixão de primavera", observou um comentarista.[38] "A indústria cobiça sua alma e seu receituário porque ele está numa posição econômica única; ele diz ao consumidor o que comprar."

A sedução era intensa e começou cedo. Assim como Arthur distribuíra gratuitamente, entre os alunos da Erasmus, réguas com o nome de seus clientes de negócios escolares, a empresa farmacêutica Eli Lilly começou a oferecer estetoscópios de graça a estudantes de medicina. Outra empresa, a Roche, oferecia livros didáticos gratuitos sobre distúrbios de sono, alcoolismo, ansiedade — doenças que a Roche sugeria ser capaz de curar.[39] Com o tempo, a Pfizer começou a organizar torneios de golfe em que o nome da empresa estava estampado em todas as bolas.[40] Essa mudança de paradigma na promoção e na diferenciação da marca foi um sucesso imediato. Alguns anos depois de Arthur iniciar a campanha da Terramicina, o *The New York Times* comentou que "cada vez mais médicos estão especificando nas receitas prescritas a marca ou o nome do fabricante" dos produtos a serem usados.[41]

Nem todos ficaram empolgados com essa nova sinergia entre medicina e comércio. "Será que o público é beneficiado quando médicos e professores de medicina cumprem seus deveres em meio ao clamor e ao empenho de comerciantes que querem aumentar a venda de medicamentos?", questionou Charles May, um proeminente professor da Faculdade de Medicina de Colúmbia.[42] Ele se preocupava com o que descreveu como um "emaranhamento insalubre entre as pessoas que receitam nossos remédios e as pessoas que os fabricam e comercializam".

Mas Arthur ignorou essas críticas sob a alegação de que o que estava fazendo não era publicidade. Era educação. Eram tantos os novos medicamentos chegando ao mercado que os médicos precisavam de ajuda para saber o que estava disponível. Ele era um mero facilitador num ciclo benevolente por meio do qual as empresas desenvolviam novos remédios que salvavam vidas, os anunciantes informavam os médicos sobre esses medicamentos e os médicos os receitavam aos pacientes, salvando vidas. Ninguém queria explorar ou enganar ninguém, argumentou. Afinal, na sua visão, os médicos eram irrepreensíveis. Era risível, afirmou, sugerir que um médico poderia ser seduzido por uma ilustração brilhosa numa revista médica da mesma forma que uma dona de casa poderia ser influenciada por um anúncio numa revista. O trabalho do médico é cuidar do paciente, argumentou Arthur numa polêmica não publicada, e nem os médicos nem os pacientes precisam de um defensor ou juiz para protegê-los da publicidade enganosa, porque eles não são "obtusos a ponto de serem enganados por muito tempo".[43]

Arthur sentia como se tivesse vislumbrado o futuro, e era um futuro em que as empresas farmacêuticas e os anunciantes de medicamentos trariam inovações fantásticas para o público — e ao mesmo tempo ganhariam muito dinheiro. Parecia que os críticos queriam frear o progresso médico profundamente animador que estava acontecendo. O que realmente queriam, acreditava Arthur, era "voltar os ponteiros do relógio".[44]

Quando lançou a campanha da Terramicina, Arthur havia comprado a agência de McAdams.[45] Mac estava "velho e cansado",[46] como explicou um funcionário que conhecia ambos, e Arthur era brilhante e cheio de energia. Quando ele entrou no Hall da Fama da Publicidade Médica,[47] meio século depois, seu epíteto era: "Nenhum indivíduo moldou mais o caráter da publicidade médica do que o multitalentoso dr. Arthur Sackler." Foi Arthur, prosseguia o epíteto, que trouxe "todo o poder da publicidade e promoção para o marketing farmacêutico".

Um dia, em fevereiro de 1950, com a campanha da Terramicina a pleno vapor, Arthur, Mortimer e Raymond encontraram seu mentor Van O. para a inauguração de seu centro de pesquisa — o Creedmoor Institute for Psychobiologic Studies.[48] O novo instituto ficaria nos jardins do manicômio, no bloco H,[49] onde 62 quartos[50] seriam dedicados ao tratamento de pacientes e a estudos sobre histamina e outras alternativas à terapia de eletrochoque.[51] Era um triunfo para Arthur. Mas, embora fosse indiscutivelmente a força propulsora por trás do instituto, ele escolheu colocar Van O. como diretor e rosto público. Arthur assumiria um título menor: diretor de pesquisa. Isso pode ter sido apenas um gesto de deferência ao mentor, mas com as exigências de conciliar dois trabalhos em tempo integral — na agência de publicidade que presidia no centro de Manhattan e no manicômio estadual no Queens —, Arthur também achava que, para alguém com muitos compromissos potencialmente conflitantes, de vez em quando poderia ser mais prudente atuar nos bastidores.[52]

Mesmo assim, ele gostava de uma pequena fanfarra e sabia como tornar uma ocasião marcante. Quatrocentas pessoas foram para a abertura.[53] O ato de inauguração coube ao presidente da Assembleia Geral das Nações Unidas.[54] Nem mesmo Harry LaBurt,[55] o imperioso e pouco criativo diretor do Creedmoor, com o qual Arthur se desentendera no passado, não teve escolha a não ser comparecer e saudar os feitos de seu precoce subordinado. Van O. fez um discurso anunciando os grandes planos que ele e os irmãos Sackler tinham para o centro. Eles haviam descoberto como diagnosticar doenças mentais e como usar a bioquímica como tratamento. Com a abertura do instituto, prometeu Van O., começaria uma "era de ouro da psiquiatria".[56]

A vários quilômetros dali, num quarto do New York Hospital, na baixa Manhattan, Marietta Lutze estava em trabalho de parto.[57] Muitas coisas estavam acontecendo na vida de Arthur, e, por uma infeliz coincidência, ele foi forçado a escolher entre estar presente no nascimento de seu instituto ou no nascimento de seu filho. Escolheu o instituto. Ao saber que Marietta estava grávida, ele decidira deixar a esposa, Else. Eles tiraram férias em família no México, onde se divorciaram. (Um relato privado, extraído de recordações do próprio Arthur e publicado por uma fundação da família, pintaria a separação não apenas como amigável, mas também inevitável, e sugeriria que Else "aceitou que Sackler era um empreendedor extraordinário e que simplesmente não conseguia acompanhá-lo".)[58]

Quando Arthur retornou do México, ele e Marietta se casaram rápida e discretamente, em dezembro de 1949. Mudaram-se para a suburbana Long Island, comprando uma casa na Searingtown Road, em Albertson. Demoraram algum tempo para encontrar a casa nova, porque Arthur não se satisfazia com nada convencional demais:[59] queria uma residência que fosse única e notável, e, como ele estava prosperando na publicidade, dinheiro não seria uma preocupação. Eles encontraram uma antiga casa de fazenda holandesa construída originalmente por volta de 1700, em Flushing, e depois transplantada para Albertson.[60] Era cercada de arbustos de buxo e tinha vigas expostas, portas holandesas duplas e pisos de tábuas largas pregadas a mão.[61] Marietta achou a casa um pouco escura, mas a construção deve ter apelado ao gosto de Arthur pelo passado. A casa era da mesma época do antigo prédio holandês no centro da Erasmus.

Marietta estava muito feliz com Arthur, mas a transição não foi fácil. A mãe dele, Sophie, desaprovou o casamento,[62] porque a união significou o fim do primeiro casamento de Arthur e porque Marietta era uma gentia alemã. Muito tempo depois, um amigo de Arthur descreveria Marietta como uma "fugitiva dos nazistas na Alemanha",[63] uma ficção que a fez parecer uma espécie de integrante da resistência ou judia perseguida. Mas, na época, foi mais difícil sustentar essa fantasia. Nos primeiros anos do casamento, Sophie se recusava a falar com Marietta ou reconhecer sua existência. A nova esposa tinha uma relação amistosa com Mortimer e Raymond, que ela conhecera antes de estar com Arthur. Porém, ainda se sentia uma intrometida na unida família Sackler. "Eu era vista como uma intrusa que o tinha forçado a casar", escreveu ela mais tarde, "somado ao fato de que eu vinha de um país muito odiado e desprezado."[64]

No dia em que Marietta entrou em trabalho de parto, Arthur a levou de carro ao hospital. Mas, na hora da inauguração no Creedmoor, ele se despediu e correu para o Queens. Ela o deixou ir; sabia o quanto o instituto significava para ele. Naquele dia, deu à luz um menino magrinho, enrugado e de pernas longas.[65] Em famílias judaicas, não é comum dar ao filho o nome do pai, mas Marietta escolheu o nome Arthur Felix. Queria identificar o bebê com o pai — transmitir o bom nome. Na escolha do nome podia haver também uma tentativa de legitimidade, uma proteção contra uma possível sugestão de que o filho da segunda esposa não era um Sackler legítimo. Após o parto, ela sentiu como se tivesse ganhado uma nova relevância, desempenhando um papel no processo dinástico, como se dar à luz o primeiro filho homem tivesse elevado sua posição na família. Após a inauguração no Creedmoor, Arthur correu de volta ao hospital para conhecer o filho. Ray e Morty também foram. Levaram flores.

Quando engravidou, Marietta escolheu abrir mão de seu trabalho,[66] uma decisão que Arthur recebeu bem, mas que lhe causou certo receio. Então ela foi para casa cuidar do bebê, e Arthur ia de carro à cidade, para longos dias no Creedmoor e longas noites na McAdams. À noite, com o bebê dormindo, Marietta preparava o jantar para o marido, arrumava-se — ele gostava quando ela se vestia para jantar —, acendia velas e o esperava chegar.[67]

Em vez de reduzir seus compromissos profissionais a fim de acomodar a nova família, Arthur assumiu mais projetos do que nunca.[68] Tornou-se editor da revista *Journal of Clinical and Experimental Psychobiology*. Abriu uma empresa de publicações médicas. Lançou um serviço de notícias para médicos, tornou-se presidente do Medical Radio and Television Institute e abriu um serviço de rádio 24 horas, patrocinado por empresas farmacêuticas. Abriu um laboratório de pesquisas terapêuticas na Faculdade de Farmácia do Brooklyn, em Long Island.[69] Arthur estava a todo vapor; parecia que toda semana assinava o contrato social de uma nova entidade. Ele fundava esses estabelecimentos com a justificativa de que ele e seus irmãos faziam pesquisas incríveis no Creedmoor, mas as pessoas *não sabiam* disso. O objetivo de Arthur, com seus novos empreendimentos editoriais, era preencher essa lacuna.[70] Ele dizia às pessoas, com sua habitual grandiosidade, que seguia a tradição de Hipócrates, o qual não apenas visitava os pacientes como também era um educador.[71] Marietta pensava em seu novo marido como Atlas,[72] a grandiosa estátua de bronze postada em frente ao Rockefeller Center, segurando o mundo em seus ombros musculosos.

A metamorfose do menino da periferia filho da Grande Depressão parecia completa. Arthur Sackler era um pesquisador e publicitário de sucesso, com um senso proporcional de sua própria importância. Alguns veteranos da McAdams, pessoas que o conheciam desde os tempos de estudante, ainda o chamavam de "Artie", mas a maior parte do mundo o conhecia como "dr. Sackler". Ele usava ternos elegantes e exibia um ar de autoridade. Prosperava em meio ao poder e à bajulação,[73] e parecia extrair uma energia renovada disso, como se tivesse encontrado uma forma de se nutrir da admiração das pessoas. Perdera em grande parte o sotaque do Brooklyn e, em seu lugar, cultivava um sofisticado sotaque mesoatlântico.[74] Ainda tinha uma fala suave, mas com uma confiança sedosa, cultivada.

Um dia, quase um mês após o nascimento do filho, Arthur viajou a Washington com Van O. para testemunhar numa audiência no Congresso. Num salão do Capitólio, os dois médicos se apresentaram diante de uma subcomissão do Senado a fim de solicitar fundos para o instituto no Creedmoor.[75] "A abordagem da doença mental como um distúrbio bioquímico fará mais do que aumentar o índice de alta de pacientes em hospitais psiquiátricos", prometeu Arthur aos senadores. "A terapia bioquímica pode ajudar a manter mais pacientes *fora* de hospitais psiquiátricos." Por que não lidar com esses problemas no consultório médico? Certamente a prevenção é um caminho melhor do que limitar nossos esforços à construção de cada vez mais instituições.

O presidente da subcomissão, um senador do Novo México chamado Dennis Chavez, não se convenceu. "E se o governo federal alocar fundos para esse tipo de pesquisa e os médicos do Creedmoor, depois de receberem esse treinamento valioso, subsidiado pelo governo, mudarem de direção para se dedicar à prática privada?", questionou. "Esse trabalho seria feito em benefício das pessoas em geral? Ou dos psiquiatras?"

Arthur, com sua crença sólida na integridade da profissão médica, discordou da premissa da pergunta. "A função básica do médico é o interesse do povo como um todo", disse ele. Mas titubeou quando Chavez respondeu: "Está certo. Mas conheço alguns que são verdadeiros mercadores de veneza."

O antissemitismo implícito era uma característica rotineira na vida americana em 1950, até mesmo no Senado. Mas *mercador de veneza*? A referência era tão óbvia que não chegava a ser um código. Será que a comissão pensava que Arthur era um Shylock, querendo enganá-los para extrair deles verbas preciosas?

"Felizmente...", começou Arthur. Mas Chavez, sem ouvir direito, interrompeu, vociferando: "*In*felizmente." Com toda a dignidade que conseguiu reunir, Arthur continuou: "Felizmente eu não os conheço."

Havia preconceito no mundo externo, mas Arthur era rei na McAdams. Nos círculos publicitários, corria o papo de que coisas animadoras estavam acontecendo sob a liderança de Sackler e, nas palavras de um ex-funcionário, a agência se tornou um "ímã" de talentos.[76] Arthur tinha bom olho para pessoas competentes e começou a contratar redatores e artistas, seduzindo-os a deixar outras agências. Ele era um empregador de mente muito aberta, incomum para os padrões da época. Se uma pessoa tinha talento e iniciativa, ele não se importava muito com outros pré-requisitos. Empregou muitos judeus numa época em que eles não encontravam trabalho em outras agências. "Sackler tinha um fraco por contratar refugiados da Europa", recordou Rudi Wolff, artista e designer que trabalhou para a McAdams nos anos 1950.[77] Havia sobreviventes do Holocausto e pessoas que haviam fugido da pobreza e das convulsões sociais. "Havia médicos", prosseguiu Wolff. "Ph.Ds que jamais trabalhariam numa agência de publicidade, mas ele os farejava. Pessoas com dificuldade de encontrar trabalho por causa do sotaque. Havia negros também. Alguns redatores que ele contratou haviam sofrido em audiências com McCarthy e não encontravam emprego. Mas Sackler os contratou." Certa vez, um designer comunista fez uma cena, iniciando um pequeno incêndio no escritório e queimando alguns anúncios da própria McAdams, para expressar sua aversão àquele "lixo capitalista". "O diretor de arte o repreendeu", relembrou Wolff. "Todos nós achamos aquilo hilário, e ele continuou vindo trabalhar."

Arthur também flertara com o comunismo nos anos 1930, envolvendo-se com organizações trabalhistas durante seus anos na faculdade de medicina e ingressando numa organização antifascista.[78] Isso não era incomum entre os jovens que tinham alcançado a maioridade no Brooklyn durante a Grande Depressão: naqueles anos, havia um sentimento generalizado de que o capitalismo fracassara. Mortimer parece ter compartilhado dessas visões, e, de acordo com arquivos liberados de uma investigação do FBI, Raymond se filiou ao Partido Comunista,[79] juntamente com sua esposa, uma jovem chamada Beverly Feldman, com quem se casou em 1944. "A McAdams tinha muitos funcionários politicamente questionáveis",[80] recordou John Kallir, que trabalhou com Arthur nesse período, acrescentando em seguida, ironicamente, "o que me agradava".

A firma ocupava vários andares de um prédio no nº 25 da West 43rd Street, e o lugar tinha um clima de liberdade, boêmio. Um dos vizinhos de baixo era a *New Yorker*, e Kallir e seus colegas gostaram de descobrir, um dia, que o famoso cartunista Charles Addams, criador da série macabra *A família Addams*, trabalhava alguns andares abaixo.[81] De brincadeira, alguns artistas usaram uma fotocopiadora para imprimir a imagem de um bebê, que depois prenderam num pedaço de barbante e lançaram pela janela, como se fosse uma isca de pesca, para que flutuasse na linha de visão de Addams. Passados alguns minutos, eles sentiram um leve puxão na linha e a recolheram, descobrindo que Addams fizera um buraquinho de bala na testa do bebê.

"Nós tínhamos rios de dinheiro para gastar em ilustrações, e os artistas vinham com seus portfólios", recordou Rudi Wolff. Um jovem artista que visitava o escritório era Andy Warhol.[82] "Como diretor de arte e com todo aquele dinheiro, eu dizia: 'Andy, faça dez cabeças de criança, desenhos bonitos'", continuou Wolff. "Ele desenhou belamente." Warhol gostava de desenhar gatos. A McAdams usou um desses desenhos num anúncio da Upjohn.[83]

Arthur sabia cultivar uma atmosfera livre, criativa, mas isso não significa que era fácil trabalhar para ele. Nas palavras de Tony D'Onofrio, outro ex-funcionário, ele era "controverso, inquietante e difícil".[84] Arthur era muito enérgico e exigia muito das pessoas à sua volta. Como tinha experiência como redator publicitário, não tinha nenhum escrúpulo em exercer o microgerenciamento.[85] Mesmo sua benevolência tinha limite. Quando funcionários judeus vinham até ele e pediam aumento, Arthur se recusava, citando o prevalecente antissemitismo na indústria e dizendo: "Aonde mais vocês iriam?"[86] Quando um redator recebeu uma oferta de trabalho da Eli Lilly,[87] Arthur zombou: "Lilly? Eles não gostam de judeus. Vão se livrar de você em um mês."

"Não éramos muito bem pagos", recordou Rudi Wolff. "Mas ninguém saiu."[88]

Wolff também era judeu e mantinha-se estritamente kosher. Quando ficou noivo, Arthur o surpreendeu fazendo uma festa em comemoração, na casa da Searingtown Road. Arthur e Marietta providenciaram tudo, e Arthur teve o cuidado de arranjar aperitivos kosher, que vieram marcados com bandeirinhas com a estrela de Davi. Wolff ficou comovido, mas ao mesmo tempo viu um artifício no gesto. "Aquilo meio que fez bem para a imagem dele", recordou;[89] permitiu a Arthur fazer o papel de empregador sensível, humano. "Eu não era bobo", disse Wolff. "Ele fez aquilo para mim, mas também para ele." Como Harry Zelenko, outro colega daqueles tempos, relembrou: "Artie podia ser bem agradável, mas era basicamente um homem egoísta."[90]

Quando chegou à McAdams, Arthur tinha uma rival óbvia:[91] uma jovem chamada Helen Haberman, que era outra protegida de McAdams e que alguns achavam que assumiria a agência quando Mac se aposentasse. Haberman escreveu um romance,[92] um *román à clef* sobre a vida de uma mulher trabalhando numa agência de publicidade em Manhattan, em que um dos personagens é um jovem nova-iorquino ambicioso que fala com grande empolgação sobre os experimentos que está fazendo com hormônios e bioquímica, e que "continuaria trabalhando nisso 365 dias por ano até não haver muitos homens por perto que tivessem trabalhado por tanto tempo ou com tanto afinco". Mas já era difícil para uma mulher avançar como executiva nos anos 1940, que dirá assumir uma agência. "Artie foi mais esperto que ela e assumiu", recordou Harry Zelenko.[93] "Ele era um camarada difícil."

"Ele não era uma pessoa muito fácil", disse outro ex-funcionário da McAdams, Phil Keusch. "Você sentia que, se tinha um envolvimento com ele, era porque merecia."[94] Mas todos no mundo da publicidade pareciam reconhecer que estavam testemunhando um talento único daquela geração. "Se você me pedisse para definir o termo 'gênio', eu o atribuiria a ele", continuou Keusch. "Eu o via em encontros com clientes. Upjohn. Roche. Ele dominava. Tudo, no fim, se reduzia a ele. Havia um monte de gente em volta da mesa, todos aqueles títulos, mas era ele que fazia a diferença. Eu o achava a pessoa mais brilhante que já tinha conhecido. Em essência, ele criou o negócio."

Arthur parecia ter um grande rival na indústria. A McAdams não era a única agência de publicidade que se dedicava exclusivamente a produtos farmacêuticos. Disputava a dominância com outra empresa, chamada L. W. Frohlich. Com o nome de seu enigmático presidente, Ludwig Wolfgang Frohlich, que atendia por Bill, a agência lidava com todas as contas grandes que não eram da McAdams. Bill Frohlich era um emigrante alemão afável que morava num prédio de arenito pardo na East 63rd Street.[95] Ele se gabava de que sua agência, que ocupava um prédio na 51st Street, era "provavelmente a maior" no ramo de produtos farmacêuticos,[96] mas compartilhava com Arthur Sackler a tendência ao sigilo e se recusava a divulgar o faturamento da empresa, então era impossível ter certeza. Frohlich era um defensor persuasivo da publicidade farmacêutica, e gostava de destacar o glamour impetuoso de sua linha de trabalho. "Estamos vivendo uma revolução farmacológica", dizia. "O conceito de esforço consciente, dirigido, para desenvolver drogas específicas para combater doenças específicas... cativou a imaginação de todos."[97]

Por acaso, Frohlich já trabalhara para Sackler.[98] Em seu antigo trabalho na Schering, Arthur o contratara para desenhar fontes tipográficas. A primeira mulher de Arthur, Else Sackler, diria tempos depois, ao recordar como conheceu Frohlich, por volta de 1937: "Ele começou como diretor de arte, trabalhando para outras pessoas. Trabalhos de arte para outras agências. Esse era realmente seu talento."[99] Frohlich chegara recentemente da Alemanha. Ele não era médico como Arthur, mas tinha bom olho. Em 1943, abriu a própria empresa.[100] Em pouco tempo, a agência de Frohlich e a McAdams se viram numa relação de soma zero: se uma grande conta não era de uma, era da outra.

Frohlich tinha fama de *bon vivant*: era presença constante na ópera[101] e dava festas em sua casa de praia em Long Island.[102] No entanto, era muito controlado e disciplinado.[103] Certa vez, comentou que a indústria farmacêutica se caracterizava por "um zelo competitivo"[104] que teria "aquecido o coração de Adam Smith". Na "arte farmacêutica", como Frohlich dizia com certa grandiosidade, você tem que ganhar dinheiro "no intervalo entre o marketing e a obsolescência".

Arthur Sackler reconhecia essa competição.[105] "Nós atuamos numa área de competição incrivelmente intensa", observou certa vez, notando que, para conquistar e manter cada conta, tinha que se defender de "vinte agências rivais". Mas o maior concorrente parecia ser Frohlich. A *Advertising Age* descreveu a rivalidade,[106] chamando-os de "os dois maiores da área". John Kallir sentenciou: "A Frohlich e a McAdams dominavam."[107]

Algumas pessoas que conheciam Frohlich pensavam que devia haver mais nele do que se via. Com seu sotaque alemão e seu jeito meticuloso, alguns se perguntavam se ele poderia estar escondendo um passado nazista. De fato, o FBI o investigou durante a guerra para determinar se ele tinha ligações com o regime de Hitler.[108] Não tinha. Pelo contrário: Frohlich era judeu.[109] Arthur podia passar por gentio de vez em quando, mas Frohlich encarnava o papel, obscurecendo e negando esse aspecto de sua identidade desde seus primeiros tempos nos Estados Unidos. Muitos de seus amigos mais próximos e sócios não sabiam, até um longo tempo depois de sua morte, que ele era judeu.[110] Também não sabiam que ele era gay e não saía do armário, cheio de escrúpulos.[111] Mas isso não era inteiramente incomum nos círculos em que Frohlich circulava em meados do século, nos quais certos homens levavam várias vidas, algumas públicas, outras cobertas de sigilo.

"A intensidade do negócio não reflete o faturamento, mas continua a acelerar num ritmo vertiginoso",[112] escreveu Arthur a um amigo em 1954, notando que suas responsabilidades pareciam estar se multiplicando: "Um milhão de coisas estão acontecendo." Para os três irmãos Sackler, deve ter parecido que as hipóteses com as quais sonhavam no Creedmoor estavam sendo confirmadas. A Smith, Kline & French lançara um novo medicamento com clorpromazina como princípio ativo, o Thorazine, que era precisamente a bala de prata antipsicótica que os irmãos haviam imaginado. Pacientes antes agressivos se tornavam dóceis. Foi possível permitir o uso de fósforos nos manicômios,[113] de modo que os pacientes psicóticos pudessem acender cigarros, sem o temor de que pusessem fogo no hospital. Arthur não cuidou da publicidade do medicamento, mas poderia: o slogan da Smith, Kline & French dizia que o Thorazine mantém "pacientes longe dos manicômios".[114] Em 1955, a taxa anual de internação em estabelecimentos psiquiátricos diminuiu pela primeira vez em 25 anos.[115] As décadas seguintes testemunhariam uma grande desinstitucionalização de doentes mentais nos Estados Unidos,[116] e as alas de manicômios como o Creedmoor começaram a esvaziar. O sucesso do Thorazine estava longe de ser o único fator que levou a esses abalos sísmicos, mas parecia fundamentar a teoria que Arthur endossava — os distúrbios mentais eram causados pela química cerebral, e não por uma tendência genética imutável nem por uma criação traumática ou falha de caráter. Na verdade, o Thorazine criou toda uma nova agenda de pesquisas para os cientistas: se era possível lidar com doenças mentais por meio da interferência em deficiências químicas no cérebro, certamente havia outros transtornos que poderiam ser curados de forma semelhante. Como disse um historiador, "Ajudar esquizofrênicos seria apenas o começo".[117] Estava começando uma nova era em que qualquer doença poderia ser tratada por uma pílula.

Arthur sentia entusiasmo e parecia estar sempre imaginando novas sinergias entre a ciência farmacêutica e o comércio. Trabalhando para a Pfizer, ele ajudou a introduzir uma das primeiras formas de "publicidade nativa" — como são conhecidos os anúncios camuflados de conteúdo editorial — quando a empresa preparou um suplemento de dezesseis páginas coloridas na edição de domingo do *The New York Times*. (Tempos depois, o *Times* reiterou que o suplemento foi "claramente rotulado" como publicidade, mas reconheceu que tinha "a intenção de ser recebido como matéria editorial pelo leitor casual".)[118] Para alguém que se retratava como defensor de uma comunicação aberta, Arthur demonstrava uma tendência persistente a distorcer a verdade quando convinha a ele (ou a seus clientes). E isso acontecia com frequência.

Durante esse período, ele revelou uma preferência de se esconder o quanto pudesse. Ao assumir a McAdams, Arthur deu metade das ações para a primeira mulher, Else.[119] Foi um presente, que ele deu no lugar de um acordo de divórcio, mas também uma forma de acobertamento. Else não desempenhava um papel significativo na administração da empresa, mas sua participação acionária formal criou uma zona de negação plausível em que Arthur poderia alegar que sua participação era menor. Ele ficava feliz em diferir o crédito se isso significasse que ele poderia permanecer nos bastidores.

De fato, Arthur também estava protegendo um sério segredo — um segredo que levaria para o túmulo, mas que compartilhou em vida com Bill Frohlich: uma das entidades das quais Arthur participava clandestinamente era sua rival, a agência L. W. Frohlich. Para o mundo externo, Sackler e Frohlich eram concorrentes. Mas a verdade é que Arthur ajudara Frohlich a montar seu negócio, investindo fundos, indicando clientes e, em última análise, conspirando com ele em segredo para dividir os negócios farmacêuticos. "Na época era muito importante... garantir o máximo de negócios possível", explicaria, décadas depois, Michael Sonnenreich, que foi advogado de Arthur por muito tempo.[120] O desafio era que, por causa do conflito de interesses, nenhuma agência podia cuidar de contas de produtos concorrentes. "Então o que fizeram foi montar duas agências", disse Sonnenreich. Ele insistiu que esse arranjo "não era ilegal", mas reconheceu que foi construído deliberadamente a fim de mascarar um claro conflito de interesses.

Arthur Sackler e Bill Frohlich foram amigos a vida inteira.[121] Vários executivos da L.W. Frohlich começaram a suspeitar de que Sackler tivesse uma participação financeira na agência. Mas Arthur sempre negava.[122] A verdade é que ele tinha, sim, uma participação, e não era minoritária. De acordo com Sonnenreich, Arthur era a força controladora por trás da agência: "A firma de Frohlich era, basicamente, de Arthur."[123]

E os laços entre os dois se aprofundariam ainda mais. Não apenas Arthur era próximo de Bill Frohlich: Mortimer e Raymond Sackler também se tornaram amigos e confidentes do publicitário alemão. Eles talvez tenham visto nele um espírito afim: um homem de ação de meados do século que se reinventara e estava disposto a conquistar o mundo. Os quatro — os irmãos Sackler e Frohlich — referiam-se a si próprios como os "mosqueteiros"[124] — como os três mosqueteiros e D'Artagnan, do romance de Alexandre Dumas. Para Marietta, a proximidade entre os irmãos e Bill Frohlich parecia "incomum" — um clube do qual todas as outras pessoas, até mesmo as esposas, eram excluídas. Eles se reuniam até tarde da noite, discutindo e debatendo seus trabalhos e planos para o futuro.[125] O lema dos mosqueteiros de Dumas era "Um por todos e todos por um", e, numa noite nevada no fim dos anos 1940, os irmãos e Frohlich pararam numa esquina em Manhattan e fizeram um pacto semelhante. De acordo com Richard Leather,[126] um advogado que representou os quatro e, subsequentemente, formalizou o acordo, eles prometeram juntar suas holdings. Ajudariam uns aos outros nos negócios e concordariam em compartilhar todos os seus bens corporativos. Quando um morresse, os outros três herdariam o controle dos negócios. Quando o segundo morresse, os dois restantes herdariam. Quando o terceiro morresse, o último mosqueteiro assumiria o controle de todos os negócios. E, quando o último morresse, todos aqueles negócios passariam para uma entidade filantrópica.

Era um compromisso significativo.[127] Bill Frohlich não tinha filhos, mas todos os irmãos Sackler eram casados, com filhos.[128] Mortimer se casara com uma escocesa chamada Muriel Lazarus, mudara-se para Great Neck, em Long Island, e eles tinham duas filhas, Kathe e Ilene, e um filho chamado Robert. Raymond e Beverly haviam se mudado para East Hills, também em Long Island, e tinham dois filhos, Richard e Jonathan. Na época do acordo, Arthur tinha as duas filhas com Else, Carol e Elizabeth, e logo teria um filho e depois uma filha com Marietta. O que os mosqueteiros determinaram ao fazer o pacto era que os filhos não herdariam sua participação nos negócios. Cada homem tinha direito a deixar uma quantia razoável a seus herdeiros, e o resto ficaria para uma entidade filantrópica. "Em 1950 eu já tinha ganhado o suficiente para meus filhos e netos", disse Arthur tempos depois. "O resto está indo para a fundação filantrópica." Esse compromisso de qualidade cívica pode ter sido feito em função da filosofia socialista que os irmãos compartilhavam: eles gerariam riqueza, mas não a acumulariam.

Essa ideologia não foi algo que os irmãos adotaram levianamente. Na verdade, foi uma afiliação pela qual eles logo teriam que prestar contas. Quando a Guerra da Coreia estourou, a Comissão de Energia Atômica dos Estados Unidos recorreu ao Creedmoor Hospital para ajudar a pesquisar os efeitos das queimaduras causadas por substâncias radioativas.[129] Pode ter sido esse envolvimento com o governo federal que chamou a atenção para a instituição, mas surgiram suspeitas sobre uma "célula comunista"[130] no hospital. O país vivia a ameaça vermelha, e, conforme se veria depois, o FBI vinha investigando discretamente os irmãos Sackler e descobrira provas de ligações comunistas.[131] Em 1953, Mortimer e Raymond foram demitidos depois de se recusarem a assinar uma "promessa de lealdade" aos Estados Unidos, pois o documento exigia que denunciassem pessoas envolvidas em "questões subversivas".[132]

Arthur, por fim, acabou se demitindo do Creedmoor também. Pelo resto da vida, ele falaria sobre os danos sofridos, durante a era McCarthy,[133] por aqueles que lhe eram próximos. Mas, na verdade, os irmãos já consideravam expandir seu portfólio para além da publicidade e da pesquisa psiquiátrica. Um artigo do *The New York Times* sobre a demissão de Raymond e Mortimer observou que os irmãos tinham escritórios num prédio no nº 15 da East 62nd Street, junto ao Central Park, no Upper East Side de Manhattan.[134]

"Arthur era um protetor maravilhoso para Mortimer e Raymond", disse Richard Leather, o advogado.[135] "Ele não era só um irmão mais velho; era realmente o chefe da família." Mesmo antes de Mortimer e Raymond serem expulsos do Creedmoor, Arthur estava preparando outro plano para os Sackler. Em 1952, ele comprou uma pequena empresa farmacêutica para os irmãos. Oficialmente, seria uma sociedade; cada irmão teria um terço. Mas o dinheiro era de Arthur, que seria um sócio silencioso; Mortimer e Raymond dirigiriam o negócio, com o irmão mais velho nos bastidores. Eles compraram a empresa por 50 mil dólares.[136] Não era muito: um negócio de remédios patenteados com alguns produtos ordinários, 20 mil dólares de faturamento anual e um prédio estreito de tijolos vermelhos na Christopher Street, em Greenwich Village. Mas tinha um nome forte, nobre, que os irmãos decidiram manter: Purdue Frederick.[137]

Capítulo 4

PENICILINA PARA MELANCOLIA

EM 1957, um químico chamado Leo Sternbach[1] fez uma descoberta surpreendente. Ele tinha quase cinquenta anos de idade e trabalhava num laboratório em Nutley, Nova Jersey, no vasto campus da empresa farmacêutica Roche, de origem suíça. Nos últimos anos, a Roche vinha desenvolvendo um tranquilizante mais brando. O Thorazine, medicamento de grande sucesso em manicômios como o Creedmoor, era conhecido como um tranquilizante "mais forte",[2] pois era potente o bastante para tratar psicóticos. Mas os executivos ambiciosos da indústria farmacêutica reconheciam que apenas o limitado número de pacientes com distúrbios sérios necessitavam de um tranquilizante mais forte, então começaram a preparar um *mais brando*: uma medicação menos potente[3] que pudesse tratar distúrbios mais cotidianos (e abrangentes), como a ansiedade.

Uma concorrente da Roche, a Wallace Laboratories, foi a primeira a introduzir no mercado um tranquilizante mais brando, o Miltown,[4] que se tornou um sucesso retumbante. Antes do Miltown, pessoas neuróticas ou com problemas psiquiátricos podiam se acalmar com barbitúricos, sedativos ou álcool, mas esses remédios tinham efeitos colaterais indesejados: deixavam a pessoa sonolenta ou inebriada, e podiam viciar. Dizia-se que o Miltown não tinha efeitos colaterais, e ele se tornou um grande sucesso.[5] De repente, *todo mundo* parecia estar tomando esse medicamento. E não havia nenhum estigma associado ao seu uso. Uma pessoa podia pensar duas vezes antes de confessar a um colega que seu médico receitara Thorazine, mas não havia nada do que se envergonhar com o Miltown. Pelo contrário, o remédio virou moda — uma droga recreativa nas festas de Hollywood.[6] As pessoas se gabavam de ter uma receita.

A indústria farmacêutica funcionava notoriamente como um rebanho, então logo outras empresas começaram a desenvolver sua própria versão de um tranquilizante brando.[7] Na Roche, a ordem a Leo Sternbach foi simples: invente um medicamento que supere as vendas do Miltown. "Mude um pouco as moléculas", disseram-lhe seus superiores. Faça algo diferente o bastante para que possamos patentear e cobrar mais pelo produto concorrente, mas similar o suficiente para se meter no mercado do Miltown.[8]

Sternbach, que se considerava o químico dos químicos, achou a orientação um tanto irritante. Durante sua infância em Cracóvia, Polônia, Leo contrabandeava substâncias da loja do pai, que era químico,[9] e as testava, combinando diferentes elementos para ver o que causava explosão. Ele tinha uma lealdade profunda à Roche, não só porque a empresa lhe permitia fazer o que amava, mas também porque provavelmente salvou sua vida. Quando a Segunda Guerra Mundial estourou, Sternbach trabalhava em Zurique, na sede da empresa matriz da Roche, a Hoffmann-LaRoche. A Suíça oficialmente era neutra, mas muitas empresas da indústria química do país decidiram "arianizar" sua força de trabalho, expurgando judeus. A Hoffmann-La-Roche não.[10] Quando a situação dos judeus se tornou mais desesperadora na Europa, a empresa, reconhecendo que Sternbach era, como ele disse, uma "espécie ameaçada",[11] tomou a precaução de realocá-lo nos Estados Unidos.

Sternbach se sentia em dívida com a Roche por causa disso. Mas passou dois anos tentando inventar um medicamento que pudesse competir com o Miltown, e seus chefes estavam ficando impacientes com a falta de sucesso. Ele produzira mais de uma dúzia de novos compostos, mas nenhum causava o efeito desejado. Sternbach estava frustrado. A boa química exige tempo, e ele não gostava que o apressassem. Então, justo quando a gerência estava propensa a desistir do projeto e colocá-lo para trabalhar em outra coisa, ele fez um progresso.[12] Estava experimentando um composto improvável, que até então vinha sendo usado principalmente em corantes sintéticos, quando percebeu que podia ter esbarrado na resposta que procurava.

Ele chamou esse novo preparado de composto Roche nº 0609.[13] Testando-o em camundongos, constatou que o composto não os deixava tontos, como fazia o Miltown (a despeito de sua fama de não ter efeitos colaterais). Em vez disso, a fórmula os relaxava, sem prejudicar o estado de atenção. Antes de solicitar uma patente, Sternbach tomou ele próprio uma grande dose do medicamento, registrando cuidadosamente em seu caderno as sensações que experimentou.[14] "Alegre", escreveu. Era o que a Roche estava procurando. Chamaram o novo medicamento de Librium, uma combinação de "*liberation*" e "*equilibrium*". Para comercializá-lo, recorreram a Arthur Sackler.[15]

"Ninguém na Roche, ninguém na agência, nenhum de nós sabia que o Librium se tornaria tão grande", recordou John Kallir. Arthur designou Kallir para trabalhar na nova conta, mas "não foi fácil, porque não tínhamos nenhum produto para comparar".[16] Era importante, além disso, que a Roche e a McAdams alcançassem um público amplo com essa campanha. Alguns anos antes, talvez bastasse um marketing direto aos médicos, mas uma abordagem assim seria estranha depois do Miltown. Os pacientes haviam começado a marcar consultas com seus médicos e requisitar cada novo medicamento maravilhoso pelo nome. Quando a Roche realizou ensaios clínicos com o Librium, concluiu com entusiasmo que o medicamento podia tratar uma gama impressionante de distúrbios.[17] Ansiedade. Depressão. Fobias. Pensamentos obsessivos. Até mesmo alcoolismo. A cada nova "indicação", o mercado potencial para o medicamento se expandia. Mas, se o Librium seria um produto farmacêutico para as massas, como Arthur Sackler e sua equipe da McAdams poderiam desenvolver uma campanha que as alcançasse?

Um obstáculo imediato os confrontava: na época, o documento regulatório da FDA proibia as empresas farmacêuticas de anunciar diretamente aos consumidores.[18] Mas, como Arthur sabia, há muitas maneiras de alcançar o público. Em abril de 1960, a revista *Life* trouxe uma reportagem com o título "Nova maneira de acalmar um gato".[19] O artigo mostrava duas fotos de um lince no Jardim Zoológico de San Diego. Numa delas, o lince estava feroz, exibindo os dentes. Na outra, parecia sereno e benévolo. Ou melhor, cheirando uma flor. O artigo explicava que essa transformação milagrosa do humor do animal ocorrera depois de os médicos administrarem "um novo tranquilizante chamado Librium". Um veterinário opinava, com a confiança de um vendedor, que "diferentemente dos tranquilizantes antigos, que deixavam as feras grogues e reprimidas, o Librium as deixa ativas, mas também as torna genuinamente amáveis e amistosas". O artigo mencionava de passagem — como se não fosse o objetivo da reportagem — que com o tempo o Librium "poderia ter importantes usos no ser humano".

A reportagem, veiculada numa das revistas de maior circulação no país apenas um mês antes de o Librium chegar ao mercado, estava longe de ser uma coincidência. Fora plantada pela Roche,[20] e um dos especialistas em relações públicas de Arthur Sackler foi despachado para "ajudar" o jornalista a escrever a reportagem. "O relações-públicas estava conosco o tempo todo, em cada almoço que tivemos, em cada drinque que bebemos", disse o repórter depois. "Era um sujeito muito calmo... que não nos deixava sozinhos."

E o artigo foi apenas o primeiro passo. A Roche gastaria 2 milhões de dólares no marketing do Librium no ano de seu lançamento.[21] A empresa enviou para os consultórios discos de vinil com gravações de médicos falando sobre os benefícios do Librium. A McAdams inundou os médicos com dezenas de materiais impressos enviados por correio e pôs anúncios extravagantes de duas páginas em revistas médicas. Como observou uma crítica publicada num boletim médico em 1960, muitas alegações sobre a eficácia do Librium não eram "comprovadas por evidências convincentes".[22] Mas as afirmações pareciam incontestáveis: afinal, estavam sendo feitas por médicos e para médicos, muitas vezes em páginas de revistas científicas prestigiadas. Talvez se imaginasse que as revistas teriam interesse em checar os anúncios que pessoas como Arthur Sackler e Bill Frohlich traziam, mas muitas dessas publicações dependiam fortemente da renda com publicidade. (A *New England Journal of Medicine*, que publicava muitos anúncios de Arthur, ganhava mais de 2 milhões de dólares por ano dessa maneira no fim dos anos 1960, e a maior parte do valor provinha de empresas farmacêuticas.)[23]

Arthur se tornara uma figura única no ramo de medicamentos, refletiu Win Gerson, seu adjunto durante muito tempo. Ele tinha um entendimento quase clarividente sobre "o que os produtos farmacêuticos podiam fazer".[24] E a ocasião não poderia ser melhor. Um anúncio do Librium, que saiu numa revista médica, prometia que o comprimido era um remédio que curava tudo na "Era da Ansiedade",[25] e a Guerra Fria era o momento perfeito para anunciar um tranquilizante para as massas. A corrida armamentista estava acontecendo. Os noticiários noturnos traziam atualizações regulares sobre a ameaça soviética. Uma conflagração nuclear parecia não apenas possível, mas também provável. Quem *não* estaria um pouco nervoso? Um estudo constatou que na cidade de Nova York metade da população podia estar sofrendo de ansiedade "clínica".[26]

Em 1960, ano de seu lançamento, a venda do Librium gerou um faturamento de 20 mil dólares no primeiro mês. Então, decolou.[27] Em um ano, médicos prescreviam 1,5 milhão de novas receitas para o medicamento todo mês.[28] Em cinco anos, 15 milhões de americanos o haviam experimentado.[29] A McAdams promovia o Librium como um medicamento excepcional; não apenas mais um tranquilizante, mas o "*sucessor* dos tranquilizantes". Ao fazerem isso, Arthur e seus colegas ajudaram a tornar o composto de Leo Sternbach o maior sucesso comercial da história dos medicamentos até então. Mas a Roche não se deu por satisfeita.

Sternbach não teve nenhum papel no marketing do Librium. É claro que se alegrava com o sucesso impressionante do produto, mas já estava de volta ao laboratório, fazendo o que adorava. Pesquisava outros membros da mesma família química de seu bem-sucedido medicamento para ver se haveria outros compostos com potencial de se tornarem tranquilizantes eficazes. No fim de 1959, antes mesmo de o Librium ser lançado, Sternbach desenvolveu um composto diferente, que parecia mais eficaz até mesmo que sua criação anterior, porque funcionava em doses menores. Decidir que nome dar a novos medicamentos era mais uma arte do que uma ciência e, em todo caso, não era a especialidade de Sternbach. Portanto, foi outra pessoa da Roche que inventou um nome para o composto, uma brincadeira com a palavra em latim *valere*, que significa "estar com boa saúde". Chamaram o novo remédio de Valium.[30]

Antes que pudesse lançar o Valium em 1963, porém, a Roche enfrentou um desafio incomum: eles haviam acabado de introduzir no mercado aquele tranquilizante inovador, o Librium, que ainda era extremamente bem-sucedido. Se a empresa lançasse um segundo tranquilizante com desempenho ainda melhor, será que destruiria o próprio negócio? E se o Valium tornasse o Librium obsoleto?

A resposta para essa charada estava na publicidade — o feudo de Arthur Sackler. Com o sucesso do Librium, a Roche se tornou o cliente mais importante de Arthur. A agência McAdams se mudou para um novo escritório, no nº 130 da East 59th Street, e passou a ter cerca de trezentos funcionários. Um andar inteiro do novo espaço era dedicado à conta da Roche. "Arthur cresceu muito em importância com a administração da Roche", relembrou o diretor Rudi Wolff. "Sempre havia rumores de que Arthur estava *administrando* a Roche."[31]

O Librium e o Valium eram tranquilizantes mais fracos. Ambos faziam praticamente a mesma coisa. O que a equipe de Arthur na McAdams tinha que fazer era convencer o mundo — tanto médicos quanto pacientes — de que os remédios eram diferentes. O jeito era oferecê-los para males diferentes. Se o Librium era a cura para a "ansiedade", o Valium seria receitado para "tensão psíquica".[32] Se o Librium ajudava os alcoólatras a ficar longe da bebida, o Valium evitava espasmos musculares. Por que não o usar em medicina esportiva?[33] Os tranquilizantes da Roche passaram a ser receitados para um leque tão cômico de males que um médico, escrevendo sobre o Valium para uma revista de medicina, perguntou: "Quando é que *não* usamos esse medicamento?"[34] Para Arthur e seus colegas, era isso que tornava o Valium um produto tão fácil de vender. Como comentou Win Gerson: "Um dos grandes atributos do Valium é que ele podia ser receitado por quase todas as especialidades."[35]

Justo quando o número de mulheres havia se tornado menor do que o de homens nas alas do Creedmoor, foi revelado que os médicos estavam receitando tranquilizantes da Roche muito mais para mulheres do que para homens, e Arthur e seus colegas aproveitaram esse fenômeno e começaram a promover agressivamente o Librium e o Valium para o público feminino. Ao descrever um paciente ideal, um anúncio típico do Valium dizia "35 anos, solteira e psiconeurótica".[36] Um dos primeiros anúncios do Librium mostrava uma jovem com os braços cheios de livros e sugeria que até mesmo o estresse da rotina de ir para a faculdade podia ser enfrentado com o medicamento.[37] Mas a verdade é que a promoção desses dois remédios se utilizava de uma variedade tão grande de clichês de gênero de meados do século — a solteira neurótica, a dona de casa exausta, a profissional infeliz, a mal-humorada na menopausa — que, como observou a historiadora Andrea Tone em seu livro *The Age of Anxiety*, o que os tranquilizantes da Roche realmente pareciam oferecer era uma solução rápida para o problema de "ser mulher".[38]

A Roche estava longe de ser a única empresa a promover esse tipo de publicidade dissimulada e exagerada. A Pfizer tinha um tranquilizante recomendado para uso infantil que era anunciado com uma ilustração de uma menina pequena com o rosto em lágrimas e a sugestão de que o medicamento podia aliviar o medo de "escola, escuro, separação, dentista, 'monstros'".[39] Mas, depois que a Roche e Arthur Sackler lançaram o Librium e o Valium, nenhuma outra empresa era páreo para eles. Na fábrica da Roche, em Nutley, imensas máquinas de estampar comprimidos se esforçavam para acompanhar a demanda, despejando dezenas de milhões de cápsulas por dia.[40] De início, o Librium foi o medicamento mais receitado nos Estados Unidos,[41] até ser superado pelo Valium em 1968. Mesmo assim, o Librium se manteve firme, permanecendo entre os cinco mais vendidos.[42] Em 1964, cerca de 22 milhões de receitas prescreviam o Valium. Em 1976, esse número chegou a 60 milhões.[43] O Valium foi o primeiro remédio de 100 milhões de dólares da história, e a Roche se tornou não apenas a principal empresa farmacêutica do mundo, mas também uma das mais lucrativas entre todos os segmentos econômicos.[44] O dinheiro estava entrando, e assim a empresa deu meia-volta e o reinvestiu na campanha criada por Arthur Sackler.

Quando menino, na Erasmus, Arthur negociava para ganhar uma comissão pelos anúncios que vendia, de modo que fosse recompensado em sucesso, e desde então começou a priorizar esse modelo. Antes de concordar em promover os dois medicamentos, ele fez um acordo com a Roche segundo o qual receberia uma série ascendente de bônus, proporcionais ao volume de vendas.[45] Ano após ano, o volume continuou crescendo. Para um publicitário, os novos tranquilizantes eram o produto perfeito, um requisito químico para a ansiosa vida moderna — ou, como algumas pessoas os chamaram, "a penicilina para melancolia".[46]

Em 28 de fevereiro de 1955, Marietta deu à luz um segundo filho, uma menina, Denise. Dessa vez, Arthur esteve presente no nascimento.[47] A criança nasceu com cabelo preto liso, e o pai a examinou e declarou que era saudável. Quando o filho de Arthur, Arthur Felix, nascera cinco anos antes, os únicos visitantes que compareceram ao hospital para comemorar foram Raymond e Mortimer. Mas a estrela de Arthur passou a brilhar nesse ínterim, e dessa vez o quarto do hospital ficou repleto de buquês enviados por seus amigos, colegas, sócios e admiradores, e houve um fluxo constante de pessoas vindo para desejar felicidades e cumprimentá-lo. Como a vida deles mudara, pensou Marietta. Ela estava encantada.

Durante aqueles anos, Arthur carregava uma maleta grande aonde quer que fosse.[48] Nela, havia documentos relacionados às diferentes carreiras e vidas que mantinha, assim ele podia se transferir rapidamente de um ambiente a outro, materializando-se de repente, como um super-herói que chega voando para impedir um desastre. Como se a pesquisa médica e a próspera agência de publicidade não fossem suficientes, ele começou a publicar um jornal semanal dirigido a médicos. Arthur sempre gostou de convergências e sinergias — o que possibilitava que as diferentes partes de sua vida funcionassem em harmonia —, e o *Medical Tribune* trazia artigos que tendiam a ser favoráveis a ele e seus clientes. Trazia também muitos anúncios. "O *Medical Tribune* era sua menina dos olhos",[49] recordou Phil Keusch, ex-funcionário da McAdams, dizendo que Arthur "forçava" clientes a anunciar no jornal. Todo o propósito era alcançar médicos e influenciá-los ("educá-los", insistia Arthur) para que o jornal fosse subsidiado por anúncios da indústria farmacêutica e distribuído gratuitamente. Logo a publicação alcançou milhões de médicos nos Estados Unidos e (em edições estrangeiras) no mundo.[50] Um dos maiores anunciantes era a Roche, e durante décadas quase toda edição trazia muitas páginas de anúncios elaborados do Librium e do Valium.[51]

Arthur parecia ter consciência de que algumas pessoas podiam perceber um possível conflito entre seus papéis como chefe de um jornal médico e de uma agência de publicidade farmacêutica. Certa vez, ele explicou que sua tendência a permanecer obscuro e anônimo tanto quanto possível provinha da busca pela sensação de "fazer as coisas da maneira que quero".[52] De início, seu nome não constava no expediente do jornal — nem um reconhecimento aos leitores de que a mão editorial por trás da publicação estava fortemente envolvida no negócio de medicamentos. Mas Arthur não se preocupava com esses conflitos. Por muitos anos, o *Medical Tribune* e a agência McAdams ocuparam o mesmo espaço físico. Em alguns casos, compartilharam funcionários. Tudo fazia parte da família.

Enquanto construía uma vida com Marietta e os dois filhos em Long Island, Arthur continuou tendo uma relação próxima com a primeira esposa, Else Sackler, que, depois do divórcio, não deixou de usar o nome dele. "Dr. Sackler e eu continuamos amigos próximos e sócios em negócios", comentou Else tempos depois.[53] (Mesmo na família, Arthur era chamado de "dr. Sackler".) Como ele pusera metade da McAdams em nome de Else, durante muitos anos o médico e sua ex-mulher foram os únicos acionistas.[54] Arthur também passava um bocado de tempo com ela no apartamento em que a instalou depois do divórcio, em Central Park West.[55] O aparente motivo dessas visitas era que ele queria estar presente na vida das duas filhas mais velhas, Carol e Elizabeth. Mas ele também gostava de manter a relação com Else. Eles não eram apenas amigos, mas confidentes.[56] "Nós nos falávamos diariamente",[57] recordou a ex-esposa, dizendo que ficavam "em constante contato". Arthur era, nas palavras de um de seus advogados, "uma pessoa muito reservada",[58] um homem sigiloso que, a cada ano e a cada novo marco de sucesso, se tornava mais cuidadoso em restringir sua imagem pública. Talvez por Else tê-lo conhecido antes de ele se tornar o augusto dr. Sackler — quando ele era apenas Artie do Brooklyn —, ele podia se abrir com ela de um modo que parecia arriscado demais com outras pessoas.[59] Quando Arthur recebia notícias animadoras — ao fechar um grande negócio ou receber uma homenagem —, ele corria para contar primeiro a Else. Certa vez, ela estava com amigos numa apresentação no Carnegie Hall e, quando o espetáculo terminou, encontrou Arthur indo de um lado a outro na porta do teatro, esperando por ela. Ele sabia que ela estava ali e tinha alguma novidade para contar.

Na antiga casa de fazenda holandesa em Long Island, a satisfação inicial de Marietta Sackler porque seu marido mantinha uma relação amigável com a ex-mulher se transformou em algo mais aflitivo. É claro que ela sabia que o marido se sentia culpado por ter abandonado esposa e filhas para se casar com ela, e achava que Arthur devia ser louvado por tentar manter uma relação com Carol e Elizabeth. Mas a realidade é que ele já estava tão envolvido com o trabalho que não dedicava muito tempo a Marietta e aos filhos *dela*. A casa em Searingtown Road era bonita, mas isolada, cercada de bosques, e, como Arthur ficava na cidade desde a manhã até tarde da noite, Marietta se sentia um tanto sozinha.[60]

A vida em família assumiu um ritmo previsível.[61] Arthur trabalhava na cidade a semana inteira, ocupando-se cada vez mais, com frequência tendo reuniões madrugada adentro. Marietta ainda preparava uma bela refeição tarde da noite e se arrumava para esperá-lo. Mas, quando Arthur chegava, não queria falar de trabalho, e isso parecia particularmente injusto para Marietta, porque, diferentemente de outras donas de casa de Long Island, ela poderia entender tudo — era formada em medicina! Mas Arthur estava simplesmente exausto. Em teoria, os fins de semana eram reservados para a família, mas, quando ele vinha para casa nos fins de semana, dormia a maior parte do tempo para se recuperar do esforço que fizera na semana anterior. Eles compensavam a distância com uma vida sexual ardente. Mas não demorou para que Marietta começasse a sentir que vivia em uma torre de marfim.

Ela tinha a companhia de um cachorrinho chamado Bottoms, um fox terrier de pelo duro com uma mancha preta no traseiro.[62] E o filho, o pequeno Arthur, acabava passando muito tempo com um jardineiro gentil,[63] George, que dava um jeito na residência e ensinava coisas que o menino deveria estar aprendendo com o homem da casa. Apesar de toda a dedicação à família, Arthur era em grande medida um pai ausente. Certa vez, quando tinha uns seis anos, Denise estava pulando corda em casa e Arthur a repreendeu, advertindo que ela podia quebrar alguma coisa.

— Brinca comigo, papai — implorou ela.[64]

— Eu vou esperar você ficar adulta — disse Arthur. — Então vou ter uma conversa com você.

Arthur passou a chegar em casa cada vez mais tarde e, com o tempo, começou a telefonar para dizer que não passaria a noite em casa.[65] Marietta sabia que ele estava consumido pelo trabalho. Mas ela se incomodava com o fato de que, quando tinha tempo, ele jantava com Else e as filhas dela em Manhattan algumas noites por semana. Nas manhãs de sábado, ele voltava à cidade para um brunch com a outra família antes de passar o resto do dia no escritório.[66]

Na McAdams, onde Arthur parecia ter uma vida paralela[67] — pois não parava quieto, conciliando suas outras carreiras —, não passou despercebido o fato de que o mesmo ocorria em âmbito familiar. John Kallir às vezes lhe dava carona até o escritório, e pelo menos uma vez Arthur o instruiu a buscá-lo de manhã no apartamento de Central Park West.

O Librium e o Valium enriqueceram muito Arthur Sackler. Mas estavam começando a surgir sinais preocupantes de que o milagre dos remédios criados por Leo Sternbach na Roche não abrangia os efeitos colaterais, ao contrário do que as campanhas publicitárias sugeriam. A Roche informara aos médicos e reguladores que os medicamentos podiam ser receitados sem o temor de possíveis usos abusivos, porque, diferentemente dos barbitúricos, esses tranquilizantes não viciavam.[68] Conforme se viu, essa garantia se baseava mais numa esperança do que na ciência. Na verdade, durante os ensaios clínicos realizados a fim de estabelecer a miríade de distúrbios médicos para os quais os dois medicamentos poderiam oferecer uma solução, a empresa nunca realizou um único estudo sobre a questão do possível uso abusivo.[69]

A Roche não apenas supôs displicentemente que os remédios fortes que estava prestes a apresentar ao público eram seguros: a empresa deliberadamente ocultou provas que diziam o contrário. Em 1960, a Roche recrutou um professor de Stanford e médico chamado Leo Hollister para consultá-lo sobre o Librium. Hollister temia que, se o medicamento fosse tão bom quanto a empresa dizia, houvesse um uso abusivo. Então decidiu realizar um teste. Ele administrou doses altas do remédio em 36 pacientes ao longo de meses, e em seguida passou a dar um placebo a onze deles. Dez dos pacientes que foram privados do medicamento de forma abrupta sofreram sintomas desagradáveis de abstinência;[70] dois deles tiveram convulsões. Quando Hollister informou à Roche,[71] os executivos não ficaram felizes. "Meu objetivo não era dar fim ao medicamento deles", recordou mais tarde. Ele apenas queria que os pacientes soubessem que a imagem projetada pela Roche e a McAdams — de uma pílula da felicidade sem lados negativos — não era precisa.

A Roche não se convenceu com a descoberta de Hollister.[72] Na verdade, quando ele publicou a pesquisa, o diretor médico da empresa reagiu dizendo que Hollister estava interpretando mal o próprio estudo. A abstinência não era um sinal de dependência física perigosa causada pelo Librium, mas uma intensificação do distúrbio latente que o medicamento deveria tratar. Tudo o que o paciente precisava, em outras palavras, era de *mais Librium.*

Mesmo assim, havia casos reais, cada vez mais numerosos, de consumidores que estavam se tornando irremediavelmente dependentes de tranquilizantes. Confrontada com esse tipo de prova, a Roche ofereceu uma interpretação diferente:[73] embora pudesse ser verdade que alguns pacientes pareciam estar abusando do Librium e do Valium, essas pessoas usavam o medicamento sem fins terapêuticos. Alguns indivíduos têm uma personalidade propensa ao vício[74] e podem abusar de qualquer substância que estiver disponível. Essa atitude era típica da indústria farmacêutica; não são os remédios que são ruins; são as pessoas que abusam deles. "Algumas pessoas se viciam em coisas, em quase qualquer coisa. Eu li outro dia sobre um homem que morreu depois de beber refrigerante demais", disse à *Vogue* Frank Berger, então presidente da Wallace Laboratories, fabricante do Miltown.[75] "Apesar de todas as histórias de terror que você lê na imprensa, o vício em tranquilizantes é muito raro." Em 1957, uma coluna do tipo "Pergunte ao médico" publicada num jornal de Pittsburgh questionou se "os pacientes podem se viciar em tranquilizantes".[76] A resposta assegurava aos leitores que, ao contrário de qualquer temor que pudesse haver, "o uso de tranquilizantes não está nos tornando uma nação de viciados em remédios". O jornal identificou o autor desse conselho específico como "dr. Mortimer D. Sackler".

Em 1965, o governo federal começou a investigar o Librium e o Valium. Uma comissão consultiva da FDA recomendou que os tranquilizantes fossem tratados como substâncias controladas[77] — uma medida que dificultaria muito o acesso dos consumidores a eles. A Roche e Arthur Sackler consideraram essa possibilidade como uma grande ameaça. Como regra geral, Arthur era cético em relação aos regulamentos do governo em se tratando de remédios e reconheceu que uma nova regulação sobre tranquilizantes brandos podia ser devastadora para seus lucros.[78] Durante quase uma década, a empresa resistiu aos esforços da FDA para regular o Librium e o Valium, um período em que a Roche vendeu centenas de milhões de dólares em medicamentos. Só em 1973 a Roche concordou em se submeter "voluntariamente" à regulação. Mas um consultor da FDA especularia que essa mudança de postura não foi casual:[79] na ocasião em que a Roche admitiu a derrota, a patente dos medicamentos estava prestes a expirar, o que significa que a Roche deixaria de ter o direito exclusivo de fabricá-los e seria forçada a reduzir os preços em face da concorrência genérica. Como o amigo de Arthur e sócio secreto Bill Frohlich observou, o tempo de vida comercial de um medicamento de marca é o curto intervalo entre o momento em que você começa a comercializá-lo e o momento em que perde a exclusividade da patente. A Roche e Arthur não precisavam combater a regulação para sempre; precisavam apenas adiá-la até que a exclusividade da patente acabasse.

Quando a Roche permitiu que seus tranquilizantes fossem regulados, o Valium já fazia parte da vida de cerca de 20 milhões de americanos[80] e era o remédio controlado mais consumido — e do qual mais se abusava — no mundo. O país demorou a acordar para o impacto negativo do Valium, em parte porque a ideia de que um medicamento pudesse ser perigoso, embora receitado por um médico, era uma novidade para o consumidor médio.[81] O pânico moral nos Estados Unidos tendia a focar em drogas recreativas e a mobilizar o temor em relação a grupos minoritários, imigrantes e influências ilícitas; a ideia de se tornar dependente de um comprimido receitado por um médico de jaleco branco com um estetoscópio no pescoço e um diploma na parede era de algum modo nova. Mas, com o tempo, figuras da sociedade, como a ex-primeira dama Betty Ford, reconheceriam ter travado uma batalha contra o Valium, e o senador Edward Kennedy culparia os tranquilizantes por produzirem "um pesadelo de dependência e vício".[82] A Roche foi acusada de "promover exageradamente" o medicamento.[83] Os Rolling Stones[84] chegaram a escrever uma canção sobre o remédio, "Mother's Little Helper" ("Pequeno ajudante da mamãe"), cuja letra evoca a campanha da McAdams dirigida a mulheres. "Mamãe precisa de algo todo dia para acalmá-la", cantava Mick Jagger. "E embora ela não esteja doente de verdade, há uma pequena pílula amarela."

"O Valium mudou o modo como nos comunicávamos com os médicos", disse tempos depois o adjunto de Arthur, Win Gerson.[85] Ele permaneceu orgulhoso do medicamento. "Algumas pessoas ficaram meio viciadas", admitiu, "mas aquele medicamento funcionava".[86] Para Arthur, porém, havia um paradoxo. A fim de melhorar sua imagem pública, ele se valia fortemente de uma aparência de expertise e de seu status como médico correto e criterioso. Mas sua fortuna podia ser rastreada até as vendas desenfreadas dos dois tranquilizantes altamente viciantes. É certo que Arthur tinha muitos interesses comerciais: ele abriu empresas a torto e a direito, e investiu muito em uma série de indústrias. Mas as bases do clã Sackler foram construídas sobre o Valium, e parece significativo e revelador que, pelo resto da vida, Arthur minimizaria sua associação com o medicamento, enfatizando suas realizações em outras áreas e deliberadamente disfarçando (ou excluindo) o fato de sua primeira fortuna ter sido feita com a publicidade médica. Com o tempo, ele começou a reconhecer seu papel como publisher do *Medical Tribune*, incluindo seu nome no expediente e escrevendo uma coluna chamada "One Man & Medicine" ("Um homem e a medicina"), em que discorria sobre questões médicas do seu tempo. Nessas colunas, Arthur com frequência denunciava os perigos do cigarro, apontando não apenas os riscos à saúde associados ao tabagismo, mas também os perigos do vício.[87] Mas ele parecia incapaz de aplicar essa mesma análise a seu papel como cúmplice generosamente recompensado de um produto viciante e perigoso. E, como Arthur era muito eficiente em promover não apenas seus produtos, mas também sua imagem impecável, raramente era solicitado a explicar essa dissonância. Nas raras ocasiões em que abordou a ação destrutiva do Valium, ele faria eco ao sentimento de seus clientes da Roche e aos fabricantes de outros tranquilizantes: não eram os comprimidos que deixavam as pessoas viciadas; o mau uso que os pacientes faziam se devia à personalidade propensa ao vício.[88] O Valium

IMPÉRIO DA DOR 73

era um remédio seguro, insistia ele, e relatos noticiosos em contrário não lhe faziam sentir nenhuma dúvida pessoal ou arrependimento. As pessoas que tinham problemas com o medicamento provavelmente o "misturaram com álcool ou cocaína", disse.

Outra pessoa que compartilhava essa visão era Leo Sternbach. Enquanto Arthur havia fechado um negócio astuto para lucrar com o Librium e o Valium na proporção das vendas, Sternbach não ganhou uma fortuna. Recebeu apenas 1 dólar por cada patente,[89] como era a prática para químicos que trabalhavam na Roche. Quando suas criações se tornaram os produtos farmacêuticos mais vendidos na história do mundo, a empresa deu a Sternbach um bônus de 10 mil dólares por cada medicamento.[90] Mas ele não ficou chateado. Não desejava ter casa de campo ou iate, nem tinha um hobbie caro que quisesse cultivar.[91] Passava seus dias fazendo experimentos químicos, sem reclamar. Assim como Arthur Sackler, Sternbach resistiu a assumir qualquer responsabilidade pelos aspectos negativos dos tranquilizantes brandos. Ele meramente inventou os compostos e os introduziu no mundo. Não sentia nenhuma responsabilidade moral pelo subsequente mau uso por parte do público.[92] "Quer dizer, pode-se abusar de tudo", disse Sternbach.

Capítulo 5

FEBRE CHINESA

QUANDO ARTHUR E MARIETTA se mudaram para a casa de fazenda holandesa em Long Island, perceberam que não tinham móveis suficientes. Arthur deu um jeito de comprar uma mesa de refeitório e um jogo de quarto com os antigos proprietários da casa, e Marietta trouxe uma cômoda como herança de família da Alemanha. Mas isso estava longe de preencher o grande espaço, e quando convidava pessoas para jantar, o casal tinha que improvisar, levando cadeiras da sala de jantar à sala de estar para que todos pudessem se sentar.

Como ficaria em casa, Marietta decidiu instalar armários e estantes de livros. Por acaso, um marceneiro morava ali perto, e ele também era alemão, da Baviera. Num sábado, depois de alguma insistência, Marietta persuadiu Arthur a ir com ela visitar a oficina do marceneiro.[1] Enquanto examinavam os móveis em exposição, Arthur bateu o olho numa mesa de pau-rosa diferente.[2] Quando perguntou sobre ela, o marceneiro explicou que a mesa pertencia a um homem das redondezas que colecionava móveis antigos chineses e que às vezes trazia itens para serem restaurados. Intrigado, Arthur perguntou:

— Sabe se ele teria interesse em vender alguma peça?

Quando Arthur via algo que queria, tendia a perseguir aquilo com empenho irrestrito; foi assim que conquistou Marietta. Então, no dia seguinte, marcou uma visita ao dono da mesa. Seu nome era Bill Drummond,[3] e ele morava perto, numa casa de rancho em Roslyn Heights. O homem era de Chicago, mas por trinta anos fizera repetidas viagens à China, onde construiu um negócio de antiguidades. Seu irmão ainda morava lá, embora tivesse sido forçado a se mudar para Hong Kong depois de os comunistas tomarem o poder, em 1949.[4] A casa de Drummond era repleta de belos móveis chineses: mesas de teca, escrivaninhas laqueadas com puxadores de ouro, reproduções de peças que costumavam adornar o Antigo Palácio de Verão do imperador em Pequim. Os móveis chineses têm "dupla face", Drummond gostava de dizer — "um respeito pelo não dito". O próprio Drummond tinha dupla face: de início, o negócio de móveis era meramente uma fachada para seu verdadeiro trabalho como espião americano na China,[5] junto ao Escritório de Serviços Estratégicos, precursor da CIA. Mas a ideia de deixar coisas não ditas deve ter repercutido em Arthur Sackler. Muitas peças eram de fato reproduções novas de modelos de centenas de anos, mas eram feitas para durar e tinham uma qualidade firme e atemporal que Arthur admirava. Era como se sempre tivessem existido e fossem existir para sempre.

Móveis chineses antigos não estavam exatamente em voga na atmosfera suburbana de Long Island nos anos 1950. Depois da tomada de poder pelos comunistas na China, os Estados Unidos haviam imposto um embargo a todas as mercadorias do país, portanto os estoques eram limitados.[6] Mas, como observaria um amigo de longa data, Harry Henderson, Arthur tinha "orgulho de seu 'olho' para o que passava despercebido, fosse em termos de arte, revisão de texto ou lógica".[7] E os itens que Drummond vendia — em particular os móveis da era Ming — cativaram a imaginação de Arthur. Ele decidiu comprá-los por impulso:[8] não um ou dois, mas tantos itens da coleção de Drummond que Marietta temeu não terem condições de pagar.

Além dos móveis, Arthur comprou de Drummond algumas cerâmicas da era Han e outras antiguidades. A descoberta da estética chinesa pareceu despertar algo dentro dele.[9] Marietta compartilhava a admiração do marido pela arte e pelo design chineses, mas Arthur mergulhou nesse interesse recém--descoberto com uma paixão que beirava a obsessão. Ele nunca teve hobbies propriamente ditos; como filho da Grande Depressão, tendia a concentrar cada gota de energia no avanço profissional. Mas Arthur não se preocupava mais com a falta de dinheiro, e havia algo fascinante na caça daquelas relíquias preciosas de uma sociedade antiga. "Foi nessa época que Arthur pegou a febre chinesa", disse Henderson, "e nunca se recuperou".[10]

Em algum nível, Arthur sempre gostou de arte.[11] Houve as visitas ao Museu do Brooklyn na infância e as aulas noturnas de escultura na Cooper Union. Para Marietta, ele parecia uma pessoa fundamentalmente criativa que poderia ter buscado uma carreira nas artes, não fosse a Grande Depressão e a necessidade de sustentar os pais e os irmãos. Mas também é verdade que as pessoas que atingem um certo nível de riqueza e renome tendem com frequência, em determinado momento, a colecionar obras de arte. Talvez esse hábito consumista seja uma tentativa de silenciar alguma dúvida interna sobre seu lugar na cultura ou represente simplesmente um novo domínio a ser conquistado. Mas muito antes de Arthur Sackler, homens ricos e bem-sucedidos tiveram o hábito previsível de buscar prazer e significado em pinturas, esculturas e antiguidades. J. P. Morgan, que morreu no ano em que Arthur nasceu, teve uma segunda carreira como colecionador. Acabou gastando metade de sua fortuna em obras de arte.[12]

Não demorou para que Arthur começasse a frequentar leilões, estudando catálogos de museus e livros sobre história e arqueologia chinesas. Ele adotou a prática de colecionar com o rigor de um cientista, empenhando-se, como afirmou, para reunir um grande *"corpus* de materiais"[13] e avaliando-os. Quando voltava para Long Island tarde da noite, após um dia de maratona na cidade, se deitava com Marietta, pegava uma pilha de livros especializados e lia.[14] A família começou a visitar museus de maneira mais sistemática, procurando galerias chinesas,[15] indo de uma coleção a outra, enquanto Arthur escolhia alguns objetos para examinar de perto e dava aulas a seus filhos constrangidos, comparando as obras em exposição às peças que possuía. Cuidadoso, ele tentava pronunciar corretamente todos os nomes chineses.[16]

Enquanto mergulhava nesse mundo novo, Arthur se juntou a uma pequena fraternidade de colecionadores igualmente obsessivos. Em certa ocasião, em 1957, comprou trinta peças de bronze na Parke-Bernet, uma casa de leilão em Manhattan. Depois, descobriu que todas elas haviam sido consignadas pelo mesmo homem, um médico de Nova Jersey chamado Paul Singer.[17] Quando procurou saber quem era Singer, descobriu que era seu tipo de pessoa — psiquiatra e imigrante que fugira da Áustria em 1938. Singer era um especialista autodidata,[18] um conhecedor com olho impecável que comprara sua primeira obra de arte asiática — uma imagem de bronze do bodisatva Manjushri — aos 17 anos. "Comprei todas as coisas que você consignou",[19] disse Arthur a Singer por telefone. "Da próxima vez que você quiser vender alguma coisa, vamos eliminar o intermediário."[20]

Arthur descobriu que Singer morava num modesto apartamento de dois quartos em Summit, em Nova Jersey, entulhado, do teto ao chão, de artefatos chineses preciosos.[21] Ali estava um homem que compartilhava sua fixação, mas começara na frente com uma vantagem considerável. Quando Arthur começou a conviver com ele, recordou Singer tempos depois, "conheci um pupilo muito ávido".[22] Arthur o bombardeava de perguntas sobre história da arte chinesa e a prática de colecionar, e Singer ficou satisfeito ao testemunhar o intenso prazer que as obras de arte produziam naquele novo iniciado. Ele mostrou a Arthur uma coleção de belas peças de jade chinesas. Quando Arthur escolheu a primeira peça e a pegou, "foi como uma descarga elétrica", recordou Singer.[23] O colecionador sério, em sua visão, era movido por um padrão de excitação e liberação absolutamente erótico: "O coração bate mais rápido, o contemplador vê uma beleza que quer possuir. Ele se dispõe a dar sua substância para possuí-la."[24]

Marietta também via isso no marido.[25] Ela reconheceu que a "caça" era o que excitava Arthur, que identificar um artefato precioso e depois descobrir como reivindicá-lo era um processo "sigiloso, sensual". Uma vez que Arthur se estabeleceu não como mero diletante, mas como colecionador sério, as pessoas começaram a lhe mostrar seus tesouros mais raros.[26] Um dos comerciantes que ele veio a conhecer, um homem chamado Dai Fubao,[27] que atendia pelo nome de mr. Tai, tinha uma loja na Madison Avenue, com uma escada que levava a uma sala especial no porão, onde o comprador podia comungar com um objeto antes de concordar em comprá-lo. Um dia, Singer telefonou para Arthur e disse que mr. Tai adquirira um documento, escrito sobre seda, conhecido como Manuscrito Ch'u e datado de 600 a.C.[28] "Você poderia jogar toda a sua coleção no Hudson, e isso não importaria desde que fosse o dono desse pedaço de seda", disse Singer.

Quando Arthur chegou à loja de Mr. Tai, o comerciante admitiu ter o manuscrito, mas disse que não tinha nenhuma vontade de vendê-lo.

Arthur se recusou a aceitar um não como resposta.[29] "Ou você é um comerciante ou você é um colecionador", disse ele. "Se você é um colecionador, eu não seria capaz de fazer negócio com você, porque é um concorrente meu. Se você é um comerciante, deveria estabelecer um preço e vender esse manuscrito inestimável."

O preço que Mr. Tai deu foi meio milhão de dólares. Arthur pagou.[30]

A qualidade confidencial, interna, dessas transações atraía a inclinação natural de sigilo de Arthur.[31] "Dou muito valor à importância da privacidade", diria. Ele ficava mais confortável atuando fora das manchetes e dos registros contábeis. Seu filho, Arthur, recordaria depois ter testemunhado o pai fazer negócios à sua maneira e observou: "Eram negócios fechados com um aperto de mãos."[32] Para seus novos sócios no mundo da arte, Arthur era uma figura misteriosa. Era imperioso, concentrado, determinado e ávido, sempre que possível, a manter o anonimato. Às vezes, ele combinava um encontro com representantes de casas de leilão num hotel, onde se identificava com um nome falso.[33] Ninguém era capaz de dizer ao certo como Arthur Sackler ganhara dinheiro — parecia que as pessoas não tinham conhecimento de sua ligação com o Valium —, mas o que sabiam era que ele tinha dinheiro, e muito.[34] Às vezes, ele telefonava para uma casa de leilão com instruções para cancelar um leilão, porque pretendia comprar todos os itens.[35] Ele ganhou a fama de gastar muito e, pensavam alguns, indiscriminadamente: nas palavras do diretor de um museu, Arthur comprava "coleções inteiras aparentemente depois de apenas uma olhadela".[36]

Mas, embora esbanjasse, ele era também um negociador fervoroso.[37] "Depois que o acordo era fechado", recordou o mesmo diretor de museu, "Sackler invariavelmente começava a barganhar". Para Marietta, parecia que o vasto conhecimento de Arthur — sobre tudo, desde direito tributário até o estado psicológico das pessoas com as quais lidava — tornava-o um negociador difícil. Ele tinha o hábito, relembrou ela, "de maximizar cada acordo, contrato ou concordância até aquele último detalhezinho a mais a seu favor".[38]

Caixas novas chegavam à casa em Long Island, cheias de objetos fabulosos.[39] As crianças ajudavam a abri-las. Às vezes, outros especialistas vinham para prestigiar. O ato de abrir as caixas ganhava as características de uma sessão espiritual quando Arthur erguia peças de bronze ritualísticas e armas, espelhos e cerâmicas antigas, ossos com inscrições e peças de jade arcaicas. Quem estava por perto suspirava de assombro quando Arthur pegava esses objetos místicos, comunicando-se com fantasmas, tocando a história.

É claro que, com tantos artefatos inestimáveis em casa, podia ser difícil para as crianças correr à vontade. Certa vez, num jantar, um dos convidados perguntou a Denise, filha de Arthur, o que ela mais desejava. "Um cachorro grande", respondeu ela, antes de se dar conta e observar que cachorros grandes têm rabos grandes que podem derrubar peças de bronze antigas. (Eles acabaram adquirindo um yorkshire terrier, de rabo curto. Chamaram-no de Jade.[40])

Arthur já tinha conquistado muitas coisas quando começou a colecionar, na casa dos quarenta anos. Mas foi a arte que "o pôs no palco mundial", observou Marietta.[41] Em uma década, ele agrupou um dos maiores acervos de arte chinesa[42] já reunidos. Seu estoque de peças de bronze era tão valioso quanto o de qualquer museu. Suas peças laqueadas eram o que havia de melhor em coleções privadas. Fosse lá o que tivesse movido sua paixão, aquilo desempenhava uma importante função cívica, pensava Marietta. Afinal, sem a contribuição da família Médici, será que o Renascimento teria acontecido? Será que Florença possuiria a perene coleção de arquitetura, pinturas e esculturas que tem hoje? As aquisições de Arthur lhe trouxeram reconhecimento público de um modo que a publicidade e a medicina não haviam feito. Porém, o mais importante, pensava Marietta, é que reunir uma coleção de obras-primas antigas, uma coleção que carregaria seu nome e seria um legado à posteridade, oferecia outra coisa a Arthur: "a possibilidade da imortalidade."[43]

Talvez por causa dessa noção, Arthur insistia que não era meramente um plutocrata que colecionava bugigangas: ele estava criando um bem público durável. Sustentava que aquele era um empreendimento cultural, portanto as obras que colecionava não deveriam apenas enfeitar sua casa ou ficar guardadas. Deveriam ser exibidas e estudadas por historiadores de arte e debatidas em simpósios públicos. No fim dos anos 1950, Arthur começou a se envolver num novo domínio, que combinava bem com sua paixão como colecionador: a filantropia. Ele começou a doar dinheiro para a Universidade de Colúmbia — não para sua *alma mater*, a NYU, mas para a mais prestigiada universidade da Ivy League, que ninguém de sua família frequentara. Em 1959, ele providenciou o que foi chamado de "Doação Sackler",[44] em apoio aos estudos sobre o Extremo Oriente feitos na universidade. Também manifestou interesse em estabelecer o que chamou de "Fundo Sackler",[45] uma conta que poderia subsidiar pesquisas acadêmicas e a compra de objetos para a "Coleção Sackler".

Com o tempo, Arthur Sackler seria celebrado por sua extraordinária generosidade, mas desde o início a filantropia foi também uma forma de projetar o nome de sua família. Ele crescera numa cidade que fora enriquecida e transformada com a contribuição de homens endinheirados, cujas fortunas ergueram monumentos cívicos que ostentavam seus nomes. Quando ele estava na faculdade de medicina, em 1935, a ex-mansão do industrial Henry Clay Frick foi transformada na Frick Collection.[46] J. P. Morgan, Andrew Carnegie, os Rockefeller e os Mellon haviam deixado não apenas sua marca na cidade, mas também o nome de sua família. Então por que os Sackler agiriam de forma diferente?

Mas isso criou um desafio para Arthur. Como ele podia conciliar esse desejo ardente de reconhecimento do nome Sackler com sua igualmente forte preferência pelo anonimato? Arthur não se acanhou em determinar condições para suas doações: logo ele se tornaria conhecido por propor acordos longos, obrigatórios, com normas legais, para reger suas diversas doações. E sua ambivalência em relação à publicidade é captada em suas missivas à administração de Colúmbia. Em uma carta, ele determina que "nenhuma publicidade pessoal referente a boletins de imprensa, fotos ou outras formas seja associada a essa doação".[47] Como um gestor universitário explicou a outro, "O dr. Sackler é bem específico em relação ao uso de seu nome"[48] e preferiu não ser mencionado em nenhuma nota de divulgação. Ao mesmo tempo, porém, ele quis que todo o material comprado com o fundo fosse identificado como parte da "Coleção Sackler da Universidade de Colúmbia".[49] Arthur desejava posteridade, não publicidade. A última coisa que queria era chamar atenção para suas posses e riqueza de uma maneira que pudesse levantar questionamentos sobre suas carreiras sobrepostas. Ele resolveu esse dilema apresentando uma fortuna de família que havia simplesmente aparecido, totalmente formada, como se os Sackler não fossem três irmãos novos-ricos do Brooklyn, mas, sim, descendentes de uma dinastia estabelecida havia muito tempo, tão antiga e venerável quanto um móvel da era Ming. Arthur era a quintessência do *self-made man*, mas odiava essa expressão.[50] Portanto, a Coleção Sackler de Colúmbia simplesmente apareceu no mundo, como num nascimento virginal, com poucas ligações discerníveis com o homem que a reuniu.

Aquele seria um empreendimento familiar em vários sentidos: Arthur indicou à Universidade de Colúmbia que, uma vez que o fundo estivesse estabelecido, não seria apenas ele que contribuiria, mas também os "membros da família".[51] Arthur sempre arrolou os irmãos e suas esposas em suas atividades, embora às vezes fosse difícil saber se fazia isso para lhes dar uma participação real ou simplesmente para usá-los como fachada para suas posses. Com o Fundo Sackler não seria diferente. A conta começou com aproximadamente 70 mil dólares,[52] mas os recursos não vieram de Arthur,[53] e sim de Raymond, Marietta e da primeira mulher de Arthur, Else Sackler. Essas contribuições chegaram a Colúmbia com intervalos de quatro dias uma da outra,[54] levando à pergunta: será que realmente vinham de Raymond, Marietta e Else, ou será que era um dinheiro que Arthur lhes dera para doar à escola? Era difícil dizer onde uma conta bancária acabava e outra começava. E, para tornar as coisas mais simples (ou mais complicadas, dependendo do ponto de vista), todos pareciam ser representados pelo mesmo contador,[55] um amigo próximo e confidente dos irmãos Sackler chamado Louis Goldburt.

Em 1962, a Universidade de Colúmbia abriu a primeira exposição da Coleção Sackler. Como Arthur nunca fizera nada assim antes, estava ansioso e esperava que fosse um sucesso retumbante.[56] A universidade concordara em disponibilizar a rotunda da Low Memorial Library, uma bonita construção com colunas, projetada pelo famoso arquiteto Charles Follen McKim, com o propósito de evocar um templo antigo a partir do modelo do Panteão romano. Mas Arthur se preocupou com a disposição dos objetos na rotunda pouco iluminada e sem janelas. Então telefonou para a Tiffany, porque admirava o modo como as joias eram expostas nas vitrines da loja na Quinta Avenida. Essa foi uma inovação clássica de Arthur, importando as técnicas mais recentes do brilhante mundo do comércio para dar certo esplendor à atmosfera antiquada da Universidade de Colúmbia. Alguém da Tiffany encaminhou Arthur a um de seus vitrinistas especializados, que arrumava e iluminava cada objeto de forma tão bonita que Arthur e Marietta o convenceram, depois, a ajudá-los a decorar a casa.[57] A mostra foi inaugurada em 20 de novembro de 1962, e Arthur escreveu uma introdução para o catálogo, dizendo que esperava que a exposição oferecesse aos visitantes "a emoção da descoberta" e aumentasse "nossa consideração e nosso respeito pelo homem — suas habilidades, seu talento artístico, sua criatividade e sua genialidade".[58]

Apesar disso, os gestores da Universidade de Colúmbia permaneceram um pouco céticos em relação aos irmãos Sackler, suspeitando de que sua benevolência pudesse ter um motivo oculto. Em determinado momento, Louis Goldburt informou à universidade que Mortimer e Raymond estavam interessados em doar "uma propriedade em Saratoga Springs". O local vinha a ser um pedaço de terra pequeno sem ligação com a universidade ou qualquer outro objetivo ostensivamente acadêmico, mas por algum período havia abrigado uma fábrica pertencente a uma empresa farmacêutica que os irmãos haviam comprado. "Isso parece um truque tributário",[59] observou um gestor no arquivo.

Mas a embaraçosa realidade era que, em se tratando de benfeitores, a universidade não podia ser exigente. Era uma instituição precisava de dinheiro, e uma clara dinâmica com os irmãos abastados já se estabelecera — ou seja, a de que a Colúmbia aceitaria tudo que pudesse. Escrevendo para Arthur em 1960, um funcionário da universidade mencionou que lera no jornal sobre a grande e nova sede da Pfizer, na época prestes a ser concluída, na 42nd Street. "Espero que você possa fazer uma consulta sobre os móveis velhos deles",[60] escreveu o gestor, sugerindo, pateticamente, que Arthur pudesse solicitar algumas mesas e cadeiras de segunda mão para a universidade.

Com o tempo, Arthur se tornou mais inflexível em relação ao uso do nome de sua família. Na avaliação direta de seu advogado pessoal, Michael Sonnenreich, "se você põe seu nome em alguma coisa, não é caridade, é filantropia. Você recebe algo por isso. Se você quer seu nome ali, é um acordo de negócio."[61] Arthur propôs à Colúmbia uma placa na Low Library reconhecendo as Coleções Sackler "em memória" de seu pai, Isaac Sackler.[62] Ele sugeriu, em carta à universidade, que "todas as fotografias de objetos dos Sackler deveriam ser atribuídas à Coleção Sackler, à Galeria Sackler ou ao Instituto Sackler".[63] Internamente, as pessoas que trabalhavam na Colúmbia o consideravam difícil e estranho.[64] "O dr. Sackler é uma pessoa muito incomum", observou um funcionário num memorando, acrescentando que a posição da universidade era: "Desde que o dinheiro continue entrando, não se preocupe com isso."

Mas Arthur tinha planos para a Colúmbia, o que descreveu, em carta ao presidente da universidade, como um "sonho": queria construir um museu.[65]

Isso era, por um lado, uma sugestão bem-vinda para a universidade: novas instalações dedicadas à história da arte e a estudos sobre o Leste Asiático, pagas com uma doação abundante e abastecidas com sua própria coleção de arte de nível mundial. Mas, de forma confusa, Raymond e Mortimer Sackler haviam iniciado uma conversa à parte com a universidade sobre um financiamento para a construção de um centro de ciências que teria o nome da família. Em idade mais avançada, Arthur ainda se referia aos irmãos mais novos como seus "irmãos pequenos". Falava por eles com tanta frequência — dizendo-lhes o que fazer em termos profissionais, a quem deveriam doar dinheiro — que seria fácil pensar na família como um monólito, todos consultando o mesmo contador e recorrendo à mesma grande conta bancária, até onde todo mundo sabia. Mas ali havia uma indicação de discórdia, embora sutil.

Arthur cuidou disso. "Não tenho nenhuma dúvida de que o interesse de meus irmãos em contribuir para um Instituto de Ciências da Vida inevitavelmente indica, em alguma medida, um conflito intelectual", escreveu ele ao presidente da Colúmbia.[66] "A perspectiva histórica, porém, sugere que a oportunidade única que existe hoje nas artes provavelmente não se repetirá, e esse aspecto importante difere da situação referente às ciências." E ponto-final. Não houve nenhuma outra conversa séria sobre um prédio de ciências da vida a ser financiado por Raymond e Mortimer.

A casa holandesa em Long Island tinha um bonito lago, e Arthur havia plantado bambus ali, esperando criar em seu quintal o efeito de uma paisagem chinesa. Mas o bambu é uma espécie notoriamente invasiva e, uma vez plantado, pode ser difícil controlá-lo. Os brotos continuaram se espalhando, crescendo para cima e para os lados, até ameaçarem tomar todo o quintal. "Tinham que ficar podando", recordou um amigo da família que era um visitante frequente. "O bambu tomou conta."

Na casa, as caixas se amontoavam. Arthur comprava arte chinesa num ritmo tão intenso que as novas aquisições chegavam mais rápido do que a capacidade da família de abri-las. No andar de cima, no andar de baixo, no sótão: havia caixas em toda parte. Sem perder o ritmo, Arthur providenciou que as novas aquisições fossem enviadas para diversos depósitos privados. Não demorou para que o imenso volume de materiais que ele possuía chegasse ao ponto de não poder ser compreendido ou acompanhado pelo olho humano; em vez disso, tornou-se a província dos romaneios de carga,[67] estoques, resmas intermináveis de papel com linhas e linhas de pequenas marcações, datas, preços, muitos números, anotações de catálogos. Ainda assim, Arthur não parava. Colecionava sem cessar, insaciavelmente.[68] Logo, as contas começaram a se acumular também, porque ele estava gastando uma fortuna. Tão rápido quanto entrou, todo aquele dinheiro dos tranquilizantes parecia estar saindo de suas contas bancárias, dando a ele a impressão de que teria que trabalhar com mais afinco ainda para acompanhar suas atividades como colecionador.[69] Até o amigo Paul Singer, que compartilhava da paixão de Arthur — se não de seus recursos —, comentou que a "centelha" que havia visto nos olhos de Arthur quando ele comprou a primeira peça de jade crescera e virara "uma conflagração".[70]

"Toda nova compra ofuscava a anterior", recordou Marietta.[71] No momento em que um negócio era consumado, qualquer fascinação que o objeto pudesse ter exercido parecia ser ultrapassada pela voracidade por uma nova conquista. Ela pensou ter detectado, na mania cada vez maior de colecionar, um medo do envelhecimento, da desilusão, da morte. "Nesse domínio, ele podia ser o mestre, podia ter o controle que não lhe era possível na medicina, nos negócios e na vida pessoal", escreveu ela. "Arthur encontrava segurança e conforto nos objetos; eles não podiam magoá-lo, nem lhe fazer exigências."

CAPÍTULO 6

O POLVO

QUANDO O DR. HENRY WELCH subiu ao palco, um silêncio se abateu sobre a multidão. Centenas de médicos, químicos, executivos da indústria farmacêutica e publicitários tinham se juntado em Washington, D.C., para o Quarto Simpósio Anual sobre Antibióticos.[1] Eles haviam se reunido no Willard, um opulento hotel com vista para o National Mall e a apenas alguns quarteirões da Casa Branca, para uma série de apresentações sobre os mais recentes avanços na área de antibióticos, com palestrantes convidados de várias regiões do país e do mundo. Era o primeiro dia da conferência,[2] uma manhã de meados do outono de 1956, e Welch, um dos organizadores do evento, recepcionava de forma calorosa os participantes.

Esse não seria um daqueles discursos superficiais de início da manhã, em que o público, mais concentrado em se acomodar e tomar um café, não prestava muita atenção. Welch era uma figura importante nos círculos farmacêuticos: chefe de antibióticos da FDA, um homem com o poder de liberar ou proibir um medicamento. As pessoas na sala queriam ouvir o que tinha a dizer. Ele não era médico, mas tinha ph.D. em bacteriologia médica e era considerado uma autoridade na área.[3] Com o rosto quadrado e papada, óculos de tartaruga e porte corpulento de ex-atleta, Welch era também o equivalente a um herói de guerra para a indústria de medicamentos:[4] durante a guerra, desenvolvera um sistema para testar e aprovar toda a penicilina distribuída às forças americanas no exterior, uma contribuição vital pela qual recebera do governo federal uma Medalha de Ouro por Serviço Distinto.

As pessoas reunidas naquele dia tinham a sensação de estar envolvidas numa missão importante, indissociável do interesse nacional americano. Antes da conferência, Welch recebera um telegrama da Casa Branca no qual o presidente Eisenhower saudava os participantes, observando que a incipiente indústria de antibióticos, "desenvolvida por meio de esforços de cooperação entre cientistas e executivos", tinha sido "instrumental para salvar a vida de milhares de cidadãos".[5]

Abrindo sua recepção otimista, Welch invocou o "interesse do mundo inteiro" pelas pesquisas que todos eles estavam realizando e a "tremenda expansão do dólar nessa indústria jovem". Eles fizeram um grande progresso, mas a guerra ainda não estava vencida, porque o uso disseminado dos antibióticos deu origem a bactérias novas e de difícil combate, *resistentes* a esses medicamentos.

Enquanto Welch falava, um homem magro com tom de pele oliva e bigode preto olhava-o empolgado e em silêncio. Seu nome era Félix Martí-Ibáñez, um médico charmoso, ainda que um pouco bajulador, e parceiro de Welch na organização do evento. Martí-Ibáñez era psiquiatra de formação,[6] exerceu a profissão em Barcelona e se feriu na Guerra Civil Espanhola antes de emigrar para os Estados Unidos. Em Nova York, ocupou cargos em diversas empresas farmacêuticas, incluindo a Roche, e fez pesquisas no manicômio do Creedmoor, onde trabalhou ao lado dos irmãos Sackler.[7] Em carta escrita em 1956, Arthur Sackler o descreveu como seu "mais querido amigo", comentando: "Não há nenhum homem na medicina, na verdade, nenhum homem que eu conheça, pelo qual eu tenha maior afeição do que Félix."[8]

Assim como Arthur, Martí-Ibáñez era um renascentista.[9] Discursava sobre uma ampla gama de assuntos, com seu sotaque espanhol melífluo, e gostava de dizer que seu pai, que foi professor na Espanha, era autor de "cerca de quinhentos livros". Além de publicar artigos médicos com os Sackler, Martí-Ibáñez escrevia romances, contos, livros de história da medicina e colunas em revistas populares[10] (*Cosmopolitan*, 1963: "Acabou a 'moda' de ficar doente").

Nos últimos anos, Martí-Ibáñez trabalhava para Arthur em sua agência de publicidade, a William Douglas McAdams.[11] Mas também vinha se concentrando numa editora que fundara alguns anos antes, chamada MD Publications.[12] A MD publicava uma revista de medicina em papel couché,[13] com muitos anúncios suntuosos de empresas farmacêuticas. Publicava também duas revistas técnicas, *Antibiotics and Chemotherapy* e *Antibiotic Medicine and Clinical Therapy*, com coedição de Henry Welch e Martí-Ibáñez. As revistas eram as patrocinadoras daquela conferência. Foi Martí-Ibáñez quem propôs a Welch que trabalhassem juntos. Os dois eram muito diferentes: enquanto o primeiro era um europeu ostensivamente culto, com o hábito de falar usando metáforas floreadas, o segundo era um americano de meados do século, de fala simples e direta. Mas eles cultivavam uma forte amizade, com Martí-Ibáñez tendendo a fazer negócios em Nova York enquanto Welch continuava a dirigir sua divisão na FDA, em Washington. O espanhol gostava de enviar ao amigo cartas com desenhos cômicos rabiscados nas margens, como um homem pequenininho pegando uma garrafa grande do tranquilizante Miltown.[14]

Se parecia estranho um regulador da FDA trabalhar como editor de uma revista privada que cobria a própria indústria que ele regulava, nem Welch nem Martí-Ibáñez davam importância a isso. E se alguém da FDA achasse ruim, eles sabiam como lidar. "Welch tinha opiniões fortes e não tolerava que o contestassem", relembrou um ex-sócio.[15] Welch *criara* a divisão de antibióticos da FDA e não se importava em usar seu peso na máquina burocrática ou exercer suas prerrogativas. Quando quis construir uma piscina em sua casa num subúrbio de Maryland, mandou que um grupo de subordinados da FDA deixasse a agência durante uma tarde e fosse cavá-la. (Eles "se sentiram obrigados",[16] recordou outro ex-colega da FDA. "Para não perderem o emprego.")

A conferência no Willard era copatrocinada pela FDA, mas todas as despesas eram pagas pelas revistas de Martí-Ibáñez e Welch.[17] Em carta a Welch, Martí-Ibáñez descreveu a "oportunidade única" que ambos tinham de "inclinar" o simpósio numa direção que fosse "mais útil aos leitores de nossas publicações".[18] Desde o começo da relação dos dois, Welch sabia, ou pelo menos suspeitava, que havia algum sócio silencioso com participação nas revistas: algum patrocinador anônimo que ajudava a financiar todo o empreendimento. Mas, quando ele pressionou Martí-Ibáñez para descobrir quem seria a pessoa, o espanhol foi evasivo, dizendo que os "aspectos privados e confidenciais de nosso trabalho" não deveriam ser "expostos a ninguém".[19] Nem mesmo a Welch.

"Estamos agora na terceira geração da terapia antibiótica", anunciou Welch, triunfalmente, no Willard.[20] A primeira envolveu os antibióticos de "espectro estreito", com a penicilina. A segunda veio com a introdução de terapias de "amplo espectro", como o medicamento Terramicina, da Pfizer, que era eficaz contra uma série de bactérias nocivas. A *terceira* geração, explicou Welch, caracterizava-se pela combinação "sinérgica" de diferentes terapias, que podiam combater até mesmo doenças resistentes a antibióticos tradicionais.

Naquela manhã, alguns visitantes estrangeiros expressaram desconforto diante daquele espetáculo, em que o czar dos antibióticos nos Estados Unidos parecia mais um apoiador da indústria.[21] Mas os céticos eram minoria. "Os males mais mortais derrotados por antibióticos", declarou o *The Washington Post*, descrevendo a conferência com empolgação e exaltando a "superação" das infecções resistentes e o poder das "chamadas drogas maravilhosas".[22] Mal passara uma hora dos comentários de Welch, a Pfizer divulgou um comunicado à imprensa celebrando "o tratamento antibiótico de terceira geração" e apresentando um novo medicamento, Sigmamicina, anunciado como a primeira "combinação sinérgica" que podia combater "germes que aprenderam a conviver com antibióticos mais antigos".[23] O comunicado observava que ninguém menos que uma autoridade como Henry Welch, da FDA, havia descrito as combinações sinérgicas como "uma nova e forte tendência".

Para Welch e Martí-Ibáñez, a conferência foi um sucesso retumbante. Mas o simpósio — e em particular o discurso de abertura do regulador sobre a "terceira" era dos antibióticos — logo envolveria ambos num escândalo e numa investigação federal que acabaria com a carreira de um deles e enredaria Arthur Sackler e seus irmãos.

Um dia, em 1960, Arthur Sackler comprou uma casa em Manhattan.[24] Foi uma compra por impulso. Ele sequer consultou Marietta. Tinha quatro andares e um porão, na East 57th Street. Depois de surpreender a esposa com a notícia de que comprara uma casa nova, ela brincou que era "pequena demais para todos nós, mas adequada para ele!". O prédio *seria* útil para os negócios de Arthur, reconheceu Marietta, e, de qualquer modo, ela se sentia engaiolada na casa em Long Island. Depois que Denise nasceu, Marietta voltou a trabalhar por um breve período, passando nos exames médicos. Mas Arthur não entendia por que a esposa insistia em trabalhar, e ela se sentia culpada por se afastar dos filhos, então acabou abandonando a carreira um ano depois.[25] Se a família se mudasse para a cidade, talvez fosse uma oportunidade para passar mais tempo com Arthur. Então, enquanto ele supervisionava a decoração do novo lar, Marietta supervisionou a mudança dela, das crianças, do cachorro, do hamster e de uma ninhada de camundongos brancos.[26] Eles manteriam a casa em Long Island como um retiro para os fins de semana. E, não muito depois de se mudar, Marietta começou a negociar com a proprietária de uma casa idêntica ao lado, no intuito de comprá-la e integrá-la,[27] o que os Sackler acabaram fazendo.

Marietta gostou da ideia de as crianças morarem na cidade, onde poderiam ter uma diversidade de experiências e estímulos para além do limitado idílio da vida suburbana em Long Island. Na cidade, refletiu, elas poderiam cruzar na rua com "um homem pobre, uma pessoa cega, um mendigo". Ela tratou toda a experiência como se fosse um safári urbano,[28] repleto não só de perigos, mas também de surpresas e beleza. Quando o pequeno Arthur estava pronto para ir à nova escola na cidade grande, ela lhe deu uma bússola, para usar caso se perdesse.

A casa na 57th Street ficava a uma curta caminhada do prédio no nº 15 da East 62nd Street, onde os irmãos Sackler haviam recentemente se estabelecido. Os escritórios do prédio de calcário estreito, a poucos passos do

Central Park, tornara-se o lar das pesquisas psiquiátricas dos irmãos, das novas fundações que eles estabeleceram para gerir as doações beneficentes, de seus interesses editoriais e de outros interesses menores. Dali, os irmãos podiam ir rapidamente à agência McAdams, na 59th Street, ou a sua empresa farmacêutica, a Purdue Frederick, em Greenwich Village.

Como irmão mais novo, Raymond Sackler passava muito tempo cuidando da mãe.[29] Sophie finalmente começara a falar com Marietta, depois de anos ignorando-a, e com o tempo as duas construíram uma relação cordial. Mas Arthur tinha sentimentos conflituosos em relação à mãe e convivia o mínimo possível com ela. Tinha grande respeito por ela e gratidão por tudo que investira nele. Mas Sophie era, e sempre fora, dominadora. Ela fazia questão de que seus filhos seculares comemorassem a Páscoa judaica e outros feriados importantes, mas fora isso Arthur mantinha distância. Até que Sophie recebeu o diagnóstico de câncer de pulmão. Mortimer a manteve em sua casa e organizou os cuidados médicos. Quando o filho de Arthur Sackler fez 13 anos, a família decidiu fazer um bar mitzvah, porque daria conforto à avó ver o primogênito de seu primogênito iniciado na fé.[30] Não houve cerimônia em sinagoga, apenas uma festa no Waldorf Astoria, mas a família inteira compareceu. Arthur, pai do iniciado, usou gravata-borboleta. Sophie estava radiante de orgulho, com um colar de pérolas em volta do pescoço.

A Purdue Frederick já fizera sucesso no início do século com o Gray's Glycerine Tonic,[31] um "elixir" à base de xerez que, sugeria a empresa, estimulava o apetite, promovia a nutrição e deveria ser tomado "sempre que um tônico geral for necessário ou desejado". Na empresa, corria pelos corredores uma piada que ressaltava "o sucesso enorme durante a Lei Seca" que essa bebida estimulante teve.[32] Em anos posteriores, a Purdue se especializou em uma série de produtos sem glamour, como um removedor de cera de ouvido e um laxante chamado Senokot,[33] para "cuidar do cólon preguiçoso". ("Você já considerou a possibilidade de um dos materiais impressos de Senokot enviados pelo correio mostrar um mapa-múndi com a distribuição geográfica da constipação?", perguntou Félix Martí-Ibáñez a Raymond e Mortimer em 1955. A constipação, observou ele, era um "problema mundial".)[34] Mas a empresa estava procurando alavancar esse sucesso um tanto quanto constrangedor ramificando-o em outros mercados. Enquanto Raymond se concentrava no lado doméstico da Purdue, Mortimer viajava para o exterior, no esforço de expandir a empresa. Mortimer era o mais extrovertido e desprendido dos irmãos Sackler. Ele assumiu bem o papel de homem de negócios internacional e nômade. "Parto para Bruxelas amanhã à tarde, depois Amsterdã, Londres e de volta a Paris na noite de sexta-feira", escreveu ele a Martí-Ibáñez do Hotel Eden au Lac, em Zurique, em 1960. "Semana que vem ou vou para a Escandinávia ou volto para casa, dependendo de uma palavra de Nova York." Se Arthur estava consumido pela mania de colecionar obras de arte, Mortimer estava desenvolvendo sua própria mania: viajar.[35] "Fiz aulas de esqui durante quatro dias na bela St. Moritz e sou um esquiador de mão cheia, ansiando por Vermont, Pittsfield, seguir na direção Oeste e de volta a Itália, França, Suíça e Áustria no ano que vem", escreveu ele, acrescentando, como um desejo à parte: "Mas nada substitui a Riviera."

A chegada dos anos 1960 foi um grande momento para os Sackler. Muitas de suas aspirações pareciam estar se tornando realidade, e ainda havia muito mais por vir. Em carta a Martí-Ibáñez, Arthur escreveu que "em um ou dois momentos ocasionais em que posso pôr a cabeça fora d'água" pensava "no que o futuro reserva para os irmãos Sackler".[36] Mas o que Arthur não sabia era que, nas calçadas movimentadas da esquina da Quinta Avenida com a 62nd Street, em meio à multidão que ia e vinha do Central Park, estavam investigadores federais, que haviam posto a sede dos Sackler sob vigilância.[37]

Os problemas começaram quando Arthur Sackler atraiu o olhar atento de um repórter investigativo impertinente, um homem chamado John Lear. Editor de ciência da *Saturday Review*, Lear viera da revista *Collier's*, onde adquirira a fama de ser um obstinado caçador de escândalos, com uma tendência teatral. Em agosto de 1950, cinco anos depois do ataque nuclear americano ao Japão, Lear publicou uma reportagem de capa na *Collier's* chamada "Hiroshima, USA", que explorava em detalhes pavorosos, ainda que conjeturais, como seria um ataque nuclear a Nova York.[38] A capa mostrava uma ilustração colorida apocalíptica da baixa Manhattan engolida por chamas, com pontes desabando sobre rios e uma nuvem em formato de cogumelo escurecendo o céu. Assim como Arthur Sackler, Lear sabia chamar a atenção das pessoas.

Certa noite, no fim dos anos 1950,[39] Lear jantou com um médico conhecido.[40] Quando terminaram a refeição, o homem o convidou para visitar o laboratório hospitalar onde trabalhava. Havia algo com o qual o médico estava cada vez mais preocupado e que queria discutir com Lear. "Dê uma olhada nesse material", disse ele, abrindo uma gaveta cheia de anúncios de produtos farmacêuticos e amostras grátis de medicamentos. Indignado, o médico comentou que os anúncios muitas vezes eram fraudulentos. Faziam alegações insustentáveis sobre o que os remédios podiam fazer. Aquilo daria uma ótima reportagem, insistiu ele, mostrando a Lear uma série de anúncios de Sigmamicina, o antibiótico combinado de "terceira geração" que a Pfizer apresentou na conferência no Willard em 1956.

Um dos anúncios, um folheto enviado a médicos pelo correio, dizia:[41]

Cada vez mais médicos consideram Sigmamicina a terapia antibiótica ideal

O anúncio mostrava vários cartões de visita com os nomes, endereços e horários de atendimento de oito médicos, que pareciam endossar o produto. Havia um médico em Miami, outro em Tucson, um terceiro em Lowell, Massachusetts. A Sigmamicina era não apenas "altamente eficaz", sugeria o anúncio, como sua eficácia era "clinicamente comprovada". Enquanto Lear examinava o folheto, o médico explicou que escrevera a cada um dos médicos citados para indagar sobre os resultados dos testes clínicos que presumivelmente eles haviam realizado.[42] Ele entregou ao jornalista uma pilha de envelopes. Eram as cartas que escrevera. Todas estavam com o carimbo: DEVOLVER AO REMETENTE — NÃO RECEBIDO.

Intrigado, o próprio Lear escreveu aos médicos.[43] As cartas voltaram ainda lacradas. Ele enviou telegramas e foi informado de que nenhum daqueles endereços existia. Por fim, tentou telefonar para os números nos cartões de visita do anúncio, mas sem sucesso: os números também eram inventados. A Pfizer enviara essa publicidade, com seus endossos falsos, para médicos de todo o país. E parecia muito real, com o verniz especial de autoridade conferido por oito médicos. O anúncio era refinado, impressionante e fundamentalmente enganoso. Fora produzido pela agência de Arthur Sackler.[44]

Em janeiro de 1959, Lear publicou os resultados iniciais de sua investigação em artigo na *Saturday Review* intitulado "Taking the Miracle Out of the Miracle Drugs" (Retirando o milagre dos remédios milagrosos).[45] Em forte contraste com a euforia que geralmente acompanhava a discussão pública sobre os antibióticos, Lear sugeria que esses medicamentos estavam sendo receitados em exagero, com frequência sem qualquer fundamento médico consolidado, e que a onipresença e a sofisticação do marketing farmacêutico eram em parte culpadas.

Depois que o artigo foi publicado, Lear foi inundado de cartas. Vários profissionais médicos que entraram em contato sugeriam que, se Lear estivesse escrevendo sobre tema específico da corrupção por interesses comerciais na medicina, poderia querer investigar o colega que chefiava a Divisão de Antibióticos da FDA, um sujeito chamado Henry Welch. Então Lear telefonou para Welch, requisitando uma entrevista.

Que coincidência, disse Welch, quando atendeu ao telefonema de Lear.[46] Ele acabara de parar naquele exato momento para escrever a Lear uma carta sobre todos os "erros que você cometeu em seu artigo".

Lear viajou a Washington para encontrar Welch, e eles conversaram por duas horas.[47] O regulador parecia à vontade. Ele assegurou ao jornalista que qualquer temor sobre o marketing de novos medicamentos era inapropriado. Com certeza, desdenhou, os médicos dos Estados Unidos "não são ingênuos a ponto de serem enganados por anúncios". Da mesma forma, havia um exagero quanto ao perigo dos antibióticos, prosseguiu Welch, e se as fontes de Lear na comunidade médica estavam lhe dizendo o contrário, eram pessoas que "falavam por ignorância". Numa clássica demonstração de poder em Washington, Welch convidou um assistente da FDA para acompanhá-lo na entrevista, cuja função, pareceu ao jornalista, era principalmente manifestar profunda concordância com tudo o que o regulador estava dizendo. Mas Lear virou a mesa — disse que gostaria de falar com Welch em particular e perguntou, educadamente, se o subordinado poderia sair. Quando ficaram sozinhos, Lear disse que, segundo suas fontes, Welch obtinha uma renda significativa nas duas revistas que publicava com Félix Martí-Ibáñez. "Minha fonte de renda é problema meu", interrompeu Welch, deixando cair o disfarce de afabilidade.

Isso pareceu a Lear uma postura peculiar para um funcionário público. Welch explicou que as duas revistas eram de uma empresa chamada MD Publications, na qual ele não tinha nenhuma participação financeira. "Minha única relação com elas é como editor, por isso recebo um honorário. E não pretendo desistir delas", disse ele, acrescentando que gostava de editar as revistas.

Lear esperava fazer mais algumas perguntas. Havia aquele negócio de antibióticos de "terceira geração", por exemplo. Mas Welch estava irritadiço e a entrevista foi encerrada.

Welch talvez tenha pensado, quando Lear saiu de seu escritório, que aquele era o fim da história. Mas, se foi isso que pensou, subestimou John Lear, e muito, porque Welch não era o único funcionário público de Washington com o qual o jornalista estava em contato. Na verdade, Lear se encontrou com alguns membros da equipe de um senador americano — um senador que por acaso compartilhava do gosto de Lear por investigações.[48]

O senador Estes Kefauver era um servidor público corado e magro, com um 1,90 metro de altura, que crescera nas montanhas do Tennessee.[49] Advogado formado em Yale, era um liberal sulista e o tipo de progressista sério e idealista que de vez em quando parecia, até mesmo para seus aliados, um pouco apaixonado demais pelas próprias virtudes.[50] Era um destruidor de trustes, presidente da poderosa subcomissão antitrustes e monopólios. Naquela época, as comissões do Congresso gozavam de enorme poder e recursos. Quando Kefauver começou a investigar a indústria farmacêutica, no fim dos anos 1950, sua subcomissão tinha uma equipe de 38 pessoas em tempo integral.[51]

Kefauver gostava de investigar as coisas. Uma década antes, ganhou proeminência nacional ao realizar uma investigação inovadora sobre a máfia.[52] Ele viajou pelo país, fazendo audiências em Chicago, Detroit, Miami e outras cidades, convocando, para testemunhar, *capos* do submundo com nomes como Jake "Greasy Thumb" (Polegar gorduroso) Guzik e Tony "Big Tuna" ("Atunzão") Accardo. As audiências foram televisionadas, numa época em que a televisão ainda era uma mídia relativamente nova, e tiveram índices de audiência sem precedentes.[53] A imprensa consagrou as audiências de Kefauver como "o maior programa de TV que a televisão já levou ao ar".[54] O senador foi capa da revista *Time* — três vezes.[55] Kefauver concorreu à presidência em 1952, vencendo Harry Truman nas primárias de New Hampshire, mas perdendo a indicação democrata para Adlai Stevenson. Quatro anos depois, fracassou novamente numa disputa à Casa Branca, desta vez como candidato a vice-presidente de Stevenson. Em 1958, Kefauver parecia estar resignado ao papel de senador poderoso, e foi então que o famoso combatente do crime da TV voltou sua atenção para a indústria de medicamentos.

Quando a equipe de Kefauver deu início à investigação, espalhou-se pelo país e entrevistou cerca de trezentas pessoas. Os investigadores estavam em contato próximo com John Lear e, nos bastidores, ele fornecia pistas e conexões valiosas. Ao investigar a máfia, o senador notou que os chantagistas se isolavam com um grupo de advogados supostamente legítimos, políticos e especialistas em contornar problemas. A indústria siderúrgica fazia a mesma coisa, pagando bem a traficantes de influência profissionais que usavam ternos risca de giz. Enquanto essa nova investigação ocorria, Kefauver notou que executivos da indústria farmacêutica haviam elevado ao estado de arte essa forma de combate por representantes bem pagos. "Quando esses caras dos remédios pagam pelo lobby, o pessoal do aço fica parecendo um bando de vendedores de pipoca", disse um membro de sua equipe.[56] Kefauver observou como a máfia corrompia o governo[57] — como subornava xerifes e despejava tanto dinheiro que cooptava até mesmo as agências públicas que deveriam policiar suas atividades. De novo, parecia haver um paralelo com os negócios farmacêuticos. Kefauver acreditava que as agências reguladoras podiam ser ludibriadas[58] muito facilmente, levadas a obedecer às ordens da indústria que estavam regulando. Mas quando começaram as audiências, no fim de 1959, ele talvez não estivesse preparado para o que elas revelariam.[59]

Uma das testemunhas convocadas pela subcomissão era uma mulher chamada Barbara Moulton, que trabalhara durante cinco anos como examinadora de remédios na FDA antes de renunciar em protesto. A agência havia "falhado completamente" em sua tarefa de policiar o modo como medicamentos controlados eram comercializados e vendidos, testemunhou ela. Moulton descreveu que na FDA havia um ambiente de permanente pressão por parte das empresas farmacêuticas e uma cultura em que reguladores, em vez de regular essas companhias e seus produtos, mostravam uma deferência servil ao setor privado.[60] A insistência de Moulton em fazer seu trabalho impediu seu avanço na agência, disse ela. A funcionária foi repreendida por um supervisor por não ser "educada o bastante com membros da indústria farmacêutica". Moulton destacou o antibiótico Sigmamicina, da Pfizer, como um caso típico em que a agência submetera um novo medicamento a uma análise restrita. "Achei impossível acreditar que qualquer pessoa com conhecimento de medicina antibiótica clínica pudesse honestamente chegar a uma conclusão que substanciasse as alegações feitas sobre esses produtos", disse ela. A indústria de medicamentos "induz os médicos a erro", concluiu Moulton. A noção de que a FDA protege os consumidores americanos não passava de um mito reconfortante.

O propósito inicial das audiências era focar no monopólio por trás da fixação de preços na indústria farmacêutica. Mas, quando Kefauver e sua equipe começaram a interrogar as testemunhas, o inquérito foi reorientado para os problemas mais profundos e disseminados do marketing enganoso de remédios.[61] Kefauver era um interlocutor paciente, mas persistente.[62] Tinha um jeito brando e quase melancólico, e era infalivelmente educado, deixando a testemunha terminar para então dar um trago profundo no cigarro antes de fazer, gentilmente, uma pergunta incisiva. Quando o presidente da Pfizer, John McKeen, saiu do Brooklyn para defender sua empresa, Kefauver destacou que o próprio diretor médico da Pfizer constatara que 27% das pessoas sofriam com os efeitos colaterais do medicamento que a empresa dizia não causar efeitos colaterais. "Você atacou a profissão médica com sua publicidade", disse Kefauver, com sua fala arrastada. "Na minha opinião, você omitiu dos médicos dos Estados Unidos o fato mais importante."[63]

Em determinado momento das audiências, vários relações-públicas compareceram diante da comissão e Kefauver começou a fazer perguntas. Com seu jeito vagaroso e metódico, indagou sobre o Quarto Simpósio Anual de

Antibióticos que ocorreu no Willard Hotel vários anos antes e, em particular, sobre o discurso de Henry Welch no evento. Era o discurso no qual o regulador falara sobre os "antibióticos de terceira geração", uma fala que executivos da Pfizer gostaram tanto que imediatamente incorporaram em sua publicidade para a Sigmamicina. Kefauver chamou um jovem chamado Gideon Nachumi para testemunhar, e Nachumi explicou que, quando estava na faculdade de medicina alguns anos antes, usara o tempo livre para ganhar dinheiro com publicidade. De início, trabalhou para a William Douglas McAdams com a conta da Pfizer, até que foi contratado pela própria farmacêutica, onde atuou como redator interno. É claro que foi a McAdams que produziu o anúncio fraudulento com os cartões de visita. Mas Kefauver estava mais interessado numa experiência que Nachumi teve na Pfizer. Em algum momento no início do outono de 1956, testemunhou Nachumi, ele recebeu a missão de "revisar um discurso do dr. Welch". Os comentários, disseram a ele, seriam apresentados no Quarto Simpósio Anual de Antibióticos. Antes da conferência, revelou Nachumi, Henry Welch entregara à Pfizer uma cópia de seus comentários "para aprovação". A empresa instruiu Nachumi a dar uma olhada rápida no discurso para "esquentá-lo". A equipe da subcomissão obteve, por intimação, uma cópia do rascunho original do discurso de Welch, e, quando Kefauver a apresentou a Nachumi, o jovem médico reconheceu que uma grande mudança que fez foi acrescentar ao discurso o trecho sobre os "antibióticos de terceira geração". Alguém da Pfizer compôs a frase, explicou ele, para servir de "mote" da campanha da Sigmamicina. Não foi a Pfizer que gostou tanto da frase de impacto do regulador da FDA que a tomou emprestada para o texto publicitário. Foi a empresa que insinuou seu texto publicitário diretamente no discurso.[64]

Um dos assistentes de Kefauver perguntou a Nachumi: "Você definitivamente tem uma recordação de que foi *sua* a sugestão de que essa frase fosse incluída?"

Nachumi confirmou. Afinal, explicou ele, ter uma citação de uma "autoridade respeitada" como o chefe de antibióticos da FDA dava à empresa o aval para construir toda uma campanha promocional. O alvorecer da terceira geração era simbolizado, nos anúncios da Pfizer, pela imagem de um sol brilhante nascendo sobre o mar, disse ele. "Acho que se pode depreender o valor pictórico", refletiu Nachumi. "Isso meio que implica que o desenvolvimento da Sigmamicina é de importância comparável à da descoberta dos antibióticos de amplo espectro e talvez até da penicilina."

Conforme se viu, os comentários finais de Welch foram publicados em uma das revistas que ele editava com Félix Martí-Ibáñez. E, nos termos de seu acordo com Martí-Ibáñez, Welch tinha direito à metade de qualquer renda gerada pela venda dessas reimpressões.[65] E a Pfizer, depois do simpósio, fez reimpressões. Muitas reimpressões. Para ser exato, a Pfizer fez 238 mil cópias do discurso. "Virou piada no escritório", testemunhou outro relações-públicas da Pfizer, Warren Kiefer.[66]

É claro que o propósito aparente das reimpressões era que a empresa pudesse distribuí-las como parte de seu esforço promocional. Mas quantas cópias das boas-vindas de Henry Welch no Quarto Simpósio Anual de Antibióticos podiam realisticamente ser distribuídas? Ao longo de toda a campanha promocional, eles conseguiram se livrar de apenas algumas centenas.

"Elas ficaram empilhadas no seu escritório?", perguntou Kefauver.

"Elas foram entulhando o almoxarifado", respondeu Kiefer.

"Elas acabaram... no lixo?"

"Acho que sim", disse Kiefer.

E então Kefauver se preparou para o bote: "Mas por que pagar por tantas se não havia nenhuma utilidade para elas?"

O relações-públicas desconversou. Mas para qualquer pessoa que estivesse prestando atenção, a resposta foi clara: fazendo todas aquelas reimpressões, a Pfizer só podia estar subornando Henry Welch.

Ao longo de vários meses, enquanto as audiências aconteciam em Washington, a equipe de Kefauver seguiu investigando os Sackler. Arthur podia não estar pessoalmente implicado nas várias impropriedades que a comissão estava descobrindo, mas continuava aparecendo a um grau de distância. A McAdams era sua agência. A Pfizer era sua cliente. Ele fazia a campanha da Sigmamicina. Félix Martí-Ibáñez era seu amigo e havia sido seu funcionário na McAdams. "Durante a investigação sobre os medicamentos, eu ouvia de vez em quando rumores sobre os 'Irmãos Sackler'", escreveu um dos adjuntos de confiança de Kefauver, John Blair, num memorando de 16 de março de 1960.[67] De início, Blair supôs que os Sackler fizessem uma operação "periférica". Mas, quanto mais investigava, mais frequentemente o nome aparecia. Blair ficou sabendo que Martí-Ibáñez tinha um sócio secreto em seu empreendimento editorial, a MD Publications. Estava convencido de que eram os Sackler.

"Se uma empresa foi capaz de estabelecer vínculos tão fortes com o homem mais poderoso do governo na área de antibióticos, dificilmente opera nas margens", escreveu Blair, acrescentando que a "maneira clandestina" como os irmãos atuavam "sugere que aqui pode haver mais do que o olho vê". Quando a equipe de Kefauver tentou elencar os muitos interesses dos Sackler, descobriu que eles eram extremamente prolíficos.[68] Mas os irmãos eram tão eficientes em esconder suas atividades que permaneciam misteriosos, mesmo para os investigadores do governo. "Existem três irmãos Sackler: Arthur, Raymond e Mortimer", escreveu Blair. "Parece que são psiquiatras." Ele mencionou uma mulher chamada Marietta, que "pode ser a esposa de Arthur".

Os investigadores encontraram a sede da família na 62nd Street, "um prédio sem ostentação" que, ao ser examinado, revelou abrigar "uma colmeia de atividades". Parte da correspondência que chegava ao prédio era endereçada à agência McAdams; outra parte, à MD Publications. Os investigadores identificaram nada menos que vinte entidades corporativas relacionadas ao prédio. Mas era difícil dizer onde uma terminava e a outra começava, porque "toda a operação é coberta de sigilo".

Em várias folhas de papel enormes, a equipe tentou esquematizar a extensa teia de interesses dos Sackler,[69] com os nomes das empresas e dos indivíduos dispostos em quadradinhos, conectados por um emaranhado de linhas. "O império Sackler é uma operação completamente integrada", escreveu Blair. Eles podiam desenvolver um medicamento, fazer testes clínicos, assegurar relatos favoráveis de médicos e hospitais com os quais tinham ligação, criar uma campanha de publicidade em sua agência, publicar artigos clínicos e anúncios em suas próprias revistas médicas e usar seus esforços de relações públicas para garantir que seus artigos aparecessem em jornais e revistas.

Trabalhando em conjunto com os investigadores, John Lear, o jornalista, escreveu um artigo para a *Saturday Review* em que identificava Arthur como o "mentor da McAdams" e se perguntava que papel ele podia ter no desenrolar do escândalo que envolvia Martí-Ibáñez e Welch.[70] Kefauver descobriu, ao investigar os mafiosos, que todos eles costumavam usar os mesmos contadores, e Lear notou que o contador de confiança do Sackler, Louis Goldburt, parecia representar todos os envolvidos. Em carta à equipe de Kefauver, Lear escreveu que Goldburt era "a primeira ligação real que consegui estabelecer entre Martí-Ibáñez e Sackler".[71] Ele encontrou um documento em que Martí-Ibáñez se referia a Goldburt como "nosso contador-chefe".[72] Disse também que, de acordo com um de seus informantes,[73] "Arthur Sackler é sócio secreto da Frohlich" — aparente rival de Arthur, a agência L. W. Frohlich. Em determinado momento, Lear recortou uma charge que encontrou numa revista médica mostrando um polvo com tentáculos que se estendiam à "fabricação de medicamentos", "publicidade médica" e "revistas médicas". Lear enviou o recorte a John Blair com um bilhete que dizia "O dono desse polvo é uma família composta por três pessoas".[74]

O que os investigadores mais queriam estabelecer era uma conexão sólida entre os irmãos Sackler e Henry Welch.[75] Eles concluíram, a certa altura, que Martí-Ibáñez era apenas um "testa de ferro" dos Sackler, mas esta é a questão com os testas de ferro: enquanto Martí-Ibáñez fizesse o trabalho sujo, seria difícil atribuir qualquer responsabilidade por sua conduta — ou mesmo ter conhecimento de sua conduta — aos Sackler. Isso mudaria se os investigadores descobrissem uma ligação direta entre os irmãos e o homem da FDA.[76]

Quanto ao próprio Welch, sua situação parecia terrível. Quanto mais a subcomissão cavava, mais impropriedades chocantes eram desenterradas, e Welch estava bem no centro de tudo. Em março de 1960, quando os investigadores estavam emitindo intimações e tomando testemunhos, ele sofreu um pequeno ataque cardíaco. Em 5 de maio, Kefauver informou a Welch e Martí-Ibáñez que ambos precisariam ir ao Capitólio dentro de duas semanas para testemunhar. Welch prometeu ir e defender sua dignidade, dizendo que combateria as alegações "mesmo se eu tiver que ir numa maca".[77]

Mas ele não foi. Martí-Ibáñez também se recusou a comparecer, usando sua saúde como justificativa. "Foi alegado que o dr. Welch corre o risco de sofrer um ataque cardíaco se for posto no banco de testemunhas", disseram os jornais. "E que o dr. Martí-Ibáñez tem um caso tão sério de glaucoma que corre o risco de ficar cego."[78]

Martí-Ibáñez vinha se esforçando, discretamente, para preparar o terreno para o amigo. Em março, escreveu uma carta marcada como "pessoal e confidencial" para Bill Frohlich.[79] "Henry Welch esteve aqui semana passada", dizia, "e discutimos muitas coisas, incluindo seu futuro." Welch achava que talvez fosse hora de deixar o governo, disse Martí-Ibáñez a Frohlich. Ele queria ingressar no setor privado, o que lhe daria uma chance de aproveitar suas "conexões únicas com os líderes da indústria farmacêutica". Talvez Frohlich pudesse oferecer um trabalho para ele, sugeriu Martí-Ibáñez, acrescentando: "Eu sei que você está sempre procurando pessoas boas."

Mas àquela altura era tarde demais para salvar a carreira de Henry Welch. Quando a equipe de Kefauver obteve acesso aos registros bancários, fez uma descoberta de cair o queixo. Henry Welch dissera a John Lear que ganhava apenas um "honorário" por seus serviços editando as duas revistas com Martí-Ibáñez. Mas era mentira. Na verdade, ele ganhava 7,5% de toda a renda com publicidade que entrava na MD Publications e 50% da renda gerada pela reimpressão dos artigos das duas revistas que ele editava.[80] Na

FDA, Welch ganhava um salário de 17.500 dólares[81] por ano, uma quantia digna de alguém que é um dos mais altos funcionários da agência. Além disso, descobriram os investigadores, entre 1953 e 1960, Welch ganhara 287.142 dólares com seus empreendimentos editoriais.[82] "Quando esses números forem divulgados, vão matar esses caras!", exclamou um senador, referindo-se a Welch e Martí-Ibáñez.[83]

Quando os números foram divulgados, Welch se demitiu da FDA, desacreditado.[84] Ele continuou a alegar inocência, culpando a "política" por sua saída e dizendo: "Eu desafio qualquer um a procurar nas revistas e encontrar qualquer artigo, parágrafo ou frase que reflita uma falta de integridade editorial ou científica."[85] Mas aquele era o fim de Welch. Ele evitou um processo, manteve sua pensão integral e se aposentou na Flórida.[86] A FDA, enquanto isso, anunciou uma revisão de todos os medicamentos aprovados por Welch.[87]

Foi uma conquista importante para a investigação. Mas Kefauver não havia terminado. Ele queria entrevistar Bill Frohlich e intimá-lo. O senador percebeu, porém, que uma pequena crise de saúde pública que afetava a nação parecia derivar de sua própria atuação processual: assim como Welch e Martí-Ibáñez, Frohlich se recusou a testemunhar,[88] apresentando uma carta de seu médico que descrevia "um distúrbio ocular que pode ser agravado por seu comparecimento". Para o caso de alguém duvidar dessa desculpa, Frohlich não confiou nada à sorte e improvisou uma viagem para fora do país. A comissão foi informada de que ele estava indisposto, "em algum lugar na Alemanha".

Em dezembro de 1961, uma reportagem anunciou que Kefauver logo encerraria as audiências, explicando que ele esperava que as evidências reunidas gerassem apoio à proposição de uma legislação que corrigisse "abusos na indústria farmacêutica". Mas o artigo observava que, antes de concluir a investigação, havia uma última testemunha que ele queria convocar: "O dr. Arthur M. Sackler, presidente da McAdams."[89]

Uma coisa que Marietta sempre notou no marido era sua peculiar capacidade de "se fechar para tudo que não fosse o seu objeto de foco".[90] Enquanto a investigação, os artigos escandalosos e as audiências giravam à sua volta, Arthur estava ocupado com a administração de seus negócios, de suas coleções e de suas famílias. Ele desprezava Kefauver, a quem considerava um demagogo em perseguição à indústria farmacêutica.[91] Nunca confiou muito em agentes governamentais de regulação e tendia a considerá-los, desdenhosamente, burocratas arrogantes, o tipo de pessoa que provavelmente ingressava no serviço público por incapacidade de entrar numa faculdade de medicina. A teoria de Kefauver, reclamou Arthur, era de que "médicos praticantes eram tolos ou vigaristas", e de que "não se podia confiar" em pesquisadores médicos e publicações científicas. Arthur era particularmente sensível a qualquer implicação de que ele pudesse estar pessoalmente envolvido em conflitos de interesse. Mas descartava toda sugestão desse tipo como "insinuações" e "conversa fiada", e insistia que tudo o que sempre fazia era tentar ajudar pessoas.[92]

Arthur sempre evitou os holofotes. Uma vez que o foco passou a estar sobre si como consequência das investigações da *Saturday Review* e do Senado, a publicidade revelou-se tão perigosa quanto ele havia muito tempo supunha ser. Diversos médicos notáveis dos conselhos editoriais de revistas que Martí-Ibáñez publicava começaram a fazer barulho em protesto,[93] enviando questionamentos insolentes sobre se "os três doutores Sackler" podiam secretamente ser os donos das revistas. (Martí-Ibáñez escreveu que os Sackler eram "amigos queridos e admirados", enquanto se recusava explicitamente a responder à pergunta.)[94] "Era motivo de alegria ter meu nome no conselho" de uma das publicações, disse um médico proeminente à *Newsweek*. "Agora estou indignado. Eu renunciei."[95]

Quando foi intimado a ir a Washington, Arthur não alegou nenhuma lesão ocular nem fugiu para a Europa. Anos mais tarde, sua decisão de ficar e lutar se tornaria um capítulo mítico de sua biografia. "Era a época da caça às bruxas macarthista, então todo mundo na indústria farmacêutica estava apavorado", recordou um relato publicado por uma fundação da família.[96] "Sackler se ofereceu para receber o impacto por toda a indústria." Ele contratou Clark Clifford, lendário advogado de Washington e especialista em resolver problemas, que havia sido conselheiro próximo do presidente Truman.[97] E, em 30 de janeiro de 1962, Arthur adentrou a câmara do Senado.

"A comissão pede ordem", disse Kefauver.[98] Um tema das audiências, observou ele, era publicidade e promoção: "As alegações sobre a eficácia de medicamentos são com frequência excessivas. E muitas vezes há uma falta de advertência sobre os efeitos colaterais." Por isso, naquele dia, eles ouviriam um homem que era dono de uma das duas principais agências de publicidade médica. "Você jura solenemente que seu testemunho revelará somente a verdade e nada além da verdade?", perguntou Kefauver.

"Eu juro", respondeu Arthur.

Aquele era um grande momento para a equipe de Kefauver: o polvo em pessoa. Eles vinham se preparando para aquele interrogatório havia semanas, redigindo uma série de roteiros, com perguntas que Kefauver deveria fazer e respostas plausíveis que Sackler poderia oferecer.[99]

"Sou médico e presidente do conselho da William Douglas McAdams", apresentou-se Arthur. "Atualmente sou o diretor dos Laboratórios de Pesquisa Terapêutica e professor de pesquisa terapêutica da Faculdade de Farmácia do Brooklyn da Universidade de Long Island. Publiquei, apresentei ou reportei aproximadamente sessenta artigos em periódicos médicos, em conferências internacionais de psiquiatria e fisiologia." Para referência da comissão, ele trouxe uma bibliografia: "Eu apreciaria que isso fosse incorporado aos registros." Arthur observou que sua pesquisa em psiquiatria era "reconhecida aqui e no exterior". Ele tinha duas carreiras, disse, uma em medicina e a outra em negócios. Ele as seguia "concomitantemente, mas de forma independente".

Da última vez que compareceu ao Capitólio, uma década antes, Arthur estava menos seguro de si. Veio com o chapéu na mão, pedindo financiamento, e foi posto em seu lugar por um senador antissemita. Mas o Arthur Sackler que estava na câmara dez anos depois era uma pessoa diferente: um homem de cultura, refinamento e extraordinária autoridade médica. Tinha um sotaque patrício, que brandia a seus interlocutores como um canivete. "Ele parecia desfilar com sua voz como um claro sinal de suas realizações", recordou uma pessoa que o conhecia.[100] Quando Kefauver e seus associados fizeram perguntas sobre o modo como os medicamentos eram feitos e comercializados, Arthur permaneceu imperturbável e complacente, demonstrando de vez em quando uma leve impaciência com a ignorância daquelas figuras que não eram médicos. A agência McAdams não era apenas um grupo de publicitários, observou. Havia *doutores* que trabalhavam ali, muitos deles. Sob uma "administração predominantemente médica", a McAdams aderia à crença de que "uma boa e ética publicidade farmacêutica exerce um papel positivo no avanço da saúde comunitária". Muito tempo antes, Arthur passara a avaliar que é sempre útil minimizar o tamanho da influência e dos bens de alguém, portanto insistia que a McAdams não era uma das duas maiores agências de publicidade médica. Na verdade, era bem pequena. "Nós na McAdams ficaríamos naturalmente *lisonjeados* em pensar que somos importantes", murmurou ele. "Mas os números fracos mostram nosso tamanho relativamente pequeno na esfera econômica."

O modo de interrogação preferido de Kefauver era usar sua polidez para tranquilizar a testemunha, levando-a a um falso sentimento de segurança e deixando-a falar até se encurralar. Mas essa abordagem respeitosa foi um tiro que, com Arthur Sackler, saiu terrivelmente pela culatra. A publicidade médica *salva vidas*, proclamou Arthur, em total obstrucionismo, porque reduz o tempo entre a descoberta de um novo medicamento e seu uso por médicos. "Essas comunicações farmacêuticas, rápidas e confiáveis, são capazes de reduzir o tempo entre a descoberta e o uso. Representam uma semana, um mês ou um ano de vidas salvas, preservando o conforto, a dignidade e o dinheiro dos pacientes", prosseguiu ele, acrescentando que ficaria feliz em fornecer aos senadores "material informativo sobre isso".

Todos aqueles planos de batalha detalhados que a equipe de Kefauver traçara foram oficialmente por água abaixo. Arthur estava dando uma aula à comissão como se eles fossem um grupo de estudantes do primeiro ano de medicina. Os médicos jamais seriam seduzidos a acreditar em publicidade falsa, proclamou Arthur, e, de qualquer modo, *o que* é publicidade falsa? A maior parte da publicidade que ele via, e certamente toda a publicidade que produzia, era mais do que razoável. "Espero não estar indo rápido demais", ele interrompeu seu longo monólogo antes de prosseguir. Em certo momento, Kefauver perguntou, quase se desculpando, se Sackler "permitiria uma pergunta", ao que Arthur respondeu: "Senador Kefauver, será que eu poderia prosseguir? Acredito que meu testemunho irá esclarecer as coisas de modo que talvez não haja a necessidade de outras perguntas."

Isso calou o senador, mas não por muito tempo. Ele acabou indo adiante e interrompeu o depoimento, soltando uma pergunta, e Arthur disse, sem perder o ritmo: "Vamos chegar aí em um instante, senador." Foi um desempenho extraordinário. Em determinado momento, um dos membros da comissão clamou: "Doutor, o senhor *terminou?*"

Mas ele não terminara. Arthur contestou os fatos da comissão e sua interpretação dos fatos. "Senador Kefauver, eu gostaria de deixar esse ponto muito claro", disse ele, para corrigir uma má impressão elementar. "Se você tivesse obtido a formação médica necessária para um diploma, jamais teria cometido esse erro."

Ele deitou e rolou, e nenhum membro da comissão conseguiu acertar um golpe sequer. É claro que não existe nenhuma terapia completamente isenta de efeitos colaterais, admitiu Arthur. Mas quando Kefauver o questionou sobre um efeito colateral específico — queda de cabelo — associado a uma medicação cardíaca, Arthur disse, impassível: "Eu preferiria ter o cabelo ralo a veias coronárias grossas."

Tão avassaladora foi a derrota naquele dia que os investigadores deixaram de questionar Arthur sobre uma série de cartas obtidas judicialmente. As cartas não foram citadas na audiência nem vieram a público, mas a subcomissão as tinha: durante décadas, permaneceriam guardadas numa grande pilha de pastas, numa caixa de papelão que integrava a coleção de quarenta, as quais continham todos os arquivos da investigação de Kefauver. São cartas trocadas entre Henry Welch e Arthur Sackler. "Querido dr. Sackler", escreveu Welch em 23 de fevereiro de 1956, "fiquei muito feliz por ter a oportunidade de falar com você ao telefone e lamento que não tenha sido possível nosso encontro em minha recente viagem a Nova York."[101] Welch prossegue pedindo a Sackler uma "pequena ajuda de fora" para o financiamento de uma nova revista.

"Gostaria muito de encontrá-lo e conhecê-lo melhor", respondeu Sackler, cinco dias depois.[102] Três anos depois, quando os problemas de Welch começaram, Arthur lhe escreveu de novo. "Gostaria de lhe dizer, num momento de dificuldade, que você tem muitos amigos que (...) estão ao seu lado. A perseguição injustificada à qual você tem sido exposto por meio dos esforços sensacionalistas de um indivíduo pequeno na busca de manchetes" — uma referência ao jornalista John Lear — "é de cortar o coração."[103] Ao responsável chefe de antibióticos da FDA — um homem cujo comprometimento Arthur, como sócio secreto da MD Publications, ajudou a endossar; um homem que a Pfizer, cliente de Arthur, subornou com centenas de milhares de reimpressões inúteis —, Arthur escreveu: "Eis os nossos mais cordiais desejos: tudo de bom a você e sua família."

Mas os investigadores nunca tiveram a chance de perguntar a Arthur sobre Welch. Eles determinaram uma duração para o interrogatório, que presumivelmente foi negociada com antecedência por Clifford, o poderoso advogado de Arthur, e mal conseguiram interpor uma palavra durante o tempo que tiveram. Ao se levantar com seus advogados e se preparar para deixar a câmara, Arthur só podia estar se sentindo vitorioso. Antes de se encaminhar à porta, ele lançou um último olhar a Kefauver e agradeceu a oportunidade de apresentar suas explicações. Em seguida, disse, com um floreio, antes de sair: "Os registros falam por si mesmos."

Capítulo 7

O DERBY DE DENDUR

UM PEQUENO TEMPLO SE ERGUIA às margens do Nilo.[1] Fora construído pelo governador romano local, uma ou duas décadas antes do nascimento de Cristo, em homenagem a dois irmãos que, dizia-se, haviam se afogado no rio. O templo era feito de arenito, e as paredes eram decoradas com retratos esculpidos dos irmãos, Pedesi e Pihor, venerando o deus Osíris e sua consorte, Ísis.[2] Jesus Cristo nasceu e morreu, e mais tarde o templo foi convertido em igreja cristã.[3] Ao longo dos séculos, novas religiões floresceram, novas línguas nasceram, grandes impérios surgiram e caíram. E o templo resistiu. É claro que houve saques: entre os grandes templos do Egito, qualquer tesouro que pudesse ser removido foi pilhado por ladrões maltrapilhos ou, depois, por ladrões elegantes em terno de linho que sofriam debaixo do sol e se autodenominavam egiptólogos. Durante séculos, pessoas foram estudar o templo e refletir sobre a relíquia e seu universo desaparecido. Ao lado dos entalhes originais, o templo acumulou pichações, gravadas na parede em escrita demótica. E as pichações sobreviveram até muito depois de a língua demótica morrer e não restar ninguém, exceto os estudiosos que pudessem lê-las. Em 1821, um advogado e veterano de guerra americano chamado Luther Bradish visitou o templo e gravou seu nome na parede: L. BRADISH OF NY US 1821.[4] Um fotógrafo francês chamado Félix Bonfils fez uma visita no fim do século XIX e rabiscou seu nome em tinta na construção.[5] Em fotografias tiradas quarenta anos mais tarde, depois de o francês morrer, ainda se via sua marca, BONFILS. Mas, com o tempo, a tinta apagou e Bonfils foi esquecido.

O impulso de escrever o nome em um templo antigo poderia ser visto como vandalismo. Mas era também um ato de desafio — desafio à mortalidade, desafio ao próprio tempo. Hoje sabemos qual é o nome daqueles irmãos, dois mil anos depois de se afogarem no Nilo. Mas conhecemos o nome dos vândalos também, porque ainda podemos lê-los na parede do templo. O homem está morto. Seu nome sobrevive.

Nos anos 1960, o Egito era uma nação em rápida modernização e, a fim de controlar as enchentes anuais do Nilo, uma barragem começou a ser construída.[6] Ela possibilitaria manejar a irrigação da região. Converteria milhões de hectares de deserto em terra arável, e turbinas enterradas no subsolo gerariam eletricidade. A barragem era exaltada como uma maravilha técnica, uma "nova pirâmide".[7] Só havia um problema: para redistribuir um enorme volume de água, seria criado um lago de 480 quilômetros,[8] inundando as áreas circundantes e engolindo cinco templos antigos dispersos em seu caminho. Durante milhares de anos, essas maravilhas arquitetônicas resistiram à destruição do tempo, mas então o Egito seria forçado a escolher entre seu futuro e seu passado. O Templo de Dendur, como se tornara conhecido por causa do nome do lugar onde ficava, era uma das estruturas vulneráveis. Seria destruído.

Uma campanha internacional foi lançada para salvar "os monumentos núbios". As Nações Unidas concordaram em ajudar o Egito na realocação de cada templo que poderia ser afetado pela barragem. Mas isso custaria caro, um dinheiro que o país não tinha. Então os Estados Unidos se comprometeram a pagar 16 milhões de dólares para ajudar. Um dirigente egípcio, Abdel el Sawy, ficou comovido com esse ato de generosidade e, em 1965, propôs a doação do Templo de Dendur[9] aos Estados Unidos, como forma de agradecimento. Um belo gesto. Mas como dar de presente um templo de oitocentas toneladas?[10] E onde, num país tão jovem, poderia ficar um monumento tão antigo?

O museu de arte Metropolitan, que se projetava sobre o Central Park em um espaço nobre na Quinta Avenida, foi concebido originalmente logo depois da Guerra Civil, quando um grupo de nova-iorquinos proeminentes decidiu que os Estados Unidos precisavam de um grande museu de arte para rivalizar com aqueles da Europa. O museu foi fundado em 1870 e transferido para a Quinta Avenida uma década depois.[11] Começou com uma coleção de arte privada, que consistia principalmente de pinturas europeias, doadas por John Taylor Johnston, um magnata ferroviário, juntamente com doações de seus colegas industriais.[12] Mas, desde o início, o museu foi marcado por uma fascinante tensão entre os interesses e indulgências de seu círculo de financiadores abastados e uma missão mais voltada para o público, igualitária. O Met seria gratuito e aberto ao público, mas subsidiado por doações dos ricos.[13] Na inauguração, em 1880, um de seus gestores, o advogado Joseph Choate, fez um discurso para os industriais da Era de Ouro que haviam se reunido e, na tentativa de obter seu apoio, ofereceu a astuta observação de que o que a filantropia realmente compra é a imortalidade: "Pensem nisso, vocês, milionários de muitos mercados, a glória que ainda pode ser sua se ouvirem nosso conselho de converter porcos em peças de porcelana, grãos e produtos agrícolas em cerâmica, a rude matéria do comércio em mármore esculpido."[14] Participações em ferrovias e ações em mineração — que no próximo pânico financeiro "certamente perecerão, como pergaminhos ressecados" — poderiam ser transformadas em um legado durável, sugeriu Choate, em "telas glorificadas dos mestres mundiais, que irão adornar essas paredes durante séculos". Por meio dessa transubstanciação, propôs ele, grandes fortunas poderiam ser passadas para instituições cívicas duradouras. Com o tempo, as origens brutas da contribuição de um clã poderiam ser esquecidas e as futuras gerações se lembrariam apenas do legado filantrópico, induzidas pelo nome da família em alguma galeria ou ala, talvez até no próprio prédio.

No início dos anos 1960, o Met era um dos maiores museus de arte do mundo, mas passava por dificuldades. Por um lado, havia uma aquisição agressiva de boas obras de arte para o museu. Em 1961, foram pagos um recorde de 2,3 milhões de dólares pela pintura de Rembrandt *Aristóteles contemplando um busto de Homero*.[15] Mas, ao mesmo tempo, o museu mal tinha condições de manter as portas abertas e pagar seus funcionários, e dependia de recursos do já apertado orçamento da cidade de Nova York para cobrir as despesas.[16] O público não era um problema: depois da aquisição do Rembrandt, 86 mil visitantes desfilaram diante da pintura em poucas horas (para avaliar por si próprios, sugeriu um relato na imprensa, se "uma pintura vale o preço de um míssil").[17] Três milhões de pessoas visitavam o museu a cada ano. A questão era que nenhuma delas pagava pelo ingresso.[18]

O imenso volume de visitantes também representava outro problema: o prédio não tinha ar-condicionado. No auge do verão — a alta temporada para os turistas —, as galerias ficavam abafadas. Portanto, o museu precisava de recursos para uma reforma que incluísse a instalação de unidades de resfriamento. O diretor do Met na época era James Rorimer, um *connaisseur* atarracado que adorava fumar cachimbo.[19] Em 1961, ele anunciou a proposta de instalar um sistema de ar-condicionado no Met para a abertura da Feira Mundial de Nova York, três anos depois.[20] Precisava encontrar uma maneira de custear a obra. Então pediu ajuda a Arthur Sackler.[21]

Rorimer escolheu bem o momento. Os irmãos Sackler haviam começado a se interessar por filantropia, e a paixão de Arthur por colecionar obras de arte estava a todo vapor. Os irmãos tinham saído ilesos das investigações de Kefauver, o que lhes deu energia e otimismo. De acordo com Richard Leather, advogado dos três irmãos nesse período: "Eles estavam orgulhosos por terem escapado."[22] E Rorimer tinha algo que os irmãos queriam. Desde a inauguração com Joseph Choate e seus companheiros nobres, em 1880, o Met era o grande clube fechado de Nova York. Os irmãos Sackler estavam dando dinheiro a um amplo conjunto de instituições, mas suas contribuições eram notadamente direcionadas a lugares com os quais não tinham nenhuma ligação pessoal prévia. Arthur não estudou na Universidade de Colúmbia, e sim na NYU. Mortimer e Raymond não puderam sequer ingressar na Faculdade de Medicina da NYU, por conta das cotas antissemitas. Mas os irmãos faziam doações para a Colúmbia, para a NYU e a universidade mais elitista de todas, Harvard. Sua generosidade tinha visivelmente uma qualidade de ostentação.

Mas o Met se enquadrava numa categoria própria. A proposta de livre acesso do público à instituição era contrabalançada pela fama de estrita exclusividade em relação a doadores abastados que a apoiavam e ganhavam um lugar cobiçado no conselho do museu. Uma caridade que garantia distinção sem paralelo. Era também, inconfundivelmente, o tipo de lugar de que Arthur Sackler gostava. Cada corredor de mármore, vestíbulo e galeria era verdadeiramente repleto de tesouros. O Rembrandt pode ter representado uma grande compra, mas a verdade é que o museu *já tinha* obras de Rembrandt. Trinta peças.[23] O Met era como a criança da vizinhança que tem mais brinquedos. Ao ser abordado por Rorimer, Arthur concordou em fazer uma doação substancial, prometendo 150 mil dólares para uma reforma no segundo andar do museu, com a condição de que o espaço fosse rebatizado de Galeria Sackler.[24]

Era um pedido-padrão. Quando os doadores davam dinheiro, gostavam de ver seu nome na parede. Mas Arthur também propôs um acordo mais exótico. Sugeriu comprar do Met todas as obras de arte que ocupassem o novo espaço — uma série de obras-primas asiáticas que o Met adquiriu nos anos 1920. Ele se ofereceu para cobrir o preço que o museu pagara na época e depois devolver as obras ao museu como doação, com o entendimento de que dali em diante cada peça seria descrita como uma "doação de Arthur Sackler", embora já fossem da instituição. Era conveniente para o museu, como forma de gerar renda extra, e para Arthur, como uma maneira de fixar seu nome em mais objetos. Sackler também estava atento às vantagens de jogar com o sistema tributário,[25] de modo que ele declarou cada doação não com o preço que pagou por ela, mas com o valor de mercado atual. Era uma jogada clássica de Arthur Sackler: inovadora, ostentosa, um tanto nebulosa; um gesto de caridade no qual, considerando as vantagens tributárias, ele, na verdade, *ganharia* dinheiro.[26] Mas o museu precisava de doações, então concordou.[27]

Rorimer era uma figura peculiar. Durante a guerra, trabalhou recuperando obras de arte roubadas pelos nazistas e, como diretor do Met, fazia rondas regularmente, como um policial, seu terno de flanela em contraste com os coturnos. Seu senso de responsabilidade com os tesouros de sua coleção era tal que ele parava para limpar a poeira dos mostruários. Mil colegiais visitavam o museu todos os dias, e, quando ele avistava um jovem visitante desgarrado pondo a mão numa estátua, gritava: "Isso tem quatro mil anos!"[28] Ainda assim, ele tinha um profundo compromisso com o conceito do museu como motor de humanização da sociedade. "A familiaridade com a beleza só pode gerar mais beleza", gostava de dizer.

Essa crença ressoava forte em Arthur, que ainda cultivava lembranças vívidas de suas visitas ao Museu Brooklyn na infância. Arthur gostava de Rorimer,[29] vendo-o não apenas como um homem com o qual podia fazer negócios, mas também como um companheiro esteta. Tempos depois, recordaria os momentos "maravilhosos" que passou com Rorimer no Met: "Nossas conversas duravam horas, pura erudição e conhecimento, como dois cavalheiros versados em antiguidade chinesa."[30] Quando sua relação com o Met amadureceu, Arthur também descobriu os benefícios de uma situação da qual aprendera a gostar em suas interações com a Universidade de Colúmbia. Pense nisso como um *aceno*: numa instituição em dificuldade financeira, um patrono abastado pode muitas vezes gozar de favores e influências em proporção muito maior do que a de qualquer doação que tenha feito, porque o doador astuto aprende a *acenar* com a possibilidade de futuras doações, e isso é uma possibilidade que o museu ou universidade não pode ignorar. Quando esse aceno é executado corretamente, não há quase nada que a instituição não faça para manter o doador (ou mesmo o *possível* doador) feliz.

Arthur queria coisas. Por exemplo, queria um espaço próprio no Metropolitan onde pudesse guardar sua coleção de arte pessoal em rápida expansão. Tanto a casa holandesa em Long Island quanto a de Nova York estavam cheias de móveis, vasos antigos, pinturas e esculturas. Sua coleção de arte estava literalmente desalojando a família. Então ele precisava de espaço. Por que alugar um mero depósito se você pode ter seu próprio compartimento exclusivo no Met? Um arranjo assim seria mais prestigioso, e questões como ambiente climatizado e segurança eram apenas parte do pacote. Então o museu garantiu que Arthur tivesse aquilo a que ele se referia, com sua costumeira grandiloquência, como um "enclave" privado no museu.[31] Sackler então levou milhares de objetos de sua coleção para esse espaço, juntamente com seu curador, que passaria a trabalhar ali. Também combinou que seu amigo Paul Singer, o psiquiatra vienense e *connaisseur* que foi seu mentor em arte asiática, teria um escritório nesse enclave. Arthur instalou uma nova fechadura na porta para que ele e seus associados, mas não os funcionários do Met, tivessem acesso ao espaço. Rorimer aprovou esse arranjo, esperando que, ao fazê-lo, Arthur pudesse algum dia doar ao museu o grande tesouro que estava colecionando.[32]

Em conformidade com a vontade de Arthur, todo o esquema foi mantido em segredo.[33] Os próprios funcionários do museu não entendiam o que estava acontecendo no misterioso espaço. Tempos depois, Arthur sugeriria que o enclave não havia sido ideia sua, mas que Rorimer propusera essa acomodação porque, ao pôr a coleção sob seu teto, ficaria "mais complicado que eu fosse para outro lugar".[34] Mas é difícil acreditar nisso, em especial porque Arthur tinha, ao mesmo tempo, arranjado *outro* enclave numa instituição diferente, o Museu do Indígena Americano (Museum of the American Indian).[35]

Numa quarta-feira da primavera de 1966, James Rorimer passou o dia no Met e em seguida foi para seu apartamento na Park Avenue, deitou-se na cama e teve um ataque cardíaco.[36] Sua morte abrupta marcou uma grande perda para Arthur e para o Met, mas logo ele foi substituído por um sucessor ainda mais pitoresco. Thomas Hoving era um homem jovem e um dínamo ferozmente ambicioso, um animal político, que foi diretor do Cloisters, em Washington Heights, Nova York, e também comissário dos parques da cidade, um trabalho que fora exercido durante décadas por Robert Moses. Hoving adorava os holofotes e era um populista descarado, que circulava de nariz em pé pelos espaços verdes da cidade, com um capacete de safári, organizando *happenings* para atrair os nova-iorquinos aos parques.[37] Era um empresário que acreditava que o Met deveria ser uma instituição grande, chamativa, popular, um lugar não apenas para estudiosos e intelectuais, mas também para o público geral. Hoving tinha um fascínio particular pelo Egito Antigo e decidiu abraçar a missão de obter o Templo de Dendur.

Na época, o templo consistia num entulho de 642 blocos de arenito:[38] havia sido desmantelado pelo governo egípcio, pedra por pedra, e estava à espera de um novo lar. Depois que o Egito anunciara a intenção de doar a estrutura aos Estados Unidos, Hoving manifestou sua ávida convicção de que o único lar permanente apropriado para o templo era o Metropolitan, em Nova York. Mas logo veio à tona a notícia de que o Smithsonian, em Washington, também o queria. Enquanto Hoving era um vendedor entusiasmado, com a energia e a bravura de Nova York, S. Dillon Ripley, diretor do Smithsonian, optava por um ar aristocrático de quem está no seu direito. "Não estamos fazendo campanha", anunciou Ripley, antes de acrescentar, quase como uma reconsideração: "Nós o queremos."[39]

Mas o Met e o Smithsonian não eram os únicos concorrentes. Vinte cidades fizeram suas apostas.[40] Memphis! Phoenix! Filadélfia! Miami! Senadores americanos apelaram ao Departamento de Estado. Organizações civis opinaram. E que tal Cairo, Illinois?[41] Que lar poderia ser melhor para um templo egípcio nos Estados Unidos do que uma cidadezinha do Meio Oeste chamada Cairo? A disputa pelo prêmio magistral foi se tornando mais intensa e feroz. A imprensa a chamou de "Derby de Dendur".[42]

A futura localização do templo foi considerada uma questão de importância nacional, a ponto de a decisão final ficar a cargo de ninguém menos que o ex-presidente dos Estados Unidos Dwight Eisenhower, que designou um grupo de especialistas para ajudá-lo na deliberação. O Smithsonian e o Met logo se destacaram como os dois principais concorrentes, mas tinham propostas marcadamente diferentes quanto ao que fazer com o templo. O Smithsonian sugeriu que fosse posto ao ar livre, cercado pela natureza, como havia ficado por dois milênios. Ripley explicou que preferia ver o templo exibido "da forma mais natural possível".[43] Mas, no Met, Hoving tinha ideias maiores: queria construir uma nova ala no museu para abrigá-lo. Ele considerava ridícula a proposta do Smithsonian de manter o templo ao ar livre, ainda por cima em *Washington*. O templo resistira às intempéries egípcias por dois mil anos, mas não teria chance nos invernos gélidos e verões úmidos da capital do país. "Temos evidências", proclamou um funcionário do Met de forma fatídica, de que, se o templo for posto ao ar livre no distrito de Colúmbia, logo será reduzido a "um monte de areia".[44]

Esse provou ser um argumento vencedor, e, em abril de 1967, Eisenhower anunciou que o Templo de Dendur iria para o Met. Thomas Hoving era o vitorioso. "Estou muito feliz por você ter ficado com o templo", afagou-o a ex-primeira-dama Jackie Kennedy, sua amiga, acrescentando que "John John", seu filho, adorava passear pela seção egípcia do Met. Hoving planejava erguer a nova ala para o templo na 84th Street, perto da Quinta Avenida, por acaso em frente ao apartamento de Kennedy. "Vou iluminar o templo", prometeu ele, "para que, de sua janela, você tenha uma boa vista dele."[45]

Mas isso era mais fácil de dizer do que de fazer. O plano de Hoving envolvia uma ambiciosa expansão e modernização do museu. Haveria uma série de novos espaços: uma ala Rockefeller, que abrigaria a coleção de Nelson A.

Rockefeller, governador de Nova York e neto do bilionário John D. Rockefeller; e uma galeria Lehman, que abrigaria a coleção de Robert Lehman, neto do cofundador do Lehman Brothers e atual presidente do banco. O plano era dar ao Templo de Dendur sua própria ala, com um espelho-d'água refletindo-o e uma grande parede de vidro, de modo que os transeuntes pudessem vê-lo. Mas, como a intenção de Hoving era estender a estrutura do museu para o espaço verde do Central Park, o ex-comissário de parques deparou agora com uma tempestade de resistência dos conservacionistas.[46] Os críticos condenaram a proposta de Hoving como uma "violação do Central Park". Entraram com ações judiciais. Grupos de protesto se concentraram em frente ao Met.

Além disso, quem pagaria por tudo aquilo? Mais ou menos um mês depois de Eisenhower premiar o Met com o antigo templo egípcio, o Egito entrou em guerra com Israel. Hoving sempre pretendeu arrecadar dinheiro com os nova-iorquinos ricos, mas o Egito e tudo que se relacionava com o país de repente saiu de moda. O templo em si foi enviado em partes, chegando a uma doca no Brooklyn, e estava num estacionamento, embrulhado em plástico-bolha, enquanto Hoving tentava obter dinheiro para construir seu novo lar. Mas nenhum doador queria seu nome num templo egípcio. Hoving se mostrava cada vez mais fatalista. Ele brincava, em tom sombrio, que fora vitimado pela "maldição da múmia". Mas era infatigável, e um dia se deu conta de que havia uma pessoa que ainda não consultara: Arthur Sackler.[47]

Ao assumir o Met, Hoving soube do enclave Sackler e achou o arranjo meio bizarro. Será que Sackler tinha dito *explicitamente* que o Met ficaria com as obras de arte que ele guardava ali? Ninguém sabia informar.[48] Hoving não entendia a fonte da riqueza de Arthur. Sabia apenas que ele era rico, que dera dinheiro ao Met e parecia querer dar mais. Então telefonou para o médico a fim de sondar se havia alguma chance de ele fazer uma contribuição. Arthur Sackler não era um homem fácil de encontrar: como era muito ocupado e estava constantemente indo de um trabalho para outro, mesmo pessoas próximas podiam achar difícil localizá-lo.[49] Mas, trinta minutos depois que Hoving pegara o telefone, Arthur apareceu, em pessoa e ligeiramente ofegante, em seu escritório no Met.[50]

Hoving foi direto ao ponto. Arthur era a única pessoa na cidade com "coragem" de fazer essa doação, disse ele. Em geral, era nesse momento que se podia esperar que outros doadores fizessem objeções — apenas em princípio — à ideia de financiar um novo lar para um templo egípcio adotado. Mas Arthur ainda estava ouvindo, em silêncio. Então Hoving arriscou. O que precisava, disse ele, era de 3,5 milhões de dólares.

Essa era uma quantia épica em 1967, um enorme múltiplo de tudo que Arthur já havia doado. "Eu topo", disse ele.[51]

É claro que haveria condições. Arthur estipulou que o dinheiro seria doado por ele próprio e seus irmãos, Mortimer e Raymond, e que seria pago não de uma só vez, mas aos poucos. A nova ala, que ficaria junto à Ala Rockefeller e à Coleção Lehman, iria se chamar Ala Sackler. O local do templo se chamaria Galeria Sackler de Arte Egípcia. Novos espaços de exposição formariam as Galerias Sackler de Arte Asiática. Em toda a sinalização desses novos espaços, Arthur, Mortimer e Raymond seriam citados individualmente, cada qual com a inicial do meio, cada qual com as letras "M.D." (sigla para "médico") depois do nome. Tudo isso foi explicado explicitamente, como provisões contratuais obrigatórias. Um gestor do Met brincou que a única coisa que faltava na sinalização cuidadosamente negociada era "a agenda de consultas deles".[52]

Na primavera de 1974, depois de Hoving finalmente assegurar as aprovações necessárias, um clamor de furadeiras e britadeiras ressoou pelo Central Park, indicando o início da construção.[53] O *The New York Times* anunciou que a nova ala se tornara possível "graças, em grande parte, a uma recente doação de 3,5 milhões de dólares dos drs. Arthur M. Sackler, Mortimer D. Sackler e Raymond R. Sackler".[54] Mas a verdade é que, como os Sackler haviam negociado para pagar a doação ao longo de vinte anos, quando chegou a hora de construir a ala, o Met não tinha dinheiro à mão para financiar a obra e foi forçado a levantar mais fundos.[55] (A cidade acabou contribuindo com 1,4 milhão de dólares.)[56]

No lado norte do Met, uma equipe de profissionais desembrulhou os grandes blocos de arenito e começou a organizá-los sobre uma ampla plataforma de concreto. As pedras estavam desmontadas havia onze anos.[57] Cada uma delas estava numerada, e a equipe do Met consultou uma planta em escala e fotografias para juntá-las novamente. Era como um Lego gigante. Quando o templo foi erguido, os trabalhadores puderam distinguir não apenas os entalhes antigos presentes ao longo das paredes desde sua construção, mas também as subsequentes pichações, os caracteres demóticos e o nome do médico nova-iorquino do século XIX, L. BRADISH, que fora ao Egito e gravara seu nome na lateral de um monumento que acabou indo parar em Nova York.

Aquilo tinha todos os ingredientes de um momento triunfante para os irmãos Sackler, mas, se Arthur acreditou que tudo o que precisava para ser aceito na alta sociedade de Nova York era uma ala com seu nome no Met, estava enganado. Ele se atirou na vida do museu, participando de uma viagem à Índia patrocinada pelo Met. (Quando outro participante da excursão, o filantropo Edward Warburg, adoeceu, Arthur abriu a maleta que sempre carregava, revelando-se tão cheia de medicamentos que Walburg brincou que parecia "uma botica").[58] E Hoving gostava genuinamente de Arthur, tanto quanto um sedutor profissional pode gostar de sua conquista. "Ele era sensível, excêntrico, arbitrário — e vulnerável", comentaria Hoving tempos depois, "o que tornava o jogo muito mais fascinante".[59]

Mas outros funcionários do Met se irritavam com as condições muito restritivas que Arthur impunha a suas doações.[60] Já os burgueses conservadores do mundo da arte o desdenhavam, quando não desprezavam abertamente aquele arrivista cheio de dinheiro e ávido demais.[61] Arthur Sackler tinha o charme "de um cifrão", disse um leiloeiro à *Vanity Fair*. Um visitante da Xanadu recheada de arte onde ele morava comparou a casa a "um anexo de funerária". Arthur queria muito uma cadeira no prestigiado conselho de gestores do museu, e achava, não sem razão, que a merecia. "Dei ao Met exatamente o que os Rockefeller pagaram por sua ala", reclamou.[62]

Mas o museu não o nomearia para o conselho. Entre os líderes, pairava o sentimento de que havia algo de inconveniente em Arthur Sackler. Ele sabia disso: era sensível o bastante às dinâmicas sutis dos guardiões sociais dos círculos de elite para registrar que havia alguma coisa, e algo que lhe parecia familiar. O Met, concluiu Arthur, era simplesmente "um lugar antissemita".[63]

Mas a verdade podia ser mais complicada. Em primeiro lugar, havia judeus no conselho do museu. Um funcionário veterano do Met, Arthur Rosenblatt, brincou que os gestores não tiveram escolha a não ser começar a aceitar dinheiro de doadores judeus, porque em determinado momento não havia mais ricos e velhos protestantes anglo-saxões aos quais recorrer.[64] Mas algumas pessoas também alimentavam suspeitas de que havia algo legitimamente dúbio em Arthur e seus irmãos. Um funcionário do Met notou que, como os irmãos pagariam sua doação de 3,5 milhões de dólares em vinte anos, com abatimentos fiscais ao longo do caminho, "a Ala Sackler não é apenas uma doação generosa, mas também um negócio maravilhoso para eles".[65] Outro funcionário, Joseph Noble, descreveu Arthur como "escorregadio" e confidenciou que o enclave que Rorimer disponibilizara a ele era o "maior brinde" da história do museu.[66] "Livre-se dele", advertiu Noble a Tom Hoving. "Antes que aconteça um escândalo."[67]

No fim de 1978, a construção estava concluída, e Hoving revelou a Ala Sackler na abertura de uma nova exposição: *The Treasures of King Tut* (Os tesouros do rei Tut).[68] Foi um golpe de mestre. A exposição incluía 55 objetos funerários deslumbrantes, descobertos na tumba do faraó menino Tutancâmon. Certa noite, antes da abertura da mostra ao público, o Met ofereceu um baile de gala na nova ala, em comemoração. Lá estava o templo, mais uma vez em pé, belamente restaurado e espetacularmente iluminado, com o nome daqueles dois irmãos que haviam se afogado no Nilo ainda gravado no arenito, juntamente com o nome dos outros visitantes ao longo dos séculos, assim como os nomes Arthur, Mortimer e Raymond Sackler, que também foram inscritos no grande edifício do Met.[69]

Para marcar a ocasião, os Sackler encomendaram uma nova obra, da famosa coreógrafa Martha Graham, que Arthur considerava "a deusa da dança moderna".[70] Como um bando de bacantes, as dançarinas de Graham se apresentaram no próprio templo.[71] O prefeito da cidade, Ed Koch, compareceu. Era amigo de Arthur.[72] Por uma coincidência extraordinária, o presidente Jimmy Carter acabara de presidir os Acordos de Camp David, pondo fim ao conflito entre Israel e Egito. Koch, ele mesmo judeu, apontou o simbolismo que havia em três médicos judeus patrocinarem a realocação de um templo egípcio para Nova York e como esse fato parecia refletir a geopolítica em jogo. "E que maneira melhor de marcar isso", disse ele, "do que a inauguração do Templo de Dendur na Ala Sackler?"[73]

Ainda naquela noite, foram servidos coquetéis e uma banda tocou para os convidados dançarem.[74] Os irmãos Sackler estavam lá, radiantes, no que parecia um grande marco na história da família. Eles venceram. Se Arthur parecia distraído naquela noite, ninguém comentou. Mas os funcionários do Met não estavam errados ao se preocuparem com um escândalo. Enquanto os irmãos ainda comemoravam,[75] o procurador-geral de Nova York ficou sabendo do enclave de Sackler e abriu uma investigação. Para Arthur, um escândalo mais próximo e pessoal era iminente. De braços dados com ele naquela noite estava uma jovem elegante, de pernas longas. Ela era quase três décadas mais nova, britânica, e não era sua esposa.

Capítulo 8

AFASTAMENTO

O PRIMEIRO CASAMENTO DE MORTIMER SACKLER, com Muriel Lazarus, terminou em divórcio. Muriel era uma mulher impressionante:[1] nascida em Glasgow, mudou-se para Nova York na juventude, estudou na Faculdade do Brooklyn, concluiu o mestrado em ciência pelo Instituto de Tecnologia de Massachusetts (MIT, na sigla em inglês) em 1945 e depois o ph.D. pela Universidade de Colúmbia. Ela e Mortimer tiveram três filhos: Ilene nasceu em 1946; Kathe, em 1948; e Robert, em 1951. Mas, em meados da década de 1960, Mortimer, mais ou menos na época de seu aniversário de cinquenta anos, apaixonou-se por uma jovem chamada Gertraud Wimmer. Geri, como era conhecida, era uma austríaca escultural que administrava uma galeria de arte em Munique. Tinha vinte anos, a mesma idade de Ilene, filha de Mortimer, mas, apesar da diferença de idade, ela e Mortimer iniciaram um relacionamento.[2] Embora algumas pessoas olhassem com desconfiança o envolvimento entre os dois, outras celebraram Geri como um troféu apropriado a um homem de sucesso. A Purdue Frederick, pequena empresa farmacêutica que Arthur comprou para os irmãos em 1952, tornou-se relativamente bem-sucedida, e Mortimer enriqueceu. Félix Martí-Ibáñez, o médico espanhol cujos negócios haviam sido foco das audiências de Kefauver, permaneceu próximo dos irmãos Sackler após o escândalo. Ele se referia à nova esposa de Mortimer, com propriedade, como "a *bellissima* Geri".[3]

Ao longo dos anos 1960, Mortimer começou a passar cada vez mais tempo no exterior. Durante um período, ficara preso, de algum modo, à obrigação de cuidar da mãe idosa, Sophie. Arthur, que em teoria era dedicado à mãe, constatou que, na prática, não queria passar muito tempo a seu lado, mesmo quando ela estava doente. A mãe se ressentia e, com amargura, dizia que se fosse uma peça de jade Arthur prestaria atenção nela.[4] De qualquer modo, os cuidados couberam aos irmãos mais novos. Mortimer contratou uma enfermeira que cuidava de Sophie 24 horas por dia. Ela morreu de câncer em 1965 rodeada pelos filhos.[5]

Após a morte da mãe, Mortimer começou a passar mais tempo na Europa. "A Côte D'Azur este ano não está tão lotada", escreveu ele para Martí-Ibáñez no verão de 1966.[6] "Como de costume, alguns lugares saíram de moda e outros viraram tendência. Há uma nova safra de garotas de biquíni e uma sobra da anterior." Oficialmente, Mortimer estava trabalhando, expandindo os interesses dos irmãos na indústria farmacêutica. Naquele ano, por exemplo, ele supervisionou a aquisição de uma empresa britânica do ramo chamada Napp, que estava prestes a entrar em falência. A ideia era colocá-la para funcionar em conjunto com a Purdue Frederick em Nova York.[7] Mas, embora cumprisse seu papel, Mortimer sempre foi mais hedonista que os irmãos e se acostumou com a vida de playboy europeu. Passava os dias no Hôtel du Cap-Eden-Roc, um célebre resort que ficava num promontório com vista para o Mediterrâneo em Cap d'Antibes, onde Scott e Zelda Fitzgerald costumavam beber e os Kennedy já tinham passado férias. Havia uma letargia reconfortante e onírica no lugar, com jardins lânguidos, frutos do mar frescos e coquetéis servidos à beira da piscina por garçons engomados. Mortimer jogava tênis quase todo dia. (Era competitivo. Mas, se alguém se exaltasse numa partida, ele debochava: "Acalme-se. Tome um tranquilizante.")[8] Ele se juntou a um grupo de expatriados do jet set, como o romancista e roteirista Paul Gallico,[9] cuja quarta esposa era uma baronesa que morava numa casa de campo nas redondezas. Lá, ele ditava seus livros, com longas pausas, a uma secretária americana. Mortimer gostava de conversar sobre os restaurantes badalados e de sair para dançar à noite. Desenvolveu a tendência mediterrânea de dedicar um bocado de energia em falar sobre o clima.[10] "O sol nos acompanha diariamente", escreveu a Martí-Ibáñez, "e todos nos sentimos felizes por estarmos aqui".[11]

Assim como Arthur, Mortimer não era um pai particularmente atencioso. Suas filhas, Ilene e Kathe, tinham idade para serem independentes quando o pai começou a se relacionar com Geri Wimmer. Mas Bobby, o mais novo, continuava a morar com a mãe, Muriel, em Manhattan. "Eu esperava que Bobby viesse me encontrar esta semana", escreveu Mortimer em 1966.[12] Mas o caçula teve mononucleose e não pôde viajar. "Vamos ter que marcar para depois, ainda este ano", resolveu Mortimer. Dois verões mais tarde, em 1968, ele escreveu para Martí-Ibáñez com notícias animadoras: "Geri e eu estamos esperando... um filho!"[13] Em círculos privados, ele observou que foi uma "decisão dela". Mas ambos estavam muito felizes, passando o verão com os Gallico e planejando retornar a Nova York no outono. Em setembro, nasceu Samantha.[14] No ano seguinte, Mortimer e Geri se casaram.[15]

Ele queria uma residência própria em Cap d'Antibes, então comprou uma bela casa de campo,[16] projetada pelo arquiteto americano Barry Dierks, que também trabalhou para o romancista Somerset Maugham e o produtor cinematográfico Jack Warner. Construída em 1938, a casa era cercada por jardins elaborados e convenientemente localizada acima da estrada que levava ao Hôtel du Cap. "A casa está longe de ficar pronta, e temos muitas coisas para comprar", escreveu Mortimer em julho de 1969. "Embora eu me refira a este local como 'acampamento', é bem confortável."[17]

Talvez por ter crescido no ambiente poliglota do Brooklyn ou por ter passado um período em Glasgow nos anos 1930, Mortimer se sentia cada vez mais um cosmopolita nômade, um cidadão do mundo. Ele comprou uma casa enorme no nº 10 da East 64th Street, a dois quarteirões da sede dos Sackler, na 62nd Street, onde ficava quando voltava a Nova York.[18] Mas também mantinha um grande apartamento na Rue Saint-Honoré, não muito longe das Tulherias, em Paris.[19] Frequentava a ópera quando estava na capital francesa e o teatro quando estava em Londres, onde também comprou uma casa.[20] Ao descrever a vida social em Londres no fim dos anos 1960, ele brincou que se tornara um "praticante de suingue".[21] Mortimer tinha um ego inflado e uma veia competitiva, mas não era obcecado por trabalho como o irmão Arthur. Queria viver o que descrevia como "uma existência plena e vigorosa dedicada à vida, ao amor e ao esforço para alcançar ambos".[22] Em carta, ele alfinetou Martí-Ibáñez por ser apaixonado por leitura e lhe recomendou mais prazeres corporais. "Embora os livros e a palavra escrita sejam atividades muito prazerosas, estou certo de que você concordará comigo que devemos explorar todos os caminhos do prazer, do relaxamento e do contentamento."[23]

Em 1971, Geri deu à luz um segundo filho, um menino, ao qual deram o nome de Mortimer David Alfons Sackler.[24] Assim como Arthur, Mortimer escolheu dar seu nome ao primeiro filho do segundo casamento. Referia-se aos filhos com Geri como "a nova família",[25] o que, em conjunto com sua partida para a Europa, pode ter criado a impressão de que os três filhos do primeiro casamento eram a *velha* família — como uma pele que foi trocada. Em mais um sinal de que estava deixando os Estados Unidos para trás, Mortimer renunciou à cidadania americana em 1974, escolhendo tornar-se um cidadão da Áustria, como Geri.[26] (Ele o fez, disse Geri tempos depois, por motivos tributários,[27] o que era uma atitude curiosa para quem já havia sido comunista. Mas as pessoas mudam.) Naquela primavera, Martí-Ibáñez escreveu para Mortimer que, desde 1946, quando se conheceram, nunca o vira tão feliz.[28]

Quando Mortimer D. A. Sackler ainda era bebê, já se falava que um dia ele se tornaria médico.[29] Por acaso, Bobby, o filho mais velho de Mortimer, do primeiro casamento, também carregava o nome do pai: Robert Mortimer Sackler. Mas, na adolescência, Bobby não parecia ser um candidato provável à prática da medicina. Ele cresceu rico, filho de pais divorciados, dividindo seu tempo entre a severa mãe escocesa, que morava num apartamento em Upper East Side, e o pai hedonista, cuja esposa era apenas alguns anos mais velha que Bobby. Com o tempo, a relação entre pai e filho ficou tempestuosa.[30] Mortimer reclamava que Bobby era imprestável e nada atencioso. No entanto, quando os dois se reuniam nas férias, as coisas pareciam melhorar: Bobby jogava tênis ou nadava com o pai no Mediterrâneo, e parecia estar saindo do retraimento pós-adolescência e se tornando o jovem correto que Mortimer esperava que fosse.

"Minha impressão é de que Arthur tinha um pouco de inveja de Mortimer", recordou Michael Rich,[31] que começou a namorar Denise Sackler, filha de Arthur com Marietta, no Pomona College, em meados dos anos 1970, e acabou se casando e entrando na família. "Mortimer era mais namorador que ele, vivia com moças jovens que faziam topless em Cap d'Antibes." De acordo com Rich, Arthur de vez em quando se referia, "com uma inveja nada pequena", às proezas do irmão no Sul da França. "Tenho a impressão de que ele achava que Mortimer tinha mais tempo para se divertir do que ele, porque Arthur era viciado em trabalho." Mas o ressentimento também tinha uma dimensão mais profunda, disse Rich. Arthur parecia sentir que "Mortimer *tinha* tempo justamente porque Arthur tornava isso possível".

Para Arthur, disse Rich, Mortimer e Raymond sempre foram "seus irmãos pequenos, em sua cola". O primogênito não pensava nos dois "como iguais a ele. Sentia que devia carregá-los no colo". Ainda intervinha vez por outra quando precisavam dele na Purdue Frederick,[32] mas na maior parte do tempo eles tocavam o negócio por conta própria, fazendo os próprios investimentos, lançando as próprias iniciativas filantrópicas, ganhando o próprio dinheiro, e muito. Os diversos interesses comerciais dos três irmãos ainda se misturavam muito:[33] o *Medical Tribune* publicava anúncios de produtos da Purdue Frederick em quase todas as edições, e a McAdams lidava com parte da publicidade da empresa. Mas, de vez em quando, Arthur constrangia os irmãos,[34] intervinha em campanhas publicitárias da McAdams e depreciava Raymond diante de funcionários de nível hierárquico mais baixo.

Os dois irmãos mais novos permaneciam muito próximos. Raymond, que era responsável por vigiar o forte em Nova York enquanto Mortimer supervisionava os empreendimentos internacionais, tinha uma personalidade mais reservada que a dos outros dois. Quando seus interesses comerciais se expandiram, ele e Beverly abriram mão de seu antigo comprometimento com o comunismo, mas permaneceram muito dedicados um ao outro. "Ray era quieto, razoavelmente honesto, casado com a mesma mulher", relembrou John Kallir, ex-publicitário da McAdams. "O menos interessante dos três irmãos."[35] Raymond continuou a viver no subúrbio, em Roslyn, Long Island, e ele e Beverly criaram dois filhos, Richard e Jonathan. O primeiro até planejava se tornar médico.[36]

Mortimer e Raymond podiam ter personalidades diferentes, mas, tendo crescido juntos à sombra de Arthur, compartilhavam um vínculo profundo. O primogênito às vezes se queixava de não conseguir sequer imaginar por onde andava Mortimer. "Nunca estive tão 'sem convívio' com ele",[37] escreveu certo verão. "Até hoje nunca recebi um itinerário das viagens de Mortie." Mas, embora escrevesse cartas para outras pessoas quando estava na Europa, Mortimer mantinha estreito contato com Raymond por telefone.[38] Raymond e Beverly gostavam de visitá-lo na França, embora fossem menos aventureiros no quesito viagens. Raymond se contentava em, como ele dizia, "deixar Morty ser nosso guia".[39] E Mortimer e Geri voltavam a Nova York para reuniões de orçamento da Purdue Frederick,[40] realizadas no terraço do Hotel Pierre, que ficava colado ao prédio da família na 62nd Street. Quando estavam na cidade, Geri oferecia extravagantes jantares de gala a amigos e familiares em sua casa.[41] De vez em quando, os irmãos ainda assinavam cartas como "Arthur, Mortimer e Raymond",[42] como se fossem um ser único, indiferenciado, e podia ser difícil descobrir qual dos três as escrevera. Martí-Ibáñez elogiava Mortimer por seus esforços para manter "a 'família' unida".[43] Mas a realidade óbvia era que a inviolável unidade fraterna de antigamente começava a se romper, e os irmãos mais novos estavam cada vez mais distantes de Arthur.

Marietta acreditava que Sophie Sackler foi a última coisa que uniu os três. "Tenho para mim que a grande força dela como matriarca mantivera o ideário de união familiar", escreveu a esposa de Arthur. "Quando ela se foi, essa noção começou a dissolver."[44]

Talvez Arthur tenha simplesmente atingido seu limite em relação à quantidade de relações próximas. Ele mantinha vínculos estreitos com as duas filhas do primeiro casamento, mas tinha uma relação tensa com seu filho homônimo, Arthur Felix. "Tentei fazer meu filho se interessar por medicina", lamentaria ele, mas "foi inútil".[45] O jovem Arthur era disléxico e acabou embarcando na contracultura. Zanzou por aí, estudando numa pequena faculdade em Wisconsin, passando um ano numa comunidade em Vermont e comprando uma fazenda no Maine. Marietta começou a temer receber um telefonema à noite com a notícia de que algo terrível lhe acontecera.[46] Denise foi fazer faculdade em Pomona, onde se formou em artes visuais e conheceu Michael Rich. Quando Arthur a visitou em sua exposição de formatura na graduação, ficou imensamente orgulhoso.[47] "É assim que o nome Sackler deve estar na parede de uma galeria de arte", disse a ela. "Não apenas como doador, mas como artista."

Arthur ainda se encontrava com a primeira esposa, Else, o que magoava Marietta cada vez mais.[48] Além de suas visitas semanais ao apartamento em Central Park West, ele e Else frequentavam museus juntos e assistiam a palestras sobre arte.[49] Às vezes, tiravam férias juntos,[50] das quais Marietta era excluída, como em uma ida a Cannes em 1957. Nessa viagem, eles entraram numa galeria de arte e Arthur comprou para Else uma litogravura de Renoir. Em 1962, ele a surpreendeu com uma bela pintura de Monet, de uma fileira de choupos.[51] Em seu apartamento, Else instalou uma iluminação especial para destacar as nuances suaves das cores usadas pelo pintor. Arthur gostava de se demorar diante do quadro, na sala de estar do apartamento da ex-esposa, admirando a pintura e contando como a adquirira por uma quantia razoável, porque pertencera durante muito tempo à mesma família na Suíça, de modo que o preço não subira ao longo de vendas subsequentes. Ele expressava uma grande satisfação por ter sido capaz de "encontrar um Monet para Else".[52]

Nada disso deixava Marietta particularmente feliz, e ela não sabia de metade do que acontecia, porque, mesmo mantendo uma relação abertamente íntima com a primeira esposa, Arthur também estava se encontrando secretamente com uma terceira mulher, chamada Jillian Tully.[53]

"Conheci o dr. Sackler em 1967", disse Jillian, anos mais tarde.[54] Ela tinha 28 anos na época e trabalhava numa agência de publicidade em Londres. Arthur tinha em torno de 55 anos. Ele estava com o cabelo ralo e grisalho, e cultivava uma barriguinha. Porém, ainda era física e intelectualmente vigoroso, e Jillian se sentiu imediatamente atraída por aquele homem mais velho, brilhante, charmoso e rico. "Ele era incrivelmente inteligente", relembrou ela. "Ele estava no topo, tanto do mundo da arte quanto no da ciência."

Arthur disse a Jillian que estava distante da segunda mulher, e eles começaram a se encontrar, na maioria das vezes quando ele estava em Londres. Quando ficaram mais próximos, Arthur disse a Jillian que gostaria de se casar com ela, mas que não podia se divorciar de Marietta até resolver "um acordo complexo de propriedade".[55] Jillian entendeu. Alguns anos depois, ela se mudou para Nova York para ficar mais perto dele.[56] Quando estava com Jillian, Arthur se comportava como se já não fosse mais casado com Marietta. Ele "me tratava como sua esposa, me apresentava como sua esposa", contaria Jillian tempos depois. Arthur sempre sentiu algo especial em relação ao seu nome e, depois de conferi-lo a uma ala de museu, queria que Jillian também o tivesse. Então ela começou a se referir a si mesma como "sra. Arthur M. Sackler", o que, juntando com Else e Marietta, significava que havia três sras. Arthur Sackler, todas em Manhattan. "Ele se incomodava por isso não ser exatamente verdade", explicou Jillian, uma vez que ela apenas tomou o nome de empréstimo, como um ator assumindo a máscara de um personagem numa peça. Então, com o tempo, Arthur "insistiu para que eu mudasse meu nome legalmente de Tully para Sackler". Em 4 de março de 1976, ela mudou oficialmente o nome, em Londres, e passou a se chamar Jillian Sackler, embora oficialmente eles não fossem casados e Arthur ainda estivesse casado com Marietta.[57]

A família Sackler parecia ter se dividido em duas facções distintas, com Arthur num canto e Raymond e Mortimer no outro.[58] Jillian nunca se aproximou muito dos irmãos dele e, na verdade, à medida que o tempo passava, Arthur falava cada vez menos com eles. "Aquela não era uma família que se reunia para um churrasco no Quatro de Julho", disse Rich.[59] As ramificações do clã dos Sackler haviam se tornado "muito compartimentadas".

Para quem era de fora da família, parecia um afastamento gradual, ocasionado pelo tempo, pela distância geográfica e pelas vidas atarefadas. Mas, para os irmãos, houve um incidente óbvio que se tornou motivo de enorme ressentimento e desconfiança — um momento específico em que a relação entre o primogênito e os irmãos mais novos azedou. Em 1954, Bill Frohlich, publicitário alemão, amigo em comum dos três e o quarto mosqueteiro, fundou uma empresa em Nova York chamada IMS. A ideia por trás do negócio era agregar dados de vendas de produtos farmacêuticos, reunir informações sobre quais medicamentos os médicos estavam receitando e fornecer esses dados a farmacêuticas, que pagariam pelo serviço, a fim de aprimorar suas estratégias de marketing. Oficialmente, foi Frohlich quem abriu a empresa. Mas, assim como era a mão invisível por trás da agência de publicidade L. W. Frohlich, Arthur exercia também, secretamente, um papel no estabelecimento da IMS. Na verdade, parece que a empresa foi ideia dele. Relutante em criar outro óbvio conflito de interesses, Arthur permitiu que Frohlich fosse designado como laranja e manteve em segredo seu papel no negócio.[60]

A agência de publicidade de Frohlich continuava a prosperar. Em 1970, tinha escritórios em Londres, Paris, Frankfurt, Milão, Madri e Tóquio, e uma receita de quase 40 milhões de dólares.[61] Frohlich adquiriu um refúgio equivalente ao de Mortimer, na ilha de Elba, na Itália. Quando Arthur o visitou, extasiou-se com "a mais bela casa no alto de uma colina em Elba, com vista para o mar".[62] Certo dia, em 1971, Frohlich retornou de uma viagem de férias no Caribe, chamou a equipe para uma reunião, começou a falar de forma incoerente e desmaiou.[63] Quando Arthur soube que o velho amigo estava doente, tomou a frente da situação, arrumando os melhores médicos para Frohlich.[64] Mas era tarde demais. Frohlich recebeu um diagnóstico de tumor no cérebro e morreu em setembro de 1971, aos 58 anos.[65]

Frohlich exercia um papel tão central na agência que ela não sobreviveu a sua morte, fechando as portas não muito tempo depois. Mas a IMS seguiu funcionando e, um ano depois da morte de Frohlich, os executivos da empresa fizeram uma descoberta impressionante. Eles ficaram sabendo que Frohlich fizera um acordo secreto com a família Sackler, segundo o qual Raymond e Mortimer herdariam a participação acionária majoritária da empresa depois de sua morte.[66] O acordo era conhecido como tontina,[67] um antigo instrumento de investimento que remonta à Europa do século XVII, em que determinado número de participantes se junta no que é efetivamente uma loteria de mortalidade, unindo seus fundos com o entendimento de que o último investidor a morrer ganha tudo. Mas o que os executivos da IMS descobriram foi o resíduo do acordo de quatro vias que os mosqueteiros — os três irmãos e Bill Frohlich — fizeram numa noite nevada em Nova York nos anos 1940.[68] Nos anos 1960, os quatro participantes tinham contratado o advogado Richard Leather, sócio no escritório de direito Chadbourne & Parke, para formalizar o pacto. De acordo com Leather, foram dois acordos por escrito, um deles sobre negócios domésticos e o outro sobre negócios internacionais.[69] Os quatro faziam parte do pacto doméstico, que se tornou conhecido como o "acordo de quatro vias". Mas Arthur, por algum motivo, optou por não participar de sua versão internacional, que ficou então conhecida como o "acordo de três vias", entre Raymond, Mortimer e Frohlich. A intenção era de que, quando o primeiro homem morresse, seus negócios passassem não a seus herdeiros, mas para os outros membros do pacto. E agora, muito antes do que esperavam, Bill Frohlich estava morto.

Tecnicamente, segundo o acordo, Arthur deveria herdar a IMS junto de seus irmãos. Mas, como seu advogado pessoal Michael Sonnenreich reconheceu, ele "não podia" ser um dos beneficiários de Frohlich "porque geria a McAdams, e isso seria conflitante. Então ele pôs os irmãos nisso". Raymond e Mortimer não tinham "nada a ver com" a IMS, segundo Sonnenreich, mas eram parte do acordo e, não pela primeira vez, serviam ao propósito de ocultar o envolvimento do irmão.[70] Quando a IMS subsequentemente se tornou pública, a família de Frohlich — a irmã e suas duas filhas — recebeu um total de 6,25 milhões de dólares. O acordo dos mosqueteiros sempre assegurou que cada um pudesse separar uma quantia razoável de dinheiro para cuidar de seus herdeiros. Raymond e Mortimer, juntos, ganharam quase 37 milhões de dólares.[71]

A expectativa de Arthur, a essa altura, era de que eles honrassem o acordo que haviam feito e o incluíssem nessa quantia considerável. Afinal, em primeiro lugar, foi ele que inventou a IMS: os irmãos não desempenhavam nenhum papel real na empresa. "Quatro pessoas fundaram a IMS",[72] diria tempos depois Richard Sackler, filho de Raymond, sugerindo que o pai e Mortimer tiveram um papel e Arthur era apenas "um dos quatro". Mas o próprio Raymond disse ao jornalista Adam Tanner que seu envolvimento com a IMS era ínfimo, afirmando: "Eu sabia muito pouco, ou quase nada, sobre essa empresa."[73] Segundo Sonnenreich, pelo que dizia o acordo de quatro vias, Arthur "abria mão de seus direitos à IMS, mas seu entendimento com Frohlich era de que, se algum dia a vendesse, ele teria direito a um quarto da participação".[74]

Quando a empresa se tornou pública, porém, Raymond e Mortimer estavam com outras ideias. Eles alegaram que, como tinha escritórios no exterior, a IMS era, a rigor, um negócio internacional e, portanto, não deveria constar do acordo de "quatro vias" doméstico, mas do internacional, do qual Arthur não fazia parte. "Eles transferiram a empresa para fora do país", explicaria tempos depois Arthur Felix, filho de Arthur, afirmando que o pai ficou "chateado" porque "não recebeu nenhuma participação".[75]

"Papai teve a ideia da IMS e, num aperto de mão com Bill Frohlich, Bill recebeu o sinal para ir adiante", recordou Elizabeth Sackler, filha de Arthur. "Quando Frohlich morreu e as ações se tornaram públicas, Raymond e Morty agiram como bandidos."[76]

Rejeitado, Arthur percebeu aquilo como uma grande traição. De acordo com seus filhos Elizabeth e Arthur, esse foi "o começo de todo o rompimento".[77] Anos mais tarde, o primogênito raramente falava do incidente, mas quando o fazia só resmungava, com amargo espanto: "Quando a IMS se tornou pública, não recebi nada."

Havia outro segredo, mais obscuro, que passou a assombrar a família Sackler nesse período. Em 1964, por ocasião do bar mitzvah de Bobby — filho de Mortimer —, Félix Martí-Ibáñez, que nunca deixava um acontecimento como esse passar despercebido, escreveu uma carta ao jovem. "Você está entrando na vida com os maiores bens que um jovem pode ter: pais amorosos e dedicados", dizia.[78] Mas outra coisa que Bobby herdava, observou o espanhol, era "um nome muito famoso". Que tremenda vantagem entrar na vida adulta como um Sackler. Que privilégio. Que ajuda. Certamente, admitiu Martí-Ibáñez, "nada na vida é fácil, mas isso é parte da diversão". O importante é trabalhar duro, disse a Bobby, e se destacar. "Acredito que um homem deve se esforçar por apenas uma coisa na vida: ter um toque de grandeza."

Para Bobby, porém, o nome Sackler provaria não ser o tipo de amuleto que Martí-Ibáñez acreditou que seria. Ele enfrentou transtornos emocionais e psicológicos. Segundo Elizabeth Bernard — que trabalhou como empregada doméstica para Mortimer Sackler por três décadas —, embora ele mantivesse um apartamento num prédio da família na 64th Street,[79] Bobby passou períodos internado numa instituição psiquiátrica ao longo de seus vinte anos. Quando ele estava fora de casa, Bernard cuidava de seus gatos. De vez em quando, ele ficava com a mãe, Muriel, num apartamento repleto de livros no nono andar de um grandioso prédio antigo na East 86th Street, perto do parque. "Robert era muito perturbado. Ele era fora do normal", recordou Dolores Welber, uma amiga de Muriel Sackler.[80] "Ele era louco", continuou. "Ela tinha um filho totalmente incontrolável." Certa vez, Bobby foi encontrado vagando no Central Park completamente nu. "Provavelmente eram drogas", disse Welber.

Outras pessoas que conheciam a família passaram a acreditar que Bobby lutava contra um vício. Décadas depois, quando prestou depoimento ao advogado Paul Hanly nos escritórios da Debevoise & Plimpton, em Nova York, a irmã mais velha de Bobby, Kathe, faria um comentário isolado sobre a crise da heroína nos anos 1970. "Eu tenho amigos. Parentes. Quer dizer, conheço pessoas que sofreram", contou ela. "Isso mexe com a vida de todo mundo. É horrível."[81] Se Bobby tinha um problema com heroína, não era a única droga que usava. De acordo com Elizabeth Bernard, Bobby começou usando PCP, ou pó de anjo. Desenvolvido como tranquilizante nos anos

1950, o uso do PCP em seres humanos foi descartado depois de se descobrir que a substância causa alucinações, convulsões e comportamento violento,[82] mas se tornou uma droga de rua popular nos anos 1970. Quando Bobby tomava, recordou Bernard, "ele enlouquecia".[83]

O porteiro do prédio de Muriel Sackler na 86th Street sabia muito bem que o filho dela tinha problema com drogas. "Ela reclamava: 'Ele está usando drogas'", recordou Ceferino Perez, que trabalhou lá durante 47 anos.[84] "Ele era maluquinho. Era o tipo de sujeito que ninguém contrata." Às vezes, Bobby chegava "ligado" — ou drogado ou em abstinência — para ver a mãe, relembrou Perez. "Ele brigava com ela."

Numa manhã de sábado no verão de 1976, Perez estava trabalhando quando Bobby apareceu no prédio, irritadiço. Ele gritou com o ascensorista e desapareceu, entrando no apartamento de Muriel. Mas houve uma comoção e sons de briga. "Ele queria dinheiro", recordou Perez. "Talvez para comprar drogas. Mas ela não deu." Perez e o ascensorista consultaram o síndico, que lhes disse para não se envolverem.

Então Perez voltou para seu posto sob o toldo na entrada. Era uma manhã quente de julho. Turistas passavam a caminho do Metropolitan, e o Central Park atraía corredores de fim de semana e pessoas com cães. Então Perez ouviu um barulho vindo de cima, o som de vidro quebrando e em seguida um som mais alto, mais perto, de algo pesado caindo na calçada. O impacto foi tão intenso que soou como um acidente de carro. Mas, quando Perez olhou, viu que havia um corpo na calçada. Era Bobby Sackler. Ele caíra do nono andar. Sua cabeça estava rachada sobre o calçamento.

Por um instante, tudo permaneceu em silêncio. Então, Perez ouviu um telefone tocando. Era o interfone da portaria. Quando ele atendeu, ouviu a voz de Muriel Sackler. "Meu filho pulou da janela", disse ela. "Ele quebrou a janela com a cadeira." Perturbada, perguntou a Perez: "Você acha que ele está morto?"

Perez olhou para o corpo. Não havia dúvida. "Sinto muito lhe dizer", balbuciou. "Ele está morto."

Perez desligou o interfone. Uma multidão havia se formado. As pessoas estavam perplexas, olhando. A polícia estava a caminho. Alguém encontrou um cobertor, e Ceferino Perez o colocou, como uma mortalha, sobre Bobby Sackler.

Capítulo 9

MARCAS-FANTASMA

QUANTO MAIS PAPÉIS ARTHUR SACKLER ASSUMIA, quanto mais viajava, quanto mais colecionava, quanto mais admiração conquistava, mais parecia se distanciar de Marietta. Ela não entendia por que ele assumia tantas responsabilidades: já realizara e adquirira demais. Por que não parar e apreciar suas conquistas? Mas Marietta começou a perceber que, para Arthur, sempre havia uma nova montanha a escalar. Seu hábito de colecionar devia ser movido não apenas pelo desejo de obter reconhecimento público, concluiu ela, mas também por uma necessidade mais profunda de que "seu nome não fosse esquecido pelo mundo".[1]

Os filhos cresceram. Arthur Felix se afastou dos pais e em seguida se reaproximou: trabalhou para o pai na McAdams e depois no *Medical Tribune*, e se envolveu na administração da farmacêutica da família de Marietta na Alemanha, a Dr. Kade. Denise tinha uma relação distante com o pai. Permaneceu no Oeste e acabou se casando com Michael Rich.

Arthur estava viajando mais.[2] Em vez de reduzir o ritmo conforme envelhecia, ele parecia estar acelerando, como numa corrida contra o tempo.[3] Marietta se sentia à deriva e deprimida. Acabou recorrendo à psicoterapia.[4] Arthur se opôs à decisão:[5] obstinadamente apegado às teorias de suas pesquisas iniciais no Creedmoor, ele insistiu que, se ela tinha um problema psicológico, devia ser de origem metabólica, fisiológica, e ser tratado com um medicamento apropriado, não com terapia. Mas Marietta achou que a análise ajudava, tanto que decidiu se reciclar na área de psicoterapia.[6] Durante muito tempo, a principal ligação que restava com o marido era o sexo. Arthur sempre fora voraz nesse departamento. Mas, para Marietta, parecia já não haver nenhuma emoção no ato, nenhuma ternura. Assim como acontecia com tantas outras coisas para Arthur, pensou ela, aquilo passou a parecer uma "conquista".[7] Com o tempo, ele perdeu o interesse até mesmo por sexo.[8] Parecia inteiramente inacessível, e certa noite, no início dos anos 1970, ela implorou que vendessem os negócios, se fosse isso que estivesse causando

126 PATRICK RADDEN KEEFE

tanto estresse, para viverem uma vida mais simples.[9] *Por favor*, implorou. Mas ele se mostrou desinteressado. Marietta perguntou então se o marido ainda a amava. "Eu amo outra pessoa", respondeu Arthur.[10]

Finalmente, ele contou sobre Jillian, a jovem com quem estava envolvido romanticamente havia anos. Em choque ou não, Marietta foi forçada a confessar que havia sinais. Ausências prolongadas. Desaparecimentos inexplicáveis. Uma noite, não muito tempo antes, em que Arthur supostamente ficaria na cidade, Marietta decidiu num impulso sair de Long Island e foi de carro tentar encontrá-lo, mas deu com a casa vazia.[11] Ela ficou acordada a noite inteira, preocupada, e quando ele chegou, na manhã seguinte, surpreendeu-se ao vê-la ali e contou uma história (francamente absurda, pensando em retrospecto) de que seu carro quebrara e ele não encontrara o caminho para casa no escuro.

Mesmo assim, quando confessou seu caso amoroso a Marietta, Arthur não transpareceu qualquer intenção de terminar o casamento. Apenas a informou, em termos simples, sobre a nova situação. O que Arthur queria, percebeu ela, era um arranjo mais "aberto",[12] mais de acordo com os costumes liberais dos anos 1970. Segundo Marietta, o que ele propôs foi que mantivessem a aparência de um casamento, mas que ele ficasse livre para continuar seu relacionamento com Jillian.[13]

Por uma coincidência excruciante e embaraçosa, Marietta estava planejando uma festa: Arthur completaria sessenta anos em 22 de agosto de 1973, pouco depois dessa revelação. O casal optou por seguir adiante com as festividades na casa em Long Island. Todos mantiveram as aparências, com família e amigos reunidos — menos Jillian, obviamente. Marietta deveria fazer um discurso, e é de se supor que se recusaria, incapaz de engolir a humilhação — ou, então, colocaria lenha na fogueira, contando aos Sackler e seus vários parasitas o que *realmente* pensava da situação. Mas, em vez disso, numa manifestação de autoabnegação, Marietta fez o discurso planejado, uma retrospectiva lisonjeira da carreira de Arthur.[14] Ela o presenteou com uma série de álbuns de recortes preparados com cuidado, que retratavam suas muitas realizações na medicina e nas artes. O título do discurso foi "Sessenta anos de insucesso".

Arthur passou a fazer parte de um novo estrato social. Lá estava ele na mostra de Goya, evitando os flashes dos paparazzi.[15] Ou cortejando uma marquesa francesa numa festa em Los Angeles.[16] Ainda era do seu feitio recusar quase todas as entrevistas, mas já não temia ver seu nome impresso. Em "One Man & Medicine" (Um homem e a medicina), sua coluna no *Medical*

Tribune,[17] apresentava uma miscelânea idiossincrática de polêmicas virtuosas sobre coisas que odiava (cigarros, regulações da FDA, jornalismo impresso "amador" escrito por quem não era médico) e menções a sua vida e suas viagens. Ele dedicou três colunas a uma extensa conversa com o cantor de ópera Luciano Pavarotti. Histórias sobre assuntos diversos de algum modo voltavam a mencionar sua amizade próxima com o rei da Suécia. Arthur se gabava de ter sido um dos primeiros incentivadores do trabalho de Ralph Nader sobre segurança do consumidor, embora o chefe de uma organização criada por Nader, o Public Citizen's Health Research Group, tivesse declarado: "O que se passa por notícia no *Medical Tribune* são comentários editoriais altamente filtrados, irracionalmente favoráveis à indústria farmacêutica."[18]

Apesar de Arthur estar se acostumando à ideia de popularidade, insistia que fosse em seus próprios termos. "Ele queria ser o editor-chefe", comentou o colecionador de arte Edward Warburg, que foi funcionário do Met.[19] "Ele não queria que ninguém mais tivesse a última palavra." Arthur foi homenageado no Philbrook Art Center, em Tulsa, que apresentaria uma exposição itinerante de sua coleção de gravuras e desenhos de Piranesi. Ele começou a falar com um jovem simpático e só depois percebeu que era um repórter do *Tulsa World*. "Céus", disse Arthur, ao perceber que acabara de dar uma entrevista inadvertidamente. "Espero que os jornais de Nova York e Londres não leiam o *Tulsa World*."[20]

Aqueles que trabalhavam com ele ainda viam traços do menino que cresceu no Brooklyn durante a Grande Depressão. "Sou um dos poucos homens nascidos na cidade de Nova York que permaneceram aqui", Arthur gostava de dizer.[21] Ele podia ser perdulário na hora de comprar obras de arte ou fazer doações em seu nome, mas ainda era frugal em outras coisas. Adorava viajar de avião e falava com entusiasmo sobre o milagre do 747: "O homem agora voa pelos céus com velocidade e conforto que nem mesmo as fabulosas carruagens douradas dos deuses gregos conseguiam alcançar."[22] No entanto, era conhecido por preferir a classe econômica e sempre pedia um assento nos fundos do avião, perto da saída de emergência, onde havia espaço para as pernas e a maleta.[23]

Ele se tornou uma companhia para os bons e grandes. Aproximou-se de Anwar Sadat, presidente do Egito, e o homenageou na Ala Sackler, no Met. Para marcar a ocasião, Arthur o presenteou com uma peça de jade de quinhentos anos.[24] "Conheci muitos gênios", recordou tempos depois Elizabeth, filha do primeiro casamento, porque eles eram do círculo social de seu pai.[25] Arthur se tornou amigo do pintor Marc Chagall e do romancista Bernard Malamud.[26] Malamud crescera no Brooklyn; ele e Arthur conviveram na Erasmus e depois retomaram os laços. Refletindo sobre essa amizade, Janna Malamud Smith, filha de Malamud, observou que ambos tiveram "pais donos de mercearias".[27] Fazia sentido a simpatia mútua, pensava ela, porque os dois tinham o ego inflado, e homens com o ego inflado que se tornam veneráveis tendem a reformular os jantares que oferecem para incluir outros de grandeza semelhante. Para Malamud Smith, parecia que "ambos provavelmente sentiam muito prazer em ter suas realizações vistas pelos olhos um do outro". Qualquer lembrança desagradável das audiências de Kefauver desapareceram havia muito tempo. Na verdade, tornou-se praticamente um rito de passagem todo novo chefe da FDA dar uma longa entrevista ao publisher do *Medical Tribune*, Arthur Sackler.[28]

Em sua coluna semanal, Arthur às vezes escrevia sobre doença mental, vícios e suicídio. Mas a morte de Bobby, filho de seu irmão Mortimer, no verão de 1975, não foi mencionada. A história foi mantida longe da imprensa. A família pagou para publicar uma pequena nota de falecimento no *Times*, dizendo apenas que Robert Mortimer Sackler morrera "subitamente aos 24 anos".[29] Houve uma cerimônia na Riverside Chapel. Os homens cortaram a ponta da gravata, um símbolo judeu tradicional em velórios que representa rasgar as vestes.[30] Foi criado um fundo para uma bolsa de estudos em sua memória na Universidade de Tel Aviv, mas nunca houve, associada a essa dotação, qualquer explicação sobre quem Robert Sackler foi em vida.[31] Era um paradoxo estranho: os Sackler punham seu nome em todo lugar. Mas, depois que um membro da família morreu jovem, eles não o homenagearam de nenhuma forma pública. Quase nunca falavam dele. Seu nome foi apagado.

Sua mãe, Muriel, permaneceu no apartamento da 86th Street. A janela foi consertada, e ela continuou morando lá pelo resto da vida. Assim como Marietta, Muriel fez uma reciclagem em psicanálise, entrando num círculo fechado de psicanalistas de Nova York. Mas parece que nunca falava do filho. Ela trabalhava em casa e recebia os pacientes no apartamento onde Bob se matara. Com o tempo, conheceu um amável advogado internacional chamado Oscar Schachter e se apaixonou. Mas até ele constatou que a morte de Bobby era um assunto inacessível. Certa ocasião, uma de suas filhas adultas de um casamento anterior passou uma tarde com Muriel, vasculhando uma caixa de sapatos com fotografias antigas.[32] A cada vez que deparava com uma foto do menino, Muriel a afastava, enterrando-a na pilha. Ela não conseguia olhar para ele.

Mortimer Sackler estava na França quando Bobby morreu.[33] Retornou a Nova York para o funeral, arrasado. Não muito tempo depois, seu segundo casamento, com Geri Wimmer, desmoronou. No verão de 1977, eles se separaram, e Geri, de acordo com relatos veiculados em tabloides, "mal pôde esperar para contar a todo mundo que estava se divorciando".[34] Após três anos, Mortimer se casou pela terceira vez. Embora tivesse se afastado do irmão mais velho, seguiu seu exemplo mais uma vez ao se relacionar com uma inglesa muito mais jovem. Theresa Rowling era de Staffordshire e trabalhava como professora no bairro de Notting Hill, Londres. Tinha trinta anos, sendo mais nova que Ilene e Kathe, as filhas do primeiro casamento de Mortimer.[35] Ele continuava a passar temporadas em sua casa no Sul da França e em Gstaad, nos Alpes Suíços; as lições que teve quando jovem em St. Moritz despertaram uma paixão por esqui, que cultivou pelo resto da vida. Mas ele e a nova esposa estabeleceram sua residência principal numa colossal mansão de estuque branco em Chester Square, talvez o quarteirão mais exclusivo de Belgravia, ou até o bairro mais exclusivo de Londres.[36]

Embora Mortimer tivesse mais de sessenta anos, Theresa teve três filhos com ele: Michael, Marissa e Sophie. Eles seriam criados como britânicos, longe das ruas de Flatbush, onde o pai crescera, ou de Connecticut, onde o tio Raymond ainda presidia os negócios da família, ou do Upper East Side, onde o meio-irmão mais velho Bobby se matara.

Numa noite de setembro de 1982, mil pessoas chegaram ao Metropolitan para o desfile de outono-inverno[37] do estilista italiano Valentino. Num dos grandes salões, modelos desfilaram em jaquetas sem manga, saias-envelope e vestidos longos de seda e veludo extravagantes. Foi uma produção extraordinária, que abraçava a nova decadência dos anos 1980. Houve rumores de que um dos vestidos da coleção custava 100 mil dólares. Depois do desfile, trezentos convidados foram chamados a ficar para o jantar na Ala Sackler.[38] A atriz Raquel Welch gracejava com o romancista Norman Mailer. O dançarino Mikhail Baryshnikov conversava com a modelo de 17 anos Brooke Shields. Muhammad Ali fazia truques de mágica[39] enquanto o próprio Valentino circulava, bronzeado e sorridente, de traje a rigor. As mesas estavam enfeitadas com flores brancas e centenas de velas votivas, que lançavam sombras bruxuleantes sobre as paredes do templo egípcio.[40]

Quando soube da festa, Arthur Sackler ficou indignado. Na tentativa de obter uma renda extra, o Met passara a alugar a Ala Sackler como espaço de eventos, e Arthur ficou furioso com o que pensava ser uma "depreciação" do Templo de Dendur.[41] Ele mantinha um cômputo privado das "violações" do contrato do Met com a família Sackler no uso do templo. Arthur gostava da ideia de o espaço ser utilizado em eventos oficiais — cerimônias do Departamento de Estado, por exemplo. Mas num desfile de moda?

Por mais de uma década Arthur vinha fazendo acenos ao Met, dando a impressão de que doaria sua inestimável coleção de arte ao museu. Mas, para seu desânimo, ele constatou que não se dava particularmente bem com o mais recente diretor do Met, Philippe de Montebello, um curador culto de ar aristocrático.[42] Arthur se acostumara a um certo nível de bajulação e obsequiosidade por parte dos diretores do museu, mas sentia que não recebia isso de Montebello.

Havia anos ele mantinha seu enclave privado no museu. "Era como aquela última cena de *Cidadão Kane*", recordou seu genro Michael Rich.[43] "Era como um depósito. Não era um lugar que celebrava a arte. Eu me lembrei de Rosebud quando vi o lugar." Mas, com o tempo, a existência do arranjo secreto que permitia a Arthur usar o espaço foi revelada.[44] O sociólogo e ocasional jornalista Sol Chaneles, que presidia o Departamento de Justiça Criminal em Rutgers, soube do enclave e requisitou uma entrevista com Arthur. De início, Arthur se recusou a falar com ele, mas, por fim, quando ficou claro que Chaneles publicaria a história de um jeito ou de outro, foi ao telefone.

"Ele me ofereceu vários presentes — incluindo um Piranesi — para que a reportagem não fosse publicada", alegou Chaneles tempos depois.[45] O arranjo acabou sendo exposto, mas não por Chaneles. A *ARTnews* publicou uma reportagem sobre o enclave de Sackler em 1978, questionando "se é apropriado um museu dispor de um espaço para uma coleção privada e para a equipe de um indivíduo... sem trair seu propósito público".[46] O artigo relatava que o procurador-geral de Nova York havia aberto uma investigação sobre a adequação desse acordo. Arthur foi forçado a apresentar um depoimento ("Ele considerou uma perda de tempo", recordou um dos investigadores), mas no fim das contas não foi acusado de nenhum delito.[47]

Os gestores do Met ficaram constrangidos com o escândalo, mas se perguntaram se não havia um lado positivo nisso.[48] Será que isso poderia forçar Arthur a legitimar o arranjo, por assim dizer, dando-lhes a coleção que eles abrigaram de graça todos aqueles anos? E Arthur havia sido bem franco sobre sua intenção de doar grande parte de suas posses.[49] "A grande arte não pertence a ninguém", dizia, como se fosse apenas um guardião temporário daqueles tesouros pelos quais pagara tão caro. "Quanto mais bem-sucedidas suas coleções são, mais elas deixam de ser sua propriedade." Philippe de Montebello pode não ter bajulado Arthur tanto quanto seus predecessores, mas era sincero quanto a suas ambições.[50] Ele esperava que "pelo menos uma parte — desnecessário dizer, a melhor parte — de sua coleção passasse para o Met no tempo devido".

Mas o museu jamais nomeou Arthur para o conselho. Talvez houvesse, em alguns círculos da parte alta de Manhattan, a noção desdenhosa de que ele simplesmente queria demais aquilo. Ele sempre se ressentiu muito do rótulo de novo-rico ou de intruso por parte deles e fumegava porque o Met, ao negar a ele uma cadeira no conselho, o punia por "tirar proveito" do museu com seu enclave.[51] Brooke Astor não havia ido além de seu termo de regulamento no conselho? Por que Arthur não podia ter uma cadeira?[52] Ele reclamou que o Met havia violado o contrato do Salão de Exposições Sackler ao instalar um café e uma loja de suvenires para a nova mostra do Vaticano. E, por falar em mostra do Vaticano, toda a exposição tinha sido ideia dele!, exclamou. Mas o Met se recusou a lhe dar o crédito.[53] (Montebello contestou, em tom ácido, que não é preciso ser "nenhum gênio para pensar que poderia ser bom expor obras de arte do Vaticano".)

Arthur ainda gostava de alguns aspectos de sua associação com o Met. Foi divertido enviar a um de seus novos amigos, o cientista e ganhador do Nobel Linus Pauling, um convite formal para passar uma tarde no museu que começaria na "Galeria de Esculturas de Pedra Arthur M. Sackler" e prosseguiria com um passeio pela "exposição de peças de bronze na Ala Sackler".[54] Mas ele era transparente em sua expectativa de que um filantropo deveria ter, em troca de sua generosidade, direito a um amplo conjunto de prerrogativas. Filantropia não era caridade, como insistia seu advogado Michael Sonnenreich. Era um acordo de negócios.[55] Depois de Arthur doar dinheiro para a restauração do Palace Theatre, uma histórica casa de vaudeville em Stamford, em Connecticut, Jillian escreveu uma carta para Pauling em que descreveu o teatro como "o novo brinquedo de Arthur".[56]

Parte do que Sackler detestava em Philippe de Montebello era a resistência que o homem parecia oferecer a essa premissa. "Se você é um diretor e tem um doador, você dedica um tempo a ele", disse Sonnenreich. "Philippe decidiu que não tinha tempo para Arthur."[57] Indignado por ser tratado com desprezo, Arthur ficou obcecado por Montebello. Procurou Thomas Hoving, ex-diretor com o qual teve uma relação melhor, e ventilou suas queixas,[58] manifestando seu desgosto por Montebello ter aparecido numa foto de duas páginas na *Harper's Bazaar*, como se fosse um "modelo". Chegando a comparar Montebello a Adolf Hitler, Arthur apelou a Hoving para ajudá-lo a forçar "o homem a sair do museu".

Mas Montebello não iria a lugar nenhum. Então, por fim, Arthur agiu. "Querido dr. Sackler", escreveu S. Dillon Ripley, chefe do Smithsonian, em Washington, para Arthur, em 1980.[59] Ripley podia ter perdido para o Met em sua oferta pelo Templo de Dendur, mas então teria sua vingança. Ele mencionou a Arthur que ouvira falar sobre "seu desejo de fazer arranjos no futuro próximo para a disposição de algumas de suas ótimas coleções". Essas coleções, prosseguiu, "merecem um lugar no Mall em Washington". Ele tinha um plano para Arthur Sackler, a visão de "uma única doação magnífica".

Ripley escolheu bem o momento. Arthur disse que vinha pensando em fazer "uma grande doação à nação".[60] E então a dança começou. Ripley aos poucos envolveu o filantropo. Mas não seria uma negociação fácil; com Arthur, nunca era. Num memorando interno, Ripley escreveu: "Sackler quer muito seu nome em cima da porta." Seus termos eram: ele não doaria sua coleção se não tivesse um museu inteiro com seu nome. A proposta era "uma bênção ambígua", observou Ripley. Uma "doação extremamente substancial, em dinheiro e em forma, mas não grande o bastante para dar o nome de Sackler ao novo museu".[61]

A sugestão de Arthur era dar 4 milhões de dólares ao Smithsonian, juntamente com as melhores obras de sua coleção. Mas o museu requisitava mais fundos para construir as novas instalações, o que criou um dilema. "Sua oferta muito generosa da grande doação de suas magníficas coleções e 4 milhões de dólares para a construção do museu Sackler é profundamente apreciada", escreveu Ripley a Arthur.[62] "Nosso problema ainda é a necessidade de 10 milhões de dólares para a construção dessa galeria e para fazer isso de uma maneira compatível com seu nome. Tais circunstâncias, é claro, limitam as possíveis fontes de financiamento às quais podemos recorrer." Como ele poderia persuadir outros doadores a fornecer milhões de dólares para ajudar a financiar a construção de um museu que já tinha o nome de Arthur Sackler? Num telefonema subsequente, Arthur indicou que isso poderia ser um problema de Ripley, mas não dele. Reiterou a oferta original e disse que sua posição era "inabalável".[63]

A vontade de Arthur prevaleceu.[64] Os dois homens firmaram um acordo em que Arthur concordaria em doar mil objetos de sua coleção, que Ripley estimou terem um valor de aproximadamente 75 milhões de dólares.[65] O museu abriria as portas ao público em 1987.[66]

Quando o acordo foi anunciado, Philippe de Montebello tentou disfarçar seu aborrecimento. "Decepcionado? Os deserdados sempre têm essa visão", disse ao *The Washington Post.*[67] Ele observou que durante anos os funcionários do museu haviam permitido que Arthur mantivesse sua coleção no Met, dizendo: "Obviamente, ela só ficava guardada aqui para agradar ao dr. Sackler." Um dia, um pelotão de curadores do Smithsonian chegou a Nova York e fez fila para entrar no Met.[68] Eles foram até o enclave de Sackler e começaram a vasculhá-lo, escolhendo as obras-primas mais significativas para levar a Washington.

Por algum tempo, Arthur conseguiu conciliar as mulheres de sua vida. Continuava voltando para Marietta, mas também se ausentava por longos períodos, na companhia de Jillian. À Marietta, parecia que ele não queria escolher — queria ter tudo, como fizera com Marietta e Else.[69] Mas, com o tempo, a segunda esposa decidiu que não podia aceitar a situação. Ela contratou um serviço de mudança, e os pertences de Arthur foram retirados da antiga casa holandesa em Searingtown Road. Então, informou ao marido que não queria ser apenas mais uma parceira romântica de sua "coleção".

Arthur pediu que Marietta escrevesse uma carta descrevendo o que esperava de um acordo de divórcio.[70] Ela o fez. Queria a casa em Long Island e também um apartamento que o casal comprara em frente à sede das Nações Unidas. De acordo com Marietta, ela não pediu nenhuma obra de arte, o que considerava uma concessão significativa, especialmente por tudo o que colecionaram juntos.

Marietta esperou em vão uma resposta. Meses se passaram. De vez em quando, perguntava a Arthur quando teria um retorno, e ele sempre dizia que tinha negócios mais prementes para cuidar e que o faria na "semana seguinte". Após algum tempo, começou a parecer que Arthur não estava ocupado, mas em negação. Marietta estava desmoronando. Sentia-se como se estivesse presa num limbo, e o pior era que Arthur *gostava* do limbo. Ele se alimentava disso. Construíra sua vida em torno de limites difusos, sobrepondo identidades, conflitos de interesse. O limbo fazia parte dele. Mas isso a deixava louca.[71] Um dia, frenética, Marietta telefonou para ele e exigiu uma resposta. Arthur, com uma raiva controlada, disse que era melhor ela encontrar um bom advogado.

Confusa, Marietta desligou o telefone. Então, por impulso, pegou um punhado de comprimidos para dormir e enfiou no bolso do casaco.[72] Sentia-se ferida pelo ódio de Arthur e se viu na rua, caminhando atordoada pela calçada, depois correndo em direção ao escritório de Arthur nas casas geminadas que ele comprara para ela em 1960. Quando entrou abruptamente no escritório, encontrou Arthur reunido com alguns sócios, e todos a olharam, espantados. "Você tem que me escutar agora", disse Marietta. "Eu preciso de uma resposta."

Arthur, furioso, repreendeu-a por invadir seu escritório e por fazer uma cena. Marietta havia levado uma cópia da carta com suas exigências para o divórcio, confrontando-o e exigindo respostas. Arthur pegou a carta e leu. Mas isso só o deixou mais zangado. Ele jogou a carta no chão, com desdém.

Então Marietta enfiou a mão no bolso, pegou os comprimidos para dormir e, antes que Arthur a impedisse, engoliu-os. Tudo o que queria naquele momento era escapar, desaparecer num sono. Ela sentia uma parte sombria de si, uma força primitiva, maligna, tomando conta de seus atos. Os comprimidos tinham um gosto amargo e, de repente, seus sentidos se embotaram.[73] Ela se viu deitada no carpete, onde Arthur jogara a carta. Estava consciente da comoção à sua volta. Vozes. Alguém gritando. Em seguida, luzes. Mãos sobre seu corpo. Pressão. Alguém chamando seu nome.

Quando Marietta acordou, estava numa cama de hospital. Sua garganta estava dolorida e seca. As lembranças do que acontecera eram confusas. Mas Arthur estava ali, ao lado da cama, esperando que acordasse.

O que ele lhe disse, quando ela voltou a si, foi: "Como você pôde fazer isso comigo?"[74]

Marietta se recuperou, e o divórcio foi concretizado com o tempo.[75] Arthur se casou com Jillian no dia seguinte. No fim, ele ficou com a casa em Long Island. Marietta ficou com o apartamento na UN Plaza.[76] Estava lá às nove horas de certa manhã quando chegou uma equipe de mudança que Arthur enviara para empacotar e levar as obras de arte que havia na casa. Retiraram peças de bronze, estátuas, vasos, centenas de itens, objetos com os quais ela não se importava e objetos imbuídos de tremendo significado. O poço dos desejos. O jarro de celeiro. O cavalo de jade que ficava sobre o piano. O pessoal da mudança demorou dez horas para encaixotar tudo e levar. E Marietta ficou lá, sentindo-se muito sozinha no grande apartamento, e chorou, cercada de prateleiras vazias e dos retângulos descoloridos onde as pinturas ficavam — "marcas-fantasma" nas paredes, pensou ela.

Capítulo 10

CONTRARIAR A INEVITABILIDADE DA MORTE

O SANDERS THEATRE É UM PRÉDIO neogótico cavernoso que fica no campus da Universidade de Harvard, com um belo trabalho em madeira, um teto abobadado e uma acústica maravilhosa. Numa noite do outono de 1985, Arthur Sackler encaminhou-se ao mesmo palco onde antes já tinham se postado Teddy Roosevelt, Winston Churchill e o dr. Martin Luther King Jr.[1] Arthur contemplou os 1.200 presentes, vestidos com refinamento, e abriu um sorriso de orelha a orelha. "Presidente Bok", disse ele, dirigindo-se ao presidente de Harvard, Derek Bok.[2] "Excelências. Senhoras e senhores. Notáveis docentes e estudantes. Amigos queridos e convidados de honra." Aquela era a corte de Arthur Sackler, uma grande sala repleta de dignitários, todos ali para ouvir o que ele tinha a dizer. Para homenageá-lo. Ele fora a Cambridge para participar de três dias de festividades e recepções em comemoração à abertura do Arthur M. Sackler Museum em Harvard.[3]

O museu ficaria instalado em edifícios novos de tijolos e vidro, projetados pelo arquiteto britânico James Stirling. Funcionaria como uma extensão do museu de arte da universidade, o Fogg. Harvard teve dificuldades para financiar a extensão, chegando ao ponto de considerar vender parte de sua coleção a fim de pagar pela construção. Derek Bok chegou a cancelar todo o projeto,[4] mas Arthur apareceu para salvá-lo, com o entendimento de que o novo prédio teria que ostentar seu nome. Quando subiu ao palco do Sanders Theatre, ele tinha dado 10 milhões de dólares a Harvard.[5]

"Daqui a uma década e meia, começa um novo milênio", anunciou Arthur, invocando um de seus temas favoritos: a capacidade da espécie humana de controlar a natureza. "Depois de bilhões de anos e uma miríade de espécies, uma recém-chegada, o *homo sapiens,* atravessou, em apenas quarenta anos, uma série de divisores de água globais, revertendo realidades que sempre governaram a existência de nossa Terra", disse ele. Linus Pauling, amigo de Arthur que recebera os prêmios Nobel de Química e da Paz, estava na plateia, tendo ido à cidade para a ocasião. O violinista Itzhak Perlman[6] estava ali

136 PATRICK RADDEN KEEFE

também, assim como a atriz Glenn Close e o artista plástico Frank Stella. O jornal *Boston Globe*, aparentemente alheio ao interesse de Arthur pela Ásia, observou que as cerimônias de abertura incluiriam "música, dança, visitas e (por algum motivo) demonstrações de artes marciais".[7]

Durante bilhões de anos, prosseguiu Arthur, "todas as espécies estiveram à mercê do meio ambiente". Mas agora o meio ambiente está "à mercê de uma espécie".[8] Os seres humanos puseram o homem na Lua, observou, e inventaram métodos engenhosos para influenciar "a hereditariedade e a evolução". Os avanços na ciência médica tornaram "rotina" o que antes era inconcebível e indicavam que os seres humanos, sozinhos entre as outras espécies, haviam aprendido a "contrariar a inevitabilidade da morte". O novo milênio só faria acelerar esse progresso. Era hora de pensar profundamente sobre as questões que governariam a qualidade de vida no século XXI, disse Arthur, e construir pontes entre as artes, as ciências e as humanidades. "Para esses fins, dediquei minha vida", concluiu ele, "e agora dedico esta instituição".

Não muito tempo depois da comemoração em Harvard, o Smithsonian anunciou seu plano de abrir o museu Arthur M. Sackler no Mall em Washington, destacando, em comunicado à imprensa, que o nome Sackler "está associado a uma ampla gama de instituições científicas", como a Escola de Medicina Sackler em Tel Aviv, o Arthur M. Sackler Sciences Center na Clark University e o Arthur M. Sackler Center for Health Communications em Tufts.[9] Mas, ao falar ao mundo sobre o homem que daria nome à nova galeria, o Smithsonian se utilizou de uma biografia que, fornecida por Arthur, era estranhamente seletiva. Ele certa vez disse a colegas da McAdams que "passara a maior parte da vida adulta" na agência de publicidade.[10] Aquele era, de muitas maneiras, seu mais importante lar de formação profissional. Mas a biografia que ele enviou ao Smithsonian não fazia menção à McAdams.[11] Tratava de outras partes de sua vida em detalhes desimportantes, observando que no ensino médio ele tinha sido "editor de todas as publicações estudantis". Mas deixava de fora tanto a agência de publicidade que ainda era de Arthur quanto qualquer menção aos medicamentos Librium e Valium, que geraram grande parte da fortuna que lhe permitiu ser tão generoso.

O plano do Smithsonian envolvia construir um novo centro de arte subterrâneo que abrigaria o National Museum of African Art, bem como a Galeria Sackler. Arthur e Jillian viajaram a Washington para a inauguração da pedra fundamental, e ele parecia jovial, de terno escuro e gravata-borboleta. Fazia uma semana que não parava de chover, então o local estava um mar de lama. O Smithsonian ergueu uma tenda especial para os dignitários que se reuniriam para o evento. A segurança era rígida:[12] Warren Burger, presidente do Supremo Tribunal, estava lá, assim como o vice-presidente George H. W. Bush. Aquele era "um momento muito honroso", anunciou Arthur.[13] O plano era que Sackler entregasse o cheque da segunda parcela de sua doação.[14] Ele manifestou o interesse em entregá-lo diretamente ao vice-presidente Bush, mas, antes que pudesse fazer isso, uma jovem do Serviço Secreto interveio. Arthur explicou que tinha algo para dar ao vice-presidente. A agente do Serviço Secreto disse que precisaria examinar primeiro. Então ele pegou o talão de cheque e, com travessa satisfação, escreveu as palavras "Dois milhões".

Talvez parecesse, ao entrar na fase final de sua carreira, que Arthur poderia finalmente relaxar. Ele estava na lista Forbes 400 de 1986; a revista estimava que ele valia "mais de 175 milhões de dólares".[15] E ele tinha uma acentuada tendência pessoal a avaliar suas realizações. No vigésimo aniversário do *Medical Tribune*, Arthur fez uma longa lista de "pioneirismos"[16] — áreas em que, na sua visão, seu jornal abrira novos caminhos. Os leitores poderiam "querer acrescentar algo", sugeriu, como se ele sozinho não conseguisse computar bem os feitos. Em 1986, Jillian organizou um "Festschrift", um livro de homenagens, numa festividade de três dias em Woods Hole, Massachusetts, ocasião em que amigos e colegas se reuniram para celebrá-lo e compartilhar histórias sobre suas muitas contribuições às artes e ciências.[17] Assim como Marietta fizera, Jillian se viu recortando notícias sobre o marido ilustre, atualizando interminavelmente um documento que ela descreveu como a "lista de realizações" dele.[18]

Mas, apesar de toda a retrospectiva em que estava envolvido, Arthur não considerava que sua carreira chegara ao fim. Ainda havia muitas coisas que queria fazer. Nas palavras de Louis Lasagna, um amigo de longa data: "Sua agenda exigiria três vidas para ser cumprida."[19] Arthur podia falar da capacidade da humanidade de fazer a natureza se curvar a suas invenções, mas a verdade é que ele não podia fazer o tempo se curvar, e sabia disso. O tempo "é meu maior inimigo", reclamou. "O *tempo* é um ditador cruel, inflexível, inexorável — e no fim sempre vence."[20] Ele gostava de dizer às pessoas que, ao se casar com Jillian, "acertara na terceira vez". Mas falava sobre essa decisão também como uma espécie de artimanha para enganar o relógio. "Uma coisa boa no fato de ela ser mais jovem", disse a um amigo, "é que isso significa cem anos de filantropia e bons trabalhos. Meus cinquenta anos — e os cinquenta anos que ela sobreviverá a mais que eu".

Enquanto isso, ele continuava a se cobrar. Ainda cumpria uma agenda rigorosa,[21] trabalhando sete dias por semana, com viagens frequentes. À noite, na cama, ainda lia revistas médicas para se atualizar sobre as pesquisas mais recentes.[22] Mas a idade e o ritmo que mantinha estavam começando a cobrar seu preço. No outono de 1986, Arthur adoeceu e ficou semanas acamado, com herpes-zóster.[23]

Alguns meses depois, Mortimer comemorou seu septuagésimo aniversário com uma festa luxuosa na Ala Sackler do Met. Dificilmente escapou à atenção de Arthur que o irmão poderia ser acusado de se envolver precisamente no tipo de profanação crassa do templo de que Arthur tanto desdenhava. A festa, orquestrada pela terceira esposa de Mortimer, Theresa, teve centenas de convidados e um bolo gigante feito à semelhança de um sarcófago egípcio, mas com o semblante de Mortimer e seus óculos.[24] Ela contratou um designer de interiores e, de início, tinha planos ambiciosos de acrescentar mais dois pilares ao Templo de Dendur. Mas o Met rejeitou o projeto,[25] argumentando que fazer "mudanças arquitetônicas" no antigo templo, mesmo que para uma festa de aniversário muito importante, parecia um pouco desnecessário. Mortimer, ofendido, reagiu: "Isso pode irritar quem fez a doação."

Apesar do desgosto que possa ter sentido, Arthur compareceu à festa de Mortimer. Marietta também. Ela e Arthur não se viam havia algum tempo. As consequências do divórcio não foram agradáveis. A filha Denise ficou do lado da mãe e, efetivamente, rompeu com o pai. Acabou mudando legalmente o sobrenome para Marika, uma combinação do nome da mãe com o da avó, Marietta e Frederika.[26] Para alguém que não conhecia a família, isso pode ter parecido uma afetação extravagante do tipo Nova Era. Mas, para a filha de Arthur Sackler, foi um gesto carregado de significado. Abandonar o nome Sackler foi o ato supremo de renúncia. "Ela tirou aquele nome de seu corpo com uma escova de aço", disse um amigo de Denise. Mesmo assim, Arthur foi cordial ao ver Marietta e sugeriu que almoçassem juntos um dia.[27]

Eles se encontraram num pequeno restaurante francês que costumavam frequentar, perto do apartamento em frente à sede das Nações Unidas. Quando se sentaram e começaram a conversar, Arthur perguntou se podiam trocar de lugar, porque ele não estava ouvindo bem e queria que Marietta pudesse falar virada para seu ouvido bom. Ela aproveitou ao máximo a conversa, atualizando-o sobre sua vida. Depois de um período de desolação e raiva, estava voltando a ser feliz, escrevendo poesia, viajando para a Europa. Havia se mudado de Nova York, estabelecendo-se em Vermont, e encontrou um homem gentil que, de muitas maneiras, era diferente de Arthur — um homem, talvez, de menor envergadura em suas realizações, mas que lhe fazia feliz. Arthur passou a maior parte do tempo escutando, assim como havia feito naquela longa viagem de carro até a conferência médica quatro décadas antes. Mas Marietta notou que ele parecia distraído e agitado, meio ausente.

Apesar de ser um homem tão rico, Arthur ainda se preocupava com dinheiro. Continuava a adquirir obras de arte e a assumir compromissos filantrópicos num ritmo frenético, e temia estar se excedendo. Como consequência, sua relação com Jillian talvez pagasse o preço. Alguns meses depois do almoço com Marietta, ele enviou a Jillian um memorando conciso, que ditou a um assistente, no carro, a caminho do aeroporto. Ele resolveu "assumir a responsabilidade por todas as finanças", informou a Jillian, exigindo que ela fizesse "um orçamento das despesas domésticas", com itens relativos a cada uma das quatro casas, detalhando custos de "alimentação, manutenção, Natal e outras datas comemorativas, seguros, telefone, gás e eletricidade, decoração".[28] Ele parecia tomado por uma ansiedade maníaca. "Quando eu retornar, na tarde de quinta-feira, quero todos os dados que você puder fornecer juntamente com uma agenda e cronograma de quando fornecerá o resto." Arthur repreendeu a esposa por suas "repetidas reclamações" sobre "a indisponibilidade de fundos e apoio a seus interesses". Estava enviando um memorando apenas porque estava com pressa e explicou: "No futuro, ditarei minhas instruções diretamente a você." Ele sentia uma enorme pressão, disse a ela. As pessoas estavam gastando dinheiro sem critérios. Mas ele estava determinado a "assumir o comando".

Um dos interesses de Jillian que exigiam "fundos e apoio" era sua paixão por colecionar joias antigas — não como aquelas que muita gente coleciona, mas joias *arcaicas*. Arthur incentivou esse hobbie recém-descoberto, aprovando a ideia da esposa de desenvolver sua própria coleção, e naquela primavera a Royal Academy of Arts, em Londres, estava planejando a exposição "Joias dos Antigos: Seleções da Coleção Jill Sackler".[29] A exposição apresentaria mais de duzentas peças, que o museu classificava como "a mais abrangente coleção privada de joias do Oriente Médio antigo".[30] Num ensaio promocional, Jillian escreveu que sua "determinação em colecionar joias começou com presentes de meu marido, ele próprio um colecionador apaixonado, bem como um eminente cientista e psiquiatra e um grande benfeitor de museus e instituições de artes, ciências e humanidades".[31]

A exposição foi aberta em maio daquele ano. Os tesouros em exibição eram impressionantes: guirlandas e correntes de ouro filigranado e amuletos de lápis-lazúli. Acreditava-se que algumas peças eram mais antigas que o Templo de Dendur, remontando ao terceiro milênio a.C.[32] Jillian deixou claro que não estava simplesmente acumulando joias ostentosas, pelo contrário.

Assim como o marido, buscava promover estudos acadêmicos. À medida que sua coleção se expandia, observou, ela ficava mais "satisfeita por me ver quase sozinha num campo praticamente desprovido de conhecimentos prévios".[33] Os curadores insistiram em manter uma iluminação suave na mostra, para não danificar os artefatos antigos. Mas as joias resplandeciam. Era extraordinário pensar, como escreveu um visitante, que "joias tão delicadas quanto as guirlandas ou uma refinada flor de ouro sobreviveram a milhares de anos intactas — cintilando como se tivessem sido feitas ontem".[34]

Mas a exposição não foi o triunfo que Jillian esperava. Depois da inauguração, o *Sunday Times* publicou uma reportagem chocante que levantou dúvidas sobre a autenticidade de alguns itens.[35] "Acredito que uma grande proporção dos objetos mais vistosos é falsa", disse ao jornal Jack Ogden, um consultor de museus especializado em identificar falsificações. "Mas mostrá-los na Academia traz legitimidade. O campo de estudos de joias recuará vinte anos." Jillian insistiu que não era esse o caso, afirmando: "Eu ficaria muito surpresa se alguma peça fosse falsa."[36] Mas a Academia Real reuniu 24 especialistas de todo o mundo para passar dois dias estudando a coleção, e eles emitiram uma declaração dizendo que "é opinião unânime que algumas dessas peças, incluindo algumas das maiores, não são antigas".[37]

O escândalo foi devastador para Jillian — e para Arthur.[38] A abertura da Galeria Arthur M. Sackler, no Smithsonian, estava marcada para o outono, e o plano era que a Coleção Jill Sackler de Joias Antigas viajasse para ser exibida na Galeria Nacional, em Washington. Mas, depois da revelação de que algumas das peças mais exuberantes podiam ser falsificações, os preparativos foram discretamente abandonados.

Quando algo não saía como o esperado, Arthur gostava de usar uma expressão: "O homem propõe, mas Deus dispõe."[39] Enquanto a controvérsia se desenrolava em Londres em maio daquele ano, ele foi para uma reunião em Boston, no State Street Bank, do qual se tornara um grande acionista. Lá, sentiu uma dor estranha no peito. Voltou mais cedo a Nova York, foi ao escritório e anunciou que possivelmente estava tendo um ataque cardíaco.

Arthur tinha 73 anos. Sempre odiou ficar doente, pois isso o deixava dependente dos outros.[40] E talvez temesse que as pessoas se aproveitassem dele quando estivesse debilitado. Qualquer que tenha sido o raciocínio, ele escolheu não informar a família ao ser admitido no hospital.[41] Como mais uma precaução e como indicação de sua antiga preferência pelo anonimato, deu entrada sob um pseudônimo.[42] Uma consequência de todo esse sigilo foi que ninguém da família, exceto Jillian, soube que Arthur estava hospitalizado. Antes de seus filhos chegarem para vê-lo, ele já havia morrido.[43] Quando Denise telefonou para a mãe deles a fim de dar a notícia, Marietta não conseguiu acreditar.[44] Parte dela achava que Arthur Sackler viveria para sempre.

Arthur sempre gostou de ser celebrado por suas realizações em vida, então é lamentável que não tenha conseguido testemunhar os eventos que se seguiram a sua morte; teriam sido de seu agrado. Houve cerimônias esmeradas em Harvard, em Tufts e no Smithsonian, repletas de celebridades.[45] Foi realizado um concerto em sua memória no Kennedy Center, em Washington, com duas mil pessoas.[46] E, numa tarde daquele mês de junho, quatrocentas pessoas fizeram fila para entrar na Ala Sackler do Met e prestar condolências. "Judeus geralmente não recebem homenagens póstumas numa sinagoga", observou Ed Koch, prefeito de Nova York.[47] "Mas Arthur construiu sua própria sinagoga. É um tributo a ele que o próprio lugar que construiu, glorioso como é, seja o lugar onde estamos fazendo esta homenagem." Koch olhou para a multidão. "Estou certo de que ele gostaria de saber que vocês estão em seu templo."

Quando foi sua vez de falar, Jillian disse: "Como posso encontrar palavras que lhe façam justiça? Ele era supremo." Arthur "fez o melhor por sua família", frisou ela, "pondo seus irmãos na escola e na faculdade de medicina, e abrindo todos os negócios da família".[48] Mas, entre todas as diversas cerimônias públicas e as dezenas de discursos de amigos famosos e associados de Arthur, não houve nenhuma declaração de Raymond ou Mortimer. Na verdade, quando o irmão mais velho morreu, eles mal se falavam.[49]

"É uma ironia que essa pessoa tenha morrido *in medias res*", observou J. Carter Brown, diretor da Galeria Nacional em Washington, na cerimônia do Met.[50] Esse era um tema que aparecia recorrentemente nas declarações, a ideia de que Arthur estava, como disse Brown, "apenas a meio caminho andado". Assim como Isaac Sackler enfatizara para os filhos a importância de um "bom nome", Arthur Sackler tinha um preceito que com frequência entoava para os próprios filhos.[51] "Quando partirmos", dizia a eles, "temos que deixar o mundo melhor do que quando chegamos". Havia uma forte sensação na Ala Sackler, naquela tarde de 1987, de que, embora a vida de Arthur Sackler tivesse terminado, ainda era cedo para ter uma noção exata de seu legado.

LIVRO II

DINASTIA

LIVRE II

DINASTIA

Capítulo 11

APOLLO

RICHARD KAPIT TEVE SEU PRIMEIRO CONTATO com a família Sackler na primavera de 1964, quando estava terminando o primeiro ano na Universidade de Colúmbia[1] com uma bolsa de estudos parcial. Kapit era um cara inteligente que vinha de uma cidade desconhecida na região central de Long Island. Simples e tímido, não tinha muitos amigos. Mas, à noite, em seu dormitório, um grupo de rapazes se reunia para estudar e, quando Kapit mencionou que precisava de um colega de quarto para o ano seguinte, um deles sugeriu "Sackler". Então, Richard Kapit procurou Richard Sackler e descobriu que ele também estava procurando um colega de quarto. Filho de Raymond Sackler e Beverly, Richard Sackler também tinha sido criado em Long Island, mas em circunstâncias bem diferentes. Também era um cara muito inteligente, como Kapit, e os dois logo viraram amigos.

Em vez de morar em um dos dormitórios, Sackler e Kapit procuraram um apartamento fora do campus, encontrando um em um prédio moderno chamado Park West Village, na Colombus Avenue, próximo ao metrô. Era um apartamento térreo de dois quartos, bem em frente ao corpo de bombeiros. Depois que se mudaram, perceberam que teriam que se acostumar com o vaivém noturno dos caminhões e suas sirenes. Foi só quando começaram a comprar os móveis que Kapit teve a primeira indicação de que seu novo amigo talvez viesse de uma família incomum. Sackler o levou para o outro lado do Central Park, até uma casa na East 62nd Street, na esquina do Hotel Pierre. Era a casa da família dele, conforme explicou. Richard Kapit achou o lugar parecido com um palacete saído de uma história de fantasia. A explicação foi ambígua, e Kapit não sabia se a casa pertencia aos pais de Sackler ou ao resto da família, mas Sackler levou o amigo até um aposento no porão lotado de mobílias sem uso. E não, não eram cadeiras bambas e estantes velhas típicas de apartamentos de universitários, mas, sim, móveis firmes e de qualidade que os adultos compravam. Eles pegaram tudo de que precisavam, e foi assim que mobiliaram o apartamento.

Kapit foi conquistado pelo novo colega de apartamento: Richard Sackler era inteligente, peculiar e *divertido*. Era atarracado, com testa grande, nariz reto, voz rouca e sorriso alegre. Kapit descobriu que Richard tinha uma característica ainda mais marcante: o ímpeto pela vida. Ele se envolvia apenas parcialmente nos estudos, dando preferência a atividades epicuristas. Adorava passar a noite batendo papo no apartamento enquanto fumava, especialmente charutos e cachimbos, para os quais procurava o melhor tabaco. Os dois enchiam o cachimbo com um tipo especial de tabaco sírio, o favorito de Richard, que supostamente tinha sido curado sobre fogueiras acesas com esterco de camelo. Tinha um cheiro rico e intenso, e Richard se recostava na cadeira, envolto na fumaça do fumo, e refletia como Sherlock Holmes. Ele mantinha uma coleção de vinhos finos em um dos armários, comprando-os em caixas e escolhendo diferentes garrafas para provar. Os dois bebericavam e discutiam, ébrios, as sutis diferenças entre as variedades.

Para Kapit aquela foi uma experiência "emocionante", uma educação dos sentidos. Richard sentia orgulho ao se autointitular sensualista — alguém que queria ver, provar e tocar tudo que havia de melhor e mais exótico. Era maravilhosamente altruísta, pagava a conta com satisfação e era rico o suficiente para não se importar, ávido por apresentar tais mistérios ao colega menos conhecedor do mundo. "Compartilhar comigo era uma grande parte do processo", Kapit se recordou tempos depois. "Ele precisava dividir a experiência com alguém para extrair dela o máximo de prazer." Kapit percebeu que a devoção de Richard ao prazer era "absoluta". "Para ele, o que fazia a vida valer a pena eram aquelas coisas maravilhosas que o dinheiro podia comprar."

Kapit pagava sua parte do aluguel, mas logo começou a perceber que dependia da generosidade de Richard para quase todas as outras contas, e aquilo o constrangia. Era de origem modesta: a mãe era nutricionista, e o pai, professor. Mas a condição de Richard Sackler não era só um pouco melhor: ele era rico. Era um cara que vivia muito acima de qualquer preocupação referente às contas a pagar, o que sempre fazia sem nenhum ressentimento — um gesto muito significativo para Kapit, mas que era trivial para Richard Sackler. Ao primeiro parecia que dinheiro não era algo com que o segundo se preocupava, pois sempre teve em abundância para investir, para guardar, para gastar como bem quisesse. Era como o ar.

Mas Kapit também não pôde deixar de notar que parecia ser o único amigo verdadeiro de Richard na universidade. Ou melhor: seu único amigo do sexo masculino. Porque Sackler tinha uma namorada, Margie Yospin, que estudava em Bernard, uma universidade para mulheres perto de Colúmbia, um pouco depois da Broadway. Richard e Margie namoravam desde o ensino médio em Roslyn, Long Island. Os dois faziam parte de um círculo de alunos atípicos e inteligentes que se autointitulavam "não grupo". Richard era do clube de geometria[2] e um dos poucos garotos que tinham carro,[3] e ele e os amigos compravam garrafas de uísque e dirigiam pela cidade procurando um lugar onde beber.

Margie era inteligente e viajada.[4] Quando ainda estava na escola, passou nove meses num intercâmbio na Argentina, então falava espanhol fluentemente. Richard Kapit gostava dela, e os três começaram a passar todo o tempo livre juntos. Kapit não entendia por que exatamente Sackler não fizera mais amigos. Com o tempo, porém, notou que o colega tinha alguns hábitos incomuns. Embora fosse tremendamente generoso, parecia não ter a menor empatia — a capacidade de levar em consideração as experiências e as emoções dos outros — nem percebia como seu comportamento poderia afetar as outras pessoas. Certa vez, Richard sugeriu que Kapit saísse com uma das primas dele. Kapit conheceu a jovem e fez planos para a noite toda, mas, quando ele indicou que um ônibus que se aproximava seria o meio de transporte dos dois, ela empalideceu e desistiu do encontro. Kapit se sentiu humilhado. Não tinha dinheiro para levá-la para passear de táxi e pensou que Richard Sackler deveria saber que aquilo seria um problema para a prima. Mas o pensamento simplesmente não passou pela cabeça dele. Quando Kapit contou depois que tinha ficado chateado, Sackler não pareceu compreender o problema. "Era como se os pais dele o tivessem educado especificamente para não ter muitos amigos", comentou Kapit.

Outra possível explicação para o reduzido número de amigos era que Sackler não parecia muito interessado em frequentar as aulas. Isso não quer dizer que ele não era inteligente e curioso. No início, ficou impressionado com a intensidade da carga horária. "O rigor é surpreendente", escreveu ele em uma carta para um dos amigos de Roslyn, antes de se desconectar de um jeito que só um universitário consegue. "Vou ter que ler Sófocles."[5] Ele reclamava dos trabalhos e do fato de Raymond e Beverly Sackler ficarem de olho nas notas dele.[6] "Estou fazendo mais trabalhos do que nunca", comentou na primavera do primeiro ano de faculdade. "Isso não significa que eu tenha me tornado um cara esforçado: simplesmente tenho que fazer isso ou encarar a Fúria do Lar."

Richard tinha senso de humor. Gostava de piadas e desenvolveu um linguajar próprio que misturava vulgaridade e erudição. "Não passa de um arrombado. Quem ele pensa que é?", escreveu numa carta sobre um colega que aparentemente tinha se sentido ofendido. "Que seja encaçapado pelo intumescido *membrum virile* de própria pertença, são esses os votos de vosso interlocutor."[7]

Quando já estava no segundo ano, de acordo com Kapit, Richard Sackler começou a se interessar mais por seus próprios temas de estudo. Um dos assuntos que mais o interessava era sexo. Richard Kapit era virgem, um garoto tímido que ficava inibido perto de mulheres, uma sensação que considerava debilitante. Sackler já tinha perdido a virgindade muito tempo antes, e Kapit sentia que o amigo se gabava de sua vida sexual com Margie. Sensualista orgulhoso que era, Richard deixava bem claro para Kapit o quanto ele estava perdendo, sugerindo que superasse qualquer que fosse o problema e encontrasse alguém com quem transar. Mas Richard também gostava de falar sobre sexo, e um assunto que os dois discutiam, envoltos na fumaça densa do cachimbo sírio, era o orgasmo.[8] Sackler se interessava muito pela psicologia do orgasmo, o que o provocava e como compreendê-lo. Para ele, aquela era uma questão importante, que a ciência vinha negligenciando havia muito tempo. Então, decidiu transformar a questão num projeto, um tipo de estudo independente.

Kapit planejara arranjar um emprego de verão no final do semestre. Mas Richard tinha outras ideias e propôs que o amigo se dedicasse a resolver a charada científica do orgasmo com ele. Cobriria todas as despesas necessárias. Por que não? "O entusiasmo dele era contagiante", lembrou-se Kapit. "Ele via a vida como um grande parque de diversões. Quase tudo era possível e valia a pena se pudesse gerar algo de interessante ou algum tipo de recompensa."[9] Para Kapit, era fascinante, e até empoderador, conviver com alguém que quase nunca tinha ouvido um não. Richard caminhava pela vida encorajado e convencido de que nada era impossível e de que não existia limite prático que impedisse uma fantasia indolente de se tornar realidade.

Então, eles passaram o verão estudando orgasmos. Visitaram bibliotecas médicas, consultaram tratados científicos e periódicos desconhecidos. Em certo momento, Richard identificou um cientista do Woods Hole Oceanographic Institution, em Cape Cod, que estudava o sistema nervoso e que talvez pudesse dar um norte para a pesquisa deles. "Devemos ir vê-lo", anunciou Richard, e pegou emprestado o Pontiac Grand Prix da mãe. Eles buscaram Margie e foram até Massachusetts. E aquele eminente neurofisiologista de Woods Hole, quando entendeu precisamente por que aqueles três universitários tinham feito todo o trajeto de Nova York até o escritório dele, simplesmente soltou uma gargalhada. "Ele riu muito", lembrou-se Kapit. "Foi muito engraçado."

Os três dividiram um quarto de motel em Cape Cod, pelo qual Richard pagou. Ocupar um quarto com Richard e Margie fez Kapit sentir novamente certa tensão em relação ao sexo. Richard o pressionava para encontrar uma mulher com quem perdesse a virgindade. Kapit conhecia alguns parentes mais velhos de Richard, o pai e o tio Arthur, e achava que aqueles homens compartilhavam a visão machista de que uma vida sexual vigorosa fazia parte da experiência de ser jovem. Certa vez, Richard convidou Kapit para almoçar com Arthur Sackler. Eles se encontraram em um restaurante chinês elegante e caro na cidade. Kapit ficou impressionado com Arthur: o ar de autoridade, o intelecto predador e o terno de corte impecável. A garçonete era uma jovem chinesa. Em certo ponto da refeição, para a perplexidade de Kapit, Arthur Sackler começou a dar em cima da moça, que ficou visivelmente incomodada, e Kapit enrubesceu de vergonha. Mas Richard Sackler pareceu não se incomodar.

Richard admirava o tio. Mostrou com orgulho para Kapit um exemplar do *Medical Tribune*, a revista que Félix Martí-Ibáñez publicava e da qual Arthur era o dono oculto. Os anos que passaram em Colúmbia coincidiram com o período em que Arthur estava começando a fazer grandes doações para a universidade. Quando Colúmbia inaugurou a primeira grande mostra de obras de arte asiática da coleção de Arthur, na Low Library — aquela projetada pelo vitrinista da Tiffany —, Richard foi lá com seu amigo. "Era importante para Richard", disse Kapit. "Ele estava muito animado por estar entre tantos objetos lindos". A "família inteira", percebeu Kapit, "admirava a arte e a beleza asiática".

No dia 24 de julho de 1969, a cápsula espacial *Apollo 11* colidiu com a atmosfera da terra a 40 mil quilômetros por hora, soltando fragmentos em chamas do invólucro de proteção, o que a fez parecer uma bola gigante de fogo.[10] Lá estavam os astronautas Neil Armstrong, Buzz Aldrin e Michael Collins, que tinham feito história ao caminharem na superfície da Lua. No céu sobre o Pacífico Sul, três paraquedas se abriram e a cápsula começou a planar até cair com leveza, sendo carregada pelas ondas como uma rolha. Logo um helicóptero se aproximou, e mergulhadores da Marinha entraram no mar para estabilizar a cápsula com um bote inflável. Eles inflaram o bote e borrifaram uma solução antisséptica nos astronautas que ainda saíam da nave, para o caso de terem trazido algum "germe lunar" por acidente. Os astronautas subiram no bote, e os mergulhadores começaram a esfregar um por um com uma esponja, como se estivessem dando banho em bebês. Era o primeiro passo — cômico, mas essencial — dos procedimentos pós-voo da NASA. A solução que os mergulhadores usaram nos astronautas se chamava Betadine.[11]

Três anos antes, a Purdue Frederick tinha adquirido a empresa do estado da Virgínia que fabricava o Betadine, a Physicians Products.[12] O produto era um antisséptico cirúrgico que teria um importante uso em campo de batalha durante a Guerra do Vietnã. Mas o programa espacial foi um grande golpe de sorte, pois trouxe uma publicidade valiosa para a empresa. "Aterrissagem no mar!", dizia um anúncio da Purdue Frederick, avisando que, embora a NASA usasse o Betadine para acabar com germes espaciais, o produto também estava disponível aqui na Terra como "enxaguante bucal para gargarejo".[13]

Uma das coisas que chamaram a atenção de Richard Kapit logo no início da amizade foi a devoção de Richard Sackler aos negócios da família. Até onde Kapit sabia, o produto mais famoso da Purdue Frederick era o laxante Senokot. A publicidade desse medicamento era onipresente e constrangedora, com um texto sobre as vantagens das "fezes mais macias" e fotos de homens constipados fazendo careta. Mas Sackler não ficava nem um pouco constrangido, pois tinha muito orgulho da empresa e de seus produtos. E pode-se dizer seja lá o que for em relação ao Senokot, mas as pessoas o compravam porque funcionava. Em algumas ocasiões, Richard levou Kapit para visitar a sede da Purdue Frederick, que tinha sido transferida para um grande edifício em Yonkers.[14] Kapit também sabia que a família estava relacionada ao Valium, um medicamento de grande sucesso. Na verdade, o pai de Kapit já tinha trabalhado como farmacêutico antes de se tornar professor, e sua família partilhava da convicção dos Sackler de que esses remédios tão maravilhosos eram um símbolo do progresso humano e um vislumbre do futuro.

Eles certamente representavam o futuro de Richard Sackler. Era considerado um fato que ele se formaria em medicina e entraria para os negócios da família. Na verdade, a família acreditava tanto no estímulo, na nobreza e nas recompensas da medicina que, depois de uma conversa com Raymond Sackler, Richard Kapit decidiu que ele também seguiria o caminho da medicina. Acabou entrando na Universidade de Nova York. A namorada de Richard, Margie, também se tornou médica.

Àquela altura, porém, os dois Richards não estavam mais se falando. Após o verão de estudos sobre orgasmos, eles foram para o terceiro ano da faculdade, mas Richard Kapit começou a se sentir cada vez mais desconfortável com aquela amizade. Tempos depois, ainda não conseguia explicar o que o incomodava. Talvez tivesse a ver com sexo e a forma estranha como

Richard o pressionava. Ou talvez tivesse sido a tensão natural do triângulo amistoso entre eles e Margie que se tornou insustentável. Mas ele tinha certeza de que havia um elemento que aumentava cada vez mais seu desconforto: seu status permanente de hóspede de Sackler e a preocupação constante de se tornar um parasita. Um dia, os dois estavam jantando no apartamento. Tinham tomado vinho, e a pia estava cheia de louça suja. Surgiu a questão de quem lavaria a louça. E Kapit surtou. Nem sabia bem por que ficou tão chateado. A louça claramente era só uma desculpa. Mas ele explodiu e começou a gritar com Sackler. Descreveu depois que foi como se "uma represa tivesse se rompido". O amigo ficou olhando, sem entender, como se ele tivesse enlouquecido. "Ele considerava que sempre havia me tratado muito bem, e é verdade. Nos termos dele, isso era verdade", disse Kapit. "Então, para ele, aquilo surgiu do nada."

Pouco depois, Kapit encontrou um quarto no dormitório do campus e se mudou. "Richard pareceu muito magoado", recordou-se ele. A incapacidade de Sackler de reconhecer as emoções talvez o tenha impedido de perceber que não era tão simples manter um relacionamento benevolente com um amigo que não estava tão bem de vida. Os dois Richards pararam de se ver. Em algum momento, depois de certo tempo, Kapit ligou para a casa de Roslyn só para saber como Richard estava. A mãe dele atendeu, mas se recusou a permitir que ele falasse com o ex-colega de apartamento. "Acho que você já o magoou o suficiente", disse ela.

Como lidava com os estudos de forma casual, Richard Sackler não conseguiu entrar nas faculdades mais prestigiosas de medicina, como a Harvard ou a Universidade de Nova York, mesmo com todas as conexões mantidas pela família a um alto custo. Ele acabou indo para a SUNY em Buffalo, onde estudou por dois anos e, por fim, conseguiu uma transferência para a Universidade de Nova York.[15] Mas aquilo pouco importava no fim das contas. Não importava onde tivesse estudado nem se ele se saía mal nos estudos, não havia a menor dúvida sobre onde Richard Sackler ia trabalhar.

"Meu querido sobrinho e colega Richard", escreveu Félix Martí-Ibáñez em 7 de junho de 1971. "Há alguns anos, eu tive o prazer de ir ao seu bar mitzvah e hoje tenho o privilégio de participar da celebração da sua formatura em medicina. Na primeira ocasião, você tinha se tornado um homem; hoje você se tornou mais que um homem." Martí-Ibáñez disse para Richard que ser médico é como "ser escolhido pelos deuses". Ele estava entrando para uma irmandade de elite, e com todas as vantagens possíveis. Afinal, era um Sackler: "Eu sei que você vai dedicar a vida a honrar o nome ilustre que carrega."[16]

Capítulo 12

HERDEIRO APARENTE

EM AGOSTO DE 1972, um milionário de Connecticut chamado W. T. Grant morreu aos 96 anos.[1] Grant começou do zero e fez uma grande fortuna ao abrir diversas lojas. Deixou uma extensa propriedade particular no subúrbio afluente de Greenwich. Era imensa: vinte acres numa península que se projetava até o estuário de Long Island, com uma casa principal em formato irregular, uma estufa, uma quadra de tênis, uma garagem para sete carros e, à parte, um complexo no estilo Tudor com quartos para empregados. A casa principal contava com confortos típicos de meados do século XX, como armários com sistema de controle de temperatura para casacos de pele.

Grant não tinha herdeiros, então optou por deixar a extravagante propriedade — que foi construída para uso pessoal — de herança para o Hospital Greenwich. A intenção da instituição era converter o imóvel em uma instalação médica, mas as normas de zoneamento não permitiam isso. Como o hospital não tinha muito o que fazer, resolveu vender o imóvel. No entanto, quando o colocaram à venda, ninguém se interessou por causa do valor exorbitante. A questão, no resumo ácido do *The New York Times*, era que "não havia muitos compradores procurando uma casa de 1,85 milhão de dólares construída na água".[2] Mesmo na região abastada de Greenwich, o imóvel de Grant integrava uma escala de luxo que os meramente ricos não tinham como pagar. Sem a perspectiva de um comprador, o que começou como uma doação generosa estava se tornando um elefante branco para o hospital: entre impostos, manutenção e outras despesas, o custo da propriedade chegava a milhares de dólares por mês.

Por fim, no verão de 1973, o imóvel foi vendido por 1,3 milhão de dólares, bem abaixo do preço original, mas o mais alto já pago por uma casa em Greenwich. O comprador preferiu não ser identificado, mas um repórter ousado do *The New York Times* ligou para o advogado que conduziu as negociações e descobriu que o novo proprietário tinha a intenção de morar no imóvel.[3] De acordo com o negócio, uma entidade chamada Rock Point Ltda.

deu uma entrada de 325 mil dólares em dinheiro, enquanto outra entidade, a Mundi-Inter Ltda., entrou com a hipoteca de um milhão de dólares. A Mundi-Inter ficava em Norwalk, em Connecticut. Quando o repórter do jornal ligou para o número de telefone associado ao endereço, uma telefonista atendeu, informando falar da sede da Purdue Frederick. O *The New York Times* não avançou mais que isso na reportagem e não publicou o nome do novo proprietário da mansão de Grant: Raymond Sackler.

Raymond se mudou de Long Island para Connecticut porque a sede da empresa também seria transferida para lá. A Purdue Frederick se originou em Greenwich Village e se mudou para Yonkers, onde se consolidou em um edifício de doze andares no centro de Norwalk.[4] Duzentos empregados foram transferidos.[5] Um deles, que tinha acabado de começar a trabalhar para a empresa, era o filho de Raymond, Richard Sackler.

Depois da transferência para a Universidade de Nova York, Richard se formou em medicina, embora sua intenção nunca tenha sido exercer a profissão. O único trabalho clínico que fez na vida foi durante a residência em medicina hospitalar no Hospital Hartford.[6] Em 1971, Richard começou a trabalhar na Purdue Frederick no cargo de assistente da presidência, sendo que o presidente era o pai.[7]

A farmacêutica à qual Richard se juntou dava um alto lucro para os Sackler havia décadas, a ponto de possibilitar a Raymond comprar a casa mais cara de Greenwich. Mas a empresa era especializada em produtos mais simples e de varejo, e não em remédios sofisticados, vendidos sob prescrição. O Senokot continuava sendo o carro-chefe: a fábrica em Yonkers exalava o cheiro de sene, uma erva com propriedades laxantes que era o principal ingrediente da fórmula. "Toda a cidade de Yonkers tinha cheiro de sene", contou um dos antigos funcionários. Era uma piada entre os empregados: "Se as vendas aumentarem, vão ter que instalar canos de esgoto maiores." O antisséptico Betadine também era um grande sucesso, e a empresa oferecia uma variedade de outros remédios triviais, de Cerumenex (removedor de cera de ouvido) até o elixir Paremycin (para o tratamento de diarreia).[8]

No período em que a Purdue Frederick permaneceu em Yonkers, Raymond gerenciou as operações cotidianas da empresa a partir da casa da família em Manhattan. Ele trabalhava lá, cercado por um grupo de conselheiros, e a atmosfera, de acordo com a descrição de funcionários, era de um "mundo antigo".[9] Raymond era gentil. Abria a porta para as mulheres e puxava as cadeiras para se sentarem. Duas vezes por dia, uma criada entrava no escritório e servia café em xícaras de porcelana fina.

Quando o negócio foi transferido para Norwalk, Raymond buscou instaurar o mesmo comportamento no novo cenário mais corporativo. Nos anos 1970, aquela ainda era uma empresa "conservadora", nas palavras de Danielle Nelson, que trabalhou lá por trinta anos.[10] "Parecia ser pequena e íntima", declarou Charles Olech, que era da equipe de vendas da empresa mais ou menos nessa época. "Não dava nem para comparar com a Merck e outras grandes farmacêuticas, mas eles passavam a impressão de que eram uma organização familiar bem fechada."[11] Diferentemente de Arthur, com sua paixão por aquisições e conquistas, ou Mortimer, com suas viagens incansáveis e vida noturna agitada, Raymond era mais trabalhador e previsível, uma criatura de hábitos. Ele e Beverly tinham um casamento feliz. Gostavam de ir à ópera na cidade. Nos fins de semana, recebiam convidados na mansão de Greenwich para um jogo de tênis (Raymond era competitivo, mesmo que não fosse muito talentoso), seguido por um almoço servido pelos funcionários da casa.[12] Nos dias de semana, Raymond ia de carro até o novo escritório em Norwalk, chegando às dez horas da manhã. Almoçava em um refeitório particular e convidava executivos da empresa para se juntarem a ele. Às cinco horas da tarde, fazia uma ronda, caminhando pelos corredores do prédio, enfiando a cabeça nas salas e perguntando: "O que está fazendo, filho?"

"Parte da filosofia da empresa é nossa preocupação com todos os funcionários", escreveram Raymond e Mortimer em um folheto corporativo,[13] e os funcionários consideravam o primeiro uma pessoa bondosa. Era um homem bastante discreto, como bem demonstrado pelos artifícios usados para esconder a compra da nova propriedade. Dizia-se que Arthur Sackler tinha um fetiche por privacidade, mas, em comparação a Raymond, o irmão mais velho podia até ser considerado um exibicionista, com suas palestras e sua coluna no *Medical Tribune*. Pouco antes de comprar o imóvel em Greenwich, Raymond fez uma doação, junto com os irmãos, de 3 milhões de dólares para a criação da Faculdade Sackler de Medicina da Universidade de Tel Aviv. Raymond visitou Israel pela primeira vez, uma experiência que deve ter sido uma peregrinação emocionante para ele. Poucos anos antes do nascimento de Raymond, em 1917, seus pais venderam as joias de Sophie com o intuito de doar os fundos para a fundação de uma nação judaica na Palestina.[14] Mas, quando um repórter do *The Jerusalem Post* convidou o benfeitor americano em visita ao país para uma entrevista, ele se recusou a responder até mesmo as perguntas pessoais mais básicas.[15] A impressão paradoxal que Raymond passava era a de um homem que era o mais discreto possível, apesar de fazer grandes doações em dinheiro para construir uma faculdade com seu nome.

Às vezes, quando Raymond e Beverly saíam do país, Richard se mudava para a mansão de Greenwich, abraçando a vida baronial de Jay Gatsby como se fosse dono do lugar.[16] Richard continuava alimentando as próprias paixões. Ainda seguia intuições científicas com o mesmo entusiasmo desenfreado que dedicara à fisiologia do orgasmo. Era um esquiador ávido.[17] Mas, ao contrário dos tios, ele não se engajava no mundo real, na arte ou na política. Nascido em berço de ouro, parecia livre da ambição de conquistar a aceitação da alta sociedade, algo inerente aos Sackler mais velhos. Quando Richard concluiu os estudos de medicina, ele e Margie não namoravam mais. Mas ele acabou conhecendo Beth Bressman, uma jovem inteligente e sociável, criada nos subúrbios de Nova Jersey, cujas conquistas eram publicadas nas páginas do jornal local. Ela frequentou a Universidade da Pensilvânia, onde participou de protestos contra a Guerra do Vietnã.[18] Era inteligente como Richard e ph.D. em psicologia clínica pela George Washington.[19] Eles se casaram em 1979.[20]

No entanto, o que Richard parecia amar acima de tudo era a empresa. Desde que começou a trabalhar na Purdue Frederick, passava de um departamento para outro, o que lhe garantiu uma experiência bem ampla. Se havia uma rota rumo à posição de gerência, ele a estava trilhando. Richard fez cursos na Harvard Business School, embora nunca tenha tirado o diploma.[21] A Purdue Frederick era uma empresa de três sócios: Arthur, Mortimer e Raymond.[22] Mas Arthur não se envolvia nas questões cotidianas da administração, e Mortimer estava ocupado com os empreendimentos internacionais da família. Por isso, Raymond ficava em Norwalk e estava claramente treinando o filho para assumir seu lugar.

"Eu tinha muitas ideias", contou Richard tempos depois. "Um monte de ideias para o desenvolvimento de produtos."[23] Ele era apaixonado por pesquisa científica. "Se algo despertasse o interesse de Richard, ele afogava você com dados científicos", revelou uma pessoa que trabalhou com ele na Purdue Frederick. Richard era um inventor em desenvolvimento; mais de uma dezena de patentes foram registradas em seu nome.[24] Quando alguma ideia vaga de um novo produto surgia em sua mente, ele pegava o telefone e ligava para alguém que trabalhava na empresa para ver o que poderiam fazer.[25] Não importava que ainda fosse um jovem recém-saído da faculdade ou que ligasse para uma pessoa mais velha, experiente e possivelmente com um cargo superior ao dele na hierarquia organizacional. A empresa era a herança de Richard, e ele agia como herdeiro. No escritório de Norwalk, era considerado um pouco como um príncipe, um amador com direito de herança que passava pelos departamentos — pesquisa e desenvolvimento, setor médico, marketing, vendas — e se apresentava para colegas mais experientes não como alguém que estava lá para aprender, mas como alguém que estava lá para ensinar.[26] Suas intervenções entusiasmadas raramente eram bem-vindas. E ele não tinha a gentileza e a educação do pai: enquanto Raymond administrava a empresa com uma autoridade suave, Richard era brusco e direto.

"Richard era um jovem apressado", comentou Bart Cobert, um médico que começou a trabalhar na Purdue Frederick em 1983. "Era muito inteligente, obviamente inteligente, mas tinha nascido em berço de ouro." Cobert não vinha de família rica. "Eu era só um garoto pobre do Bronx", contou. Os Sackler sempre tiveram o hábito de contratar imigrantes e refugiados judeus que tinham perdido o emprego, ou pessoas ambiciosas que nasceram em bairros desfavorecidos. Desse modo, o escritório era quase cosmopolita, com uma grande diversidade de sotaques e pessoas com diferentes religiões. Mas, na segunda geração dos Sackler, não havia nenhum traço das origens humildes da família.

Cobert foi contratado para trabalhar com Bill Pollack, um médico recrutado por Richard. Vencedor do prestigioso prêmio Lasker por seu trabalho em uma importante vacina na década de 1960, Pollack parecia um cientista notável, e Cobert estava animado com a possibilidade de trabalhar com ele. Logo que chegou à sede em Norwalk, Cobert ficou muito impressionado. Era um prédio ultramoderno para os padrões da época, com um helicóptero particular e um heliponto no telhado.[27] Os escritórios contavam com uma vista maravilhosa do estuário de Long Island, incrementada no outono por quilômetros de uma linda folhagem. Cobert recebia um salário muito competitivo; a Purdue Frederick podia ser pequena, mas atraía talentos ao oferecer bons salários e benefícios. Como diretor-assistente, Cobert tinha direito a um carro da empresa.

No entanto, assim que começou a trabalhar, ele percebeu que a Purdue Frederick não era o que aparentava. Bill Pollack podia até parecer um cientista renomado e uma grande contratação de Richard Sackler. Mas, como Cobert descobriu quase de imediato, a carreira de Pollack estava "descendo ladeira abaixo". O entusiasmo inerente de Richard se estendia às contratações: ele conhecia alguém em um avião ou em uma pista de esqui, começava a conversar e decidia, espontaneamente, que a pessoa deveria trabalhar na Purdue. Talvez tenha sido o importante trabalho que Pollack fizera duas décadas antes que fez Richard o contratar, mas na Purdue a ciência não era de ponta. Como novo funcionário, Cobert ficou sabendo que trabalharia em um biscoito de fibras que poderia ser vendido como laxante. Isso o abalou. "Tenho duas especializações em medicina", disse Cobert. "Eu não queria trabalhar com biscoitos."

Mas ia para a empresa todos os dias corajosamente, esperando fazer do limão uma limonada. Só que Richard Sackler era um chefe difícil de agradar.[28] Uma de suas frustrações era que o Senokot parecia fazer efeito muito devagar. "Faça com que funcione mais rápido", disse ele para Cobert.

Tal instrução o deixou desconcertado. O medicamento agia no cólon. Para fazer efeito, tinha que ser engolido e passar por todo o trato digestivo, um processo que demora horas. Não se tratava de um problema de desenvolvimento, mas uma questão de biologia humana. "Mas é impossível", protestou Cobert.

"*Faça o que estou mandando*", ordenou Richard, saindo da sala.

Aquele era um comportamento típico de Richard, disse Cobert. "Ele esperava que as pessoas abaixo dele fizessem exatamente o que mandava." Richard tinha um assistente pessoal, um jovem coreano-americano magro, e o obrigava a passar essas tarefas impossíveis. Cobert e seus colegas começaram a temer as visitas do rapaz. "Ele chegava com alguma ideia ou um pedido absurdo que não fazia o menor sentido e dizia: 'Eu nem sei o que isso *significa*.'"

"Richard era uma figura", disse outro ex-funcionário que trabalhou com ele no mesmo período. "Eu às vezes tinha dúvidas em relação à estabilidade mental dele. Tinha uma coisa meio estranha. A expressão que vem à mente é 'falta de consideração'."

Ainda assim, havia uma sensação de que Richard era protegido. Afinal, aquela empresa era da família dele. Na Purdue Frederick, o poder de uma pessoa era determinado inteiramente pelo relacionamento que mantivesse com alguém da família. Na sede de Norwalk, havia funcionários antigos conhecidos como "conexões dos Sackler", e isso significava que eram amigos da família e, dessa forma, intocáveis. Alguns deles, na verdade, eram bastante incompetentes, não faziam nada e só estavam lá para receber o pagamento. Ninguém sabia ao certo como contribuíam para o negócio nem o que faziam ao longo do expediente, mas demonstravam lealdade aos Sackler, e uma característica importante da empresa era recompensar esse tipo de lealdade. Na política da organização, se você não tivesse uma ligação direta com os Sackler, era bom se aliar a alguém que tivesse.

Se a lealdade determinava influência, a pessoa mais leal e com a melhor conexão com os Sackler era Howard Udell, um advogado com sobrepeso e de passo lento. Ele tinha sido criado no Brooklyn e ainda mantinha o sotaque.[29] Assim que se formou em direito pela Universidade de Nova York em 1966, foi contratado por uma pequena firma de advocacia que, com três advogados, cuidava de todos os assuntos jurídicos e legais envolvendo os Sackler. Udell acabou entrando para a Purdue como vice-presidente e consultor geral.[30] Ele demonstrava uma lealdade inabalável aos Sackler. "Advogados corporativos têm duas opções", disse Bart Cobert. "Podem ir à gerência e dizer: 'Vocês não podem fazer isso' ou: 'Digam o que quiserem, e eu descubro um jeito de fazer dar certo.'"[31] Howard estava na segunda categoria. Ele descrevia a própria filosofia em termos muito semelhantes. O trabalho do advogado não consiste em dizer para a gerência que "a empresa não pode fazer o que precisa ser feito", diria. Udell "era como Tom Hagen em *O poderoso chefão*", disse um dos advogados que trabalhou com ele. "*Muito* leal à família."[32]

Talvez tenha sido útil para os Sackler ter pessoas como Howard Udell por perto para servir como uma cerca de proteção para o jovem Richard. Havia uma história que circulava na empresa e que pode ser verdadeira ou não, mas que nunca deixava de ser contada porque demonstrava bem as tendências peculiares de Richard. Em algum momento dos anos 1970, Raymond tinha saído de férias, deixando Richard sozinho por duas semanas com as chaves da empresa familiar. Sempre ávido por inovação, Richard decidiu que talvez houvesse uma forma de baratear a produção de Betadine. Depois de uma análise detalhada, determinou que economizariam alguns dólares por lote ao usar um tipo de iodo diferente e mais barato. Então, sem consultar o pai, Richard ordenou a produção de algumas unidades da nova fórmula, e reza a lenda que só após o início das vendas a empresa descobriu que ela provocava pequenas queimaduras quando aplicada na pele. Quando Raymond se deu conta do que tinha acontecido, ordenou um *recall* imediato. "Eles guardaram os frascos em um depósito", contou um ex-funcionário, rindo. "De vez em quando um deles surgia das cinzas."

Será que a história era verdadeira? Ninguém sabe ao certo. Mas a moral dessa fábula era clara: Richard era um cara inteligente, mas não tomava boas decisões. "Ele queria fazer da Purdue uma nova Merck ou Lilly", disse Bart Cobert. "Mas não sabia como atingir esse objetivo, e provavelmente *não* sabia que não sabia. Ficou claro para todo mundo que, a despeito de qualquer limitação que pudesse ter, Richard ostentava grandes ambições para si mesmo e para a empresa da família. "Ele estava sempre em busca de novas oportunidades e novos medicamentos", contou outro funcionário que trabalhou lá naquele período.[33]

Farto de fazer biscoitos, Cobert acabou deixando a Purdue depois de menos de um ano. Mas, durante o tempo em que lá ficou, fez amizade com outro cientista, um pouco mais velho, chamado Eddie Takesue, que entrara para a Purdue como diretor de pesquisa clínica em 1975.[34] Ele estava lá naquela época e observava tudo. "Só tenha cuidado com Richard Sackler", avisou a Cobert. "Fique de olho."[35]

Mortimer Sackler, tio de Richard, era uma presença intermitente na empresa naqueles anos. Na sede em Norwalk, era considerado ligeiramente misterioso. "Mortimer morava na Europa. Tinha namoradas e um castelo", disse um ex-funcionário, resumindo a fama caricata de playboy que um dos proprietários ganhou entre os funcionários no decorrer da década de 1980. Mortimer "aparecia e desaparecia", contou Bart Cobert. De vez em quando fazia uma visita à sede, mas nunca ficava por muito tempo. "Era distante, frio e elegante."[36]

"Legalmente, minha residência é na Suíça", dizia Mortimer.[37] Só que, na verdade, essa situação era um pouco mais complexa. Em 1974, ele abriu mão da cidadania norte-americana para se tornar cidadão austríaco, mas não morava na Áustria. Dividia seu tempo entre as residências de Londres, Paris, Nova York, Gstaad e Cap d'Antibes. Richard trabalhava na Purdue havia quatro anos quando seu primo Bobby, filho de Mortimer, tirou a própria vida.[38] Os funcionários da sede sabiam da história, mas ninguém tocava no assunto, que era abordado aos cochichos pelos cantos. No início, diziam que o filho de Mortimer tinha sofrido um trágico acidente: que o jovem caíra de uma janela. Mas, no fim das contas, começaram a circular boatos de que Bobby tinha pulado. No entanto, era difícil provar, porque o incidente não teve cobertura de imprensa e os Sackler não falavam nisso.[39]

Depois que Mortimer se separou da segunda mulher, Geri, em 1977, comprou um apartamento de quinze cômodos para ela na East End Avenue e lhe deu 140 mil dólares para serem usados em "móveis e objetos de decoração".[40] Geri criaria os dois filhos mais novos, Samantha e Mortimer, naquele apartamento, enquanto o ex-marido continuaria no próprio apartamento da Quinta Avenida, com vista para o Central Park.[41] Mas, na prática, Mortimer passava tanto tempo no exterior que Geri acabou ocupando os dois imóveis. Em determinado momento, Mortimer recebeu uma ligação da governanta do apartamento de Nova York, Elizabeth Bernard, para informá-lo de que Geri tinha se mudado para lá e a despedira. O relacionamento era difícil no início, mas Mortimer ficou indignado, tomando aquilo como uma invasão.[42] Voltou rapidamente para Nova York, só para descobrir, ao entrar, que o apartamento tinha sido ocupado por um grupo de fotógrafos e modelos.[43] Mortimer não encontrou Geri, mas os intrusos o informaram de que a ex-mulher tinha lhes dado permissão para morar no apartamento. Quando abriu o armário, Mortimer quase teve um ataque de raiva ao ver as roupas de outro homem penduradas nos cabides. Ele expulsou os intrusos, trocou as fechaduras e contratou um segurança para impedir que Geri voltasse a entrar no apartamento.[44] Em seguida, processou-a sob a acusação de ser uma "gananciosa sem limites" e sugerindo que o objetivo dela era "criar uma confusão tão desagradável que ele teria que lhe dar mais dinheiro".[45] (Eles acabaram entrando em acordo fora dos tribunais.)

No entanto, mesmo diante de tamanho turbilhão, Mortimer estava expandindo cuidadosamente o império farmacêutico da família. Arthur Sackler gostava de discorrer que o problema das empresas farmacêuticas de médio porte era que elas, em geral, não tinham instalações de desenvolvimento e pesquisa para elaborarem novos medicamentos.[46] Mas, na Inglaterra, Mortimer supervisionava a Napp Laboratories, uma empresa com planos ambiciosos. A Napp tinha sido adquirida pelos Sackler em 1966,[47] mas remontava aos anos 1920 e seus negócios incluíam o licenciamento não apenas de produtos para venda, como a Purdue Frederick, mas também de desenvolvimento de novos medicamentos. Mortimer encorajava um investimento paciente nesse processo. "Apenas um entre dez produtos é bem-sucedido", avisava ele.[48] Mas, se encontrassem o medicamento certo, aquilo talvez mudasse a sorte da empresa.

No fim dos anos 1970, a Napp produziu um novo produto realmente inovador: um comprimido de morfina. A empresa fora incentivada por uma clínica de cuidados paliativos em Londres chamada St. Christopher, administrada por Cicely Saunders. Médica dedicada e autora do livro *Care of the dying* (Tratamento de pacientes terminais, em tradução livre), Cicely era pioneira no novo movimento de cuidados paliativos, argumentando que a comunidade médica deveria oferecer um ambiente mais compassivo para os pacientes terminais passarem seus últimos momentos. Na clínica St. Christopher, Saunders designou um médico chamado Robert Twycross para pesquisar o uso de narcóticos nos cuidados paliativos e, por fim, ele teve uma reunião com o diretor médico da Napp e o incitou a criar um comprimido de morfina.[49]

Até aquele ponto, a morfina era administrada por acesso intravenoso ou por injeção. Isso significava que pacientes com câncer em estágio terminal ou outra doença igualmente dolorosa não tinham escolha a não ser passar os últimos dias de vida no hospital para que os analgésicos pudessem

IMPÉRIO DA DOR 161

ser administrados. Mas a Napp desenvolveu um sistema de revestimento especial para os comprimidos, que permitia a difusão de um medicamento na corrente sanguínea de um paciente de forma regulada e controlada com cuidado ao longo do tempo. Esse sistema recebeu o nome de Continus, o qual já tinha sido usado num medicamento para asma.[50] Mas e se utilizassem o revestimento num comprimido de morfina? Isso significaria que, ao tomar um comprimido, a morfina seria liberada lentamente no corpo do paciente, assim como acontecia por via intravenosa.[51] O novo medicamento, que ficaria conhecido como MS Contin, foi lançado no Reino Unido em 1980 e representou um grande avanço.[52]

"O MS Contin era de fato um medicamento incrível porque permitia que se oferecesse tratamento domiciliar para dor a pacientes com câncer, principalmente àqueles que não precisavam ser hospitalizados", refletiu Kathe, filha de Mortimer, posteriormente. "Antes disso, os pacientes precisavam ficar entrando e saindo do hospital para receber medicação analgésica, e o MS Contin mudou isso."[53] Nas três décadas em que foi de propriedade dos Sackler, a Purdue Frederick tomou decisões de negócios inteligentes e lucrativas, como o licenciamento do Senokot e do Betadine, mas a empresa não demonstrava uma inclinação para a inovação. Nesse sentido, o MS Contin marcou uma grande mudança: um produto genuinamente inovador. Em 1983, o *Times* de Londres citou um médico descrevendo a nova droga como um "dos avanços mais importantes do século em termos de narcóticos" e outro dizendo que representava o "passo mais importante no campo dos analgésicos desde a própria morfina."[54] Os Sackler ficaram muito orgulhosos da conquista, gabando-se de que o sistema Continus tinha "revolucionado" a administração não apenas da morfina, mas também dos medicamentos em geral.[55] Em um anúncio, a Napp citou a matéria do *Times*, proclamando o crescimento e a ambição da empresa: "Não temos intenção de parar por aí."[56]

Depois de desenvolver o medicamento na Inglaterra, sob a gestão de Mortimer, o próximo passo dos Sackler seria começar a comercializar nos domínios de Raymond: os Estados Unidos. Mas surgiu um dilema interessante. Os Sackler estavam comprometidos com a narrativa de que o MS Contin era novo e até mesmo revolucionário. Mas os procedimentos da FDA para aprovar um novo medicamento envolviam um longo e complexo processo de pedido de autorização regulatória. E se a empresa afirmasse que aquele, na verdade, *não era* um novo medicamento? O único ingrediente ativo era a morfina, um medicamento antigo e conhecido que já tinha sido aprovado muito antes. Na verdade, a única novidade era o mecanismo de distribuição. Porém, uma nova regulamentação federal estava prestes a ser aprovada, obrigando a autorização da FDA para medicamentos antigos que recebessem nova apresentação. Quando Howard Udell soube que essa regulação era iminente, decidiu que a Purdue deveria tentar ser mais rápida. "Antes que a nova regulação entre em vigor, vamos *produzir* e comercializar o MS Contin", disse o advogado, de acordo com um antigo executivo que trabalhou com ele naquele período.[57] Então, sem avisar a FDA ou pedir qualquer tipo de autorização, a Purdue começou a elaborar o MS Contin numa fábrica em Nova Jersey, colocando o produto à venda em outubro de 1984.

Quando uma empresa farmacêutica coloca um novo medicamento no mercado, ocorre um grande evento de lançamento, organizado como uma mistura entre uma despedida de solteiro, uma convenção de marketing e um encontro tipo *revival*. "Esses lançamentos de medicamento são uma coisa fenomenal", disse um antigo executivo da Purdue que trabalhava com Howard Udell na época. "Você traz todos os representantes de vendas do país inteiro. Oferece vinho e jantar. Contrata um palestrante dinâmico para estimular o pessoal a começar a vender a novidade." Esse executivo participou do evento de lançamento do MS Contin. Centenas de pessoas reunidas em um salão. E houve discursos. Um gerente de vendas britânico arregaçou as mangas e gritou aos quatro ventos as virtudes daquele medicamento inovador e que a força de vendas deveria sair às ruas para torná-lo um grande sucesso. De acordo com o executivo que testemunhou o discurso, o gerente de vendas incitou as pessoas a venderem o medicamento "não só por vocês, não só pela empresa, mas também por Richard". Havia um consenso de que Richard Sackler estava pessoalmente envolvido com o MS Contin e o futuro da Purdue, que ele era um homem grandioso e com uma visão ousada, e que a força de vendas seria sua tropa de choque. "Eu só pensava nas reuniões de Nuremberg em 1934", disse o executivo. "As pessoas estavam de pé, e aquilo me assustou um pouco."

Então, a força de vendas saiu às ruas e começou a apresentar o MS Contin para os médicos de todos os Estados Unidos como uma nova e arrojada ferramenta para o tratamento de dor oncológica, mesmo que o medicamento ainda não tivesse sido aprovado pela FDA. A posição da Purdue era a de que a empresa *não precisava* da permissão de ninguém para comercializar comprimidos de morfina. O MS Contin estava à venda havia três meses quando a FDA enviou uma carta a Norwalk informando que a Purdue não tinha o direito de comercializar um medicamento novo, cuja aprovação nunca fora solicitada.[58]

Ao receber a carta, Howard Udell reuniu um esquadrão de advogados da Purdue e foi com eles até Washington para participarem de uma série de reuniões urgentes com a agência. Em tese, a Purdue estava encrencada. Teria que recolher o medicamento e começar tudo do zero de acordo com as leis: entrando com o requerimento de aprovação de um medicamento novo e trocando informações com a agência reguladora até finalmente (se tivessem sorte) receber a aprovação para *só então* fazer um evento de lançamento. No entanto, ao acelerar displicentemente todo o processo e sair vendendo o analgésico sem a devida aprovação, a Purdue criou novos fatos que deveriam ser considerados. Oncologistas e um sem-número de pacientes com câncer (de fato, uma quantidade enorme) passaram a depender do MS Contin para o alívio da dor oncológica. Frank Young, funcionário da FDA, receava que muitos dos pacientes que estavam tomando o medicamento no curso do seu tratamento acabassem prejudicados com a suspensão da terapia.[59]

Howard e seus colegas argumentavam que aquilo não passava de um mal-entendido e que não tinham obrigação de pedir a aprovação do MS Contin porque o medicamento, na verdade, era apenas morfina. A FDA, porém, respondeu que comprimidos com uma dosagem tão alta constituíam um novo produto. De acordo com o antigo executivo, a Purdue acabou passando por cima da agência ao apelar para a liderança política do governo Reagan. "Eles começaram a pressionar a Casa Branca", revelou.

E a estratégia deu certo. A FDA, por fim, disse que a Purdue poderia continuar comercializando o medicamento, desde que entrasse com o requerimento, como deveria ter feito antes. A agência poderia continuar vendendo o MS Contin, e Udell declarou em tom triunfante: "A FDA não vai se meter."[60]

O MS Contin gerou 170 milhões de dólares por ano em vendas, um resultado que colocava no chinelo qualquer outro produto que a Purdue Frederick já tivesse comercializado no passado.[61] Os Sackler já eram ricos antes. Mas, com o lançamento do primeiro analgésico da empresa, alcançaram um novo patamar de riqueza. Desde o início, Richard Sackler tinha o sonho de que o negócio ultrapassasse até as maiores ambições do pai. Parecia que aquele sonho estava começando a se tornar realidade.

Capítulo 13

A CAUSA SACKLER

EM CERTO DIA no verão de 1987, Else, a primeira esposa de Arthur Sackler, se aproximou de duas casas geminadas na East 57th Street, que o ex-marido — falecido havia alguns meses — comprara para sua segunda esposa, Marietta.[1] As propriedades permaneceram na família;[2] Arthur e sua terceira esposa, Jillian, as usavam como depósito e escritório e, às vezes, ofereciam festas lá. Else tinha 73 anos de idade na época e estava pegando mais leve, embora ainda fosse muito ativa. Havia se tornado um pouco mais reclusa só após a morte de Arthur, mas continuava implacável e esperta como sempre.[3] De acordo com os desejos do ex-marido, ela era uma das testamenteiras do inventário.

Nessa casa, Else se encontrou com Jillian Sackler, então com quarenta e poucos anos. As duas tinham muito pouca coisa em comum, mas mantiveram relações cordiais enquanto Arthur ainda era vivo, mesmo que, na avaliação geral, Jillian não passasse de uma esposa-troféu vulgar.[4] No funeral, Jillian descreveu Else como uma "amiga querida dela e de Arthur".[5] Só que a personalidade forte dele e a tendência de ambas a buscar fazê-lo feliz tornava difícil saber se a cortesia mútua entre elas vinha de um sentimento genuíno ou da propensão de dar a Arthur tudo que ele queria.

Fora marcada uma reunião para discutir o inventário. Marietta não foi convidada porque não aparecia no testamento: depois do difícil divórcio e de uma tentativa de suicídio, Arthur tirou a parte dela na herança.[6] Mas o filho, Arthur Felix, estava lá, assim como as duas filhas de Else, Carol (que era médica em Boston) e Elizabeth (que ainda morava em Nova York e trabalhava com arte). A assistente pessoal de Arthur de longa data, Miriam Kent, também estava presente, além de mais três advogados.

"Sabemos que estamos lidando com nove dígitos", disse Stanley Bergman, um dos advogados. No entanto, por causa dos muitos interesses de Arthur e de sua predileção pela confidencialidade, era difícil determinar a real dimensão da fortuna que deixou. Além disso, não se tratava apenas dos bens de Arthur, mas também das dívidas.[7] Para financiar suas ações filantrópicas e a aquisição de obras de arte, ele pedia empréstimos. Das próprias empresas. Comprava obras de arte no crédito. Assumia compromissos de caridade que prometia pagar com ações da empresa. No mundo das artes, ele tinha o equivalente a uma comanda aberta num bar. E, durante anos, pegou empréstimos também com sua confidente e melhor amiga: a primeira esposa. Para Arthur, talvez parecesse que, embora tivessem se divorciado décadas antes, o dinheiro de Else era efetivamente dele: ela não trabalhava desde a década de 1930 e sua renda vinha principalmente de seus 49% de participação na William Douglas McAdams, que Arthur lhe dera como parte do acordo de divórcio.[8] A McAdams ainda era um negócio de sucesso; um advogado da família se referia à agência como "vaca leiteira".[9] Else se deu muito bem. Mas Arthur não tinha o menor constrangimento em lhe pedir dinheiro. E ela sempre cedia. "Não se preocupe", dizia. "Apenas faça coisas boas com o dinheiro."[10]

O problema, como bem disse Arthur filho para os outros, era que, quando o pai pegava ou concedia empréstimos — e mesmo quando *comprava* coisas —, em geral não deixava nada documentado. Sua especialidade era fechar negócio com um aperto de mãos.[11] Como consequência, quando Arthur morreu, descobriram que ele havia assumido compromissos consideráveis: promessas de pagamento de obras de arte já compradas, promessas de caridade a serem cumpridas. Quando enviuvou, Jillian mal teve um segundo de luto antes de ser atingida por uma avalanche de contas e títulos de dívidas. A terceira esposa insistia que deveria recair sobre os herdeiros do marido a responsabilidade de encontrar fundos e realocá-los de forma que honrasse todos os compromissos que ele assumira. Ela afirmava estar preocupada em "não permitir que qualquer tipo de mácula atingisse o nome Sackler devido ao não cumprimento de promessas com instituições de caridade".[12]

"Cada um de vocês... tem alguma informação sobre a história e o passado de Arthur", disse Bergman para os Sackler ali reunidos. Bergman representou Arthur durante toda a vida dele e queria que a família pensasse nas obrigações e nos bens não documentados que o falecido poderia ter.[13] Arthur sempre compartimentou a vida, ao ponto de ninguém ter uma visão do todo. Segundo Bergman, o que os testamenteiros precisavam fazer era montar "todas as peças do quebra-cabeça". Seria um processo educativo para todos. Mas precisariam organizar todo o inventário para "não serem importunados pelo leão do fisco". O dinheiro deveria ir para onde Arthur queria que fosse e não para "o governo dos Estados Unidos", afirmou Bergman.

Embora Arthur tivesse se envolvido romanticamente com Jillian no fim dos anos 1960, ele não se casou com ela até finalizar o divórcio de Marietta em 1981. Jillian tinha mais ou menos a mesma idade de Elizabeth e Carol. Quando estava vivo, Arthur mantinha a mulher longe dos filhos adultos, com a justificativa meio sem sentido de que, como Jillian não tinha filhos, poderia se chatear ao ter que ficar com os dele.[14] Parece mais provável, porém, que essa fosse mais uma forma de Arthur tentar compartimentalizar sua vida, mantendo as áreas separadas e incomunicáveis. Ou talvez tivesse detectado a hostilidade e o escárnio dos filhos, que consideravam Jillian uma usurpadora ("a secretária", como a chamavam) que tinha enganado o pai para que se casasse com ela.[15] De qualquer forma, a última esposa nunca teve um bom relacionamento com os jovens Sackler. E não ajudou em nada que o último testamento de Arthur fosse uma bomba: ele deixou para cada um dos quatro filhos 600 mil dólares, além do *Medical Tribune*, que valia aproximadamente 30 milhões de dólares. Mas o saldo de 100 milhões de dólares dos seus bens iria para Jillian.[16]

O ressentimento dos filhos foi sutil — até deixar de ser. Eles tomaram posse da casa na 57th Street, declarando que era deles e trocando as fechaduras para que Jillian não pudesse entrar.[17] E aquele não era o único limite que estavam dispostos a ultrapassar. Com a morte de Arthur, Mortimer e Raymond ofereceram apoio aberto à família. Mas não era segredo que Arthur e "os irmãos", como os filhos se referiam a eles na época da morte do pai, tinham se afastado.[18] Muitos dos negócios mais lucrativos de Arthur tinham começado como investimentos em sociedade com Raymond e Mortimer, e as respectivas alas da família Sackler teriam que acertar as contas. Na reunião na 57th Street, Arthur Felix anunciou que o tio Morty já o interpelara para saber com quem exatamente os irmãos deveriam negociar.[19]

Bergman avisou que aquele seria um processo delicado.[20] Mortimer e Raymond podiam ser da família, mas isso não significava que eram confiáveis. Como os irmãos eram muito próximos na época em que seu império foi construído, afastando-se com o passar do tempo, os três desenvolveram a tendência de enganar uns aos outros sobre o verdadeiro valor dos diversos negócios. Parte disso talvez fosse apenas um impulso que aprenderam com Arthur, uma de suas características inerentes: a tendência de diminuir o valor de seus empreendimentos — algo que remonta a seu depoimento diante do comitê Kefauver, em que insistiu diante dos senadores que sua agência de publicidade era apenas uma preocupação insignificante e pouco rentável. "Meu pai dizia que fazia isso de propósito. Porque não queria que Morty nem Ray pensassem que os negócios valiam mais", afirmou Elizabeth.

Talvez, disse Bergman, mas não significava que a tática não estivesse funcionando. "Eu não subestimaria a inteligência dos seus tios."

Uma das perguntas imediatas que os herdeiros de Arthur tinham que encarar era se deveriam vender sua participação na Purdue Frederick. Duas semanas antes da reunião, o advogado de longa data de Arthur, Michael Sonnenreich, chegara de Londres para se encontrar com Mortimer. Os irmãos estavam interessados em comprar a parte de Arthur na empresa. A questão era saber quanto essa parte valia. Sonnenreich estava trabalhando em uma estimativa razoável para o preço de venda, e Bergman ressaltou que a transação "daria aos herdeiros uma outra fonte de capital" para pagar as dívidas de Arthur.[21] Em particular, Sonnenreich reclamou com outros advogados que estava numa situação desvantajosa porque, independentemente do valor que conseguisse pela empresa, Jillian sempre se queixaria de que ele deveria ter feito os irmãos pagarem mais.[22]

Eles tinham certeza de que Mortimer e Raymond jogariam duro e enganariam as sobrinhas e o sobrinho em relação ao real valor da Purdue. "Seu pai fez a mesma coisa. Ninguém é santo em nenhum dos lados da negociação",[23] disse Bergman aos filhos de Arthur. "Eles são seus tios, mas eu sou seu advogado. E eu tenho que presumir que eles vão agir como homens de negócios e tentar levar vantagem."

Else Sackler se manteve em silêncio durante a reunião, mas parecia desconfortável por se encontrar naquela posição. O desejo de Arthur sempre foi passar um legado coeso para a família, mas seus bens mais pareciam um cálice envenenado. Em vez de unir a família, a riqueza e as posses que ele acumulou no decorrer da vida estavam colocando uns contra os outros. Else conhecia Morty e Ray havia mais de meio século. Crescera com eles, pensando nos dois como irmãozinhos de Arthur, e os vira no triunfo e na tragédia. Talvez, especulou ela, quando começarem as negociações, algum membro da família de Arthur deva estar lá. Não para negociar, só para marcar presença. "É preciso olhar nos olhos deles", disse ela.[24]

Se os herdeiros de Arthur achavam que poderiam apresentar uma frente unida naquela batalha, estavam completamente enganados. Toda a tensão com Jillian, que tinha ficado sob controle durante a reunião de julho, logo explodiria de forma extremamente desagradável. A vida inteira de Arthur foi um longo exercício de ambiguidade orquestrada com cuidado. Ele passara muitos anos equilibrando diversos pratos no ar, e eles estavam começando a se espatifar.

"Promessas foram feitas, promessas verbais", disse Elizabeth para os outros testamenteiros em determinado momento. Na vasta coleção de arte

168 PATRICK RADDEN KEEFE

de Arthur, "havia um certo número de peças que eu poderia escolher".[25] Agora ela queria o que era seu de direito. "Não estou formalizando nada", afirmou ela com uma dose saudável de passivo-agressividade. "Só estou informando vocês." Mas qual era a verdadeira situação dos objetos que pertenceram a Arthur e Jillian no fim da vida do patriarca, mas que ele talvez tivesse prometido para os filhos, sem qualquer tipo de nota promissória formal?

A cama Ming, por exemplo. Segundo Else, a peça deveria ficar com Elizabeth, mesmo que ela não tivesse a posse na época da morte de Arthur. "Não era nada prático ter uma cama Ming em casa", apontou a primeira esposa de Arthur.

Aquilo era verdade, concordou Elizabeth. E ela sempre achara que tinha o direito de posse daquela cama. "Na verdade", disse ela, "aos 14 anos tive o prazer de apresentar a cama para um namorado."

Uma disputa semelhante aconteceu em relação ao quadro da série *Peupliers* que Arthur comprara para Else. Vários meses depois da morte dele, Else abordou o assunto com Jillian.[26] O quadro estava na parede do tríplex da Park Avenue onde Arthur e Jillian moraram, mas Else explicou que o Monet na verdade estava lá como um empréstimo, pois Arthur comprara de presente para Else em 1962.[27] Jillian permitiu, de má vontade, que pegasse o quadro. Mas, assim que a primeira esposa de Arthur saiu, ela se arrependeu. Afinal, não havia nenhum documento dizendo que o quadro pertencia a Else ou que Arthur lhe dera. O quadro não estava na parede da casa de Jillian havia anos? "Ela não me deu qualquer prova de posse", reclamou a terceira esposa. "Só veio aqui e pegou o Monet."[28]

Jillian começou a sentir que estava sendo tratada com desconfiança por parte dos outros herdeiros de Arthur. Enquanto tentavam analisar e localizar os diversos bens do patriarca, um dos advogados de Else insinuou que talvez Jillian estivesse *roubando* os quadros da coleção e os enviando para o exterior.[29] Em pouco tempo, toda a suposta cortesia nas negociações evaporou por completo. Todo mundo contratou um advogado, e não eram simplesmente advogados especializados em herança, mas advogados conservadores e de elite. As reuniões ficaram mais longas; o tom, mais agressivo; a documentação, mais formal e elaborada. Antes, Marietta via Arthur como o Sol em volta do qual todos aqueles planetas orbitavam, em uma harmonia tênue. Mas, depois de sua partida, aqueles planetas entraram em guerra. A própria Jillian descobriu que não tinha mais acesso ao enclave no qual Arthur armazenava suas obras de arte. (Não ficavam mais no Met, por motivos manifestos; a coleção estava em um depósito no Upper East Side de Manhattan.)[30]

IMPÉRIO DA DOR 169

Ela reclamou que os filhos estavam numa campanha "maliciosa" para pintá-la como uma "viúva ávida, avarenta e inescrupulosa", tentando "enriquecer às custas dos outros".[31] A terceira esposa confidenciou a uma amiga que a rixa com a família de Arthur ameaçava não só os projetos beneficentes, mas também a renda dela, que estava "em atraso".[32]

Os filhos, por sua vez, afirmavam em documentos legais que Jillian "era movida por sentimentos que variavam entre ambição, malícia e vingança".[33] Somavam-se processos em cima de processos, depoimentos e audiências, dezenas de advogados, contas de milhares de dólares e injúrias intermináveis. Não havia nenhuma ação ou escultura que não fosse contestada. A briga ganhou vida própria, transformando-se numa saga ao estilo de Charles Dickens, arrastando-se por anos: *A causa Sackler*, como o caso ficou conhecido. Em 1993, A Christie's organizou um grande leilão da coleção de cerâmicas renascentistas de Arthur, só para ser obrigada a cancelar na última hora, depois que Jillian entrou com uma liminar para impedir o evento.[34] Segundo uma das estimativas, o inventário litigioso custou aos Sackler mais de 7 milhões de dólares.[35] Mas é provável que esse valor seja bem mais alto.

Nos seus quinze últimos anos de vida, Arthur trabalhou com uma curadora pessoal contratada pelo Museu do Brooklyn chamada Lois Katz.[36] Mas, à medida que as linhas de batalha iam se definindo, os filhos de Arthur chegaram à conclusão de que Lois era leal a Jillian. Em uma das visitas ao enclave, a curadora se sentiu afrontada quando foi instruída, por Elizabeth e Carol, a deixar a bolsa do lado de fora para que não roubasse nenhum tesouro dos Sackler.[37]

Um dia, Elizabeth informou a Lois que os serviços que ela prestava para a Fundação Arthur M. Sackler não seriam mais necessários, pois a filha assumiria a administração.[38] Entre os filhos dele, foi Elizabeth que se destacou como principal guardiã do legado do grande homem. Ela tinha uma presença formidável, era inteligente e dominante, com certa arrogância da realeza. Estudou na School of American Ballet para se tornar bailarina e, em 1968, já como jovem universitária, participou do concurso de Miss America como Miss Vermont.[39] Elizabeth ficou entre as finalistas e, na final em Atlantic City, apresentou uma coreografia que ela mesma criou como protesto contra a Guerra do Vietnã.[40] Ela ganhou na categoria "Talento", e Arthur ficou muitíssimo orgulhoso. Ele se vangloriava de que a filha era Miss e pendurou no escritório uma foto emoldurada da apresentação dela no concurso.[41]

No entanto, Arthur foi, na melhor das hipóteses, um pai indiferente. De acordo com um amigo da família, quando Denise, sua filha com Marietta, estava no ensino médio, tinha que "marcar horário" com a secretária se quisesse falar com ele. Mas Arthur sempre fora devotado a Elizabeth. Certa vez, quando ela tinha 24 anos, ele a levou como acompanhante a uma festa no SoHo oferecida pelo artista Robert Rauschenberg. Quando Arthur a apresentou como filha, Rauschenberg riu e disse "Até parece", presumindo que ela devia ser, na verdade, uma amante. Arthur pareceu não se importar. Chegou até a escrever uma coluna no *Medical Tribune*, gabando-se de que outras pessoas tinham cometido a mesma gafe no decorrer da noite e terminando o artigo com a confissão repulsiva de que, em certo ponto, "desisti de corrigi-los e apenas me deixei levar pela fantasia deles".[42]

"Meu pai era devotado a suas paixões", declarou Elizabeth não muito depois da morte do pai. "Ele amava ópera, balé, pato à Pequim e *kneidl*. Era um ótimo dançarino de salão." Ela explicou que, quando ele decidiu que queria aprender a dançar, contratou um professor profissional que desse aulas no escritório dele para não perder tempo. "Nós íamos para a Europa de navio naquela época, e ficávamos dançando a noite toda juntos", contou.[43]

Elizabeth adorava ornamentar a "genialidade" do pai.[44] Ao passo que ele consolidou o nome dos Sackler como sinônimo de conquista e prestígio, ela foi a responsável por polir com cuidado aquele legado. Isso significava que, às vezes, precisava bater de frente com algumas pessoas, como Lois Katz, de quem Arthur fora próximo durante a vida. Depois da morte dele, o psiquiatra vienense Paul Singer, que fora seu mentor na coleção de arte asiática, quis doar alguns objetos da própria coleção para o Smithsonian. Elizabeth, porém, foi contra, trazendo à tona um acordo que Singer fizera com Arthur décadas antes, segundo o qual o pai se comprometia a subsidiar as compras do psiquiatra com a condição de que as peças acabassem na coleção *Sackler*.[45] Não que Elizabeth fosse contra a inclusão daquelas obras na coleção do Smithsonian; seu objetivo era que fossem descritas não como parte da "Coleção Singer", mas como "Coleção do dr. Paul Singer de arte chinesa da Galeria Arthur M. Sackler". Ela herdou do pai uma devoção ao significado talismânico dos nomes. Singer, que já tinha mais de noventa anos na época, já estava farto dos Sackler e enviou uma carta furiosa para o advogado de Elizabeth, dizendo: "É melhor que o bando de herdeiros de Arthur saia do meu pé. Eu quero mais é que se explodam."[46]

Como um sutil ponto recorrente nos processos legais sobre os bens de Arthur estava o acordo dos mosqueteiros que o patriarca tinha feito com Raymond, Mortimer e Bill Frohlich na década de 1940, sendo formalizado em dois acordos legais nos anos 1960. De acordo com Richard Leather, o advogado que redigiu os acordos, a intenção dos quatro sempre foi que, no caso da morte de um deles, os outros herdassem a participação do falecido nos negócios e que o último sobrevivente colocasse os bens num fundo beneficente.[47] E nas minutas das reuniões com os testamenteiros e do litígio em torno da herança de Arthur, existem muitas referências a Frohlich, ao "acordo de quatro vias" e até mesmo ao desejo de Arthur de criar fundos beneficentes.[48]

Num depoimento, um advogado perguntou a Else se Arthur já tinha tido alguma "relação de trabalho com o sr. Frohlich",[49] ao que ela respondeu: "Não me recordo se eles já fizeram negócio."

Esse foi um momento fortuito de senilidade ou uma mentira descarada. A memória de Else, na casa dos setenta anos, ainda era muito boa, e ela conhecia melhor os negócios e acordos de Arthur com amigos e confidentes do que qualquer outro membro da família. O ex-marido tinha uma relação de negócios intensa, profícua e coincidente com Frohlich. Era impossível que Else não soubesse disso.

"A senhora sabe se eles tiveram algum tipo de sociedade ou se formaram uma *joint venture*?", quis saber o advogado, mas Else seguiu com a mesma postura: "Eu não sei e acho que não estou entendendo sua pergunta." Assim, o advogado insistiu: "A senhora sabe me dizer quais negócios, direitos ou propriedades foram construídos em conjunto pelo dr. Sackler, seus irmãos e o sr. Frohlich?" Ela insistiu que não sabia nada sobre o sr. Frohlich, mas então cedeu: "Eu sei que eles construíam coisas... negócios, mutuamente."

O advogado então perguntou se Else sabia a respeito de uma "proposta feita durante a vida do dr. Sackler", segundo a qual as ações das empresas criadas por ele "seriam vendidas e o dinheiro seria distribuído para a caridade". Mas a resposta da ex-esposa foi que não sabia de nada do assunto.

O advogado estava chegando a uma questão importante subjacente a todo o processo: de acordo com os termos do acordo original dos mosqueteiros, Jillian, Else e os filhos de Arthur deveriam ter herdado bem menos. Os negócios em comum deveriam ter sido passados para Mortimer e Raymond e, depois, quando ambos morressem, iriam para caridade. "Ninguém tinha *direito* a nenhum daqueles ativos", disse Richard Leather. "Aqueles ativos deviam fluir até o fim. Sujeitos a uma resolução razoável da família, eles deveriam seguir adiante até o último sobrevivente." Richard continuou a explicação, dizendo que, quando o último mosqueteiro morresse, "os ativos iriam para um fundo beneficente". A premissa de todo o processo envolvendo a herança era, na opinião de Leather, "uma fraude".[50]

Parece, porém, que, por volta da época da morte de Arthur, ele e os irmãos chegaram a algum entendimento mútuo, segundo o qual saíam discretamente do acordo. O pacto que os quatro fizeram na juventude talvez fosse apenas o produto de um idealismo infantil, um sentimento genuíno, mas fadado a não se realizar por causa da inexequibilidade. O quê realmente minou o acordo, porém, foi a decisão de pedir que Richard Leather redigisse *dois* acordos na década de 1960, um para os negócios locais, que seriam divididos entre os quatro acionistas, e outro para os negócios internacionais, entre Raymond, Mortimer e Frohlich, mas não Arthur. Os filhos de Arthur concordavam em relação ao que chamavam de "ruptura", dizendo que essa história tinha acontecido logo depois da morte de Frohlich, quando Raymond e Mortimer herdaram dezenas de milhões de dólares em ações da IMS, mas Arthur ficou sem nada.[51]

Logo os irmãos começaram a levar os negócios dos Estados Unidos para o exterior no intuito de enganar uns aos outros sobre o que entraria no acordo entre os quatro. Esse era um dos motivos por que o papel de Mortimer como CEO internacional era tão importante: ao transferir a maior parte possível dos negócios farmacêuticos para o exterior, Raymond e Mortimer estavam privando Arthur de sua parte. E, como os filhos dele reconheceram em uma das reuniões do inventário, Arthur fez o mesmo ao estabelecer o *Medical Tribune International* e concentrar os ativos e o capital no exterior, porque os irmãos não teriam participação naquilo.[52]

Isso significava que, na época da morte de Arthur, o espírito do negócio já tinha sido abandonado muito antes e a carta, praticamente esquecida. Não houve qualquer menção à possibilidade de Raymond e Mortimer herdarem todas as ações de negócios domésticos de Arthur nem de as ações combinadas da família acabarem indo para caridade. O processo seria, então, uma disputa ferrenha para ver quem herdaria quais bens e como eles seriam precificados. A Purdue Frederick era um negócio local, e os herdeiros de Arthur detinham um terço do empreendimento. Mortimer e Raymond queriam comprar a parte deles.

Aquele foi um momento particularmente crítico para a empresa: a Napp Laboratories, com sede na Inglaterra, tinha obtido um sucesso fenomenal com o MS Contin e o tratamento com morfina de liberação prolongada. Mas, em 1987, o medicamento tinha acabado de entrar no mercado americano. Bergman, o advogado, receava que o acordo dos mosqueteiros tivesse criado uma atmosfera de fraude, e então disse aos filhos de Arthur: "Minha principal preocupação é em relação a quanto dos negócios legítimos da Purdue Frederick foram transferidos ao exterior para ficarem sob o comando exclusivo dos dois irmãos, visto que nós temos direitos sobre negócios locais."[53] Nenhum dos herdeiros de Arthur parecia ter noção da natureza precisa dos negócios da Purdue. A Napp foi pioneira no lançamento de um analgésico revolucionário e muito lucrativo que a Purdue tinha apenas começado a comercializar nos Estados Unidos. Mas, em determinado ponto das discussões, Else declarou: "Eu na verdade não sei muito bem o que é a Napp."[54]

Mesmo assim, Michael Sonnenreich, o advogado de Arthur que intermediou as negociações com Mortimer, disse que a Purdue Frederick simplesmente não valia tanto. "Esse preço está certo?", perguntou ele antes de acrescentar: "Sim, eu sei o valor das companhias. Esta é uma empresa pequena."[55] Os herdeiros de Arthur acabaram vendendo sua participação na Purdue Frederick — um terço das ações — para Mortimer e Raymond por 22 milhões de dólares.[56] À luz do que a empresa estava prestes a se tornar, aquele foi um péssimo negócio para eles.

Capítulo 14

O TEMPO ESTÁ SE ESGOTANDO

IMAGINE QUE VOCÊ TENHA INVENTADO um novo medicamento. Para comercializá-lo nos Estados Unidos, é necessário obter a aprovação da FDA. Mas, mesmo antes de requerê-la, é provável que você entre com um pedido de patente, que lhe dará o monopólio temporário do direito de produzir e comercializar sua invenção. O sistema foi criado para encorajar a inovação ao colocar, como bem disse Abraham Lincoln, "o combustível do dinheiro no fogo da engenhosidade — na descoberta e na produção de coisas novas e úteis".[1] Mas uma patente é algo complexo. Para obtê-la, você precisa *publicar* sua invenção, ou seja, pegar o projeto no qual vinha trabalhando em segredo e o expor para todo o mundo. As patentes são publicadas no site do departamento de patentes e marcas registradas dos Estados Unidos, e aqui, novamente, a ideia é estimular a inovação: compartilhar o conhecimento em vez de escondê-lo, para encorajar outras pessoas a desenvolver as próprias ideias. Por ter o monopólio de produção, o detentor da patente é protegido, pelo menos em tese, da chance de alguém simplesmente roubar sua ideia quando ela for publicada. E é justamente esse monopólio que explica os imensos lucros da indústria farmacêutica. A pesquisa e o desenvolvimento de novos medicamentos levam tempo, e os custos são muito altos. Mortimer Sackler sugeriu que, em cada dez apostas, talvez apenas uma se pagasse, e, pelos padrões da indústria, esses resultados são melhores do que a média. Então, quando o medicamento funciona, é aprovado e resolve uma necessidade médica de uma forma que nenhum outro produto anterior foi capaz, as empresas farmacêuticas cobram um preço bem alto por ele. Ao comprar um frasco de comprimidos, o consumidor paga não apenas os custos de produção, mas também por todo o processo de tentativa e erro necessário para se criar aquele medicamento.

Mas existe também outro motivo por que as empresas farmacêuticas cobram preços tão exorbitantes: o monopólio concedido pela patente é apenas temporário. Ao receber uma patente, você tem, em geral, vinte anos para comercializar seu produto de forma exclusiva, embora, na prática, o tempo seja menor, porque as patentes tendem a sair antes da aprovação da FDA.

IMPÉRIO DA DOR 175

Depois que a patente expira, qualquer outra companhia pode produzir uma versão genérica e vender o medicamento por um preço menor. Você facilitou bastante as coisas para eles ao publicar a fórmula em troca da patente.

Os irmãos Sackler odiavam os genéricos. Sob a direção de Arthur, o *Medical Tribune* mantinha uma política que poderia ser descrita como "notícias contínuas e campanha editorial constante" contra versões mais baratas e sem marca de medicamentos renomados.[2] Arthur criticava os genéricos não por ameaçarem seus lucros ou os das empresas farmacêuticas que eram suas clientes, mas por um controle de qualidade inadequado por parte da indústria. No entanto, sua campanha também era claramente em interesse próprio e com tendência a um exagero histérico. Em 1985, o *Medical Tribune* publicou uma matéria com o título "Esquizofrênicos 'selvagens' por causa de genéricos fracos", descrevendo como o Hospital dos Veteranos na Geórgia virou "um verdadeiro inferno" depois que a unidade psiquiátrica trocou o Thorazine, o antipsicótico de marca prescrito para os pacientes, por um genérico mais barato. De acordo com a matéria, onze pacientes considerados estáveis enlouqueceram e só voltaram ao normal ("como se uma chavinha tivesse sido virada") quando a medicação original foi retomada. De acordo com uma investigação do incidente feita pelo *The New York Times*, a FDA descobriu que a história publicada no *Medical Tribune* era falsa.[3] O hospital realmente tinha começado a administrar o medicamento genérico, mas sem nenhum incidente, "seis meses antes dos supostos problemas".

Apesar da campanha de Arthur, a competição dos genéricos era uma realidade com a qual qualquer empresa da indústria farmacêutica seria forçada a lidar: uma horda de concorrentes de olho no calendário, esperando pelo momento em que a exclusividade da patente cairia. Como Bill Frohlich declarou em 1960, havia uma janela limitada de tempo durante a qual o fabricante de um medicamento de marca poderia ter lucros exorbitantes.[4] Mesmo quando um medicamento é tremendamente lucrativo — na verdade, *especialmente* quando é —, o fabricante sabe que o tempo está se esgotando e que, em algum momento, a patente vai expirar e os genéricos vão chegar correndo para acabar com os lucros. Existe uma expressão no mercado farmacêutico que descreve esse estágio inevitável, mas aterrorizante, do processo: "penhasco da patente",[5] porque é esse o desenho que aparece no gráfico de vendas no instante em que a patente expira: uma redução tão abrupta quanto a queda de um penhasco.

Richard Sackler foi uma voz essencial na transição da Purdue Frederick ao nicho de tratamento de dor. Em 1984, ele ajudou a organizar uma conferência em Toronto, o Simpósio Internacional de Controle da Dor. O evento, realizado no auditório da faculdade de medicina da Universidade de Toronto, foi patrocinado pela Purdue.[6] O próprio Richard escreveu para especialistas em dor, convidando-os a participar.[7] "Este é um fórum internacional em que especialistas de todo o mundo farão uma interessante troca de conceitos sobre a teoria e o tratamento da dor, incluindo a dor oncológica", escreveu ele no convite para um dos palestrantes. O evento parecia um colóquio acadêmico, mas, na verdade, havia interesses corporativos subjacentes. Muitos médicos que palestraram na conferência relataram sua experiência com a administração do analgésico MS Contin nos pacientes. Um dos palestrantes foi Robert Kaiko, um especialista no uso de analgésicos que trabalhara no Memorial Sloan Kettering antes de aceitar um cargo na Purdue Frederick.[8] Kaiko tinha ph.D. em farmacologia pela Universidade Cornell.[9] Também era um inventor fundamental para o desenvolvimento clínico do MS Contin pela Napp.

Na medicina norte-americana da época, estava começando um movimento de reexame de tratamento da dor. Surgiu um grupo de médicos que argumentava que, durante muito tempo, os médicos negligenciaram o tratamento da dor, acreditando que era meramente um sintoma de condições subjacentes e não uma condição que merecia atenção clínica por si só. Médicos como Cicely Saunders, a defensora dos cuidados paliativos para pacientes terminais em Londres, argumentavam que os pacientes eram obrigados a passar por um sofrimento desnecessário porque os médicos não levavam a dor a sério. "A dor é o sintoma mais comum dos pacientes", dizia Richard.[10] O desafio está na subjetividade. "Nenhum médico é capaz de olhar para você e dizer, 'ah, você está com dor de nível três'", explicava Richard. "O médico precisa do relato do paciente."

Ele vinha trocando correspondências com um médico chamado John J. Bonica, considerado por muitos precursor nos Estados Unidos do novo movimento em torno do tratamento da dor. John era uma pessoa exuberante, nascido em uma ilhota perto da Sicília.[11] Em 1927, com dez anos, imigrou para os Estados Unidos e trabalhou como engraxate, vendedor de jornal, feirante e, por fim, lutador profissional. Competindo com o nome artístico de Masked Marvel, John Bonica se tornou campeão mundial de peso-leve. No entanto, ao longo da sua trajetória, também desenvolveu um interesse pela área médica e seguiu na luta para concluir a faculdade de medicina enquanto trabalhava como levantador de pesos no circo. Estimulado, em parte, pelo preço exorbitante das muitas lesões que sofreu como lutador, John Bonica começou a se concentrar no estudo da dor e, em 1953, publicou um livro

IMPÉRIO DA DOR   177

embrionário com o título *The Management of Pain* ("Tratamento da dor", em tradução livre).[12] Depois que sua esposa quase morreu no parto, Bonica teve um papel importante no desenvolvimento da anestesia epidural.[13] Com o passar dos anos, começou a acreditar que cerca de um terço da população dos Estados Unidos poderia estar sofrendo de algum tipo de dor crônica não diagnosticada, não apenas dor provocada pela prática de esportes ou pelo câncer, mas também dor nas costas, dor pós-operatória e decorrentes de lesões de acidentes de trabalho.[14] No entanto, os médicos simplesmente consideravam normal esse sofrimento, reclamava ele, dizendo que "nenhuma faculdade de medicina tinha uma disciplina voltada para o tratamento da dor".[15] Nem mesmo os oncologistas faziam ideia de como abordar a agonia física provocada pela doença. Ele dizia: "Eles não sabem como tratar a dor porque não aprenderam." Como resultado dessa falta de atenção, John Bonica acreditava que os Estados Unidos estavam à beira de uma praga silenciosa de sofrimento não diagnosticado, uma verdadeira "epidemia de dor".[16]

Richard e Bonica acreditavam que parte do problema estava na relutância médica em administrar morfina em pacientes com dor. A morfina era um medicamento de alto poder analgésico. O problema, na opinião de Richard, era o estigma que a substância carregava "por causa de uma compreensão popular compartilhada por profissionais e leigos de que a morfina era uma droga para o fim da vida".[17] Como fazia muito tempo que a morfina era considerada um fármaco com alto risco de vício, os médicos só a prescreviam em casos graves. Consequentemente, os pacientes e os familiares também relutavam em pedir para os médicos prescreverem morfina porque, no imaginário popular, ela era vista como uma "sentença de morte", como dizia Richard.

O MS Contin foi criado para resolver aquela lacuna terapêutica ao oferecer a substância na forma de comprimidos, um mecanismo mais simples. Os participantes da conferência de Toronto tinham a visão coletiva de que a administração de morfina era um tratamento excelente, mas que não era usado o suficiente. Sim, existia a percepção do potencial viciante, mas, de acordo com os médicos em Toronto, esse temor era inadequado. "O vício *não* ocorre em pacientes que precisam da morfina para controlar a dor", afirmou Eckhard Beubler, um médico austríaco, durante sua palestra.[18]

Tal mensagem foi repetida diversas vezes durante o evento: que a morfina, quando usada para o tratamento da dor, na verdade não viciava. Nas palavras de outro participante, um radioterapeuta aposentado de Louisiana chamado Jerome Romagosa, era importante "neutralizar os diversos mitos" em torno da morfina e de outros opioides, como são conhecidos os medicamentos derivados da papoula.[19] "Muitos desses mitos se tornaram parte do folclore da medicina e da enfermagem", lamentou Romagosa.[20] Richard o convidara pessoalmente para participar da conferência. Soando um pouco como Arthur Sackler quando desconsiderou os perigos do Valium, Romagosa afirmou que o temor que as pessoas tinham de se tornarem adictas era exagerado, porque o vício "é uma doença psicológica" e só ocorria quando a morfina era usada inadequadamente por "aqueles que não tinham necessidade de usá-la".

Para os Sackler, aquela era uma mensagem útil. E a conferência tinha um verniz clínico que Arthur teria admirado: um grupo de médicos falando sobre medicina em uma faculdade de medicina. Ao mesmo tempo, porém, todos os participantes perceberam que a Purdue Frederick estava prestes a lançar sua própria morfina, o MS Contin, nos Estados Unidos. Na palestra de abertura, o presidente da faculdade de medicina afirmou que o medicamento já estava "revolucionando o mercado canadense de analgésicos narcóticos".[21] E a Purdue patrocinou todo o evento. A conferência de encerramento foi ministrada por um professor britânico de ciência farmacológica chamado John W. Thompson, que fez um trocadilho com o mecanismo de liberação prolongada, agradecendo a Purdue Frederick pela "liberação generosa e prolongada de hospitalidade".[22]

Nos anos 1950, Arthur Sackler percebeu que um executivo sagaz da indústria farmacêutica poderia arrolar ostensivamente médicos independentes para validar seu produto, e aquele evento era exatamente um exercício orquestrado com esmero para validar o que ele tinha previsto. Após o simpósio, alguns dos médicos participantes fizeram uma declaração pública de suas descobertas dizendo: "A morfina é o melhor e mais seguro medicamento para o controle de dor crônica grave."[23]

Quando a Purdue Frederick lançou o MS Contin nos Estados Unidos, o medicamento logo se tornou um sucesso estrondoso, mudando a sorte da empresa. Ali estava a oportunidade para a farmacêutica se tornar tudo o que Richard Sackler esperava que ela fosse: uma das grandes empresas dessa indústria. Com aquela reconsideração incipiente da medicina da dor, o empreendimento tinha surfado a onda perfeita. Os lucros estavam crescendo de maneira sem precedentes, algo que não tinha acontecido com o Senokot nem com o Betadine. Ainda assim, o tempo dos lucros exorbitantes estava se esgotando, à medida que se aproximava o fim inexorável da patente de exclusividade dos comprimidos de morfina de liberação controlada que a Purdue tinha apresentado ao mundo. Sempre ligado nos detalhes, Richard era obcecado em saber quantos comprimidos a empresa estava vendendo. "Espero que as vendas não tenham caído em relação à semana passada", brincava Bob Kaiko. "Quando as coisas pioram, Richard entra e apaga a chama piloto para economizar gás."[24]

Em 1990, Kaiko mandou um relatório para Richard: "O MS Contin talvez sofra uma concorrência tão séria dos medicamentos genéricos que o uso de outros opioides de liberação controlada deveria ser considerado."[25] Já que a Purdue ia perder o monopólio do seu principal analgésico, talvez fosse possível empregar o sistema Contin de liberação prolongada como mecanismo de entrega para *outros* opioides no intuito de conseguir novas patentes.

Décadas depois, Kathe Sackler, prima de Richard, afirmaria ter sido ela a sugerir a oxicodona. Kathe tinha se formado em medicina pela Universidade de Nova York em 1984. Era parecida com Richard em muitos aspectos: inteligente, grosseira, mimada, socialmente estranha. Acabaria se casando com uma mulher chamada Susan Shack e tendo dois filhos. Kathe recebeu o nome em homenagem a Käthe Kollwitz, uma artista esquerdista alemã cujo trabalho se concentrava no proletariado; o nome talvez tenha sido uma relíquia do flerte inicial de Mortimer com o comunismo. Mas Kathe se sentia muito confortável com a própria fortuna. Gostava de usar um cinto da Hermès com sua grande fivela na forma de "H". Seu envolvimento com a empresa era cheio de altos e baixos, de forma que alguns funcionários se lembram dela como uma presença regular no prédio e outros a veem como uma pessoa que não se envolvia muito nas coisas. Seu nível de envolvimento com a Purdue parecia ser, como quase todo o resto, um capricho.

Quando Arthur Sackler ainda estava vivo, Mortimer e Raymond formaram uma frente unificada de oposição a ele. Mas, depois de sua morte, divisões significativas começaram a surgir entre os dois irmãos mais novos. Em reuniões do conselho diretor, os irmãos se sentavam de lados opostos da mesa e tinham discussões ferrenhas, que incluíam xingamentos, bem na frente de todos os diretores. Mortimer era uma pessoa de temperamento volúvel, e Raymond, apesar de todo o verniz de gentileza, era muito teimoso. Em uma dessas reuniões, os irmãos tiveram uma briga tão intensa que chegaram às vias de fato: começaram a trocar socos e pontapés. (Um deles errou a mira e acertou um advogado.[26])

Como Mortimer passava a maior parte do tempo na Europa, Kathe se transformou nos olhos e ouvidos do pai na Purdue. Estava em Norwalk para defender os interesses dele e do seu lado da família. Mortimer e seus herdeiros eram conhecidos na empresa como o lado A, em referência à designação das ações que tinham na Purdue. Raymond e seus herdeiros eram o lado B. Como representante de Mortimer, Kathe consultava várias pessoas, pedindo atualizações "para o dr. Mortimer". Ela e o pai tinham a letra parecida, o que significava que às vezes era difícil dizer quem tinha redigido algum documento.[27] Por sua vez, Richard agia cada vez mais como representante do pai, embora Raymond ainda estivesse presente e com controle total da empresa. A tensão entre os dois polos da família, o lado de Mortimer e o de Raymond, passou a encontrar vazão na nova polaridade entre seus filhos, Kathe e Richard. E, embora a geração mais velha parecesse ser da realeza e por vezes inacessível, os filhos é que eram menos benignos. "As pessoas viam Raymond e Mortimer como pessoas bondosas e benevolentes", disse um antigo funcionário. "Kathe e Richard eram muito arrogantes."

Por um lado, Kathe reclamava que se sentia excluída no escritório de Norwalk. "Todos os dias havia reuniões informais em que as pessoas resolviam as coisas durante o almoço", contou ela posteriormente. No refeitório executivo, Raymond conversava com Richard, com o advogado Howard Udell e com outros consultores de confiança. "Eu não era convidada para esses almoços", contou Kathe. "Então, como eles eram obrigados a me incluir porque éramos sócios igualitários e eu estava lá, eles me convidavam. Mas nada além disso."[28] As coisas não eram "fáceis" para ela na empresa, revelou Kathe. Richard claramente tinha o desejo de ser o líder da empresa, mas a prima questionava as decisões dele de um jeito que seria arriscado para alguém de fora da família. Ela era cortante: "Não acho que Richard tenha a última palavra no que a empresa vai fazer. Nem a primeira", declarava.

À medida que a Purdue começou a se aproximar do penhasco da patente do MS Contin, Kathe e Richard passaram a jantar juntos em Connecticut. Richard trabalhava no departamento de pesquisa e desenvolvimento com foco no tratamento de dor. O desafio era encontrar um sucessor para o MS Contin. A verdadeira inovação do medicamento não era a morfina, mas o sistema Contin, então eles começaram a conversar sobre outros fármacos que pudessem ser administrados por meio desse sistema. Nas reuniões, os dois discutiam constantemente as possibilidades, e Richard dava várias ideias.[29] No jantar daquela noite, Kathe sugeriu o uso da oxicodona, um opioide sintetizado na Alemanha em 1917.[30]

De acordo com Kathe, Richard nem sabia o que era oxicodona.[31] Então, ela explicou: era outro opioide, um primo químico da morfina e também da heroína. Mas era muito mais potente que a morfina. A droga já era empregada em tratamentos moderados e estava amplamente disponível, como nos analgésicos Percodan e Percocet. Mas a quantidade de oxicodona nesses medicamentos era muito pequena, visto que o fármaco era combinado com aspirina no Percodan e com acetaminofeno no Percocet, os quais podem ser muito tóxicos em doses altas demais. No entanto, se a oxicodona pura fosse usada com o sistema Contin, talvez fosse possível administrar uma dose maior, que seria filtrada lentamente para a corrente sanguínea, permitindo que o paciente tomasse uma quantidade maior do fármaco.

Richard tem uma lembrança completamente diferente desse momento importante da história da empresa.[32] "O projeto começou no fim dos anos 1980", disse ele, que afirma ter sido ideia de Bob Kaiko, e não de Kathe.[33] De fato, no relatório de 1990, Kaiko tinha sugerido a oxicodona, dizendo que era menos "provável ter uma concorrência inicial de algum medicamento genérico".

Embora a empresa tivesse se mudado para Norwalk, ela continuava se fazendo presente em Yonkers, no Centro de Pesquisa Purdue Frederick, na Saw Mill River Road. Ao passo que a sede de Norwalk era fria e corporativa, a instalação de Yonkers era completamente diferente: a operação funcionava numa antiga fábrica de tapetes e era protegida por cercas altas com arame farpado. O bairro era problemático; em determinado momento no fim dos anos 1980, apareceu um cadáver em um bueiro próximo. "Às vezes convidávamos pessoas para entrevistas, mas elas chegavam ao estacionamento, olhavam em volta e iam embora sem entrar", contou um antigo funcionário que trabalhou lá. "Não era um lugar nem um pouco glamoroso."

Larry Wilson é um químico que começou a trabalhar no centro de pesquisa em 1992 e permaneceu lá por quinze anos. Acabou recebendo o então chamado "projeto oxicodona". Os primeiros esforços para criar uma fórmula não deram certo, e, quando Wilson chegou, a equipe estava trabalhando dia e noite para desenvolver o novo medicamento. "À medida que o fim da patente do MS Contin se aproximava, mais eles concentravam os esforços no novo projeto", contou Wilson. Bob Kaiko gerenciava o dia a dia do projeto. Wilson gostava dele: Kaiko tinha muita experiência no uso de narcóticos como tratamento e acreditava piamente no potencial terapêutico da oxicodona de liberação controlada.[34]

Richard Sackler também era uma presença frequente, e Wilson também gostava dele. Richard sabia ser mandão, mas, para Wilson, ele parecia não ter "consciência de classe", já que falava com qualquer pessoa, de qualquer nível hierárquico da empresa, lembrando-se do nome e fazendo perguntas detalhadas sobre o trabalho dela. Não era um executivo distante que queria saber das atualizações, mas sem nenhum interesse no trabalho que acontecia nas trincheiras: quando o assunto era o projeto da oxicodona, Richard estava nas trincheiras. "Ele trabalhava com afinco. Acho que nunca dormia", disse Wilson. "Eu não era o único a receber e-mails dele às três horas da manhã. Ele simplesmente tinha todo tipo de ideia."[35]

Mas nem todo mundo achava o microgerenciamento de Richard tão agradável. Ele foi uma das pessoas que mais cedo aderiram ao uso do e-mail e, nas reuniões, tinha uma presença frustrante, concentrando sua atenção no enorme laptop à sua frente, como se não ouvisse nada que estavam dizendo, só para erguer o olhar de repente e fazer uma pergunta precisa. De tempos em tempos, ele se levantava, ia até a parede onde estava a tomada telefônica e conectava o laptop. Todos eram obrigados a ouvir os estalos e chiados da conexão discada de internet para que ele pudesse enviar um e-mail. Seus hábitos de trabalho podiam ser irritantes para aqueles que trabalhavam com ele. Se alguém enviasse um e-mail à meia-noite, depois de longas horas de trabalho, ele respondia imediatamente com mais perguntas. Se o funcionário não conseguisse o que ele queria, Richard ligava para a casa da pessoa.[36] Ele sabia muito bem que muitos funcionários o achavam inconveniente, mas havia uma certa compulsão no comportamento dele, uma devoção concentrada em tornar o novo produto à base de oxicodona um sucessor digno do MS Contin.[37]

A geração mais jovem dos Sackler estava se envolvendo cada vez mais com a empresa. Richard tinha entrado oficialmente para o conselho diretor em 1990, junto com seu irmão, Jonathan, Kathe e sua irmã, Ilene.[38] No ano seguinte, a família criou uma nova empresa, a Purdue Pharma. A Purdue Frederick continuava existindo, mas lidando com os remédios tradicionais de balcão. A criação da nova entidade corporativa mostrava a ambição de Richard e dos Sackler de sua geração.[39] "A Purdue Frederick era a empresa original que meu pai e meu tio adquiriram em 1952", explicou Richard.[40] A Purdue Pharma foi criada para "assumir os riscos do desenvolvimento de novos produtos".

Era uma distinção sutil: mais uma empresa dos Sackler. Mas era um emblema da direção na qual Richard queria conduzir os negócios. Ele afirmou que seu objetivo era "criar produtos mais inovadores, lançá-los com mais frequência e com mais recursos". Já tinha passado o tempo em que a Purdue se satisfazia em ser uma fabricante estagnada de laxantes e removedores de cera de ouvido. O que eles precisavam, de acordo com Richard, era de uma "nova beligerância".[41] Em 1993, Richard chegou à posição de vice-presidente sênior.[42] A família parecia ter a promessa de um novo medicamento que funcionava. Decidiram chamá-lo de OxyContin. Segundo um relatório da equipe do Projeto OxyContin de dezembro de 1993, os novos comprimidos seriam comercializados "para concorrer com o Percocet" e poderiam até "substituir nossa linha do MS Contin" se a concorrência dos genéricos se tornasse insustentável.[43] O novo fármaco tinha o potencial de ser um medicamento muito eficaz no tratamento da dor oncológica.

No entanto, surgiu uma ideia mais tentadora também. Richard sempre se interessou por marketing e, em 1984, contratara um novo chefe para esse departamento, Michael Friedman, um executivo alto e de rosto rosado que nascera no Brooklyn. Já tinha trabalhado como professor de ensino médio em Long Island antes de ser vendedor de ferramentas e, depois, voltar para a faculdade a fim de fazer um MBA.[44] Num recrutamento tipicamente idiossincrático, Richard contratara Michael Friedman após se sentar ao lado dele num voo.[45] Michael era filho de sobreviventes do Holocausto que se conheceram num campo de refugiados no fim da guerra. Quando os pais se casaram, não tinham dinheiro para um vestido de noiva, então o pai trocou um quilo de café por um paraquedas e a mãe deu dois maços de cigarro para alguém transformá-lo num vestido (que acabaria sendo exposto no Museu do Holocausto em Washington, D.C.).[46] Michael Friedman era falante e bajulador. "O dr. Richard ouvia o que Michael dizia, e Michael ouvia todo mundo", disse um antigo executivo da Purdue que trabalhou para ambos. Por causa da altura e da cor, Richard o chamava de "Vermelhão".[47]

Em 1994, Friedman escreveu um memorando com a marcação de "Altamente confidencial" para Raymond, Mortimer e Richard Sackler.[48] O mercado do tratamento de dor oncológica era significativo, disse Friedman: quatro milhões de prescrições por ano. Na verdade, havia quase 750 mil prescrições só para o MS Contin. "Acreditamos que a FDA irá restringir o lançamento inicial do OxyContin para o mercado de dor oncológica", escreveu Michael Friedman. Mas e se, com o tempo, a prescrição do medicamento se estendesse para outros tipos de pacientes? Havia um mercado muito maior para *outros* tipos de dor: dor nas costas, dor no pescoço, artrite, fibromialgia. De acordo com o lutador que virara um médico especializado no tratamento de dor, o dr. John Bonica, um a cada três americanos sofria de dor crônica sem tratamento. Se esse número fosse próximo à realidade, representava um enorme mercado ainda inexplorado. E se fosse possível descobrir uma forma de comercializar esse novo medicamento, o OxyContin, para *todos* esses pacientes? O plano teria que continuar secreto por ora, mas, naquele memorando para os Sackler, Michael confirmou que a intenção era a de "expandir o uso do OxyContin, desde pacientes oncológicos até aqueles com dor crônica sem malignidades".

Tratava-se de um plano muito audacioso. Nos anos 1940, Arthur Sackler tinha assistido ao lançamento do Thorazine, um tranquilizante "forte" que funcionava maravilhosamente bem em pacientes com quadros psicóticos. No entanto, a família fez sua primeira grande fortuna a partir do envolvimento de Arthur na comercialização de tranquilizantes mais "fracos" como o Librium e o Valium. O Thorazine era visto como uma solução drástica para problemas graves, mas o mercado para o medicamento se limitava naturalmente a pessoas que apresentavam um quadro grave o suficiente para garantir o acesso a um tranquilizante forte. O atrativo dos tranquilizantes mais fracos estava no fato de todo mundo poder tomá-los. O grande sucesso desse tipo de medicamento se devia justamente ao fato de que as pessoas podiam ingerir um comprimido para aliviar um grande número de incômodos psicológicos e emocionais bastante comuns. Então, os irmãos de Arthur e seu sobrinho Richard estavam prestes a fazer o mesmo com um analgésico, aproveitando-se do enorme sucesso do MS Contin, um medicamento considerado forte e reservado ao tratamento da dor oncológica — um mercado limitado. Se encontrassem uma forma de comercializar o OxyContin não apenas para dor oncológica, mas também para qualquer tipo de dor, os lucros seriam astronômicos. É "imperativo", disse Friedman para os Sackler, "que se estabeleça uma literatura" para apoiar esse tipo de posicionamento. Eles deveriam sugerir um "uso mais amplo" do OxyContin.[49]

Ainda assim, estavam diante de um obstáculo considerável. A oxicodona é quase duas vezes mais potente que a morfina, e isso significava que o OxyContin seria um medicamento muito mais forte do que o MS Contin. Os médicos americanos ainda estavam bastante cautelosos na prescrição de opioides fortes por causa da preocupação com a dependência química que esses medicamentos podem causar. Durante anos, os proponentes do MS Contin argumentavam que, para um paciente terminal enfrentando uma batalha mortal contra o câncer, seria tolice se preocupar com a possibilidade do vício em morfina. Mas, se a Purdue quisesse comercializar um opioide forte como o OxyContin para tratar dores menos agudas e mais persistentes, um dos desafios seria superar a percepção de médicos sobre a forte dependência química que os opioides podiam causar. Para que o OxyContin atingisse o máximo de seu potencial comercial, os Sackler e a Purdue teriam que desfazer tal percepção.

Capítulo 15

DEUS DOS SONHOS

A PAPOULA É UMA PLANTA esguia e sedutora, com um pequeno botão no topo de um longo caule, oscilando gentilmente com a brisa. Floresce lindamente, um cálido cor-de-rosa ou um vermelho profundo, e parece agradável e impassível de uma forma enlouquecedora, quase fútil. As papoulas nascem de forma natural, espalhando suas sementes enquanto balançam ao sabor do vento. Milhares de anos atrás, no alvorecer da humanidade, alguém descobriu que, ao cortar a flor de uma papoula, se extrai uma substância leitosa com propriedades medicinais.[1] Os mesopotâmios cultivavam papoulas. Assim como os sumérios. Existem referências à planta em tábuas assírias do século XVII a.C.[2] Na Grécia antiga, o próprio Hipócrates sugeriu que a ingestão do sumo branco da papoula misturado com sementes de urtiga remediava várias aflições, podendo estimular o sono, acalmar os nervos e induzir uma sensação peculiar de euforia ou conforto, como estar num casulo.[3] O mais notável é que o ópio fazia a dor desaparecer.

Ao passo que a planta parecia possuir propriedades mágicas, logo se compreendeu, até mesmo no mundo antigo, que ela representava alguns perigos também.[4] Seu poder era tamanho que o usuário poderia ser consumido por ele, desenvolvendo dependência ou sucumbindo ao sono permanente. A planta podia matar ao criar um estado de relaxamento tão profundo que, em certo ponto, a pessoa simplesmente parava de respirar. A papoula talvez tenha sido usada como remédio, mas certamente também foi usada como veneno e instrumento para o suicídio. No vocabulário simbólico dos romanos, a papoula representava não só o sono, mas também a morte.

A potência dessa flor delgada era tamanha que poderia tomar não só uma pessoa como refém, mas toda uma sociedade. No século XIX, a papoula se tornou instrumento de um império: o lucrativo comércio do ópio fez os britânicos declararem uma guerra sangrenta com a China, duas vezes. Em partes da Europa, virou moda usar a droga de forma recreativa, inspirando a poesia romântica de Samuel Taylor Coleridge e Percy Bysshe Shelley.[5] E os médicos e químicos administravam o ópio para uma ampla gama de enfermidades, desde febre até diarreia.[6] Na virada para o século XX, o assistente de um botânico na Prússia conduziu uma série de experimentos, isolando os alcaloides químicos do ópio e sintetizando a substância que recebeu o nome de morfina, em referência a Morfeu, o deus do sono na mitologia grega.[7]

No seu livro *Opium: A History* (Ópio: uma história), Martin Booth observa que, quando se fala de produtos derivados da papoula, "a história se repete".[8] Durante a Guerra Civil dos Estados Unidos, a morfina foi amplamente usada como uma salvação para terríveis ferimentos de guerra, o que resultou numa geração de veteranos que, ao fim da guerra, voltaram para casa viciados na droga.[9] De acordo com uma estimativa de 1898, 250 mil norte-americanos eram viciados em morfina.[10] Uma década depois, o presidente Theodore Roosevelt nomeou o dr. Hamilton Wright para um cargo comissionado, no intuito de abordar a questão do ópio e combater o flagelo do vício. Wright avisou: o ópio era "a droga mais perniciosa conhecida pela humanidade".[11]

No entanto, uma equipe de químicos na Alemanha conseguiu refinar ainda mais a morfina, criando uma nova droga, a heroína, a qual a farmacêutica alemã Bayer começou a produzir em massa e comercializar como um medicamento maravilhoso, uma alternativa mais segura à morfina.[12] A heroína foi criada pela mesma equipe de pesquisa que inventou a aspirina. A Bayer continuou vendendo o medicamento em caixinhas com um leão no rótulo, sugerindo que as diferenças na estrutura molecular da heroína significavam que ela não continha as perigosas qualidades da morfina que provocavam a dependência química.[13] Era uma proposta atraente: por toda a história da humanidade, as vantagens e desvantagens do ópio sempre caminharam juntas, como se isso fosse parte de seu DNA. A Bayer, porém, afirmava que a ciência conseguira eliminar as desvantagens e que, com a heroína, os seres humanos poderiam usufruir de todos os benefícios terapêuticos da papoula sem efeitos colaterais.[14] Na verdade, algumas pessoas chegaram a defender o uso de heroína para *curar* o vício em morfina.

Mas nada disso se baseava em fatos. Na verdade, a heroína é quase seis vezes mais potente do que a morfina e tão viciante quanto. Depois de alguns anos, a medicina descobriu que a heroína causa, sim, dependência química.[15] As pessoas que faziam uso de heroína desenvolviam um desejo incontrolável pela droga, e, como o corpo cria tolerância, os usuários tendiam a usar doses cada vez mais fortes para usufruir da sensação de equilíbrio. Isso se aplica a todos os opioides. À medida que o corpo se acostuma ao medicamento, é necessário administrar uma quantidade maior para aliviar a dor, provocar euforia ou apenas aplacar uma crise de abstinência. Os contornos da experiência são descritos pelos médicos como algo semelhante a "picos e vales", uma sensação de felicidade plena e sem comparações no instante em que a droga entra no sistema, seguida por uma depressão e uma necessidade opressora assim que ela se dissipa na corrente sanguínea. A dependência física pode provocar crises debilitantes de abstinência. Ao ser privada de ópio, morfina ou heroína, a pessoa viciada se contorce, transpira e vomita, enquanto todo o corpo estremece ou convulsiona, debatendo-se como um peixe fora d'água.

Em 1910, os mesmos médicos e químicos que defendiam as qualidades medicinais da heroína reconheceram que talvez tivessem cometido um erro terrível, e o emprego da droga na área da saúde entrou em queda.[16] A Bayer parou de fabricar o medicamento em 1913.[17] Mas, para muitas pessoas, o acordo tácito ao consumo de heroína parecia valer a pena. Dizem que o próprio Heinrich Dreser, um dos químicos alemães da Bayer e considerado o inventor da heroína, era dependente químico da droga e morreu por causa de um AVC em 1924.[18] Os riscos podem ser grandes, mas a sensação é sublime. Os opioides podem tirar do indivíduo, mesmo que por apenas alguns minutos, toda a sensação de dor física ou emocional, de desconforto, de ansiedade e de inquietação. É uma experiência humana única. "Vou morrer jovem", declarou o comediante Lenny Bruce sobre o próprio vício. "Mas é como se eu estivesse beijando Deus."[19] (Ele realmente morreu jovem, por overdose de morfina; foi encontrado nu, no chão do banheiro, quando tinha apenas quarenta anos de idade.)[20]

Durante toda a sua vida, Richard Sackler se dedicou com fervor impetuoso a suas paixões. Quando a ideia era posicionar o novo opioide de liberação controlada da Purdue, o OxyContin, como sucessor do MS Contin, Richard se atirou de corpo e alma ao novo projeto, com uma energia efusiva. "Estou tão comprometido em tornar o OxyContin um grande sucesso que você nem acredita", escreveu para um amigo. "É quase como se eu dedicasse minha vida a isso."[21]

Richard trabalhava com afinco e esperava o mesmo de seus subordinados. Michael Friedman, o vice-presidente responsável pelo marketing, chegou a escrever para ele em determinado momento: "Você precisa tirar férias, e eu preciso tirar férias dos seus e-mails."[22] Friedman era uma das poucas pessoas na Purdue que podiam falar com Richard dessa forma. Mas ele tinha uma certa licença por ter sido trazido para a empresa pelo próprio Richard.

Friedman também tinha alguma influência sobre Richard quando o assunto era o OxyContin por ser o responsável pelo marketing, e o chefe tinha planos arrojados para o departamento e a promoção do novo medicamento. Com a proximidade do penhasco da patente do MS Contin, a Purdue estava correndo contra o relógio com uma estratégia radical: a empresa ia anunciar um novo analgésico mais potente, o OxyContin, e fazer uma campanha de marketing contra o MS Contin, *contra seu próprio medicamento*, para impor um novo paradigma sobre o tratamento de dor. Richard declarou que aquela seria "a primeira vez que escolhemos tornar nosso próprio produto obsoleto".[23]

Só que Richard não queria apenas suplantar o MS Contin. Quando se tratava do novo medicamento, ele tinha uma visão ainda mais grandiosa. A morfina ainda era considerada um remédio extremo. Se um médico a receitasse, isso significava que o paciente estava à beira da morte. "Ouvíamos muito que, por causa do estigma, os profissionais da área de saúde não informavam aos pacientes que o MS Contin era morfina", revelou um antigo executivo da Purdue que trabalhava diretamente com Richard e Friedman. "Os familiares ou até mesmo os farmacêuticos é que diziam ao paciente: 'Você não pode tomar isso. É morfina!'" O relatório de uma pesquisa de mercado de 1992 mostrou que os cirurgiões ortopédicos, por exemplo, pareciam "temer" prescrever morfina ou se sentiam "intimidados", porque a mensagem era "medicamento forte / paciente terminal / dependência química".[24] Ao mesmo tempo, o relatório constatou que os cirurgiões gostavam da ideia de um comprimido analgésico de longa ação que *não* fosse à base de morfina. A oxicodona "não carregava esse estigma", disse o antigo executivo.

Friedman gostava de dizer que diferentes medicamentos têm diferentes "personalidades". Quando ele e Richard estavam tentando decidir como posicionar o OxyContin no mercado, alguns funcionários da empresa fizeram uma descoberta surpreendente. A personalidade da morfina era claramente a de um medicamento potente que deveria ser usado como último recurso. O nome por si só recendia a morte. No entanto, como Friedman chamou a atenção de Richard num e-mail, a oxicodona tinha uma personalidade completamente diferente.[25] Na pesquisa de mercado, a equipe da Purdue descobriu que muitos médicos consideravam a oxicodona "menos potente que a morfina", disse Friedman. A oxicodona era bem menos conhecida e menos compreendida, e sua personalidade parecia menos ameaçadora e mais acessível.

Em termos de marketing, isso representava uma grande oportunidade. A Purdue poderia comercializar o OxyContin como uma alternativa menos extrema à morfina. Um século antes, a Bayer comercializara a heroína como uma morfina sem efeitos adversos, mesmo que a heroína fosse mais potente e também provocasse dependência química. Nas discussões internas na sede da Purdue em Norwalk, Richard e seus colegas cogitaram fazer algo parecido como estratégia de marketing. Na verdade, a oxicodona também não era mais fraca que a morfina. Ao contrário, era quase duas vezes mais potente. Os especialistas de marketing da empresa não sabiam exatamente por que os médicos tinham a noção equivocada de que a substância era mais fraca, mas poderia ser porque a maioria dos médicos só conhecia a oxicodona por meio dos medicamentos Percocet e Percodan, nos quais uma pequena dose de oxicodona era combinada com acetaminofeno ou aspirina. Independentemente do motivo, Richard e os principais executivos da Purdue tinham chegado a uma estratégia perspicaz, delineada em uma série de e-mails.[26] Se os médicos não conheciam a verdadeira personalidade da oxicodona, a empresa não corrigiria tal equívoco. Na verdade, iria explorá-lo.

Assim como o MS Contin, o OxyContin poderia ser muito útil para os pacientes com câncer e dor grave. No entanto, como Friedman ressaltou para Richard, a empresa precisaria de muita cautela se a divulgação do OxyContin focasse demais a dor oncológica, pois isso poderia comprometer a "personalidade" benevolente do medicamento. Friedman escreveu: "Embora a gente queira que esse medicamento seja vendido para dor oncológica, seria arriscado mexer na sua 'personalidade' ainda no começo da vida do produto, pois os médicos passariam a considerá-lo mais forte ou equivalente à morfina." É claro que o OxyContin era, *inegavelmente*, mais forte do que a morfina. Esse era um fato químico que a empresa precisaria obscurecer com cuidado. Afinal, o número de pacientes com câncer era limitado. "O melhor é ampliar o uso do OxyContin", escreveu Friedman. O pote de ouro estava no tratamento da "dor não maligna". As atas das primeiras reuniões da equipe da Purdue confirmam que eles decidiram que o OxyContin não seria um medicamento de "nicho", destinado apenas ao tratamento da dor oncológica.[27] Pelas estimativas da empresa, cinquenta milhões de norte-americanos sofriam de algum tipo de dor crônica.[28] *Esse* era o mercado que queriam atingir. O OxyContin seria um medicamento para todos.

Quando os Sackler começaram a desenvolver o OxyContin, o tratamento da dor já passava por uma revolução, e isso se provaria muito útil para a Purdue. Desde a conferência que Richard ajudara a organizar em Toronto, em 1984, a Purdue vinha assiduamente cultivando uma comunidade de médicos revisionistas. Uma das estrelas desse movimento era um jovem médico com barba bem aparada e comportamento confiante chamado Russell Portenoy, que tinha trinta e poucos anos e trabalhava como professor de neurologia e neurociência na Cornell University antes de ser recrutado pelo Beth Israel Medical Centre, em Nova York, para criar o novo Departamento de Medicina da Dor e Tratamentos Paliativos.[29] Inteligente, fotogênico e muito persuasivo, ele era um excelente porta-voz, um defensor da nova ortodoxia quando o assunto era o tratamento da dor. Ele argumentava que, por muito tempo, a medicina não tinha levado a dor a sério.[30] Nas conferências, nas reportagens e nas aparições em noticiários noturnos, Russel argumentava que o sofrimento de milhões de norte-americanos era ignorado pela medicina em voga. Em seu consultório, ele deixava bem à vista um pôster de uma revista que se referia a ele como o "rei da dor".

Para Russel Portenoy, os opioides eram uma "dádiva da natureza".[31] Certa vez ele brincou que seu método de tratamento poderia ser resumido na seguinte fala: "Aqui. Seis meses de medicamento. Vejo você depois." Russel desenvolveu um relacionamento precoce e duradouro com a Purdue Pharma, assim como com outras empresas farmacêuticas.[32] Dois anos depois da conferência de Richard em Toronto, Russel Portenoy foi coautor de um artigo, com outra médica que estava na linha de frente dessa reconsideração do tratamento da dor, a dra. Kathleen Foley, no qual eles especulavam sobre o uso sustentado dos opioides para o alívio da dor.[33] Conforme Russel explicaria tempos depois, eles escreveram aquele artigo para ressaltar "a possibilidade de um alívio duradouro da dor a partir de uma terapia com opioides, sem (...) efeitos adversos sérios, incluindo dependência química".[34] Não era um estudo rigoroso, baseando-se praticamente em indícios casuais. Mas era justamente o tipo de artigo que seria muito útil para uma empresa como a Purdue.

Russel Portenoy compartilhava o ponto de vista de Richard, de que os opioides carregavam uma má fama injusta por causa das preocupações com as propriedades que causam dependência química, motivo que desencorajou gerações de médicos a prescrever talvez a melhor e mais eficaz terapia para o tratamento da dor.[35] Na opinião de Russel, os médicos norte-americanos subestimavam os benefícios dos opioides e superestimavam os riscos. Ele reconhecia que alguns usuários desses medicamentos desenvolviam problemas, mas as pessoas que se tornavam dependentes químicas não eram os pacientes que realmente sofriam de dor e tomavam o medicamento conforme a prescrição médica. Na verdade, Portenoy sugeria que, nesses casos, havia "fatores de predisposição psicológica, social e fisiológica". Algumas pessoas simplesmente têm mais propensão à dependência química do que outras.

Elas não conseguem evitar. Você pode dar morfina para uma pessoa e, se ela gostar, é capaz de começar a usar de forma excessiva. Mas isso é apenas um reflexo da propensão dela, e não uma propriedade inerentemente viciante do medicamento. Portenoy descreveu o temor do uso de opioides como um tipo de histeria, dando inclusive o nome de "opiofobia".[36]

No fim da década de 1980, com o encorajamento de Portenoy e seus colegas na cruzada contra a dor, a opinião dos médicos estava começando a mudar. Nos primeiros quatro anos da década seguinte, o consumo de morfina nos Estados Unidos teve um aumento de 75%.[37] Richard Sackler conhecia Portenoy e Kathleen Foley, acompanhando de perto o trabalho deles. Num impressionante cenário clínico credenciado e de cunho independente, esses especialistas em dor validavam a pesquisa e o desenvolvimento comercial de Richard e seus colegas na Purdue. "Até semana passada, o fato de a oxicodona em doses elevadas poder ser uma alternativa satisfatória para doses elevadas de morfina era uma suposição", informou Richard aos colegas com muita animação em 1991, quando o desenvolvimento do OxyContin se encontrava nos estágios iniciais.[38] "Em julho passado, a dra. Kathleen Foley me disse que 'a ideia é muito promissora, mas ainda não se sabe se é possível ou não usar a oxicodona em altas doses para dor oncológica simplesmente porque ninguém nunca a usou'." Mas Foley vinha administrando altas doses de oxicodona líquida em pacientes, explicou Richard, e "o desempenho foi excelente", sem "efeitos colaterais inesperados". Richard acrescentou ainda que ela vinha aplicando doses cavalares nos pacientes, chegando a "mil miligramas por dia". (Décadas depois, quando se viu diante desse número, Kathe Sackler, prima de Richard, diria: "Isso é chocante, mil miligramas. Meu Deus, que dose enorme.") Mas, na época, Richard não viu nada além de uma promessa comercial. De acordo com a pesquisa de Foley, ele ficou maravilhado, porque nem mesmo essa dose colossal representou um "limite prático".

Assim como Arthur Sackler, Mortimer e Raymond sempre tiveram fetiche pela discrição: mesmo diante do crescimento de seu perfil filantrópico, eles continuaram avessos à publicidade. Quando Richard Sackler assumiu o controle da empresa, seu comportamento não era diferente. Então, foi um pouco surpreendente quando, no verão de 1992, a Purdue Frederick deu um passo inesperado ao concordar em cooperar com uma reportagem extensa para o jornal local, o *Hartford Courant*.[39] "Uma firma de Norwalk encontra um nicho entre as gigantes da indústria farmacêutica", anunciava a manchete. Os

Sackler sempre usaram o diploma médico como um distintivo não apenas de conquista, mas de *know-how*, e a reportagem destacou que os donos da empresa "eram médicos", embora, a não ser por mencionar que os Sackler "ainda desempenhavam um papel ativo na gestão", não falasse quase nada sobre a família. Aquele talvez fosse um momento oportuno para Richard ganhar os holofotes, pois tinha acabado de receber do pai e do tio o controle da empresa — eclipsando a prima e rival, Kathe. Mas seu nome não aparecia na reportagem; os Sackler colocaram como rosto da Purdue o conselheiro e fiel advogado Howard Udell.

A Purdue tinha se tornado "bem-sucedida num campo de gigantes", vangloriou-se Udell, posando para uma foto com diversos produtos de balcão produzidos pela empresa. Ela ainda tinha alguns traços de sua origem simples (a reportagem mencionava o triunfo de décadas antes, quando o Betadine foi usado pela NASA, e que recentemente a Purdue "tinha começado a comercializar um tratamento para verrugas genitais"). Mas, com a ajuda do MS Contin, as vendas anuais se aproximavam dos 400 milhões de dólares, e Udell disse que a companhia estava de olho no futuro.

A reportagem foi publicada num momento crucial para o negócio. A Purdue estava no processo de conseguir a aprovação da FDA para o OxyContin. Com o MS Contin, a empresa tinha entrado no mercado, simplesmente sem se preocupar em pedir aprovação, uma aposta de risco que Howard Udell encorajara. Daquela vez seria diferente. O MS Contin pode ter sido um produto revolucionário, mas o OxyContin representava um avanço ainda mais radical. E a empresa precisaria da FDA: ao aprovar a comercialização do medicamento, a agência teria que regulamentar muitos aspectos de como ele seria vendido e anunciado. Se Richard e seus executivos queriam vender o medicamento não apenas para dor oncológica, mas também para qualquer tipo de dor crônica, teriam que manter a agência satisfeita. Todo o processo de aprovação de um novo medicamento tinha evoluído e se transformado em um corredor polonês burocrático e fortemente coreografado que levava anos para se atravessar. Era inconveniente, muito mais do que processos equivalentes em outros países. O formato do sistema moderno de aprovação da FDA foi consequência das audiências de Kefauver nos anos 1960, com requisitos elaborados para estabelecer a eficácia e a segurança de um novo medicamento.[40] A agência tinha um pequeno exército de examinadores com uma autoridade regulatória que poderia viabilizar ou destruir um produto de 1 bilhão de dólares.

Richard Sackler não era uma pessoa paciente. Tinha grandes ambições e estava com pressa. "As coisas estão mudando mais rápido, e nós precisamos desenvolver produtos mais rápido do que antes para obtermos o crescimento que desejamos", disse ele aos funcionários. "Desenvolver produtos mais rápido significa conseguir aprovações mais rápido para nosso portfólio."[41] O que Richard queria dizer era: já chega dessa confiança passiva. Estava na hora de a Purdue tomar um impulso competitivo. Mas era fato inalterável que o OxyContin dependia da aprovação da FDA, especialmente a de um homem chamado Curtis Wright. Ele era o responsável por supervisionar a autorização de analgésicos na agência, com o papel de revisor médico e principal inquisidor à frente da aprovação do OxyContin.[42]

Curtis Wright tinha se formado em medicina estudando à noite, enquanto trabalhava como químico no Instituto Nacional de Saúde Mental, ingressando na Marinha em seguida, onde serviu como clínico geral. Saiu das forças armadas para obter uma bolsa de estudos de pós-doutorado em farmacologia comportamental dos opioides antes de a esposa dizer que era melhor conseguir um emprego de verdade, ou eles teriam que sair de casa e morar debaixo da ponte. Então, em 1989, ele começou a trabalhar na FDA. Curtis já tinha trabalhado na aprovação de vários outros analgésicos à base de opioides antes do OxyContin e era o principal regulador que a Purdue precisava satisfazer. Era necessário provar para ele que o OxyContin era seguro e que funcionava.

O medicamento seria vendido como um "narcótico regulado", de acordo com a Lei de Substâncias Controladas, de 1970. Assim como acontecia com qualquer opioide forte, era preciso lidar com a questão da potencial dependência química. Era de se imaginar que a Purdue conduziria testes para averiguar as propriedades viciantes de um novo medicamento, mas não foi isso que aconteceu. A empresa argumentou que o Contin, o revestimento patenteado que envolvia a oxicodona, prevenia o risco de vício.[43] Todo o princípio da dependência química em opioides se baseava na premissa da existência de picos e vales, ou seja, de dose e abstinência, de uma grande euforia seguida pelo início da ânsia pela substância. No entanto, como o revestimento de liberação controlada fazia com que o medicamento fosse filtrado lentamente na corrente sanguínea pelo período de doze horas, o paciente não experimentaria a onda imediata da liberação instantânea do medicamento no organismo e não haveria a alternância entre euforia e abstinência.

A Purdue argumentou que, na verdade, o OxyContin não só apresentava baixo risco de dependência química, mas também era *mais seguro* do que qualquer outro opioide do mercado, por suas qualidades únicas. Talvez os químicos da Bayer considerassem resolvido o paradoxo terapêutico do ópio quando apresentaram a heroína, mas descobriram que estavam enganados. A Purdue continuou argumentando ter *realmente* desvendado o segredo, desvencilhando em definitivo o poder medicinal da papoula dos riscos de dependência química. Eles tinham conseguido.

Nem todo mundo na FDA estava convencido. Curtis Wright alertou sobre o provável exagero na afirmação da Purdue de que o OxyContin era, na verdade, mais seguro do que qualquer outro analgésico disponível, avisando que a empresa deveria ter "cuidado para limitar a promoção competitiva".[44] Também disse para os funcionários da farmacêutica que alguns de seus colegas na FDA tinham uma "opinião muito forte" de que os opioides "não deveriam ser usados para dor não maligna".[45]

Só que aquele era exatamente o plano da Purdue para o OxyContin. Então, a empresa não recuou. Em 1994, Michael Friedman escreveu um relatório para Richard, Raymond e Mortimer Sackler dizendo que a FDA até poderia restringir o lançamento inicial do medicamento para o mercado de dor oncológica, "mas também acreditamos que os médicos vão perceber o OxyContin como um Percocet de liberação controlada (sem acetaminofeno) e expandir o uso".[46]

Larry Wilson, o químico que trabalhou no desenvolvimento do OxyContin no Centro de Pesquisa Purdue em Yonkers disse que "a indicação original era para dor oncológica crônica". Quando Larry e seus colegas começaram a desenvolver o medicamento como sucessor do MS Contin, disseram que "nunca tinham ouvido ninguém falar nada que não fosse relacionado ao câncer". No entanto, como Wilson bem disse: "Assim que a empresa consegue a aprovação para um remédio, o médico pode prescrevê-lo como bem entender."[47]

Para que a Purdue fosse bem-sucedida em seus planos para o OxyContin, os funcionários da empresa precisavam que a agência aprovasse a bula do medicamento, "a bíblia do produto", como Richard Sackler gostava de dizer,[48] e cada palavra precisava de uma negociação cuidadosa com a FDA. A bula teve mais de trinta revisões, com os peritos da Purdue barganhando com o governo e justificando cada palavra ou frase. O objetivo, de acordo com Richard, era não apenas informar o consumidor sobre os riscos, os benefícios e o uso adequado do medicamento, mas também criar "um instrumento de venda mais potente".[49]

Gradualmente, a equipe de Richard foi conquistando Curtis Wright. Logo no início, quando recebeu o primeiro rascunho da bula do OxyContin, o regulador comentou que nunca tinha visto uma bula com tanto material promocional. Ele disse que uma linguagem obviamente marqueteira não seria permitida.[50] Mas, no final das contas, assim ficou.

Em circunstâncias normais, as interações entre um funcionário da FDA e uma empresa cujo medicamento está sendo avaliado seriam fortemente controladas em nome da transparência, evitando qualquer chance de influência ou corrupção. Esse tipo de precaução institucional aumentou por causa do escândalo de corrupção de Henry Welch pelos Sackler e Félix Martí-Ibáñez na década de 1950. Mas um dos funcionários da Purdue, Robert Reder, que teve um papel-chave na supervisão do processo de submissão do OxyContin para aprovação, participou de uma conferência médica em Washington, em 1992, onde se encontrou por acaso com Curtis Wright. Eles começaram a conversar sobre o OxyContin e, num memorando interno da Purdue sobre a interação, Robert escreveu que Curtis Wright "tinha concordado em ter um contato mais informal num futuro próximo".[51] Richard se vangloriou sobre "como avançaram na construção de um relacionamento positivo" com Curtis e a agência.[52]

Às vezes, Curtis instruía a empresa a enviar certos materiais para sua casa, em vez de usar a FDA como destinatário. De acordo com um memorando confidencial preparado logo em sequência por promotores públicos, uma pequena delegação da Purdue viajou para Maryland em determinado momento e alugou uma sala próxima ao escritório de Curtis Wright.[53] Então, em um movimento bastante incomum, a equipe da Purdue passou vários dias ajudando Wright a redigir as revisões dos relatórios dos estudos clínicos e os resumos integrados de eficácia e segurança do novo medicamento.

Em alguns momentos, parecia que Curtis Wright tinha aberto mão do seu papel de regulador federal imparcial para se tornar um tipo de defensor da Purdue na própria FDA. A bula teve diversos rascunhos e iterações e, em determinado ponto, um novo trecho foi acrescentado: "Acredita-se que a absorção lenta, como a proporcionada pelos comprimidos de OxyContin, reduz o risco de uso abusivo do medicamento."[54] Tratava-se de uma retórica bastante peculiar. *Acredita-se?* Quem acredita? O texto parece mais a descrição de um desejo do que uma informação científica. Muito depois, quando começaram os questionamentos de quem tinha incluído aquela frase, ninguém assumiu a responsabilidade. Curtis Wright insistiu que não fora ele, dando a entender que devia ter sido a Purdue.[55] Robert Reder sugeriu que, na verdade, tinha sido mesmo o próprio Curtis Wright.[56] Num depoimento juramentado, o regulador admitiu que *talvez* a tivesse inserido.[57] Era possível. Mas ele não tinha uma lembrança específica de tê-lo feito. Era um fragmento de texto sem autor.

Mesmo naquela época, porém, esse tipo de linguagem despertava o ceticismo imediato da FDA. "Parece papo-furado para mim", escreveu Diane Schnitzler,[58] uma colega de Curtis Wright, em um e-mail para ele, que logo respondeu: "Na verdade, Diane, isso é literalmente verdade. Um fator importante na determinação de risco de uso abusivo está na velocidade do 'impacto' do medicamento no organismo."[59]

A garantia de que "acredita-se" que o revestimento do OxyContin reduz o risco de uso abusivo acabou permanecendo na bula, e, em 28 de dezembro de 1995, a FDA aprovou o OxyContin. Richard Sackler disse para sua equipe: "Isso não foi uma coisa que simplesmente 'aconteceu'. Foi um evento planejado e coordenado de forma primorosa. Diferentemente de outros requerimentos que passam anos na FDA, esse produto foi aprovado em onze meses e catorze dias."[60] Richard admitiu sentir satisfação por ter pessoalmente "se envolvido no processo" que assegurou a qualidade da bula.[61] Mas também deu créditos ao "trabalho de equipe sem paralelo" entre a Purdue Pharma e a FDA.[62]

Quanto a Curtis Wright, ele vinha pensando em deixar o governo federal. Após a aprovação do OxyContin, ele pediu exoneração do cargo na FDA. Inicialmente, começou a trabalhar em uma pequena empresa farmacêutica na Pensilvânia chamada Adolor. Mas não ficou lá por muito tempo. Pouco mais de um ano depois, assumiu um novo cargo na Purdue Pharma em Norwalk, com um pacote de compensação no primeiro ano de quase 400 mil dólares.[63]

Num depoimento subsequente, Curtis Wright negou ter feito qualquer gesto de boa vontade para com a Purdue antes de assumir o cargo na empresa, insistindo só ter sido abordado por um caça-talentos depois de ter deixado a FDA.[64] Fazia sentido que a empresa quisesse contratá-lo, argumentou ele, não por causa de favores que tivesse feito para a Purdue, mas porque era "um revisor da FDA eficaz e particularmente justo".

No entanto, a verdade é que um dos primeiros trabalhos de Curtis Wright em seu novo emprego na Adolor foi para a Purdue, em busca de áreas em que as empresas poderiam colaborar entre si.[65] E Richard Sackler, em seu próprio depoimento juramentado, afirmou que foi Curtis Wright quem procurou a empresa para conseguir um emprego, e isso antes mesmo de deixar o governo.[66] "Ele falou com alguém na Purdue quando estava planejando sair da FDA", disse Richard. Mas, naquele momento, o presidente da empresa sentiu que não seria de bom tom contratá-lo, então discutiu a questão com um colega, e "concordaram que não deveriam contratar alguém que tinha revisado o produto deles". Por isso, Wright "foi para outra empresa" por um ano, concluiu Richard. Aquele parecia ser um período suficiente de afastamento para aplacar as preocupações que os Sackler pudessem ter em relação a um possível conflito de interesses.

Capítulo 16

A BOMBA H

CALIXTO RIVERA ACORDOU antes do alvorecer.[1] Estava frio e chovendo numa manhã úmida de abril de 1995. Calixto morava em Newark, Nova Jersey, num apartamento com a mulher e os filhos. Uma das crianças era um bebê de três meses, o que podia ser exaustivo, e quando Calixto abriu os olhos e viu o péssimo clima lá fora, pensou em ligar para o trabalho e dizer que estava doente. Estava exausto. Assim como todo mundo na fábrica química da Napp em Lodi, ele fazia turnos extras para concluir vários projetos grandes antes que, naquele fim de semana, a fábrica fechasse para obras que durariam semanas. Ainda na cama, considerando a ideia, Calixto telefonou para uma colega, como se estivesse pedindo uma permissão tácita. Mas ela o incitou a ter forças. "É só um turno de oito horas, Papo", disse ela, usando o apelido dele de infância. "É só passar pelas oito horas, e você vai ter várias semanas para dormir até tarde." Então, Calixto se despediu da família, saiu na chuva e seguiu para o trabalho.[2]

Lodi é um bairro operário perto de Hackensack, onde existem várias fábricas de produtos químicos entre ruas residenciais calmas. As indústrias química e farmacêutica dominavam o estado de Nova Jersey havia muito tempo: em 1995, a indústria química era a maior do estado, gerando uma receita anual de 24 bilhões de dólares.[3] Nova Jersey contava com quase 15 mil fábricas de produtos químicos — catorze apenas em Lodi.[4] A fábrica da Napp ocupava um complexo de dois andares às margens do rio Saddle.[5] Tinha sido construída na virada do século para ser uma tinturaria e ainda era cercada por prédios industriais abandonados.[6] A Napp comprara a propriedade em 1970 para produzir produtos químicos usados em suas farmacêuticas.[7] Nos últimos anos, o prefeito de Lodi vinha tentando fechar a fábrica, procurando um desenvolvedor comercial para iniciar os trâmites de desapropriação contra a Napp.[8] Os moradores não gostavam de ter uma fábrica antiga de produtos químicos no quintal. Aquilo causava grandes preocupações.[9]

Calixto trabalhava na Napp havia nove anos.[10] Sua família era de Porto Rico e tinha se realocado para Nova Jersey. Era um homem esforçado, forte e bonito, vestia-se bem e tinha bigode e sobrancelhas escuras que acentuavam suas expressões faciais.[11] Ele seguiu pela chuva fria até a fábrica. Aquele seria um dia interessante. A empresa tinha se reestruturado dois anos antes e começado a fabricar produtos químicos não só para a Napp e a sua matriz, a Purdue Frederick, mas também para outras firmas que a contratavam quando precisavam de lotes de produtos químicos.[12] Aquilo significava que, em vez de processar as mesmas substâncias químicas para os mesmos produtos da Napp, Calixto e seus colegas também trabalhavam com substâncias químicas novas e desconhecidas para eles.[13]

Naquela semana, tinham sido contratados por uma empresa de Rhode Island para preparar uma série de substâncias particularmente voláteis, que seriam usadas para criar laminação de ouro para produtos eletrônicos.[14] Vinte tambores de aço tinham sido entregues na fábrica alguns dias antes, com aviso de "perigoso" na lateral. Por alguns dias, as substâncias químicas ficaram paradas num canto porque, aparentemente, ninguém queria lidar com elas.

Quando Calixto chegou aos portões da Napp, percebeu que havia algo errado.[15] A fábrica funcionava 24 horas por dia, em três turnos de oito horas, e estava na hora de uma mudança de turno. O pessoal do turno da noite se encarregara da mistura das substâncias químicas que vieram naqueles tambores. No entanto, chegando ao serviço, Calixto descobriu que algo tinha dado errado.

A verdade era que a fábrica da Napp não era o ambiente de trabalho mais seguro. A usina já tinha sido multada por diversas violações.[16] A empresa pagava salários menores do que os oferecidos por outras firmas da indústria química na região e era conhecida por contratar pessoas que tinham sido demitidas de outros empregos.[17] Era algo que corria à boca pequena em Lodi: se você estivesse desesperado e disposto a ganhar menos, a Napp ficaria feliz em contratá-lo. Como disse um funcionário: "Se você era capaz de se mexer, eles contratavam você." Um funcionário da fábrica era alcoólatra e, às vezes, aparecia bêbado para lidar com substâncias químicas perigosas. A equipe não era muito bem-treinada, e essa inexperiência ficou ainda mais evidente quando a fábrica começou a aceitar demandas de terceiros para gerar mais renda para os donos, o que significava que os funcionários começaram a ter que lidar com novos produtos químicos o tempo todo. O treinamento em segurança não parecia ser uma grande prioridade da empresa. Outra questão era a diversidade da força de trabalho: os funcionários vinham de diversos países. Nem todos falavam inglês, mas também não havia outro idioma em comum, como o espanhol. Em consequência, havia às vezes alguns mal-entendidos sobre quantidades e proporções, o que, quando se trata de misturar substâncias químicas, cria um cenário arriscado.

Para fazer as misturas, os trabalhadores da fábrica usavam um misturador em V da Patterson Kelley, com três metros de altura e feito de aço inoxidável.[18] A mistura das substâncias químicas da empresa de Rhode Island tinha começado no dia anterior, com mais de três toneladas de hidrossulfito de sódio e mais meia tonelada de pó de alumínio, uma substância tão explosiva que às vezes é usada no combustível de foguetes.[19] Um supervisor estava numa passarela superior enquanto o pó branco-prateado era inserido no misturador. Em seguida, a equipe iria acrescentar benzaldeído à mistura, um líquido incolor que deveria ser borrifado no misturador através de um bocal. No entanto, a válvula estava bloqueada de alguma forma, tornando necessários o conserto e a limpeza. No início do turno da noite, o misturador começou a emanar um cheiro horrível.[20] Alguns funcionários tinham tão pouca experiência em termos de substâncias químicas que eles não sabiam diferenciar um cheiro bom de um ruim.[21] Mas outros reconheceram o fedor de ovo podre como sendo do hidrossulfito de sódio em decomposição.

Como regra geral, não se deve adicionar água a produtos químicos. Havia placas na sala de mistura: NÃO USE ÁGUA NESTA SALA OU NAS PROXIMIDADES.[22] Até mesmo uma única gota pode ser fatal. O hidrossulfito de sódio, em particular, sofre uma reação violenta quando entra em contato com a água. Não ficou muito claro como tudo aconteceu, mas, em algum momento do processo de tentar desentupir a válvula do misturador, talvez tenha entrado um pouco de água na mistura. Os trabalhadores da manutenção que foram chamados para limpar a válvula não eram treinados para lidar com produtos químicos e talvez não estivessem totalmente cientes dos riscos. Em grandes concentrações, o enxofre molhado pode ser tão venenoso quanto o cianeto de hidrogênio na forma gasosa. Então, quando o cheiro começou a se espalhar, os gerentes de plantão mandaram todos os funcionários deixarem o local da mistura e irem trabalhar em outros projetos. Eles abriram uma válvula no topo do misturador para permitir que o gás saísse. Disseram que estava tudo bem. E o misturador ficou horas sem supervisão.

Os medidores começaram a indicar um aumento gradual de pressão e de temperatura no misturador.[23] As substâncias químicas estavam fervendo e borbulhando, como um caldeirão dos infernos, e o cheiro era terrível e nocivo.[24] Alguns funcionários falaram que o cheiro era como o de um animal morto.[25] Enquanto Calixto dormia durante uma noite chuvosa no seu apartamento em Newark, o medidor de pressão no tanque não parava de subir.[26] O corpo de bombeiros ficava a pouco menos de cem metros de distância da fábrica, mas os funcionários não os chamaram.[27] A farmacêutica Napp gostava de manter as coisas em privado e lidar com os problemas de forma discreta.

Quando Calixto chegou, no horário da troca de turnos naquela manhã, toda a fábrica tinha sido evacuada.[28] Nos portões, Calixto encontrou um amigo, Jose Millan, que também estava lá para começar no turno da manhã. Jose era um funcionário antigo, assim como Calixto, e já fazia oito anos que trabalhava lá.[29] Todo mundo estava reunido do lado de fora, tremendo na chuva e resmungando; as pessoas nem tiveram tempo de pegar o casaco no armário quando começou a evacuação, então estavam com frio.[30] Também estavam apreensivas. O fedor do misturador ficou tão intenso que começou a sair pelos tubos de ventilação do telhado.[31] Enquanto Calixto e Jose se juntavam aos outros trabalhadores do lado de fora, um supervisor do turno anunciou que alguém da Napp tinha falado com um engenheiro químico, que aconselhara os trabalhadores a voltar para a fábrica a fim de tentar tirar um pouco do material do misturador.[32] Uma equipe de sete homens foi selecionada para a tarefa, deixando Calixto e o amigo com tempo livre. Jose propôs então que eles fossem até uma padaria para tomar café, mas, enquanto os gestores designavam aquela equipe de limpeza improvisada para entrar e remover as substâncias químicas, Calixto notou que uma das pessoas escolhidas era um idoso, um homem que ele sabia ter quase setenta anos.

Calixto pediu que ele não fosse e se ofereceu para ir em seu lugar.[33]

A empresa posteriormente reiterou que os gerentes não ordenaram que ninguém voltasse para a fábrica, mas dezenas de funcionários presentes naquele dia confirmaram que a solicitação ocorrera.[34] Calixto pediu que Jose lhe trouxesse um café. Então, ele e outros seis homens colocaram máscaras de proteção com filtros de carbono e entraram na fábrica.

No interior da fábrica da Napp reinava um silêncio sinistro.[35] O cheiro era muito forte. Mas os homens avançaram *na direção* do fedor e entraram no salão do misturador. O que não tinham como ver, nem como saber, era que, quando o hidrossulfito de sódio no caldeirão entrou em contato com a água, ele se decompôs, gerando calor. O calor produziu vapores, que reagiram com o pó de alumínio, gerando hidrogênio. No grande caldeirão do misturador, uma reação em cadeia tinha se iniciado, e a pressão crescia a cada hora. Como um químico diria mais tarde, no tambor de aço estavam os elementos de uma bomba de hidrogênio.[36]

Nenhum dos homens que voltaram para a fábrica era químico. Quando chegaram ao salão do misturador, eles abriram o tonel e começaram a transferir a mistura fervente para barris menores.[37] Então, de repente, ouviram um som sibilante repentino, o som de um vazamento de gás. Um momento de silêncio. Os seis homens, inclusive Calixto, ficaram parados, congelados. Um sétimo homem começou a correr. Então...

Bum.

O misturador de aço estourou como um balão, lançando estilhaços de metal e produtos químicos ferventes para todos os lados.[38] A explosão foi tão forte que fez o bloco de concreto de dez toneladas que sustentava o misturador ser arremessado como um frisbee, indo parar a quinze metros de distância.[39] Um incêndio incontrolável tomou todo o espaço, as chamas ferozes invadiram os corredores e arrancaram as portas corta-fogo.[40] Uma coluna crepitante atravessou o teto com um rugido ensurdecedor. As janelas e as vitrines das lojas da rua principal foram pulverizadas. Escombros flamejantes caíram sobre as casas de Lodi.[41] Jose Millan estava voltando para a fábrica, levando o café de Calixto, quando a explosão o derrubou no chão. Pelo telhado quebrado da fábrica saía uma fumaça química ácida. Jose viu toda a conflagração, sabendo que seu amigo estava lá.[42] Sem saber o que fazer, sentiu-se completamente impotente.

Calixto morreu na hora, com o crânio esmagado pela força da explosão.[43] As queimaduras foram tão intensas que, posteriormente, seu corpo só pôde ser identificado pela arcada dentária.[44] Três outros homens morreram com ele na explosão. Outro teve 90% do corpo queimado e morreu no hospital dias depois.[45] Quarenta pessoas ficaram feridas.[46] Um sobrevivente, que estava na fábrica na hora da explosão, disse que a bola de fogo era como o Sol.[47]

A fumaça continuou saindo da fábrica durante dias.[48] Casas foram danificadas. Um líquido verde e tóxico escorria da usina destruída e seguia pela rua principal de Lodi até desembocar no rio Saddle. A poluição desembocou no rio Passaic, fazendo as aves aquáticas adoecerem.[49] Milhares de peixes apareceram flutuando com a barriga para cima e atolaram nas margens, pálidos e sem vida.[50] Uma investigação federal acabaria acusando a Napp por graves violações de segurança e cobrando uma multa modesta de 127 mil dólares. Os promotores públicos pensaram em incluir homicídio culposo nas acusações, mas recuaram.[51] Um funcionário antigo da Purdue Frederick, Winthrop Lan-

202 PATRICK RADDEN KEEFE

ge, disse na época que a Napp não deveria ter começado a oferecer serviços de processamento de agentes químicos para terceiros porque não tinha "nem a estrutura, nem a equipe técnica para atender a demanda externa".[52] Outro antigo funcionário da Napp, um químico de origem polonesa chamado Richard Boncza, afirmou que a empresa tinha sido negligente ao passar um serviço tão perigoso para trabalhadores inexperientes. "Eles nunca faziam perguntas para saber se alguém tinha aptidão ou conhecimento para trabalhar com agentes químicos", disse ele.[53] Diante de uma tempestade de emoções e virulência dos próprios funcionários e dos moradores de Lodi, a Napp anunciou que não iria reconstruir a fábrica, o que significava que os sobreviventes da explosão ficariam sem emprego. Um porta-voz dos donos da empresa declarou: "Não vamos ficar num lugar onde não somos desejados."[54]

O porta-voz tomou todo o cuidado de não mencionar nomes, mas os donos a que se referia eram os Sackler. Se aquela fosse uma empresa diferente ou uma família diferente, talvez alguma declaração sobre os pontos mais delicados de responsabilidade social de uma corporação tivesse sido feita, algum comentário sobre onde os deveres da empresa começam e onde terminam — mesmo que da boca para fora —, ou apenas uma simples demonstração de pesar pelos mortos. No entanto, os Sackler tomaram um cuidado extremo de se distanciar não só de qualquer responsabilidade em relação à tragédia, mas de qualquer conexão com ela.[55] Não fizeram um pedido de desculpas ou prestaram quaisquer condolências, nem sequer participaram de nenhum funeral. Não deram nenhuma declaração pública. Howard Udell, o advogado da família, supervisionava a resposta jurídica dos Sackler e, em geral, tendia a desaconselhar qualquer pedido de desculpas ou admissão de responsabilidade. Richard Boncza, o químico de origem polonesa contratado pelo próprio Richard Sackler,[56] disse que a empresa deu ordens expressas para que ninguém discutisse o que poderia ter dado errado.[57] Boncza acrescentou que parecia que estavam "acobertando" alguma coisa.[58]

No entanto, não demorou muito para que os jornalistas do jornal local de Bergen County, *The Record*, descobrissem a verdadeira identidade dos donos da Napp. "São uma família de magnatas e filantropos norte-americanos", publicou o jornal. "O espectro internacional de amigos inclui a princesa Diana, vencedores do Prêmio Nobel, empreendedores influentes — em suma, o mais alto estrato social do mundo (...) Não estamos falando dos Rockefeller, mas dos Sackler."[59]

Durante meses, os repórteres do *The Record* tentaram obter algum comentário de Raymond ou Richard Sackler,[60] mas nem pai nem filho disseram nada. Foram implacáveis e pareciam indiferentes. Por fim, um dia no outono de 1995, sete meses depois da explosão, um repórter foi até Manhattan e encurralou Raymond Sackler diante do consulado britânico na 68th Street. Aquele era o território dele, o Upper East Side, a alguns quarteirões da mansão da família na 62nd Street. Era outro dia chuvoso, e Raymond estava vestido para uma ocasião especial e a caminho do consulado quando foi interpelado pelo repórter com uma pergunta sobre a explosão.

"Temos mais de quarenta anos de atuação na área. Sabemos muito bem o que é segurança e nos preocupamos com a vida das pessoas... de todas as pessoas", declarou Raymond, e o repórter então perguntou se ele sentia alguma responsabilidade pessoal sobre a tragédia.

"Não, de forma alguma", respondeu Raymond.

Ele se virou e entrou no prédio. Aquele era um dia importante para Raymond, e ele não permitiria que um jornalistazinho intrometido de Nova Jersey o arruinasse. Em reconhecimento pelas doações filantrópicas no campo das artes e da ciência, ele receberia o título de cavaleiro honorário pela rainha Elizabeth, e o cônsul-geral britânico lhe entregaria uma medalha especial na cerimônia. Quando o assunto era tal honraria, Raymond se mostrou bem mais articulado, declarando-se profundamente emocionado por ser reconhecido pela rainha daquela forma.

"É uma honra", disse ele. "Isso me impactou profundamente."[61]

Capítulo 17

VENDER, VENDER, VENDER

NA PRIMEIRA SEMANA de 1996, a Costa Leste dos Estados Unidos foi atingida por uma grande nevasca.[1] A tempestade caiu sobre a região, encobrindo cidades pequenas e grandes, paralisando o comércio e enterrando tudo com um manto branco e denso. Milhares de viajantes ficaram presos em aeroportos, terminais de ônibus e em pontos de parada e descanso ao longo das estradas, pois o vento gelado e branco comprometia a visibilidade, impossibilitando o deslocamento. Para não congelarem de frio, as pessoas em situação de rua na cidade de Nova York buscaram abrigo onde quer que encontrassem. Em Greenwich, Connecticut, o gelo cobria as janelas de casas elegantes e, quando a neve finalmente abrandou, crianças agasalhadas com roupas coloridas se aventuraram a atirar bolas de neve do lado de fora. Como em um passe de mágica, grupos de latinos se materializavam em equipes improvisadas de trabalho que iam de porta em porta para tirar a neve da entrada das residências.

Do outro lado do país, a quase 4 mil quilômetros de distância, o sol brilhava. No deserto próximo a Phoenix, uma festa estava sendo organizada em Wigwam, um resort de luxo e country club conhecido pelos três campos de golfe e a decoração *kitsch* com tema nativo-americano. Até poderia estar nevando em Nova York, mas ali a temperatura era de quase 25°C. O clima era de festa, com bebida alcoólica sendo servida para a força de vendas da Purdue Pharma, reunida ali para o lançamento oficial do OxyContin.[2]

A FDA tinha aprovado formalmente o medicamento algumas semanas antes,[3] então aquele era um momento de celebração e uma oportunidade divertida para preparar a equipe, com sessões de treinamento e palestras motivacionais num cenário lindo e cinco estrelas. Os funcionários da empresa participaram de um concurso para ver quem levaria para casa diversos prêmios (mantendo o tema nativo-americano, os prêmios eram chamados de *Wampum*, em referência às conchas que os povos originários consideravam sagradas).[4] Depois de um jantar de celebração no salão principal, centenas de representantes de vendas aplaudiram quando Richard Sackler subiu ao palco.[5]

"Há milênios, os seres humanos sabem que grandes mudanças no destino das civilizações e dos empreendimentos são anunciadas por cataclismos na geologia e no clima", começou Richard. Ele nunca foi um líder naturalmente carismático e não tinha facilidade de falar em público. Mas sua animação era visível, e ele estava lendo um discurso que claramente tinha se esforçado para escrever.[6] Richard havia se atrasado porque ficara preso em Connecticut, explicou; alguns outros executivos ainda estavam presos na Costa Leste. Mas aquela nevasca, anunciou, era um "sinal de mudança". Continuou fazendo várias piadas aforísticas sobre quando ele e outros membros da empresa tinham ido ao Himalaia para consultar um profeta. "Ó sábio profeta", disseram ao se apresentar. "Nós somos vendedores." A história se estendeu um pouco, mas Richard tinha uma audiência cativa (afinal, ele era o dono da empresa) e realmente estava empenhado. Conseguiu até incluir exclamativas antigas que usava desde a época da faculdade. "Que disparate! Besteira! Bobagem!"

Uma geração antes, Arthur Sackler ajudou a Pfizer a transformar o Librium em um sucesso de vendas recrutando um exército agressivo de vendedores, e, anos mais tarde, a Purdue faria exatamente a mesma coisa com o OxyContin. Richard anunciou que a nevasca em Connecticut seria lembrada como um presságio místico do sucesso deles.

Segundo sua previsão, o lançamento do OxyContin seria seguido por uma avalanche de prescrições que enterrariam a concorrência. "A avalanche de prescrições será tão profunda, densa e branca que vocês não vão ver quando eles levantarem a bandeira branca. A comercialização de produtos competitivos vai acabar." O OxyContin seria um medicamento "revolucionário", disse Richard aos representantes, acrescentando: "Vocês vão revolucionar tanto o tratamento da dor oncológica crônica quanto das condições dolorosas não malignas."

Aquele era o momento de Richard Sackler, o ápice dos seus grandes projetos. Seu desejo sempre foi que a empresa da família refletisse a imagem que ele fazia de si, transformando-a de uma fornecedora confiável de produtos nada glamorosos em algo mais agressivo, mais criativo, mais competitivo e menos ortodoxo. Ele cultivou pacientemente a comunidade de especialistas em dor, convenceu os reguladores da FDA e desenvolveu estratégias para persuadir os médicos norte-americanos ainda relutantes a prescrever opioides fortes. E então ali estava ele, no palco, apresentando seu novo analgésico, não apenas para impulsionar a empresa a um outro nível estratosférico de lucros, mas também para eclipsar o pai e os tios.

"O OxyContin é o lançamento mais importante da história desta empresa", disse Richard. "Daqui a alguns anos, ainda vamos nos lembrar desta semana como o início de uma nova era para os nossos negócios e para nós mesmos." Ele falou em "expandir o comprometimento da família Sackler" para com o setor e elogiou a equipe de desenvolvimento de produto responsável pelo OxyContin, a qual garantira a aprovação da FDA em tempo recorde, e a de vendas, que ele reconhecia ser essencial para determinar o futuro do medicamento. "Faremos tudo que estiver ao nosso alcance, dentro da ética e da legalidade, para tornar esta a maior e mais bem-sucedida força de vendas de todo o planeta!"

Richard ficou lá, aproveitando o brilho da sua equipe, do seu império, das suas perspectivas. Então, declarou: "Eu amo este negócio!"

Representantes de vendas não são médicos. São vendedores: inteligentes e geralmente jovens (às vezes recém-formados), capazes, elegantes, agradáveis. Representantes farmacêuticos também são conhecidos por serem atraentes. Essas qualidades talvez não sejam pré-requisitos essenciais, mas são muito úteis num trabalho que pode ser bastante desafiador de diversas formas. Tais profissionais passam o dia abordando médicos, cirurgiões, farmacêuticos e qualquer pessoa que possam influenciar a prescrever o medicamento. Via de regra, os alvos dessas interrupções estão ocupados e assoberbados de trabalho; então, talvez não recebam bem esse tipo de invasão num dia já sobrecarregado. E são profissionais com treinamento especializado. Já os representantes de vendas não têm formação médica ou farmacêutica, mas, ainda assim, seu trabalho é convencer o prescritor por outras vias. Representantes são missionários que batem de porta em porta. Os bons são naturalmente persuasivos. O *trabalho* deles é persuadir.

Do ponto de vista de Richard Sackler, o recurso mais valioso da Purdue Pharma não era a equipe médica nem a de químicos, nem mesmo o cérebro dos Sackler, mas a força de vendas.[7] "Nós tínhamos um produto com um potencial incrível", disse ele posteriormente. "Nosso principal meio de fazer com que fosse usado era convencer os médicos... a usá-lo." Alguns dos representantes de vendas da Purdue já trabalhavam na empresa havia anos, até mesmo décadas, e gostaram da transição para os analgésicos. Os medicamentos para o tratamento da dor pareciam modernos e importantes: um analgésico opioide de liberação prolongada era um produto bom de se vender e, por muito tempo, isso marcou uma mudança de ritmo para os representantes da Purdue. "Eu vendia o antisséptico Betadine; laxantes Senokot; Cerumenex, para remoção de cera de ouvido; X-Prep, que era um laxante", contou um representante experiente. "Nem preciso dizer que eu não era a pessoa mais procurada numa festa."[8]

IMPÉRIO DA DOR 207

Já o OxyContin parecia um produto seminal, e a promoção de vendas seria um grande desafio, então a Purdue acrescentou à equipe existente um grupo de novos recrutas. Cada representante foi treinado por instrutores, orientado sobre os pontos fortes do produto e armado com uma série de artigos científicos que pareciam sérios e descreviam as propriedades revolucionárias do medicamento. Eles estavam numa missão. Um funcionário da Purdue lhes disse: "Sua prioridade é *vender, vender, vender* o OxyContin."[9]

Se um médico já estivesse tratando o paciente com outro analgésico, os representantes de vendas deveriam convencê-lo a trocar pelo OxyContin. Mesmo em casos em que o médico estivesse prescrevendo o MS Contin, um medicamento da própria Purdue, os representantes deveriam aconselhá-lo a substituí-lo: o comprometimento dos Sackler para com o novo produto era tão absoluto que estavam dispostos a anular o anterior.

O OxyContin era um analgésico "para começar e continuar" o tratamento, diziam os representantes. Essa era uma expressão cuidadosamente pensada, que eles repetiam como um mantra. O que queriam dizer era que o medicamento não deveria ser considerado uma solução extrema para o qual um paciente talvez fosse gradualmente levado devido ao fracasso de remédios menos potentes. "Para dor moderada a grave", o OxyContin deveria ser a primeira linha de defesa. E ele era bom para dor aguda de curta duração tanto quanto para dor crônica e de longa duração; era um medicamento que poderia ser usado por meses, anos, por toda uma vida, um medicamento para "se manter". De um ponto de vista de vendas, essa era uma fórmula sedutora: comece precocemente e nunca pare de tomar.

Claro, Richard e seus executivos sabiam que muitos médicos poderiam ter algumas reservas. Antes do lançamento, eles conduziram entrevistas de grupos focais nas quais os médicos expressaram preocupações em relação às propriedades potencialmente viciantes dos opioides fortes. Mas os representantes de vendas receberam instruções claras para rebater tais desconfianças. Nas sessões de treinamento, eles faziam exercícios de atuação para "superar as objeções". Se os médicos expressassem apreensão sobre o risco de uso excessivo e dependência química, os representantes deveriam repetir o texto da bula,[10] aprovado por Curtis Wright, da FDA: "Acredita-se que o sistema Contin reduz o risco de uso abusivo do medicamento." Eles decoraram a frase e a recitavam como uma ladainha.

E os representantes iam muito além das promessas sem vida da bula. A Purdue os instruiu a informar os médicos de que "menos de 1%" dos pacientes que tomaram OxyContin desenvolveram dependência química, que é provocada pelo fenômeno de "picos e vales".[11] Como a carga narcótica do medicamento é liberada na corrente sanguínea de forma gradual, os picos e os vales eram menos acentuados, o que diminuía a probabilidade do vício. Richard Sackler era inflexível quanto a isso. Na sede da Purdue em Norwalk, circulava uma história de quando ele supostamente tomara um comprimido de OxyContin numa reunião para demonstrar que o medicamento não afetaria suas capacidades mentais nem o deixaria alterado.

Quando os representantes visitavam os médicos, faziam anotações sobre cada encontro, as quais eram avaliadas pelos supervisores na Purdue. Essas anotações de campo eram como *haikai*, rabiscadas rapidamente no carro entre uma visita e outra, cheias de abreviações. Mas eram recheadas de referências às promessas que a Purdue fazia em relação à segurança do OxyContin.

Discuti efeitos colaterais do uso abusivo e argumentei que o Oxy é
menos propenso ao uso abusivo do que o Percocet e o Vicodin.[12]

Preocupação c/ vício em Oxy (...) Oxy tem ação prolongada
c/ menos picos (...) causa menos vício.[13]

Pareceu aceitar melhor a mensagem de que o Oxy é melhor e
s/ potencial de vício.[14]

Emily [a gerente da farmácia de um Walmart no Kentucky]
disse que o dr. Kennedy está escrevendo Oxy com ambas as mãos.
Ela revirou os olhos e disse que a coisa está indo muito, muito bem.[15]

Ao estimular os médicos a prescrever mais OxyContin, os representantes de vendas referenciavam a literatura médica e um estudo em particular.[16] Eles diziam: "Na verdade, segundo um estudo com mais de 11 mil pacientes que fizeram uso de opioides por alguns anos, foram documentados apenas quatro casos de vício." O estudo, publicado na respeitada *New England Journal of Medicine*, tinha um título que falava por si só, continuavam eles: "Vício raro em pacientes tratados com narcóticos."[17] Na verdade, o artigo não era um estudo revisado por pares, mas uma carta ao editor composta de cinco frases e enviada por dois médicos do centro médico da Universidade de Boston. A pesquisa que descrevia não era nada abrangente, baseando-se num grupo de pacientes monitorados por um curto período durante breves internações hospitalares. Muito depois, um dos autores da carta, Hershel Jick, diria que ficou "impressionado" com o quanto a Purdue e outras empresas usaram aquele pequeno detalhe acadêmico para justificar a comercialização em massa de opioides potentes. Ele sugeriu ainda que a indústria farmacêutica tinha elegido seu trabalho para usar "como propaganda".[18]

Para os representantes, porém, o estudo era irresistível porque passava uma mensagem muito útil: o público leigo poderia até associar os opioides ao vício, mas, na verdade, era extremamente raro que um paciente se viciasse num analgésico à base de narcóticos, contanto que estivesse sob orientação médica.[19] E a Purdue exacerbou essa percepção, a de que os opioides eram considerados cada vez mais seguros. A equipe de vendas contava com o que a empresa descrevia como literatura "sem marca":[20] materiais de autoria de grupos independentes que na verdade foram produzidos ou financiados pela Purdue. Uma agência de palestrantes foi montada por ela, dispendendo vários milhares de dólares para que médicos participassem de conferências da área e fizessem apresentações sobre os méritos dos opioides potentes.[21] Os médicos ganhavam viagens com tudo pago para fazer "seminários de tratamento da dor" em locais como Scottsdale, no Arizona, e Boca Raton, na Flórida.[22] Nos primeiros cinco anos depois do lançamento do OxyContin, a empresa tinha patrocinado sete mil seminários desse tipo.[23]

O marketing do OxyContin dependia de uma circularidade empírica: a empresa convencia os médicos da segurança do medicamento com base numa literatura produzida por médicos pagos ou financiados pela própria empresa.[24] Russell Portenoy, o chamado rei da dor, era emblemático nesse conflito de interesses.[25] Ele era diretor do departamento de medicina da dor e cuidados paliativos do Beth Israel Hospital, em Nova York, mas também mantinha um relacionamento comercial com a Purdue. Ele era presidente da Sociedade Americana da Dor e membro da Fundação Americana da Dor, dois grupos independentes que, na verdade, eram subsidiados pela Purdue e outras empresas farmacêuticas.[26] E, aonde quer que fosse, ele dizia que os opioides tinham sido injustamente estigmatizados. A questão não era se Russell Portenoy e outros especialistas em dor estavam ganhando dinheiro para expressar pontos de vista nos quais não acreditavam. O rei da dor *acreditava* piamente que os opioides eram seguros e deveriam ser prescritos de forma mais ampla. Era mais uma coincidência de interesses: ele e a Purdue se ajudavam mutuamente a amplificar a mesma mensagem. Tempos depois, o próprio Russell reconheceria que antes do OxyContin "nenhuma outra empresa tinha promovido de forma tão agressiva um medicamento à base de opioides".[27]

A Purdue divulgava o OxyContin em periódicos médicos, patrocinava sites sobre dor crônica e distribuía uma variedade enorme de brindes do medicamento: chapéu de pesca, brinquedo de pelúcia, etiqueta de mala. Os representantes de vendas espalhavam esses brindes aonde fossem para que, onde quer que o médico olhasse, lembrasse do produto. Era comum que os representantes desenvolvessem estratégias para conseguir alguns poucos minutos do tempo precioso de um médico, como aparecer no meio do dia com um lanche oferecido pela Purdue.[28]

Os médicos costumam debochar da sugestão de que os hábitos de prescrição sejam afetados pela bajulação das empresas farmacêuticas. Essa era uma das bases da visão de mundo de Arthur Sackler: a noção de que os médicos são como sacerdotes, imunes à bajulação, à tentação ou à ganância, concentrados exclusivamente nos ditames estreitos e adequados do cuidado médico. Do ponto de vista de Arthur, era uma piada e até mesmo um insulto insinuar que um anúncio colorido ou um jantar pudesse mudar o julgamento clínico de um médico. Ele argumentava que era simplesmente impossível comprar os médicos.

É evidente, porém, que isso nunca foi verdade. Os médicos são seres humanos, e a noção de que vestir um jaleco branco de alguma forma os protege de qualquer tentação é uma fantasia. Um estudo de 2016 descobriu que até mesmo comprar uma única refeição de 20 dólares para um médico pode ser suficiente para mudar a forma como ele prescreve.[29] E, apesar de toda retórica em contrário, os Sackler não precisavam de estudos para saber disso. Havia anos que a Purdue alocava 9 milhões de dólares apenas para pagar refeições de médicos.[30] Richard Sackler era tão detalhista que nunca aprovava um gasto se não tivesse certeza de que teria um bom retorno do investimento. Num e-mail de 1996 para Michael Friedman, ele disse que, de acordo com os dados da Purdue, "os médicos que participaram de jantares ou de encontros de fim de semana prescreveram mais que o dobro de OxyContin em comparação com o grupo de controle".[31] Ele notou que "o impacto era maior no caso de encontros de fim de semana".

Até mesmo os médicos que não aceitavam presentes da empresa se mostraram bastante suscetíveis à mensagem promovida pela Purdue. "O principal objetivo da medicina é aliviar o sofrimento, e um dos tipos mais comuns de sofrimento que os médicos veem é a dor", declarou David Juurlink, que administrava a divisão de farmacologia clínica e toxicologia da Universidade de Toronto. "Se há um paciente com dor, o médico realmente quer ajudar, e agora, de repente, você se depara com uma invenção que dizem ser segura e eficaz."[32]

Alguns materiais de marketing da Purdue sugeriam que o que a empresa estava realmente vendendo era "esperança em forma de comprimido".[33]

"Tudo indica que temos nas mãos um produto com o potencial de ser campeão de vendas", disse o gerente da Purdue, Mike Innaurato, para a força de vendas.[34] Para os representantes, poderia ser uma oportunidade lucrativa, continuou ele, dizendo: "Chegou a hora de recebermos o bônus das vendas de OxyContin." A Purdue ainda era uma empresa de porte médio, menor do que as gigantes farmacêuticas. Mas era conhecida por ser um ótimo lugar para trabalhar. Os Sackler pagavam bem e cuidavam dos funcionários, encorajando os vendedores a apostarem em si mesmos. "Os Sackler realmente acreditavam na ideia de que quem trabalhava para eles era parte da família", disse um antigo executivo da empresa. "A forma como compensavam os funcionários era única. Muito antes do OxyContin, já havia o mesmo sistema de pagamento. A maioria das empresas farmacêuticas definia um teto para o bônus que um representante poderia receber. A Purdue não fazia isso." Era, em essência, o acordo que Arthur Sackler elaborou ao fazer o marketing do Valium. Se as vendas subissem, o bônus seria maior. Não havia teto. "A Purdue nunca definiu um teto", disse o executivo, "porque eles queriam que as pessoas ficassem motivadas".

Steven May era um ex-policial que morava em Roanoke, na Virgínia, e tinha trabalhado como representante de vendas para uma farmacêutica concorrente antes de ir para a Purdue em 1999. Steven conhecia a reputação que a empresa tinha de pagar melhor do que outros lugares, e o OxyContin era uma novidade promissora. Havia na indústria a sensação de que a Purdue estava indo bem e fazendo as coisas certas ao fornecer um produto inovador que ajudava as pessoas enquanto gerava lucro. "Sentíamos que estávamos fazendo o certo", disse Steven. "Havia milhões de pessoas sofrendo pela dor, e nós tínhamos a solução."[35] Ele viajou para Norwalk para receber o treinamento de três semanas na sede da empresa.[36] Durante um jantar de celebração numa churrascaria, o representante posou para uma foto com Raymond Sackler em frente a uma escultura de gelo que dizia "Purdue". No jantar, ele acabou se sentando à mesma mesa que Richard Sackler. "Fiquei maravilhado", contou. "Minha primeira impressão dele foi 'Esse é o cara que fez tudo isso acontecer. Ele é dono da empresa da família. Quero *ser* ele um dia.'"

Steven May era um entre cerca de setecentos representantes de vendas da Purdue espalhados por todo o país com instruções de fazer os médicos prescreverem OxyContin para o maior número possível de pacientes.[37] No total, eles visitaram quase cem mil médicos. Como Steven disse: "O que a Purdue fazia muito bem era abordar médicos, clínicos gerais, que *não* eram especialistas em dor."[38] Com essa tática, os representantes tinham acesso a uma ferramenta poderosa. Nos anos 1950, Arthur Sackler e seu amigo Bill Frohlich fundaram uma empresa de pesquisa de mercado chamada IMS, que abriria a fissura no relacionamento dos irmãos Sackler depois da morte de Frohlich, quando Raymond e Mortimer se recusaram a dar a Arthur sua parte no negócio. Mas a IMS continuou em funcionamento e cresceu com o passar das décadas, transformando-se numa grande empresa de dados, reunindo informações extraordinariamente detalhadas sobre os hábitos de prescrição dos médicos. Usando os dados fornecidos pela IMS, Steven May e outros representantes de vendas escolhiam os médicos que deveriam visitar. Eles se concentravam em algumas regiões em particular, lugares onde havia muitos médicos de família, onde trabalhadores recebiam compensação por acidentes de trabalho e lesões.[39] Richard Sackler explicou: "Nós direcionamos a atenção dos nossos vendedores a médicos com (...) potencial de prescrever muitos opioides."[40] Um médico que prescrevesse muitos analgésicos era uma commodity valiosa. Como funcionários de um cassino falando sobre um apostador especialmente perdulário, os representantes de vendas se referiam a esses médicos como "baleias".[41]

A Purdue também instruía explicitamente seus representantes de vendas a procurar médicos de família que eram, nas palavras da empresa, "ingênuos em relação aos opioides", médicos que não tinham muita experiência em prescrever aquele tipo de medicamento.[42] Para Steven May, parecia que alguns daqueles médicos tinham a própria Purdue como principal fonte de informações sobre o uso de opioides no tratamento da dor.[43] A sede da empresa aconselhava a força de vendas a evitar "palavras como 'potente'", que poderia fazer com que "algumas pessoas achassem que o medicamento era perigoso e deveria ser reservado para dores mais graves".[44] Numa conversa com Richard Sackler em 1997, um funcionário da empresa afirmou que vários médicos acreditavam erroneamente que a oxicodona era mais fraca que a morfina, quando, na verdade, era duas vezes mais forte, e disse: "É importante que sejamos cuidadosos para não mudar essa percepção dos médicos."[45]

A região de vendas de Steven May incluía partes do Oeste e do Sul da Virgínia Ocidental. A Purdue descobriu que, em alguns lugares, existia uma demanda quase inesgotável para o produto. "Houve um crescimento instantâneo desde o início", revelou Steven May. "Um crescimento fenomenal." Assim que um território de vendas atingia certo volume, a empresa dividia a área para acrescentar outro representante. "Acreditava-se que era possível fazer o produto crescer", explicou Steven May. "Então, se *aqueles* dois territórios fossem bem, eram divididos novamente, e *mais* representantes eram enviados para lá. Isso fazia o produto crescer ainda mais."

Para Steven May e seus colegas, um dos motivos por trás do sucesso do medicamento era o fato de que ele funcionava. E funcionava como um milagre. Na sede em Norwalk, a empresa começou a receber cartas, as cartas mais extraordinárias, sobre como o medicamento tinha ajudado os pacientes.[46] Pessoas que sofriam de dor crônica debilitante escreviam depoimentos sobre como o OxyContin tinha transformado a vida delas: pela primeira vez em muito tempo, conseguiam dormir uma noite inteira, voltar a trabalhar ou pegar os netos no colo.

Richard Sackler se sentiu ainda mais encorajado com aqueles relatos e, em 1997, sugeriu: "Talvez seja necessário começarmos uma nova campanha, direcionada a pacientes com dor crônica que voltam a ter mobilidade e recuperam a própria vida por causa dos nossos produtos."[47] Seguindo literalmente as instruções de Richard, a empresa criou um vídeo promocional chamado *I Got My Life Back* (Recuperei minha vida, em tradução livre), com depoimentos de pacientes que sofriam de artrite reumatoide, fibromialgia e outras condições, contando sobre o horror que era viver com dor não tratada.[48] "Parecia que alguém enfiava um cortador de gelo nas minhas costas o tempo todo", contou Johnny Sullivan, um trabalhador da construção civil. O vídeo foi produzido com a ajuda de um dos palestrantes pagos da Purdue, um médico chamado Alan Spanos que administrava duas clínicas de tratamento da dor na Carolina do Norte. O vídeo dizia que Alan era formado em "Oxford, no Reino Unido". Era magro e usava o cabelo repartido de lado para esconder a calvície. No vídeo, estava de camisa verde-clara e uma gravata da mesma cor, combinando. O cenário era cheio de livros de medicina e um diploma pendurado na parede, e o profissional dizia: "Não há a menor sombra de dúvidas de que os melhores medicamentos para o tratamento da dor são à base de opioides." Ainda que tivessem "a reputação de causar dependência química e outras coisas terríveis", aquilo era um equívoco. "Na verdade, a taxa de dependência química entre os pacientes com acompanhamento médico é de menos de 1%." Os opioides operavam um verdadeiro milagre, de acordo com Alan Spanos. "Eles não ficam mais fracos, continuam funcionando e não têm nenhum efeito colateral sério."

Na sede da empresa, Michael Friedman ficou encantado quando assistiu aos depoimentos, dizendo que o material era "muito poderoso", e instruiu seus subordinados a concluir o vídeo a tempo de exibi-lo na reunião nacional de vendas que aconteceria em janeiro.[49] Os Sackler se envolveram pessoalmente em *I Got My Life Back*; o irmão de Richard, Jonathan, participou das discussões da campanha com Michael Friedman e outros executivos.[50] Com a finalização do vídeo em 1998, foram distribuídas mais de vinte mil cópias.[51]

Chegaram a dizer na Purdue que o OxyContin era tão bom que "se vendia sozinho",[52] o que era mais uma frase de efeito do que uma estratégia formal de marketing. Mas os Sackler levaram essa ideia a sério, a ponto de a Purdue dar início a um programa dispendioso de fabricação de amostras grátis de OxyContin para pacientes com dor, uma técnica antiga usada na indústria farmacêutica. Quando a Bayer começou a comercializar a heroína na virada do século XX, ofereceu amostras grátis para potenciais clientes.[53] Quando a Roche estava buscando consolidar o Valium no Canadá durante a década de 1970, distribuiu 82 milhões de comprimidos do medicamento como amostra grátis num único ano.[54] Se você está vendendo um produto que faz as pessoas se sentirem bem (e com grande potencial de causar dependência química), o investimento em amostras grátis se paga em muitas e muitas vezes.

Para o OxyContin, a Purdue criou um "programa de fidelidade" no qual a empresa emitia cupons que os pacientes poderiam usar para receber uma prescrição gratuita de trinta dias do medicamento. Michael Friedman explicou que as amostras grátis eram usadas para que os pacientes "conhecessem" o OxyContin. Se aquele realmente era o medicamento para começar o tratamento e dar continuidade a ele, quem o tomava pela primeira vez provavelmente ia querer continuar tomando. Quando o programa foi suspenso em 2001, a Purdue tinha subsidiado 34 mil prescrições gratuitas.[55]

O OxyContin era vendido em diversas dosagens: 10, 20, 40 e 80 miligramas. Em 2000, foi apresentado um comprimido com a dose colossal de 160 miligramas. De acordo com a empresa, não existia "uma dose diária máxima, nem um 'teto' de dosagem", embora Larry Wilson, o químico da Purdue que trabalhava com o medicamento, sentisse que "160 era um pouco excessivo".[56] No primeiro ano, as vendas do remédio totalizaram 44 milhões de dólares. No ano seguinte, dobraram. No terceiro, dobraram novamente.[57]

"Tenho o prazer de apresentar o relatório de vendas de janeiro a setembro de 1999, que chegou a 601 milhões de dólares", escreveu Michael Friedman para Richard, Raymond e Mortimer Sackler, observando que "as prescrições de OxyContin tendem a continuar crescendo em ritmo acelerado".[58]

A empresa atribuía o crescimento constante à "existência contínua de um substancial mercado não atendido". Havia milhões de norte-americanos que, após tomar medicamentos mais leves, seguiam vivendo com a dor crônica. À medida que a empresa divulgava o OxyContin e oferecia amostras grátis para as pessoas em agonia, não era de se estranhar que as vendas estivessem decolando. "Não há sinal de diminuição no ritmo de vendas", disse Richard Sackler para uma equipe de representantes da empresa em 2000.[59]

Richard estava totalmente concentrado no medicamento. Tinha três filhos com Beth: David, Marianna e Rebecca. Era um pai exigente, e seu jeito brusco e o estilo direto de conversar implicavam um perfil não muito carinhoso. "Ele simplesmente não entende como suas palavras afetam os outros", diria David Sackler posteriormente.[60] David jogava hóquei, e, quando Richard ia a algum jogo e ficava insatisfeito com o desempenho do filho, deixava isso bem claro. David depois reconheceria que a língua afiada do pai e a forma impensada de usá-la podiam ser profundamente nocivas.

Mas Richard não estava particularmente concentrado na família naqueles anos. "Depois da fase inicial de lançamento, vou ter que me esforçar para colocar minha vida pessoal em dia", escreveu ele por e-mail para um amigo três anos após o lançamento.[61] À medida que os lucros com OxyContin cresciam, Richard começou a ficar obcecado com os números de vendas. O produto já estava sendo comercializado em outros países e, em determinado momento, Richard se perguntou se seria possível vendê-lo como um medicamento "não controlado" na Alemanha; ou seja, um remédio de balcão que não necessitaria de prescrição médica.[62] Aquela era, no mínimo, uma ideia arrojada. Arrojada a ponto de Robert Kaiko, funcionário da Purdue que levou o crédito pela invenção do OxyContin, declarar que aquilo seria um erro terrível. Ele mandou um e-mail afirmando estar "muito preocupado" e ser "contra" a proposta.[63] Os representantes de vendas da Purdue poderiam até prometer aos médicos de todo o país que o medicamento tinha poucos riscos de provocar dependência química ou uso abusivo, mas, em particular, Kaiko recomendou cautela a Richard porque a empresa não tinha "argumentos suficientemente fortes para defender a posição de que o OxyContin oferecia um risco mínimo ou nenhum risco de uso abusivo".

Sem recuar, Richard perguntou: "Isso tem o potencial de melhorar as vendas?"[64]

Já fazia anos que Kaiko trabalhava com Richard, e ele sabia como o chefe podia ser obstinado. Então, em vez de usar o argumento da segurança do público, explicou as coisas em termos que o presidente da empresa entendesse, expondo as implicações do que uma decisão como aquela poderia significar para as *vendas*. "Se o OxyContin for um medicamento não controlado na Alemanha, existe uma grande possibilidade de uso abusivo e, nesse caso, vai passar a ser controlado", escreveu Kaiko. "Isso pode ser tão danoso para as vendas do OxyContin internacionalmente que não valeria o risco por qualquer possível retorno em decorrência do status de medicamento não controlado."[65]

No fim das contas, Kaiko conseguiu o que queria e a ideia foi abandonada. No entanto, não foi só porque desistiu que Richard ficou satisfeito. Ele resmungou: "Eu achei que fosse uma boa ideia."[66]

O preço do OxyContin era definido de tal forma que, quanto maior a dose, maiores os lucros para a Purdue. Como consequência, talvez, outra fixação de Richard era a ideia de uma dosagem máxima. Steven May e os outros representantes viviam sob constante pressão, por parte da sede, de estimular os médicos a prescrever mais ou aumentar a dose prescrita.[67] Como o OxyContin é um opioide, isso é particularmente relevante, porque o corpo desenvolve tolerância a esse tipo de substância: um paciente que começa com 10 miligramas duas vezes por dia pode achar que essa dose é suficiente para acabar com a dor no início, mas, com o tempo, esses 10 miligramas não vão mais funcionar. Em tese, a faixa de dosagem dos comprimidos resolveria a questão, e o paciente teria simplesmente de passar de 10 para 20 miligramas e assim por diante, até chegar a 160 miligramas. Mas alguns médicos pareciam relutantes em prescrever uma quantidade tão alta de OxyContin, sugerindo que o medicamento talvez tivesse um teto, ou seja, um limite terapêutico prático para o tamanho da dose. Isso enfurecia Richard Sackler, que chegou a reclamar com Michael Friedman que alguns oncologistas pareciam acreditar que existia uma dose além da qual o OxyContin não seria mais eficaz, e perguntou: "Que conteúdo poderíamos criar para acabar com esse equívoco crítico de uma vez por todas?"[68]

"A Purdue era um local de trabalho muito especial", disse Steven May em tom reflexivo. Quando começou lá, ele sentia que tinha entrado para a "elite da elite". Era um "ambiente corporativo elegante, que exalava sucesso".[69] As vendas astronômicas do OxyContin elevavam os ânimos, e a fortuna animava toda a empresa.

"A sensação era de sermos os reis do mundo", lembrou um executivo que trabalhou bem próximo dos Sackler nesse período. "Havia dinheiro de sobra, centenas de milhões de dólares entrando na empresa. Nós saíamos para jantar em Darien, Connecticut, e a conta dava 19 mil dólares. As pessoas estavam torrando grana e viajando de avião". Arthur Sackler era um avarento notório quando se tratava de viagens, optando por voar na classe econômica mesmo depois de enriquecer. Na virada do século, alguns executivos da Purdue viajavam de Concorde, a aeronave supersônica de luxo que cruzava o Atlântico em menos de quatro horas. "Vocês são parte de uma lenda que ainda está sendo escrita", disse Richard para a força de vendas na reunião anual de janeiro de 2000.[70] Por e-mail, ele fez um balanço do sucesso precoce do OxyContin, observando que o lançamento "tinha superado as expectativas, a pesquisa de mercado e os sonhos mais desvairados".[71]

Para a força de vendas, aquele era sem dúvida um momento de glória. "$$$$$$$$$$$$$, é hora do bônus, galera!", escreveu num memorando um gestor de vendas do Tennessee.[72] A Purdue tinha um programa chamado Toppers, que reconhecia os melhores representantes de vendas do país.[73] Como prêmio pelos esforços, a empresa concedia a eles férias nas Bermudas ou lugares do tipo, com todas as despesas pagas. Nos distritos de vendas havia uma forte competição, que a Purdue encorajava.[74] "Agora é o momento de receber o bônus", disse o gestor para os representantes. "Vocês têm o conhecimento e têm as ferramentas. Tudo que precisam é de disposição para chegar aos Toppers."

Entre a força de vendas espalhada por todo o país, começaram a circular histórias incríveis sobre a quantidade de OxyContin que alguns vendiam e os bônus de proporções míticas. Eram sobre representantes que recebiam seis dígitos num trimestre. Havia a lenda de um representante em Myrtle Beach, na Carolina do Sul, que supostamente recebera 170 mil dólares em três meses.[75] Nos quatro anos subsequentes à celebração de lançamento em Wigwam, no Arizona, o OxyContin alcançou 1 bilhão de dólares em vendas, ultrapassando o campeão daquela época, o Viagra.[76] Cinco anos depois da introdução do OxyContin no mercado, a Purdue tinha mais que dobrado sua força de vendas.[77] Em 2001, a empresa pagou 40 milhões de dólares só em bônus.[78] Os bônus anuais dos representantes de vendas, em média, chegavam a quase 250 mil dólares, e os melhores representantes ganhavam muito mais.[79] No fim das contas, Michael Friedman informou aos Sackler que a principal barreira para aumentar ainda mais as vendas era apenas o "abastecimento do produto".[80] A empresa literalmente não conseguia fabricar OxyContin com a rapidez necessária para suprir a demanda.

Para Steven May, ser um representante do OxyContin era a realização de um sonho.[81] Ele trabalhava muito, mas também ganhava muito. Contava com um grande hospital de veteranos em sua região e fazia um marketing agressivo lá, assim como em comunidades menores nos estados da Virgínia e Virgínia Ocidental. Ele fora treinado para estimular incessantemente os médicos a aumentar a dose de OxyContin e tinha um grande incentivo para isso, já que o bônus não se baseava no número de prescrições, mas no total em vendas. Então, quanto maior a dose prescrita, mais dinheiro ele ganharia. Seus números eram tão espetaculares que, em um ano, a empresa lhe presenteou com férias totalmente pagas no Havaí.

Um dia, em maio de 2000, Steven May foi até Lewisburg, uma cidadezinha na Virgínia Ocidental. Havia uma médica lá que tinha se tornado uma das maiores prescritoras do medicamento, e ele queria fazer outra visita. Mas, quando chegou, a médica estava lívida por causa da morte de uma familiar. Uma garota tinha morrido por overdose de OxyContin.[82]

Capítulo 18

ANN HEDONIA

BARRY MEIER, REPÓRTER INVESTIGATIVO do *The New York Times*, recebeu uma dica intrigante no início de 2001. Aos cinquenta anos, ele era esguio e calvo, usava óculos sem aro e tinha olhos inquietos. Emanava aquele tipo de energia errática não muito incomum entre os jornalistas da grande liga, sempre tentando farejar uma boa história. Barry havia sido criado na cidade de Nova York, filho de judeus alemães que fugiram para os Estados Unidos na década de 1930. Era um jornalista das antigas que usava muitos palavrões e gírias nas conversas. Mas sua trajetória até os mais altos círculos do jornalismo não foi convencional pelos padrões do *The New York Times*. Barry Meier desistiu da faculdade em Syracuse pouco antes de se formar, no auge da Guerra do Vietnã. Acabou viajando pelo país, tentando encontrar empregos estranhos, até conseguir uma vaga no *Floor Covering Weekly*, um jornal com notícias sobre a indústria de pisos. Barry gostava do novo emprego. Descobriu que escrever era algo natural para ele e chegou até a pensar em se tornar escritor. Logo se sobressaiu no jornal semanal e conseguiu um emprego numa publicação maior e melhor, o *Chemical Week*.

Foi lá que Barry Meier começou a alimentar o impulso investigativo. Ele realmente tinha talento para o jornalismo. O *Chemical Week* era uma publicação voltada para a própria indústria química. Ainda assim, Barry não se contentava em escrever histórias vazias e mergulhava nos segredos sujos da indústria, agindo como se fosse um Woodward ou um Bernstein, jornalistas investigativos conhecidos por denunciar o escândalo de Watergate. "Eu vivia escrevendo histórias que enfureciam as empresas que liam o *Chemical Week*", disse ele. Mas contava com o apoio do editor, John Campbell, que achava que a publicação deveria ter aspirações maiores. "Sempre gostei de pesquisar documentos e arquivos antigos, essas merdas", revelou Barry Meier. Em determinado momento, ele estava preparando uma reportagem relacionada à Dow Chemical, no Arquivo Nacional em Washington, e se deparou com antigos registros indicando que, durante a Guerra do Vietnã, quando a Dow produzia Agente Laranja, em Midland, Michigan, as substâncias químicas vazaram para os lençóis freáticos. Barry começou a escrever a matéria, mas a Dow Chemical "subiu pelas paredes", disse ele. Um bando de executivos foi a Nova York para se encontrar com John Campbell. Eles fizeram de tudo para impedir a publicação, mas Campbell apoiou o jornalista e não cedeu. Depois que o texto de Barry Meier saiu na *Chemical Week*, o *The Wall Street Journal* se apropriou do caso e, em seguida, lhe ofereceu um emprego.

Após muitos anos escrevendo reportagens investigativas sobre desastres ambientais e escândalos que envolviam questões de segurança do consumidor, Barry Meier acabou aceitando um emprego no *The New York Times*. No fim dos anos 1990, recebeu a missão de cobrir o processo contra as grandes empresas de tabaco, aberto em virtude das consequências adversas que o hábito de fumar traz à saúde.[1] Gerações de norte-americanos sofreram e morreram de câncer e doenças afins provocadas pelo cigarro, e então veio à tona que as empresas do setor estavam cientes dos riscos associados ao seu produto e sistematicamente fizeram de tudo para subestimá-los. Em 1998, elas aceitaram um acordo enorme com os estados que as processaram, e o valor chegou a 206 bilhões de dólares. Era um caso épico e de cobertura exaustiva.[2] Mas Barry Meier sempre sentia que chegava atrasado para a cobertura. "Era o tipo de reportagem cuja glória já tinha passado", disse ele. "A única coisa que eu precisava fazer era não meter os pés pelas mãos. Eu não ia dar o furo da notícia. Ele já estava dado."

Um dia, quando o processo envolvendo o tabaco ficou para trás, Barry Meier estava sentado à sua mesa na redação do *The New York Times* na 43rd Street quando seu editor apareceu com uma dica. Ele tinha recebido uma ligação de uma fonte da região Centro-Oeste do país a respeito de uma "nova droga" nas ruas que estava cada vez mais popular. Mas a diferença era que se tratava de um medicamento vendido sob prescrição, e o marketing em torno dele garantia que era impossível usá-lo de forma abusiva.

"O nome do medicamento é OxyContin", disse o editor.

Barry Meier não sabia muito sobre a indústria farmacêutica. Procurou o nome da empresa que fabricava o medicamento, a Purdue Pharma. Nunca tinha ouvido falar dela. Em parceria com um colega, começou a fazer telefonemas e logo descobriu que aparentemente muita gente usava o OxyContin de forma abusiva. O medicamento tinha sido um grande sucesso entre os pacientes ao aliviar dores fortes, mas também estava sendo usado de forma recreativa, e diziam que provocava um estado de euforia muito puro e intenso. Em tese, o revestimento Contin de cada comprimido deveria impedir que os usuários tivessem a experiência completa da carga narcótica de uma única vez. Mas as pessoas descobriram que, ao triturar os comprimidos ou apenas mastigá-los antes de engolir, era possível neutralizar o mecanismo de liberação controlada e receber a dose colossal de oxicodona pura. Não era muito difícil descobrir isso. Na verdade, cada frasco vinha com um aviso que, em retrospecto, parecia mais uma instrução de como se drogar: "Tomar comprimidos quebrados, mastigados ou triturados de OxyContin pode levar à liberação e à absorção rápida de uma dose potencialmente tóxica de oxicodona."[3]

Barry Meier conversou com fontes policiais que relataram a existência de um mercado clandestino ativo de OxyContin. Conversou com farmacêuticos e médicos que descreveram as táticas agressivas de marketing da Purdue Pharma. "Eles vêm aqui e o promovem como um medicamento que não causa dependência química", disse um dos farmacêuticos. "Mas isso não bate com o que estou vendo."[4]

Em novembro de 2000, Michael Friedman avisou os colegas de que havia um repórter "farejando a história de uso abusivo do OxyContin".[5] Mortimer Sackler acrescentou o assunto da possível ameaça à pauta da próxima reunião do conselho diretor.[6] Já pensando num plano para lidar com qualquer possível controvérsia, Friedman sugeriu uma estratégia para "tirar a atenção dos donos da empresa".[7]

Em 9 de fevereiro de 2001, Barry Meier e um colega chamado Francis X. Clines publicaram uma reportagem de primeira página no *The New York Times*: "Analgésicos oncológicos representam uma nova ameaça de uso abusivo".[8] Não havia nenhuma menção ao nome Sackler, mas a reportagem pintava um retrato apavorante: "Em dezenas de distritos rurais da Costa Leste, detetives preocupados estão combatendo o que dizem ser uma onda crescente de abuso de um analgésico potente prescrito para pacientes terminais de câncer e outras pessoas com dor grave." O OxyContin foi um sucesso não só no mercado lícito, mas também no clandestino. "Quando o comprimido é amassado, a droga pode ser cheirada por viciados ou diluída e injetada", dizia a reportagem.[9] Eles identificaram casos de abuso, overdose e tráfico ilegal do medicamento no Maine, em Kentucky, Ohio, Pensilvânia, Virgínia, Virgínia Ocidental e Maryland.

Quando Barry Meier começou a escrever sobre a Purdue, a empresa já tinha sido transferida para uma nova sede, maior que a de Norwalk. Os Sackler compraram um prédio moderno em Stamford, em Connecticut, com vista para a Route 95. O projeto incluía andares amplos de tamanhos variados, envolvidos em vidro escuro num formato que lembrava um zigurate, um antigo templo.

A atmosfera na empresa era de euforia. "Acho que nenhum de nós pensou que as coisas iam acabar daquele jeito", disse um antigo executivo, explicando que o discurso de vendas voltado para os médicos tinha dado mais certo do que o esperado. "Tivemos que aumentar a fabricação", continuou o executivo. A fábrica da Purdue em Totowa, em Nova Jersey, trabalhava 24 horas por dia na produção de comprimidos. "O preço do medicamento era alto", contou o executivo com satisfação. "E mesmo assim vendia que nem água."

Embora o sucesso inicial do OxyContin e a riqueza ilimitada que ele trouxe tivessem superado as expectativas mais loucas de Richard Sackler, ele precisou recalibrar seus sonhos bem rápido. Uma noite, em 1999, Michael Friedman enviou um e-mail para Richard a fim de informar que o novo medicamento estava gerando 20 milhões de dólares por semana. Era meia-noite, mas Richard respondeu na hora dizendo que aquilo "não era tão bom". Que poderia ser melhor. "Estou bocejando aqui", escreveu.[10]

Richard assumiu a presidência da empresa naquele ano.[11] Seu irmão Jonathan e seus primos Kathe e o jovem Mortimer eram vice-presidentes.[12] Mortimer pai e Raymond ("dr. Mortimer" e "dr. Raymond", como eram conhecidos na empresa, porque havia tantos "dr. Sackler" lá que era necessário usar o primeiro nome) ainda participavam das decisões, estavam na cópia dos e-mails e eram admirados. "Ainda eram muito ativos no trabalho", disse um funcionário da Purdue, maravilhado.[13] No entanto, a geração mais jovem dos Sackler estava cada vez mais à frente da empresa. No novo prédio, na One Stamford Forum, a família se instalou na suíte executiva, no nono andar. O resto do prédio parecia um complexo comum de escritórios e apenas certos funcionários tinham acesso ao nono andar. Mas era um domínio próprio e especial. O tapete era vermelho-púrpura, e a atmosfera, amigável. "A iluminação era diferente", descreveu um antigo funcionário que frequentava o nono andar. "Havia obras de arte. E todas as assistentes eram mulheres. Era como voltar no tempo."

O escritório de Richard ficava no nono andar, assim como o de Kathe, Jonathan e Raymond. Raymond fez oitenta anos em 2000, mas continuava dirigindo seu Jaguar para o trabalho todos os dias.[14] Ainda mandava servir o almoço no refeitório executivo. Jonathan às vezes aparecia para almoçar com o pai. Mas Richard, que era mais ocupado e menos despreocupado, pedia que sua assistente ligasse para a assistente de Raymond a fim de marcar um almoço. Mesmo que Richard fosse o chefe da empresa, às vezes se comportava como o filhinho rico da família, e a equipe administrativa não gostava muito dele. Quando ele chegava, deixava o carro com um manobrista e o instruía a encher o tanque.

O advogado da família, Howard Udell, também tinha um escritório no nono andar. Àquela altura, Udell já trabalhava para a família Sackler havia quase quatro décadas e era considerado, nas palavras de um de seus colegas, "o coração e a alma da organização".[15] Udell estava muito acima do peso e, pouco depois do lançamento do OxyContin, sofreu um ataque cardíaco. Mas continuava tão comprometido com a família e a empresa como sempre, e realmente *acreditava* no medicamento. Ele mesmo, durante um tempo, quando não estava bem, chegou a tomá-lo.[16] No momento em que aquele produto extraordinário que mudara a sorte da empresa começou a sofrer ataques, Udell assumiu a responsabilidade de planejar o controle de danos.

No corredor do lado de fora do escritório de Udell trabalhava uma mulher que vou chamar de Martha West. Era uma secretária jurídica que trabalhava na Purdue desde 1979. Um dia, em 1999, Udell pediu a ela que fizesse uma pesquisa sobre o uso abusivo de OxyContin. "Ele pediu que eu entrasse na internet e em grupos de notícias", lembrou Martha posteriormente.[17] Havia salas de discussões on-line devotadas ao uso recreativo do medicamento, e Udell queria que Martha examinasse as informações para "descobrir como as pessoas estavam usando erroneamente o produto". Quando viu que precisava de um nome de usuário, Martha escolheu o pseudônimo Ann Hedonia, um trocadilho com base na palavra "anedonia", que significa a incapacidade de sentir prazer. Infiltrando-se nos grupos de discussão, Martha descobriu que falavam em amassar os comprimidos para neutralizar o revestimento de liberação prolongada, cheirar a droga, esquentá-la, injetá-la com uma agulha hipodérmica. Ela escreveu um memorando contendo suas descobertas. De acordo com seu depoimento subsequente, o memorando foi distribuído para diversos funcionários do alto escalão da Purdue e para "todos os Sackler" que trabalhavam na empresa.

Na Purdue, Howard Udell era considerado por muitos não apenas um protetor leal dos Sackler, mas também um modelo de conduta ética. "Eu amava Howard Udell", disse um alto executivo que trabalhou diretamente no lançamento do OxyContin. "Howard Udell era uma das pessoas mais éticas que eu conheci." Um dos filhos de Udell era promotor federal em Nova York e disse que, para o pai, ser advogado não era só um trabalho, mas um "modo de vida".[18] No entanto, à medida que os lucros advindos do novo carro-chefe da empresa cresciam e a imprensa começava a denunciar o uso abusivo do medicamento, Martha West percebeu que o chefe passou a agir de forma cada vez mais dissimulada.[19] Parecia que Udell estava começando a se preocupar com a possibilidade de um processo envolvendo o OxyContin. A empresa já tinha evitado alguns processos irritantes que tentaram quebrar a exclusividade da patente do medicamento, e Richard Sackler e Udell compartilhavam uma abordagem típica de macho alfa diante desse tipo de disputa judicial. Os dois se descreviam orgulhosamente como pessoas que contra-atacavam. Em 1996, Richard propôs a contratação de uma assessoria de imprensa para falar dos litígios que enfrentavam, "para que tenham por nós o mesmo medo que sentem de um tigre com garras e dentes afiados".[20]

Numa mensagem para um colega, Udell reconheceu que a empresa tinha "visto referências de uso abusivo dos seus produtos à base de opioides na internet".[21] Mas parece que se esforçou ao máximo para limitar qualquer registro escrito vindo da Purdue em relação ao uso equivocado do maravilhoso medicamento deles. Quando os representantes de vendas de todo o país começaram a incluir observações de conversas que tinham com os médicos e farmacêuticos sobre relatos de dependência química e uso abusivo, Udell ordenou que tais anotações fossem bem resumidas e diretas: se as pessoas tivessem dúvidas, não deveriam escrever nada.[22] Por volta dessa época, chegou a mencionar para Martha que estava desenvolvendo um novo programa de e-mail que apagaria automaticamente todas as mensagens depois de três meses. Ele chamou o programa de "Caneta que apaga".[23] A ideia soou um pouco fantasiosa, beirando à paranoia. Udell era advogado, não inventor. No entanto, acabou solicitando a patente de um "sistema de autodestruição de documentos e mensagens enviadas por e-mail".[24] (De acordo com Kathe Sackler: "A invenção não funcionava.")[25]

Howard Udell compartilhava com os Sackler uma fé inabalável na magia química do OxyContin. Simplesmente não acreditava que o medicamento poderia ser de fato perigoso. Na verdade, a fé dele no analgésico era tão genuína que, ao notar certo dia que Martha West estava mancando e ao saber que ela vinha sentindo dor nas costas por causa de uma lesão que sofrera em um acidente de carro, Howard logo disse: "É melhor começar a tomar o OxyContin."[26] Ele pediu referência de um especialista com alguém do departamento médico da Purdue. Martha West se consultou com um especialista em dor de Connecticut, que prescreveu um frasco de OxyContin, e ela começou a tomar.

A verdade era que, bem antes de Martha West ter escrito o memorando, algo estava acontecendo. Ninguém sabia precisamente onde nem como tinha começado, mas os primeiros sinais apareceram na zona rural do Maine,

IMPÉRIO DA DOR 225

no cinturão da ferrugem do oeste da Pensilvânia e no leste de Ohio, em áreas do povo Apalache de Virgínia, Virgínia Ocidental e Kentucky. O uso abusivo se espalhou tão rápido quanto um vírus respiratório, de uma comunidade pequena para outra.[27] As regiões onde o problema começou tinham um grande número de desempregados, trabalhadores braçais ou pessoas com alguma deficiência ou doença crônica, que padeciam pela dor. Na verdade, aquelas regiões eram justamente onde Steven May e outros representantes de vendas da Purdue trabalhavam: áreas que os dados do IMS mostraram ser terreno fértil para o OxyContin.[28] Em alguns casos, esses locais também já enfrentavam problemas de uso abusivo de medicamentos prescritos.[29] Em algumas partes da região dos Apalaches, as pessoas combinavam OxyContin e Valium: um comprimido de Richard Sackler e um do seu tio Arthur. Eles chamavam isso de "Euforia do Cadillac".[30]

Não demorou muito para os pacientes com dor crônica começarem a "sair em busca de médicos", marcar consultas com vários deles e colecionar prescrições, vendendo comprimidos ou compartilhando com amigos, às vezes contrabandeando para alimentar o próprio vício. No mercado clandestino, os comprimidos eram vendidos a um dólar por miligrama, e, de repente, todo mundo virou um revendedor, uma sombra da força de vendas de OxyContin que acabaria reduzindo a da própria Purdue.[31] Algumas comunidades começaram a parecer o cenário de um filme de zumbi à medida que o fenômeno se apoderava de um habitante atrás do outro, jogando adultos bem-ajustados e funcionais numa espiral de dependência química e vício.[32] Era possível identificá-los nas ruas, pessoas medicadas sem necessidade, rondando os shoppings ou cochilando num carro estacionado enquanto uma criança berrava na cadeirinha de segurança. Apesar de todas as instruções da Purdue para a equipe de vendas evitar o uso de palavras como "potente" para descrever o OxyContin, o medicamento era um narcótico extremamente forte e poderoso, o que para o usuário constituía não só parte do atrativo, mas também parte do perigo. Uma overdose poderia provocar falência respiratória: a pessoa caía em um sono tão profundo e feliz que simplesmente parava de respirar. Em alguns hospitais, os pacientes eram internados à beira da morte. Ao chegar a apartamentos sombrios, fazendas remotas e trailers, a polícia e os paramédicos deparavam com uma cena conhecida, a overdose de OxyContin, e tentavam ressuscitar o usuário.

Em fevereiro de 2000, um grande promotor federal do Maine chamado Jay McCloskey enviou uma carta para milhares de médicos em todo o estado, alertando sobre os riscos crescentes do "desvio" de uso e potencial abuso do OxyContin.[33] Ao saber da carta, Howard Udell desdenhou, dizendo que McCloskey devia ser um "promotor excessivamente zeloso e com ambições políticas" e que só estava tentando "ganhar as manchetes dos jornais".[34] Na verdade, porém, ele estava falando de um funcionário público federal que acionara o sinal de alarme em relação a um medicamento que gerava 1 bilhão de dólares por ano para a empresa. Então, alguns meses depois, Udell pegou um avião e foi para o Maine junto com Michael Friedman para se encontrar pessoalmente com Jay McCloskey. O promotor estava preocupado com o aumento consistente de uso abusivo de OxyContin.[35] Até crianças vinham tomando o medicamento, disse ele. Crianças inteligentes. E isso estava arruinando a vida delas. Ele achava um pouco estranho que aquele pequeno estado tivesse um dos maiores índices de consumidores de OxyContin *per capita* do país. Jay McCloskey mencionou os comprimidos de 160 miligramas: "Um médico da região me disse que, se uma criança engolir um comprimido desse, pode morrer. Isso é verdade?" Udell e Friedman reconheceram que era provável.[36]

A reunião foi fria. Quando terminou, Udell disse para Friedman: "Temos que descobrir a melhor forma de lidar com isso."[37]

Uma forma que a empresa escolheu para lidar com Jay McCloskey foi dizer que só depois que ele escreveu a carta, em 2000, a Purdue ficou ciente dos problemas de uso abusivo relacionados ao OxyContin. O próprio Richard Sackler posteriormente prestaria um depoimento juramentado afirmando que a primeira vez que ouviu falar sobre desvio de uso e uso abusivo do medicamento foi no "início do ano 2000".[38] Isso não era verdade. De fato, a Purdue recebia anotações da própria força de vendas desde 1997, não muito depois do lançamento inicial do remédio, informando a empresa de que estavam ocorrendo casos de abuso. Como trabalhavam espalhados pelo país, frequentando clínicas da dor e consultórios de médicos de família, farmácias e hospitais, os representantes de vendas funcionavam como um sistema de alerta precoce, constituindo os olhos e ouvidos dos Sackler. Como aconteceu com Steven May ao saber da morte da garota por overdose na Virgínia Ocidental, os representantes ficavam sabendo desse tipo de incidente. Anos depois, quando os investigadores fizeram buscas nos arquivos de relatórios de campo dos representantes de vendas da Purdue entre 1997 e 1999, encontrariam centenas de referências a expressões como "valor de rua", "cheirar" e "amassar".[39] Em novembro de 1999, um representante escreveu para um funcionário da Purdue: "Sinto que temos uma questão de credibilidade com nosso produto. Muitos médicos estão achando que o 'OxyContin' é obviamente uma droga de rua que todos os viciados estão procurando."[40] Naquele mesmo ano, um funcionário da Purdue encaminhou um e-mail para Richard descrevendo as formas como as pessoas faziam uso abusivo do medicamento: "Os melhores para cheirar são os de 40 miligramas, porque você não aspira um monte de preenchimento."[41]

Para Richard, no início, era fácil desconsiderar os relatos de abuso e vício. "Eu sou um médico formado", explicaria tempos depois. "Nas minhas estatísticas, um estudo N-de-1 é chamado de paciente zero, o que pode servir de alerta para que se pesquise mais ou para uma reatividade maior. No entanto, também sei que não adianta correr atrás de eventos aleatórios."[42] Uma resposta típica de Richard, ostensivamente clínica e cerebral na superfície, mas também mascarando uma reação profundamente emocional. Richard estava tão envolvido com o OxyContin que refutaria qualquer sugestão de que o medicamento pudesse causar dependência química. Já em 1997, ele estava ciente das propriedades do analgésico que causavam dependência química, alertando que os planos de saúde poderiam apresentar preocupações em relação a isso "só 'para dizer não'" ao medicamento e que tais objeções deveriam ser "eliminadas".[43]

Então, não foi em 2000, com a carta de Jay McCloskey, que Richard ou outros funcionários do alto escalão da Purdue ficaram cientes do problema pela primeira vez. Na verdade, a intervenção de McCloskey marcou o ponto em que o problema se tornou tão grande que não era mais possível fingir ignorância. Na primavera de 2000, Michael Friedman enviou um e-mail para Richard Sackler sobre um "Ladrão de OxyContin" que tinha como alvo farmácias em Ohio. "Havia o relato do Maine e um da Flórida, mas foram casos isolados", escreveu Friedman. "A situação em Ohio vem acontecendo todos os meses."

"Odeio isso", respondeu Richard. "Isso vai se retroalimentar." Richard se perguntou por que o cara queria só o OxyContin. Será que ele não roubava "outros opioides"?[44]

Após promover o medicamento como superior a outros analgésicos em uma tentativa de "enterrar" a concorrência, a Purdue passou a enfrentar as consequências. "Esses relatos vão acabar aparecendo em todos os estados", alertou um funcionário de vendas num e-mail interno algumas semanas depois.[45] Em janeiro de 2001, um executivo do departamento comercial chamado Russel Gasdia participou de uma reunião numa escola de ensino médio em Gadsden, no Alabama, organizada por mães que tinham perdido os filhos para uma overdose de OxyContin. "Disseram que o lucro do medicamento era feito em cima de crianças mortas", relatou ele para Richard posteriormente.[46] Algumas participantes chegaram a dizer que "a única diferença entre o OxyContin e a heroína era que você poderia conseguir o primeiro com um médico".

No mês seguinte, o jovem Mortimer compartilhou com Richard uma matéria publicada na imprensa. Nela, relatava-se que já tinham ocorrido 59 mortes relacionadas ao uso de OxyContin num único estado.[47] Richard Sackler respondeu à reportagem por e-mail, dizendo: "Até que não é tão ruim. Poderia ter sido muito pior."[48]

Nos primeiros meses e anos após o lançamento do OxyContin, a Purdue recebeu inúmeras cartas de pacientes agradecendo a empresa por fazer uma coisa nobre, restaurando o conforto, a mobilidade e a capacidade de poderem voltar a viver a própria vida, que tinha sido dizimada pela dor.[49] É compreensível que os Sackler e os executivos da Purdue se orgulhassem com essas cartas.[50] Mais tarde, porém, começou a chegar ao nono andar da sede da Purdue, em Stamford, um tipo muito diferente de carta. "Meu filho só tinha 28 anos quando morreu no Ano-Novo por causa do OxyContin", escreveu para a empresa uma mãe em luto. "Todos nós sentimos muita saudade dele, principalmente a esposa no Dia dos Namorados. Por que uma empresa fabrica um produto tão forte (com doses de 80 e 160 miligramas) quando vocês sabem que vão matar jovens? Meu filho tinha um problema de coluna e poderia ter tomado o Motrin, mas o médico começou com o Vicodin e depois foi para o OxyContin... Agora meu filho está morto!"[51]

Em certo ponto, até mesmo Richard Sackler foi obrigado a aceitar que cada caso isolado de luto não era um simples N-de-1. "Precisamos de uma estratégia para conter isso", declarou um dos executivos de relações-públicas da empresa.[52] E Richard tinha uma.

Arthur Sackler raramente falava sobre o alto preço do vício e do uso abusivo associado aos tranquilizantes que o enriqueceram. Mas, quando falava, fazia uma distinção clara.[53] Admitia que algumas pessoas faziam uso abusivo desses medicamentos. Mas a verdadeira explicação para tal fenômeno não estava nas propriedades intrínsecas que causavam dependência química dos medicamentos em si, mas, sim, na personalidade dos usuários que tinham tendência ao vício. Quando começaram a surgir provas de que estavam ocorrendo casos de abuso de OxyContin, Richard Sackler adotou um discurso bem parecido. Ele tinha colocado no mundo um produto farmacêutico sem precedentes, um comprimido com a capacidade de restaurar alguma normalidade à vida de milhões de pessoas enquanto gerava bilhões de dólares para a família Sackler. Era inegável àquela altura que o medicamento estava levando algumas pessoas à overdose e à morte. Mas o problema não estava no *medicamento*, argumentava Richard. O problema estava nos usuários que faziam uso abusivo. O que a Purdue deveria fazer, decidiu ele, era "criticar esses usuários de todas as formas possíveis". Eles eram os "culpados", declarou ele. "Não passavam de criminosos descuidados."[54]

Seguindo o exemplo de Richard, essa se tornou a mensagem oficial que a empresa promovia para o mundo exterior e também para a própria força de trabalho. À medida que a cobertura do flagelo do OxyContin se intensificava, a Purdue disse para a equipe que aquilo não passava de uma narrativa equivocada da imprensa. "A maioria dos funcionários sentia que estávamos fazendo a coisa certa, o melhor para as pessoas que precisavam de um alívio da dor", disse Gary Ritchie, que trabalhou na empresa como cientista entre 1993 e 2003. "O problema do uso abusivo estava nos usuários que acreditavam que o medicamento era um substituto para drogas ilegais."[55]

De acordo com essa tese, a verdadeira vítima da crise emergente não era um viciado qualquer que, de livre e espontânea vontade, optou por amassar e cheirar um medicamento aprovado pela FDA. A verdadeira vítima ali era a própria Purdue Pharma. "Estamos perdendo vendas porque os médicos estão temerosos ou foram intimidados pelos relatos da imprensa", reclamou Michael Friedman para o *Hartford Courant* em 2001.[56] Na verdade, as vendas estavam crescendo. Quando funcionários da empresa falavam sobre "desvio de uso" do produto, eles estavam se referindo a um desvio do domínio comercial lícito pelo qual o médico prescreve para seu paciente, que estava sendo substituído pelo mercado clandestino de comprimidos. Mas não havia nenhuma *fabricação* ilícita de OxyContin. Cada comprimido de 40 ou 80 miligramas que surgia no mercado secundário tinha sido produzido e comercializado pela Purdue Pharma.

De algumas formas, o argumento de Richard em relação ao OxyContin espelha a posição libertária da indústria de armamentos, que insiste em não ter nenhuma responsabilidade pelas mortes causadas pelas armas que fabrica. As armas não matam pessoas, são as pessoas que matam pessoas. É uma característica peculiar da economia americana produzir uma mercadoria perigosa e dizer que a responsabilidade individual é do consumidor, isentando-se de qualquer culpabilidade legal pelos danos que tal artefato possa provocar. "Os usuários abusivos não são as vítimas. Eles se vitimizam", declarou Richard.[57]

Havia diversos problemas com essa hipótese, e o mais significativo deles era que nem todo mundo que desenvolveu um problema com o OxyContin começou como usuário recreativo. Na verdade, muita gente que recebeu uma prescrição legítima conforme suas condições de saúde tomou o medicamento seguindo exatamente as orientações do médico, e só com o tempo descobriu que também tinha se viciado. Em 2002, uma mulher de 29 anos de Nova Jersey chamada Jill Skolek recebeu uma prescrição de OxyContin para aliviar a dor nas costas. Uma noite, depois de tomar o medicamento por quatro meses, ela teve uma parada respiratória durante o sono e morreu, deixando um filho de seis anos. Sua mãe, Marianne Skolek, era enfermeira. Enlutada e chocada, estava convencida de que o OxyContin era perigoso. Ela escreveu uma carta para a FDA, exigindo que fizessem alguma coisa em relação ao marketing agressivo daquele novo medicamento da Purdue. A mãe dessa vítima chegou até a participar de uma conferência sobre vício na Universidade de Colúmbia, na qual Robin Hogen, relações-públicas da Purdue, se apresentou. Hogen tinha cabelo louro e a postura de uma pessoa da elite. Estava de terno risca de giz e gravata-borboleta. Com calma e confiança, informou a Marianne que ela parecia confusa em relação às circunstâncias da morte da filha. O problema não era o medicamento, disse Hogen, o problema era Jill, a filha falecida. "Acreditamos que ela usou o medicamento de forma abusiva."[58] (Ele se desculpou posteriormente.)[59]

Um dos motivos que explicavam por que alguns pacientes desenvolviam dependência química em OxyContin talvez fossem as próprias declarações da Purdue sobre o fato de o medicamento fornecer alívio por doze horas. A verdade era que os perigos do OxyContin eram intrínsecos ao próprio medicamento — e a Purdue sabia disso. A fórmula de liberação prolongada significava que, em tese, os pacientes poderiam ingerir uma dose cavalar a cada doze horas. Mas documentos internos da Purdue contam uma história diferente: antes mesmo de a empresa receber a aprovação da FDA, já se sabia que nem todos os pacientes que tomavam OxyContin sentiam alívio por doze horas. Na verdade, os primeiros pacientes a usar o remédio num estudo supervisionado e pago pela Purdue foram noventa mulheres de Porto Rico em recuperação pós-cirúrgica.[60] Cerca de metade delas precisou tomar mais da medicação antes de se completarem as doze horas.

Para a Purdue, o motivo comercial para ocultar tais resultados era claro. A alegação de fornecer alívio por doze horas era uma valiosa ferramenta de marketing. A empresa construiu toda a sua campanha publicitária em torno de uma imagem de dois copinhos de medicação, sugerindo que, ao contrário de outros analgésicos, o OxyContin não precisaria ser tomado a cada quatro

IMPÉRIO DA DOR 231

horas, então os pacientes poderiam dormir uma noite inteira sem interrupções. Mas a prescrição de um comprimido num cronograma de doze horas — sendo que, para muitos pacientes, o efeito só dura oito horas — é uma receita para a abstinência e precisamente o tipo de "picos e vales" que os representantes de vendas da Purdue afirmavam que não acontecia com o OxyContin. Em outras palavras: tratava-se de uma receita para o desenvolvimento do vício.

Muitas pessoas que receberam prescrições de OxyContin apresentaram sintomas de abstinência entre as doses. Na verdade, se qualquer pessoa na empresa tivesse olhado para aquelas cartas de agradecimento com atenção, teria percebido que alguns daqueles gratos pacientes descreveram que tomavam o OxyContin mais de duas vezes por dia, porque, como sugeriu uma carta, o medicamento parecia "perder o efeito depois de oito horas".[61] Quando os representantes visitavam os médicos, ouviam relatos de pacientes que tomavam três comprimidos por dia. "Como um vendedor, você pensa: 'Que merda, era para ser um comprimido a cada doze horas'", disse um representante chamado Dodd Davis que trabalhou para a Purdue entre 1999 e 2002.[62] "Mas, se há um comprimido adicional no meio do dia, isso significa que mais comprimidos estão sendo vendidos e eu vou receber mais. Então, você diz: 'Doutor, eu não posso falar sobre prescrição fora da bula. Mas posso dizer que você não foi o primeiro a ter que fazer isso.'"

Por volta de 2001, a empresa já sabia que 20% de todas as prescrições de OxyContin eram feitas com um intervalo menor que doze horas entre as dosagens.[63] Um documento interno que destacava o fenômeno dizia: "Esses números são muito assustadores."[64] Em março do mesmo ano, um funcionário da Purdue enviou um e-mail para um supervisor, descrevendo alguns dados sobre a questão da abstinência e perguntando se deveria registrar os resultados, já que isso poderia "alimentar a cobertura negativa da imprensa".[65] Em julho, a FDA anunciou que tinha orientado a Purdue a colocar uma tarja preta na embalagem do OxyContin, o aviso mais sério de que a agência se utiliza para indicar o risco que um medicamento tem de levar à morte.[66]

Uma paciente que estava tendo dificuldades com o OxyContin era a própria secretária jurídica de Howard Udell, Martha West. Num depoimento de 2004, Martha explicou que, depois de começar a tomá-lo para a dor na coluna, percebeu que "o medicamento não funcionava pelo período total que deveria".[67] Ela só deveria tomar um comprimido a cada doze horas, mas descobriu que a dor voltava horas antes do horário da próxima dose. "Eu queria sentir o alívio necessário, sabe? Um alívio instantâneo para poder trabalhar e seguir com meu dia, e para isso eu precisava de uma liberação imediata", relatou. E, uma vez que já tinha pesquisado naqueles fóruns da internet como Ann Hedonia, ela sabia muito bem como fazer. Antes de ir trabalhar na sua mesa diante da sala de Howard Udell no nono andar da Purdue, com seu tapete vermelho-púrpura, Martha West amassava um comprimido de OxyContin e cheirava o pó resultante.

Depois de publicar sua primeira grande reportagem sobre o OxyContin, Barry Meier continuou acompanhando o caso. Jornais menores de todo o país já vinham publicando matérias sobre os problemas que as pessoas estavam enfrentando com o OxyContin, principalmente nas regiões com maior consumo. Mas Barry levou o assunto para o foco de atenção nacional como até então não havia sido feito. Ele talvez tenha chegado atrasado demais à polêmica do tabaco para apresentá-la em primeira mão, mas começou a cobertura do OxyContin bem cedo e ficou chocado com tudo que descobriu. "Diferentemente de muitas empresas farmacêuticas de capital aberto, a Purdue Pharma é uma empresa privada e compõe uma rede de empreendimentos comerciais fundados por três irmãos: Arthur, Mortimer e Raymond Sackler", escreveu Barry Meier numa segunda reportagem de acompanhamento do caso, publicada em março de 2001. "A empresa é presidida pelo filho do dr. Raymond Sackler, o dr. Richard Sackler."[68] O jornalista pediu para falar com um dos membros da família sobre o desdobramento da crise que envolvia um medicamento produzido pela empresa, mas eles se recusaram.

Em vez disso, a empresa enviou seu relações-públicas, Robin Hogen, junto com um especialista em dor chamado David Haddox, que trabalhava para a Purdue. Ex-dentista especializado em medicina da dor, David era um porta-voz curioso, cáustico, intenso e arrogante, que usava óculos e tinha barba grisalha. Gostava de dizer para as pessoas, como se quisesse mostrar suas credenciais, que ele mesmo era da região dos Apalaches. "Fui criado entre as comunidades mineradoras da Virgínia Ocidental", dizia. "Não precisei cursar faculdade para aprender sobre dor. Desde criança, vi com meus próprios olhos os efeitos da dor em mineradores feridos e suas famílias."[69]

Assim como Richard Sackler e Howard Udell, David Haddox acreditava de verdade no remédio. O OxyContin era, na opinião dele, um medicamento acima de qualquer reprovação, um presente magnífico que os Sackler tinham dado à humanidade e que estava sendo maculado por um bando de niilistas e usuários idiotas que não o tomavam direito. David certa vez comparou o OxyContin a um legume, dizendo: "Se eu lhe der um prato de aipo e você comer, vou considerar que você comeu uma coisa saudável. Mas, se eu bater o aipo no liquidificador e injetar o líquido na sua veia, isso não será nada bom."[70] Para Barry Meier, ele disse que toda morte por overdose atribuída ao OxyContin "envolvia tipicamente fatores diversos, como álcool", e alertou que qualquer "exagero" do problema do uso abusivo poderia criar obstáculos indevidos para pacientes que sentiam dor e que estavam buscando o medicamento por motivos legítimos.[71] Se havia pacientes com dor que estavam se tornando viciados, Haddox não pediu desculpas. "Um monte de gente diz 'Eu comecei a tomar o remédio como meu médico mandou', mas depois começa a tomar mais e mais", disse ele à Associação de Imprensa em 2001. "Não vejo como isso pode ser problema meu."[72]

David Haddox tinha resposta para tudo. Ele até admitiu que, na verdade, existiam pacientes com prescrição que pareciam desenvolver uma tolerância ao medicamento, e não era incomum alguns pacientes perceberem sintomas de abstinência, como coceira, náusea e tremores, antes do fim do ciclo de doze horas entre as doses. Aquilo não era vício, argumentava Haddox, apenas uma dependência física, o que era diferente. Ele até cunhou um termo para isso, "pseudovício",[73] que a Purdue começou a incorporar em seus materiais promocionais, como um panfleto distribuído pela empresa, que explicava: "O pseudovício é bastante semelhante ao vício, mas se deve a uma dor não tratada".[74] Uma compreensão equivocada acerca desse fenômeno sutil talvez levasse os médicos a "estigmatizar inadequadamente o paciente com o rótulo de 'viciado'". Mas geralmente o pseudovício acaba assim que há um alívio da dor, continuava o panfleto, "em geral, com um aumento da dose". Quando alguém apresentasse sintomas de abstinência entre as doses, a sugestão da empresa era *aumentar a dose*. A solução clínica de David Haddox por acaso se encaixou no imperativo de marketing que a Purdue passou para sua força de vendas: estimulem os médicos a aumentar as doses.

Além de tal distinção entre vício e pseudovício ter sido desenvolvida em benefício próprio, era também muito mais uma questão semântica do que clínica. Se um paciente está tendo episódios agonizantes de abstinência entre as doses de um medicamento, o nome que você escolhe dar para essa dependência não importa muito. "Não há nenhuma diferença", disse Martha West sobre o próprio vício crescente em OxyContin. "Você fica doente se para de tomar (...). 'Viciada' ou 'dependente', não importa. O problema é o mesmo. Você não consegue parar de tomar."[75]

Depois da reportagem inicial, Barry Meier um dia recebeu uma mensagem de uma fonte interna, um funcionário que queria botar a boca no mundo.[76] Eles marcaram um encontro numa lanchonete na cidade de White Plains, a uma viagem curta de carro ao norte de Manhattan. A fonte confidencial era um representante de vendas que demonstrava um claro nervosismo ao falar com Barry sobre o que estava acontecendo na empresa. A pessoa não informou o nome, e, até hoje, décadas depois, o jornalista não diz nem mesmo o gênero da fonte. A pessoa abriu uma sacola e pegou um papel, uma folha de caderno com uma lista de nomes escrita à mão. Havia dez nomes de vendedores da Purdue. No alto, a fonte tinha escrito o título "Toppers". Eram os dez melhores vendedores do país. Ao lado de cada representante, havia o nome de um lugar, a região de vendas. Investigue essas regiões, disse a fonte para Barry Meier: cada distrito apontado na lista é uma área de alto consumo e uso abusivo de OxyContin.

Barry Meier ficou embasbacado.[77] Ao refletir sobre a ideia, parecia algo óbvio, mas ele não tinha parado para pensar até aquele momento: a Purdue sabia muito bem onde cada comprimido era vendido e onde eram mais vendidos. Todo o esquema de compensação dos "Toppers", com bônus gigantescos e férias nos trópicos, se baseava num mapa detalhado dos locais para os quais o medicamento era enviado. Mas o que aconteceria ao se sobrepor o mapa de vendas ao mapa que a polícia e os funcionários de saúde pública estavam começando a desenhar de bairros, cidades e condados com o maior número de visitas ao pronto-socorro, o maior número de roubos a farmácias, o maior número de overdoses e mortes?

Barry decidiu escrever uma reportagem sobre a região de vendas do primeiro representante da lista, um homem chamado Eric K. Wilson, cujo território era Myrtle Beach, na Carolina do Sul.[78] Barry descobriu que a cidade abrigava diversas "fábricas de prescrições". Essas clínicas da dor, administradas por médicos que eram inescrupulosos ou inacreditavelmente ingênuos, tinham se espalhado pelo país para satisfazer a demanda de OxyContin e outros analgésicos por meio da emissão de prescrições para praticamente qualquer um que pedisse. Na porta da Comprehensive Care, uma clínica localizada num centro comercial na região de vendas de Eric Wilson, costumava haver uma fila com quinze ou vinte pessoas esperando por prescrições, e carros com placa de outros estados lotavam o estacionamento o dia todo.

Numa viagem de apuração a Myrtle Beach, Barry descobriu que o farmacêutico local e a própria polícia tinham alertado a Purdue Pharma sobre a clínica, mas que a empresa não tinha feito nada. Ao contrário, as vendas da

Purdue no distrito chegaram a mais de um milhão num único trimestre, o maior aumento entre todos os distritos do país. Em resposta às perguntas de Barry, a empresa emitiu a seguinte declaração: "Não é incomum que o volume de prescrições de OxyContin e outros analgésicos varie significativamente de um trimestre para o outro."[79] Quando Barry procurou Robin Hogen, o porta-voz da empresa, para perguntar sobre a quantidade imensa de comprimidos vendidos naquela região, Hogen tentou sair pela tangente: "Ah, a população de idosos em Myrtle Beach é grande, e eles sofrem de dor. Têm artrite. Então é uma coisa natural."[80] A Purdue não via nenhum motivo para se preocupar em relação à clínica Comprehensive Care. No entanto, o departamento de repressão às drogas via, e por isso fechou a clínica, suspendendo a licença para prescrição de narcóticos de seis médicos que trabalhavam lá, pois representavam um "risco imediato para a segurança e a saúde pública".[81] Para Barry Meier, uma grande ironia estava começando a surgir.[82] Oficialmente, a Purdue até poderia "criticar os usuários abusivos", como Richard Sackler ordenou, mas a única explicação para vendas tão elevadas num lugar como Myrtle Beach era *o* uso abusivo.

Depois dos ataques terroristas do 11 de Setembro, um executivo de vendas da Purdue gravou uma mensagem a ser enviada para toda a força de vendas nacional dizendo que, embora aquele tivesse sido um dia trágico, se olhassem pelo lado positivo, pelo menos o OxyContin sairia das manchetes por alguns dias.[83] Barry Meier morava a cinco quarteirões do World Trade Center e testemunhou o instante em que o primeiro avião atingiu a torre norte. Ficou traumatizado. Contudo, enquanto o resto da redação se reuniu para fazer a cobertura do ataque, Barry queria continuar com a pauta do OxyContin. Ele logo percebeu que não era o lado ilícito do negócio que mais despertava seu interesse: os traficantes, as fábricas de prescrições e a ação policial, tudo aquilo era interessante, com certeza, mas só até certo ponto. O que o fascinava era o fato de um número considerável de pessoas estar morrendo, e aquelas mortes não pareciam estar relacionadas apenas ao mercado clandestino do medicamento, mas ao negócio presumidamente lícito que chegava a bilhões de dólares e funcionava num prédio elegante em Stamford. Ele começou a investigar a família Sackler, surpreendendo-se ao descobrir seu status nos círculos filantrópicos e como aquele nome se tornara sinônimo de generosidade nas artes e na ciência. Quando ele mandou para a Purdue algumas perguntas diretas sobre a família, a empresa respondeu com uma ameaça judicial.

À medida que a publicidade negativa em torno do OxyContin continuava, Richard Sackler ficava com mais raiva. "Tudo isso é um golpe", disse-lhe um amigo compreensivo. Se as pessoas estão morrendo por causa do uso abusivo do medicamento, "então já foram tarde".[84]

"Infelizmente, quando eu acabar no *60 Minutes*, não vou poder falar nesses termos", respondeu Richard. Ele não tinha nenhuma dúvida sobre o que estava acontecendo, mas isso não lhe dava carta branca para sair por aí expressando sua opinião. "Chamar viciados em drogas de 'escória' só vai fazer com que eu vire o garoto-propaganda dos liberais" que querem "jogar a culpa em outras pessoas", reclamou ele.

Richard nunca fez nenhuma ligação, pelo menos não em público, entre o tipo odioso de discurso que usava para descrever pessoas que sofriam de dependência química e a tragédia secreta relacionada ao uso de drogas que vitimou seu próprio primo Bobby Sackler. No entanto, um daqueles viciados que ele tanto vilipendiava trabalhava a poucos metros de Richard, bem diante da sala de Howard Udell, no nono andar.

"Em algum momento, eu me viciei em OxyContin", revelou Martha West num depoimento posterior. "Eu estava começando a perceber." Ela tinha parado de beber oito anos antes, mas então voltou. "Quando não há mais Oxy no seu corpo, você começa a ter crises de abstinência", continuou, e um dos sintomas era a dor na coluna. "Eu não sabia o que estava provocando a dor", disse ela, que então tomava mais comprimidos. "Eu achava que a lesão estava piorando, só que não era isso. Era o medicamento que causava essa impressão."[85]

Gradativamente, sua capacidade de fazer julgamentos começou a ficar comprometida. Martha começou a ter atitudes tolas e até perigosas. Começou a experimentar outras drogas. Em determinado momento, ela se viu comprando cocaína em Bridgeport. Acabou sendo demitida da Purdue. Depois de 21 anos de trabalho, ela foi mandada embora por "baixo desempenho" e escoltada até a saída do prédio pela segurança. Quando pediu a um dos advogados da empresa para voltar a fim de recuperar alguns arquivos pessoais no computador, o advogado disse que toda a memória do computador tinha sido apagada e que ela não tinha nada para pegar.

Martha West decidiu processar a Purdue, mas o caso não seguiu adiante.[86] Em 2004, quando foi intimada a prestar depoimento em outro processo contra a empresa, ela contou que Howard Udell tinha lhe pedido que escrevesse um memorando sobre as formas de uso abusivo do OxyContin. A ex-funcionária tinha uma lembrança bem clara de ter escrito o memorando, mas, nas investigações, os advogados não o encontraram nos arquivos da Purdue. No entanto, a existência do documento foi posteriormente confirmada por uma investigação do Departamento de Justiça e pela própria empresa.[87] O memorando de Martha tinha a data de 1º de junho de 1999 e descrevia "diversas discussões sobre o uso abusivo dos produtos da Purdue, em particular o OC". No depoimento, ela também se lembrou do momento em que descobriu os planos da Purdue para a fabricação de um comprimido de 160 miligramas de OxyContin.[88] "Estão se matando com os de 80 mg. Por que vamos fazer um de 160 mg?", escreveu ela para Udell.

De acordo com Martha, assim que Udell recebeu o e-mail, saiu do escritório e perguntou: "Mas o que você está fazendo? Se isso um dia for descoberto, nós estamos ferrados."[89] Então, ela apagou o e-mail e, supostamente, ele também. (A Purdue acabou tirando do mercado o comprimido de 160 miligramas na primavera de 2001.)[90]

A forma como a empresa lidou com Martha West espelhava a atitude geral de Richard Sackler em relação ao uso abusivo de OxyContin. A Purdue não negava que a ex-funcionária tinha se viciado no medicamento, mas os advogados sugeriram que ela era uma pessoa problemática. A Purdue obteve os registros médicos de Martha, e um advogado questionou o histórico dela de vício. O OxyContin não seria apenas a última novidade de uma lista de substâncias das quais ela já fazia uso abusivo? De posse dos registros médicos, o advogado a confrontou durante o depoimento, lendo em voz alta as observações feitas assim que ela foi internada: "A paciente está completamente focada na busca de vingança em relação à sua demissão do trabalho (...) gritando obsessivamente sobre como vai revidar, planejando milhões de formas de humilhar a empresa, incluindo processá-la ou comprá-la só para demitir todo mundo que ela conhece."

Martha West, nas suas próprias palavras, era uma pessoa instável e com problemas, e a Purdue passou a descrevê-la como uma mentirosa vingativa e irresponsável, exatamente o tipo de pessoa que Richard Sackler descreveria como "escória".

"Eu estava com muita raiva na hora", reconheceu Martha West, constrangida e surpresa por ouvir a leitura de seus registros médicos confidenciais. "As pessoas dizem coisas idiotas quando estão com raiva." Realmente era ridículo pensar que ela, uma mera secretária com problemas com drogas, teria qualquer chance contra os Sackler e a Purdue. "*Sim*, com certeza, eu vou comprar a empresa", disse ela em tom irônico. "Só que não."[91]

Capítulo 19

O PABLO ESCOBAR DO NOVO MILÊNIO

NA ÚLTIMA TERÇA-FEIRA de agosto de 2001, um subcomitê do Congresso dos Estados Unidos se reuniu em uma audiência inusitada num prédio municipal em Bensalem, uma cidadezinha do condado de Bucks, na Pensilvânia.[1] A audiência tinha sido convocada por James Greenwood, um congressista desse estado e presidente do subcomitê de supervisão e investigação do comitê de energia e comércio. Ele pedira para os colegas fazerem a viagem de Washington para lá um pouco antes do fim de semana do Dia do Trabalho, no intuito de discutirem o impacto do OxyContin numa comunidade. Um osteopata local chamado Richard Paolino tinha sido preso depois de descobrirem que ele operava uma grande fábrica de prescrições no seu consultório. Michael Friedman, da Purdue Pharma, foi convidado a prestar depoimento e chegou com Howard Udell e um homem magro de bigode e ar professoral chamado Paul Goldenheim, o diretor-médico da empresa.

Aquele tinha se tornado um ritual conhecido para o trio.[2] Richard Sackler até podia ser o presidente da Purdue e talvez sentisse orgulho e satisfação pessoal por ter tornado o OxyContin um grande sucesso, mas não tinha o menor interesse em ser o rosto da empresa. Ele não dava entrevistas, não redigia declarações, não fazia aparições públicas. Usava Friedman, Udell e Goldenheim como seus representantes, enviando-os em viagens para falar com funcionários preocupados, delegados de polícia aturdidos e pais enlutados. Os homens contavam com uma lista de tópicos bem ensaiada, da qual quase nunca se desviavam. Na verdade, não importava com quem estavam falando; as declarações públicas eram intercambiáveis, porque, em geral, vinham do mesmo texto. "Ninguém está mais abalado do que nós ao ouvirmos que nosso produto, que traz tanto alívio para tanta gente, está sendo usado de forma abusiva", disse Friedman para o painel de legisladores naquele dia. "Embora todas as vozes nesse debate sejam importantes, temos que ter o cuidado especial de ouvir a voz dos pacientes que, sem um medicamento como o OxyContin, seriam condenados a um tratamento inadequado para a dor."

Friedman acrescentou que cerca de cinquenta milhões de norte-americanos sofriam com dor crônica. "Eles não são viciados. Não são criminosos", disse ele. "São pessoas que, por causa de câncer, anemia falciforme, ferimentos graves na coluna ou outra doença física, têm sua vida incapacitada por uma dor excruciante."

Friedman e Howard Udell trabalhavam juntos havia dezessete anos e acabaram se tornando bons amigos. Tiravam férias juntos em família. Nos dias de trabalho, estavam sempre em contato, trocando e-mails por meio de seus BlackBerrys. Desde o fim de 2000, viajavam juntos para defender o medicamento da empresa e convencer os funcionários públicos a não fazerem nada que prejudicasse a distribuição do OxyContin. Goldenheim completava o time com seu impressionante currículo: diploma da Escola de Medicina de Harvard e experiência como diretor clínico da unidade pulmonar do Hospital Geral de Massachusetts. (Uma contratação pessoal de Richard Sackler. De acordo com o antigo colega Bart Cobert, Richard era "apaixonado por Harvard".)[3] O currículo médico de Goldenheim era muito útil para projetar a imagem de virtude de Hipócrates para a empresa. Num anúncio que a Purdue publicou em jornais enquanto a crise do vício aumentava, ele aparecia de jaleco branco numa fotografia, como se estivesse pronto para uma festa à fantasia.[4]

Aquelas eram as mentes de confiança de Richard Sackler. Em particular, os três compartilhavam certo ar de macho alfa. Goldenheim diria para Friedman algo como: "Estamos segurando o tigre pelo rabo. Será que precisamos de mais força bruta? Vamos discutir isso pessoalmente enquanto comemos sushi vivo!"[5] Mas, quando saíam para falar sobre o OxyContin em público, a postura deles era totalmente diferente: assumiam uma expressão séria e pálida, projetando um ar de circunspeção sóbria. A Purdue entendia o problema, insistiam. Na verdade, ninguém estava *lidando* com a questão com mais afinco do que as pessoas de bem da Purdue Pharma. Aquela era uma crise, sem dúvidas. Mas, como os executivos explicaram, era um problema policial. Os usuários de droga eram criminosos que usavam erroneamente o produto da empresa, que estava cooperando com a polícia. A empresa tinha produzido novos blocos de prescrição "à prova de manipulações" e os enviado, sem cobrar nada, para os médicos, o que, em tese, poderia impedir que as pessoas fizessem alterações fraudulentas em prescrições legítimas para obter quantidades irresponsáveis do medicamento.[6] Friedman, Goldenheim e Udell também sugeriram que o OxyContin não deveria ser citado exclusivamente, já que, embora as pessoas estivessem morrendo por overdose desse remédio, aquilo era apenas um sintoma de uma tendência nacional muito mais ampla, que envolvia o uso abusivo de medicamentos adquiridos sob prescrição médica.[7] A empresa patrocinou uma campanha de propaganda para dizer que os adolescentes não deveriam tomar remédios dos pais.[8]

Em depoimento, Friedman manteve diante do comitê a afirmação de que a Purdue não tinha culpa pela alta incidência de abuso medicamentoso, crimes e mortes, e que isso não podia ser atribuído à campanha feita pela empresa, cujo intuito era acabar com o estigma sobre os opioides e promover o medicamento. "Os esforços de marketing da Purdue para o OxyContin foram conservadores de acordo com qualquer padrão", insistiu Friedman. A empresa não aceitava a premissa de que "um marketing agressivo tenha exercido qualquer papel, fosse qual fosse, no uso abusivo e no desvio de finalidade do OxyContin".

Essa era uma das características centrais nos esforços de defesa da Purdue: assim como não havia nenhum elo entre as propriedades intrínsecas do comprimido e o fato de as pessoas ficarem viciadas, também não havia nenhuma conexão entre a estratégia esmagadora de marketing que Richard Sackler criara para vender o OxyContin e a desgraça social que se seguiu. A empresa não tinha como prever de antemão que o uso abusivo poderia ser um problema com o OxyContin, disse Friedman no depoimento, afirmando ainda que, em dezessete anos de marketing do MS Contin, o medicamento antecessor, "a Purdue não ficou sabendo de nenhuma experiência incomum de uso abusivo ou desvio de uso". E mesmo depois do lançamento do OxyContin, em 1996, a empresa não teve indicação de qualquer problema nos primeiros quatro anos. "Foi no início de abril de 2000 que a Purdue tomou conhecimento, por reportagens de jornais do Maine, dos relatos de uso abusivo e desvio de uso do OxyContin", afirmou Friedman.

Esse também era mais um ponto-padrão da defesa da Purdue, o qual, porém, não passava de uma grande mentira. A verdade é que no início de 2000 se tornou insustentável para a Purdue continuar a farsa de desconhecer o problema, pois o promotor público do Maine, Jay McCloskey, enviou uma carta alertando os médicos sobre os perigos do OxyContin. Mas antes da carta a empresa já sabia, fazia *anos*, que os comprimidos estavam sendo amplamente usados de forma abusiva.[9] Havia o memorando que Martha West produzira para Howard Udell, que estava prestando depoimento junto com Michael Friedman — que também recebera o documento. Mas, muito antes daquilo, um coro de representantes de vendas da Purdue informou sistematicamente a empresa sobre as terríveis histórias de vício e uso abusivo contadas por médicos, e tais sinais alarmantes foram documentados nas anotações de

IMPÉRIO DA DOR   241

visita. A empresa sabia que havia um problema praticamente desde o início. Ainda em outubro de 1997, um alto executivo da Purdue tinha enviado um e-mail a outro executivo — com Michael Friedman em cópia — para relatar que o número de menções ao OxyContin em sites da internet e salas de bate-papo era "suficiente para manter uma pessoa ocupada o dia todo", acrescentando que havia "três pessoas" da empresa monitorando o tráfego.[10]

Mas nenhum dos membros do Congresso que foram à audiência na Pensilvânia naquele dia sabia daquilo. Parecia que, internamente, na sede da Purdue, em Stamford, uma decisão já havia sido tomada: reescrever a cronologia dos eventos e assegurar que a empresa não tinha a menor ideia de nenhum problema antes de 2000. De fato, em e-mail enviado para Richard Sackler em 16 de fevereiro de 2001, Friedman escreveu: "Acho que é fundamental que nossa história seja direta e consistente."[11] Os legisladores ainda não sabiam, mas, ao fazer aquela declaração juramentada, Friedman parecia estar cometendo perjúrio. Goldenheim, num depoimento separado diante do comitê do Senado dos Estados Unidos, presidido por Ted Kennedy, contou a mesma mentira, também sob juramento.[12]

E não foi apenas em relação à cronologia que eles mentiram. Um tema recorrente na defesa da empresa era a sugestão de que a Purdue nunca tivera problemas com o MS Contin, o que também estava longe de ser verdade. Em maio de 1996, um funcionário enviou para Richard Sackler e Howard Udell uma matéria jornalística descrevendo o potencial de uso abusivo associado a usuários que extraíam a morfina dos comprimidos de MS Contin.[13] Em março de 1997, Roberto Kaiko enviou um e-mail para Mortimer Sackler, Richard Sackler, Michael Friedman, Paul Goldenheim e Howard Udell para informar que, na Nova Zelândia, o medicamento tinha se tornado "a fonte mais comum de uso abusivo e parenteral de heroína/morfina".[14] Em março de 1998, Howard enviou um memorando para Michael, assim como para Mortimer, Raymond e Richard e mais alguns outros membros da família Sackler, anexando uma matéria do jornal *The Ottawa Citizen* que descrevia como o remédio tinha se transformado numa droga de rua tão prevalente no Canadá a ponto de ganhar um apelido: "descascador roxo".[15] (De acordo com *outra* matéria da imprensa, a qual também circulou entre os executivos da Purdue, os comprimidos eram conhecidos como "descascadores" porque os "viciados tinham que descascar o revestimento desenvolvido para a liberação lenta do medicamento", que era "esmagado, misturado com água, aquecido numa colher e então injetado".)[16] Num memorando interno de janeiro de 1999, Howard reconheceu para Michael e outros funcionários que a empresa acompanhava referências on-line relacionadas ao uso abusivo tanto do MS Contin quanto do OxyContin.[17]

Mas, no decorrer do depoimento, o deputado Greenwood não sabia de nada daquilo e não tinha nenhum motivo para acreditar que a delegação da Purdue não seria totalmente honesta com ele, que foi cordial e educado, esforçando-se para que Michael Friedman e seus colegas não achassem que o comitê os estava tratando como criminosos. "Vejam bem, nós partimos do pressuposto... *eu* parto do pressuposto de que sua empresa é boa e tem um histórico longo e exemplar", disse Greenwood. "E eu acredito que seu produto e sua empresa, em ordem de magnitude, mais aliviaram as dores deste país do que as provocaram."[18] E acrescentou: "Vocês não estão sendo julgados aqui."

Então Greenwood fez uma pergunta aparentemente simples, ao indagar sobre o que a empresa sabia sobre a quantidade de prescrições de OxyContin que cada médico emitia. "Nós recebemos dados que são bem semelhantes ao que o senhor descreveu. A IMS Health obtém esses dados através dos computadores das farmácias", respondeu Friedman.

"Pois muito bem", retomou Greenwood. "Quando vocês recebem os dados, imagino que uma das coisas que façam seja organizá-los de forma que possam classificar os médicos. Vocês têm alguma indicação de quem prescreve mais, quem prescreve menos e quem fica na média? Vocês avaliam a informação dessa forma?" Friedman assentiu.

Então, o deputado mencionou Richard Paolino, o osteopata da zona rural que tinha sido preso por emitir milhares de prescrições de OxyContin. Ele deveria ter aparecido como um "elemento discrepante", comentou Greenwood, um homem com um consultório pequeno que, "sem qualquer tipo de consideração quanto à condição médica dos pacientes, prescrevia tanto quanto podia, simplesmente com o objetivo de ganhar dinheiro". Mas será que a Purdue não teria percebido? Eles não teriam visto o volume incomum de prescrições nos dados da IMS? "Imagino que ele teria se sobressaído e que talvez existam *outros* drs. Paolinos no país fazendo a mesma coisa", disse Greenwood, antes de acrescentar: "Sua empresa estaria a par desse tipo de informação." O que Greenwood queria saber era como a empresa respondia àquele tipo de situação quando viam um médico que "é apenas um pequeno osteopata em Bensalem emitindo uma quantidade de prescrições tão grande". Afinal, o que a Purdue fazia com esse tipo de informação?, quis saber o deputado.

"Não aferimos nem avaliamos como um médico pratica a medicina", respondeu Michael Friedman de forma evasiva. "Não estamos no consultório com o médico e o paciente observando o exame ou nos envolvendo no processo. Nós sabemos, por exemplo..."

Greenwood interrompeu: "Bem, por que vocês querem essa informação, então?" Antes mesmo de Friedman dar uma resposta, o deputado prosseguiu: "Vocês só usam essas informações para avaliar o nível de sucesso das suas técnicas de marketing."

"Claro", respondeu Michael Friedman.

Mas se a Purdue estava usando os dados para calibrar as estratégias de marketing, disse Greenwood, então a empresa também poderia ter usado os dados para identificar o uso abusivo. "Por que vocês não estão usando esses dados para se certificar de que médicos como o dr. Paolino não prejudiquem a reputação do seu produto?"

Michael Friedman estava hesitante, então Howard Udell resolveu intervir. Ele não era um homem com um físico gracioso, mas puxou a cadeira para perto do microfone e assumiu: "Não é possível analisar as prescrições de forma isolada." O número de prescrições por si só não indica necessariamente se um médico está ou não praticando a medicina de forma adequada, insistiu ele. "É necessário ver o trabalho médico no consultório."

Mas Greenwood retrucou: "Isso não é verdade. Um farmacêutico da Pensilvânia viu o número e percebeu, do ponto de vista dele. Ele olhou para os dados e disse: 'Meu Deus, tem um cara em Bensalem chamado Paolino, e ele está prescrevendo loucamente!'"

"Sim", disse Udell.

"Então ele tinha esses dados. E fez uma denúncia", prosseguiu Greenwood.

"Correto."

"E vocês tinham os mesmos dados. O que vocês fizeram?"

Deve ter havido um momento, ainda no começo, em que a família Sackler poderia ter escolhido lidar de forma diferente com a crise do OxyContin. A família poderia ter interrompido o marketing agressivo do produto, a empreitada de angariar novos clientes. Poderiam ter reconhecido que estavam diante de um problema sério e que os próprios esforços de marketing da empresa talvez tivessem desempenhado um papel naquilo. Havia uma desconexão estranha: nas fases de preparação para o lançamento do OxyContin, a família e a empresa tinham sido muito explícitas em relação ao fato de o sucesso do produto depender da capacidade deles de alterar a percepção da classe médica sobre os riscos que opioides potentes representam. Eles foram muito bem-sucedidos nisso. A um nível que deve ter surpreendido até mesmo os próprios Sackler, sua empresa promoveu uma mudança na maré. De repente, até os médicos de família, aqueles profissionais que a própria empresa tinha descrito como "ingênuos quanto aos opioides", estavam prescrevendo o medicamento. A estratégia deu tão certo que outras empresas farmacêuticas correram para desenvolver e promover seus *próprios* analgésicos de longa ação à base de opioides. E talvez isso tenha uma participação na integridade autoalegada dos Sackler: o fato de que outras empresas logo se juntaram a eles.

No entanto, os Sackler e a Purdue foram os primeiros. "Foi algo mais potente", disse um antigo químico da Purdue que trabalhou no desenvolvimento do OxyContin. "Outras moléculas poderiam ter surgido. Só que por acaso *aquela* foi a primeira a agir do jeito que agia, e foi aprovada. Outras moléculas poderiam ter sido a ponta da lança, mas foi essa que mudou o jogo." Durante um tempo, a família e a empresa ficaram felizes de assumir o crédito por aquela revolução no tratamento da dor. É da natureza da indústria farmacêutica haver grandes recompensas para quem muda o jogo, para quem é o primeiro.

No entanto, quando as pessoas começaram a morrer, a empresa se apequenou e abandonou qualquer sugestão de pioneirismo. E, em vez de fazer concessões, os Sackler escolheram lutar. É quase certo que tenha sido uma expressão da personalidade de Richard, sua teimosia, sua devoção de corpo e alma às suas ideias, e o conselho votou; o presidente da empresa não tomou as decisões sozinho. A Purdue sempre foi um empreendimento familiar, e não havia grandes desertores na família.

A postura de inimputabilidade que a empresa adotou também era um reflexo do estilo pessoal de Howard Udell, que, ao construir a carreira com base na lealdade inquebrantável ao clã Sackler, tinha se tornado um conselheiro de guerra. A filosofia de combate era a de não ceder nem um centímetro, e, com bilhões de dólares ainda entrando em caixa, e mais bilhões a ganhar, ele começou a formar um batalhão de advogados renomados e se preparou para o ataque. Na audiência de Bensalem, o congressista Greenwood perguntou a Howard se a Purdue estaria disposta a dedicar uma "porcentagem dos lucros para a reabilitação daqueles que se viciaram no produto da empresa". Não era uma pergunta descabida, principalmente diante da reputação filantrópica extravagante dos Sackler, que foi cultivada com cuidado.

Udell, porém, não gostou nada da ideia. "As pessoas que acabam em centros de tratamento precisam de ajuda", reconheceu o advogado. Mas insistiu que aquilo não tinha nada a ver com a Purdue Pharma, e a empresa não tinha nenhuma obrigação para com aquelas pessoas. Howard sugeriu ainda que as pessoas já tinham problemas muito antes de tomarem o primeiro comprimido de OxyContin. "O sistema falhou com elas antes."

Esse era um mote consistente. "Praticamente todos esses relatórios envolvem pessoas que estão fazendo uso abusivo do medicamento, e não pacientes com necessidades médicas legítimas", disse o dr. Goldenheim em seu depoimento diante do Senado. "Embora todas as vozes nesse debate sejam importantes, temos que ter um cuidado especial de ouvir os pacientes que, sem medicamentos como o OxyContin, sentiriam muita dor."[19] O mantra nunca falhou. "Eles não são viciados e não são criminosos", repetiu o dr. Goldenheim.

Um pouco antes, naquele verão, Richard Blumenthal, o procurador-geral de Connecticut, estado da sede da Purdue, escreveu uma carta para Richard Sackler na qual expressava uma preocupação em relação à dependência química e ao uso abusivo do OxyContin, sugerindo que os esforços da Purdue, como blocos de prescrição à prova de fraude e campanhas educativas para os jovens, estavam "fracassando em abordar o risco sério e fundamental inerente ao medicamento em si".[20] Era verdade que havia outros medicamentos sob prescrição com problemas de uso abusivo, admitiu Blumenthal. "Mas o OxyContin é diferente." Trata-se de "um medicamento mais potente, com mais tendência a causar vício, mais vendido, mais disponível ilicitamente e mais anunciado".

Enquanto a empresa continuava lucrando, promotores e advogados avaliavam a destruição provocada pelo OxyContin Estados Unidos afora. Começaram a pipocar investigações e processos. Mas Howard Udell e sua equipe juraram lutar contra tudo e contra todos. "Embora eu tenha um profundo respeito por sua liderança à frente da Justiça, gostaríamos de solicitar que reconhecesse minimamente nossa experiência", escreveu Howard Udell para Richard Blumenthal numa resposta extremamente condescendente. "Nós temos muita experiência com quais táticas vão funcionar, e quais não vão, diante do problema", declarou o advogado dos Sackler, antes de partir para o ataque e jogar a culpa da controvérsia na mídia, nos querelantes e nas pessoas "que alegam ter se viciado em OxyContin".[21]

O porta-voz da Purdue, Robin Hogen, adotou uma abordagem diferente quando precisou lidar com o procurador de Connecticut. Depois que Richard Blumenthal começou a questionar as técnicas de marketing da Purdue, Hogen telefonou para o escritório do procurador e deixou um recado ameaçador na secretária eletrônica, no qual falava que a Purdue era uma "apoiadora significativa do Partido Democrata" e que era muito "desagradável que isso estivesse acontecendo com um dos maiores benfeitores do procurador".[22] Hogen era o tipo de homem que tinha a confiança e a coragem de ameaçar um procurador do estado *numa gravação de secretária eletrônica.* As eleições estavam chegando, lembrou a Richard Blumenthal, antes de acrescentar em tom sombrio: "Posso assegurar que isso não ajudou em nada."

Em 2002, Howard Udell anunciou que a Purdue já tinha gastado 45 milhões de dólares para se defender dos processos.[23] A empresa deixava muito claro que Howard não tinha "nenhum limite de orçamento" destinado a esse fim; ele tinha carta branca para gastar no que fosse necessário para vencerem. Todo mundo estava trabalhando sem parar, fazendo horas extras à noite e nos fins de semana. A estratégia de Howard era ganhar a qualquer custo. "Eu leio todas essas bobagens, todas essas coisas de 'deliberadamente isso' e 'negligência naquilo'", dizia ele. "Não pagamos um centavo sequer de indenização em nenhum desses casos e não temos a intenção de fazer isso."

Diversos processos foram abertos e fechados diante das táticas pesadas de Howard Udell.[24] Mas um dos temores era de que aquela controvérsia acabasse seguindo o mesmo caminho da disputa contra a indústria do tabaco, na qual estados e distritos se uniram com querelantes particulares para mover um caso coletivo contra a indústria como um todo. Os Sackler sempre se orgulharam de pagar pela melhor assistência jurídica possível, e Howard tinha construído um excelente departamento jurídico no escritório de Stamford, com dezoito advogados contratados. Também fazia uso de diversas firmas advocatícias externas, algumas das quais experientes no litígio contra a indústria do tabaco. Além disso, também procurou uma consultoria especializada, contratando os melhores advogados locais sempre que um caso surgia numa nova jurisdição. Não demorou muito, e Howard estava gastando 3 milhões de dólares por mês em custas processuais. Mas valia a pena.

Os advogados, de modo não muito diferente dos médicos, gostam de dizer para si mesmos que fizeram um juramento e que respondem a um código, que são membros de uma categoria profissional incorruptível. O próprio Howard gostava de fazer pequenos discursos sobre a importância da integridade, mas também reconhecia que, na realidade, a prática do direito pode ser profundamente influenciada pelas pressões sutis dos círculos políticos e que, se um cliente tem dinheiro para comprar esse tipo de interferência, isso pode bastar para que um caso se volte a seu favor.[25] Em Washington, Howard contratou Erick Holder, ex-subprocurador-geral que era sócio da firma de advocacia Covington & Burling. Em Nova York, ele contratou a ex-advogada da União Mary Jo White. Ao apelar para promotores públicos em atividade, seria muito útil ter um rosto familiar, alguém que já tivesse feito o mesmo tipo de trabalho que eles, alguém que conhecessem e talvez até admirassem. Como Robin Hogen disse na época: "Temos que ser politicamente maquiavélicos para ganhar o dia."[26]

Um pouco depois de deixar o cargo de prefeito da cidade de Nova York, Rudolph Giuliani começou a trabalhar como consultor, e um dos primeiros clientes que atendeu foi a Purdue. Quando entrou para o setor privado, Giuliani queria começar a ganhar dinheiro muito rápido. Em 2001, seu patrimônio era de 1 milhão de dólares; cinco anos depois, ele declarou 17 milhões de dólares no imposto de renda, além de 50 milhões em bens.[27] Para a Purdue, que estava trabalhando exaustivamente para transformar o uso abusivo de OxyContin numa questão policial, em vez de uma questão que poderia afetar o próprio medicamento ou a forma como era comercializado, o antigo promotor que liderara a cidade de Nova York depois dos ataques de 11 de Setembro seria um solucionador ideal. Na opinião de Michael Friedman, Giuliani era o "único" que tinha as qualidades necessárias para ajudar a empresa.[28]

"Os funcionários governamentais se sentem mais confortáveis ao saber que Giuliani é consultor da Purdue", disse Howard Udell,[29] afirmando que Giuliani "não aceitaria trabalhar com uma empresa que estivesse agindo de forma errada".[30]

Às vezes, a Purdue usava seus recursos não apenas para contratar antigos promotores, mas também para recrutar todos os promotores que já tinham investigado a empresa.[31] No início de 2001, Joe Famularo, advogado da União atuante na zona Leste do Kentucky, descreveu o OxyContin como uma "praga de gafanhotos" assolando seu estado. Mas, ainda naquele ano, começou a trabalhar como "consultor" não remunerado para a Purdue, embora a empresa cobrisse as despesas associadas ao seu trabalho como palestrante. Depois de muito refletir, disse Joe Famularo, ele não achava mais que o OxyContin era uma praga de gafanhotos, mas um "produto muito bom". No mesmo ano, Jay McCloskey, o promotor do Maine que foi o primeiro funcionário federal a denunciar o OxyContin, deixou o cargo e começou a trabalhar como consultor remunerado para a Purdue. De certa forma, era o mesmo padrão seguido por Curtis Wright, o ex-regulador da FDA: os funcionários públicos cujo trabalho era regular e responsabilizar a empresa acabavam sendo seduzidos por um novo emprego na própria empresa que haviam investigado. McCloskey disse posteriormente que, quando começou a "compreender a cultura corporativa da empresa", ficou "profundamente impressionado com o interesse inegável no bem-estar público" que "emanava" dos executivos.[32]

Os Sackler se orgulhavam da própria habilidade de cultivar conexões políticas. "Em menos de 72 horas, conseguimos entrar em contato com praticamente todo senador ou congressista com quem queremos falar", gabou-se Richard em 2001.[33] Mas um argumento convincente da Purdue era que a empresa não era uma espécie de animal corporativo solitário motivado apenas pelo desejo egoísta de continuar ganhando bilhões de dólares com a venda de um medicamento perigoso. Ao contrário, a empresa era regida unicamente pelo dever sincero, e realmente altruísta, de ajudar os pacientes que sofriam de dor crônica. Desde a época em que Richard participara da organização da conferência da dor em Toronto, quase vinte anos antes, a Purdue tinha criado um senso de que o tratamento da dor era um *movimento*. E era bem verdade que havia centenas de milhares, talvez milhões, de pacientes que realmente encontravam alívio com o uso do OxyContin e outros opioides e estavam preocupados em perder o acesso a tal alívio caso qualquer tipo de controle fosse imposto àqueles medicamentos. Howard Udell, Michael Friedman e Paul Goldenheim insistiam constantemente que a "voz" dos pacientes que sofriam de dor deveria ser o foco da discussão e não deveria ser calada por um bando de viciados irresponsáveis.

No entanto, embora a comunidade de pacientes que sofriam de dor parecesse expressar as preocupações médicas orgânicas de um eleitorado nacional amplo, também era verdade que a Purdue estava pronta para convocar essa demografia de uma forma decididamente cínica. Em 2001, Kathleen Foley, a médica que colaborara com Russel Portenoy, o rei da dor, e fora uma das primeiras missionárias a favor do uso mais amplo dos opioides, escreveu para Richard Sackler a fim de se assegurar de que todas as críticas que a Purdue recebia eram "balela" e o aconselhar a não "perder tempo com nada daquilo".[34] Kathleen disse ainda que estava pensando em "uma estratégia alternativa de unir todos os membros da indústria farmacêutica" ou, de qualquer forma, todas as empresas que fabricavam analgésicos. Kathleen sugeriu ainda que deveriam "se colocar como uma voz coesa", mas avisou que era como andar na "corda bamba porque vocês são uma farmacêutica e seria muito melhor se a linha de defesa viesse de fora da empresa".

Começaram a surgir novos grupos que se apresentavam como independentes para representar os direitos dos pacientes que sofriam com dor, aos quais Kathleen Foley chamava de "comunidade da dor".[35] Havia a Fundação Americana da Dor, a Academia Americana de Medicina da Dor e o Fórum de Cuidados com a Dor, que nada mais eram do que uma coalizão de empresas farmacêuticas, grupos comerciais e dezenas de organizações sem fins lucrativos. O Fórum de Cuidados com a Dor foi fundado e era administrado por Burt Rosen, de Washington, D.C., que trabalhava como lobista em tempo integral e era o executivo de relações governamentais da Purdue.[36] Aquela era uma tática de grande sucesso criada pelo setor de combustíveis fósseis: fundar grupos que pareciam ser organizações de base, mas que, na verdade, eram inundados com capital corporativo. Às vezes chamados de "grupos artificiais", eles produziam estudos e faziam lobby em agências governamentais e com os legisladores. Na prática, isso significava que, quando as autoridades pensavam em tomar alguma atitude concreta de controle em relação à crescente distribuição de OxyContin, a Purdue apresentava um prospecto não apenas de um retrocesso potencial para a empresa, mas também de uma agressão àquela comunidade já tão sofrida. "Estamos no meio de uma verdadeira guerra", declarou Richard Sackler quando a Agência de Combate às Drogas (DEA, na sigla em inglês) discutiu a possibilidade de arrochar as quotas de oxicodona que a Purdue poderia adquirir legalmente. "Este é um ataque claro ao movimento da dor. Não tem como haver outra interpretação."[37]

Richard disse a Paul Goldenheim que a estratégia dele era "criar laços mais estreitos com essas organizações" até o ponto em que os produtos da Purdue "estejam intrinsecamente ligados à trajetória do movimento de dor".[38] Publicamente, a empresa passava a noção de que tais grupos eram independentes, mas internamente aquele faz de conta já tinha sido abandonado, e os executivos da empresa falavam abertamente que eram os patrocinadores corporativos que definiam as ações dos membros do conselho diretor dessas organizações e a direção que tinham a tomar. "Se eles querem nossa grana (e eles realmente não sobreviveriam sem o apoio da indústria), vão ter que colocar um representante da 'indústria' no conselho", disse Robin Hogen num e-mail interno. "Acho que eles não podem esperar receber grandes doações sem que tenhamos alguma palavra na governança."[39] O Senado dos Estados Unidos acabaria publicando um relatório sobre as origens e a influência desses grupos da dor, detalhando como faziam para servir de "fronte" para a indústria farmacêutica. O documento concluiu que, embora diversas empresas fabricassem analgésicos opioides, a Purdue Pharma era a maior fundadora desses "grupos independentes de defesa".[40]

Na tentativa de mudar a narrativa da mídia, Howard Udell também contratou os serviços externos de um especialista em relações públicas chamado Eric Dezenhall. Um influente político que se transformou em mercenário de "gerenciamento de crises", Dezenhall desenvolvera uma especialidade na arte obscura de aniquilar narrativas desfavoráveis na mídia, "substituindo-as por narrativas favoráveis. Era famoso pela discrição em relação aos seus clientes, preferindo trabalhar nos bastidores sem deixar rastros. No entanto, de acordo com uma matéria publicada na *BusinessWeek*, outro de seus clientes nesse período era a ExxonMobil, e os serviços dele incluíram orquestrar uma manifestação pró-Exxon no Capitólio na qual dezenas de manifestantes levantaram cartazes com os dizeres: PAREM DE RECLAMAR e O CAPITALISMO É DEMAIS.[41]

"Nosso primeiro mês de trabalho com a Purdue foi bastante intenso", escreveu Dezenhall para Howard Udell no fim de 2001. Ele estava particularmente orgulhoso de ter conseguido uma coluna no *New York Post* que culpava os "usuários de drogas da zona rural" e os "liberais" por criar uma controvérsia falsa sobre o OxyContin.[42] Quando o texto foi publicado, Dezenhall o enviou para Udell, Hogen e Friedman, prometendo que conseguiria inverter a propaganda negativa. "Esse é o início da antinarrativa", escreveu.[43]

Dezenhall trabalhou com uma psiquiatra chamada Sally Satel que era uma colega num *think tank* conservador, o American Enterprise Institute.[44] Ela publicou um artigo no caderno de Saúde no *The New York Times* no qual argumentava que a histeria em relação aos opioides tinha resultado no temor dos médicos norte-americanos de prescrever os tão necessários medicamentos contra dor. Ela escreveu: "Quando se investiga mais a fundo quem se viciou em analgésicos, costuma-se encontrar um usuário de droga experiente com algum hábito prévio envolvendo remédios, álcool, heroína ou cocaína." No texto, ela citou um colega que não identificou e um estudo publicado no *Journal of Analytical Toxicology*, mas sem mencionar que o tal colega, na verdade, trabalhava na Purdue. Também não mencionou que tal estudo tinha sido financiado pela empresa e escrito por funcionários dela. Nem que havia mostrado uma cópia do artigo antes que fosse publicado para um funcionário da farmacêutica (ele gostou), nem que a Purdue doaria 50 mil dólares por ano para seu *think tank*.

No seu relatório de progresso para Howard Udell, Dezenhall também mencionou estar trabalhando com "recursos investigativos" e, especificamente, com uma empresa chamada Kroll, sobre os "aspectos litigiosos do programa".[45] A Kroll era uma firma particular de investigação fundada nos anos 1970 e que tinha se transformado, desde então, numa empresa internacional obscura que realizava trabalhos de "inteligência corporativa" para clientes importantes.[46] Àquela altura, surgiam dezenas de novos processos contra a Purdue todo mês, e Howard Udell estava convencido de que a única forma de lidar com eles era acabar com qualquer pessoa que tivesse a audácia de processá-los.[47] Ele avisava aos advogados corporativos que estavam pensando em entrar com um processo contra a empresa que iria atrás deles "em todos os casos e em todas as jurisdições". Normalmente, quando advogados entram com um processo contra uma empresa de capital aberto, eles têm uma "manobra", explicava Udell, na qual alimentam os escândalos da mídia a ponto de começar a afetar o preço das ações. Aquilo significava que seria mais barato para uma empresa de capital aberto tentar resolver o processo do que entrar na batalha, o que criava um incentivo poderoso para acordos serem firmados. No entanto, a Purdue não era uma empresa de capital aberto, como Howard gostava de ostentar.[48] Era a empresa dos Sackler, que aparentemente não se deixavam levar pela má publicidade de seu produto. Então "trata-se de uma manobra que eles não têm como usar contra mim".

A empresa tinha grande orgulho de sua postura beligerante e, em 2003, Howard Udell emitiu um comunicado à imprensa com o título "65 x 0", mostrando as estatísticas de processos contra a Purdue em casos envolvendo mortes causadas por opioides e vícios como se estivesse falando de um placar de um jogo de basquete do Ensino Médio. "Esses resultados fortalecem nossa decisão de nos defender vigorosamente contra esses casos, até o fim", disse ele.[49]

Era muito útil para uma pessoa que gostava de contra-atacar, como Howard Udell, contar com a ajuda dos detetives particulares da Kroll. Assim como foi atrás dos registros médicos de Martha West para desacreditá-la, a Purdue esforçava-se para encontrar os podres de qualquer um que tentasse responsabilizar a empresa. Em 2002, uma antiga representante de vendas chamada Karen White processou a empresa na Flórida, alegando ter sido injustamente demitida depois de se recusar a participar de práticas de marketing legalmente questionáveis associadas ao OxyContin.[50] A Purdue foi veemente ao negar tais alegações, dizendo que Karen, na verdade, tinha sido demitida por não bater as "quotas de venda".

Só que, na verdade, as quotas de venda eram o cerne do processo de Karen. Quando o caso foi a julgamento, o advogado dela disse ao júri que a Purdue tinha agido em retaliação contra sua cliente quando ela se recusou a fazer visitas a dois médicos que ela desconfiava estarem operando uma fábrica de prescrições.[51] Um dos médicos tinha aberto mão da licença federal para prescrição de narcóticos porque uma enfermeira estava distribuindo receitas ilegalmente no consultório. O outro perdeu a licença depois de ser acusado de trocar drogas por sexo. Mas, de acordo com Karen, quando ela reclamou com seu supervisor na Purdue em relação aos médicos, ele disse que ela deveria continuar a fazer as visitas porque eles tinham o potencial de prescrever altas doses de OxyContin. No processo, Karen afirmou que ficou hesitante diante das ordens de pressionar os médicos a prescrever "megadoses" de Oxy. "As ordens diziam que devíamos visitar... médicos que estavam prescrevendo narcóticos de forma inadequada", explicou, em depoimento, porque eram justamente aqueles médicos que levariam o representante a figurar entre os Toppers. "Quando um representante da Purdue ficava sabendo... que um médico estava prescrevendo de forma inadequada e que operava uma fábrica de prescrições, muitas vezes eles não denunciavam para a empresa porque ganhavam rios de dinheiro com esses médicos."[52]

De acordo com Karen, a Purdue só se concentrava em uma coisa: no aumento das vendas. "A empresa só queria saber de ganhar dinheiro", afirmou ela. "Nós tínhamos que vender o OxyContin. Ponto."[53]

Em determinado momento do depoimento, Karen estava falando sobre os parâmetros do trabalho como vendedora quando um dos advogados da Purdue mudou abruptamente de assunto.

— A senhora já usou drogas ilícitas?[54]

Karen foi pega de surpresa.

— Eu o quê? — perguntou ela.

— Já usou drogas ilícitas?

— Não — respondeu Karen.

— Nunca na vida?

— Não — repetiu ela.

— Já tomou anfetamina?

— Não.

— Você já tomou uma coisa chamada "cristal"?

— Não — disse ela, antes de acrescentar: — Não que eu me lembre.

— Então, você afirma em depoimento que nunca fez isso — disse o advogado. — Correto?

O tom de Karen mudou.

— Não me lembro de ter tomado — disse ela, esclarecendo em seguida: — Talvez eu tenha tomado na faculdade.

A Purdue tinha investigado o passado de Karen White.

— Você se lembra de tomar metanfetamina, também conhecida como "cristal", na faculdade? — insistiu o advogado.

— Lembro — respondeu White.

— E o cristal é ilícito, não é?

— Correto.

— Você pode descrever para mim? — pediu o advogado. — Era algum tipo de comprimido?

— Creio que foi na forma de comprimido — respondeu Karen.

Quando o caso foi a julgamento, o advogado de Karen solicitou que a evidência da indiscrição cometida por Karen na juventude fosse tirada dos autos, pois a Purdue poderia tentar usar aquilo para desacreditá-la como testemunha.[55] Mas essa era uma tática clássica de Howard Udell. Exatamente como fizera com Martha West, se alguém propusesse questões legítimas sobre a conduta da empresa, a Purdue tentava manchar a reputação da pessoa como se ela fosse instável e usuária de drogas.

Karen White não buscava uma grande indenização da Purdue. Pedia 138 mil dólares e salários e benefícios perdidos, uma fração mínima do que a empresa pagava para seus advogados e investigadores no caso.[56] Na corte, havia um time de advogados de prestígio sentados à mesa da Purdue. Do lado oposto, apenas Karen White e seu advogado solitário. "Esse sistema de marketing é corrompido pelo dinheiro, é corrompido pela ganância, e essa senhora se recusou a entrar na dança." Mas, no fim das contas, o júri ficou ao lado da Purdue.

"Eu com certeza fui a vítima", disse Karen White depois.[57] E não estava errada. No julgamento, ela acabou dando o nome de treze médicos de quem suspeitava na época em que trabalhava para a empresa.[58] Onze deles foram presos ou perderam a licença para praticar medicina por prescrição irresponsável.

Os Sackler e a Purdue adotaram uma abordagem agressiva semelhante em relação ao escrutínio da imprensa. Robin Hogen, responsável pela assessoria de imprensa da empresa na resposta a crises, adotou uma postura excessivamente hostil diante dos jornalistas com os quais tinha que lidar, avisando aos repórteres para terem cuidado na cobertura do caso, porque "estamos de olho".[59] Em outubro de 2003, o *The Orlando Sentinel* publicou uma série importante de reportagens sobre o OxyContin e seus dissabores: "OxyContin na mira: analgésicos deixam um rastro de morte". A repórter investigativa do jornal, Doris Bloodsworth, escreveu a série e sugeriu que nem todo mundo que sofreu uma overdose do remédio era "usuário" de drogas como a Purdue alegava e que, na verdade, havia casos de "vício acidental", quando os pacientes tomavam o medicamento exatamente como prescrito, mas acabavam viciados assim mesmo.

Doris levou nove meses para escrever as reportagens. Quando tentou conseguir os planos de marketing da Purdue que os investigadores estaduais obtiveram por intimação, a empresa foi aos tribunais para bloquear a revelação, afirmando que o material continha "segredos comerciais".[60] Quando a série foi publicada, parecia o tipo de relato que poderia ser um grande golpe contra a Purdue. Doris se concentrou na alegação central da defesa da empresa — a de que os pacientes que recebiam a prescrição de OxyContin por um médico e tomavam o medicamento corretamente, conforme prescrito, não se viciavam — e descobriu que era duvidosa.

No entanto, a Purdue colocou seu consultor de crises Eric Dezenhall no caso. Um dos serviços que Dezenhall oferecia aos clientes era uma análise minuciosa de qualquer narrativa hostil na mídia, porque, como ele afirmava, até mesmo jornalistas reconhecidos e experientes poderiam ser ocasionalmente "descuidados".[61] Quando Dezenhall e seus associados começaram a investigar, encontraram buracos na reportagem de Doris. Duas das pessoas que ela afirmou terem se viciado "por acidente" tinham histórico prévio de uso de drogas.[62] Um estudo mais atento dos dados sobre as mortes por overdose mostrou que, embora o OxyContin talvez tivesse sido encontrado no corpo de muitas das vítimas, havia outras substâncias também. Então, por que culpar unicamente o medicamento da Purdue? Udell discutiu a possibilidade de entrar com uma ação por difamação contra o *Sentinel*, sugerindo que "podia provar, praticamente sem sombra de dúvidas, que as reportagens foram maliciosas".[63] Mas a Purdue acabou apenas pressionando o jornal até receber uma retratação pública.[64]

É claro que o cerne da história veiculada pelo *Sentinel* era verdadeiro: pacientes que sofriam de dor se viciaram em OxyContin e, em alguns casos, tiveram uma overdose e morreram. Mas os erros nas reportagens de Doris deram aos funcionários burocráticos da empresa a munição de que precisavam, e eles começaram a persegui-la.[65] Um jornalista solidário à causa da Purdue escreveu um artigo no *Slate* sobre o "mito" do vício acidental, acusando Doris de semear histeria e desinformação, sugerindo inclusive que as pessoas que morreram de overdose de OxyContin não passavam de "drogados comuns".[66] Doris acabou pedindo demissão do jornal e abandonou o jornalismo. Um porta-voz da Purdue reconheceu a satisfação da empresa em ter tido a oportunidade de "colocar tudo em pratos limpos".[67]

Outro alvo da Purdue era Barry Meier, que continuava escrevendo matérias para o *The New York Times* sobre a empresa, e os relatos dele eram devastadores. No fim de 2001, o jornalista decidiu transformar as reportagens em livro. Em determinado momento, pegou um trem para Stamford a fim de ter uma reunião na sede da Purdue com Michael Friedman, Paul Goldenheim e Howard Udell. Os três homens foram cordiais, dando uma impressão de informalidade. "Até o início do ano 2000, nós não sabíamos da existência de um problema", disse Friedman ao jornalista.[68] Sobre o MS Contin, Goldenheim disse: "Eu não soube de nada a respeito de viciados que buscavam esse medicamento." Barry se mostrou interessado no programa da Purdue, que ainda estava ativo na época, de cupons para pacientes começarem o tratamento com um mês de OxyContin grátis.

— Estamos agora numa era diferente — disse Barry. — Os norte-americanos não têm mais nenhum senso de inocência em relação ao uso do OxyContin como droga recreativa. Por que, mesmo sabendo disso, vocês querem continuar distribuindo amostras grátis?

— Ora, nós trabalhamos para ensinar os médicos como tratar a dor e como usar nossos produtos — explicou Friedman. — E sentimos que devemos poder fazer isso.

Enquanto Barry trabalhava no livro, recebeu uma carta austera de Howard Udell, sugerindo que ele submetesse o manuscrito à análise da Purdue e do próprio Howard antes da publicação.[69] Como o jornalista se recusou, o advogado escreveu para o presidente da Rodale, a editora de Barry, expressando sua "grande preocupação" em relação ao caráter tendencioso do autor e exigindo, novamente, revisar o texto. "Nossas empresas, e as famílias que as fundaram, trabalharam com afinco e por muito tempo para conquistar e desfrutar uma excelente e merecida reputação", escreveu Udell, com apenas um tom de ameaça. "As duas empresas sofrerão grandes danos se o livro for publicado sem uma revisão cuidadosa para assegurar a veracidade."[70]

A cobertura do OxyContin, feita por Barry Meier e outros jornalistas, raramente mencionava a família Sackler. Mas isso não significava que a família não estava preocupada. O público poderia até não ter ligado o nome dos Sackler ao medicamento, mas, quando os amigos e conhecidos da família liam as matérias negativas que saíam nos jornais, eles sabiam muito bem quem era o dono da empresa. "Aguente firme, Richard", escreveu Jay Wettlaufer, um amigo da família, por e-mail, depois de ler um artigo desfavorável à empresa em 2001. "Lembre-se de que você é um cara muito legal e cheio de boas intenções. Nenhum repórter ou advogado pode tirar isso de você."[71]

"Obrigado pelo apoio", respondeu Richard, após a meia-noite de um sábado. "Esse vilipêndio é uma merda."[72]

No dia seguinte, Raymond escreveu ainda: "Gostaria de tentar discutir uma coisa com você. Acredito que a mídia agarrou de forma nefasta a posição de colocar os usuários de drogas como vítimas em vez de criminosos." Àquela altura, esse mote já estava ficando um pouco cansativo para quem conhecia Richard. Mas Jay se ofereceu como um ouvido amigo. "Eles são criminosos", continuou Richard. "Por que se sentem no direito de despertar nosso sentimento de pena?"[73]

"Eu não acredito que os usuários de drogas sejam, na maior parte, criminosos nefastos", retrucou Jay. "Tenho certeza de que, quando você não estiver com tanta raiva, vai concordar comigo." A vida dessas pessoas "é muito mais difícil do que a nossa. Eles são dignos de pena". Mesmo assim, ele disse: "Você não está fazendo NADA DE ERRADO. É isso que conta... Respire fundo, Richard. Você vai passar por tudo isso com sua humanidade intacta. No fim das contas, é tudo que temos."[74]

Como alguém que nunca se acovardava diante de uma discussão, ainda mais uma como aquela, Richard insistiu, iniciando outra rodada: "Eu entendo o que está dizendo, mas não concordo. Os usuários de drogas estão agindo de forma errada e sabem que estão cometendo um crime grave. Eles fazem isso sem se preocupar com sua responsabilidade em relação à sociedade, à família e a eles mesmos."[75]

Àquela altura, Jay estava começando a perder a paciência com o amigo. "Pessoas pobres da cidade ou da zona rural do Kentucky nunca se dão o luxo de pensar no seu 'dever para com a sociedade'. Eles só pensam em sobreviver dia após dia", escreveu ele. O "crime" deles não é "motivado pela ganância, nem pelo ódio, mas por um vício poderoso. Aposto um bom dinheiro que a grande maioria dos usuários de drogas não queria ter esse vício".[76]

"Melhor não fazer essa aposta", respondeu Richard. Os viciados *querem* ser viciados, afirmou. "Eles continuam alimentando o vício uma vez após a outra."[77]

Para um homem tão inteligente, Richard era capaz de atingir um nível impressionante de afastamento emocional e cognitivo da realidade. Em 2002, outro amigo, um anestesista, entrou em contato. O homem lhe informou que, na escola particular de elite da filha dele, o OxyContin era considerado uma "droga de grife, como a heroína". O anestesista disse: "Odeio ter que dizer isso, mas você pode se tornar o Pablo Escobar do novo milênio."[78]

Richard não era o único dos Sackler a sentir que não tinha nada pelo que se desculpar. As diferentes alas da família, o lado A e o lado B, costumavam ter dificuldade para encontrar um ponto de concordância. No entanto, quando o assunto era o OxyContin, eles estavam de acordo. Era uma negação coletiva, que permeava não só a família, mas também os diversos níveis da empresa. Em determinado momento, Robert Reder, o executivo que supervisionou a solicitação de aprovação do medicamento pela FDA, enviou um e-mail para alguns membros da alta gerência a fim de falar sobre o Hospital Silver Hill, uma clínica psiquiátrica de Connecticut próxima à sede da Purdue, especializada no tratamento de transtornos do uso de substâncias químicas.[79] Talvez alguém da empresa devesse entrar para a diretoria da clínica, sugeriu Reder. Isso seria uma hábil iniciativa em termos de relações públicas: um sinal de que, embora a empresa atacasse as pessoas que lutavam contra o vício, aquilo não significava que os Sackler ou a Purdue não fossem capazes de sentir compaixão.

— Algum interesse? — perguntou Reder.

—Embora eu acredite que essa seja uma instituição maravilhosa, estou bastante assoberbado no momento — respondeu Michael Friedman.

Em seguida, Howard Udell mandou exatamente a mesma resposta:

— Embora eu acredite que essa seja uma instituição maravilhosa, estou bastante assoberbado no momento.

— Idem — respondeu Paul Goldenheim.

Sem encontrar ninguém, Reder apelou diretamente para Kathe Sackler:

—Kathe, você quer alguém da Purdue na diretoria da Silver Hill?

— Robert, só se for útil para os nossos negócios — respondeu ela.

No outono de 2003, Barry Meier publicou seu livro, *Pain Killer: A "Wonder" Drug's Train of Addiction and Death* (Analgésico: a locomotiva de vício e morte de uma droga "maravilhosa", em tradução livre). O livro foi um trabalho pioneiro de jornalismo e uma avaliação brutal do impacto do remédio e da culpa da Purdue. "Em termos de poder de fogo narcótico, o OxyContin era uma arma nuclear", escreveu Barry Meier.[80] Os executivos da empresa "pareciam incapazes, ou relutantes, de tomar medidas drásticas até muito depois de as circunstâncias e a publicidade negativa os obrigarem a isso". Mas, àquela altura, já era "tarde demais", escreveu o jornalista. O medicamento já tinha provocado uma "verdadeira catástrofe".[81]

Na época do lançamento do livro de Barry Meier, o *The New York Times* estava lidando com um dos maiores desafios dos seus 152 anos de história.[82] O jornal tinha acabado de descobrir que um jovem repórter chamado Jayson Blair vinha quebrando secretamente as regras da profissão: Blair fabricava personagens e citações, mentia em relação a lugares nos quais nunca estivera e plagiava outras pessoas. Foi um tremendo escândalo para o jornal, incitando uma grande autocrítica, e um estudo interessante de contraste de culturas corporativas. A Purdue Pharma jamais admitiria um erro, quanto mais vestir o cilício do autoflagelo e pedir perdão. No entanto, em vez de tentar acobertar as transgressões de Blair ou rotulá-las como um caso isolado, uma única maçã podre, o *The New York Times* foi tomado por um surto de angústia existencial que abalou seu cerne. Os dois principais editores pediram demissão.[83] Um deles comparou toda a experiência com "caminhar em campo minado".[84]

De repente o respeitável jornal tinha se transformado numa caricatura de desconfiança e em motivo de piada nos programas noturnos. No período de introspecção que se seguiu, o jornal reuniu um comitê de 25 jornalistas para compilar uma lista de recomendações para assegurar que aquilo jamais voltasse a acontecer. Uma das sugestões foi que a publicação contasse com um ombudsman que pudesse servir como um juiz interno para resolver questões como aquela, uma verificação dos impulsos zelosos de repórteres e editores. Em outubro de 2003, o jornal nomeou seu primeiro "editor público", um jornalista veterano chamado Daniel Okrent.[85]

Daniel não era um jornalista de jornal, e sim de revistas. Mas seu trabalho, como ele mesmo explicou, era analisar o conteúdo do *The New York Times* e avaliar "se os leitores estavam sendo tratados de forma correta".[86]

Nos meses que dedicou à escrita do livro, Barry Meier não publicou matérias sobre o OxyContin no jornal. Mas, depois que o radialista Rush Limbaugh confessou, no outono de 2003, que tinha ficado viciado nesse e em outros analgésicos que os médicos prescreveram para dor na coluna, Barry escreveu uma matéria sobre o episódio.[87] Com o livro concluído e publicado, parecia que ele estava de volta.

Para a liderança na Purdue, aquilo foi alarmante. Eles passaram anos reclamando de Barry Meier e sua cobertura do OxyContin, afirmando que ele tinha manchado o nome da empresa com "reportagens sensacionalistas e tendenciosas".[88] Em 2001, Howard Udell tentou passar por cima de Barry ao visitar a redação do *The New York Times* com um séquito de funcionários da Purdue para falar diretamente com os chefes do jornal. No entanto, para grande frustração dele, os editores deram total apoio ao jornalista. O jornal nos "dispensou", como reclamou um dos colegas de Howard. E Barry Meier continuou acompanhando o caso.

Mas, com o *The New York Times* enfraquecido e Daniel Okrent buscando se encaixar no novo papel, Howard Udell e seu conselho de guerra viram uma oportunidade: decidiram apelar diretamente a Daniel, marcando uma reunião para vê-lo e lotando o pequeno escritório do jornal no 15º andar com seu séquito.[89] Eles argumentaram que Barry Meier deveria ser proibido de escrever sobre a Purdue ou o OxyContin para o jornal porque tinha publicado um livro sobre o assunto e aquilo poderia ser um conflito de interesses. Qualquer coisa que Barry escrevesse para o jornal seria simplesmente uma propaganda para o livro, concluiu Howard.

Foi um argumento plausível, do tipo que uma pessoa usa quando não tem nenhum outro melhor. No entanto, havia motivos para acreditarem que, se a Purdue tirasse Barry da história, as coisas talvez ficassem mais confortáveis para a empresa. Não era como se uma grande equipe no *The New York Times* estivesse debruçada sobre o OxyContin. Barry Meier era toda a equipe. Se o derrubassem, isso daria mais liberdade à empresa.

O advogado da Purdue[90] afirmou ainda que a publicação de *Pain Killer* representava um grave conflito, chegando a citar a política escrita do jornal de que "os funcionários nunca deveriam dar a impressão de que poderiam se beneficiar financeiramente com os resultados de uma reportagem" e exigindo que o repórter fosse tirado da cobertura do caso.[91] Após a reunião, Okrent mandou para Barry uma lista de perguntas sobre suas reportagens. O jornalista ficou revoltado, pois percebeu claramente que, como resultado do escândalo Blair, o *The New York Times* estava com medo da própria sombra e que a Purdue tinha sido cínica a ponto de aproveitar a oportunidade.

Pouco depois de ter recebido as perguntas de Okrent, Barry foi chamado ao escritório de Al Siegal, um dos principais editores do jornal, para discutirem se seria adequado ou não que o jornalista continuasse escrevendo matérias sobre analgésicos uma vez que tinha publicado um livro sobre o assunto. *É claro* que é apropriado, exclamou Barry. Ele era um perito no assunto. Tinha um profundo conhecimento do caso! Tinha conhecimento técnico! Tinha fontes! Ele nem mencionou seu livro na matéria sobre Rush Limbaugh. E só passou a citar a *Purdue* no 11º parágrafo. "Foi uma situação extremamente frustrante", declarou Barry anos mais tarde. "Achei injusto."[92]

Daniel Okrent publicou uma coluna com o título "Você pode seguir os princípios e ainda assim tropeçar", na qual disse que achava as reportagens de Barry Meier "justas e precisas de forma geral", mas argumentava que realmente havia um conflito de interesses. Alguns poderiam argumentar que a Purdue estava "fazendo tempestade em copo d'água", admitiu Daniel no texto, antes de concluir que seria melhor para a "reputação" do jornal se até mesmo "o menor sinal de conflito de interesses fosse evitado".

Al Siegal disse para Barry: "Você não vai mais escrever sobre os opioides." O *The New York Times* o tirou oficialmente da cobertura do caso. Muito depois, Daniel Okrent se defenderia, dizendo que tinha acabado de assumir o cargo de ombudsman do *The New York Times* quando escreveu a coluna sobre a Purdue, e reconheceu que sempre se perguntou, desde então, "se não teria cometido um erro". Barry Meier ficou furioso com tudo aquilo, contou Daniel. Na opinião do jornalista, o novo contratado tinha "sido manipulado", e a chefia do *The New York Times* ficou paralisada pelos temores em relação ao cerco que se fechava em torno da integridade do jornal, acovardando-se diante de brutamontes corporativos.[93] A Purdue Pharma agiu de forma inadequada e grave, uma conduta que Barry tinha quase certeza de que era criminosa. Durante anos, Howard Udell e outros escudeiros dos Sackler tentaram neutralizar o jornalista, impedindo que escrevesse reportagens sobre a verdade do que a empresa vinha fazendo. Ao que parecia, finalmente tinham conseguido.

Capítulo 20

QUEM VAI PAGAR O PATO?

JOHN BROWNLEE ERA UM jovem promotor com ambições políticas, criado na Virgínia e filho de um oficial de infantaria que servira na Guerra do Vietnã.[1] Formado em direito pela faculdade William & Mary, passou quatro anos no Exército. Algumas semanas antes de 11 de setembro de 2001, George W. Bush o nomeou advogado da União pela região Leste da Virgínia. Tratava-se de um cargo cobiçado, mas quem conhecia John na época diz que ele o considerava apenas um degrau na carreira. O que ele realmente queria era subir na hierarquia do Partido Republicano e concorrer ao cargo de procurador-geral. Depois disso, quem sabe? Governador? Senador?

Quando John Brownlee assumiu o cargo, o estado estava tomado pelo OxyContin. Pouco tempo depois, seu gabinete anunciou que uma série de pessoas que traficavam a droga se declararam culpadas.[2] A crise mantinha os promotores ocupados: toda semana surgiam mais acusações contra médicos, traficantes, farmacêuticos, ladrões de farmácia. E à medida que os casos iam surgindo, um denominador comum se evidenciava: um comprimido que parecia exercer enorme poder sobre a comunidade. E John começou a se perguntar quem *fabricava* esse medicamento.[3] Aquela tempestade começou a assolar seu estado quase da noite para o dia. Mas de onde estava vindo?

Sua equipe logo respondeu: Connecticut. Alguns meses depois que Brownlee começara a atuar como procurador federal, seu gabinete indiciou um médico chamado Cecil Knox por distribuição ilegal de OxyContin. Isso constituía, de certa forma, um cenário-padrão: uma clínica que fazia poucas perguntas e se tornava uma distribuidora prolífica de analgésicos opioides. No entanto, quando o gabinete começou a investigar Knox, descobriu-se que ele também trabalhava como palestrante remunerado. "Sabíamos que ele fazia palestras promocionais", disse o procurador em entrevista coletiva. "Para a Purdue."[4]

John Brownlee gostava de dar entrevistas coletivas. Na verdade, ele era exatamente o tipo de advogado que virava alvo de deboche de Howard Udell, como um "promotor excessivamente zeloso e com ambição política". Ele claramente se deleitava com a publicidade que recebia ao anunciar os indiciamentos e as admissões de culpa. Era até um pouco cômico: quando viajava pelo estado, ele levava no porta-malas um púlpito portátil com pernas dobráveis para usar caso precisasse dar alguma declaração improvisada para a imprensa.

Só que dois promotores que trabalhavam para John, Randy Ramseyer e Rick Mountcastle, já tinham aberto uma investigação contra a Purdue.[5] Randy e Rick trabalhavam no escritório de Abingdon, uma cidadezinha em Blue Ridge Mountains. Era uma operação enxuta: o gabinete ficava ao lado de um consultório odontológico num centro comercial. Mas ambos eram promotores experientes e obstinados, e viram em primeira mão o sofrimento que o OxyContin tinha provocado na comunidade.

Todo promotor é motivado por um complexo conjunto de princípios e desejos. Para alguns, os deveres da Justiça são o principal; para outros, os holofotes. Mas ambos os impulsos são satisfeitos pela perspectiva de um grande caso. "Estávamos ali discutindo o caso para decidirmos onde o golpe seria mais forte. Decidimos dar uma olhada na Purdue", relatou Rick Mountcastle.[6] Aquela farmacêutica era uma empresa familiar localizada em Stamford, em Connecticut, que tinha começado a ganhar bilhões de dólares com a venda de OxyContin e parecia ter um papel importante. É claro que havia outras farmacêuticas e empresas fabricando opioides, mas a Purdue parecia ser a principal culpada na época. O uso abusivo de medicamentos sob prescrição médica sempre foi um problema na região dos Apalaches. No entanto, o advento do OxyContin foi o ponto de virada, e os dois promotores viviam ouvindo histórias sobre a estratégia comercial agressiva dos representantes de vendas da Purdue e como eles coagiam os farmacêuticos a atender as prescrições.[7] Um farmacêutico de cidade pequena costuma conhecer os pacientes pelo primeiro nome, sabendo muito bem quem poderia precisar de verdade de um grande volume de analgésicos opioides e quem claramente não precisava. Que tipo de modelo de negócios fazia com que os representantes da Purdue pressionassem os farmacêuticos a continuar vendendo medicamentos para pessoas que eles sabiam não serem pacientes legítimos?

Quando os promotores mencionaram a ideia de mirar na Purdue, John Brownlee deu total apoio e disse para eles "avançarem com tudo". Aquela não seria uma questão cível, do tipo que a empresa já estava enfrentando por todos os lados e com sucesso. Seria uma investigação criminal. Os promotores começariam a colher provas, interrogar pessoas e solicitar documentos internos da empresa.

— E se não encontrarmos nada? — perguntou Randy Ramseyer.

— Pelo menos teremos investigado — respondeu Rick Mountcastle.

Em 3 de dezembro de 2002, os promotores de Abingdon enviaram uma intimação para Connecticut, requerendo os registros corporativos de fabricação, marketing e distribuição do OxyContin.[8] Rick Mountcastle já tinha vinte anos de carreira na época, tendo trabalhado no Departamento de Justiça em Washington e participado de processos judiciais em todo o país. Não via nenhum motivo para uma dupla de promotores trabalhando numa lojinha de um centro comercial não poder construir um caso criminal contra uma grande corporação.

No entanto, para fazer aquilo, precisariam de mais espaço de trabalho. A cerca de um quilômetro e meio do centro comercial, do outro lado da via expressa, havia um complexo moderno de escritórios que parecia destoante naquele cenário e, para os padrões de Abingdon, era bastante luxuoso. Rick o chamava de Taj Mahal. Lá os promotores prepararam um conjunto de salas para trabalhar no caso. Como era uma operação bem enxuta, eles formaram uma equipe com funcionários emprestados de outras agências: um especialista em fraude médica do gabinete do procurador-geral, dois investigadores da FDA e um agente especial da Receita Federal.[9]

Se a Purdue ia ser obrigada a entregar documentos, Rick imaginou que a empresa usaria o velho truque de soterrar a promotoria com papéis.[10] Os advogados da Purdue logo responderiam a intimação mandando tantos documentos que a promotoria nunca conseguiria analisar tudo. Se realmente *houvesse* arquivos incriminadores, a farmacêutica ia fazer de tudo para que não fossem encontrados. Dito e feito: caixas e mais caixas cheias de arquivos começaram a chegar ao Taj Mahal. Chegavam em caminhões da FedEx, uma após a outra, com dezenas de milhares de páginas, depois centenas de milhares e, por fim, *milhões* de páginas. Era um oceano de papel. Era mais do que qualquer pessoa, ou equipe de pessoas, poderia ler em toda uma vida. Em determinado momento, alguém tirou uma foto da sala de provas, mostrando mais de mil caixas empilhadas, nove na vertical e vinte fileiras, numa rede de prateleiras de aço.[11]

Os investigadores, porém, tinham previsto esse desafio e o confrontaram usando uma estratégia sistemática. Cada documento que chegava era escaneado e inserido num banco de dados. À medida que consultavam os arquivos internos da Purdue e criavam um panorama da estrutura interna da empresa, os investigadores começaram a fazer intimações mais detalhadas. No fim das contas, os promotores de Abingdon enviaram para a Purdue

264   PATRICK RADDEN KEEFE

seiscentas intimações diferentes enquanto investigavam os registros confidenciais, focando em áreas particulares de interesse.[12]

Para enfrentar o caso, Howard Udell contratou um advogado poderoso de Washington chamado Howard Shapiro, que já havia trabalhado como consultor-geral do FBI e era sócio da firma de advocacia Wilmer Cutler Pickering Hale & Dorr. Como já tinha experiência em Washington, Rick Mountcastle era bastante cético em relação a um fenômeno que descrevia como "porta giratória".[13] Numa firma como a Wilmer, muitos dos sócios tinham ocupado altas posições no Departamento de Justiça, e, no Departamento de Justiça, muitos dos advogados em altos cargos já tinham trabalhado (e talvez ainda quisessem voltar a trabalhar) em firmas como a Wilmer. Como resultado, era impossível escapar de um certo nível de familiaridade entre os principais sócios dessas firmas particulares e os indicados políticos do Departamento de Justiça. Bastava entrar num restaurante elegante perto da Casa Branca na hora do almoço em um dia de semana e provavelmente haveria alguns funcionários do Departamento de Justiça confraternizando com o inimigo. Rick Mountcastle talvez tivesse alguns ressentimentos. Gostava de brincar, em tom seco, que era apenas "um advogado naquele pequeno escritório de Podunk". Mas, se a Purdue estava usando um advogado como Howard Shapiro, Rick receava que a empresa talvez tentasse vencer o caso não com base nos méritos, mas usando advogados caros para passar por cima de Rick e de seu chefe, John Brownlee, e persuadir os líderes políticos do Departamento de Justiça a arquivarem o caso.

E foi exatamente o que a empresa fez. À medida que os promotores emitiam novas intimações, a equipe da defesa apelou diretamente para uma das pessoas mais poderosas do Departamento de Justiça, o subprocurador-geral da república James Comey. A mensagem era simples: esses promotores de Abingdon estão enganados e o departamento precisava "controlar a região Leste da Virgínia", como disse Howard Shapiro.[14] Então, Comey convidou John Brownlee para uma reunião em Washington. Rick Mountcastle e Randy Ramseyer fizeram um resumo abrangente do caso, mostrando todas as provas reunidas e explicando por que aquela investigação era legítima e deveria ser mantida. Brownlee foi até Washington, mas, quando chegou ao grandioso escritório do subprocurador, Comey nem quis ver as provas. Pediu que John fizesse um resumo dos principais parâmetros da investigação. Houve um momento de confusão em que John precisou explicar para James Comey que o caso era contra a Purdue Pharma, fabricante do OxyContin, não a Perdue Farms, uma empresa de processamento de frangos. Quando a questão foi esclarecida, James Comey disse: "Volte para a Virgínia e continue o caso."[15] Não precisou ouvir mais nada.

Para os promotores da Virgínia, foi um grande alívio saber que contavam com a confiança e o apoio do subprocurador-geral James Comey, e eles voltaram ao trabalho. Rick Mountcastle sabia que enfrentariam um exército de advogados. Até onde Rick sabia, provavelmente havia uns vinte associados trabalhando no caso na firma de advocacia de Shapiro, então era preciso pensar em alguns truques para manter os adversários ocupados.[16] Às vezes, Rick colocava o despertador para tocar às quatro horas da manhã aos domingos, trocava de roupa, tomava café e mandava um fax para os advogados da Purdue. A ideia era que, dessa forma, quando vissem o horário do fax, eles pensassem que os advogados de Abingdon também deviam ter um exército de associados, trabalhando 24 horas por dia, sete dias por semana.

Além dos milhões de páginas de documentos que receberam, os investigadores conduziram cerca de trezentos interrogatórios.[17] E o que descobriram foi espantoso. A chefia da Purdue tinha criado uma narrativa mentirosa sobre a empresa tanto para as autoridades quanto para o público geral com a mesma eficiência com que tinham mentido para os médicos sobre o OxyContin. Antes de ser demitida, a secretária jurídica de Howard Udell, Martha West, notara que seu chefe estava ficando cada vez mais paranoico em relação à retenção de documentos da Purdue e às declarações que os funcionários colocavam no papel.[18] Mas Howard Udell tinha bons motivos para estar nervoso. Com as intimações, os investigadores de John Brownlee coletaram e-mails, memorandos, atas de reuniões e planos de marketing da empresa. Além disso, receberam as observações de campo de representantes de vendas como Steven May, que documentaram todas as interações com médicos e farmacêuticos. O que os investigadores descobriram enquanto analisavam o material foi que praticamente todos os principais elementos da história que a Purdue vinha contando sobre sua própria conduta não passavam de mentiras.

A afirmação dos funcionários da Purdue de que a empresa não tinha motivo para prever, de antemão, que o OxyContin poderia ser usado como droga caiu por terra pelos próprios documentos da empresa. Os mesmos executivos que declararam em depoimento não terem tido qualquer indicação de uso abusivo significativo do MS Contin haviam trocado e-mails sobre o assunto em diversas ocasiões. "Quando eu era gestor no Meio-Oeste... eu recebia esse tipo de notícia sobre o MS Contin o tempo todo de todos os lugares", escreveu Mark Alfonso, funcionário da Purdue, em e-mail de junho de 2000. "Algumas farmácias não mantinham o MS Contin em estoque por temerem roubos."[19] (Michael Friedman encaminhou o e-mail para Howard Udell perguntando: "Você realmente quer ter essa conversa por e-mail?")

No entanto, outro motivo para a Purdue ter previsto que o medicamento poderia ser usado de forma abusiva era que os próprios estudos internos mostraram que o efeito terapêutico do OxyContin não funcionava como anunciado.[20] Num dos estudos clínicos da Purdue em pacientes com osteoartrite, dois entre seis pacientes relataram sintomas de abstinência quando paravam de tomar até mesmo doses baixas do medicamento. Ainda assim, segundo a bula final, pacientes que ingeriam doses de até 60 miligramas poderiam parar de tomar o medicamento "abruptamente sem qualquer incidente".[21] Além disso, os promotores de John Brownlee descobriram que a força de vendas era orientada a distribuir um artigo que afirmava não haver sintomas de abstinência quando se parava de tomar doses baixas.

Quando Barry Meier entrevistou Michael Friedman, Paul Goldenheim e Howard Udell em 2001, eles afirmaram terem ficado surpresos ao descobrir que as pessoas dissolviam o OxyContin em água e injetavam o medicamento direto na veia e que uma possibilidade daquelas jamais tinha passado pela cabeça deles.[22] No entanto, como os promotores descobriram, a empresa analisara essa questão ao conduzir um estudo chamado "colher e injeção" para determinar a quantidade de oxicodona que se poderia obter ao dissolver os comprimidos em líquido. O estudo descobriu que a maior parte da carga narcótica do OxyContin podia ser acessada dessa forma.[23] (De acordo com as descobertas dos promotores, apesar disso, a Purdue continuou treinando os representantes de vendas para dizer aos médicos que o medicamento não podia ser injetado.)[24]

Era de se esperar que a FDA estivesse alerta aos perigos. Mas os investigadores em Abingdon descobriram provas perturbadoras sobre o relacionamento entre a Purdue e o regulador da FDA, Curtis Wright.[25] Os contatos de Curtis com os executivos da empresa eram "de natureza extremamente informal", concluíram os promotores. A equipe de John Brownlee descobriu um e-mail de março de 1995 no qual Robert Reder, o executivo que supervisionou o requerimento na FDA, tinha informado Howard Udell, nove meses antes da aprovação final, que Curtis Wright "confirmara" que o OxyContin seria aprovado.[26] Rick Mountcastle começou a desconfiar que, antes de sair da agência, o regulador devia ter feito algum acordo com a Purdue sobre

IMPÉRIO DA DOR   267

a possibilidade de firmarem um contrato futuro. "Acho que havia algum tipo de acordo secreto", refletiu Rick. "Não tenho como provar, então é só uma opinião pessoal. Mas, se você olhar para a situação como um todo, não há outra explicação plausível."[27]

A Purdue não tinha nenhuma evidência para sugerir que o OxyContin viciava menos do que outros analgésicos, mas ainda assim a FDA permitiu que a empresa fizesse essa alegação. Então, os representantes de vendas seguiram com aquela campanha enganosa. As anotações de campo da força de vendas documentavam que os representantes disseram para os médicos e farmacêuticos, repetidas vezes, que o medicamento não causava a sensação de euforia, que havia menos picos e vales e que menos de 1% dos usuários se viciava. Ao analisá-las, os promotores concluíram que aquilo constituía uma campanha coordenada e com roteiro fechado. "A defesa num caso como esse é sempre 'foram algumas maçãs podres'", disse John Brownlee. "Mas, quando olhamos as anotações, a política da empresa começou a ficar bem clara."[28] Os investigadores pegaram um mapa dos Estados Unidos e, sempre que encontravam provas de alegações fraudulentas de marketing nas anotações de visita, pintavam de vermelho o estado onde a visita tinha acontecido. "Quando nos demos conta, o país *inteiro* estava pintado de vermelho", descreveu John.

"Esses caras foram treinados", concluiu ele. Os representantes não estavam inventando aquelas alegações exageradas em relação à segurança do medicamento. E havia provas daquilo também. A Purdue enviara fitas de vídeo mostrando as sessões de treinamento da força de vendas, em que os supervisores os encorajavam explicitamente a fazer alegações que a empresa sabia não serem verdadeiras. John Brownlee ficou animado: "Eles estavam literalmente *treinando* as pessoas para mentir sobre o produto."

Os investigadores encontraram provas de que os representantes de vendas continuavam visitando médicos cuja licença tinha sido temporariamente revogada — mesmo sabendo disso.[29] Encontraram anotações de um representante de Ohio que relatou, em 1999, a visita a um médico que só queria falar sobre o "valor de venda do OxyContin na rua".[30] Acharam a transcrição, também de 1999, de uma ligação telefônica em que Michael Friedman dizia a um relações-públicas: "Nós temos um comprimido de OxyContin que contém 80 miligramas de oxicodona. Essa quantidade equivale a 16 comprimidos de Percocet... É por isso que os viciados querem nossos comprimidos."[31]

Até mesmo as alegações da Purdue sobre a própria contribuição nobre de aliviar a dor dos pacientes se tornaram, em muitos casos, enganosas. Nos anos

268 PATRICK RADDEN KEEFE

1950, Arthur produziu a Sigmamicina e a anunciou com cartões de visita de médicos que supostamente endossavam o produto, e esses cartões pareciam legítimos. No entanto, John Lear, o jornalista do *Saturday Review*, descobriu que tais médicos não existiam. Depois que Richard Sackler sugeriu a produção de uma coleção de depoimentos, a empresa procurou Alan Spano, o especialista em dor da Carolina do Norte, para que ele fizesse o vídeo *I Got My Life Back*. Só que a verdade era que aqueles depoimentos não eram tão genuínos quanto pareciam. Johnny Sullivan, o empreiteiro que falou sobre como as coisas melhoram quando começou a tomar o medicamento, teve que parar de tomá-lo. "Ele agora toma metadona em vez de OxyContin para reduzir o custo", revelou Alan Spanos em e-mail que os investigadores descobriram.[32] Mesmo assim, Spanos queria que Johnny aparecesse no vídeo de reforço da Purdue, *I Got My Life Back, Part II*. "Johnny se saiu muito bem no filme", elogiou Spanos. "Espero que isso não o impeça de participar novamente!" Johnny apareceu no segundo vídeo, embora não tomasse mais OxyContin. Ele falou de "andar de moto" e "carregar peso". Elogiou o remédio por não ter efeitos colaterais, afirmando: "Nada de sonolência por aqui."[33]

O legado do vídeo *I Got My Life Back* acabou sendo mais grave do que os promotores de Abingdon poderiam imaginar. Para os Sackler, a sugestão era sempre uma classificação simples, pacientes de um lado, viciados em drogas de outro, e a alegação de que os pacientes legítimos que precisavam se tratar com OxyContin não ficavam viciados. Só que alguns se viciaram, até mesmo pacientes que apareceram nos vídeos promocionais. De acordo com uma matéria do *Milwaukee Journal Sentinel*, três dos sete pacientes do primeiro vídeo se beneficiaram muito com o OxyContin, usando-o para aliviar a dor de longo prazo.[34] Mas outros enfrentaram mais dificuldades. Uma das pacientes, Lauren, contou no vídeo sobre a forte dor nas costas que sentia. Então, a dose de OxyContin que tomava foi dobrada e, depois, dobrada de novo. Ela perdeu o emprego e não tinha mais como arcar com os 600 dólares mensais de que precisava para comprar o medicamento. Quando tentou parar de tomar, sofreu de abstinência aguda. Lauren não conseguiu mais pagar a hipoteca e começou a gastar todo o dinheiro com o remédio. Perdeu o carro, a casa e, no fim, teve que entrar com um pedido de falência. Então, finalmente fez o desmame da droga e concluiu que "se não tivesse parado de tomar o medicamento provavelmente teria morrido".

Outro paciente que aparecia no vídeo, chamado Ira, sofria de fibromialgia e disse que o OxyContin o ajudava a encarar a fisioterapia e os exercícios. Alguns anos depois, foi encontrado morto no apartamento, aos 62 anos de idade. A causa da morte foi hipertensão e doença cardiovascular. Mas havia dois opioides na corrente sanguínea dele, de acordo com o relatório toxicológico, sendo um deles a oxicodona. Ira tinha acabado de sair de um centro de desintoxicação. Havia comprimidos no bolso dele quando morreu.[35]

Johnny, o empreiteiro, também continuou tendo dificuldades com os analgésicos e acabou se viciando em OxyContin. Em determinado ponto, sua esposa, Mary Lou, disse para os filhos: "Esse remédio vai acabar matando seu pai." Ele foi hospitalizado em mais de uma ocasião após overdoses acidentais. Com o tempo, ficou tão incapacitado pela dependência de OxyContin e morfina que Mary Lou foi obrigada a cuidar dele como se fosse um inválido; era ela que o vestia, calçava as meias e os sapatos, fazia a barba e lavava o cabelo.[36] Johnny tinha uma pochete de comprimidos que escondia embaixo do banco da picape. Um dia estava voltando para casa depois de uma caçada quando o carro capotou. Ele morreu na hora, aos 52 anos.

Enquanto os investigadores da Virgínia montavam o caso, a família Sackler estava planejando uma grande celebração, em Connecticut, para comemorar o aniversário de cinquenta anos da compra da Purdue.[37] O ano de 2002 marcava meio século desde que Arthur Sackler tinha comprado a pequena farmacêutica de Greenwich Village para os irmãos. A corporação que Mortimer e Raymond construíram, e que Richard subsequentemente modernizou, tornou-se um empreendimento lucrativo que gerava mais de 1 bilhão de dólares por ano.[38] Mortimer e Raymond vinham se afastando da empresa para se concentrar em projetos filantrópicos. Mortimer recebeu a medalha da Ordem Nacional da Legião de Honra, a mais alta condecoração concedida pelo governo da França, em reconhecimento à sua generosidade.[39] Em 1999, foi nomeado cavaleiro pela rainha da Inglaterra, como acontecera com Raymond alguns anos antes.[40] (De acordo com um conhecido dos irmãos, Mortimer ficou muito chateado por seu irmão mais novo, que sequer *morava* na Inglaterra, ter recebido o reconhecimento antes dele.) Um comentarista britânico da revista *Harper & Queen* sugeriu que as grandes doações que faziam para instituições culturais e educacionais foram uma forma que os irmãos encontraram de "comprar a imortalidade".[41]

Em 2003, enquanto os investigadores da Virgínia classificavam os documentos que receberam por intimação na sala de arquivos do Taj Mahal, Richard Sackler deixou o cargo de presidente da Purdue. "Eu fui um executivo ativo até 2003", disse em depoimento. "Depois disso, passei a ser apenas um membro do conselho diretor."[42] Na verdade, aquilo foi mais uma mudança de nome do que do papel prático que desempenhava, já que Richard continuou intimamente envolvido com as operações cotidianas da empresa. Mantinha um forte senso de investimento pessoal quando se tratava do OxyContin, chegando a monitorar obsessivamente as vendas do medicamento, exigindo atualizações constantes. "O dr. Richard tem que dar um tempo", reclamou um executivo em um e-mail interno após Richard supostamente ter "se afastado" da empresa. "Ele está sobrecarregando as pessoas e criando um monte de trabalho extra, aumentando os níveis de estresse e pressão."[43] Para assumir o lugar de presidente da Purdue, os Sackler indicaram Michael Friedman, o mesmo homem que tinha supervisionado a campanha de marketing do OxyContin e que estava atraindo tanto escrutínio. Michael fora contratado pelo próprio Richard. "Ele e Michael eram muito próximos", disse Robin Hogen. "O dr. Richard estava ao lado dele o tempo todo, como conselheiro, crítico, mentor e torcedor."[44] Só que Richard nunca foi uma pessoa disposta a entregar o comando. Em determinado momento, Friedman reclamou com ele de suas "frequentes interações com os subordinados", dizendo: "Você influencia as prioridades com seus comunicados e enfraquece o direcionamento que eu dou para as pessoas, e isso reduz nossa eficácia. Você não para de fazer isso, e não é legal."[45]

O irmão de Richard, Jonathan, e seus primos Kathe e Mortimer também deixaram a vice-presidência.[46] No entanto, como um promotor explicou posteriormente, aquela "movimentação foi feita só para o público. Os Sackler mantiveram o controle da empresa".[47] O orgulho que a família sentia do OxyContin não diminuiu com a onda de mortes, nem com a de processos, nem mesmo com a investigação federal na Virgínia. Na verdade, à medida que a festa de comemoração dos cinquenta anos da empresa se aproximava, a principal preocupação de Kathe Sackler era que Richard, seu rival na família, roubasse o crédito pela invenção do medicamento, um crédito que ela sentia que deveria ser seu por direito. Os Sackler planejavam produzir um livreto especial comemorativo, e Kathe estava preocupada com a apresentação desse importante capítulo da história familiar. Depois de revisar o texto, ela enviou um e-mail exaltado ao pai: "Vou protestar incansavelmente e não vou aprovar qualquer documento que sugira ou implique, como esse texto faz, que foi Richard Sackler o responsável pela ideia de desenvolver um produto com a liberação controlada de oxicodona. Como você bem sabe, fui eu que contei para Richard a ideia que eu tinha em meados dos anos 1980, e ele me perguntou o que era oxicodona."[48]

A apelação inicial feita pela equipe jurídica da Purdue para James Comey talvez tenha sido em vão, mas não havia motivo para os Sackler se sentirem acuados. Eles estavam protegidos por Howard Udell, além de Howard Shapiro, em Washington, e por Mary Jo White. Como se a equipe já não fosse formidável por si só, eles ainda contrataram o ex-prefeito da cidade de Nova York, Rudy Giuliani. A empresa o contratou porque ele era, na época, considerado uma pessoa de impressionante renome nacional. Havia especulações de que ele seria candidato à Presidência em 2008, pois muitos achavam que o nome seria cogitado pelos Republicanos. Giuliani gostava daquele tipo de perfil reconhecido em Washington com o qual um aspirante a político como o promotor John Brownlee só poderia sonhar. Giuliani acabou expressando a vontade de se encontrar com John para conversar sobre o caso. Antes de se reunirem, Brownlee comprou e leu a autobiografia de Giuliani, que tinha acabado de ser publicada com o título *O líder*.[49]

"Giuliani era bom nisso", observou John: o ex-prefeito não parecia muito informado sobre as minúcias do caso, mas não havia sido para isso que a Purdue o contratara. "Ele era muito bem-apessoado, político e agradável", disse Rick Mountcastle, que também se encontrou com ele. "Eles queriam acabar com o problema, e Giuliani era do tipo de entrar e fechar o negócio."[50]

John Brownlee foi cortês, mas não retrocedeu. "Ele não é um mágico", disse. "Não tinha como mudar os fatos."[51] Os promotores reuniram provas de um comportamento tão chocante que achavam que caberiam, inclusive, acusações de crime não apenas contra a empresa, mas também contra três executivos que os Sackler tinham usado para representar a empresa com o OxyContin: Michael Friedman, Paul Goldenheim e Howard Udell.

Em Abingdon, Rick Mountcastle redigiu um documento confidencial conhecido como memorando da promotoria, no qual reuniu as provas incriminadoras que os promotores tinham juntado para montar o caso.[52] O documento, com a data de 28 de setembro de 2006, continha mais de cem páginas, resultado de cinco anos de investigação, com notas de rodapé meticulosas. Tratava-se de um catálogo incendiário da conduta ilegal da empesa. Não era apenas uma lista de crimes passíveis de processo: era uma comprovação, com detalhes forenses, do conhecimento e da orientação de tais crimes pelo alto escalão de executivos da Purdue. "Os conspiradores prepararam a força de venda da Purdue, oferecendo não apenas treinamento, mas também materiais de marketing" para fazer alegações fraudulentas, dizia o memorando. O depoimento juramentado de Michael Friedman, Paul Goldenheim e Howard Udell constituía uma clara contradição em relação aos documentos da própria empresa, afirmava o relatório. Os promotores não mediram palavras: os executivos da Purdue apresentaram um depoimento "falso e fraudulento" para o Congresso dos Estados Unidos.

De acordo com cinco ex-funcionários do Departamento de Justiça que estavam familiarizados com esses fatos, John Brownlee queria apresentar várias acusações contra os três executivos, inclusive de "falsidade comercial" (uma acusação de fraude envolvendo a apresentação enganosa de produtos farmacêuticos), além de fraude eletrônica, fraude por correspondência e lavagem de dinheiro. Os promotores costumam relutar em entrar com acusações criminais contra empresas de capital aberto por medo de, se o preço das ações despencar, aquilo criar uma punição financeira para os acionistas que não tinham conhecimento da condução criminosa em pauta. No entanto, no caso da Purdue, essa questão simplesmente *não existia*. Havia apenas os Sackler. O memorando da promotoria descrevia uma conspiração criminosa complexa, longa e altamente lucrativa. Os registros da empresa indicavam que a Purdue já tinha comercializado mais de 9 bilhões de dólares de OxyContin. Então, além das acusações de crime contra a farmacêutica e seus altos executivos, os promotores também pediriam uma multa. Começaram a determinar qual seria um valor aceitável, pois qualquer número seria sujeito a intensas negociações com os réus. No fim, decidiram que apresentariam o valor de 1,6 bilhão de dólares.[53]

Os Sackler poderiam ter ficado aliviados em saber que não eram citados, pessoalmente, como alvos da ação criminal. Aquele era precisamente o tipo de situação em que o esquema que a família manteve por décadas para obscurecer sua conexão com seus diversos empreendimentos viria bem a calhar. No entanto, quando os promotores processam uma corporação, raramente começam indiciando o CEO ou o presidente do conselho diretor.[54] Eles tendem a mirar primeiro nos membros do alto escalão da administração, que estejam a um ou dois degraus do topo. Um dos motivos para tal abordagem é que costuma ser mais fácil reunir provas contra esse nível mais baixo, porque os executivos têm um papel operacional mais prático e deixam muito mais pistas documentais ao longo do caminho. No entanto, em casos de crimes de colarinho branco, esses réus também constituem alvos mais frágeis. Em geral, são homens de meia-idade acostumados com luxos, com mãos macias e reputações irretocáveis. Ao indiciá-los com acusações criminais, eles se veem, de repente, diante da possibilidade de realmente ir para a prisão, e pensar nisso já é suficiente para se encherem de pavor. Como consequência, costumam ser convencidos a mudar de lado e implicar o CEO ou o presidente do conselho diretor em troca de um tratamento mais leniente.

O nome de Richard Sackler apareceu diversas vezes no memorando da promotoria. Como ex-presidente da empresa e membro do conselho diretor que mantinha contato próximo e constante com Michael Friedman e os outros executivos, era muito natural que ele estivesse no centro da investigação. No memorando da promotoria, Rick Mountcastle se referia aos Sackler como "a Família", observando que Michael Friedman, Paul Goldenheim e Howard Udell "se reportavam diretamente à Família".[55] Se os promotores abrissem um processo criminal contra os três executivos, com a ameaça real de prisão, parecia haver uma boa chance de convencerem pelo menos um dos acusados, ou todos os três, na verdade, a trair os Sackler e se transformar em testemunhas da promotoria.

No entanto, antes que as acusações contra os executivos fossem aprovadas, o caso foi enviado para a revisão do Departamento de Justiça em Washington. Na divisão criminal do departamento, o arquivo acabou na mesa de um jovem advogado chamado Kirk Ogrosky, que conversou com os promotores da Virgínia e passou dez dias revisando todo o memorando. Então, preparou seu próprio memorando sobre o caso, concluindo que era sólido.[56] "Talvez nenhum outro caso na nossa história rivalize, em termos do peso colocado sobre a segurança e a saúde públicas, com o articulado pelos nossos promotores da região Leste da Virgínia", escreveu ele, observando ainda que "o uso abusivo de OxyContin teve um impacto significativo na vida de milhões de norte-americanos". Aquele era um "caso justificado", no jargão do departamento, e o advogado recomendava que se seguisse com as múltiplas acusações de crime contra os executivos da empresa, enfatizando, ainda, que isso deveria acontecer sem delongas, já que a Purdue tinha "o interesse financeiro direto em buscar a extensão dos prazos", considerando que "as vendas e o marketing fraudulento" de OxyContin continuavam gerando uma receita de 100 milhões de dólares por mês.

Se o caso realmente fosse a julgamento, com aquela montanha de provas, num tribunal da região Leste da Virgínia, onde havia tantos possíveis jurados que provavelmente conheciam alguém cuja vida tinha sido afetada pelo OxyContin, não seria muito difícil garantir a condenação.[57] Na verdade, se os três executivos chegassem a ser indiciados, era bem provável que olhassem para as perspectivas que tinham e corressem para assinar um acordo de cooperação. Como um dos advogados que trabalhavam no caso observou: "Minha intuição me dizia que, se um dos três fizesse isso, seria o fim dos Sackler."

Mas não foi o que eles fizeram. Um dia em outubro de 2006, John Brownlee recebeu uma ligação informando que havia uma reunião agendada com a equipe de defesa para repassarem o caso no escritório da procuradora-geral adjunta. Tanto John como sua equipe ficaram alarmados. Não eram todos os réus de um caso criminal que conseguiam a oportunidade de passar por cima dos promotores e fazer uma apelação direta e informal aos funcionários do Departamento de Justiça, mas tais prerrogativas existiam e estavam disponíveis para todos os norte-americanos com dinheiro e recursos suficientes para exercê-las. Até mesmo em um sistema de Justiça burlável em nome dos ricos e poderosos, porém, era habitual que os promotores tivessem, pelo menos, a oportunidade de apresentar um resumo dos detalhes do caso para seus chefes, antes que estes se encontrassem com a defesa.

John Brownlee, Rick Mountcastle e Randy Ramseyer foram para Washington. A reunião aconteceu num grande salão de conferências anexo ao escritório da procuradora-geral adjunta, Alice Fisher, no qual havia uma mesa comprida de carvalho, cercada por cadeiras de couro. Livros de direito ocupavam todas as paredes, criando uma atmosfera de probidade solene. Howard Shapiro entrou, seguido por Mary Jo White e outros advogados da Purdue, assim como pelos três executivos.[58] A reunião foi conduzida por Alice, junto com vários outros funcionários públicos nomeados pela administração Bush, incluindo o chefe de gabinete de Fisher, Rob Coughlin. O próprio Coughlin se declararia culpado, posteriormente, num caso não relacionado, da acusação de que, em troca de refeições em restaurantes caros, ingressos para eventos esportivos e outros presentes, concedeu favores a clientes do lobista criminal Jack Abramoff no Departamento de Justiça.[59] No entanto, naquele momento, ele parecia ser um funcionário confiável do governo e junto com Alice Fisher deu aos advogados da Purdue muito tempo para apresentarem sua defesa. Os advogados fizeram uma apresentação robusta dizendo que John Brownlee e seus promotores eram excessivamente zelosos na perseguição à Purdue.[60] Argumentaram que seria muito inadequado fazer acusações criminais contra Michael Friedman, Paul Goldenheim e Howard Udell. Aqueles homens não eram culpados de nenhum crime. Até porque se poderia dizer que a Purdue não fez nada de errado em relação ao marketing do OxyContin, sendo apenas uma questão da conduta de alguns representantes de vendas desonestos que os executivos não teriam tolerado (quanto mais aceitado) se soubessem do que estava acontecendo (e não sabiam).

Quando a reunião terminou, John Brownlee foi informado de que, apesar das provas que ele e seus promotores tinham reunido ao longo dos cinco anos de investigação, o departamento não apoiaria qualquer acusação criminal contra nenhum dos três executivos. Mas a empresa poderia ser indiciada por falsidade comercial, e Friedman, Goldenheim e Udell poderiam ser processados por contravenção simples. "Brownlee ficou furioso", disse um antigo funcionário do Departamento de Justiça que falou com ele na época. Rick Mountcastle e Randy Ramseyer ficaram "apopléticos".

Anos depois, essa deliberação, feita a portas fechadas no Departamento de Justiça, se tornaria um verdadeiro mistério, uma vez que nenhum dos funcionários envolvidos assumiu a responsabilidade. A decisão de não acusar Friedman, Goldenheim e Udell parece ter sido tomada pela procuradora-geral adjunta, Alice Fisher. No entanto, vários advogados que trabalhavam com ela na época disseram que ela não teria autoridade para passar por cima de um advogado da União como John Brownlee e, por isso, ela provavelmente estava cumprindo ordens de seu chefe, o subprocurador-geral, Paul McNulty. Alice raramente falava sobre deliberações internas referentes a seu tempo no Departamento de Justiça, mas abriu uma exceção ao declarar: "Eu não tomei nenhuma decisão nem passei por cima de ninguém em relação a esse caso", o que pareceu indicar que a decisão teria sido de McNulty.[61] John Brownlee se lembrava de ter se encontrado pessoalmente com o procurador-geral para conversar sobre o caso.[62] No entanto, em entrevista, McNulty declarou que *não* tomou a decisão de fazer acusações mais leves contra os executivos da Purdue e, na verdade, não foi nem consultado.[63] Tratava-se de uma decisão órfã: uma negociação feita por trás dos panos e pela qual nenhum servidor público assumiu a responsabilidade.

Aquela foi "uma decisão política que a Purdue comprou", disse um antigo funcionário do Departamento de Justiça envolvido no caso. Paul Pelletier, outro antigo funcionário que revisou o memorando da promotoria, refletiu: "Esta é justamente a razão da existência do Departamento de Justiça, processar esse tipo de caso. Quando eu vi as provas, não havia a menor dúvida na minha mente de que, se tivéssemos indiciado aquelas pessoas, elas teriam acabado na cadeia, mudando a forma como as pessoas faziam negócios."[64]

Mas a Purdue tinha outras ideias. Para Rick Mountcastle, aquele era o cenário que ele mais temia: num pequeno escritório satélite em Abingdon os promotores dedicaram um tempo substancial de suas carreiras para montar um caso incontestável contra a Purdue só para um bando de ricos usarem sua influência em Washington e passar por cima deles, destruindo tudo o que fizeram. De acordo com um depoimento subsequente de Howard Shapiro, sua firma recebeu mais de 50 milhões de dólares pelo caso.[65]

Mesmo depois de enfraquecer a promotoria, os advogados da Purdue continuaram tentando obter vantagens.[66] John Brownlee queria ao menos que a empresa se declarasse culpada, reconhecendo a conduta criminosa que sustentara como corporação, mesmo que ninguém fosse para a prisão. Ele queria a multa, uma grande multa, e a declaração de culpa pelos delitos menores dos três executivos. Mary Jo White, porém, junto com outros advogados, depois de ter estabelecido que a autoridade de John Brownlee era limitada, continuou trabalhando em silêncio para minar o caso. Os promotores *ainda* estavam pedindo muito, argumentavam os advogados da Purdue; a empresa não tinha pressa de assinar uma declaração de culpa e continuou refutando a ideia de que Michael Friedman, Paul Goldenheim e Howard Udell admitissem qualquer culpa, por menor que fosse.

Por fim, John Brownlee deu um ultimato.[67] A Purdue e seus executivos poderiam assinar a declaração de culpa ou enfrentar acusações criminais. A empresa teria cinco dias para decidir. Na noite que antecedia o prazo da proposta, John ainda não tinha recebido nenhuma resposta. Estava voltando para casa na Virgínia quando seu telefone tocou. Era um jovem chamado Michael Elston, chefe de gabinete de Paul McNulty, o subprocurador-geral. Elston disse para John que os advogados da Purdue estavam reclamando que a promotoria os estava pressionando. A preocupação com a Purdue ficou tão evidente que John sentiu que ele "fazia aquele pedido em nome da empresa".[68] A mensagem foi clara: parem de pressionar. Vão devagar. A empresa não quer assinar uma declaração de culpa. Não a obrigue.

Michael Elston não disse isso na época, mas estava intervindo em nome do chefe. Paul McNulty tinha recebido uma ligação pessoal de Mary Jo White. "É Mary Jo White", disse McNulty. "Ela se considerava uma pessoa que tinha acesso" ao subprocurador-geral. Para uma advogada de prestígio como ela, "essa audácia não é necessariamente estranha". Então, McNulty disse para o chefe de gabinete: "Mary Jo ligou", e o instruiu a falar com John Brownlee e "descobrir se ele poderia atendê-la".[69]

John era visto, até mesmo pelos próprios promotores, como um cara político: um homem bom e honesto, mas com ambições transparentes nos círculos superiores. Ele era republicano, e a administração de George W. Bush era conhecida por valorizar a lealdade. Aquele grupo de nomeados políticos com boas conexões que discretamente se posicionou no campo da Purdue era justamente o tipo de amizade que John precisava cultivar. Richard Sackler certa vez se gabou de conseguir falar com qualquer senador ao telefone, e, para a empresa, aquela era uma forma elegante e extremamente eficiente de jogar: uma ligação de Mary Jo White para McNulty, no Departamento de Justiça, depois uma segunda ligação de Michael Elston para John Brownlee, o homem que estava supervisionando toda a acusação, mas que também, considerando sua personalidade e seus planos de carreira, talvez fosse singularmente suscetível àquele tipo de aposta final, vinda de uma figura política influente.

No entanto, John se recusou a ceder e disse a Michael Elston que, como advogado da União, ele tinha autoridade para fazer aquelas acusações, então era melhor "não se meter" porque ele ia levar o caso adiante.[70] Algumas pessoas que conheciam John achavam que ele tinha chegado ao limite da disposição de se deixar ser manipulado.[71] Outros achavam que ele talvez se sentisse compelido a se manter fiel ao caso pelo alto preço humano da devastação provocada pelo OxyContin em seu estado. De qualquer forma, Rick Mountcastle disse: "Eu comecei a respeitá-lo muito mais naquele dia."

Depois de deixar bem claro para Michael Elston que não ia desistir, John desligou. Um pouco mais tarde naquela mesma noite, ele recebeu a resposta de que a Purdue e os três executivos assinariam a declaração.[72] Mas a recusa de John Brownlee em jogar o jogo de Washington não seria esquecida. Menos de duas semanas depois daquela ligação, Michael preparou uma lista de advogados da união que deveriam ser demitidos da administração Bush por motivos políticos. Como os promotores federais não deveriam ser políticos por definição, aquilo era algo bem incomum e causaria revolta em Washington, incitando o Congresso a abrir uma investigação, que, no fim das contas, levou Michael Elston a perder o emprego. A lista de demissões que ele preparou era claramente baseada em "lealdade" política, e os advogados públicos que estavam ali aparentemente não demonstraram o nível de aliança desejável com a administração Bush. Michael acrescentou o nome de John Brownlee à lista. O escândalo estourou antes de John ser efetivamente demitido. No entanto, ele afirmou, em depoimento posterior, acreditar que seu nome só tinha sido incluído na lista por causa de sua recusa em retroceder no caso contra a Purdue Pharma.[73]

Um dia na primavera seguinte, Barry Meier estava em Nova York quando recebeu uma mensagem de alguém que trabalhava no gabinete de John

Brownlee: a Purdue logo faria uma declaração de culpa numa corte federal.[74] A empresa solicitou que não houvesse repórteres no tribunal durante a audiência. Obviamente o desfecho do caso poderia ter sido bem pior para a Purdue, mas mesmo assim seria um dia constrangedor para a empresa, principalmente para Michael Friedman, Paul Goldenheim e Howard Udell.

— John Brownlee quer que você esteja lá — disse o contato de Barry Meier. Quando estavam montando o caso, os promotores usaram o livro do jornalista, *Pain Killer*, e as reportagens que escrevera para o *The New York Times*. Então, como cortesia, eles deram a dica.

Barry não tinha mais publicado reportagens sobre a Purdue desde que a administração do jornal o tirara da história, a pedido de Howard Udell, três anos antes. Mas ele tinha um novo editor e explicou que gostaria de ir até a Virgínia para escrever uma matéria sobre a declaração de culpa.

— Tudo está esquecido — disse o editor. — Pode escrever sobre isso.

No dia anterior à audiência, Barry pegou o trem para Washington, alugou um carro e seguiu até Roanoke, onde jantou com John Brownlee. A conclusão do caso talvez não tivesse sido a que os promotores esperavam, mas John foi filosófico. No final, a empresa concordou em declarar sua culpa no processo criminal de falsidade comercial. Michael Friedman, Paul Goldenheim e Howard Udell se declararam culpados de um processo de contravenção de falsidade comercial e foram impedidos de fazer negócios com qualquer programa de saúde financiado com dinheiro público, como o Medicare, por vinte anos. (Esse período foi reduzido posteriormente para doze anos.) Os executivos aceitariam uma sentença de três anos de liberdade condicional e quatrocentas horas de serviços comunitário.[75] E a Purdue pagaria uma multa de 600 milhões de dólares.[76] Nada mau.

Na manhã seguinte, Barry Meier acordou cedo e foi até Abingdon, onde se encontrou com um fotógrafo freelancer. Sabia que Michael Friedman, Paul Goldenheim e Howard Udell tinham chegado de avião na noite anterior e se hospedaram em um hotel perto do tribunal, o Martha Washington Inn. Os executivos seriam poupados da indignidade das algemas, mas teriam que se expor ao público no caminho do hotel até o tribunal, e Barry queria uma foto. Junto com o fotógrafo, ele se agachou atrás de uma fileira de carros estacionados na rua. Um pouco depois, os dois viram os executivos chegando de terno escuro e expressão fechada. Michael Friedman parecia ter perdido um pouco da pose. Howard Udell seguia devagar por causa do sobrepeso. Os executivos ficaram surpresos e visivelmente insatisfeitos com a presença de Barry Meier surgindo por entre os carros enquanto o fotógrafo tirava fotos.[77] Não viam o jornalista desde aquela reunião na sede da Purdue, em Stamford, cinco anos antes, na qual contaram um monte de mentiras. Os três homens não lhe dirigiram a palavra e se apressaram para entrar no tribunal.[78] "A Purdue Pharma reconheceu nos procedimentos do tribunal que, 'com a intenção de ludibriar e enganar', eles comercializaram e promoveram o OxyContin como um medicamento que causa menos dependência química, é menos sujeito ao uso abusivo e menos propenso a causar outros efeitos narcóticos do que outros analgésicos", escreveu Barry na matéria para o *The New York Times*.[79] Mas a mensagem subliminar do texto estava clara: *Eu não disse? Vai se foder.*

Num dia chuvoso daquele mesmo verão, Michael Friedman, Paul Goldenheim e Howard Udell foram obrigados a voltar a Abingdon para receber a sentença, num procedimento mais público. Um grande número de pessoas de todo o país apareceu para assistir ao evento. Muitos deles tinham perdido entes queridos para o OxyContin, e o juiz do caso, James Jones, com seus sessenta e poucos anos, cabelos brancos e sorriso gentil, deu às vítimas a oportunidade de falar.

Lynn Locascio dirigiu-se aos executivos dizendo:

— Senhores, vocês são os responsáveis por uma praga dos tempos modernos.[80]

O tribunal estava lotado. Lynn viera de Palm Harbor, Flórida, para contar que o filho tinha se viciado em OxyContin depois de o medicamento ter sido prescrito por causa dos ferimentos provocados por um acidente de carro. Um por um, outros pais se levantaram para contar histórias de sofrimento.

— Por favor, não permita que esse acordo seja concretizado — implorou um homem chamado Ed Bisch, que perdera o filho de dezoito anos, chamado Eddie. — Esses criminosos merecem cumprir pena na prisão.[81]

Uma mãe trouxe para o tribunal a urna com as cinzas do filho. Alguns pais foram francos ao contar que os filhos começaram a tomar OxyContin de forma recreativa em festas, antes de ficarem viciados e morrerem. Mas outros descreveram um hábito estabelecido sob orientação médica. Um homem chamado Kenny Keith relatou o próprio vício depois de o médico ter prescrito o medicamento para dor crônica.

— Eu sou um dos pacientes que se viciaram em OxyContin, mas sobreviveram — contou ele. Sempre que eu tentava parar, a abstinência era pior do que a dor que eu sentia.[82]

Ele perdeu a casa. Perdeu a família.

— Eu era um animal fora de controle — disse ele.

Marianne Skolek, a enfermeira cuja filha morrera de overdose, também foi para a Virgínia. Após a morte da filha Jill, ela se tornou uma integrante ativa da campanha para responsabilizar a Purdue. Marianne relatou que o médico da filha tinha prescrito OxyContin em janeiro de 2002, e quatro meses depois a filha morrera.

— Ela deixou um filho de seis anos de idade — disse Skolek. — Brian está comigo hoje aqui, neste tribunal, para ver que coisas ruins acontecem com gente ruim.

Ela se virou para Michael Friedman, Paul Goldenheim e Howard Udell, e disse que eles eram "um retrato da maldade pura".

Martha West, a ex-secretária jurídica de Howard Udell, não foi prestar depoimento. Tinha sido entrevistada pelos investigadores de John Brownlee, que incluíram no memorando da promotoria o relato da pesquisa que ela fizera em 1999 sobre o uso abusivo do OxyContin. Eles providenciaram que ela testemunhasse diante do júri, mas isso não aconteceu, porque, na véspera, Martha West desapareceu. Seu advogado a encontrou, na manhã seguinte, no pronto-socorro, onde ela aparecera para implorar por analgésicos.

Ao se declarar culpada, a Purdue aceitou a responsabilidade por um padrão de má conduta fraudulenta. Os promotores e os advogados de defesa trabalharam juntos para criar uma "Declaração acordada de fatos" com a lista de delitos de que a Purdue se declarava culpada. Além da multa de 600 milhões de dólares, Michael Friedman, Paul Goldenheim e Howard Udell concordaram em pagar 34 milhões de dólares de multa (embora, na prática, não fossem eles que iam pagar, mas a empresa).[83]

Ainda assim, na fase de sentença, os advogados da Purdue argumentaram que os réus não estavam declarando culpa em relação a toda a má conduta e que todo o escândalo era o trabalho de alguns indivíduos não identificados.

— Alguns funcionários disseram ou fizeram declarações sobre o OxyContin para alguns profissionais da área da saúde — disse Howard Shapiro para a corte.[84]

E insistiu:

— Essas declarações equivocadas estavam longe de ser predominantes.

Conforme a audiência avançava, o juiz Jones recebeu um monte de cartas de amigos e colegas dos executivos, implorando por leniência e achando um grande desaforo tais pilares da sociedade serem sujeitados ao estigma de uma acusação de má conduta. O irmão de Michael Friedman, Ira, sugeriu

IMPÉRIO DA DOR   281

até que aquelas acusações eram forjadas e que Michael não tinha feito nada de errado, dizendo: "A imprensa cometeu uma terrível injustiça contra ele."[85] A esposa de Goldenheim, Anne, lembrou o "compromisso intenso" que Paul sentira ao erguer a mão e fazer o juramento de Hipócrates durante a formatura do curso de medicina em 1976.[86]

"Para resumir em termos claros (e com um pedido de desculpas para meus pais), Howard Udell é a melhor pessoa que eu já conheci", escreveu Richard Silbert, um advogado do departamento jurídico da Purdue.[87] Os executivos da empresa tinham demonstrado, muitas vezes, uma tendência a sugerir que a verdadeira vítima da crise de opioides não era quem enfrentava o vício, mas a própria farmacêutica, e as cartas de apoio ecoavam esse mote. Howard Udell tinha "suportado as lanças e flechas que a imprensa atirou nele", escreveu seu filho Jeffrey, se queixando de que o pai tinha sido retratado como alguém que "não era melhor que um traficante de drogas". Isso era, do seu ponto de vista, "uma terrível descaracterização".[88]

O estatuto usado no processo dizia que eles não precisavam ter feito nada de errado pessoalmente: se a empresa tivesse desrespeitado a lei, eles, como representantes do alto escalão, eram responsáveis. Aquela foi uma distinção bem conveniente para quem os defendia, porque era possível afirmar que eles tinham se declarado culpados mesmo sendo totalmente inocentes. Para Rick Mountcastle e outros que trabalhavam no caso, porém, aquela demonstração de pretensa retidão era uma afronta.[89] Afinal, haviam reunido amplas provas de uma atividade criminal específica realizada por aqueles homens. Estavam preparados para acusar cada um deles de diversos crimes.

Mas nas cartas havia um tema subjacente que insinuava, mesmo que não explicitamente, que executivos brancos e ricos — homens de família e com qualificação profissional impressionante, que faziam doações para caridade e desempenhavam um importante papel nas comunidades em que viviam — eram incapazes de cometer crimes que os levassem a passar uma temporada na cadeia. Eles não eram o tipo de pessoa que *pertencia* à prisão, sugeriam algumas cartas. Jay McCloskey, o ex-procurador do Maine que soara pela primeira vez o alarme sobre a crise de opioides no estado, antes de deixar o governo para ir trabalhar para a Purdue, repreendeu seus colegas promotores ao dizer:

— Este é um caso de arbitrariedade incomum, se não sem precedentes, da promotoria.[90]

Ele lamentou ainda que Howard Udell teria que carregar um "estigma" na sua longa e "irretocável" carreira.

282 PATRICK RADDEN KEEFE

— Não há absolutamente nenhuma prova de delito pessoal cometido pelo sr. Udell — declarou Mary Jo White durante a audiência de sentenciamento, descrevendo seu cliente como uma pessoa "nobre e ética". — O que aconteceu aqui é uma tragédia pessoal para o sr. Udell — disse ela para um tribunal cheio de famílias que perderam entes queridos na crise de opioides.[91]

Aproveitando ao máximo o curto tempo que tinha, John Brownlee declarou: "A Purdue e seus executivos foram levados à justiça."[92] Ele pediu exoneração do cargo de advogado da União em 2008 e anunciou que iria concorrer a procurador-geral do estado.[93] (Ele não ganhou e acabou voltando ao direito privado.)

Até certo ponto, o caso poderia ser descrito como um revés para a Purdue. Na verdade, porém, não foi bem assim. Décadas antes, quando os irmãos Sackler criaram uma grande quantidade de entidades jurídicas com nomes diferentes, eles se tornaram magos em fazer truques com a nomenclatura corporativa.[94] Então, diante daquela adversidade a empresa poderia usar o jogo de nomes a seu favor. Se a Purdue Pharma se declarasse culpada, como corporação, num caso criminal, aquilo teria um efeito devastador nos negócios, já que os programas financiados com dinheiro público, como o Medicare, não poderiam mais fazer negócios com a empresa. Assim, ficou acordado que a Purdue Pharma não se declararia culpada de nenhuma acusação, mesmo que fosse de fato culpada. Em vez disso, a Purdue *Frederick*, a corporação legada, a fabricante de cera de ouvido e laxantes, se declararia culpada. A Purdue Frederick assumiria a culpa e seria eliminada para que a Purdue Pharma continuasse ativa e prosperando.[95]

Quanto aos Sackler, nenhum deles foi até a Virgínia, nem para a declaração de culpa, nem para a audiência de sentenciamento, e o nome deles não apareceu nenhuma vez no "Acordo de declaração de fatos". John Brownlee não mencionou o nome da família na coletiva de imprensa sobre o caso, e a cobertura midiática sobre a sentença e a multa tampouco os mencionou. Os nove Sackler que eram membros do conselho diretor votaram a favor da declaração de culpa de Michael Friedman, Paul Goldenheim e Howard Udell como pessoas físicas para, dessa forma, proteger a família e a empresa.[96] Em sua carta para o juiz sobre a grande retidão moral de Howard Udell, o advogado da Purdue Richard Silbert sugeriu que Howard não tivera escolha, a não ser "aceitar a responsabilidade do delito cometido por outros".[97] Mas não há nenhum registro no tribunal ou na cobertura de imprensa sugerindo que os executivos se declararam culpados para proteger os Sackler.

Na empresa, porém, era essa a impressão. Michael Friedman, Paul Goldenheim e Howard Udell "assumiram a responsabilidade e se declararam culpados", disse Kathe Sackler posteriormente.[98] Ao fazer isso, eles garantiram que não haveria implicações para a família. "Aqueles três caras pagaram o pato para proteger os Sackler, porque a família basicamente ia cuidar deles: 'Não seja preso; vamos tomar conta de vocês sem ninguém saber.' Era assim que eles faziam negócios", afirmou Gary Ritchie, que trabalhou como químico na Purdue por onze anos.[99] Não muito depois da declaração de culpa, os Sackler votaram a favor de pagar 3 milhões de dólares para Michael Friedman.[100] Howard Udell recebeu 5 milhões.[101] A dinâmica ali parecia a dos filmes de mafiosos. Como um amigo de Paul Goldenheim descreveu, os três homens foram escolhidos para "pagar o pato".

No mesmo mês em que eles pagaram 5 milhões de dólares para Howard Udell, os Sackler votaram para receber, eles mesmos, 325 milhões de dólares.[102] Um dos pais enlutados que estavam na audiência, cidadão da Flórida que tinha perdido o filho menos de um ano antes, comparou os procedimentos entre o governo e a empresa com um jogo. A penalidade foi "apenas mais uma jogada", disse ele. "Nada mudou. Eles continuam trabalhando como sempre. Continuam ganhando dinheiro. Pague e siga em frente."[103]

Em tese, aquela condenação deveria representar um grande passo para uma reforma na Purdue. Na empresa, porém, aquilo foi considerando pouco mais que uma multa de trânsito. Numa audiência posterior no Congresso, na qual John Brownlee depôs sobre o caso, Arlen Specter, senador republicano pela Pensilvânia, comentou que, quando o governo multa empresas, em vez de mandar os executivos para a cadeia, as multas se tornam "licenças caras para cometer delitos criminais".[104] E parece que foi exatamente assim que os Sackler e os executivos da empresa viram o caso. Não muito depois da declaração de culpa, uma nova assistente administrativa, Nancy Camp, ouviu o CFO da Purdue, Ed Mahony, falando sobre a multa de 600 milhões de dólares. "O valor estava na conta da empresa há anos", disse ele. "Não foi nada para nós."[105]

Pouco depois do acordo na Virgínia, os Sackler votaram a favor de aumentar a força de vendas da Purdue, contratando mais cem representantes.[106] Estava na hora de voltarem a vender o OxyContin. Em relação ao "Acordo de declaração de fatos", a lista de delitos da Purdue — que fora negociada com grande zelo pelos advogados e o Departamento de Justiça e deveria ser usada para formar a base de uma boa conduta para a empresa dali em diante, no nono andar da sede em Stamford — não foi nem levada a sério.

Quando perguntaram posteriormente a Richard Sackler, sob juramento, se havia alguma coisa no documento em relação a delitos corporativos que o tivesse surpreendido, ele pareceu curiosamente despreparado para responder.

— Não sei dizer — respondeu ele.

— O senhor já leu o documento alguma vez? — perguntou um advogado.

— Não — respondeu.[107]

LIVRO III

LEGADO

Capítulo 21

TURKS

O PEQUENINO TERRITÓRIO BRITÂNICO transoceânico de Turks e Caicos é um arquipélago de ilhas de corais espalhadas como um punhado de migalhas de pão nas águas opalescentes entre as Bahamas e a República Dominicana. A maioria das ilhas permanece inabitada, e, com águas claras e praias de areia, Turks conserva uma rara atmosfera de isolamento ao estilo de *Robson Crusoé*, em comparação com os recantos caribenhos mais desenvolvidos. Como consequência, tornou-se um refúgio de férias famoso entre os super-ricos. Astros de cinema, como Brad Pitt, e atletas, como David Beckham, passam as férias lá. Até 2016, quando morreu por overdose de opioide, o músico Prince mantinha um complexo privado na ilha principal, chamada Providenciales. Na alta temporada, entre o Natal e o Ano-Novo, o pequeno aeroporto da ilha fica movimentado, com jatos particulares elegantes decolando e aterrissando.

Em 2007, numa faixa litorânea exposta ao vento, um novo resort estava sendo construído. Chamava-se Amanyara e fazia parte de uma pequena rede de propriedades discretas e superluxuosas com origem no Sudeste Asiático.[1] As casas do resort seriam alugadas por diárias de até 10 mil dólares, e uma série de residências privadas suntuosas também estava disponível para venda, a preços entre 11 e 20 milhões de dólares. Entre os investidores do empreendimento estava o filho mais velho vivo de Mortimer Sackler, Mortimer Jr., que comprou uma residência para si mesmo e sua família.

Um dos dois filhos do segundo casamento breve e tempestuoso do pai com a austríaca Geri Wimmer, o jovem Mortimer cresceu em Manhattan. Depois do divórcio, os filhos foram criados principalmente pela mãe, que abriu um negócio nada longevo, uma empresa que fabricava cremes e tônicos à base de ervas para a pele que, segundo proclamava, seriam "o mais caro produto de beleza no mercado". (Os cremes eram inspirados nos tratamentos dermatológicos usados, na descrição duvidosa de Geri, "em mosteiros italianos do século XVIII"[2]).

Mortimer frequentou Dalton, uma escola particular requintada no Upper East Side. Foi uma criança frágil, com olhos grandes e um tufo de cabelo encaracolado, e alguns de seus colegas riam dele, pois, mesmo para os padrões dos anos 1980, o nome Mortimer parecia caricatural como o de um velho rico. Como lembrou um estudante de seu convívio em Dalton, "ele parecia inocente e ridicularizado e solitário e rico". E aquela era uma escola para crianças *ricas*, "então, para ser excluído por causa disso, você tinha que ser muito rico". Mortimer acabou terminando o ensino médio em Exeter, uma escola particular de elite em New Hampshire, em seguida foi fazer faculdade em Harvard (onde havia um museu com o nome de seu tio) e então se especializou em administração na NYU (onde havia um instituto com o nome de seu pai).[3]

Na NYU, ele conheceu uma menina esguia da alta sociedade chamada Jacqueline Pugh.[4] Ela também crescera em Manhattan, e os dois se casaram em 2002, mudando-se para um loft em Chelsea projetado pelo arquiteto Peter Marino. "Mortimer e sua família têm relações com várias organizações na cidade", disse Jacqueline à *Vogue*, usando um considerável eufemismo, numa entrevista sobre uma organização sem fins lucrativos que ela criara para "jovens filantropos". "Mas é exaustivo exercitar ao máximo nossas habilidades sociais e depois vir para o escritório todos os dias", disse ela. "Nós nos matamos de trabalhar."[5]

O pai de Mortimer sempre se destacara entre os três irmãos Sackler, com sua paixão por viagens e sua tendência a acumular casas glamorosas. Nos primeiros anos do casamento, Mortimer e Jacqueline gostavam de passar férias no retiro da família em Cap d'Antibes, mas depois compraram uma extensa propriedade em Amagansett, nos Hamptons, que havia sido a sede de um clube de tênis antes de ser convertida em mansão.[6] Também passaram a ter uma residência maior em Manhattan, pagando 15 milhões de dólares por uma casa *beaux-arts* de cinco andares na 75th Street, junto ao parque e a uma curta distância da Ala Sackler no Met.[7]

O refúgio em Turks e Caicos enfim ficou pronto mais ou menos na época em que a Purdue foi declarada culpada na Virgínia.[8] Se Mortimer sofreu com alguma ansiedade indevida por causa desse infeliz episódio, encontrou em Amanyara um excelente bálsamo. A essa altura, ele e Jacqueline tinham dois filhos. Saindo de Nova York, depois de algumas poucas horas de avião, um Range Rover — abastecido com toalhas úmidas e perfumadas que os refrescariam depois do voo — pegava a família e a levava, embarcando em uma balsa, para o resort, repleto de verde e cercado de vistas zen e uma extensa reserva natural. O nome Amanyara tem o propósito de evocar um lugar de paz e transcendência, e a arquitetura era reconfortante, com pavilhões no estilo pagode, de inspiração asiática.[9] Nada de música alta, nada de jet-skis, nada de cruzeiros. Não se via nenhum daqueles turistas grosseiros e mal-ajambrados — que haviam estragado as partes mais acessíveis do Caribe. Amanyara oferecia pura solitude e tranquilidade. A propriedade dos Sackler era mais do que um complexo, consistindo de uma série de prédios e uma piscina privativa. O projeto era simples, mas elegante, com pedras esculpidas a mão na Indonésia, seda tailandesa e muita teca (cada casa foi construída com materiais vindos de 39 países).[10] Os Sackler tinham um chef exclusivo, à disposição 24 horas por dia, e uma equipe de mordomos e outros atendentes, que ficavam pairando ao redor, servindo e limpando, como cortesãos em Versalhes. A proporção de funcionários para visitantes era de aproximadamente cinco para um.[11]

Havia instalações dedicadas a saúde e bem-estar, com tratamentos de spa, aulas de ioga de qualidade e instrutores de pilates vindos de avião dos Estados Unidos. Tais facilidades eram providenciais para Mortimer, que, com a idade, sofria de dor nas costas. Diferentemente do infame advogado Howard Udell, que tomava OxyContin, Mortimer não se utilizava do produto da família, mas recorria a um regime de massagens, acupuntura e outras terapias alternativas. De acordo com um instrutor de ioga que a família levou diversas vezes a Amanyara, certa vez a dor nas costas de Mortimer estava tão forte que Jacqueline — que no trato com funcionários tinha fama de ser uma tirana — pediu a dois mordomos que o acompanhassem como "muletas humanas" sempre que ele saísse mancando pela propriedade.

Em outro resort, talvez isso parecesse estar além das funções de qualquer funcionário. Mas em Amanyara havia a ideia de que, para clientes ricos, o serviço deveria ser um conceito sem limitações práticas.[12] Em conformidade com o tema asiático do resort, a maioria dos funcionários não provinha da população local, nem de ilhas próximas. Quase metade deles eram filipinos. Se a areia da praia ficasse quente demais ao sol do meio-dia, os empregados borrifavam água para que os hóspedes passeassem onde quisessem sem queimar os pés. O Haiti ficava a poucas centenas de quilômetros, e de vez em quando imigrantes desesperados subiam em barcos frágeis e navegavam em direção a Turks. Às vezes, um corpo chegava à praia, alguma pobre alma que não sobrevivera à viagem, seus sonhos destruídos, os pulmões cheios de água. Mas os funcionários eram especialmente instruídos a ficar alertas a esse tipo de eventualidade, e, quando um cadáver chegava à praia no meio da noite, toda a equipe se mobilizava para assegurar que quaisquer vestígios fossem removidos antes de os hóspedes se levantarem na manhã seguinte.[13]

É um clichê observar que, em qualquer dinastia familiar que acumula uma grande fortuna, os feitos da segunda geração costumam ser menos impressionantes que os da primeira. E era precisamente esse o pensamento que vinha à cabeça de quem tinha a oportunidade de interagir com Mortimer Sackler Jr., seja social ou profissionalmente. Conforme ele envelheceu, a linha de seu cabelo recuou e seu queixo se suavizou. Seus olhos tinham algo de nervosismo, e quando ele e Jacqueline saíam da cidade para participar de um leilão beneficente ou cumprir alguma outra função social, o que era frequente, suas feições ganhavam um sorriso desajeitado, como um estudante do terceiro ano forçado a posar para uma foto da turma. Ele fazia doações generosas e, seguindo a tradição da família, ingressou no conselho do Museu Guggenheim e fazia doações a outras instituições culturais de primeira linha. Jacqueline se tornou uma emergente anfitriã da sociedade, uma "patrona" do baile de inverno do Museu Americano de História Natural, em Nova York, juntamente com outras socialites, como Ivanka Trump.[14]

Lá estava ela, caminhando a passos largos em meio a flashes, num Yves Saint Laurent longo sem alça, com estampa de arlequim, no baile de gala do Conselho de Jovens Colecionadores no Guggenheim, cujo salão principal estava decorado com mil rosas de caule longo e meia dúzia de touros mecânicos em tamanho real. ("Os touros mecânicos são fantásticos", entusiasmou-se Jacqueline.[15]) E lá estava Mortimer, ao seu lado numa ou outra função social, parecendo mimado, o olhar vago, como um jovem que não se deixa perturbar pela possibilidade de que o dinheiro fosse sua única distinção na vida.

"Mortimer é como um personagem de TV de si mesmo", observou um ex-funcionário da Purdue que lidou com ele. "Ele é o filho do bilionário." Era vice-presidente do negócio da família, ao lado de Kathe ("embora tenhamos mães diferentes", disse Kathe certa vez, "ele é meu irmão"),[16] e os dois defendiam o lado A, como era conhecida a ala de Mortimer Sackler, enquanto Richard e seu irmão, Jonathan (que também era presidente), defendiam a ala de Raymond, o lado B. Mas Mortimer era mais de duas décadas mais novo que seu primo Richard e não era médico. Embora fosse muito envolvido com a empresa, a Purdue talvez não fosse tão fundamental para seu senso de identidade quanto era para Richard. Mortimer tinha outros investimentos, outros projetos, e era muito mais ativo do que Richard no circuito filantrópico. Também parecia reconhecer a possibilidade de que as manchetes negativas associadas ao OxyContin maculassem sutilmente o ecossistema social conservador em que ele e Jacqueline habitavam, então tendia a não se demorar sobre a Purdue nas conversas. No Upper East Side, seus amigos fofocavam sobre as origens sórdidas da fortuna da família. Como afirmou uma pessoa que conhecia Mortimer: "Quando penso nele, a maior parte do tempo ele está dizendo: 'Uau, somos ricos pra caramba. Isso é irado. Não quero pensar muito no outro lado das coisas.'"

De vez em quando, Mortimer manifestava o interesse em abandonar o negócio de medicamentos. "A indústria farmacêutica se tornou volátil e arriscada demais para que seja aceitável investir 95% da riqueza da família nela", escreveu ele para Richard e Jonathan não muito tempo depois da declaração de culpa, em 2008.[17] "Não é prudente ficarmos no negócio considerando os riscos futuros que certamente enfrentaremos." Os Sackler já haviam discutido a venda da empresa no passado, mas sempre que a ideia surgia as pessoas diziam: "Isso nunca vai acontecer enquanto o dr. Raymond estiver vivo." O velho não queria que a empresa que ele e o irmão haviam construído fosse simplesmente vendida. Então a família escolheu seguir com o negócio, embora, de acordo com Mortimer, "não fosse uma experiência agradável (para dizer o mínimo)".

Mesmo assim, após a declaração de culpa, ele reconheceu que "as coisas parecem estar melhores de novo agora". E estavam. A verdade é que não havia como os Sackler abrirem mão do comércio de opioides. Era lucrativo demais. A receita obtida com o OxyContin continuava a aumentar, atingindo um novo patamar — 3 bilhões de dólares — após o processo penal na Virgínia.[18] Mesmo depois de enfrentar uma ameaça potencialmente fatal, o medicamento estava bombando. E não apenas porque a Purdue continuava a vendê-lo, mas porque continuava a usar as mesmas técnicas de marketing agressivas que prometera abandonar.

Após a declaração de culpa, a Purdue assinou um acordo comprometendo-se a melhorar sua conduta e se submeter a um monitoramento independente.[19] Publicamente, a empresa se gabava das medidas adotadas para corrigir qualquer problema que pudesse ter tido no passado: contratou uma nova equipe de compliance, insistiu que os representantes de vendas não deveriam fazer afirmações infundadas sobre o medicamento.[20] Mas, na prática, os Sackler e a liderança da empresa logo retomaram a antiga maneira de vender o OxyContin.[21] Os representantes continuaram a comercializar o remédio como um opioide seguro que não viciava. A empresa continuou a distribuir materiais impressos com alegações falsas sobre a segurança dos opioides e sugerindo que havia apenas um "pseudovício" em quem apresentava sinais de dependência e abstinência.[22] No Tennessee, a empresa treinou seus representantes a "sempre fechar o negócio", citando uma fala de Alec Baldwin no filme *O sucesso a qualquer preço*, de 1992, sobre um vendedor que usa táticas enganadoras para convencer compradores insuspeitos a investir em imóveis sem valor. Em seus cadernos, os novos representantes escreviam "*Sempre... fechar... negócio*".[23]

Os Sackler não pareciam ter sido castigados com o pagamento da multa de 600 milhões de dólares. Ao contrário, a família e seus assistentes continuavam a seguir a filosofia de Richard de que o problema não era o medicamento. Um ano após a declaração de culpa, em maio de 2008, funcionários da empresa enviaram aos Sackler uma série de "mensagens-chave certeiras" para promover os opioides fortes.[24] "Não é vício, é uso abusivo", dizia uma delas. "É uma questão de responsabilidade pessoal." Naquele mesmo ano, a empresa distribuiu um folheto a médicos sugerindo que o vício "não é causado por medicamentos",[25] mas "desencadeado num indivíduo suscetível à exposição a medicamentos, mais comumente por meio de uso abusivo". Em outra campanha, a Purdue advertiu pacientes com dor a "descartar" qualquer preocupação com o risco de vício.[26] Numa reunião do conselho diretor naquele outono, os Sackler foram informados de que, segundo os dados de vendas da Purdue, havia uso abusivo e desvio de OxyContin "em todos os Estados Unidos" e que a disponibilidade do produto e as "práticas prescritivas" contribuíam para esse fenômeno.[27] Na mesma reunião, a equipe anunciou aos Sackler que um novo concurso dos Toppers fora aberto — para incentivar os mesmos representantes de vendas que promoviam a disponibilidade e a prescrição desenfreada do medicamento.

Em 2008, os Estados Unidos enfrentavam uma situação de emergência por causa dos opioides, e começou a se falar em crise de saúde pública. A praga do vício já não estava limitada a áreas rurais. A morte do ator Heath Ledger,[28] em janeiro daquele ano, em decorrência de uma overdose de uma longa lista de analgésicos, incluindo oxicodona, trouxe uma nova atenção nacional ao problema. Como o número de fatalidades estava crescendo, no Capitólio, o senador Joe Biden convocou uma audiência para discutir essa "tendência que se insinuou em nossos lares e comunidades por todo o país".[29]

Fazia doze anos que o OxyContin estava no mercado. Para os representantes de vendas da Purdue que estavam em campo, as prescrições impróprias eram risivelmente fáceis de identificar. Em 2008, um grupo criminoso de Los Angeles recrutou uma médica idosa chamada Eleanor Santiago, que tinha problemas de saúde e dívidas, para montar uma clínica falsa perto de MacArthur Park. O nome da clínica seria Lake Medical.[30] Santiago começou a receitar grandes quantidades de OxyContin. Em uma semana de setembro, receitou 1.500 comprimidos — mais do que muitas farmácias podiam vender em um mês inteiro. No mês seguinte, o número saltou para onze mil comprimidos. Santiago prescrevia um número desproporcional de comprimidos de OxyContin de 80 miligramas, que era a maior dose disponível e também, conforme se viu, a mais popular no mercado clandestino, no qual era conhecida como "80s" e vendida a 80 dólares cada. Até o fim de 2008, Santiago havia receitado 73 mil comprimidos.[31]

A operação podia ser clandestina, mas era caracterizada por uma eficiência industrial que era difícil não admirar.[32] Os membros do grupo criminoso apareciam em Skid Row, no centro de Los Angeles, para recrutar pessoas em situação de rua, que eram colocados em vans e recebiam 25 dólares cada para ir à Lake Medical fazer um exame falso. Em seguida, esses falsos pacientes eram escoltados até uma farmácia, apresentavam a receita que a dra. Santiago acabara de prescrever e levavam um frasco de OxyContin 80s, que o grupo, então, vendia no atacado a traficantes de drogas, que os distribuíam no mercado clandestino por toda a Costa Oeste, chegando a Chicago.

Em Stamford, a Purdue rastreava esses pedidos a partir de dados detalhados fornecidos pela IMS. Os funcionários da empresa viram a quantidade extraordinária de receitas prescritas pela Lake Medical, mas não tomaram nenhuma medida para intervir. Em setembro, uma gerente distrital da Purdue chamada Michele Ringler visitou a clínica com um de seus representantes de venda.[33] Por fora, o prédio parecia abandonado, mas, por dentro, encontraram um pequeno consultório cheio de gente. Ringler mais tarde relatou ter pensado que alguns indivíduos ali pareciam ter "acabado de sair da prisão do condado de Los Angeles". Preocupados com sua segurança, ela e seu representante de vendas decidiram ir embora antes mesmo que tivessem a chance de falar com a dra. Santiago.

"Tenho quase certeza de que isso é uma quadrilha de tráfico de drogas", escreveu Ringler a um funcionário de compliance da Purdue.[34] "Será que essa informação não deveria ser reportada à DEA?"[35]

"Quanto a relatar à DEA, isso está sob séria consideração", respondeu Jack Crowley, o funcionário de compliance em Stamford.[36] Mas a empresa não denunciou a Lake Medical às autoridades, mesmo depois de receber quase uma dúzia de reclamações de farmacêuticos de Los Angeles que manifestavam suspeitas sobre a operação.[37] A Purdue concluiu que pelo menos uma das farmácias que recebiam os pedidos da Lake Medical *também* era corrupta e fazia parte do grupo criminoso. Mas não tomou medidas para

296 PATRICK RADDEN KEEFE

impedir o fornecimento. Crowley mais tarde reconheceria que, nos cinco anos que passou na Purdue investigando farmácias suspeitas, a empresa não suspendeu o fluxo de comprimidos para nenhuma delas.[38]

Mesmo assim, a Purdue mantinha uma lista secreta de prescritores potencialmente problemáticos, conhecida na empresa como "Região Zero".[39] Funcionários da Purdue destacaram Santiago e puseram seu nome na lista, mas a empresa nada fez para alertar os agentes da lei sobre suas suspeitas.[40] Na verdade, só em 2010 a Purdue relatou a autoridades alguma preocupação em relação à Lake Medical. Nessa época, a clínica havia sido fechada, e a dra. Santiago e outros membros do grupo, indiciados. (Ela admitiu culpa por fraude em assistência médica e foi condenada a vinte meses de prisão.) Os investigadores tinham finalmente descoberto a Lake Medical, sem nenhuma ajuda da Purdue, depois de serem alertados para o problema por denúncias da comunidade. Jack Crowley refletiu, num e-mail, que o governo levara "muito tempo para pegar esses palhaços".[41]

Um advogado da Purdue defendeu a conduta da empresa, dizendo que os relatos sobre prescrição inapropriada eram com frequência "rumores" e "não confirmados", e que se a empresa agisse rápido demais para impedir o fornecimento poderia ameaçar a disponibilidade do medicamento a pacientes legítimos.[42] Mas essa reticência em fazer algo em relação ao problema também foi bem lucrativa como política corporativa. De acordo com uma investigação do jornal *Los Angeles Times*, nos dois anos desde que Michele Ringler, a gerente distrital da Purdue, acionou o alarme internamente até o fechamento da Lake Medical, a empresa forneceu mais de um milhão de comprimidos de OxyContin ao empreendimento criminoso.[43]

Até serem forçados a lidar com essa crescente maré de sofrimento e morte, os Sackler tenderam a tratar a questão como um problema de negócios, uma das várias "pressões" que a empresa enfrentava. Em 2008, Kathe Sackler enviou um e-mail aos funcionários instruindo-os a enumerar as diversas pressões e "quantificar o impacto negativo disso sobre as projeções de vendas".[44] A Purdue ainda estava encarando muitas ações judiciais privadas relacionadas ao OxyContin e gastando muito dinheiro para fazer frente a elas. Por algum tempo depois da declaração de culpa na Virgínia, Howard Udell continuou a trabalhar para a empresa.[45] Mas como havia concordado, juntamente com os outros réus, Paul Goldenheim e Michael Friedman, em não trabalhar mais em nenhuma empresa que fizesse negócio com o governo federal, o advogado acabou não tendo escolha a não ser sair da Purdue definitivamente. (Ele reclamou com veemência dessa exclusão, assim como Goldenheim e Friedman. Os três executivos chegaram a contestar a pena em tribunal, mas sem sucesso.)[46]

Em vez de passarem um período na prisão, os executivos ficaram em liberdade condicional e tiveram que cumprir centenas de horas de serviços comunitários. Udell escolheu trabalhar com veteranos de guerra e fundou uma organização de serviços legais em Connecticut que fornecia uma assistência muito necessária à comunidade de veteranos.[47] A Purdue Pharma também atuou com veteranos nesse período, organizando eventos especiais com médicos para incentivá-los a receitar opioides a soldados americanos de ambos os sexos, vindos das guerras no Iraque e no Afeganistão.[48] A empresa patrocinou a publicação do livro *Exit Wounds: A Survival Guide to Pain Management for Returning Veterans and Their Families* (Acaba o serviço, ficam as feridas: um guia de sobrevivência para a administração da dor em veteranos de guerra e suas famílias, em tradução livre). O autor, Derek McGinnis, ex-membro do quadro médico da Marinha, perdeu uma perna na Batalha de Fallujah, no Iraque, em 2004. O livro foi publicado pela Fundação Americana da Dor, organização supostamente independente que tinha o lema "Uma voz munida de esperança e poder sobre a dor". Só em letras miúdas, na página de direitos autorais, há um reconhecimento ao "generoso apoio" da Purdue Pharma.

"Muitos veteranos da Operação Liberdade Duradoura provavelmente viram as flores da papoula", escreveu McGinnis, observando que a planta é amplamente cultivada no Afeganistão.[49] "As propriedades analgésicas dos opioides são insuperáveis", continuou ele, afirmando que esses medicamentos são "considerados o 'padrão ouro'" em se tratando de administração da dor. Mas, apesar dos grandes benefícios, admirou-se, os opioides ainda são "subutilizados".[50] Quanto aos temores que os veteranos feridos talvez tivessem sobre vício, o *Exit Wounds* os tranquilizava: "A longa experiência com opioides mostra que pessoas sem predisposição ao vício provavelmente não se viciarão."[51]

Howard Udell acabou morrendo de derrame, aos 72 anos, em 2013. A mulher que fundou o centro legal de veteranos com ele, Margaret Middleton, descreveu o trabalho beneficente de Udell como "uma incrível redenção".[52] Mas, na verdade, ele nunca achou que precisava se redimir, porque, pessoalmente, não fizera nada de errado.[53] Depois de sua morte, uma matéria favorável no jornal *Hartford Courant* sugeriu que ele não tinha conhecimento das informações enganosas da Purdue, "que correspondiam a comentários feitos por alguns representantes em campo a alguns médicos".[54]

Os Sackler compartilhavam essa visão benigna do homem que os representou durante quatro décadas e, no fim das contas, optou por assumir a responsabilidade pelos erros da família. No oitavo andar da sede da Purdue, no One Stamford Forum, a família rebatizou a pequena biblioteca de direito de Howard Udell Memorial Library e, como uma homenagem, pendurou uma fotografia dele em sua mocidade. Para alguns funcionários, a presença continuada de um santuário ao ex-consultor jurídico que fora forçado a se demitir depois de a empresa admitir sua culpa por um crime federal tendia a solapar, de maneira sutil, qualquer postura contundente que os Sackler ou seu atual séquito de executivos sêniores pudessem assumir em relação ao seu compromisso de combater a crise de opioides. "Quer dizer, esse é o cara que assumiu a culpa. O que isso diz sobre vocês?", observou um ex-executivo da Purdue. Em termos de cultura institucional e sinais implícitos aos funcionários sobre o tipo de comportamento que podia ou não ser aceitável, a reverência persistente a Howard Udell falava muito.

Pode ter havido a impressão de que a saída de Udell e sua subsequente morte deixaram um vácuo na Purdue, mas os Sackler tinham um time de advogados competentes e mais do que dispostos a ocupar seu lugar. O primeiro deles era um homem chamado Stuart Baker. Um executivo clássico, Baker era quase invisível ao mundo externo. Mas, nos bastidores, era um defensor firme e calculista dos Sackler. Nominalmente, era sócio do Chadbourne & Parke (depois rebatizado de Norton Rose Fulbright), escritório de advocacia de Nova York que representara a família por décadas e de onde o advogado Richard Leather era sócio quando redigiu o acordo dos mosqueteiros, entre os irmãos Sackler e Bill Frohlich. A firma tinha uma longa história como feroz defensora da indústria tabagista, mas Baker parecia dedicar quase todo o tempo à representação de um cliente particular. Na verdade, ele tinha seu próprio escritório no nono andar da sede da Purdue, e seu próprio assistente administrativo em tempo integral na empresa. Kathe Sackler certa vez descreveu Baker como uma "ligação" entre o conselho diretor e a administração sênior da Purdue.[55] Mas com frequência ele também funcionava como ligação entre as duas alas da família. Em reuniões do conselho, que de vez em quando podiam descambar para insultos por conta das discordâncias frequentes e amargas entre o lado A e o lado B, Baker tentava manter a paz, posicionando-se fisicamente entre as alas em disputa na família. De vez em quando, Kathe ralhava sobre algum assunto na reunião do conselho e seu primo Jonathan a interrompia dizendo que ela estava sendo difícil e deveria parar de falar. Baker tentava discretamente retomar a ordem na reunião, mas

Kathe dizia: "Não, Stuart, acho que não devemos continuar até Jonathan me pedir desculpas."

"Eu não vou me desculpar pelo *seu* comportamento", dizia Jonathan, fazendo Baker dar o melhor de si para aliviar o clima enquanto as cerca de vinte pessoas que estavam na reunião evitavam trocar olhares e tentavam esconder seu constrangimento. "Ele tinha vários papéis", disse Kathe sobre Stuart.[56] Alguns executivos da empresa se referiam a ele como o "concierge".

"Stuart tinha mais poder do que qualquer pessoa na empresa, incluindo o CEO", relembrou um ex-funcionário da Purdue. Como servia de ligação entre os Sackler no conselho diretor e a liderança da empresa, ele era o "gargalo". Participava do conselho de vários negócios dos Sackler ao redor do mundo. "Ele era uma espécie de argamassa que mantinha tudo junto", concluiu o ex-funcionário. Certa vez, numa reunião na empresa, Baker mencionou a declaração de culpa de Udell, Goldenheim e Friedman. "Eles tiveram que cair para proteger a família", reconheceu. A estratégia da empresa, disse ele, foi "proteger a família a todo custo". (Dois ex-funcionários se lembram de testemunhar esse diálogo. Depois, disse um deles, "eu me lembro de ir para casa dizendo: 'Porra, *onde* estou trabalhando?'")

Richard Sackler podia não querer vender a Purdue, mas concordou com a preocupação de seu primo Mortimer em relação a quanto a família havia investido na empresa e a consequente concentração de risco. Portanto, ele propôs uma alternativa. Num memorando a seus parentes em 2008, sugeriu nomear para a Purdue um CEO que fosse "leal" à família.[57] Então, em vez de vender a empresa, eles poderiam simplesmente "distribuir um fluxo de caixa mais livre" a si mesmos. Na prática, isso significava distribuições frequentes de dinheiro aos vários herdeiros de Raymond e Mortimer Sackler. Afora os irmãos, a família, no fim das contas, era composta por oito membros de três gerações, que faziam parte do conselho diretor: Teresa, a esposa britânica de Mortimer, e seus três filhos, Ilene, Kathe e Mortimer, bem como a esposa de Raymond, Beverly, com seus filhos, Richard e Jonathan, e, por fim, David, filho de Richard.[58] O conselho se reunia com regularidade e, muitas vezes, em lugares luxuosos no exterior, como Bermudas, Portugal, Suíça, Irlanda.[59]

Richard Sackler era uma presença imprevisível nas reuniões do conselho. Muitas vezes, ignorava quem quer que estivesse fazendo uma apresentação e ficava tão concentrado em seu laptop que Jonathan chamava sua atenção: "Richard, saia desse computador. Largue isso." Enquanto o Mortimer mais jovem se ocupava sobretudo dos detalhes financeiros, de qualquer item em pauta, Richard se interessava mais pela ciência. "Ele vai fazer uma pergunta, e, se você responder, ele fará outra. E se você responder a outra, ele fará mais uma", recordou um executivo que às vezes se apresentava ao conselho. "E vai continuar até chegar a uma pergunta que você *não vai conseguir* responder, e então ele vai vencer. Porque é o cara mais inteligente da sala. E vai fazer uma centena de perguntas, se for preciso, até chegar àquela para a qual você não tem uma resposta." Então, prosseguiu o executivo: "Se Richard manda um 'te peguei', Kathe também tem que mandar." De acordo com o executivo, Kathe sempre parecia querer superar Richard. Mas Richard não demonstrava nada além de desdém. "Na maioria das vezes, quase parecia que as reuniões do conselho serviam para cada lado da família tentar provar ao outro que era mais inteligente."

O problema, na visão de Jonathan Sackler, era que havia um "time Mortimer" e um "time Raymond", e essas facções passaram a espelhar a "relação disfuncional" entre os irmãos. "Eles herdaram essa postura e até certo ponto incorporaram isso a suas rotinas", pensava ele.[60]

As reuniões do conselho costumavam terminar com uma sessão restrita aos familiares, da qual todos os outros executivos, exceto Stuart Baker, eram excluídos. E, em toda reunião, os Sackler votavam para pagar mais dinheiro a si mesmos. Cem milhões aqui, cem milhões ali. Se o Mortimer mais jovem achasse que não estava sendo pago com a frequência e no valor que esperava, ele reclamava. "Por que vocês estão reduzindo a quantia distribuída e atrasando o pagamento, dividindo-o em dois?", fumegou ele em 2010, ao saber que a empresa precisaria reduzir o desembolso trimestral da família de 320 milhões para 260 milhões de dólares, a ser pago em duas vezes.[61] Como o Mortimer mais velho tinha sete filhos de três casamentos, enquanto Raymond, ainda casado com Beverly, tinha apenas dois, estabeleceu-se uma dinâmica em que os membros do lado A sempre pressionavam por parcelas maiores, porque tinham mais bocas para alimentar.[62] Felizmente, não faltava fluxo de caixa. Em junho de 2010, a Purdue apresentou aos Sackler um plano de dez anos projetado para gerar 700 milhões de dólares a cada ano para a família, pelos dez anos seguintes.[63]

Uma desvantagem dessa estratégia era não deixar muitos fundos para a Purdue reinvestir no negócio. Numa empresa de capital aberto, isso podia ser identificado como um potencial risco existencial. Mas os Sackler eram os donos da Purdue e podiam fazer o que quisessem com ela. O próprio Mortimer orientou a empresa a reduzir os gastos em pesquisa e desenvolvimento.[64] Para os cientistas que trabalhavam lá, isso foi frustrante: o OxyContin ainda gerava uma tremenda quantidade de renda, mas os Sackler pareciam mais interessados em tirar dinheiro da Purdue do que no crescimento e na diversificação da empresa. Talvez a família tivesse assumido uma concentração de risco indevida ao apostar todo o seu dinheiro na indústria farmacêutica. Mas naquele período a própria Purdue assumia uma concentração de risco indevida, porque todo o seu dinheiro estava no OxyContin. Jonathan Sackler descreveu a estratégia da empresa mais como "um programa de aleitamento do que como um programa de crescimento".[65]

Esse esquema foi particularmente imprudente, pois uma realidade inegável da indústria farmacêutica é que o momento de pico de lucratividade de qualquer medicamento passa quando a patente expira, abrindo caminho para a concorrência genérica. Os Sackler descobriram isso, de maneira assustadora, alguns anos antes. Em 2000, um de seus concorrentes, a Endo, fez um pedido de patente para produzir uma versão genérica do OxyContin. A patente da Purdue ainda não havia expirado, então a empresa processou a Endo para impedi-la de vender o substituto mais barato.[66] Era crucial que a Purdue eliminasse esse desafio: duas outras empresas estavam de olho no caso e preparavam suas *próprias* versões genéricas do medicamento. Mas, em 2004, um juiz de Manhattan determinou que a patente original do OxyContin era inválida, porque a Purdue havia enganado o Departamento de Patentes e Marcas Registradas em seu pedido. A empresa assegurou sua patente afirmando que o OxyContin era único porque 90% dos pacientes supostamente sentiram alívio tomando doses relativamente pequenas. Mas Paul Goldenheim admitiu, sob juramento, que, no momento em que a Purdue fez essas alegações, os pesquisadores da empresa "não estavam nem um pouco perto" de provar isso.[67] Aquelas afirmações ousadas, disse Goldenheim, haviam sido uma expressão da "visão" de Robert Kairo, e não um fato científico. De repente, a Purdue enfrentava a perspectiva da concorrência genérica e da queda nas vendas. A empresa fez uma rodada de dolorosas dispensas de funcionários. Parecia o fim da jornada do OxyContin, uma reviravolta que custaria bilhões de dólares à Purdue e aos Sackler.[68] Mas Howard Udell investira em advogados de patente muito bons, que persuadiram uma corte de apelação a revogar o julgamento de 2004, de modo que a Purdue recuperou o monopólio sobre o medicamento.[69] Eles estavam de volta aos negócios, porém mais cientes do que nunca de que precisavam maximizar os ganhos com o OxyContin antes de perderem a exclusividade para sempre.[70]

Depois da declaração de culpa, em 2007, os Sackler contrataram a firma de consultoria McKinsey, que começou a aconselhar a empresa sobre como continuar fazendo o mercado de OxyContin crescer.[71] Uma equipe de analistas da McKinsey instalou-se numa sala de conferências na sede da Purdue. As vendas do medicamento estavam altas como nunca, mas a quantidade de oxicodona receitada pelos médicos americanos estava começando a se estabilizar.[72] Ed Mahony, diretor financeiro da Purdue, advertiu os Sackler de que as projeções indicavam que as vendas do remédio talvez estacionassem.[73] Se isso acontecesse, a prometida década de desembolsos anuais de 700 milhões de dólares muito provavelmente não se materializaria, e isso preocupou a família. No verão de 2009, Richard convocou uma reunião a fim de criar uma estratégia para "reverter o declínio".[74] Ele exigiu atualizações semanais sobre as vendas de OxyContin.[75] (Isso causou consternação entre os funcionários, que não costumavam gerar o tipo de relatório que Richard estava procurando. Eles discutiram se deveriam explicar que tais informes não existiam, mas acabaram optando por criar um novo tipo de relatório de vendas semanal, só para Richard.)[76] A McKinsey fez uma série de recomendações sobre como a Purdue poderia "turbinar" as vendas de OxyContin.[77] Era importante, sugeriram os consultores, convencer os médicos de que os opioides davam "liberdade" aos pacientes e "a melhor chance possível de viver uma vida plena e ativa".[78]

Para esses conselheiros de fora, a missão foi um bizarro curso intensivo sobre a curiosa antropologia corporativa da Purdue.[79] Quando os consultores da McKinsey entrevistaram integrantes da equipe, descobriram que, embora àquela altura os Sackler fossem oficialmente apenas membros do conselho diretor, na prática ainda conduziam de forma maníaca as operações cotidianas da empresa. O conselho "se envolve em muitas decisões nas quais não deveria se envolver", disseram funcionários aos consultores. Na avaliação de um executivo da McKinsey: "Os irmãos que abriram a empresa viam todos os funcionários como quem 'apara a grama' — os funcionários devem fazer exatamente o que lhes é solicitado e não falar demais."

O Mortimer Sackler mais velho estava com mais de noventa anos e ainda levava uma vida plena e ativa. Em reuniões do conselho, era uma presença rabugenta, olhando de cara feia por trás de seus óculos retangulares. Os funcionários da Purdue o achavam muito menos cordial e amigável do que Raymond. Mas ele sempre aproveitou mais o seu tempo de lazer do que o de trabalho. Ainda pegava um jatinho para visitar suas várias residências grandiosas.[80] Adorava jogar gamão e praticou tênis até bem depois dos oitenta anos. Na última noite de 2009, Mortimer recebeu sua família extensa e centenas de convidados em sua ampla mansão de campo em Berkshire, nos arredores de Londres, conhecida como Rooksnest e situada em quatro hectares de jardins bem cuidados e bosques ondulantes.[81] Uma enorme tenda foi erguida para o casamento de sua filha Sophie. A noiva tinha 27 anos e era linda.[82] Crescera em Londres e frequentara a Universidade de Oxford, onde havia uma biblioteca com o nome de seu pai.[83] Lá, ela conheceu um jogador de críquete chamado Jamie Dalrymple, que viria a jogar na seleção da Inglaterra. Para cantar no casamento, os Sackler providenciaram a vinda de setenta membros de um coral de Swansea, no País de Gales.[84] Eles cantaram "Guide Me, O Thou Great Redeemer":

> *Open now the crystal fountain*
> *Whence the healing streams do flow*
> ("Abram agora a fonte cristalina
> De onde jorram correntes de cura")

Festeiro, Mortimer se divertiu até bem depois da meia-noite.[85] Três meses depois, estava morto. Viveu quase um quarto de século a mais que o irmão mais velho, Arthur, ofuscando-o nos negócios e, possivelmente, em seu impacto no mundo. A morte de Mortimer foi sentida dos dois lados do Atlântico, e, nas muitas reminiscências daqueles que o conheceram, sua vida foi reconhecida principalmente pelas contribuições filantrópicas. "Mortimer D. Sackler, patrono das artes", dizia o título do obituário no *The New York Times*, que observou que ele havia sido "um grande doador da Universidade de Oxford, da Universidade de Edimburgo, da Universidade de Glasgow, da Galeria Tate em Londres, do Royal College of Art, do Louvre, do Museu Judaico em Berlim e da Universidade de Salzburgo, entre outras instituições". Só no nono parágrafo o artigo fazia referência ao OxyContin, "uma droga que se disseminara e era objeto de uso abusivo, responsável por muitas mortes por overdose", antes de acrescentar que "nenhum dos Sackler jamais foi acusado de qualquer delito".[86] Outro extenso obituário, no *Times* de Londres, enfatizou as doações de Mortimer não apenas a universidades e museus de arte, mas também ao "mundo horticultural".[87] O texto fez referência, por exemplo, à Sackler Crossing, uma encantadora ponte curva de granito preto sobre um lago em Kew Gardens, em Londres, assim como ao momento em que Theresa Sackler (que recebera o título de "dama" e ainda era integrante do conselho diretor da Purdue) fez o lance vencedor num leilão beneficente para dar nome a uma nova espécie de rosa. Dama Theresa, que era apaixonada por jardinagem, escolheu dar à flor o nome de seu marido. O obituário citou a analogia que ela fez entre a rosa Mortimer Sackler e aquele que lhe emprestava o nome. "As flores dão a impressão de delicadeza e suavidade", disse Dama Theresa, "mas são, na verdade, muito firmes e pouco afetadas pelo clima ruim". O obituário não fez nenhuma menção ao OxyContin.

Capítulo 22

À PROVA DE ADULTERAÇÃO

UM DIA, NO VERÃO DE 2010, sem estardalhaço ou aviso, a Purdue Pharma parou de despachar o OxyContin que vinha produzindo e distribuindo pelos Estados Unidos fazia quase quinze anos e o substituiu por uma nova composição sutilmente reformulada.[1] Num primeiro olhar, os comprimidos que começaram a ser despachados em agosto daquele ano pareciam quase idênticos aos anteriores. Havia apenas dois aspectos visíveis que os diferenciavam dos anteriores: eram ligeiramente mais espessos e estampados não com o "OC" que tradicionalmente os adornava, mas com "OP". O conteúdo era exatamente o mesmo: oxicodona pura. O invólucro é que havia sido reinventado.

Desde 2001, o pessoal da Purdue falava da possibilidade de criar uma bala de prata para os problemas que cercavam o OxyContin. E se desenvolvessem um comprimido que não pudesse ser triturado? Se aqueles que faziam uso abusivo quebravam o remédio para suprimir o mecanismo de liberação gradual e soltar toda a potência narcótica do medicamento, então talvez os cientistas da empresa pudessem criar um comprimido que frustrasse os "viciados deploráveis" que Richard Sackler tanto desprezava — um comprimido à prova de uso abusivo.

Esse foi um projeto delicado para a empresa, porque parte do *ethos* dos Sackler (e, como consequência, parte da cultura da empresa da família) era a relutância em admitir, até mesmo hipoteticamente, a possibilidade de erro ou delito. Se a Purdue fizesse muito barulho sobre o desenvolvimento de uma versão resistente ao uso abusivo, isso poderia ser interpretado como um reconhecimento retórico de que o OxyContin vendido durante todos aqueles anos era, como os críticos sustentavam havia muito tempo, perigosamente suscetível ao uso abusivo.

Mas era irresistível a ideia de um comprimido de OxyContin que só pudesse ser engolido, desafiando quem buscava uma onda imediata, e algumas pessoas na empresa passaram a pensar nesse projeto como uma missão para a Lua. Foram anos de pesquisa, com bastante tentativa e erro. De acordo com um dos principais executivos envolvidos, a Purdue dedicou ao esforço "uma fatia muito grande" de seu já limitado orçamento de P&D.[2] Parte da motivação foi, sem dúvida, o desejo legítimo de proteger do uso abusivo o carro-chefe da empresa. Mas outro elemento pode ter sido o fato de que alguns concorrentes também estavam tentando inventar um comprimido de oxicodona à prova de trituração. Se uma dessas outras empresas entrasse no mercado antes da Purdue, poderia promovê-lo como uma alternativa mais segura do que o OxyContin. "A Purdue deve liderar a investida nesse tipo de pesquisa", disse o Mortimer Sackler mais jovem a Richard em 2008. "Por que estamos disputando quem chega na frente?"[3]

Richard deixara o papel de chefe titular da empresa muito antes, mas ainda era extremamente ativo nos negócios. Ia ao escritório todos os dias. Tinha um buldogue, que levava para lá com frequência. O cachorro se chamava Unch, por causa da abreviação de "Unchanged" ("Inalterado"), usada no mercado de ações para indicar o mesmo nível onde a ação começou. Às vezes, um funcionário vestia seu melhor terno para uma reunião com Richard, só para chegar ao escritório forrado de livros do chefe e notar, sob o tampo de vidro da mesa, que Unch estava babando na perna da calça recém-passada. O cachorro costumava defecar nos corredores, e Richard tinha a tendência de não recolher as fezes. Por isso, os visitantes do nono andar aprenderam a contornar os depósitos ocasionais deixados pelo cão no carpete roxo real.

Richard fez sua própria pesquisa sobre fórmulas à prova de adulteração, obtendo várias patentes como inventor,[4] e permaneceu em contato próximo com a equipe da Purdue que trabalhou com as submissões do novo produto à FDA. Chegou a cogitar nomes para o remédio.[5] (No fim das contas, o nome ficou OxyContin OP). A empresa pediu a aprovação da FDA no fim de 2007, mas só em 2010 a agência concedeu a permissão para comercializar o novo OxyContin "resistente ao uso abusivo".[6]

Os novos comprimidos eram uma maravilha da ciência. Ao serem esmagados, eles não se fragmentavam nem se decompunham num pó fino que poderia ser inalado ou dissolvido em líquido e injetado na veia. Eles apenas ficavam amassados, como um doce. Se alguém quisesse dar uma martelada no comprimido, ele até rachava, mas não rompia. Com esforço, podia-se cortá-lo em pedaços, mas ao se tentar inalá-los eles ficavam presos na narina. O novo mecanismo era um pequeno milagre, mais inovador, à sua maneira, do que fora o OxyContin original. Como explicou um ex-executivo da Purdue, quando se adulterava o OxyContin reformulado, ele se tornava "uma bala de goma".

Como a Purdue Pharma nunca se acanhou em fazer alegações ousadas à FDA, é evidente que exaltou o novo comprimido por sua segurança sem precedentes. Depois de ter demonstrado anteriormente uma tendência a favorecer a Purdue ao aprovar alegações de marketing exageradas, a FDA deu mais um presente à empresa: pela primeira vez na história, permitiu que a bula do OxyContin reformulado contivesse uma afirmação sobre as propriedades que "impediam o uso abusivo" do comprimido.[7] Quando o medicamento original fora lançado, Richard Sackler se gabara de como a empresa conseguira que a agência aprovasse um rótulo cheio de alegações de marketing, como nunca tinha feito antes, e então, mais uma vez, a agência permitiu à Purdue alegar que o novo produto era mais seguro do que os dos concorrentes. Em mais um eco do lançamento original, a afirmação sobre essas vantagens era, até então, em grande parte uma aspiração. Num comunicado à imprensa, a FDA observou que a Purdue deveria realizar um estudo "pós-mercado" para coletar dados sobre "até que ponto a nova fórmula reduz o uso abusivo e o mau uso desse opioide"[8] — ou seja, até que ponto a alegação que a FDA já estava aprovando para o rótulo poderia se revelar de fato verdadeira. Mas, enquanto isso, a Purdue estava autorizada a sugerir a quem quisesse ouvir que a nova fórmula do OxyContin era menos sujeita ao uso abusivo do que outros opioides disponíveis no mercado.

Para um observador casual, a reformulação do OxyContin pode ter parecido um sinal de que os Sackler, depois de anos obstruindo os esforços para conter os impactos desastrosos de seu analgésico, tinham enfim reconhecido seu erro. Mas o *timing* da nova fórmula era interessante, indicando que a empresa pode ter tido outros motivos. A patente que conferia o direito exclusivo de comercializar o OxyContin foi assegurada pela Purdue nos anos 1990. Pela exclusividade contínua da patente, a empresa podia impedir que farmacêuticas rivais produzissem uma versão genérica. Mas, em todos aqueles anos de épica lucratividade, o tempo estava correndo. A perspectiva de perder a patente de um medicamento de marca conhecida é assustadora para o fabricante, mas existem certas manobras que uma corporação astuta pode empregar para estendê-la. Há um nome para essa tática: "perenização".[9] As empresas esperam até que a patente original chegue perto do fim e então fazem uma pequena modificação no produto, obtendo, assim, uma nova patente e zerando o relógio. Quase uma década antes, em janeiro de 2001, Michael Friedman deliberou com outro executivo da Purdue, Mark Alfonso, sobre os planos de desenvolver uma versão de OxyContin resistente ao uso abusivo, descrita como uma "extensão de linha". Alfonso escreveu que lançar essa nova versão seria uma forma de "fechar a porta para a concorrência".[10] Antes da introdução do OxyContin OP, a patente da fórmula original expiraria em 2013.[11]

"*Tudo* girava em torno da propriedade intelectual do Oxy", relembrou um executivo que ingressou na empresa nesse período. A Purdue vendia outros produtos, mas ninguém se iludia. "Era 100% o OxyContin. Era dali que o dinheiro vinha", continuou o executivo. "Como eles não tinham as habilidades que uma empresa farmacêutica integrada tem, o lema era 'protejam a patente a todo custo'. Então a parte do investimento nisso, os talentos da empresa, tudo é totalmente voltado para proteger e preservar o OxyContin." A liderança da Purdue estava tão concentrada em estender a vida do medicamento que às vezes parecia a esse executivo que a empresa não era um negócio farmacêutico, mas "uma firma de advocacia de propriedade intelectual que por acaso tinha um departamento de P&D e um braço de marketing".

Por mais de uma década, em face de uma crise de saúde pública que só aumentava, os Sackler e a Purdue sustentaram, de forma desafiadora, que a fórmula original era segura e eficaz. Howard Udell foi para o túmulo insistindo nisso. Mas em 2010, quando a patente da fórmula original estava prestes a expirar, a empresa lançou a versão reformulada e depois fez um cavalo de pau audacioso: apresentou documentos à FDA, pedindo à agência que se recusasse a aceitar versões genéricas da fórmula *original* de OxyContin, a versão que a empresa vendera durante todos aqueles anos, sob o argumento de que não era segura.[12] A Purdue disse que estava retirando voluntariamente a fórmula original do mercado por motivos "de segurança". No próprio dia estabelecido para o fim da patente da fórmula original, a FDA, sempre complacente, declarou que os benefícios da antiga versão de OxyContin "já não superavam" os riscos.[13] "A Purdue agradece a FDA por determinar que os comprimidos de liberação prolongada de OxyContin fossem retirados do mercado por motivos de segurança", disse a empresa em comunicado à imprensa, observando que a agência "não aceitaria ou aprovaria" nenhum pedido de uma versão genérica do medicamento.[14]

Não seria inteiramente justo sugerir que a Purdue não estava preparando nenhum outro produto. Na verdade, não muito tempo depois de lançar o OxyContin OP, a empresa introduziu outro analgésico opioide, um adesivo transdérmico chamado Butrans. Os Sackler poderiam ter respondido às críticas disseminadas à Purdue, ao indiciamento criminal e à profusão de ações judiciais tomando medidas para diversificar a empresa para além dos opioides. Mas optaram por dobrar a aposta, posicionando a Purdue como uma "empresa integrada de administração da dor".

Com o passar dos anos, Richard Sackler foi se afastando da esposa, Beth. Os dois se divorciaram em 2013, e ele se mudou para Austin, no Texas, onde comprou uma mansão moderna no alto de uma colina nos arredores da cidade, numa área favorecida por bilionários da área de tecnologia. No entanto, ainda estava disposto a interferir, fanaticamente, nos mínimos detalhes operacionais da empresa. Sentindo falta, talvez, dos dias de glória na época da nevasca de 1996, quando supervisionou o lançamento extremamente bem-sucedido do OxyContin original, Richard examinou cada pormenor do lançamento do Butrans. Ele exigiu do executivo Russell Gasdia "informações" sobre o desempenho do medicamento.[15] Queria saber se a equipe de vendas estava "encontrando a resistência que esperávamos e até que ponto a estamos superando, e se as respostas são semelhantes, melhores ou piores do que quando comercializamos o OxyContin®". (Mesmo em e-mails, Richard se dava ao trabalho de acrescentar o símbolo de marca registrada, uma indicação, talvez, de sua alta estima pela lei de propriedade intelectual.)

Richard não apenas queria atualizações, praticamente em tempo real, dos números de vendas. Ele também pediu à equipe que fornecesse planilhas de dados brutos de vendas para fazer seus próprios cálculos exóticos.[16] Tinha muitas ideias sobre como o Butrans deveria ser comercializado e com que tipos de médicos deveria ser promovido. "Quem você escolheu para ir comigo a campo na semana seguinte à das reuniões de orçamento?", escreveu ele a Gasdia em 2011.[17] Almejando ter uma compreensão realmente clara de como a força de vendas estava funcionando, Richard pedira para acompanhar pessoalmente os representantes de vendas quando eles fizessem as visitas. "Será que é conveniente mandar dois representantes por dia?", questionou.

Temendo, talvez, que o dr. Richard, incapaz de se conter, pudesse começar a dar opioides de presente a qualquer médico, Gasdia disparou um alarme discreto, levando o problema ao chefe de compliance da Purdue, Bert Weinstein.[18]

"Rindo muito", respondeu Weinstein, com uma leviandade que poderia parecer arrogância para um cão de guarda da empresa que admitira culpa em acusações federais de marketing fraudulento.[19] Richard não iria mudar: essa era uma lei da vida infalível na Purdue, que todos na empresa eram forçados a aceitar. Weinstein deixou claro a Gasdia que não bateria o pé para tentar impedir que o chefe fosse, mas sugeriu que nessas visitas "Richard precisa ficar calado e permanecer anônimo", como se participasse de um reality show em que altos executivos colocam perucas e bigodes falsos antes de irem incógnitos ao chão de fábrica. (No fim, Richard optou por não fazer a visita, embora tenha saído com um representante de vendas de Connecticut em outra ocasião naquele ano.)[20]

"Tudo que você puder fazer para reduzir o contato direto de Richard com a organização é bem-vindo", escreveu Gasdia para John Stewart, o novo CEO da empresa, que assumira o cargo depois de Michael Friedman ser forçado a sair. "Entendo que ele tem o direito de saber e tem um perfil bastante analítico, mas mergulhar na organização nem sempre é produtivo."[21]

"É isso que eu faço no meu trabalho praticamente todos os dias, em alguns com mais sucesso do que em outros", escreveu Stewart em resposta.[22]

O Butrans era um narcótico programado — um opioide forte, assim como o OxyContin, com um risco de vício correspondente. Mas Richard estava frustrado, achando que a percepção de que o medicamento era potencialmente arriscado podia impactar as vendas. Ele reclamou do que percebia como uma linguagem desnecessariamente alarmista usada para falar dos aspectos negativos do remédio. A advertência "implica um perigo de reações adversas e riscos que simplesmente não existem ali", protestou Richard, sugerindo que a empresa encontrasse maneiras "menos ameaçadoras" de descrever os opioides.[23]

O lançamento do Butrans teve sucesso moderado. Se havia uma coisa, além de doar dinheiro, que os Sackler sabiam fazer, era vender opioides. Mas, comparado ao OxyContin, o Butrans não foi um grande triunfo, e isso incomodou Richard e os outros membros do conselho diretor. "Vocês compartilham da minha decepção?", perguntou ele a sua equipe na primavera de 2011.[24] "O que mais podemos fazer para alavancar as vendas e crescer num ritmo mais rápido?"[25] Mortimer se juntou ao primo em suas preocupações, pedindo mais informações sobre os números de vendas.[26] Mas, em junho daquele ano, a equipe relatou aos Sackler que os ganhos estavam centenas de milhares de dólares aquém das projeções iniciais.[27] Na visão de Richard, a empresa errara ao deixar de visar os médicos com "alto potencial" de prescrever o medicamento. Ele exigiu saber como "nossos gerentes permitiram que isso acontecesse".[28]

Em particular, Gasdia reclamou do "foco míope" da família nos opioides. "Tem sido difícil convencer os colegas do conselho de que nosso sucesso no mercado acabou", escreveu ele a um amigo.[29] Quatro meses depois, os Sackler o demitiram.[30]

O OxyContin continuou a vender bem em sua nova fórmula.[31] Era o analgésico mais vendido nos Estados Unidos, gerando uma receita anual de mais de 3 milhões de dólares, quase o dobro do medicamento concorrente mais próximo. Mas a nova versão realmente evitava o uso abusivo? Essa era uma pergunta diferente. Na empresa, reconhecia-se que as alegações da Purdue sobre a prevenção ao uso abusivo eram, no máximo, teóricas. Os Sackler sabiam, porque foram informados pela equipe, que o principal método de uso abusivo de OxyContin não era inalar ou amassar os comprimidos, mas engoli-los inteiros, o que a reformulação não evitava.[32] Em determinado momento, John Stewart disse explicitamente a Richard Sackler que reformular o OxyContin "não impedirá o simples ato de tomar comprimidos demais".[33] Numa reunião no início de 2011, a equipe mostrou ao conselho diretor dados indicando que 83% dos pacientes admitidos em centros de tratamento por abuso de substâncias tinham começado a usar opioides pela ingestão de comprimidos.[34]

Ao mesmo tempo, havia indicações de que, para muitas pessoas que já estavam viciadas em OxyContin, a reformulação de fato dificultava o uso abusivo. Em fóruns on-line, usuários de longa data do medicamento compartilharam relatos sobre a que ponto haviam chegado para conseguir alimentar o vício com os novos comprimidos.[35] Algumas pessoas os puseram no micro-ondas, no congelador e os submeteram a todo tipo de solvente. Mas, se o objetivo específico da Purdue era impedir as pessoas de quebrar os comprimidos, o novo invólucro parecia funcionar. Na verdade, indicações significativas apareceram quase de imediato, nos próprios dados de vendas da Purdue, sugerindo que alguns usuários habituais de OxyContin estavam frustrados com os comprimidos à prova de adulteração. Apesar de dizer à FDA que a fórmula original não deveria ser considerada segura, a Purdue continuou vendendo a versão antiga no Canadá até um ano após o lançamento da versão nova nos Estados Unidos. De acordo com um estudo subsequente, nos meses que se seguiram à reformulação de 2010, as vendas do OxyContin tradicional em Windsor, na província de Ontário, subitamente quadruplicaram.[36] Windsor fica do outro lado da fronteira próxima a Detroit. Isso era uma clara indicação de que os comprimidos estavam sendo comprados no Canadá e contrabandeados de volta — para serem vendidos no mercado clandestino dos Estados Unidos, porque eram preferíveis à nova versão. Por meio de dados da IMS, a Purdue teria sido capaz de monitorar esse aumento abrupto nas vendas canadenses e deduzir o motivo. (No fim das contas, a empresa reconheceu ter ciência do pico de vendas e sustenta que alertou as autoridades, mas se recusou a dizer quando exatamente.)[37]

Logo, a taxa de mortes nos Estados Unidos associadas à overdose de OxyContin começou a diminuir.[38] Ainda era muito cedo para dizer se o medicamento reformulado podia realmente "impedir o uso abusivo", porque muita gente que abusava do OxyContin engolia os comprimidos e não necessariamente morria. Os Centros para Controle de Doenças por fim concluíram não haver estudos sugerindo que "tecnologias que impeçam o uso abusivo" são uma estratégia eficiente para "dissuadir ou prevenir abusos".[39] A FDA concordaria, em constatações só divulgadas em 2020, dizendo que, embora a reformulação tivesse reduzido o número de pessoas que inalavam ou injetavam o medicamento, "as evidências de que a reformulação causou uma redução significativa no uso abusivo *generalizado* de OxyContin não eram robustas".[40]

Ainda assim, se a reformulação estava levando algumas pessoas a deixar de inalar ou injetar o OxyContin, isso parecia ser um passo na direção certa. E a Purdue não precisava fazer pesquisas complexas para ter uma noção do impacto dos comprimidos novos. De acordo com o resumo de uma pesquisa de uma equipe de cientistas da Purdue, após a reformulação, as vendas dos comprimidos de 80 miligramas caíram 25% no país.[41]

Por um lado, esse era um sinal impressionante do êxito da Purdue em conter o uso abusivo de OxyContin a partir dos novos comprimidos à prova de trituração, e a empresa iria exaltar o investimento feito na reformulação como uma prova de seus esforços para lidar com a crise de opioides.[42] Por outro lado, a queda nas vendas oferecia uma clara indicação de que por anos a Purdue obteve um quarto de sua renda com a circulação da dose mais alta de OxyContin no mercado clandestino. A empresa estudou o fenômeno; Richard reclamou do "declínio súbito" e quis saber quais "ações corretivas" podiam ser adotadas. De acordo com documentos judiciais, a Purdue concluiu, internamente, que a perda de lucro podia ser atribuída em boa parte à "redução de receitas desnecessárias do ponto de vista médico".[43]

Os críticos sustentaram que a Purdue não deveria ser celebrada pelos comprimidos novos, porque isso era um pouco tarde demais. "Isso não deveria limpar a consciência deles", declarou, logo depois da reformulação, Steven Tolman, senador por Massachusetts, à frente de uma comissão que investigava o uso abusivo do OxyContin. "Por que eles não fizeram isso anos atrás?"[44]

E, conforme se viu, o *timing* provaria ser uma questão profundamente significativa, porque a reformulação da Purdue teve uma importante consequência não intencional. Se os Sackler tivessem substituído o OxyContin original por uma alternativa resistente à trituração uma década antes, isso poderia ter realmente contido o uso abusivo, porque menos pessoas teriam descoberto o poder intoxicante do medicamento. Mas, em 2010, o país estava bem diferente de como era em 2000. Estava tomado por uma epidemia de opioides em estágio avançado. Milhões de americanos haviam se viciado em OxyContin e outros opioides, quer isso tivesse acontecido por meio de uso recreativo ou sob assistência médica. De fato, o que quer que os Sackler pudessem ter querido dizer a si mesmos sobre suas intenções e a natureza de seu negócio, essa grande população de pessoas viciadas era parte do motivo pelo qual as vendas da Purdue ainda eram astronômicas. Os números não mentiam. O antigo slogan da empresa se revelou mais apropriado do que qualquer um poderia ter previsto: o OxyContin era o medicamento para começar e continuar o tratamento, e havia um enorme mercado cativo que já era dependente dele.

Quando o OxyContin OP foi lançado, o acesso ao medicamento já se mostrava mais difícil para alguns usuários habituais. As autoridades fecharam "fábricas de prescrições" e processaram médicos, e muitos começaram a fazer mais perguntas antes de prescrever o OxyContin ou outro opioide forte. E, além de todos esses desafios, os comprimidos se recusavam teimosamente a proporcionar de imediato toda a onda de oxicodona. Como consequência, muitas pessoas desistiram do medicamento. Num mundo ideal, elas teriam cortado a droga abruptamente, enfrentando a tortura da abstinência, ou buscado tratamento e reduzido o uso da droga com cautela. Mas a realidade era que grande parte dessas pessoas já estava viciada. Muitas, por anos. Tinham passado do ponto em que não há mais volta. Por acaso, existia um substituto mais barato, mais forte e amplamente disponível: a heroína.

Para alguns usuários, a nova fórmula de OxyContin desencadeou uma transição para outros opioides controlados mais suscetíveis ao uso abusivo. Porém, muitos recorreram à heroína. Em termos químicos, as duas drogas eram intimamente relacionadas. De algumas maneiras, a heroína sempre foi a referência para o OxyContin. A potência tremenda levou o Oxy a ganhar a fama de "pílula de heroína". Quando se tornou popular como droga recreativa na região dos Apalaches, o OxyContin ganhou o apelido de heroína caipira. Então, seria lógico prever que, quando não pudessem mais contar com o medicamento, as pessoas que já tinham um transtorno por uso do opioide fariam uma rápida transição para a heroína.

No livro *Dreamland* (Terra dos sonhos, em tradução livre), o jornalista Sam Quinones explica que, mais ou menos nessa época, cartéis mexicanos de drogas, percebendo um mercado emergente no vizinho norte-americano, começaram a traficar quantidades sem precedentes de heroína barata para o país.[45] Quase da noite para o dia, grupos de traficantes de heroína bem-apessoados, desarmados e altamente profissionais começaram a aparecer em comunidades dos Estados Unidos, oferecendo saquinhos de heroína refinada a partir de papoulas das montanhas de Nayarit, na costa mexicana do Pacífico. Assim como a Purdue identificara um mercado potencial gigante de pessoas com dor crônica tratada de forma inadequada, esses jovens empreendedores do México viram uma enorme população que poderia ser induzida a experimentar uma nova droga. Eles não tiveram a oportunidade de estudar na Escola de Administração de Harvard, como Richard Sackler, ou na NYU, como Mortimer. Eram em grande medida autodidatas. Mas, ao tentarem formar um mercado robusto para a heroína mexicana, esses traficantes de Nayarit empregaram táticas de venda que, em alguns casos, lembravam sinistramente o primeiro manual de estratégia de marketing da Purdue para o OxyContin. No começo, os Sackler visaram populações que pareciam particularmente suscetíveis ao medicamento, concentrando o esforço de marketing inicial em comunidades onde muita gente sofria de lesões relacionadas a acidentes de trabalho ou deficiências físicas e dores crônicas. Muitas vezes, os traficantes de heroína procuravam novos clientes perto de clínicas de metadona, onde podiam encontrar pessoas que já estavam lutando contra um transtorno por uso de opioides. A Purdue ofereceu cupons que garantiriam gratuitamente uma receita para um mês de OxyContin. Os traficantes de heroína também ofereciam amostras grátis a seus clientes.

Havia também o que a Purdue chamava de "objeções a superar". Os Sackler sabiam, desde que entraram no mercado de opioides, que um desafio a ser enfrentado era a inibição do consumidor. Havia um estigma associado a esses produtos, o irracional bicho-papão da opiofobia. Quando a Napp, empresa inglesa da família, desenvolveu o MS Contin, parte do argumento que motivou a criação do medicamento foi que um comprimido de morfina parecia mais seguro e acessível do que qualquer coisa injetável. Essa mesma aversão ao uso intravenoso de drogas, o pico, também serviu como um disfarce natural que escondia o tamanho do mercado de heroína nos Estados Unidos. Mas, quando alguém que já está viciado em opioides começa a sentir os primeiros sinais de abstinência, a inibição de toda uma vida pode rapidamente escorrer pelo ralo. Essa é a lógica do vício. Agulhas talvez causem constrangimento. Mas se você sentir que pode morrer se não conseguir uma dose, vai fazer todo tipo de coisa que talvez tenha jurado que jamais faria.

Foi assim que o que durante uma década havia sido uma epidemia nacional de um remédio controlado se transformou, por volta de 2010, numa epidemia de heroína. Anos mais tarde, certos membros da família Sackler chamariam a atenção precisamente para essa transição, colocando a substituição por heroína (e, com o tempo, por outro opioide ainda mais letal, o fentanil) como um trunfo que eximia a família de culpa.[46] Eis a prova de que as pessoas que se viciavam em OxyContin não eram pacientes com dor legítimos, mas usuários abusivos que aceitavam qualquer droga. E a heroína era uma droga de rua, tirada do porta-malas de um carro por jovens mexicanos anônimos com um visto incerto, ao passo que o OxyContin havia sido aprovado pela autoridade de uma importante agência reguladora: a FDA. Os Sackler eram empresários legítimos, pilares da sociedade americana. Mesmo depois da condenação da Purdue por crime doloso, enquanto a controvérsia em torno do OxyContin continuava, Richard Sackler integrou o conselho consultivo do Centro Oncológico de Yale. Pouco antes da reformulação, ele e Beth, juntamente com Jonathan e sua esposa, Mary Corson, doaram 3 milhões de dólares para fundar a Cátedra Richard Sackler e Jonathan Sackler de Medicina Interna de Yale.[47] "Meu pai instilou em mim e em Jon a crença de que a filantropia é parte importante do modo como devemos preencher nossos dias", disse Richard na época, em rara declaração pública. Antes de se mudar para o Texas, ele também foi nomeado professor adjunto de genética na Universidade Rockefeller, em Manhattan, outra instituição à qual fazia doações generosas. Ele e a família ainda eram rotineiramente celebrados como exemplo da melhor tradição de valores americanos e da medicina americana. Ele não era um chefe de cartel do sul da fronteira. O fato de aqueles viciados que haviam abusado de OxyContin estarem migrando para a heroína apenas consolidou o sentimento que a família tinha de ser irrepreensível.

Mas Richard sempre se orgulhou de sua aptidão para dados, e nesse caso eles indicavam que, embora os Sackler certamente não estivessem traficando heroína, seria incorreto sugerir que não tinham nenhuma ligação com a crise da heroína. Em anos subsequentes, estudiosos examinariam estatísticas relacionadas ao aumento súbito no número de overdoses de heroína a partir de 2010 e concluiriam que muitos americanos que usavam heroína haviam começado com o OxyContin e outros medicamentos controlados. De acordo com a Sociedade Americana de Medicina do Vício, quatro em cada cinco pessoas que começaram a usar heroína nesse período o fizeram depois de inicialmente fazer uso abusivo de analgésicos controlados.[48] Uma pesquisa com 244 pessoas que iniciaram um tratamento contra o uso abusivo de OxyContin depois da reformulação, em 2010, constatou que um terço delas tinha trocado o remédio por outras drogas, e a heroína foi a escolha de 70% de todas as pessoas que fizeram essa troca.[49] Dodd Davis, o ex-representante de vendas da Purdue na Louisiana, é hoje orientador de tratamentos contra o vício em drogas. Depois de ganhar a vida vendendo OxyContin, ele passou a trabalhar com viciados em heroína. Em sua avaliação, "o motivador da crise da heroína foi o desmoronar do negócio de OxyContin".[50] Em 2009, uma equipe de economistas da Notre Dame, da Universidade de Boston e do Departamento Nacional de Pesquisa Econômica publicou um denso artigo de pesquisa sobre o *timing* do "rápido aumento no índice de mortes por heroína" a partir de 2010. O título do artigo é "Como a reformulação de OxyContin deflagrou a epidemia de heroína".[51]

Capítulo 23

EMBAIXADORES

O ÚNICO MEMBRO da família Sackler a passar algum tempo numa prisão foi Madeleine, sobrinha de Richard Sackler. A jovem magra, de rosto fino e olhos escuros e sérios era filha de Jonathan, irmão de Richard, e sua esposa, Mary Corson. Eles tiveram três filhos — Madeleine, Clare e Miles — e moravam numa mansão de muitos cômodos em Field Point Circle, o mesmo enclave exclusivo em Greenwich, em Connecticut, onde Raymond e Beverly moravam numa propriedade junto à orla marítima, comprada em 1973. Jonathan era bem diferente do irmão. Era mais sociável e acessível, e ele e Mary cultivavam uma sensibilidade meio boêmia, intelectual. Jonathan usava roupas esportivas e era um conversador amável que recebia em casa artistas plásticos e pensadores interessantes. Uma de suas paixões particulares era a questão da reforma educacional, e ele se envolveu intensamente no movimento de escolas charter, isto é, escolas públicas administradas pela iniciativa privada, doando dinheiro e escrevendo artigos de opinião. "Acho que podemos fazer muito mais pelas crianças, principalmente as que estão crescendo em nossas cidades", diria, acrescentando: "É um privilégio apoiar as causas importantes de nosso tempo."[1] Ele e Mary ajudaram a financiar uma rede charter que construiu escolas em todo o estado de Connecticut.[2]

Madeleine, nascida em 1983, frequentou escolas públicas de Greenwich. Tinha treze anos quando o OxyContin foi lançado e atingiu a maturidade da adolescência na mesma época em que muitos adolescentes americanos, mesmo em cidades como a sua, começaram a abusar do medicamento. Inteligente e estudiosa, foi para a Universidade Duke, onde estudou biopsicologia (curso que teria agradado a seu avô). Madeleine achou que seguiria os passos de Raymond, ou de seu tio Richard, e faria medicina, mas na faculdade descobriu que adorava fotografia.[3] Acabou optando por ser cineasta, e não médica, e aos 28 anos fez seu primeiro documentário de longa-metragem, intitulado *The Lottery* (A loteria, em tradução livre), sobre uma escola charter no Harlem. (Madeleine compartilhava o entusiasmo do pai em relação à educação charter). O filme, lançado em 2010, no mesmo ano em que a Purdue lançou a nova fórmula de OxyContin, acompanha quatro famílias da classe trabalhadora do Harlem e do Bronx que estão em busca de melhores oportunidades educacionais para os filhos. É "moralmente errado" que os americanos desprivilegiados não tenham acesso seguro a uma educação de qualidade, opinou Madeleine em entrevista à C-SPAN.[4] O filme foi exibido no Festival de Cinema de Tribeca e incluído na lista de candidatos ao Oscar.[5]

Quando estava fazendo o documentário, ela começou a pensar no papel da prisão na sociedade americana. "É meio que o outro lado", observou. "É o que acontece quando as pessoas não recebem uma educação de qualidade. Eu soube que nossa população prisional era a maior do mundo."[6] Madeleine decidiu explorar o complicado problema do encarceramento em massa fazendo um longa-metragem de ficção sobre um presidiário idoso na véspera de sua libertação. Como documentarista, porém, queria um filme calcado no mundo real, então decidiu que tentaria fazê-lo numa prisão real — "com presidiários como atores".

A outro jovem cineasta, isso poderia parecer uma ideia artisticamente ambiciosa, mas impossível em termos logísticos. No entanto, Madeleine Sackler demonstrava nas artes uma característica da família que seu tio-avô Arthur manifestara na publicidade médica e que seu tio Richard aplicara aos produtos farmacêuticos: o sentimento de que qualquer sonho poderia ser seu, não importava o quanto poderia parecer excêntrico, e de que às vezes era preciso se jogar de cabeça e perguntar: "Por que não?" Em 2015, depois de muita negociação, Madeleine foi admitida na Unidade Penitenciária de Pendleton, uma prisão estadual de segurança máxima em Indiana, juntamente com uma pequena equipe e alguns atores profissionais, entre eles o premiado ator de cinema e teatro Jeffrey Wright. Ele esteve em Pendleton, com Madeleine, em algumas visitas para a pesquisa, o que achou "incrivelmente comovente".[7] Lá, conviveu com homens encarcerados que não conhecia e se comprometeu com o projeto. A prisão fora construída nos anos 1920, em sua maior parte por detentos. Era um lugar sinistro, "o ambiente mais difícil onde já trabalhei", disse Wright. Por várias semanas, Madeleine filmou cenas nas celas imponentes.

Outro papel importante no filme foi desempenhado por um homem chamado Theothus Carter, que era um presidiário. Ele entrara e saíra da prisão durante grande parte de sua vida, muitas vezes por acusações relacionadas a drogas, e estava cumprindo uma pena de 65 anos por arrombamento à mão armada e tentativa de assassinato. Mas, com os ensinamentos do ator

Boyd Holbrook, amigo de Madeleine que estrelou a série *Narcos*, da Netflix, e estava ajudando a produzir o filme, Carter teve uma atuação comovente. ("A prisão... é como uma convenção de atores coadjuvantes", brincou Madeleine.) Por fim, o ator George Clooney, um declarado proponente de temas sociais progressistas, assinou o projeto como produtor. O filme, concluído com o nome de *O.G.*, foi adquirido pela HBO.[8]

Como se fazer o filme já não tivesse sido difícil o bastante, Madeleine também montou simultaneamente um documentário de longa-metragem sobre a vida em Pendleton, chamado *It's a Hard Truth, Ain't It* (É uma dura verdade, não?, em tradução livre), que seria indicado a um Emmy. Em reconhecimento por seu trabalho nos dois filmes, ela receberia o prêmio Bill Webber de Serviço Comunitário, por usar sua plataforma (como ela explicou em seu site pessoal na internet) "para fazer sobressair a voz dos encarcerados".[9]

Quando os filmes de Madeleine foram lançados, a HBO promoveu sessões só para convidados e chamou jornalistas que trabalhavam com direitos civis e justiça racial, ativistas comunitários e grupos como a União Americana pelas Liberdades Civis. Madeleine sabia impulsionar seu trabalho com eficiência, era discreta, mas articulada, e extremamente confiante. Quando ela promovia seus filmes e se colocava como alguém que pensava de forma profunda nas consequências de certas disfunções sociais sistêmicas na vida de pessoas comuns, quase nunca lhe pediam para explicar seus antecedentes — e isso ajudava.

Madeleine vivia uma vida relativamente simples para os padrões de sua família: morava em Los Angeles, onde pagou 3 milhões de dólares em dinheiro vivo por uma casa no enclave hipster de Los Feliz,[10] e continuava sendo uma herdeira do OxyContin. Seu pai, Jonathan, podia ser um intelectual genial, mas também era um diretor de longa data da Purdue, fora vice-presidente e era um membro bastante ativo do conselho que presidia o imenso sucesso do remédio e que ainda perseguia os executivos da empresa em busca de projeções de lucro e atualizações sobre vendas.[11] Madeleine não dava nenhuma indicação de um rompimento público com a família ou mesmo desconforto em relação ao legado do medicamento que tanto os enriquecera. Entre seus conhecidos na vida social e profissional, era conhecida por desdenhar de qualquer conversa sobre a Purdue. Quando o negócio da família vinha à tona, ela tendia a ridicularizar a sugestão de que tivesse alguma ligação com a empresa, indicando que não desempenhava nenhum papel lá.[12]

Em Indiana, onde Madeleine fez seus filmes na prisão, o número de mortes por overdose de opioides vinha crescendo sem parar desde 2010.[13] Os médicos do estado prescreviam bem mais opioides do que a média nacional. No ano em que ela fez o filme, no condado de Madison, onde ficava a prisão, foram prescritas 116 receitas de opioides para cada cem moradores, um número muito acima da média, mesmo para o estado.[14] Na própria prisão onde Madeleine filmara, mil detentos recebiam tratamento para vício em drogas ou álcool todo ano, numa população de 1.800 pessoas.[15] De acordo com estatísticas da própria prisão, quase 80% dos presidiários tinham um histórico de "problemas com o uso de substâncias".[16]

Os afro-americanos foram poupados de grande parte do impacto da epidemia de opioides: os médicos tendiam a receitar menos analgésicos opioides a pacientes negros, fosse por não confiarem que eles tomariam os remédios de forma responsável, fosse por tenderem a sentir menos empatia por esses pacientes, tratando a dor deles de forma menos agressiva.[17] Como resultado, as taxas de vício e mortes eram estatisticamente baixas entre afro-americanos. Parecia ser um raro caso em que se podia dizer que o racismo estrutural protegeu a comunidade. Ainda assim, os negros eram desproporcionalmente afetados pela guerra às drogas. Os executivos da Purdue podiam ter escapado da prisão por seu papel num esquema que gerou bilhões de dólares para a família de Madeleine, mas em 2016 o governador de Indiana, Mike Pence, assinou uma lei reinstituindo a sentença mínima obrigatória de dez anos para qualquer traficante de rua que fosse pego em flagrante vendendo heroína e tivesse uma condenação prévia.[18] No país, 82% dos acusados de tráfico de heroína eram negros ou latinos.[19]

É impossível falar de forma honesta sobre encarceramento em massa sem falar também da guerra às drogas. E é impossível falar de forma honesta sobre a guerra às drogas sem abordar a crise de opioides. Mas esse foi um caminho retórico que Madeleine Sackler conseguiu abrir de algum modo. Era uma atuação hábil. Na maioria das vezes, ela era capaz de analisar com consistência o problema da população carcerária dos Estados Unidos sem que lhe pedissem para explicar a ligação da família com um dos propulsores subjacentes dessa crise. Seus filmes eram financiados, em grande ou pequena medida, por dinheiro do OxyContin? O assunto quase nunca vinha à tona, e quando vinha ela afirmava de maneira vaga que não gastara seu próprio dinheiro para fazer os filmes, mas não dava detalhes.[20] Nos anos que passou desenvolvendo o *O.G.*, antes que a produção recebesse financiamentos, Jeffrey Wright teve a nítida impressão de que ela própria cobria os custos.

Jonathan Sackler sempre acompanhou escrupulosamente a cobertura da imprensa sobre a questão do OxyContin, examinando as notícias e se irritando diante de qualquer caracterização que lhe parecesse injusta.[21] Na empresa, ele manifestou preocupação com a possibilidade de as campanhas de saúde pública contra o vício em opioides prejudicarem as vendas do OxyContin.[22] Toda a família era sensível à cobertura desfavorável. Mesmo quando mais velho, Raymond ainda perguntava se era possível fazer alguma coisa para induzir o *Times* a "diminuir o foco no OxyContin".[23] Mas Jonathan também procurava se assegurar de que, se os jornalistas se referissem à epidemia de opioides e potencialmente comentassem o OxyContin e a Purdue, que pelo menos não comentassem a ligação com a família Sackler.[24] A empresa contratou numerosos relações-públicas para ajudar na campanha delicada de fazer o nome da família *aparecer* em quaisquer notícias positivas sobre filantropia e estreias no cinema, mas *desaparecer* de qualquer cobertura negativa relacionada aos opioides controlados que vendia. Esse esforço teve um sucesso incrível. Na maioria das vezes, a família não era mencionada em reportagens e matérias negativas sobre a Purdue. A fonte da riqueza dos Sackler continuava a parecer obscura e distante, como se a fortuna tivesse sido construída muito tempo antes.

Nas raras ocasiões em que perguntaram diretamente a Madeleine sobre a aparente desconexão entre a mensagem de justiça social de seus filmes e a procedência específica de sua fortuna pessoal, ela desdenhou. Num generoso perfil da cineasta publicado na revista *The New Yorker*, Jeffrey Wright observou que muitos presidiários de Pendleton tiveram poucas condições de não acabar indo parar onde estavam: "Todos os abusos, negligências, vícios, muitos desses caras nunca tiveram uma chance."[25] Mas, quando o autor do artigo, Nick Paumgarten, sugeriu a Madeleine que o filme podia representar uma forma de expiação, um sutil reconhecimento dos pecados da família e um esforço de reparação através da arte, ela contestou a premissa da pergunta. Respondeu que não havia nada a expiar e afirmou que não tinha nenhum senso de responsabilidade moral ou mesmo ligação pessoal em relação à crise de opioides. E reiterou que o histórico da família era mera distração. Será que ela não tinha o direito, como cineasta, de ter seu trabalho avaliado por seu mérito? "É dolorido para ela pensar que a percepção de seu projeto... seria maculada de algum modo por sua linhagem", escreveu Paumgarten.

Jeffrey Wright ficou sabendo sobre a família de Madeleine enquanto trabalhava no projeto. Em determinado momento, perguntou à cineasta sobre esse histórico, mas ela desconversou, preferindo claramente não falar no assunto. Quando Wright viu o documentário, ficou comovido com uma cena em que um dos prisioneiros, um homem de cavanhaque chamado Cliff, ao falar sobre sua infância difícil, comenta que sua mãe "tinha um problema com remédio

322 PATRICK RADDEN KEEFE

controlado". O ator ficou incomodado com o fato de Madeleine incluir essa cena sem revelar sua ligação com a história. "É complicado quando você não reconhece quem é, quando esconde seu papel naquilo tudo", pensou ele, que acreditava que as histórias dos homens do filme eram importantes e que o impulso de contá-las era digno, até mesmo urgente. "Mas, quando você tira a transparência da equação, quando esconde a significância da relação entre *sua* história e as histórias *deles*, há algo de podre que não pode ser ignorado." Como consequência, o filme é "fundamentalmente falho, porque há algo incrivelmente fraudulento e enganador ali", concluiu Wright.

Quando *O.G.* estreou, Madeleine compareceu ao tapete vermelho num elegante conjunto preto e foi celebrada em festas.[26] Ela posou para fotos ao lado de Van Jones, ex-funcionário da administração Obama e personalidade da CNN, e Shaun King, ativista do movimento Black Lives Matter.[27] Antes da estreia, Wright enviou à diretora um e-mail elogiando a "honestidade e franqueza" dos homens no documentário. Mas há um "elefante" na sala. "Você deu um grande presente a esses homens. Algo que eles raramente recebem, se é que já receberam alguma vez." Mas eles não sabem "nada de sua história", observou ele. "Você nunca falou comigo sobre nada disso. Eu estava ciente e só uma vez tentei puxar o assunto com você. Você não se abriu. Eu continuei meu trabalho." Mas Wright queria abordar a questão. "Você não acha que deveria levar em consideração que isso se tornará parte das discussões acerca desses filmes?", perguntou ele.[28]

Madeleine nunca respondeu.[29]

Madeleine era, de certas maneiras, uma integrante típica da terceira geração dos Sackler. Muitos deles fizeram estágios de verão na Purdue,[30] mas o único membro da geração que prosseguiu e teve um envolvimento direto com a empresa da família foi David, primo de Madeleine e filho de Richard. Quando era aluno do ensino médio, David estagiou na Purdue. Ele estudou administração em Princeton e se tornou investidor. Herdara do pai algumas das tendências desagradáveis no trato pessoal: podia ser grosseiro e dominador, ao passo que nas reuniões ficava com os olhos grudados no telefone, parecendo preocupado, e de repente levantava o rosto e interpunha uma pergunta difícil. Ele montou sua própria firma de investimentos, com escritórios registrados no nº 15 da East 62nd Street, o antigo prédio onde seu pai e Richard Kapit haviam pegado móveis para o apartamento na época da faculdade, nos anos 1960.[31] A família ainda era dona do prédio.

David assumiu uma cadeira no conselho diretor da Purdue em 2012.[32] "Acho que a visão de papai era que eu o substituiria em algum momento", disse ele mais tarde, sugerindo que Richard via uma linha de sucessão direta em que entregaria ao filho o negócio que seu pai lhe entregara.[33] David era leal a Richard e parecia compartilhar parte de sua postura combativa em favor da empresa. Ele desprezava os críticos da Purdue, considerando-os "cínicos". A declaração de culpa, em 2007, foi, como dizia, um probleminha de "uma parcela dos representantes de venda" que fez algumas alegações equivocadas antes que a empresa pudesse mandá-los embora.

Ao ingressar no conselho, David assumiu seu lugar num subgrupo da família que se juntou para continuar a administrar a Purdue. "Raymond e Mortimer trabalharam duro para construir a empresa", observou um executivo de longa data. "Eles viram fracassos e reveses." Mas as gerações mais novas "cresceram pensando que eram as pessoas mais inteligentes da sala, porque foi o que lhes disseram a vida inteira". Eles dirigiam carros fornecidos pela empresa e usavam telefones celulares pagos pela empresa.[34] (De acordo com um registro judicial subsequente, a Purdue acabou pagando 477 mil dólares por contas de telefone pessoais de alguns dos Sackler.) Quando Kathe tinha problemas com o computador em sua mansão em Westport, telefonava para a sede da Purdue a fim de que lhe enviassem um técnico. "Richard dizia: 'Vou para a Europa daqui a duas semanas e já reservei o voo, mas vi que o preço da gasolina baixou e que a Delta está com promoções, então você pode dar uma olhada no que sairia mais barato?'", recordou Nancy Champ, ex-assistente administrativa. "Tudo isso para economizar 200 dólares. E, depois que eu fazia a pesquisa, ele acabava ficando com o voo original."[35]

"Eles enchiam o nosso saco", recordou um ex-executivo da Purdue que lidou com a família. "O que Kathe gostava de fazer era ligar para o escritório no fim do dia e fazer um sermão durante horas", disse ele. "Ninguém que tratava do negócio a puxava para nenhum tipo de discussão desse tipo porque ela não ajudava em nenhum sentido da palavra. Todos a chamavam de 'dra. Kate', mas não conheço ninguém que se impressionasse com suas credenciais de doutora."

Para alguns funcionários, esse ar de autoimportância podia parecer cômico. "Eles gostavam de sentir que eram empresários sérios", observou um ex-funcionário que lidou com a família. "Eles confundiam ser bom em algo com pisar em cocô e ter sorte. O que eu achava especificamente sobre a família era que a geração seguinte basicamente descobriu ouro no quintal. É como se você se mudasse para Odessa, no Texas, e dissesse: 'O que é essa coisa preta saindo do chão?'. Exceto pelo OxyContin, a empresa nunca fora muito bem-sucedida. Sem o OxyContin, seria uma farmacêutica qualquer que valia 50 milhões de dólares e da qual você nunca teria ouvido falar." Mas o sucesso daquele único medicamento criara neles uma aura de autoestima, como se tivessem feito uma proeza sobre-humana nos negócios, prosseguiu o ex-funcionário. Os Sackler passaram a pensar em si mesmos como "os bilionários inteligentes que sabiam das coisas". Mais de uma pessoa que trabalhou na Purdue nessa época comparou a experiência com a série de humor ácido *Succession*, da HBO, em que um trio de filhos adultos mimados compete, sem sorte, para assumir o controle de um conglomerado construído pelo pai durão.

Mortimer buscou a orientação de um psiquiatra e psicanalista chamado Kerry Sulkowicz, um disputado "coach de liderança" que atuava como guru de executivos.[36] Embora fosse rico de acordo com qualquer padrão, Mortimer achava que de vez em quando passava dos limites. Quando seu pai era vivo, podia recorrer a ele para um "empréstimo-ponte", mas então, quando se via num aperto, tinha que requisitar um aporte emergencial de dinheiro num dos trustes da família. Em determinado momento, ele compartilhou com o dr. Sulkowicz os tópicos que anotara para uma conversa embaraçosa que teria com os gestores do truste. "Começar dizendo que não estou feliz", escreveu. "Estou ficando para trás financeiramente." Estava disposto a vender "obras de arte, joias, ações", mas, ainda assim, precisava de assistência com um "problema de fluxo de caixa de curto prazo". O que precisava, disse Mortimer, era de "10 milhões de dólares em curto prazo e possivelmente 10 milhões de dólares adicionais". Ele jurava que esse era o valor "máximo".

Parte do problema, reclamou, era que estava muito ocupado trabalhando em benefício dos negócios da família e tendo que "fazer jogo duro com Richard e Jon", o que era estressante, e talvez não fosse o uso mais produtivo de suas energias. "Trabalho há anos na Purdue pelo que considero um valor consideravelmente reduzido em relação ao que MEU TEMPO VALE", escreveu. "Estou PERDENDO dinheiro trabalhando na farmacêutica." Ele sugeria que o empréstimo poderia ser "registrado nas contas do truste como empréstimo/assistência para fluxo de caixa a membros da família, mas sem detalhamento". Não queria que ninguém na família percebesse que estava tendo problemas. "Não quero ouvir a opinião de meus irmãos a esse respeito, e não preciso de mais estresse por isso. Preciso que essa questão se resolva", escreveu. "Isso precisa acontecer, a questão é apenas quanto DRAMA será necessário para que aconteça." Ele observou que "historicamente" seu pai sempre estivera "mais do que disposto a me ajudar".

David Sackler desdenhava do primo Mortimer.[37] Sua ala na família era mais cautelosa com dinheiro. Isso era motivo de orgulho. Seu tio Jonathan se gabava de gastar pouco; David brincava que o guarda-roupa do tio "não vê um dólar investido ali há uma década". Quando David se casou e quis comprar um apartamento maior, Richard sinalizou sua desaprovação, e David enviou ao pai e à mãe um e-mail sentido. "Entendo que papai não é bom com e-mails, então pode ser que ele não leia isso", escreveu, mas queria "expressar alguns pensamentos". Ele trabalhava com afinco para "administrar a fortuna da família", o que não era fácil. "Além de me esforçar para me destacar, trabalho para um chefe (papai) que tem pouca compreensão sobre o que faço." Em vez de apoiar seus esforços, Richard caracterizava seu trabalho como "terrível, ruim, uma merda, uma porcaria, falho, fraco ou qualquer que seja o termo depreciativo que você gostaria de usar contra mim". Parte de seu trabalho, reconheceu, era "administrar papai". Ele era o braço direito de Richard "para tudo" e trabalhava incansavelmente para "tornar a família mais rica". Podia parecer fácil, disse David. Mas era "literalmente o trabalho mais difícil do mundo".

Certas patologias eram transmitidas entre uma geração e outra da família Sackler, observou David. Seu avô Raymond "inaugurou um padrão de comportamento muito ofensivo. Ao distribuir dinheiro para as pessoas enquanto as levava a trabalhar para as empresas da família, ele conseguia exercer um enorme controle". O próprio Richard já tinha dito muitas vezes odiar essa dinâmica, observou David. Mas lá estava Richard esperando dedicação total aos negócios da família enquanto tentava administrar os gastos do filho. Não era que David quisesse "viver como Mortimer Jr. ou seus irmãos", queixou-se. "Meus objetivos de vida não são ter um avião, iate ou alguma loucura assim." Ele só queria uma casa maior! Além disso, até mesmo Richard viajava de jatinho e ninguém reclamava.

"Sou como papai. Segurei a onda pela família e aguentei o estresse que vinha no pacote. Aceitei a manipulação para buscar meus objetivos e ajudar a família", escreveu David. A maioria dos familiares, observou, não fazia isso. Na verdade, em sua maioria, os Sackler eram mais parecidos com Madeleine: iam atrás de seus interesses fora da indústria farmacêutica e viviam vidas aparentemente desvinculadas dos opioides, apesar de serem subsidiados por eles. O irmão de Madeleine, Miles, era programador na Califórnia; a irmã, Clara, também era cineasta. Rebecca, filha de Richard, era veterinária.[38] A outra filha dele, Marianna, passou anos como funcionária da Purdue e da Mundipharma, mas com o tempo parou de trabalhar[39] ("Ela não tem nenhuma carreira, e provavelmente nunca terá", comentou David)[40] e morava numa casa de 12 milhões de dólares no bairro de Pacific Heights, em São Francisco.[41] Um dos netos de Mortimer, Jeffrey, cuja mãe, Ilene, ainda integrava o conselho diretor da Purdue, abriu uma rede de restaurantes popular em Nova York, a Smith.[42]

Mas a maioria dos herdeiros de Mortimer estava concentrada em Londres. Havia Samantha, filha de seu casamento com Geri Wimmer. Ela se casara com um empreendedor do café e comprou uma casa de 26 milhões de libras esterlinas em Chelsea que pertencera ao ator Hugh Grant e à produtora de filmes Jemina Khan.[43] Samantha gostava muito de art déco e resolveu restaurar a casa, que tinha um grande jardim isolado, com detalhes originais dos anos 1930. Havia o filho do terceiro casamento de Mortimer, Michael Sackler, que, assim como Madeleine e Claire, ingressou na indústria cinematográfica, abrindo uma empresa de financiamento chamada Rooks Nest Ventures, por causa da propriedade da família em Berkshire.[44] Tinha escritórios perto da Soho Square. Marissa, irmã de Michael, fundou o que descrevia como uma "incubadora sem fins lucrativos", chamada Beespace, que apoiava o Fundo Malala e outras causas.[45] Marissa não gostava do termo "filantropo", conforme disse à revista *W*. Preferia pensar em si mesma como uma "empreendedora social". Dedicava-se a "investimentos sociais", fazia discursos programáticos e falava um dialeto impenetrável de frases de efeito corporativas.

Quando Richard Sackler se formou em medicina, Félix Martí-Ibáñez tentou imprimir nele o tipo de estima de que gozaria ao longo da vida por ter o nome Sackler. Isso se tornou ainda mais verdadeiro, e talvez em nenhum outro lugar mais do que em Londres. O nome estava em *toda parte* no Reino Unido. Havia o Edifício Sackler no Royal College of Art, o Centro Educacional Sackler no Museu Vitória e Alberto, a Sala Sackler na Galeria Nacional, o Salão Sackler no Museu de Londres, o Pavilhão Sackler no Teatro Nacional, os Estúdios Sackler no Globe. Em 2013, a Galeria Serpentine foi rebatizada de Serpentine Sackler, com uma inauguração de gala oferecida juntamente com a *Vanity Fair* e o então prefeito de Nova York, Mike Bloomberg, que era amigo da família.[46] Uma das janelas de vitrais da Abadia de Westminster era dedicada a Mortimer e Theresa.[47] Os adoráveis tons de vermelho e azul retratavam os brasões de Harvard, da Universidade de Colúmbia, da NYU e de outros beneficiários da generosidade da família. "Família M&T Sackler", lia-se na janela. "Paz por meio da educação." O impulso dos Sackler de pôr seu nome em qualquer legado, não importando se grande ou pequeno, pode ter encontrado seu auge surrealista no Tate Modern, o cavernoso templo de arte moderna que ocupa a antiga usina elétrica na margem sul do Tâmisa, onde uma placa de prata informa aos visitantes que estão usando a Escada Rolante Sackler.

Mortimer e Theresa Sackler doaram mais de 100 milhões de dólares às artes e ciências no Reino Unido.[48] Após a morte de Mortimer, Theresa recebeu a Medalha Príncipe de Gales de Filantropia nas Artes.[49] Quando essa distinção lhe foi conferida, Ian Dejardin, o diretor dos Sackler na Galeria Dulwich, comentou: "Dificilmente ela não será retratada como uma santa."

A maioria das doações beneficentes era administrada pelo Truste Sackler, com sede em Londres, e os herdeiros de Raymond e Mortimer se beneficiavam de uma série de outros trustes nos quais eram mantidos os rendimentos com o OxyContin, aqueles desembolsos regulares de centenas de milhões de dólares. Desde seu lançamento, quase duas décadas antes, o medicamento havia gerado uma renda de cerca de 35 bilhões de dólares. Parte considerável desse valor foi canalizada não através de Londres ou Nova York, mas do paraíso fiscal das Bermudas, onde, durante décadas, um edifício moderno de escritórios de aparência anônima, numa rua estreita ladeada de palmeiras, servira de câmara de compensação para a riqueza da família.[50] O prédio era conhecido como Mundipharma House.

Escoando o dinheiro através das Bermudas, os Sackler evitaram ter que pagar centenas de milhões de dólares em impostos, de acordo com um ex--consultor financeiro da família.[51] Isso não era ilegal, e a família de fato fez doações volumosas a países onde seus membros residiam. Eles apenas preferiam que as doações fossem feitas em seus próprios termos — às artes e ciências, com direitos de nome —, e não deixadas a critério do Estado.

A Mundipharma House recebeu esse nome por causa da rede de empresas internacionais que os Sackler controlavam, que era conhecida como Mundipharma e vendia os diversos produtos da Purdue no exterior. Como as vendas de OxyContin começaram a estabilizar nos Estados Unidos, os Sackler voltaram sua atenção para novos mercados em outras partes do mundo. Em reuniões do conselho diretor, a família muitas vezes era informada pela equipe de que talvez não fosse realista pensar em continuar a crescer nos Estados Unidos, principalmente porque os médicos e pacientes pareciam estar se tornando mais conscientes dos potenciais riscos dos opioides fortes. Mas, para a Mundipharma, o futuro parecia mais promissor. Na América Latina e na Ásia, centenas de milhões de pessoas estavam ingressando na classe média.

Essas pessoas de repente conquistaram o acesso a uma melhor assistência médica e tinham mais dinheiro para gastar em saúde e bem-estar. Então, embora a Purdue enfrentasse uma série de ações judiciais nos Estados Unidos, a Mundipharma começou a cultivar um novo mercado de analgésicos no exterior. Para ter êxito nesse esforço, empregou um manual de estratégia familiar. Diante de um novo mercado, a Mundipharma começava produzindo estatísticas indicando que a região estava sofrendo uma crise de dor não tratada. Quando a Mundipharma se mudou para o México, em 2014, representantes da empresa anunciaram que 28 milhões de pessoas no país viviam com dores crônicas.[52] E isso não era nada comparado ao Brasil, onde o número era de 80 milhões. Na Colômbia, a empresa sugeriu que 22 milhões de pessoas — 47% da população — sofriam dessa "epidemia silenciosa".

Duas décadas antes, a Purdue contratou médicos para atuar como palestrantes, que se apresentavam em conferências e pregavam o evangelho do tratamento da dor, argumentando que os opioides eram o melhor e mais seguro meio de tratar dores não malignas crônicas. Então, a empresa fez a mesma coisa no exterior, recorrendo, em alguns casos, aos mesmos médicos que tinham sido tão prestativos da primeira vez. Chamava esses representantes pagos de "embaixadores da dor" e os enviava de avião a mercados emergentes para promover opioides e advertir sobre os perigos da opiofobia. "Você aparece, faz uma apresentação e depois volta ao avião", contou ao *Los Angeles Times* o dr. Barry Cole, especialista em dor de Reno, em Nevada.[53] Cole ajudara a empresa a promover o OxyContin nos Estados Unidos nos anos 1990 e duas décadas depois assumiu uma nova atividade paralela como embaixador da dor, viajando pelo mundo e educando outros médicos sobre os benefícios dos opioides fortes em países como Colômbia, Brasil, Coreia do Sul e Filipinas.

Alguns médicos enviados pela empresa talvez não fossem os representantes mais respeitados de sua área. Havia um médico da Flórida, por exemplo, chamado Joseph Pergolizzi Jr., que anunciava na TV a cabo um creme para aliviar dores inventado por ele próprio e que viajou ao Brasil pela Mundipharma para aconselhar os médicos sobre "as ferramentas de que você precisa para tratar a dor de maneira apropriada".[54] Para fazer essa promoção, a Mundipharma muitas vezes recorria ao mesmo material impresso desacreditado que a Purdue empregara décadas antes, citando a carta ao editor da *New England Journal of Medicine* para informar que apenas 1% dos pacientes desenvolvia um problema com opioides, e dizendo aos médicos que era "quase impossível que aqueles com dor crônica ou severa ficassem viciados".[55]

Em 2014, Richard Sackler se entusiasmou com o crescimento "excepcional e acima do previsto" da empresa em mercados emergentes.[56] Jonathan Sackler também ficou animado, dizendo em e-mail, naquele ano, que se a família fosse "inteligente e diligente nos mercados emergentes" poderia continuar a ganhar dinheiro com os opioides "por décadas a fio".[57] Os Sackler nomearam um executivo chamado Raman Singh como CEO das operações asiáticas da empresa, com sede em Cingapura. Com cabelo preto comprido, ternos brilhosos e um sorriso endiabrado, Singh exemplificava uma certa euforia. "É daí que vem o crescimento", anunciou ele.[58] Entre 2011 e 2016, a renda anual da Mundipharma Emerging Markets, que ele supervisionava, cresceu 800%, chegando a 600 milhões de dólares.[59] Na Índia, a Mundipharma promoveu seus opioides caros como uma alternativa à morfina barata produzida localmente.[60] Mas o verdadeiro prêmio, como observou Singh, era a China. "A China é muito crucial para nossa trajetória", disse ele, explicando que a empresa vendia cinco opioides diferentes no país, incluindo o OxyContin. "Temos sido muito bem-sucedidos no mercado da dor", informou Singh.[61] Em 2025, esperava ele, a China pode superar os Estados Unidos como principal mercado para os produtos dos Sackler.[62]

Considerando a complicada história da China com os opioides — o país lutou as Guerras do Ópio no século XIX para impedir a Grã-Bretanha de desovar a droga lá, de modo a provocar uma onda de vício —, seria de se supor que haveria imensas barreiras ao esforço da Mundipharma para mudar a cultura prescritiva no país. No entanto, a empresa estava ávida por novos clientes e preparada para empregar táticas de marketing extremas até mesmo para os padrões da Purdue. A Mundipharma China foi estabelecida em 1993, no mesmo ano da abertura do Museu Arthur M. Sackler de Arte e Arqueologia de Pequim. O *China Medical Tribune*, que Arthur fundara, ostentava um público leitor de mais de um milhão de médicos chineses.[63] Para convencer médicos e pacientes chineses de que, na verdade, os opioides não eram perigosamente viciantes, a Mundipharma reuniu uma imensa força de vendas. Esses representantes sofriam uma grande pressão da empresa sobre seu desempenho e eram estimulados com a política de incentivo agressiva que os Sackler sempre favoreceram.[64] Se o representante cumprir as metas de venda trimestrais da empresa, seu salário pode dobrar. Se as descumprir, pode perder o emprego. A Multipharma fornecia a eles um material de marketing que incluía afirmações sobre a segurança e eficiência do OxyContin havia muito tempo desacreditadas. A empresa alegava que o medicamento era o tratamento mais recomendado pela Organização Mundial da Saúde para dor oncológica (não é).[65] De acordo com uma investigação da Associated Press, os representantes da Multipharma vestiam jaleco branco e fingiam ser médicos em hospitais.[66] Eles atendiam pacientes com queixas de saúde e copiavam os registros médicos confidenciais das pessoas.

A Multipharma lançou uma série de vídeos promocionais fascinantes sobre seus produtos e suas ambições globais, mostrando imagens de pacientes sorridentes de várias etnias. "Estamos apenas começando", dizia um dos vídeos.[67]

Em 2013, a equipe da Purdue informou aos membros do conselho diretor que eram da família Sackler que as mortes por overdose mais do que triplicaram desde 1990 e que elas eram apenas a "ponta do iceberg", porque, para cada indivíduo que morria de overdose, havia outros cem sofrendo de dependência ou vício em opioides controlados.[68] Em 2015, quando publicou seu livro *Dreamland* sobre a crise, Sam Quinones foi contundente em apontar a cumplicidade da família, assim como Barry Meier fizera em *Pain Killer*, doze anos antes. Mas essas críticas não geravam consequências. Os Sackler continuavam a circular pelo mundo amplamente livres de qualquer associação com a crise de opioides. Na Universidade Tufts, para a qual haviam feito doações generosas por décadas e cuja Faculdade de Ciências Biomédicas tinha o nome da família, uma comissão votou contra passar a leitura de *Dreamland* aos estudantes de medicina, porque a faculdade achava que devia mostrar "deferência" a seus doadores e não endossar um livro que poderia prejudicar o nome da família.[69] Quando a revista *Forbes* acrescentou os Sackler à lista de famílias mais ricas dos Estados Unidos e reconheceu a fonte da riqueza, descrevendo-os como "o Clã do OxyContin", nenhuma universidade ou museu manifestou qualquer desconforto em aceitar o dinheiro dos Sackler. "Estou feliz por terem escolhido uma foto boa", disse Richard sobre a fotografia que acompanhava a reportagem, mostrando seus pais, sorridentes, numa cerimônia de premiação na Europa.[70] O artigo fixava em 14 bilhões de dólares a fortuna da família, mas Richard não sabia dizer se o cálculo era preciso. Ninguém jamais "sentou e... fez um inventário", disse ele.[71]

Esse tipo de cobertura na imprensa — a lista de ricos da *Forbes* — podia ser ligeiramente constrangedor. Mas os Sackler podiam viver com isso. E a equipe da Purdue estava trabalhando com afinco para assegurar que o nome da família permanecesse fora das coberturas mais incendiárias que de vez em quando surgiam sobre o OxyContin. "Estou bem satisfeito com o lugar aonde chegamos", concluiu Raul Damas, executivo de relações públicas, em e-mail interno depois de uma reportagem sobre uma ação judicial envolvendo o medicamento. "Não há quase nada sobre os Sackler, e o que há é quase irrelevante e sem destaque."[72] Esse era o status quo ao qual a empresa se acostumara. Dama Theresa Sackler ainda podia comparecer a inaugurações com corte de fita e champanhe para dizer algumas palavras e exibir um sorriso magnânimo. Madeleine Sackler ainda podia comparecer a festivais de cinema e oferecer observações incisivas sobre a reabilitação de ex-condenados e o dilema da população pobre dos centros urbanos. A família podia encarar coberturas negativas sobre a empresa, até mesmo aquelas em que o nome Sackler aparecia, desde que apenas à margem. Mas tudo isso estava prestes a mudar.

Capítulo 24

É UMA DURA VERDADE, NÃO?

NUM DIA DE AGOSTO DE 2015, um avião aterrissou em Louisville, Kentucky, e Richard Sackler desembarcou, cercado de advogados. O estado de Kentucky processara a Purdue, num caso aberto oito anos antes, acusando a empresa de propaganda enganosa. Greg Stumbo, o procurador-geral do estado, que dera início à ação judicial, perdera um parente para uma overdose de OxyContin. Toda a região vinha sendo dizimada pelo medicamento.

A Purdue enfrentou o caso com o habitual rigor, tentando transferir o processo para outro lugar, sob a alegação de que a empresa não poderia ter um julgamento justo no condado de Pike, em Kentucky — área rural em que predominava a atividade carvoeira e onde o estado pretendia julgar o caso. Em apoio a esse pedido, a Purdue encomendou um estudo demográfico do condado e o submeteu ao tribunal como uma ilustração da possível parcialidade do júri.[1] O relato era revelador de um modo que talvez a Purdue não pretendera. De acordo com o registro, 29% dos moradores do condado disseram que eles ou seus familiares conheciam alguém que morrera em decorrência do OxyContin. Sete em cada dez respondentes descreveram como "devastador" o efeito do medicamento sobre a comunidade.

Um juiz determinou que a Purdue não podia mudar o lugar do julgamento, e parecia que a empresa seria forçada a enfrentar o caso num tribunal de Pike. Os promotores à frente do caso queriam que Richard Sackler fosse depor. Isso nunca tinha acontecido em nenhum dos casos relacionados ao abuso de OxyContin, que chegavam à casa das centenas, embora a família de Richard fosse a dona da Purdue e ele tivesse presidido tanto a própria empresa quanto o conselho diretor. Os advogados corporativos resistiram terminantemente à ideia de Richard ser forçado a voar até um lugar como o estado de Kentucky para responder, sob juramento, a perguntas sobre o OxyContin.[2] Mas, no fim, a defesa não teve mais como recorrer e o juiz ordenou que o depoimento acontecesse.

Richard estava morando em Austin. Numa cidade com uma representatividade farta e conspícua de ricos excêntricos e inteligentes, ele quase se encaixava. Ficara amigo de um refinado professor de direito chamado Philip Bobbitt, que tinha mais ou menos a sua idade e também fora criado com grandes privilégios. Bobbitt tinha um exagero de credenciais, o que só podia agradar a Richard: fora conselheiro de relações internacionais para vários presidentes e agora lecionava na Faculdade de Direito da Universidade do Texas, na Universidade de Colúmbia *e* em Oxford, voando de um instituto de ensino superior para o outro a fim de dar aulas, e era também autor de dez volumosos livros sobre estratégia militar e direito constitucional. Bobbitt tinha uma queda por ternos de anarruga e charutos gordos, bem como gostava de soprar anéis de fumaça, contar histórias saudosas sobre seu "celebrado tio" Lyndon Johnson e discursar com grandiosidade sobre assuntos importantes.[3] Era o tipo de cara de quem Richard Sackler gostava.

"Richard é um cara estranho", disse um ex-funcionário da Purdue, descrevendo um homem que parecia, cada vez mais, habitar uma realidade alternativa de sua própria meticulosa criação. "A vida dele está desmoronando e ele está recomendando um livro para você ler." Em teoria, seu exílio físico, a mais de três mil quilômetros de distância, no Texas, poderia ter dado à liderança da Purdue uma folga de suas intervenções obsessivas. No início de 2014, contrataram um novo CEO, chamado Mark Timney, que trabalhara na Merck. Era a primeira vez que alguém de fora — que não era membro da família nem fiel a ela havia muito tempo — chefiava a Purdue. Ao chegar, ele anunciou que um de seus objetivos era mudar a cultura corporativa da empresa. Reconheceu que algumas coisas tinham dado errado no passado e acreditava que parte dos problemas da empresa derivava de sua origem como negócio familiar. Timney queria, nas palavras de alguém que trabalhou próximo a ele, "torná-la uma empresa reconhecível" — torná-la mais parecida com a Merck. Para essa finalidade, queria menos intervenções diretas da família Sackler. Mas isso era desafiador, para dizer o mínimo, porque a Purdue sempre teve uma certa maneira de conduzir as coisas. Desvencilhar a família do negócio familiar logo se mostraria impossível.

No Texas, Richard estava sempre conferindo os e-mails e mesmo de longe continuava a exercer uma tremenda influência sobre a empresa. "Nosso maior problema é a incapacidade de diversificar a linha de produtos nos Estados Unidos e atenuar a pressão sobre o OxyContin", escreveu em e-mail de 2014 a outros membros da família. "Porém, nos anos em que o negócio recebeu quantias maciças de dinheiro, os acionistas se afastaram da prática de nossos colegas da indústria e tiraram esse dinheiro do negócio. Agora, infelizmente, o declínio das vendas do OxyContin nos Estados Unidos reduziu nossa renda e o fluxo de caixa livre." Ainda assim, Richard permanecia esperançoso e determinado. "As empresas têm suprido a família há mais de sessenta anos", escreveu. A "família Raymond está otimista com as perspectivas do negócio em geral", e ele estava certo de que "a persistência será recompensada".[4]

O desafio que Richard enfrentava na Purdue era persuadir o lado de Mortimer a manter o curso e reinvestir no negócio. Como Mortimer tinha *muitos* herdeiros, havia uma tendência pronunciada, nesse lado da família, a focar nas distribuições periódicas de dinheiro. Em particular, David, filho de Richard que estava se tornando uma voz cada vez mais influente no conselho, reclamava ao pai e ao tio Jonathan das tentativas do lado A de "pilhar" o dinheiro da empresa.[5] Ele zombava dos hábitos bizarramente "burocráticos" que eles mantinham, comparando o processo de decisão deles ao do "Departamento de Veículos Motorizados", o equivalente americano ao Detran brasileiro.[6]

Raymond Sackler estava com 95 anos. Mas, no crepúsculo da vida, continuava a dirigir seu Jaguar desde a propriedade de Greenwich, em Field Point Circle, até o escritório em Stamford. Para a equipe de segurança da Purdue Pharma, a visão desse potentado ancião, com as mãos ao volante, costurando entre os carros no trânsito da I-95, era desconcertante o bastante para que de vez em quando enviassem dois carros para escoltá-lo, um na frente e o outro atrás, assegurando que ele não batesse em ninguém. Algumas pessoas da empresa achavam que Raymond estava no limite da senilidade, postado atrás da mesa, de terno e gravata, um sorriso de museu de cera no rosto. Ao visitante ocasional ele oferecia um cookie, mas não parecia fazer muita coisa. Alguns que conheciam a família Sackler havia décadas e tinham grande estima pela geração mais velha também cochichavam que a dedicação incauta da Purdue aos opioides era uma predileção de Richard e sua coorte mais jovem, enquanto Raymond, *ah, se ele soubesse!*, jamais teria concordado com isso.

Mas a verdade é que Raymond sabia exatamente o que estava acontecendo na empresa. Um ano antes de Richard ir a Kentucky para o depoimento, o pai lhe encaminhara um memorando sobre a estratégia da Purdue, com os planos de aumentar os lucros a partir da pressão para que os pacientes fossem submetidos a doses maiores de opioides por períodos mais longos, e reconhecia que essa estratégia se baseava em ignorar as objeções dos médicos que acreditavam que isso podia não ser o melhor para os pacientes. "Deveríamos discutir isso quando você tiver tempo", escreveu Raymond.[7] Quando a McKinsey fez uma apresentação ao conselho sobre como os Sackler poderiam reverter a queda dos lucros decorrentes do OxyContin telefonando mais vezes aos mais prolíficos entre aqueles que receitavam grandes volumes,

Raymond presidiu a reunião. "A sala estava ocupada apenas pela família, incluindo o respeitado líder dr. Raymond", escreveu um dos executivos da McKinsey em e-mail enviado depois, observando que a família deu "grande apoio" às recomendações dos consultores.[8] Nas palavras de outro membro da consultoria, os Sackler "deram um ressonante endosso a 'avançar rápido'".[9]

Pouco após as nove horas daquela manhã em Louisville, Richard se acomodou numa cadeira a uma mesa de conferência da firma de advocacia Dolt, Thompson, Shepherd & Kinney, nos arredores da cidade. Usava um terno azul comum e uma camisa branca passada, com um microfone de lapela preso à gravata. Richard acabara de completar setenta anos, mas ainda parecia saudável e vigoroso.[10] Ele se mexeu na cadeira, os olhos pequenos distantes e inquisitivos.[11] Pronto para a batalha. Para um dos advogados que representavam o estado de Kentucky, um jovem promotor chamado Mitchel Denham, esse confronto tão esperado parecia muito significativo. "Estávamos frente a frente com o cara cuja empresa tinha ajudado a *criar* a epidemia de opioides", recordou ele.[12]

O interrogatório seria conduzido por Tyler Thompson, um experiente advogado de danos pessoais de Louisville, dono de uma autoconfiança afável e um sotaque arrastado de Kentucky.[13] Richard encarou Thompson, os olhos cerrados, no rosto uma máscara de superioridade refinada. Ele não iria facilitar.

— Em 30 de julho de 2014, você era diretor da Purdue Pharma? — perguntou Thompson.

— Não que eu tenha consciência — respondeu Richard.

Thompson pegou um documento e o entregou a Richard.

— Esse parece ser seu nome?

— Parece.

— E está datado de 30 de julho de 2014. Diz: "Declaração do dr. Richard Sackler. Sou diretor da Purdue Pharma."

— Se é isso que diz, então é o que é diz — disse Richard, dando de ombros.

— Vi que a família Sackler é dona de talvez setenta empresas diferentes — continuou Thompson. — Isso está correto?

— Se você contou — disse Richard. — Eu não sei.

Thompson não alimentava nenhuma ilusão de que aquele magnata da indústria farmacêutica seria uma testemunha complacente. Mas, ainda assim, ficou surpreso com o tom de Richard. Não havia nenhuma retórica falsa sobre o sofrimento causado em Kentucky pelo medicamento dos Sackler. Richard não conseguia sequer *fingir* compaixão. A Thompson, parecia que a impressão que Richard tentava transmitir, não apenas com as respostas, mas também com o tom de voz e a linguagem corporal, era a de que ele estava acima de tudo aquilo. "Um sorriso afetado e uma atitude de desdém, uma absoluta falta de remorso", admirou-se Thompson posteriormente. "Me lembrou aquelas empresas de mineração que vêm aqui, abrem um buraco na montanha, fazem uma bagunça e vão embora. 'Não é meu quintal, então não me importo.'"[14]

— Você já se interessou pelo passado e estudou a história do vício? — perguntou Thompson a Richard.

— Não estudo essa literatura — respondeu Richard.

— Antes de colocarem o OxyContin no mercado vocês fizeram algum estudo sobre o risco de uso abusivo que esse medicamento apresenta?

— Não que eu saiba.

A voz de Richard era grave e grosseira. Sua conduta era ríspida e cheia de desdém. Ele tentou minimizar seu papel na empresa, dizendo que estava envolvido "num nível de supervisão, não num nível ativo". Ele alegou que "não fazia nenhum trabalho. Eu não era um vendedor". Mas, em suas investigações, os advogados de Kentucky obtiveram uma série de documentos internos da empresa que diziam o contrário. Thompson começou perguntando a Richard sobre e-mails que tinha mandado, destacando o papel decisivo que ele desempenhara na operação de marketing do OxyContin, citando até o discurso da nevasca de 1996, que Richard fizera no resort de Wigwam, no Arizona, no lançamento do medicamento, quase vinte anos antes. Por meio do exame de seus antigos memorandos e declarações, Richard foi confrontado, como nunca havia sido ao longo do caso do processo federal na Virgínia ou em alguma das outras incontáveis ações judiciais movidas contra a empresa, com evidências de que fora o arquiteto e líder da campanha do OxyContin. Em determinado momento, ele quase pareceu admitir isso, refletindo, com uma espécie de estupefação irônica, que "toda essa experiência" de ser forçado a voltar e rever cada detalhe do lançamento do remédio era "como reviver um terço de minha vida".

— Não me arrependo de tentar estimular nossa força de vendas — disse ele a Thompson, de forma desafiadora. — Acho que essa era minha missão.

Ele não estava "constrangido" com o tom que adotou. Continuou:

— Acho que era bastante razoável.

Quando lhe perguntaram sobre a campanha promocional que sugeria que o OxyContin era "para começar e continuar o tratamento", Richard disse que não cunhara o slogan, mas acrescentou:

— Quem dera eu pudesse reivindicá-lo.

— Você acredita que o marketing da Purdue foi excessivamente agressivo?

— Não.

— Você acha que ter três mil médicos em seu departamento de palestrantes os levou a prescrever mais o OxyContin?

— Eu não acho que isso teria tido esse efeito.

Enquanto o depoimento se arrastava, Richard permanecia enigmático e evasivo.

— Eu não sei — murmurava repetidamente, em resposta às perguntas de Thompson. — Não me lembro.

— Você já fez algum acompanhamento para descobrir se os participantes do vídeo *I Got My Life Back* realmente tiveram sua vida de volta ou acabaram desenvolvendo uma dependência de OxyContin? — perguntou Thompson.

Richard disse que não. Mas reiterou que o OxyContin era um analgésico bastante eficaz.

— Mas a eficácia também envolve outros fatores, como o risco de uso abusivo — observou Thompson. — Quer dizer, você pode matar alguém e tirar a dor. Mas isso não seria eficaz, seria?

— Não — admitiu Richard, com um lampejo de sarcasmo e divertimento. — Não acho que a morte possa ser considerada um sinal de eficácia.

Ao se preparar para o julgamento, Mitchel Denham descobriu uma antiga fotografia do time de futebol americano de 1997 da Escola de Ensino Médio Pikeville. Quase metade dos jovens da foto havia morrido de overdose ou era viciada. "Seria um bom recurso visual", disse ele. Mas Denham não teve a oportunidade de apresentar a foto ao júri, porque a Purdue pagou 24 milhões de dólares num acordo para evitar que o caso fosse a julgamento.[15]

Isso foi uma vitória para os Sackler. O acordo era superior à oferta original da Purdue — de início, a empresa propôs pagar ao estado meio milhão de dólares —, mas ainda era totalmente incomensurável em relação às necessidades do condado de Pike. Ao fazer o acordo, a Purdue não admitiu nenhum delito. Entre as condições-chave dessa resolução, na qual a Purdue insistiu, estava a de que o público nunca tivesse acesso a todos aqueles milhões de páginas de provas que os advogados de Kentucky haviam juntado em suas descobertas, incluindo a gravação em vídeo do depoimento de Richard Sackler a Tyler Thompson. Esse era um elemento importante da estratégia da empresa. Mais de dez juízes de diferentes casos no país assinariam pedidos semelhantes para fechar acordos.[16] Em Kentucky, a Purdue orientou os promotores a "destruir" todos os arquivos.[17]

"Esse é o principal motivo pelo qual esses caras não vão a julgamento", concluiu Mitchel Denham. Os Sackler sempre preferiam fazer acordos do que permitir que a empresa (ou, pior, a família) fosse julgada num tribunal aberto. Se um dia um caso chegasse a ponto de as provas serem apresentadas a um júri, observou Denham, "todos esses documentos poderiam acabar no registro público". Depois do acordo, o STAT, um site de notícias médicas, moveu uma ação para que o depoimento de Richard fosse aberto.[18] Um juiz estadual decidiu a favor do STAT,[19] mas a Purdue apelou de imediato.[20] O depoimento representava os comentários mais extensos já feitos por um membro da família Sackler sobre a controvérsia em torno do OxyContin. A família iria longe para impedir que se tornasse público.

No zigurate de vidro espelhado do escritório da Purdue em Stamford, havia uma sensação dominante de que estava se tornando impossível evitar a exposição pública. Em 2013, o *Los Angeles Times* publicara uma grande reportagem sobre como a Purdue rastreava os hábitos de prescrição suspeitos de médicos duvidosos. "Na última década, o fabricante do potente analgésico OxyContin reuniu uma base de dados de centenas de médicos suspeitos de receitar o remédio de maneira imprudente a viciados e traficantes de drogas, mas pouco fez para alertar as autoridades policiais ou médicas", relatou o jornal.[21] A chamada Região Zero, uma lista que incluía mais de 1.800 nomes, era um segredo rigorosamente guardado. A Purdue defendia sua conduta observando que mantinha essa base de dados para orientar seus representantes de vendas a se afastar desses médicos e disse ao jornal que relatara 8% dos médicos da lista à polícia. Mas, em relação aos outros 82% que pareciam receitar de forma inapropriada, a empresa disse que não tinha nenhuma obrigação de agir. "Não temos como tirar o receituário da mão deles", disse Robin Abrams, advogado da Purdue.

É claro que, até que uma fábrica de prescrições fosse fechada pelo conselho médico ou pela polícia, a Purdue continuou a faturar com todas aquelas receitas fraudulentas de OxyContin, e, embora os funcionários da empresa quisessem receber um tapinha nas costas por afastarem os representantes de vendas desses estabelecimentos, as fábricas de prescrições eram, de um modo geral, um tanto confiáveis. "Ninguém *precisava* procurar os médicos realmente suspeitos. Aquele negócio viria, independentemente disso", observou Dodd Davis, o ex-representante de vendas da Louisiana.[22] Esses médicos são uma "mina de ouro", disse ao *Times* Keith Humphreys, professor de psicologia de Stamford que atuou como consultor de política sobre drogas durante o mandato de Obama. "E o tempo todo eles estão ganhando dinheiro, mesmo sabendo que algo está errado", continuou ele. "Isso é realmente ultrajante."[23]

Como se a exposição da Região Zero não fosse bastante prejudicial, o departamento de relações públicas da Purdue soubera, na época em que Richard Sackler viajou para Kentucky, que aquela não era uma reportagem isolada; o jornal estava preparando uma série. Raul Damas, o relações-públicas da Purdue, enviou aos Sackler um relatório sobre um "esforço de mitigação" para frustrar a série, "marginalizando a cobertura desequilibrada do jornal".[24] Mas não havia muito que a empresa pudesse fazer. Um dia, um dos repórteres, Scott Glover, conseguiu falar com Richard Sackler em seu telefone pessoal. Surpreso, Richard logo encerrou a ligação.

Richard exigiu ver toda a correspondência entre o *Times* e a empresa.[25] Mas os Sackler, mesmo para a própria equipe, pareciam estar num estado de desconexão deliberada. Richard tinha criado um alerta no Google para receber todas as últimas notícias sobre o medicamento, mas reclamou a Raul Damas em determinado momento: "Por que todos os alertas são de notícias negativas sobre o OxyContin?"[26] Damas se ofereceu para ajustar os termos da pesquisa de modo que Richard recebesse apenas notícias elogiosas.[27]

Em 2016, o *Los Angeles Times* publicou outra grande reportagem, desta vez sobre o fato de que o OxyContin, que havia vinte anos era vendido como um analgésico a ser tomado a cada doze horas, poderia, na verdade, não agir ao longo de todo esse período.[28] A Purdue soube desse problema bem antes de o remédio ser lançado, quando pacientes em ensaios clínicos reclamaram que a dor voltava antes de doze horas, revelou o jornal. Mas a empresa tentou ofuscar o problema, porque toda a premissa do marketing do medicamento era de que os pacientes só precisavam tomá-lo duas vezes por dia. O artigo observava que ao longo dos anos, desde o lançamento, "mais de sete milhões de americanos fizeram uso abusivo de OxyContin".

Em seguida, o *Times* publicou uma terceira reportagem investigativa que era, no mínimo, mais incendiária. Sob o título "OxyContin se torna global", descreveu como os Sackler haviam voltado sua atenção para promover o uso do opioide em mercados em desenvolvimento, por meio da Mundipharma. "É exatamente a mesma estratégia das grandes empresas tabagistas", disse ao jornal o ex-comissário da FDA David Kessler. "Quando os Estados Unidos tomam medidas para limitar as vendas aqui, a empresa vai para o exterior."[29]

Depois que a reportagem foi publicada, vários membros do Congresso escreveram uma carta aberta à Organização Mundial da Saúde, pedindo que ajudasse a impedir a disseminação do OxyContin e citando nominalmente os Sackler. "A comunidade de saúde internacional tem uma oportunidade rara de ver o futuro", escreveram os legisladores. "Não permitam que a Purdue escape impune da tragédia que causou a incontáveis famílias americanas para encontrar novos mercados e novas vítimas em outros lugares."[30]

Na Purdue, em meio aos altos e baixos das duas décadas em que o OxyContin vinha sendo vendido, havia a tendência de adotar uma conduta de proteção. Durante os picos periódicos de publicidade negativa, a alta gerência enviava e-mails a toda a empresa, assegurando à equipe que estavam sendo caluniados, mais uma vez, por uma imprensa "tendenciosa" e por repórteres inescrupulosos que sempre supunham o pior da Purdue enquanto ignoravam todas as coisas boas que eram feitas. Mas as reportagens do *Los Angeles Times* causaram alguma divergência interna, levando ao que pode ter sido um ponto de inflexão para a empresa. Alguns funcionários ficaram consternados quando leram as reportagens. Eles sabiam que a Mundipharma promovia os opioides no exterior, mas não que usava as mesmas técnicas que haviam gerado problemas à Purdue nos Estados Unidos. Solicitado por alguns membros da equipe a explicar aquelas alegações, Stuart Baker, advogado da empresa, desdenhou. A Mundipharma não estava violando as leis daqueles países, afirmou. Então ele não via problema.

Estava surgindo uma cisão entre a geração mais nova de executivos, que viera com o novo CEO, Mark Timney, e acreditava que a Purdue precisava urgentemente se reformular se quisesse sobreviver, e a velha guarda, que estava com os Sackler havia décadas e insistia que a empresa não tinha nada por que se desculpar. Para muitos da ala mais jovem, a Purdue parecia incrivelmente disfuncional e antiquada. "Você não vinha de fora e dizia: 'Oh, meu Deus! É exatamente assim que se deve administrar uma empresa! Todos os artigos da *Harvard Business Review* estavam errados!'", disse um ex-executivo, com ironia. Numa empresa de capital aberto, teria havido uma reavaliação genuína após a declaração de culpa em 2007, com algumas demissões e um comprometimento real com uma reforma sistêmica. Mas, na Purdue, até mesmo David Haddox, que cunhou o termo "pseudovício", continuou a ocupar um cargo importante. "Até hoje estou pasmo por isso ter sido aprovado durante todos esses anos", comentou outro funcionário da jovem guarda sobre o conceito. "A solução é: 'Dê *mais* opioides a eles!'. Acho que você não precisa de um ph.D. em farmacologia para saber que isso está errado."

Alguns membros do novo regime ficaram chocados ao descobrir que veteranos da empresa trabalhavam lá havia décadas e não demonstravam ter nenhum talento, exceto pela lealdade aos Sackler. Ninguém sabia dizer com certeza o que essas pessoas de fato faziam o dia inteiro. Mas a estabilidade no emprego parecia absoluta. No mundo real, eles seriam inadequados, mas lá eles permaneciam na folha de pagamentos, e isso só consolidava a lealdade de muitos funcionários à família. Quando Mark Timney chegou, tentou adotar avaliações padronizadas, do tipo que se pode encontrar numa empresa comum. "Muitas pessoas vão embora", anunciou Timney durante uma reunião no auditório do andar térreo. "Algumas porque a empresa precisa. Outras por decidirem que este já não é o lugar para elas. E tudo bem."

Mas, se Timney pensou que os funcionários antigos da Purdue, muitos dos quais mantinham uma relação direta com os Sackler, iriam permitir que ele transformasse a empresa sem demonstrar resistência, estava enganado. "Havia duas alas", relembrou um executivo que participou dessas discussões. Na jovem guarda, havia a sensação de que a crise de opioides alcançara proporções tão catastróficas que já não era uma opção viável (se é que já fora) continuar a vendê-los sem um gesto de reconciliação. Àquela altura, mais de 165 mil americanos haviam perdido a vida por uso abusivo de opioides controlados desde 1999.[31] As overdoses haviam superado os acidentes de carro e se tornaram a principal causa de morte evitável no país.[32] Num relatório semestral aos Sackler, em junho de 2016, os funcionários disseram à família que, de acordo com pesquisas, quase metade de todos os americanos conheciam alguém que se viciara em opioides controlados.[33]

"A Purdue precisa de uma nova abordagem", propuseram alguns executivos da jovem guarda. Numa reunião, eles fizeram uma apresentação, intitulada "Uma nova narrativa: uso apropriado".[34] Começar a defender o uso "apropriado" dos opioides representava, para a Purdue Pharma, um acentuado desvio em relação ao modo como as coisas tinham sido conduzidas até então, e isso poderia ser uma indicação do quanto os Sackler haviam se distanciado. De qualquer modo, eles rejeitaram a proposta.[35]

Um risco não anunciado na vida de um plutocrata é que as pessoas à sua volta podem ser propensas a uma bajulação subserviente. Em teoria, ele deveria poder se beneficiar de ideias atualizadas, mas, muitas vezes recebe conselhos ruins, porque os cortesãos têm o cuidado de dizer apenas o que acham que ele quer ouvir. O perigo, quer seja um executivo bilionário ou o presidente dos Estados Unidos, é acabar contribuindo para esse problema ao marginalizar qualquer voz dissidente e criar uma bolha onde a lealdade é recompensada acima de tudo. Os Sackler se orgulhavam de ser leais àqueles que mostravam grande lealdade a eles. Quem ficasse ao lado da família seria beneficiado. Mas era um corolário tácito na empresa que qualquer pessoa que se demitisse para assumir outro emprego entraria na lista de desafetos, sendo impedida pelo resto da vida de voltar. Como consequência, os

Sackler permaneciam isolados por um séquito de defensores incondicionais que compartilhavam e reforçavam a visão da família de que a empresa estava sendo injustamente caluniada e não fizera nada de errado. Entre os membros dessa facção, recordou um executivo, "ninguém ficou indignado com o que o *L. A. Times* descobriu. A reação foi o silêncio".

Mark Timney defendeu fazer algumas concessões quando se tratava da crise de opioides. Ele trouxe uma nova consultora-geral, Maria Barton, que havia sido promotora federal, e ela também defendia uma mudança na cultura corporativa. No que equivalia a uma pequena heresia pelos padrões tradicionais da Purdue, Barton sugeriu que não seria muito apropriado ter um retrato de seu predecessor Howard Udell pendurado na biblioteca da empresa. Raul Damas, que servira na Casa Branca no governo de George W. Bush, e outro relações-públicas, Robert Josephson, que trabalhara para a World Wrestling Entertainment, aconselharam os Sackler a encontrar uma maneira de lidar com a crise.

Mas, mobilizado contra essas vozes revisionistas, havia um coro de veteranos da empresa, como Haddox e o advogado Stuart Baker; uma dupla de lobistas, Burt Rosen e Alan Must; e um executivo chamado Craig Landau, que ocupara vários cargos na empresa, incluindo o de diretor médico, e estava dirigindo as operações canadenses da Purdue. A equipe propôs aos Sackler estabelecer uma fundação para ajudar a lidar com a crise de opioides e dedicar parte de sua energia filantrópica a centros de reabilitação e a outras formas de reparação. A família recusou.[36] Na velha guarda, havia a percepção defensiva de que *qualquer* gesto de caridade relacionado ao impacto do OxyContin poderia ser interpretado como uma admissão de culpa. "Se você fizer algo para combater o vício, vai admitir a culpa", dizia a velha guarda leal à família.

Howard Udell podia estar morto, mas seu fantasma estava ali. "Essa era a filosofia de Udell: não ceda nem um único centímetro", observou um ex-executivo. Os Sackler se recusaram até a emitir uma declaração geral, em seus próprios nomes, reconhecendo a existência da crise de opioides e transmitindo um mínimo de compaixão. A equipe preparou uma dúzia de versões dessa declaração e pediu à família para aprovar e divulgar uma delas. Mas os Sackler ignoraram.

Essa reticência era ainda mais impressionante considerando que, em outros cantos do que Richard chamava de "comunidade da dor", alguns aliados dos Sackler estavam começando a voltar atrás. "Se eu ensinei sobre administração da dor, especificamente sobre terapia com opioide, de modo a disseminar desinformação? Acho que sim", disse o Rei da Dor, o dr. Russell Portenoy, em 2012.[37] Conforme se viu, o risco desses medicamentos de provocar vício era significativamente maior do que ele pensara, reconhecia Portenoy. De fato, os opioides podiam *não* ser o tipo de terapia ideal para dor crônica a longo prazo, no fim das contas. Ao longo de sua carreira, Portenoy dera "inumeráveis" palestras sobre vício que ele admitia não serem honestas. A realidade, disse ao *The Wall Street Journal*, é que "os dados sobre a eficácia de opioides não existem". Portenoy também não estava sozinho ao repudiar alguns comentários típicos da grande campanha por mais prescrições de analgésicos. "Obviamente é uma loucura pensar que apenas 1% da população corre o risco de se viciar num opioide", reconheceu Lynn Webster, da Academia Americana de Medicina da Dor, patrocinada pela Purdue. "Isso não é verdade".[38]

Richard não gostava da cobertura negativa na imprensa. "Você leu alguma matéria sobre mim?", escreveu ele a um amigo em 2016. "Se leu, há algum motivo para não ter me perguntado sobre isso? É curioso, porque o silêncio não teria sido nem um pouco maior em meu e-mail, caixa de SMS ou telefone se o *Globe* publicasse meu obituário!"[39] Mas, em vez de tomar uma atitude pública e defender sua família e sua empresa, Richard optou pela obscuridade que os Sackler sempre haviam cultivado e preferido. Em particular, a família pode ter discutido a moralidade de sua conduta, mas isso não significava que estava preparada para ser associada publicamente de algum modo à Purdue. A nova geração de lacaios da empresa ainda brincava do velho esconde-esconde criado por Arthur Sackler e seus irmãos nos anos 1950, embora a cada nova reportagem publicada ficasse mais difícil sustentar o distanciamento. "Os membros da família Sackler não ocupam nenhum papel de liderança nas empresas do truste da família", sugeria o rascunho de uma declaração à imprensa.[40] Mas isso parecia uma inverdade por demais flagrante e verificável, então a equipe corrigiu o rascunho e fez uma alegação mais moderada de que os membros da família "não ocupam nenhum cargo administrativo".[41] Mas até isso era enganoso, pois oito membros da família ainda integravam o conselho diretor, e alguns deles ainda interfeririam como maníacos na administração. Então, depois de prepararem eles próprios a declaração, a equipe de relações públicas da Purdue decidiu que uma das entidades estrangeiras da família a divulgaria, porque a última rodada de questionamentos era sobre as práticas da Mundipharma no exterior e, desse modo, ninguém nos Estados Unidos queria ser responsável. "A declaração virá de Cingapura", decidiram.[42]

Uma justificativa que os Sackler repetiam muitas vezes, para si mesmos e para os outros, sobre seu papel na controvérsia em torno do OxyContin, era que o medicamento fora aprovado pela FDA. Algumas pessoas da agência achavam que a aprovação do medicamento e as alegações de marketing da Purdue associadas a ela haviam sido um grande erro. Numa reunião com a empresa em 2001, uma funcionária da FDA chamada Cynthia McCormick disse que alguns ensaios clínicos feitos pela empresa eram enganosos e "jamais deveriam ter sido estampados no rótulo do OxyContin".[43] Ela reclamou que, por causa da mensagem de que o medicamento era "bom para qualquer dor que você sinta", o OxyContin estava "se infiltrando em toda uma população de pessoas à qual não pertence". David Kessler, que era o chefe da FDA quando o remédio foi aprovado, caracterizou a desestigmatização dos opioides que o OxyContin ajudou a iniciar como um dos "grandes erros da medicina moderna".[44]

Afora algumas vozes discordantes, porém, a FDA foi uma aliada confiável da Purdue ao longo dos anos. Craig Landau, um antigo executivo da Purdue protegido dos Sackler e que havia sido diretor médico da agência, telefonava com frequência para o funcionário do setor responsável pelos analgésicos. "Ele dava telefonemas", recordou um funcionário que trabalhou com Landau. "Isso é completamente incomum. Você não liga para o chefe da divisão onde seus produtos são avaliados só para conversar." O funcionário tinha a impressão de que a Purdue gozava de "uma relação muito inapropriada com aquela divisão da FDA".

Um representante da empresa negou com veemência que houvesse algo inapropriado, dizendo que "todas as relações do dr. Landau na FDA eram formais e apropriadas". Mas, desde os tempos de Arthur Sackler e Henry Welch, a indústria farmacêutica encontrava maneiras de comprometer funcionários da agência. A transgressão nem sempre envolvia suborno ou alguma outra compensação óbvia. Às vezes, bastava que os muito educados funcionários que ganhavam salário de servidor público na FDA soubessem que, quando quisessem deixar o governo, assim como fizera Curtis Wright depois de aprovar o OxyContin, haveria empregos lucrativos e oportunidades de consultoria aguardando por eles.

Na verdade, quando uma agência federal finalmente procurou enfrentar a indústria de opioides, não foi a FDA, nem nenhuma agência em Washington, mas os Centros para Controle e Prevenção de Doenças (CDC) em Atlanta.[45] Em 2011, o CDC descreveu como epidemia a crise de vício e mortes que varria o país.[46] Um fator que tinha contribuído para esse problema de saúde pública, concordaram muitos observadores, era que muitos médicos americanos haviam aprendido o que sabiam sobre prescrição de opioides com as próprias farmacêuticas. Então o CDC decidiu criar um conjunto de diretrizes não obrigatórias que poderiam ajudar os médicos a determinar quando receitar os opioides e, assim, reduzir a prescrição exagerada desses remédios. A agência reuniu um grupo de especialistas e teve o cuidado de buscar aqueles que não eram financiados pela indústria farmacêutica.

Isso imediatamente disparou alarmes na Purdue. "O CDC não quer ouvir as empresas farmacêuticas", escreveu Burt Rosen, lobista da Purdue em Washington, num e-mail interno.[47] Os especialistas que ditarão as diretrizes "têm que estar livres de qualquer financiamento farmacêutico", observou ele, o que dificultaria à empresa exercer sua influência. As diretrizes "têm o propósito de ser restritivas", advertiu Rosen. Uma vez concluídas, poderiam representar "o padrão legal da nação para a prescrição de opioides".

"Vou cuidar disso", respondeu David Haddox.[48] Como as preocupações com os opioides se intensificaram ao longo dos anos, a Purdue se tornou muito ativa nos bastidores, fazendo lobby contra qualquer medida, de nível estadual ou federal, que pudesse afetar seus negócios. De acordo com um estudo da Associated Press e do Centro de Integridade Pública, a Purdue e outras empresas fabricantes de analgésicos opioides gastaram mais de 700 milhões de dólares entre 2006 e 2015 em lobby em Washington e em todos os cinquenta estados.[49] Os gastos combinados desse grupo são aproximadamente oito vezes maiores do que os do lobby da bala.[50] (Em comparação, no mesmo período, os poucos grupos que pressionavam para limitar as prescrições de opioides gastaram 4 milhões de dólares.)[51] Um ex-funcionário da DEA descreveu a influência que esse lobby exercia sobre o Congresso como um "estrangulamento".[52] No nível estadual, a Purdue também combatera medidas destinadas a ajudar a fechar fábricas de prescrições, argumentando que isso limitaria a disponibilidade de opioides a pacientes com dor.[53] Richard Sackler acompanhara essas questões pessoalmente e trabalhara com a equipe para criar estratégias de combate a iniciativas estaduais para controlar a crise.[54]

Além dos grupos de lobby, a Purdue podia contar com seu conjunto de organizações de *astroturf* financiadas pela indústria, isto é, organizações que mascaram os patrocinadores de uma mensagem de forma a dar a entender que provém ou tem o apoio de movimentos populares. Rosen criara o Fórum de Cuidados com a Dor para, conforme explicou a Howard Udell num e-mail em 2005, "dar uma direção unificada" à "comunidade da dor".[55] O fórum reuniu muitos grupos de amparo a pacientes e seus apoiadores corporativos. Eles tinham uma nova ordem unificada: ir à guerra contra as diretrizes do CDC.

"Não conhecemos nenhuma outra medicação usada rotineiramente para uma condição não fatal que mate os pacientes com tanta frequência", disse Tom Frieden, diretor do CDC, sobre os opioides.[56] Ele observou que mais americanos estavam "propensos" a começar a usar heroína devido à exposição a opioides controlados.[57] Na visão de Frieden, a reformulação do OxyContin foi um tanto perigosa, porque criou uma percepção (reforçada, mais uma vez, pela FDA) de que o medicamento era seguro. "Não era nem um pouco menos viciante. As pessoas pensaram que era menos viciante, mas isso foi uma grande distração", disse Frieden. "A empresa sabia muito bem o que estava traficando, e acho que essa é a palavra certa: traficar."[58]

A versão preliminar das diretrizes aconselhava os médicos a receitar esses medicamentos não como o remédio "para começar e continuar o tratamento", mas como um último recurso, depois de tentar outras prescrições ou fisioterapia.[59] O CDC também advertia os médicos a receitar a menor dosagem e o tratamento mais breve para dor aguda. Isso podia parecer uma resposta razoável e relativamente modesta a uma emergência de saúde pública, mas ia diretamente contra a estratégia da Purdue de incentivar os médicos a receitar o OxyContin em doses *maiores* por períodos *mais longos*. Para a Purdue e outras empresas farmacêuticas, as diretrizes do CDC pareciam ameaçadoras, porque, embora a recomendação não fosse obrigatória, se fosse adotada por seguradoras ou hospitais, poderia ter um impacto significativo sobre seus negócios. Então, a Purdue encontrou uma causa comum a seus concorrentes na indústria de analgésicos, e contra-atacou com tudo.

Fazia muito tempo que David Haddox brigava com o CDC. Não existia nenhuma epidemia de opioides, argumentou ele num relatório de intenções que preparou para a agência.[60] Os funcionários do CDC podiam gostar de usar uma "linguagem provocativa", mas para Haddox não estava claro "por que esses problemas particulares são considerados de proporções epidêmicas". Ele admitia que havia uma epidemia, mas não aquela da qual o CDC falava. A *verdadeira* epidemia, disse Haddox — na verdade, o "problema de saúde pública número um nos Estados Unidos" — era a dor não tratada. Nos anos 1990, a Purdue estimara que cinquenta milhões de pessoas sofriam de dor crônica não diagnosticada. Hoje em dia, sugeriu Haddox, o número podia chegar a 116 milhões. Mais de um terço do país! Como isso não era uma epidemia? E a dor não tratada pode ser tão "devastadora e incapacitante para o indivíduo quanto podem ser as consequências do abuso e do vício, até e incluindo a morte", acrescentou ele.

Quando a versão preliminar das diretrizes foi divulgada, membros do Fórum de Cuidados com a Dor as atacaram, dizendo que não se baseavam em evidências sólidas e criticando o CDC por não divulgar o nome dos especialistas externos que haviam orientado a agência.[61] Um grupo que era membro do fórum, a Fundação Legal de Washington, argumentou que a não revelação dos nomes representava uma "clara violação" da lei federal. Outro grupo, a Academia de Manejo Integrativo da Dor, pediu ao Congresso que investigasse o CDC. Para Richard Sackler, era importante que esses grupos de fachada fossem percebidos como descolados da Purdue.[62] Quando perguntaram a Burt Rosen, em depoimento subsequente, se ele havia tido algum papel na intervenção da Fundação Legal de Washington, ele disse: "Eu não me recordo de estar envolvido."[63] Quando lhe perguntaram se a Purdue tivera algum papel, ele afirmou categoricamente: "Não tenho nenhum conhecimento além daquilo que afirmei." (Em 2016, o ano em que criticou o CDC, a Fundação Legal de Washington recebeu da Purdue uma contribuição maior do que a habitual, 200 mil dólares.)[64]

O Fórum de Cuidados com a Dor produziu seu próprio conjunto de "diretrizes de consenso", que se opunham a qualquer medida que pudesse criar "novas barreiras" às medicações, e preparou uma petição com quatro mil assinaturas advertindo sobre o perigo de estigmatizar pacientes com dor.[65] O argumento do grupo era que os especialistas reunidos pelo CDC eram todos tendenciosos. Mas é claro que os próprios grupos que levantaram essa alegação eram todos financiados pelas grandes farmacêuticas. Sob ataque, o CDC acabou atrasando o lançamento das diretrizes, que, mesmo assim, aconteceu em 2016. Os opioides não deveriam ser tratados como "terapia de primeira opção", advertiam as diretrizes. "Como civilização, nós de algum modo conseguimos sobreviver cinquenta mil anos sem o OxyContin. Acho que vamos continuar sobrevivendo", disse Lewis Nelson, um dos médicos que orientaram a agência na elaboração das diretrizes.[66]

Mas havia alguma validade na preocupação de que, diante das novas diretrizes e do olhar mais atento das autoridades sobre a prescrição de medicamentos, os médicos pudessem dar uma guinada forte demais na outra direção, privando abruptamente os pacientes que haviam se tornado dependentes desses medicamentos. Isso também poderia ter grandes consequências negativas para a saúde pública, levando os pacientes ao mercado clandestino ou negligenciando o sofrimento legítimo das pessoas que conviviam com a dor crônica. Esse era um problema extremamente delicado, do ponto de vista tanto da política pública quanto da medicina — e era agravado pelo fato de que, em sua maioria, os médicos não haviam recebido treinamento para reduzir gradualmente a dosagem de opioides que um paciente tomava. A indústria os ensinara a dar esses medicamentos às pessoas, mas não a interromper o tratamento com eles.[67]

Em 2017, terminava o contrato de Mark Timney como CEO da Purdue Pharma. Os Sackler resolveram não renovar. "Algumas pessoas pressionaram a família a mudar, mas, no fim, eles não queriam mudar", recordou um executivo que trabalhou com Timney. A velha guarda comemorou a saída dele, e os membros restantes da jovem guarda começaram a planejar sua própria saída. A mensagem era clara: tentar reformar a empresa era uma boa maneira de ser deixado de lado ou demitido. Os funcionários leais haviam apostado a sorte nos Sackler. Algumas das pessoas que Timney pusera para fora da empresa começaram a voltar. De acordo com outro funcionário que estava lá nesse período, o *ethos* corporativo, mais uma vez, era que a lealdade seria recompensada: "Todo esse grupo de pessoas olhou para o que acontecera com Udell, Goldenheim e Friedman e disse: 'A empresa cuidou deles'."

Para substituir Timney, os Sackler escolheram o CEO do negócio canadense, Craig Landau. Tendo passado a maior parte de sua carreira na Purdue, Landau era visto como um dos funcionários mais leais aos Sackler. Como diretor médico, ajudara a reformular o OxyContin. Não era alguém que iria desafiar os Sackler, ou instá-los a dar alguma desculpa ou contribuição beneficente que não quisessem dar. Também não tentaria reduzir a intervenção direta da família na empresa, como Timney fizera. Pelo contrário, ao preparar seu plano de negócios para o cargo, Landau pareceu admitir que seu papel como executivo-chefe seria em grande parte cerimonial.[68] Ele descreveu a Purdue como o "empreendimento farmacêutico dos Sackler". Caso houvesse alguma incerteza sobre como iria exercer sua autoridade, ele caracterizou o conselho diretor da empresa, ainda dominado pelos Sackler, como "o CEO *de facto*". Landau reconheceu que outras empresas podiam estar desistindo dos opioides, porque os custos legais e de reputação não valiam a pena, mas isso era uma *oportunidade* para a Purdue. Em vez de diversificar e se afastar do negócio que trouxera tanta riqueza, ele sugeriu que a empresa deveria buscar uma "estratégia de consolidação dos opioides" enquanto outras firmas "abandonam esse espaço".

Uma ideia inovadora que a empresa discutiu foi uma proposta, desenvolvida pela McKinsey, de oferecer descontos a cada vez que um paciente ao qual o OxyContin fora receitado tivesse uma overdose ou desenvolvesse um distúrbio pelo uso do opioide.[69] Esses pagamentos, de até 14 mil dólares, não iriam para o paciente prejudicado, mas para as grandes redes de farmácia e seguradoras, como a CVS e a Anthem, de modo a incentivar as farmácias a continuar vendendo o medicamento e as seguradoras a continuar pagando por ele, mesmo face a efeitos colaterais tão potencialmente letais. (A empresa acabou não levando essa ideia adiante.)

Um mês depois da nomeação de Landau, Raymond Sackler morreu, aos 97 anos. "Ele trabalhou um dia antes de falecer", disse Richard com orgulho.[70] Aquela era a última ligação com os donos originais da empresa. E parecia haver um forte sentimento, entre os membros mais jovens da família, de que eles avançariam, desafiadores, e venceriam todos que tentassem impedi-los ou contê-los.

Capítulo 25

TEMPLO DA GANÂNCIA

EM 2016, NAN GOLDIN dividia seu tempo entre apartamentos em Berlim, Paris e Nova York.[1] Uma mulher pequena, com pouco mais de sessenta anos, pele pálida, uma coroa encaracolada de cachos vermelho-acastanhados e um cigarro sempre presente, Goldin tirava fotos havia meio século e era considerada uma das principais fotógrafas americanas vivas. Fora criada em subúrbios de classe média em Washington, numa família que dava muito valor ao decoro. Seus pais eram de origem pobre, mas seu pai estudou em Harvard, numa época em que poucos estudantes judeus eram admitidos na universidade. "Acima de tudo, meu pai se importava com o status de Harvard", comentou ela certa vez. O fato de ele ter conseguido essa distinção incontestável era "a coisa mais importante de sua vida".[2]

Quando Nan tinha onze anos, sua irmã mais velha, Barbara, de dezoito, deitou nos trilhos de um trem suburbano perto de Silver Spring, em Maryland, e se matou.[3] Nan venerava a irmã, mas Barbara era perturbada, uma garota não convencional propensa a acessos violentos.[4] Seus pais haviam optado por interná-la, contra sua vontade, numa série de instituições psiquiátricas. Não eram hospitais públicos como o Creedmoor, mas instalações privadas menores, e Barbara entrou e saiu de suas alas frias ao longo de seis anos antes de escolher o suicídio. Quando os policiais foram a sua casa informar à família, Nan entreouviu a mãe dizer: "Diga às crianças que foi um acidente."[5] Arrasada e muito ressentida com os pais, Nan saiu de casa aos quatorze anos.[6] Morou em lares adotivos e numa comunidade por algum tempo. Frequentou uma escola hippie em Massachusetts, onde alguém lhe deu uma máquina fotográfica, e ela começou a tirar fotos. Era boa nisso. Aos dezenove anos, fez sua primeira exposição, numa pequena galeria em Cambridge.[7]

A fotografia de Goldin era uma rejeição desafiadora ao modo como seus pais viam o mundo — ou escolhiam não ver. No sufocante ecossistema de aspirações dos subúrbios de Maryland, o suicídio de Barbara, assim como sua vida não convencional, havia sido um motivo de constrangimento e vergonha para a família Goldin. Induzida, em parte, por "toda a negação em torno do suicídio", Nan decidiu "fazer um registro que ninguém possa alterar".[8] Ela não ofuscaria a verdade de sua vida, por mais atípica ou marginal ou vulnerável que pudesse ser. Iria expô-la. Começou tirando fotos informais de si mesma, seus amigos e amantes, assim como dos amantes de seus amigos, em quartos pouco iluminados e bares sórdidos. Levava uma vida beatnik à margem da sociedade, entre drag queens de Provincetown e artistas e profissionais do sexo de Nova York. Suas fotos tinham variações de luz e captavam as pessoas em momentos crus, embaraçosamente íntimos. Acima de tudo, seu trabalho tinha uma sinceridade estimulante. Em sua foto talvez mais famosa, *Nan One Month After Being Battered* (Nan um mês depois de ser espancada, em tradução livre), ela olha diretamente para a câmera, o rosto maquiado com um batom vermelho-cereja e sobrancelhas desenhadas a lápis, o olho esquerdo machucado, inchado e semifechado por causa de uma agressão perpetrada pelo namorado.

Goldin morava num loft em Bowery, no East Village, quando a crise de aids foi deflagrada. Muitos de seus amigos mais próximos e influências artísticas eram homens gays, e um a um eles começaram a morrer. De repente, ela se viu tirando fotos em enfermarias de hospitais e asilos. Acabou se aproximando do artista e ativista gay David Wojnarowicz, que era próximo de outro amigo e mentor seu, o fotógrafo Peter Hujar, que morreu em 1987. Nan vinha enfrentando seu próprio demônio naqueles anos. As drogas eram uma presença regular nos mundos que ela habitava desde que saíra de casa na adolescência, e nos anos 1970 ela começou a usar heroína. Como muita gente que usa heroína, ela encontrava certo glamour ali, até que não encontrou mais. Usou a droga de forma intermitente por anos, mas no fim da década de 1980 sucumbiu ao vício. Wojnarowicz também usava heroína, mas conseguiu largar. Então, em 1988, Goldin entrou numa clínica de reabilitação.

No ano seguinte, saiu de lá sóbria, ansiando por rever os amigos. Mas, quando voltou, a cidade havia mudado. O ritmo da morte acelerara. Em 1989, ela fez a curadoria de uma exposição seminal numa galeria do centro da cidade, chamada *Witnesses: Against Our Vanishing* (Testemunhas: contra nosso desaparecimento, em tradução livre). A mostra trazia a arte de pessoas cuja vida havia sido impactada pela aids. Wojnarowicz escreveu um ensaio para o catálogo em que destacava o sistema político de direita por se recusar a financiar pesquisas sobre o HIV, permitindo que a epidemia continuasse desenfreada. Parte do motivo pelo qual os líderes políticos americanos permaneceram passivos durante tanto tempo, nada fazendo para intervir, foi a noção moralista de que os homens gays e os usuários de drogas intravenosas que estavam adoecendo em grande quantidade não tinham ninguém para culpar além deles próprios — a aids seria, com efeito, consequência de uma escolha de estilo de vida. Algumas das obras à mostra era de amigos que já haviam morrido, como um autorretrato de Hujar. Outra artista, Cookie Mueller, amiga de Goldin, morreu dias antes da inauguração da exposição.[9] Era como se uma grande praga tivesse varrido toda a comunidade de Goldin. Wojnarowicz morreu três anos depois.

Nan Goldin sobreviveu, mas muitas vezes sentia uma espécie de culpa de sobrevivente, pensando nos amigos que a encaravam em suas fotografias, muitos dos quais haviam partido. Seu trabalho encontrou novos admiradores. Museus fizeram retrospectivas. Com o tempo, aquelas fotos de amigos mortos estariam penduradas nas paredes de algumas das galerias mais ilustres do mundo. Em 2011, o Louvre abriu seus corredores palacianos para Goldin, depois do horário de funcionamento, a fim de que ela pudesse passear pelas amplas galerias de mármore, descalça, e tirar fotos de obras de arte em exposição, para uma instalação em que justapôs imagens de pinturas da coleção do museu a fotografias de sua própria criação.[10] A cronista da vida à margem se tornara canônica.

Em 2014, Goldin estava em Berlim quando desenvolveu um caso sério de tendinite no pulso esquerdo, que estava lhe causando muita dor. Ela foi consultar um médico, que prescreveu o OxyContin. Goldin sabia sobre o medicamento, conhecia sua fama de perigosamente viciante, mas seu histórico como usuária de drogas, em vez de torná-la mais cautelosa, podia às vezes trazer um certo desdém. Posso lidar com isso, imaginou.

Assim que tomou os comprimidos, ela viu a confusão que era aquilo. O OxyContin não apenas melhorou a dor no pulso; parecia um isolamento químico não só da dor, mas também da ansiedade e da tristeza. Ela diria que parecia "um amortecedor entre você e o mundo".[11] Não demorou muito para que ela começasse a tomar os comprimidos com mais frequência do que deveria. Dois por dia se tornaram quatro, depois oito, depois dezesseis. Para suprir suas necessidades, teve que recorrer a outros médicos e falsificar um monte de receitas. Ela tinha dinheiro; recebera um grande patrocínio para trabalhar numa nova obra e estava preparando uma mostra para o Museu de Arte Moderna em Nova York. No entanto, seus esforços para obter o remédio pareciam ter se tornado uma ocupação em tempo integral. Ela começou a triturá-los e inalá-los. Encontrou um traficante de Nova York que lhe enviava os comprimidos pelo correio.

Três anos de sua vida desapareceram. Ela estava trabalhando o tempo todo, mas sequestrada em seu apartamento, isolada de contato humano, sem ver quase ninguém, exceto aqueles que precisava ver para conseguir o medicamento. Passava os dias contando e recontando sua coleção de comprimidos, tomando resoluções que depois violava. O que a mantinha nessa espiral não era a euforia da onda, mas o medo da abstinência. Quando esta vinha, Goldin não conseguia encontrar palavras para descrever a agonia mental e física. Todo o seu corpo era tomado por uma dor abrasadora, incandescente. Parecia que sua pele havia sido arrancada. Nesse período, ela fez uma pintura de um jovem de aparência sofrida, de camiseta regata verde, os braços infestados de furúnculos e feridas, intitulada *Withdrawal/Quicksand* (Abstinência/Enrascada, em tradução livre). Em determinado momento, seus médicos se deram conta de sua condição e ela tinha dificuldade de obter acesso a uma quantidade suficiente de OxyContin no mercado clandestino, então voltou a usar heroína. Certa noite, comprou uma porção que, sem que soubesse, era na verdade fentanil e teve uma overdose.

Ela não morreu, mas a experiência a aterrorizou. Então, em 2017, aos 62 anos, Goldin voltou a dar entrada numa clínica de reabilitação. Era uma clínica excelente na área rural de Massachusetts, associada ao Hospital McLean. Ela sabia que tinha sorte por ter acesso ao tratamento; apenas uma em cada dez pessoas viciadas em opioides têm essa chance.[12] E ela se sentia com sorte por poder pagar por um nível de cuidado com o qual a maioria não podia arcar; o programa do McLean custava 2 mil dólares por dia.[13] Ela foi atendida pelo mesmo médico que a ajudara a ficar sóbria nos anos 1980. Dois meses depois, Goldin conseguiu purgar seu organismo da droga. Parecia, de certa maneira, a experiência de sair da reabilitação três décadas antes: os primeiros passos hesitantes, depois de um longo período de reclusão, de volta à vida. Mas, assim como em 1989, ela sentia que estava voltando a um mundo dizimado por uma praga. O número de vítimas de overdose relacionada a opioides controlados passara de duzentas mil.[14] De acordo com os últimos cálculos do CDC, caso a heroína ilícita e o fentanil fossem acrescentados aos opioides controlados, 115 americanos morriam a cada dia.[15] Um dia, quando ainda estava em recuperação, no outono de 2017, ela leu uma matéria na *The New Yorker* sobre o medicamento que quase a matara, sobre a empresa que o produzia e sobre a família que era dona da empresa.

Não que já não tivessem escrito materiais sobre os Sackler. Barry Meyer e Sam Quinones haviam detalhado a história da família e da empresa em seus livros. Mas, até então, a tendência era que os Sackler fossem apresentados como um elemento de uma narrativa complexa envolvendo o OxyContin, a Purdue, os médicos da dor, os pacientes e a crescente crise de opioides. Isso não era nenhuma surpresa, e tampouco um defeito dos relatos anteriores: como os Sackler eram muito reservados, e a Purdue era uma empresa mantida em termos privados, fora difícil, até então, contar uma história centrada na culpabilidade da família.

A matéria da *The New Yorker*, que eu escrevi, tinha uma abordagem diferente, focada diretamente na família, destacando o papel que ela desempenhara em direcionar a empresa e a dissonância entre a reputação imaculada dos Sackler nos círculos filantrópicos e a sórdida realidade de sua fortuna.[16] "Não sei quantas salas em diferentes partes do mundo onde dei palestras tinham o nome dos Sackler", disse na matéria Allen Frances, ex-presidente de psiquiatria da Faculdade de Medicina da Universidade Duke. "O nome deles tem sido destacado como a epítome de bons trabalhos e dos frutos do sistema capitalista. Mas, quando vemos de perto, percebemos que eles fizeram essa fortuna à custa de milhões de pessoas que estão viciadas. É chocante como saíram impunes disso."

Por coincidência, a matéria da *The New Yorker* saiu na mesma semana em que a revista *Esquire* publicou uma reportagem sobre os Sackler, escrita por Christopher Glazek, com uma premissa incrivelmente semelhante.[17] "Éramos orientados a mentir. Por que medir palavras sobre isso?", disse a Glazek um ex-representante de vendas da Purdue. "Os Ford, Hewlett, Packard, Johnson — todas essas famílias puseram seus nomes em seus produtos porque se orgulhavam", afirmou Keith Humphreys, professor de psiquiatria de Stamford. "Os Sackler esconderam sua conexão com seu produto."

De repente, a família estava enfrentando um nível de exposição incomparável a qualquer coisa com a qual já havia se deparado no passado. Nas semanas após a publicação das matérias, surgiu uma fissura, pela primeira vez em público, entre a ala Arthur da família e as alas Mortimer e Raymond. Quando eu estava trabalhando em minha matéria, tentei solicitar aos membros da família de Arthur que dessem uma opinião sobre o legado da Purdue, a empresa que Arthur comprara para os irmãos. Mas eles não fariam nenhuma declaração oficial manifestando a menor crítica sequer às decisões de negócios dos outros ramos da família.

Após essa nova onda de publicidade, isso mudou. Elizabeth Sackler, que subvencionara o Centro de Arte Feminista Elizabeth A. Sackler no Museu do Brooklyn e mantinha um perfil no Twitter repleto de afirmações urgentes sobre a perfídia de Donald Trump e seu apoio ao movimento Black Lives Matter, fez tardiamente uma declaração em que se distanciava dos primos.

Em entrevista ao site Hyperallergic, ela disse que o papel da Purdue na crise de opioides "é moralmente abominável para mim".[18] Seu pai morreu em 1987, observou, muito antes do lançamento do OxyContin, e logo depois disso ela e seus irmãos concordaram em vender aos tios sua participação de um terço na Purdue. Portanto, nenhum dos herdeiros de Arthur havia lucrado com o OxyContin, insistiu.

Jillian Sackler, viúva de Arthur, ainda estava viva, morando num apartamento de andar inteiro num prédio neoclássico na Park Avenue, cercada de pinturas e esculturas. Ela também se manifestou pela primeira vez, dizendo que Arthur "não teria aprovado a venda disseminada de OxyContin".[19] Os herdeiros dos irmãos de Arthur "têm o dever moral de ajudar a reparar qualquer erro cometido", disse ela. Elizabeth e Jillian concordavam que Arthur era irrepreensível. Ele "foi um homem incrível que fez um bem enorme, e tenho muito orgulho dele", disse Jillian. Num gesto que parecia apropriado à viúva de Arthur M. Sackler, ela entregou a repórteres um denso currículo com o título de suas várias nomeações em conselhos e o nome das várias fundações para as quais fizera doações.[20]

Era interessante discutir se era justo que os descendentes de Arthur Sackler fossem maculados pela controvérsia sobre o OxyContin. Por um lado, era indiscutível que Arthur, de fato, morrera antes do lançamento do medicamento e mal falava com os irmãos no fim da vida. Por outro lado, foi ele quem criou o mundo no qual o OxyContin podia fazer o que fazia. Foi um pioneiro na publicidade e no marketing médicos, na cooptação da FDA, na mistura entre medicina e comércio. Muitos antecedentes da saga do remédio podiam ser encontrados na vida de Arthur Sackler. Seus herdeiros foram apanhados numa situação delicada que eles próprios criaram. Durante a vida de Arthur, e mais ainda após sua morte, pessoas como Jillian e Elizabeth foram guardiãs de seu legado, lustrando a memória do homem e enumerando sem parar (e muitas vezes exagerando) suas realizações. Arthur achava, em vida, que merecia crédito por grande parte do que seus irmãos construíram, e esse sentimento foi ecoado, muito depois de sua morte, por seus admiradores. "Sackler fundou uma dinastia", declarava a biografia hagiográfica publicada privadamente pela fundação de Jillian Sackler, explicando que ele estabelecera os irmãos no negócio e era pessoalmente responsável por grande parte do sucesso da Purdue.[21] Segundo uma descrição da vida de Arthur publicada no Sackler.org, um site mantido por Jillian, ele "iniciou a publicidade médica baseada em fatos", depois "comprou a empresa farmacêutica Purdue Frederick e iniciou todos os outros negócios da família".[22]

Em janeiro de 2018, Nan Goldin publicou um novo trabalho na revista *Artforum*. Era uma série de fotografias de seus tempos em Berlim. Ela havia registrado seus anos de vício, tirando fotos de frascos de comprimidos e receitas, a parafernália banal de seu uso abusivo, além de autorretratos quando estava drogada. Ela contrastou essas imagens com novas fotos que tirara das placas geométricas e clean que ostentavam o nome Sackler em diversas galerias de arte no mundo. "Eu sobrevivi à crise de opioides", escreveu Goldin num artigo que acompanhava as fotos, em que ela rememorava seu ativismo durante a crise de aids. "Não posso ficar parada vendo outra geração desaparecer." Por isso, ela queria fazer uma convocação à guerra. "Os Sackler fizeram fortuna promovendo o vício", declarou. "Eles lavaram seu dinheiro sujo de sangue nos corredores de museus e universidades do mundo." Era hora, disse ela, de "responsabilizá-los".[23]

Se era algum tipo de campanha que Goldin estava lançando, isso colocava Elizabeth Sackler numa posição difícil. Ela era identificada não apenas como progressista e patrona das artes, mas também como ativista. "Eu admiro a coragem de Goldin de falar sobre sua história e seu compromisso com a ação", escreveu Elizabeth em carta à *Artforum*. "Sou solidária aos artistas e pensadores cujos trabalhos e vozes precisam ser ouvidos."[24]

Mas Goldin, com sua particular alergia a histórias mentirosas que as famílias contam, não deixaria isso assim. Arthur podia ter morrido antes de o OxyContin ser lançado, disse ela, mas "ele foi o arquiteto do modelo de publicidade usado com tanta eficiência para promover o remédio".[25] E ganhou dinheiro com tranquilizantes! Ela achava um pouco ridículo que os Sackler do Valium ficassem moralmente ofendidos com seus primos do OxyContin. "Os irmãos ganharam bilhões de dólares com o corpo de centenas de milhares de pessoas", disse Goldin. "Todo o clã Sackler é maligno."

Os Sackler ficaram furiosos com essa nova repercussão. Um item particular publicado na *New Yorker* enfureceu alguns membros da família. A matéria sugeria que a Purdue, "enfrentando um mercado em retração e um crescente vexame", não desistiu de procurar novos usuários, e observava que "em agosto de 2015, em meio a objeções de críticos, a empresa recebeu a aprovação da FDA para comercializar o OxyContin para crianças de onze anos".

Isso era verdade. A Purdue recebera permissão da FDA para vender o OxyContin a menores, apesar do longo histórico de crianças que tiveram overdose e morreram devido ao uso do medicamento. Mas os Sackler contestaram, afirmando que a Purdue não *buscara* essa permissão. A empresa simplesmente estava cumprindo os regulamentos da FDA que exigiam a realização de ensaios clínicos para verificar se o medicamento poderia ser receitado a crianças. Em carta indignada enviada à *The New Yorker*, um advogado do lado Raymond Sackler da família, Tom Clare, afirmou que a Purdue não realizou "voluntariamente" esses ensaios, mas os fez "*apenas* para cumprir uma exigência da FDA" (grifos dele).[26] Além disso, enfatizou, a empresa prometera espontaneamente que não iria *comercializar* o medicamento para crianças de forma ativa.

Era possível entender por que a família podia ser sensível a tal ótica. Mas, à parte o fato de que a Purdue, àquela altura, estava esperando algum tipo de medalha de mérito por não anunciar explicitamente um opioide diretamente para o uso infantil, não era verdade que esse processo fora iniciado apenas para satisfazer a FDA. Na verdade, documentos internos da Purdue incluem numerosos exemplos de funcionários da empresa descrevendo a "indicação pediátrica" como algo que estavam buscando muito. Em janeiro de 2011, quando Craig Landau traçou seus "objetivos e metas" para o ano como executivo-chefe médico, um dos itens da lista era obter a aprovação da FDA para a venda de OxyContin a crianças.[27]

O verdadeiro motivo pelo qual os Sackler estavam irados com esse trecho sobre a indicação pediátrica era mais complicado. De acordo com pessoas que trabalhavam na Purdue na época, a empresa passou anos querendo obter a indicação pediátrica. Mas o motivo não era uma requisição da FDA ou o fato de os Sackler pensarem que havia um novo mercado imenso para o analgésico entre crianças. Era porque assegurar uma indicação pediátrica na FDA é outra maneira astuta de prolongar a patente de um medicamento. Conforme duas leis, a Lei de Melhores Produtos Farmacêuticos para Crianças e a Lei de Equidade em Pesquisas Pediátricas, o Congresso autorizava a FDA a oferecer certos incentivos a empresas farmacêuticas se elas realizassem ensaios clínicos para verificar como seus medicamentos funcionam em crianças. Naquele momento, o OxyContin gozava de exclusividade de patente por vinte anos, muito mais tempo do que a maioria dos produtos farmacêuticos. O crédito disso era dos diabolicamente brilhantes advogados da Purdue. Se eles assegurassem a indicação pediátrica, isso potencialmente lhes daria direito a mais seis meses de exclusividade. Os Sackler alegaram que eram obrigados por lei a fazer os ensaios clínicos, mas não eram tão compelidos quanto eram incentivados. Um ex-executivo observou que, em 2011, mais seis meses de exclusividade poderiam "significar mais de 1 bilhão de dólares" em renda. Desse modo, continuou o executivo, fora determinado que "valia a pena a ótica ruim". Já em 2009, numa apresentação de orçamento, discutiu-se a ideia de garantir a indicação pediátrica em termos de "impacto sobre exclusividade e valor gerado".[28] Um e-mail do Mortimer Sackler mais jovem naquele mesmo ano levantou o espectro do "precipício da patente" do OxyContin e questionou "a extensão a partir dos ensaios pediátricos".[29]

A empresa acabou conseguindo a indicação pediátrica. Mas, por motivos técnicos, a extensão da exclusividade foi negada, o que deixou os Sackler muito infelizes e propensos, talvez, a ficarem sensíveis a relatos desagradáveis na imprensa indicando que a família teria querido vender opioides a crianças, quando o que realmente queriam eram mais seis meses de monopólio. E, mesmo diante da maré de reportagens negativas sem precedentes, a família ainda estava buscando outras maneiras de vender opioides. Algumas semanas depois que a matéria da *The New Yorker* saiu, mesmo ainda enfurecido com a cobertura negativa que retratava sua família como exploradores gananciosos de comprimidos, Jonathan Sackler propôs à Purdue considerar o lançamento de outro opioide.[30] Richard continuava exigindo informações sobre vendas, a ponto de a equipe da empresa não saber como responder. "Acho que precisamos encontrar um equilíbrio entre sermos claros quanto à realidade... e darmos tantas notícias ruins sobre o futuro que isso faça as coisas parecerem irremediáveis", escreveu um funcionário a outro.[31] A família estava comprometida com sua estratégia de incentivar os pacientes a tomar doses maiores por períodos mais longos. A McKinsey aconselhara que essa era a maneira de proteger os lucros da empresa. Mas o conselho desafiava o consenso médico emergente de que tal abordagem não era a melhor maneira de tratar a dor crônica. O CDC anunciara, pouco antes, que havia "evidências insuficientes" de que esses medicamentos continuavam a aliviar a dor em pacientes que os tomavam por mais de três meses e advertira que quase um quarto de todos os pacientes que faziam uso de analgésicos opioides por um prazo longo podiam ficar viciados.[32]

Alguns executivos incentivaram o conselho diretor a reconhecer que a estratégia de ser uma empresa de manejo integrado da dor não estava funcionando e que eles precisavam diversificar. Em 2014, Kathe Sackler se envolveu em discussões sobre uma iniciativa chamada Projeto Tango. A ideia era de que uma área natural para a qual a Purdue poderia se expandir seria a venda de medicamentos que tratam o vício em opioides. O próprio Richard Sackler fez parte da equipe de inventores que pediu uma patente para tratar o vício. (O pedido de patente descrevia os indivíduos viciados em opioides como "drogados" e lamentava "as atividades criminosas relacionadas a drogas às quais esses viciados recorrem para conseguir dinheiro para financiar o vício".)[33] De acordo com uma apresentação em Power Point para o Projeto Tango, o "mercado de uso abusivo e vício" seria "um bom ajuste e um próximo passo natural para a Purdue".[34] De algumas maneiras, essa iniciativa repetia um modelo de negócios que a Purdue empregava havia muito tempo. Um efeito colateral do uso de opioides é a constipação, e durante anos os representantes de vendas da Purdue comercializaram o confiável laxante da empresa, o Senokot, como um acompanhante útil do OxyContin. Com uma franqueza que mesmo os Sackler poderiam considerar incômoda, a apresentação do Projeto Tango declarou: "Os tratamentos de dor e vício estão naturalmente ligados."[35] A apresentação observava que "o espaço do vício em opioides pode ser um animador ponto de entrada para a Purdue".[36]

Mas, no fim, o conselho diretor votou por não prosseguir com o Projeto Tango.[37] Isso era parte de um padrão. Na Purdue, parecia haver um reconhecimento de que a empresa precisava desenvolver ou licenciar outras linhas de produto. Mas, a cada vez que o conselho era apresentado a potenciais candidatos que não eram opioides, os Sackler questionavam o quanto eles seriam lucrativos. "Houve esforços para fazê-los diversificar", recordou um ex-executivo. Eles examinaram produtos para a doença de Parkinson. Para enxaqueca. Para insônia. "Mas o conselho não se interessava. As margens de lucro não eram as mesmas dos opioides." O ponto de referência era elevado, já que poucos produtos farmacêuticos são tão lucrativos quanto o OxyContin, então os Sackler recusaram uma proposta após a outra. "Eles não tinham nenhum interesse em desenvolver produtos não opioides", recordou outro ex-executivo. "O maior interesse deles era vender o OxyContin tanto quanto possível." Craig Landau, depois de ser nomeado CEO, falou da boca para fora sobre a ideia de explorar outras linhas de produtos, mas a realidade, de acordo com esse executivo, era que "Craig é um homem de negócios. Tudo o que Craig sempre falava era sobre o quanto um certo segmento da população com dor representava para o negócio. 'Isso são 10% do nosso negócio.' Ele nunca dizia a palavra 'paciente', mas falava do negócio o tempo todo."

Um terceiro ex-executivo recordou a pressão de ficar diante da família para vender novas ideias de negócios: "Ir a uma reunião do conselho dos Sackler é como ir a um jantar ruim no Dia de Ação de Graças, com dois lados da família que não se dão bem. Você tem o lado de Richard e Raymond puxando numa direção e o lado de Kathe e Mortimer puxando na outra, e todos eles estão brigando e você está parado na frente da sala pedindo para ir para o slide 2." Mas isso era inútil. Não havia "nenhum interesse em desenvolver outras linhas de produtos", recordou o ex-executivo. "Por mais original que fosse a proposta, "não era o OxyContin".

A boa notícia para os Sackler foi que, mesmo depois da exposição na *Esquire* e na *The New Yorker*, parecia que a publicidade negativa não abalaria muito as relações filantrópicas da família ou sua relevância na alta sociedade. Após a publicação das matérias, o *The New York Times* contactou 21 estabelecimentos culturais que haviam recebido significativas quantias dos Sackler, inclusive o Guggenheim, o Museu do Brooklyn e o Met. "Mas poucas instituições parecem preocupadas com a possibilidade de que o dinheiro recebido por elas esteja ligado, de algum modo, a uma fortuna construída com a venda de opioides", relatou o jornal.[38] Nenhum dos museus e galerias emitiu uma declaração sobre os Sackler que fosse menos do que um apoio ou que indicasse que devolveria as doações ou se recusaria a aceitar novas doações da família no futuro. Alguns foram abertamente protetores. "A família Sackler continua a ser um doador importante e valioso", disse ao jornal uma porta-voz do Museu Vitória e Alberto. A Universidade de Oxford foi igualmente firme, anunciando que não havia "nenhuma intenção de reconsiderar a família e os trustes Sackler".[39]

Numa fria tarde de sábado em março de 2018, Nan Goldin entrou no Museu de Arte Metropolitan. Estava vestida de preto da cabeça aos pés e usava um cachecol preto comprido em volta do pescoço e um batom vermelho forte, o cabelo carmesim caindo sobre os olhos. Uma vez no museu, ela seguiu para a Ala Sackler.

Não veio sozinha. Quando chegou ao salão, com sua grande parede envidraçada com vista para o parque, ela se misturou à multidão de visitantes vespertinos, mas estava discretamente coordenando um grupo de mais ou menos cem pessoas que chegaram incógnitas, assim como ela.[40] De repente, às quatro da tarde, eles começaram a gritar: "Templo da ganância! Templo do Oxy!"[41] Alguém levantou uma faixa preta que dizia: "Financie reabilitação."

Goldin formara um grupo inspirado nos ativistas da aids dos anos 1980 que tanto admirara.[42] Eles se autointitulavam PAIN, sigla para Prescription Addiction Intervention Now (Intervenção à prescrição do vício já, em tradução livre) e vinham se reunindo no apartamento de Goldin no Brooklyn para planejar uma ação espetacular. Enquanto dezenas de manifestantes gritavam, centenas de pessoas ficaram em volta observando e gravando vídeos com o celular. Vários fotógrafos da imprensa, avisados de antemão, tiraram fotos no ambiente de elite do museu de arte. O Met tinha algumas fotos de Goldin em sua coleção permanente, e então ela aproveitou seu prestígio naquele mundo, bem como sua distinta identidade de artista reverenciada que estava se recuperando de um vício em OxyContin, para reivindicar que as instituições culturais recusassem dinheiro dos Sackler e exigissem que a família usasse sua fortuna para financiar tratamentos de vício.

"Somos artistas, ativistas, viciados", anunciou ela, posicionando-se entre duas imponentes estátuas de pedra pretas. Alguns de seus companheiros ativistas levantaram uma faixa que dizia "Que vergonha, Sackler", e Goldin se colocou à frente dela. "Estamos fartos", disse ela. Os manifestantes se posicionaram em torno do grande espelho-d'água que havia sido o ponto de destaque de muitas festas esplêndidas. Eles enfiaram a mão em suas sacolas, tiraram frascos alaranjados de comprimidos e os jogaram na piscina. "Vejam os fatos! Leiam as estatísticas!", gritaram.

Guardas do Met irromperam no local, tentando aquietar e retirar os manifestantes, mas estes se jogaram no chão, fazendo-se de mortos. Durante alguns minutos ficaram deitados ali, dispostos como cadáveres, representando as vítimas do OxyContin. Então se levantaram e saíram caminhando, passando pelo Templo de Dendur e pelos cavernosos salões de mármore do Met, que Arthur, Mortimer e Raymond haviam se esforçado tanto para tornar seus. Eles exibiam faixas e gritavam, suas vozes ecoando pelas galerias: "Os Sackler mentem! Milhares morrem!" Enquanto saíam do prédio e desciam as escadas, Nan Goldin se virou e gritou: "Nós voltaremos!"

Na Ala Sackler, quase mil frascos de comprimidos boiavam no espelho-d'água. Eram, à sua modesta maneira, pequenas obras de arte, cada um deles com um rótulo de aspecto bastante realista, à prova d'água, especialmente criado para a ocasião. Lia-se nele:

OxyContin
Receitado a você pelos Sackler.

Capítulo 26

PRONTOS PARA A GUERRA

A ILHA DA TASMÂNIA fica a cerca de 240 quilômetros ao sul da costa da Austrália, em um dos lugares mais remotos da Terra. Num local chamado Westbury, na região Norte da ilha, campos de longas papoulas-dormideiras balançam ao sabor do vento em torno da fábrica Tasmanian Alkaloids.[1] A maioria das flores é cor-de-rosa, com algumas raras roxas ou brancas. Só que essas não são papoulas normais, mas, sim, uma espécie especial de "super-papoulas", modificadas por engenharia genética para produzir uma maior quantidade de tebaína, um alcaloide que é o principal precursor químico da oxicodona.[2] Na fábrica de Westbury, as papoulas são colhidas e processadas para formar um extrato concentrado que é enviado de avião para os Estados Unidos, onde a matéria-prima narcótica será processada e transformada em oxicodona e outros opioides.

Esse é o manancial do crescimento acelerado da produção de opioides. Embora corresponda mais ou menos ao tamanho do estado da Virgínia Ocidental, a Tasmânia é responsável por 85% da produção mundial de tebaína.[3] Nos anos 1990, quando a Purdue Pharma estava desenvolvendo o OxyContin, uma empresa da gigante farmacêutica Johnson & Johnson desenvolveu essa nova cepa de papoula-dormideira. A Johnson & Johnson começou como um negócio familiar, exatamente como a Purdue. As pessoas costumam associar a marca a produtos como o Band-Aid e xampu de bebê, mas a empresa também teve um papel importante na crise de opioides. Com o lançamento do OxyContin, a subsidiária da Johnson & Johnson na Tasmânia, que era dona da fábrica, aumentou a produção. Em um acordo de 1998, ela se comprometeu a suprir "todos os requisitos mundiais" da Purdue em relação à matéria-prima narcótica para produzir o medicamento.[4]

Isso acabou sendo um comprometimento e tanto. À medida que a demanda aumentava, a Tasmanian Alkaloids precisava persuadir os agricultores que antes cultivavam outros produtos, como couve-flor ou cenoura, a substituí-los por papoulas.[5] Eles fizeram isso mais ou menos a partir do mesmo princípio que a Purdue usou para estimular os representantes de vendas, ou seja, criando programas de incentivo e concedendo férias com todas as despesas pagas e carros de luxo. A estranha economia da corrida das papoulas foi tamanha que um agricultor castigado pelo tempo poderia passar o dia trabalhando com afinco nos campos, na traseira de um trator sob o sol escaldante e, depois, voltar para casa num Mercedes de luxo com ar-condicionado. Em 2013, no auge da produção, 74 acres na Tasmânia eram dedicados exclusivamente a esse cultivo. As papoulas se tornaram tão lucrativas que um contador da empresa brincou que poderiam até aumentar os incentivos "dando a eles um 747" e que, se isso resultasse num aumento no cultivo, teria valido a pena.[6]

Historicamente, a DEA regulava a quantidade dessas substâncias que poderia ser importada de forma legal para os Estados Unidos. No entanto, por meio de um lobby pesado, a florescente indústria dos opioides pressionou para que esses limites fossem aumentados e, com o tempo, a DEA cedeu. A crise de opioides é, entre outras coisas, uma parábola sobre a incrível capacidade do setor privado de subverter as instituições públicas. Assim como a FDA foi comprometida, o Congresso foi neutralizado ou claramente coagido com doações generosas e alguns promotores federais foram enfraquecidos por contatos diretos com Washington D.C., enquanto outros foram conquistados com promessas de empregos corporativos, exatamente como os legisladores estaduais e o CDC foram impedidos de realizar seu trabalho e sabotados quando tentaram conter as prescrições de opioides, a DEA não ficou imune a essas pressões e acabou abrandando sua posição sob o bombardeio constante do setor. Entre 1994 e 2015, a quota de produção legal de oxicodona permitida pela DEA sextuplicou.[7] Um relatório subsequente feito pelo inspetor-geral do Departamento de Justiça criticou a DEA por ter sido "lenta demais em responder ao drástico aumento do uso abusivo de opioides".[8]

É claro que não era apenas a Purdue que fazia essa pressão. E esse seria o argumento central na defesa da família Sackler. Em 2016, a Johnson & Johnson vendeu a Tasmanian Alkaloids. Os médicos estavam sendo mais cautelosos na prescrição de opioides. E, àquela altura, muitos norte-americanos já estavam analisando a carnificina provocada por duas décadas de ampla prescrição de opioides em busca de alguém para culpar. De forma bastante semelhante ao que ocorrera com Arthur Sackler em 1961, quando ele insistiu diante dos senadores dos Estados Unidos que a agência McAdams era apenas uma preocupação insignificante, os Sackler protestaram afirmando que o OxyContin correspondia a apenas 4% da participação de mercado.[9]

Havia um quê de verdade nessa afirmação. A Janssen, o braço farmacêutico da Johnson & Johnson, tinha seus próprios opioides, um comprimido chamado Nucynta e o Duragesic, um adesivo com sistema transdérmico, que desde 2001 a empresa já sabia que estava sendo usado de forma abusiva.[10] E havia também a Endo (com o Opana), a Mallinckrodt (com o Roxicodone) e a Teva (com o Fentora e o Actip, um comprimido de chupar), entre outras. Era um campo abarrotado. "Não somos a única empresa que comercializa opioides", disse David Sackler, com raiva, acrescentando ainda: "A Johnson & Johnson tem uma participação de mercado maciça, ao passo que o OxyContin é um produto de nicho com uma módica fatia de mercado."[11]

Era frustrante para a família sentir que estava pagando o pato. Em documentos legais, os advogados da Purdue reclamavam de servir de "bode expiatório".[12] Seus principais concorrentes também estavam emaranhados em processos judiciais. No entanto, ninguém escrevia artigos tão desfavoráveis sobre o CEO da Endo, nem sobre a diretoria da Mallinckrodt.

Embora esse mote da insignificância da Purdue estivesse sempre presente no repertório de defesa dos Sackler e da empresa, o argumento era deliberadamente enganador em muitos níveis.[13] Para começar, a porcentagem total de prescrições de opioides talvez não fosse a melhor métrica para se compreender o verdadeiro papel da Purdue no mercado, porque tal estatística dá o mesmo peso para cada comprimido, sem levar em conta o tamanho da dose ou a duração do tratamento prescrito. Os Sackler só chegaram a 4% de participação de mercado quando incluíram, na categoria de prescrições de opioides, até mesmo prescrições de curto prazo de remédios com baixa dosagem como o Tylenol-Codeine. O OxyContin é um medicamento incrivelmente potente. O que o tornou revolucionário, enchendo os Sackler de *orgulho*, foi justamente o mecanismo inovador que permitiu à Purdue colocar entre 40 e 80 miligramas de oxicodona num comprimido. Além disso, o OxyContin era o medicamento para "começar e continuar o tratamento". O modelo de negócios da Purdue tinha como base pacientes com dor que tomavam o medicamento por meses a fio. Por anos. Pelo *resto da vida* em alguns casos. A Purdue tinha uma política agressiva de preços para seus comprimidos, e os representantes de vendas eram incentivados a estimular os pacientes a "aumentar" as doses, justamente porque, quanto maior a dose, maiores os lucros da empresa.[14] De acordo com um estudo feito pelo *The Wall Street Journal*, quando se levava em conta a potência da dose de cada comprimido, a Purdue na verdade era a líder de mercado, sendo responsável por 27% de toda a oxicodona vendida.[15] Numa análise separada, a ProPublica descobriu que, ao se considerar a potência, a participação de mercado de todos os analgésicos opioides (não apenas a oxicodona) chegava a 30% em alguns estados norte-americanos.[16]

Ao se defender dizendo que tinham uma participação insignificante, os Sackler e a Purdue apontaram o dedo para seus antigos adversários, ou seja, as empresas de medicamentos genéricos, sugerindo que eram elas as responsáveis pela maior parte dos opioides prescritos.[17] "O OxyContin entrou num mercado dominado por opioides genéricos", declarou o porta-voz da Purdue para a revista *The New Yorker* em 2017.[18] Ele afirmou que a grande maioria das prescrições de analgésicos opioides refere-se a medicamentos genéricos. No entanto, para alguns funcionários da Purdue que estavam familiarizados com as complexas participações do clã Sackler, esse argumento era de uma hipocrisia sem tamanho, já que os Sackler, além da Purdue, também eram secretamente donos de outra empresa farmacêutica, uma das maiores fabricantes de genéricos à base de opioides dos Estados Unidos.[19]

A Rhodes Phamaceuticals se localizava numa estrada secundária na cidade de Conventry, em Rhode Island, e contava com alta segurança.[20] Parecia que a empresa queria manter a discrição; o site passou anos "em desenvolvimento". A história da família Sackler com a Rhodes, que acabou sendo descoberta pelo *Financial Times*, datava da época em que a Purdue se declarou culpada no caso do processo federal na Virgínia.[21] Quatro meses depois da declaração de culpa, os Sackler criaram a Rhodes. De acordo com um ex-gerente sênior da Purdue, a empresa foi constituída como uma "plataforma de aterrissagem" para a família, caso precisassem de um recomeço depois da crise do OxyContin.[22] A Rhodes se tornou a sétima maior fabricante de opioides dos Estados Unidos, ficando atrás apenas da gigante dos genéricos Teva e muito na frente da Johnson & Johnson e da Endo.[23] A Rhodes produzia uma versão genérica do MS Contin, mas também oxicodona de liberação imediata, um medicamento com muito uso abusivo.[24] Um artigo no site da Purdue intitulado "Common Myths About OxyContin" (Mitos comuns acerca do OxyContin, em tradução livre) lamentava a "concepção errônea de que todo o uso abusivo de oxicodona envolve o OxyContin", sugerindo que a oxicodona de liberação imediata também deveria ser considerada, sem reconhecer o estranho fato de que os Sackler produziam os dois tipos de medicamento.

Na Purdue, depois da reformulação do OxyContin, em 2010, os funcionários reconheciam que todo o alarde da empresa sobre a segurança do seu opioide resistente a adulterações poderia soar falso para a opinião pública se as pessoas compreendessem que uma companhia relacionada, a Rhodes, ainda produzia oxicodona de liberação imediata e que *não* era resistente a adulterações. Num e-mail interno,[25] o executivo da Purdue Todd Baumgartner discutiu a forma "secreta" como a empresa buscava ofuscar tal contradição.

Muitos Sackler desempenhavam papéis ativos na Rhodes.[26] Dama Theresa e Kathe estavam num dos comitês. Mortimer estava em outro. No entanto, de acordo com um executivo de longa data da Purdue que trabalhava bem próximo aos Sackler, Jonathan era o membro da família que tinha um envolvimento mais íntimo com a empresa. "Jonathan era o grande defensor dos genéricos da Rhodes", disse ele. "A empresa era a menina dos olhos dele."

A falha mais decisiva no argumento dos Sackler em relação ao tamanho comparativo da participação de mercado da empresa, porém, foi que, quando todas essas farmacêuticas concorrentes começaram a fabricar seus próprios opioides potentes, elas estavam seguindo o caminho aberto pela Purdue. O OxyContin foi a "ponta de lança", nas palavras de um dos químicos que desenvolveram o medicamento. Richard Sackler e sua equipe na década de 1990 reconheceram uma barreira significativa de mercado, ou seja, o estigma amplamente difundido associado ao uso de opioides fortes na prática médica, e executaram uma estratégia brilhante para remover tal barreira e abrir o caminho. A própria Purdue reconheceu, em 2001, que os esforços promocionais da empresa ajudaram a promover uma "mudança de paradigma".[27] As farmacêuticas rivais podem até ter ultrapassado a participação de mercado da Purdue, mas só estavam seguindo os passos do líder. Numa apresentação de 2002 para a Johnson & Johnson, uma equipe de consultores da McKinsey reconheceu isso, ao afirmar que o OxyContin tinha "criado" um mercado.[28]

Do ponto de vista do advogado Mike Moore, parecia que a Purdue Pharma e a família Sackler eram "os principais culpados".[29] Eles "enrolaram a FDA ao dizer que o OxyContin tinha uma ação de doze horas", disse Moore. "Mentiram em relação à capacidade de provocar dependência química. E fizeram tudo isso para cultivar o mercado de opioides, para terem permissão de entrar na água. Então, algumas outras empresas perceberam que a água estava quentinha e pensaram: 'Tudo bem, vamos entrar também.'"

Mike Moore já tinha uns sessenta e poucos anos embora parecesse mais jovem, era magro como um palito e tinha uma fala lenta. Era do Mississippi, onde trabalhou como procurador-geral entre 1988 e 2004. Nos anos 1990, Mike era considerado uma personalidade ascendente do Partido Democrata,[30] um sulista liberal respeitado nos círculos da lei e da ordem, que costumava ser comparado com Bill Clinton e que alguns até acreditavam que seria um futuro candidato à Presidência. Como procurador-geral, ele se sobressaía para aproveitar toda a publicidade nos bastidores confusos da política que envolvia a criação de uma coalizão. Nas palavras do próprio Mike, ele era um cara que via o panorama geral.[31] As nuances e citações infinitas de um relatório jurídico não eram seu ponto forte, mas ele tinha paixão, energia e carisma, assim como um fervor pela justiça.

Em 1994, Mike Moore decidiu, junto com uma coalizão de advogados, enfrentar as grandes empresas tabagistas.[32] Aplicando uma estratégia arriscada e nada convencional, ele se tornou o primeiro promotor estadual a processar essas empresas num esforço de responsabilizá-las pelas mentiras que tinham contado sobre as consequências do fumo para a saúde. Ele e seus aliados iniciaram uma sequência de ações que contaram com a colaboração de advogados públicos e da inciativa privada para processar as empresas tabagistas. Foi o caso que Barry Meier cobrira para o *The New York Times* e que resultara numa grande vitória para Mike Moore. As empresas rés concordaram com o maior acordo jurídico da história dos Estados Unidos. Mike Moore, os promotores aliados e os advogados das vítimas obrigaram as empresas a reconhecer que haviam mentido sobre os riscos associados ao tabagismo. Eles proibiram a instalação de outdoors e máquinas de venda automática de cigarro, promoções esportivas foram canceladas. Eles se livraram de Joe Camel,[33] o mascote icônico, assim como do vaqueiro do Marlboro, além de obrigarem as empresas a pagar uma multa histórica de mais de 200 bilhões de dólares.[34]

Em 2004, Moore deixou a procuradoria e abriu sua própria firma de advocacia. Na esteira do vazamento de petróleo da Deepwater Horizon, ajudou a conseguir um acordo de 20 bilhões de dólares da BP.[35] Conquistou uma reputação de destruidor de gigantes, um cara que derrubava até mesmo os maiores e mais ferozes beemotes. Ele lutara contra os melhores advogados do planeta e vencera. Fez uma considerável fortuna com seus honorários de contingência. Quando o diretor Michael Mann quis fazer um filme chamado *O informante* sobre o processo contra as empresas tabagistas, a maioria dos personagens baseados em pessoas reais foram representados por atores como Russell Crowe e Al Pacino, mas Mike Moore participou como ele mesmo. Ele tinha um certo estilo.

Ele também tinha um parente viciado em opioides.[36] Uma noite em 2006, seu sobrinho levou um tiro depois de uma briga com a esposa (as lembranças do rapaz sobre o incidente eram confusas demais para saber, com certeza, quem tinha sido o autor do disparo, ele mesmo ou a mulher). Um médico prescreveu Percocet para ele, que se tornou dependente químico. Por volta de 2010, o jovem passou a comprar fentanil nas ruas. Mike bem que tentou ajudar, mas o sobrinho vivia entrando e saindo de centros de reabilitação, em um ciclo de overdoses e recuperação.

Moore se envolveu numa série de casos civis contra a Purdue em 2007, culminando com um acordo de 75 milhões de dólares, no qual a empresa não admitia delitos, e todos os documentos internos resultantes das descobertas foram mantidos em sigilo.[37] Mas àquela altura ele já tinha começado a conversar com alguns dos seus antigos colegas do processo contra as empresas tabagistas na tentativa de aplicar o mesmo modelo contra os fabricantes de opioides. Para Mike Moore, as semelhanças eram nítidas. "Os dois mercados lucram matando as pessoas", declarou ele.

No entanto, isso levantou uma questão interessante. Os Sackler sempre expuseram uma visão fundamentalmente libertária em relação à linha de trabalho na qual atuavam.[38] A empresa fabricava um produto e o colocava no mercado. O que as pessoas faziam com tal produto não era responsabilidade da família. Os críticos da Purdue argumentavam que aquilo era, de fato, muito semelhante ao caso contra a indústria do tabaco: se você mentir sobre os riscos associados ao produto, então deve ser responsabilizado quando as pessoas confiam nas suas garantias de segurança e as aceitam, ao custo de consequências fatais. Para outros, porém, a analogia adequada não era com a indústria do tabaco, mas, sim, com a das armas de fogo: nos Estados Unidos é praticamente impossível responsabilizar os fabricantes de armas em relação às mortes que provocam. Pode-se dizer que as armas têm um nível ainda maior de desfechos fatais do que os fármacos que causam dependência. Ainda assim, os fabricantes de armas (e seus advogados e lobistas) são bem-sucedidos ao argumentar que não deveriam ser responsabilizados pelo que os clientes fazem com seu produto. Quando alguém é ferido ou morto por uma arma de fogo, sempre existe um indivíduo irresponsável que puxa o gatilho, o que os fabricantes de armas usam como argumento para serem absolvidos de toda e qualquer responsabilidade. Os Sackler assumiram a posição de que isso também deveria se aplicar ao OxyContin. Em relação aos casos em que as pessoas fazem mau uso do produto e têm uma overdose, a culpa é de diversas partes envolvidas: o médico prescritor, o vendedor, o farmacêutico, o traficante, a pessoa que faz uso abusivo, o dependente químico, mas não o fabricante. Não a Purdue. Muito menos os Sackler.

Em colaboração com um consórcio amplo de advogados, vários dos quais colegas veteranos da guerra contra o tabaco, Mike Moore analisou todos os casos contra a Purdue e outros fabricantes de opioides.[39] Eles revisaram a declaração de culpa na Virgínia em 2007 e todos os casos nos quais a Purdue entrara em acordo para não ir a julgamento (e depois enterrara as provas). Nada daquilo pareceu particularmente satisfatório, ainda mais considerando o impacto negativo que o OxyContin e outros opioides tiveram em comunidades de todo o país e os lucros astronômicos das empresas envolvidas. Então Mike Moore e seus colegas advogados iniciaram uma nova onda de processos. Os processos seriam abertos não só pelos procuradores estaduais, mas também pelos municípios e condados e por populações nativo-americanas. Todos concordaram em reunir os recursos e compartilhar informações e documentos e não perseguir apenas a Purdue, mas também as outras grandes fabricantes, atacadistas e farmácias. "As empresas podem conseguir vencer um caso, mas não cinquenta", disse Mike. "Um júri em algum lugar vai atingi-los com o maior veredicto da história deste país."

Não demorou muito, e o número de casos contra a Purdue e outras empresas chegou ao ponto em que foi necessário reuni-los no que é conhecido como processo multidistrital. Havia diversos réus: a Purdue e outros fabricantes, como a Johnson & Johnson e a Endo; grandes distribuidoras farmacêuticas, como a McKesson, que fornecia os medicamentos no atacado para as farmácias; e as próprias cadeias de farmácias, como a Walmart, a Walgreens e a CVS. A premissa desses processos era que a Purdue foi a pioneira no uso de táticas de marketing enganadoras, mas foi seguida pelas outras. De acordo com o CDC, a crise de opioides custava 80 bilhões de dólares por ano para a economia dos Estados Unidos.[40] Se são os contribuintes que vão pagar esse preço, Mike Moore e seus colegas argumentavam que o justo seria que as empresas também pagassem. Numa audiência em janeiro de 2018, Dan Aaron Poster, um juiz federal de Ohio nomeado para acompanhar o processo multidistrital, notou a grande urgência desses procedimentos. "Estamos perdendo mais de cinquenta mil cidadãos por ano. Cento e cinquenta norte-americanos vão morrer hoje, no decorrer desta audiência", disse ele.[41]

Ohio foi um fórum adequado para esse confronto. Até 2016, 2,3 milhões de pessoas no estado, aproximadamente 20% da população total, receberam uma prescrição para o uso de opioides.[42] Os pais de mais da metade das crianças no programa de adoção em todo o estado eram viciados em opioides.[43] As pessoas estavam morrendo de overdose numa velocidade que fez os legistas locais não terem mais lugar para armazenar os corpos e serem obrigados a usar alternativas improvisadas.[44] Nenhum dos estados tinha dinheiro ou recursos suficientes para lidar com o problema. Diante da urgência e da complexidade do processo, o juiz Dan Polster incentivou as partes a chegarem a algum tipo de acordo, em vez de julgarem um por um. A Purdue e os outros réus corporativos também estavam ávidos por evitar um julgamento.

À medida que a ameaça de litígio aumentava, os funcionários da Purdue em Stamford contrataram uma pequena firma de relações públicas chamada Herald Group, a qual era especializada em descobrir os podres da oposição. O grupo propôs um plano para fazer os procuradores estaduais "pensarem duas vezes" antes de entrarem no litígio, começando com "um mergulho profundo na vida de Mike Moore e seus associados atuais e do passado".[45] Um dos executivos do Herald Group sugeriu que, se conseguissem desacreditar Mike Moore, isso talvez fizesse os outros advogados "pararem para pensar" antes de se juntarem aos processos. "Mike Moore e seus amigos mais próximos são ricos, advogados gananciosos que ganham centenas de milhões de dólares para processar empresas", dizia o Herald Group. Uma das ideias que apresentaram foi a criação de uma página na internet chamada LearJetLawyers.com. "O site associaria os advogados de acusação com primazia e os compararia a casos de Wall Street e não a casos simples", sugeriram. "Essa imagem prejudicaria a credibilidade deles e fortaleceria a narrativa de que não estavam lutando pelas pessoas comuns."

Quando o *The Wall Street Journal* publicou um editorial criticando os processos sob o argumento de que os procuradores estaduais só queriam "aumentar o próprio orçamento" às custas da indústria farmacêutica, os executivos da Purdue comemoraram.[46] Um representante do Herald Group relatou ter "ajudado" o jornalista com a matéria.[47]

Mike Moore não escondia que queria dinheiro. Ele chegou a ser citado pela Johnson & Johnson como "bolso fundo".[48] Também se fazia uma crítica completamente razoável sobre as motivações dos advogados pessoais que trabalhavam com base nas taxas de contingência e conquistavam grandes honorários no caso de sucesso. Mas era mais difícil atacar dezenas de procuradores que entravam com processos, argumentando, exatamente como Mike Moore, que o objetivo dos processos era obter fundos desesperadamente necessários para a construção de centros de tratamento, o financiamento de pesquisa na área da ciência do vício e a compra de Naloxone, um medicamento que pode ser usado para reverter os efeitos de uma overdose por opioides.

Numa entrevista em fevereiro de 2018, Mike declarou que "os Sackler não tinham sido apontados"[49] como réus em nenhum dos casos. Eles pareciam continuar protegidos por uma percepção ardilosamente cultivada de que, a não ser por votações de diretoria ocasionais, representavam um papel pequeno na administração dos negócios da família. Mas, naquele momento, Mike declarou que os advogados estavam tentando encontrar uma forma de "ultrapassar aquele véu corporativo para apontar os donos como réus".

Os Sackler, por sua vez, estavam começando finalmente a se alarmar. "Recebi uma ligação hoje de Mary Woolley", informou Jonathan aos outros familiares, referindo-se à chefe de um grupo chamado Research!America, para o qual os Sackler tinham feito doações generosas. Apenas sete meses antes, Mary Woolley tinha elogiado o pai de Jonathan, Raymond, enaltecendo sua "visão afiada dos negócios, sua bondade e suas extraordinárias generosidade e determinação em relação ao avanço de pesquisas".[50] Ela sugeria ainda que "o legado dele é um modelo para todos os que desejam servir ao bem público". No entanto, Mary Woolley depois entrou em contato para informar que a organização tinha mudado de ideia. "Ao que tudo indica, a publicidade negativa em torno da Purdue e da família levou a diretoria da organização a decidir escolher um novo nome para a premiação previamente chamada de "Prêmio Raymond & Beverly Sackler", escreveu Jonathan.[51] A decisão foi tomada após alguns laureados com o prêmio ("ela não revelou quem") expressarem desconforto ao ter o nome associado ao dos Sackler, pedindo para chamar o prêmio por outro nome no currículo deles.

"É claro que isso vai pressionar outras organizações a fazer o mesmo", avisou Jonathan antes de acrescentar: "Temos que estar preparados."[52] O museu South London Gallery já tinha se afastado da família ao devolver, discretamente, uma doação.[53] O premiado ator Mark Rylance,[54] que já fora diretor artístico do Globe Theatre em Londres, solicitou publicamente que o teatro recusasse doações futuras dos Sackler. Jonathan informou a um advogado da empresa que estava preocupado com o "efeito dominó".[55]

A família realizava uma videoconferência semanal às oito da manhã das terças-feiras, para discutir a crise com seu séquito cada vez maior de advogados e consultores de relações públicas. Todo mundo parecia ter seus próprios representantes, e o número de participantes não parava de crescer. Mortimer ia a uma festa e se encontrava com alguém que recomendava um novo consultor; então, aquela pessoa aparecia na conferência semanal. "De repente, seis firmas diferentes de relações públicas estavam abrindo a caixa registradora e dizendo: "Por 50 mil dólares por mês, eu faço o que vocês quiserem", disse um dos consultores que trabalhavam para a família na época.

Jonathan Sackler redigia pessoalmente os anúncios que a empresa fazia para se defender.

"A questão era que a família nunca quis admitir a própria culpa", lembrou outro consultor dos Sackler. Em determinado momento, Maria Barton, a consultora-geral da Purdue, disse para eles: "A não ser que a *família* comece a fazer alguma coisa, qualquer coisa que a empresa fizer vai ser sufocada pelo seu silêncio." Alguns dos Sackler sentiam que já era hora de dar algum tipo de declaração, mas ninguém conseguiu chegar a um acordo sobre o teor do discurso. Quando vazou no site STAT uma transcrição do depoimento de Richard Sackler em Kentucky, o qual a família batalhara muito para manter sob sigilo, os comentários cruéis de Richard sobre as pessoas que se viciaram no medicamento geraram enorme repercussão negativa.[56] Mortimer e a esposa, Jacqueline, ficaram muito constrangidos com aquelas revelações e horrorizados que tivessem vindo a público. Queriam que Richard se constrangesse por tais revelações.[57]

A mãe de Richard, Beverly, deixou a diretoria em 2017 aos 93 anos, mais ou menos na época em que os artigos das revistas *Esquire* e *The New Yorker* foram publicados. Ela nunca teve um envolvimento próximo nos negócios, mesmo quando era integrante do conselho diretor. No dia em que um jornalista abordou Beverly na sua casa em Connecticut para perguntar sobre a controvérsia relativa à Purdue, ela disse: "Não sei o que dizer sobre a empresa, a não ser que todos sempre tiveram o cuidado de não prejudicar ninguém."[58] À medida que o escrutínio se intensificava, os outros Sackler também foram deixando o conselho diretor, um por um.[59] Richard foi o primeiro. Seguido por David. Depois Theresa e, por fim, Ilene, Jonathan, Kathe e Mortimer.

Nan Goldin começou a organizar um encontro semanal. Seu grupo, PAIN, se reunia nas noites de quarta-feira no apartamento dela. Era uma coalizão amigável e diversa, formada por artistas, ativistas e amigos de longa data, pessoas que estavam em recuperação ou que tinham perdido alguém querido por causa da epidemia. Os encontros tinham uma atmosfera livre e digressiva, que camuflava que o grupo estava planejando uma série de manifestações bem mais ambiciosas. Como uma célula paramilitar, eles se comunicavam por aplicativos de celular com mensagens criptografadas e mantinham suas "ações" protegidas pela confidencialidade. Prepararam uma "lista de alvos" enumerando museus que tinham recebido doações dos Sackler. Nan Goldin estava pronta para a guerra.[60]

Em abril de 2018, ela foi até o National Mall e entrou na Galeria Arthur M. Sackler.[61] Seguida por um grupo de manifestantes, colocou-se sob uma escultura de madeira laqueada chamada *Monkeys Grasp for the Moon* (Macacos tentam alcançar a Lua, em tradução livre), que pendia do teto. A família de Arthur ainda insistia que ele não seria maculado pelo OxyContin, mas Nan Goldin discordava. "O talento de Arthur era comercializar comprimidos! Vício é igual a lucros!", berrou ela. Seus seguidores pegaram frascos alaranjados de comprimidos, alguns dos quais com o rótulo "Valium", e os atiraram numa fonte.

Numa noite de fevereiro de 2019, o grupo se infiltrou no Guggenheim, de onde Mortimer era um curador de longa data. Eles subiram pela famosa passarela que serpenteia o átrio central. Então, ao receberem o sinal, os manifestantes, espalhados por diversos andares, desenrolaram pôsteres vermelho-sangue com letras pretas:

TOME VERGONHA NA CARA, FAMÍLIA SACKLER

200 MORTES POR DIA

ABAIXO O NOME DELES

Dos pontos mais altos do Guggenheim, os manifestantes atiraram milhares de pedaços de papel. Como confete os papéis foram flutuando e formando uma nuvem. Cada um representava uma "receita médica", que evocava a avalanche de prescrições que Richard Sackler incitara no lançamento do OxyContin.

"Chegou a hora, Guggenheim!", berrou Nan Goldin. Ela não era uma oradora particularmente carismática. Era tímida e ficava nervosa ao falar em público; até mesmo com o megafone nas mãos, ela parecia constrangida e distraída. E havia algo de espectral nela. Algo frágil. Estava sóbria fazia pouco mais de dois anos e sentia uma forte afinidade com as pessoas que conhecia e que tinham lutado contra o vício, exatamente como ela, ou com quem havia perdido entes queridos. Os membros do PAIN cuidavam de Nan Goldin como se fosse uma mãe. Havia no grupo um senso palpável de que o ativismo dela se tornara um princípio organizado através do qual ela lidava com a própria recuperação.

A arma mais forte de Nan Goldin como ativista era seu olhar. Alguém avisara ao *The New York Times*, e um fotógrafo apareceu no Guggenheim e se deitou no chão do térreo e apontou a câmera para o teto enquanto as prescrições flutuavam lá de cima da rotunda. Foi uma visão extraordinária, com os papéis brancos caindo por todo o interior branco do museu, passando pelos pôsteres vermelhos. Nan Goldin e os outros ativistas queriam realmente evocar a imagem de uma avalanche, então imprimiram oito mil prescrições para assegurar que encheriam o local. A foto foi publicada ao lado do artigo "Guggenheim vira alvo de manifestantes por aceitar dinheiro de família ligada ao OxyContin".[62]

No mês seguinte, o Guggenheim anunciou que, depois de uma relação de duas décadas com os Sackler e 9 milhões de dólares em doações, o museu não aceitaria mais o dinheiro da família.[63] Na mesma semana, a Galeria Nacional em Londres revelou ter recusado um presente de 1,3 milhão de dólares dos Sackler.[64] Dois dias depois, o Tate anunciou que não "buscaria nem aceitaria futuras doações dos Sackler".[65]

Aquele era exatamente o efeito dominó que preocupara Jonathan. Os museus não "retirariam o nome", como Nan Goldin exigia: "Não temos intenção de remover referências a esta filantropia histórica", disse o Tate;[66] o Guggenheim esclareceu que havia cláusulas "contratuais" estipulando que era necessário manter o nome do Centro de Educação Artística Sackler.[67] No entanto, fica claro que esse movimento sem precedentes das instituições culturais para se distanciarem dos Sackler aconteceu por causa da influência de Nan Goldin. Além de organizar cada protesto como se fosse uma fotografia, ela foi corajosa ao usar sua própria figura proeminente no mundo das artes como alavanca. Antes da decisão da Galeria Nacional, Nan Goldin anunciou que o museu tinha entrado em contato com ela para fazerem uma retrospectiva. "Não vou fazer a exposição se eles aceitarem o dinheiro dos Sackler", disse ela ao *The Observer*.[68] Quando saiu a notícia de que o museu havia recusado a doação, Goldin se sentiu vingada. "Eu os parabenizei pela coragem", disse ela.[69]

No mês seguinte, na estreia de uma exposição da artista alemã Hito Steyerl na Galeria Serpentine Sackler, Hito fez um discurso surpreendente: "Gostaria de mencionar um assunto constrangedor", e seguiu fazendo denúncias contra os Sackler e encorajando outros artistas a entrarem na causa pelo distanciamento entre os museus e a família. Ela comparou a relação entre o mundo das artes e seus benfeitores tóxicos com ser "casada com um *serial killer*" e concluiu dizendo que era necessário um "divórcio".[70] O museu logo anunciou que, apesar de o nome ser uma homenagem aos Sackler, a direção "não tinha planos" de aceitar mais doações da família.[71]

Esses protestos tiveram consequências para os manifestantes. Uma noite, uma das manifestantes mais próximas de Nan Goldin no PAIN, Megan Kapler, estava saindo do apartamento de Nan no Brooklyn quando notou que um homem de meia-idade a observava de um carro.[72] Alguns dias depois, Kapler saiu de casa em outra parte do Brooklyn para passear com o cachorro e viu o mesmo homem. Eles fizeram contato visual, e ela continuou andando. Quando se virou para olhar de novo, o homem estava tirando fotos dela com o celular.

Os membros do PAIN presumiram que os Sackler tinham contratado alguém para segui-los, mas também que o homem devia ser contratado por outros terceiros, o que dificultaria muito que se comprovasse para quem ele estava trabalhando. Alguns dias depois, o mesmo homem apareceu na frente da casa de Nan Goldin novamente. Dessa vez, os membros do grupo saíram e começaram a filmá-lo. O homem não falava com eles, mas também não se escondia. Ficou parado, encostado no carro, com um sorriso debochado no rosto, e começou a cortar as unhas. Teria ele sido enviado para monitorá-los e intimidá-los? De certa forma, não importava. A presença dele era uma afirmação. A campanha deles estava funcionando. Em maio, o Metropolitan Museum of Art, que abrigava a Ala Sackler original, anunciou que "não aceitaria" mais doações que não estivessem de acordo "com o interesse público".[73]

Em determinado momento, Nan Goldin descobriu que o documentário sobre o sistema penitenciário *It's a Hard Truth, Ain't It*, de Madeleine Sackler, teria sua estreia no Festival de Cinema de Tribeca. Ela e outros manifestantes resolveram ir ao evento. Eles levaram frascos de comprimidos e se sentaram em pontos separados da plateia. Haveria uma coletiva de imprensa depois do filme, mas Madeleine estava visivelmente constrangida. Deve ter sido alertada sobre os convidados indesejados. Logo um segurança se aproximou de Nan Goldin e a retirou do cinema.

"Você sabe quem fez esse filme?", perguntou Nan Goldin para as pessoas do lado de fora.[74] Ela começou a entregar frascos de comprimidos para estranhos dizendo que o filme era uma "lavagem de reputação". Sobre Madeleine, Nan Goldin declarou: "Ela se apresenta como uma ativista social, mas sua família enriqueceu com o vício de centenas de milhares de pessoas."[75] Do seu ponto de vista, qualquer Sackler que "aceitava o dinheiro" e não fazia esforços para denunciar era "culpado".[76]

Quando um repórter do jornal *The Guardian* perguntou para Madeleine sobre a família, ela respondeu que vinha trabalhando "em tempo mais que integral" no filme e que o trabalho tinha seu "foco exclusivo".[77] Ela não queria falar sobre a família. Confrontada com o fato de que era extremamente rica por causa do OxyContin e indagada se via algum problema nisso, ela respondeu: "Problema com o quê, exatamente?"

O argumento de Madeleine, se ela tivesse se dado o trabalho de articulá--lo, parecia ser o de que ela deveria ser julgada exclusivamente com base no seu trabalho e não nos negócios da sua família. Ela argumentou que nunca trabalhou "na empresa nem teve qualquer influência lá". (Depois da entrevista, o convite de imprensa do *The Guardian* para a festa foi revogado.)

"O nome Sackler virou sinônimo da crise de opioides", disse Nan Goldin. "Eu quero perguntar a Madeleine se é esse o legado que ela quer deixar. Por que não usar o nome, o dinheiro e a influência dela para lidar com a crise e assumir a responsabilidade?"[78]

A Purdue estava com problemas. Em fevereiro de 2018, a empresa anunciou que dispensaria metade da força de vendas e não promoveria mais os opioides junto aos médicos.[79] Isso talvez parecesse uma imensa concessão para o mundo externo, mas, internamente, a empresa já considerava que o OxyContin era um produto "maduro" e que os negócios continuariam gerando centenas de milhões de dólares mesmo sem a força de vendas.[80] Naquele verão, a empresa foi além e eliminou toda a força de vendas, dizendo que a "Purdue estava dando passos significativos para se transformar e diversificar além do nosso foco em analgésicos".[81]

Mas já era tarde demais para uma reinvenção. Russel Portenoy, o Rei da Dor, concordou em se juntar ao processo multidistrital como testemunha contra a Purdue e outras empresas em troca de não sofrer nenhum processo como réu.[82] Ele reconheceu que no fim dos anos 1990 já estava ciente dos "sérios desfechos adversos relacionados ao uso de opioides", embora tivesse continuado a minimizar a importância dos riscos do uso desses medicamentos em público. Em relação à Purdue, ele disse que, mesmo entre os réus no caso multidistrital, a empresa merecia uma distinção especial. Nenhuma outra empresa "tinha promovido antes um medicamento opioide de forma tão agressiva, nem encorajado o uso de um opioide por não especialistas", disse ele.

Mas a maior ameaça para os Sackler surgiu em janeiro de 2019, quando o procurador-geral de Massachusetts abriu um processo, fazendo algo que nenhum outro promotor havia feito em vinte anos de litígios contra a Purdue — ele citou oito membros da família Sackler como réus: Richard, Beverly, Jonathan, David, Theresa, Kathe, Mortimer e Ilene.[83]

Capítulo 27

O NOME DOS RÉUS

DAVID, FILHO DE RICHARD SACKLER, era casado com Joss Sackler.[1] Ela morava em Park Slope, no Brooklyn, quando conheceu o futuro marido num encontro às cegas. Ela o via como um "cara das finanças", sério, pontual e talvez um pouco convencional demais, ao passo que ela era mais exótica. Filha de um diplomata canadense, ela concluiu o Ensino Médio no Japão e cultivava a ambição juvenil de se tornar espiã, mas acabou se formando em Letras pela Universidade Municipal de Nova York. Quando Raymond Sackler ainda estava vivo, Joss e David passavam os fins de semana com ele e Beverly na propriedade da família em Greenwich. Joss sempre achou Raymond (ou "Poppi",[2] como os netos o chamavam) muito imponente. Era aquele "cientista e empresário altamente respeitado", dizia ela. "Ele tinha título de cavaleiro na França e na Inglaterra." Na mansão com vista para o estuário de Long Island, Raymond recebia visitantes ilustres. Para Joss, ele era um homem que inspirava tanto respeito quanto uma "efusão de amor". Na verdade, Raymond era tão notável que Joss decidiu que, até terminar o doutorado, manteria o nome de solteira, Jaseleen Ruggles, porque não queria ter um "tratamento preferencial". Sua tese foi sobre a "propaganda de narcóticos" dos cartéis de drogas no México e como aquelas organizações criminosas tentavam, nas palavras dela, "conquistar o apoio público das comunidades locais".[3]

Com a tese concluída e aprovada, Jaseleen Ruggles se tornou Joss Sackler. Embora parecesse a típica esposa de bilionário, com cabelo louro, corpo esguio e lábios cheios e bem-desenhados, ela insistia que era mais do que uma mera esposa-troféu. Joss dera início a um clube para jovens ricas que tomavam vinho, ou, como ela se referia ao empreendimento, "um clube exclusivo, liderado por mulheres, celebrando a interseção entre arte, vinho, moda e cultura".[4] Ela era uma *sommelier* formada ("nível II") e chamava o grupo de *Les Bouledogues Vigneronnes*, ou seja, "buldogues da vinicultura", ou LBV para facilitar.[5] De acordo com uma biografia (já retirada) do seu site, "Joss é especialista em avaliação de ameaças e sua pesquisa se concentra na análise de risco de ameaças violentas perpetradas pelos cartéis mexicanos". Também é "ávida por aventuras", "atiradora e alpinista", e fala "inglês, espanhol e persa".[6]

Assim como Madeleine Sackler, Joss sentia que, como não fazia parte do conselho diretor da Purdue, não tinha nenhuma conexão significativa com o império farmacêutico, e isso certamente não deveria ser um empecilho para que buscasse realizar os próprios sonhos. No entanto, estava sendo bem difícil se desvencilhar de tal associação. Num momento extremamente inadequado, bem quando os Sackler estavam se deparando com um novo patamar de escrutínio das autoridades legais e da imprensa, Joss decidiu transformar a LBV numa marca de moda.[7] Ela produziu uma série de artigos esportivos em cores fluorescentes inspirados em sua paixão pelo alpinismo. "Estou comprometida em tornar esse empreendimento um sucesso", declarou ela, observando que a LBV tinha o potencial de se tornar "a nova marca de moda totalmente norte-americana pronta para vestir e com um toque de alta costura". Numa postagem no Facebook, Joss descreveu o empreendimento como "minha própria iniciativa voltada para mulheres, sem nenhuma relação com a Purdue e com o objetivo de promover o empoderamento feminino".[8]

No entanto, ao passo que Madeleine conseguia convencer as pessoas do seu círculo profissional de que sua arte deveria ser julgada pelos próprios méritos, sem qualquer referência ao seu status de herdeira do império dos opioides, para Joss não foi tão fácil. Depois que um repórter de moda do *The New York Times* expressou interesse na coleção, ela aceitou conceder uma entrevista que acabou se tornando um bombardeio de perguntas impertinentes sobre a família.[9] Numa postagem indignada na internet,[10] Joss apresentou o fato como uma questão de gênero: "Parem de falar sobre quem são os homens da minha vida e analisem a porra dos casacos neon." (O jornalista de moda, Matthew Schneider, achou graça e comentou com um amigo que, se ele tivesse se concentrado nas roupas, o artigo teria sido ainda mais duro.)

Joss estava numa situação difícil: se você imaginar os membros do clã Sackler organizados em círculos de culpabilidade, ela estava perto demais do olho do furacão. Seu sogro era o pai do OxyContin. Seu marido era a terceira geração dos Sackler a ser membro do conselho diretor. E a situação ficava ainda pior pelo fato de que, alheia ao desejo da família Sackler, Joss Sackler se recusava terminantemente a se manter em silêncio. Ela dava festas (700 dólares por convidado, com vinhos com a curadoria da LBV).[11] Ela e David pagaram 22 milhões de dólares à vista por uma mansão em Bel Air e depois disseram ter ficado zangados quando a venda foi divulgada no portal *TMZ* e em outras publicações, apesar de terem escolhido fazer a transação com um agente imobiliário conhecido pelo programa de TV *Million Dollar Listing*.[12] "Dou 500% de apoio para minha família",[13] declarou ela para a revista *Town & Country*. "Acredito que eles serão completamente inocentados. Mas isso não tem nada a ver com a LBV." Para aquela entrevista, Joss se encontrou com o repórter num restaurante em Gramercy Park. "Eles vão se arrepender de mexer com uma linguista. Já se arrependeram", disse ela sobre os detratores. Durante a entrevista, com o encorajamento do repórter, ela literalmente pediu um leitão. Toda aquela rotina digna de Maria Antonieta era tão exagerada (poderia ser sincera? Ou era algum tipo de performance de arte conceitual?) que parecia ter sido orquestrada especialmente para as páginas de fofoca, e não demorou muito para o site *Page Six* publicar uma crônica sobre o estranho discurso de Joss. A publicação lhe deu a alcunha de "Lady Macbeth dos opioides". Ela respondeu com um emoji mostrando o dedo do meio para um dos repórteres.[14]

Uma das maiores fontes de problemas para Joss era uma mulher chamada Maura Healey, que estava no segundo mandato como procuradora-geral de Massachusetts. Maura tinha quarenta e poucos anos e era a primeira procuradora-geral assumidamente homossexual dos Estados Unidos.[15] Criada em New Hampshire, bem perto da fronteira, era a mais velha de cinco filhos de mãe solo. Maura foi jogadora de basquete em Harvard e passou alguns anos como jogadora profissional na Europa. Não era alta, tinha 1,63 metro, um sorriso com covinhas e uma atitude informal, mas era durona e repetia a piada de que, como jogadora profissional de basquete baixinha, aprendera a derrubar "os grandões". Maura Healey não cansava de dizer isso, o que poderia ser considerado tanto uma máxima quanto um aviso.

Os opioides atingiram Massachusetts com força. Maura Healey deu início às investigações em 2015,[16] assim que assumiu seu primeiro mandato, porque, no decorrer da campanha, pessoas de todo o estado lhe contaram sobre a devastação que as farmacêuticas causaram nas comunidades. O filho de um dos voluntários de sua campanha era viciado em opioides. Maura colocou sua subprocuradora, Joanna Lydgate, a cargo da investigação, e Joanna conhecia uma pessoa que tinha tido uma overdose. Junto com sua equipe, Maura Healey começou a se concentrar na Purdue. Um dos advogados da equipe, Sandy Alexander, passou a fazer visitas ao consultório do legista para solicitar o atestado de óbito de pessoas que tinham morrido por overdose de opioides desde 2009. Ele fez uma pesquisa a partir do cruzamento entre os atestados de óbito e o nome de pessoas que receberam prescrições de analgésicos da Purdue.[17] A empresa sempre alegou que era praticamente impossível haver casos de vício iatrogênico, ou seja, quando a pessoa se vicia num remédio prescrito por um médico e o toma de acordo com as orientações. Mas Sandy Alexander confirmou que, no decorrer da última década, só no estado de Massachusetts, 671 pessoas compraram analgésicos da Purdue com prescrição e morreram de overdose relacionada a opioides.

Em junho de 2018, Maura fez uma coletiva de imprensa em Boston,[18] para a qual convidou representantes de um grupo que prestava assistência a famílias que perderam entes queridos vitimados pelo uso de opioides. Ela declarou então que entraria com um processo não apenas contra a Purdue, mas também contra oito membros da família que fizeram parte do conselho diretor. Ela disse que as corporações não se administram sozinhas e queria dar nome aos bois. "O povo merece respostas. E esse processo busca exatamente isso", disse ela.[19] Alguns meses depois, um pouco antes do Natal, Maura Healey anunciou sua intenção de apresentar uma versão emendada da denúncia, que daria algumas respostas para o povo.

A Purdue e os Sackler usaram suas táticas usuais. Para o papel de consultora local, contrataram Joan Lukey, que era amiga e mentora de Maura Healey e tinha trabalhado como tesoureira da sua campanha. A procuradora-geral não achou que era mera coincidência.[20] Antes que Healey nomeasse formalmente os Sackler no processo, Mary Jo White foi até Boston, com uma equipe de advogados, para explicar à procuradora por que isso seria um erro. Mas Maura, que no início da carreira trabalhara na Wilmer, uma das prestigiosas firmas de advocacia que representavam a Purdue, tinha uma opinião abertamente dúbia em relação a esse tipo de abordagem. Maura conhecia a reputação de Mary Jo e a admirava como alguém que abrira caminho para outras mulheres da advocacia. "É muito ruim ver que alguém como Mary Jo White, que os representou em 2007, continua a representá-los", disse ela. "Não que não haja espaço para representar corporações, é um trabalho digno. Mas esta corporação? Estas pessoas? Para mim, isso não é muito diferente de representar um cartel de drogas." Quando a Purdue enviou seus advogados, Maura Healey preferiu não comparecer à reunião, mandando os advogados da sua equipe. "Eu não tinha o menor interesse em me reunir com eles, principalmente porque eu tinha um relacionamento pessoal com alguns", comentou ela. "Eu queria me distanciar daquilo e deixar a conversa a cargo dos meus advogados."

O processo multidistrital criou uma grande coleção de documentos sigilosos que tinham sido obtidos da Purdue e outras farmacêuticas. Dan

Aaron Polster, o juiz federal de Ohio que supervisionava o processo, determinou que os advogados envolvidos poderiam ter acesso a tais documentos, mas que eles não poderiam ser divulgados para o público geral. "Não creio que as pessoas neste país estejam interessadas em fazer um monte de acusações", declarou o juiz. "As pessoas não estão interessadas em depoimentos, descobertas e julgamentos."[21] Mas Maura Healey e seus promotores pediram acesso aos arquivos sigilosos e receberam doze milhões de documentos relacionados à Purdue.[22]

Os registros sigilosos contavam a história do OxyContin dentro da empresa, e a equipe de Maura Healey descobriu que, embora os Sackler tivessem mantido o nome da família fora da crise de opioides, nos documentos privados da Purdue o nome deles aparecia em *tudo*. Havia os e-mails do microgerenciamento de Richard para a equipe de marketing, os e-mails de Kathe discutindo o Projeto Tango, os e-mails de Mortimer reclamando sobre seus reembolsos, os e-mails de Jonathan se perguntando o que a empresa poderia fazer para evitar a queda nos lucros com a venda de opioides. Havia e-mails de mais de um CEO da Purdue reclamando da constante interferência da família, que quase o impossibilitava de fazer seu trabalho. Os promotores de Massachusetts logo perceberam que os Sackler não eram apenas os donos da Purdue, mas também os verdadeiros administradores. Foi quando a equipe de Maura Healey atualizou a denúncia, incorporando o novo material explosivo.

No entanto, antes que a Procuradoria tivesse a chance de tornar a denúncia pública, os advogados da Purdue intervieram e entraram com um pedido para que a juíza estadual responsável pelo caso em Massachusetts, Janet Sanders, "mantivesse a denúncia sob sigilo", impedindo que viesse a público.[23] Numa audiência, um advogado da Purdue sugeriu que Maura Healey tinha "pescado" provas. No entanto, a juíza Sanders, invocando o interesse público, disse: "Fico logo de antena em pé quando há um pedido para manter sob sigilo qualquer documento público de um caso como este."[24] Sua decisão foi a de que a denúncia de Maura Healey fosse devidamente publicada. Na opinião da juíza, as preocupações apontadas pelos advogados da Purdue, de que a publicação "constrangeria indivíduos e despertaria a raiva do público", não eram um argumento exatamente convincente para manter a denúncia sob sigilo. Ela também invocou um precedente sombrio em Massachusetts: a história vergonhosa de tribunais locais que "mantiveram sob sigilo" informações em casos envolvendo supostos crimes de abuso sexual cometidos por padres católicos.[25]

A decisão talvez tenha sido um choque para a Purdue, bem-sucedida, havia décadas, em persuadir juízes a manter documentos comprometedores internos sob sigilo. O juiz Polster em Ohio vinha sendo muito mais maleável, então os advogados da empresa recorreram a ele com uma apelação emergencial para que interviesse e evitasse que uma denúncia contra os Sackler viesse a público.[26] "Nós não produzimos esses documentos para a procuradora-geral de Massachusetts", reclamou Mark Cheffo, um dos advogados da Purdue, numa teleconferência com o juiz. A empresa tinha enviado os documentos no contexto do processo federal, mas eles estavam sendo usados numa arena diferente, com regras diferentes.

"Também não estou muito feliz com a procuradora-geral de Massachusetts", resmungou o juiz Polster.[27] Mas ele estava de mãos atadas. Se uma juíza estadual de Massachusetts havia ordenado que a denúncia completa fosse publicada, Polster, como juiz federal de Ohio, não tinha autoridade para desafiar a diretiva. "Não posso controlar o que uma juíza de um tribunal estadual faz", explicou ele.

Michael Cheffo ficou furioso. Ele disse que, se a denúncia fosse a público, eles acordariam na manhã seguinte soterrados de "notícias".

E estava certo. Maura Healey acreditava que, além de ser um mecanismo na busca pela justiça e pela responsabilização, a lei tinha outra função: a busca pela verdade. Durante décadas, a Purdue obscureceu a natureza e a extensão da sua própria culpa ao fazer acordos e solicitar que os registros fossem mantidos sob sigilo. Em comparação, quando o grande processo contra as empresas tabagistas chegou ao fim, os registros não ficaram sob sigilo nem foram destruídos.[28] Ao contrário, foi criado um arquivo contendo catorze milhões de documentos das empresas, e ele se tornou uma fonte indispensável para historiadores, jornalistas e especialistas em saúde pública. Ao incluir em seu caso um grande número de informações sensíveis e inéditas, e então publicá-las para que a denúncia se tornasse pública, Maura Healey estava buscando estabelecer um registro incontestável de como a crise histórica de dependência química tinha surgido.

Em 31 de janeiro, Maura Healey publicou sua denúncia de 274 páginas.[29] Ela alegava que os Sackler citados "fizeram as escolhas que em boa parte provocaram a epidemia de opioides". O documento foi enriquecido com atas de reuniões e apresentações para o conselho diretor e e-mails internos, apresentando um catálogo impressionante de venalidade. No passado, a equipe da Purdue alertara os Sackler de que os documentos internos da empresa um dia poderiam voltar para assombrá-los, e aquele dia chegou.[30] A procuradora-geral de Massachusetts usou os próprios e-mails dos Sackler para definir a cadeia de comando que a família usava para administrar a empresa. (O processo ainda citava, como réus, oito executivos atuais e do passado, além de membros do conselho diretor que não eram da família.) A denúncia ilustrava com riqueza de detalhes a demonização, feita por Richard Sackler, de todos aqueles que tiveram o azar de se viciar no produto fabricado pela Purdue. Reproduzia as trocas nas quais Richard tinha perguntado sobre a possibilidade de vender o OxyContin na Alemanha como um medicamento de balcão e o e-mail no qual expressava sua decepção ("Estou bocejando aqui") ao saber que a Purdue estava vendendo apenas 20 milhões de dólares de OxyContin por semana. A denúncia continha diversos exemplos, muitos dos quais recentes, de como os Sackler expressavam o interesse em persuadir os médicos a aumentar as doses de opioides dos pacientes e manter a medicação por períodos mais longos, apesar do consenso médico, já bastante difundido (e a orientação do CDC), de que fazer isso aumentava o risco de dependência química.

Um dos detalhes mais chocantes na denúncia tinha a ver com o fato de que, tantos anos depois da declaração de culpa na Virgínia, os representantes de vendas da Purdue continuavam a visitar médicos com conduta duvidosa. Um deles, chamado Fathalla Mashali, que administrava uma rede de clínicas em Massachusetts e em Rhode Island, foi descrito pelos representantes de vendas da Purdue como um "ótimo novo alvo". Quando a empresa descobriu que o médico estava sendo investigado pelas autoridades de Rhode Island, instruiu os representantes a continuar fazendo visitas a ele em Massachusetts. Um deles descreveu que o consultório do médico em 2013 ficava tão lotado que os pacientes levavam "as próprias cadeiras dobráveis 'de praia'[31] para se sentar porque a qualquer momento do dia podia haver 35 ou mais pacientes na sala de espera". Mashali acabou perdendo a licença médica e se declarou culpado das 27 acusações de fraude médica, sendo sentenciado a sete anos de prisão.

De 2008 a 2012, a denúncia relatou que o principal prescritor da Purdue em todo o estado de Massachusetts era um médico de North Andover chamado Walter Jacobs.[32] "Ele trabalhava sozinho", observou Maura Healey. "Em geral, apenas três vezes na semana. Ainda assim, em cinco anos, ele prescreveu mais de 347 mil comprimidos de opioides da Purdue." Duzentos mil desses comprimidos eram de OxyContin de 80 miligramas. A Purdue acabou oferecendo a Walter Jacobs um contrato de 50 mil dólares para ministrar palestras. O médico apoiava a missão dos Sackler de manter os pacientes tomando doses altas por períodos longos. Antes de perder a licença médica, a denúncia revelou que Walter Jacobs tinha um paciente que tomava o OxyContin havia dois anos, com uma prescrição de 24 comprimidos de 80 miligramas por *dia*.

"A Purdue se aproveitou do vício para ganhar dinheiro", escreveu Maura Healey. "Para os pacientes, foi um massacre."[33] As pessoas que morreram em Massachusetts "trabalhavam como bombeiros, construtores, carpinteiros, motoristas de caminhão, enfermeiras, cabelereiros, pescadores, garçonetes, estudantes, mecânicos, cozinheiros, eletricistas, ferreiros, assistentes sociais, contadores, artistas, técnicos de laboratório e *bartenders*", informa a denúncia. "O mais velho morreu aos 87 anos. O mais jovem começou a tomar os opioides da Purdue aos dezesseis anos de idade e morreu aos dezoito."

Os Sackler ficaram furiosos com a denúncia de Massachusetts. Até aquele momento, a família era desconhecida do público. Eles até podiam falar abertamente de filantropia, mas nunca concediam entrevistas sobre os negócios, e a Purdue, como empresa privada, sempre fora uma caixa-preta. Mas ali estava a realidade nua e crua, para todos verem. Um advogado do lado de Raymond da família considerou a denúncia de Maura Healey "histriônica".[34] Mary Jo White, que representava o lado de Mortimer, argumentou que as acusações eram "inexatas e enganadoras".[35] Os Sackler criaram seu próprio documento de defesa, o qual criticava duramente a denúncia por ser "prolixa", ridicularizando as "centenas de páginas de detrito legal", apelando para que a juíza arquivasse o caso.[36] A família não tinha *orientado* ninguém a fazer nada, argumentaram os advogados. Além disso, o tribunal de Massachusetts não tinha jurisdição. A empresa pode ter cometido atos que afetaram o estado, mas seus negócios afetaram *todos* os estados. O argumento parecia ser de que a Purdue estava em todos os lugares e, ao mesmo tempo, em lugar nenhum. No tocante à jurisdição de Massachusetts em relação aos Sackler, os advogados argumentaram que aquilo violaria o direito constitucional da família de ter um processo justo.

A família insistia que suas palavras tinham sido tiradas de contexto. No entanto, quando acrescentaram mais contexto, não adiantou muita coisa. Pegando a questão do uso da expressão "avalanche de prescrições" na denúncia, os advogados argumentaram que Richard estava usando a imagem como "uma alusão ao seu atraso na chegada ao evento de lançamento do OxyContin por causa da *conhecida nevasca de 1996*". O itálico foi colocado por eles, como se fizesse alguma diferença. Os advogados também se detiveram num e-mail que Maura Healey usou para ilustrar a tendência de microgerenciamento de Richard.[37] Ela citou uma troca de mensagens entre Richard e um subordinado na qual Richard exigia, num domingo, que o funcionário en-

IMPÉRIO DA DOR   385

viasse para ele algum dado específico naquele mesmo dia. "Trata-se de um e-mail completamente adequado para um diretor", afirmaram os advogados de Richard. Quando o funcionário em questão respondeu para Richard: "Eu já fiz o máximo que pude", não foi porque Richard o exauriu, mas porque o funcionário estava recebendo "visitas". Se esse novo detalhe acrescentava alguma coisa, era apenas a impressão de que Richard era um chefe insensível.

O pedido dos Sackler para arquivamento do caso foi negado.[38] No gabinete da procuradora-geral, num andar alto de um arranha-céu de Boston, Maura Healey foi de sala em sala, com um sorriso enorme estampado no rosto, e abraçou Sandy Alexander, Gillian Feiner, que era a principal promotora do caso, e outros membros da equipe. Maura publicou um vídeo de comemoração no Instagram.[39] Na esteira da denúncia de Massachusetts, a procuradora-geral de Nova York, Letitia James, entrou com seu próprio processo contra a Purdue, no qual também citou membros individuais da diretoria como réus. Letitia James descreveu o OxyContin como a "principal raiz" da crise, observando que os Sackler recebiam da empresa "centenas de milhões de dólares por ano".[40] Seu processo destacava um fator intrigante em particular. De acordo com ela, os Sackler sabiam, desde 2014, que a empresa estava sendo investigada e que acabaria enfrentando julgamentos danosos. Ao compreender que o dia do acerto de contas se aproximava, os Sackler começaram a tirar assiduamente dinheiro da Purdue, sugeria o processo, transferindo os lucros para fora do país, bem longe do alcance das autoridades dos Estados Unidos.

Isso era verdade. Com efeito, desde 2007, uma semana depois da declaração de culpa na Virgínia, Jonathan Sackler enviou um e-mail para Richard e David, observando algo que um banqueiro de investimentos lhe dissera certa vez: "Sua família já é rica. A única coisa que vocês não vão querer é ficar pobres."[41]

"O que vocês acham que está acontecendo em todos esses tribunais agora?", perguntou David Sackler. "Nós somos ricos? Por quanto tempo?" Era só uma questão de tempo, argumentou David, antes de algum processo "chegar à família". Ele sugeriu que deveriam "arrecadar todo o dinheiro que pudessem e tentar gerar alguma renda adicional. Talvez precisassem... Mesmo que tivessem que guardar em espécie". Então, a família começou a tirar sistematicamente cada vez mais dinheiro da empresa. Entre 1997 e a declaração de culpa em 2007, a Purdue distribuiu 126 milhões de dólares em dinheiro para os Sackler. A partir de 2008, a empresa passou a distribuir bilhões. Num e-mail de 2014 para Mortimer, Jonathan reconheceu: "Retiramos uma quantia exorbitante dos negócios."[42] Se os Sackler estavam tirando dinheiro da Purdue e tirando do país porque sabiam que iam acabar respondendo a algum processo que ia "chegar à família", então isso constituía uma forma de fraude, argumentou Letitia James, e ela queria tentar trazer parte desses fundos de volta.

Na McKinsey, os consultores com honorários exorbitantes, que passaram tantos anos ajudando os Sackler a encontrar novas formas de engordar os negócios de opioides, estavam começando a se preocupar. Provavelmente tinha chegado a hora de começarem a pensar em "eliminar todos os documentos e e-mails", escreveu Martin Elling, um dos consultores, para um colega.[43] "Também acho", respondeu Arnab Ghatak.[44]

No mesmo mês que Letitia James entrou com seu processo, o Fundo Sackler na Grã-Bretanha anunciou que suspenderia todo o trabalho de filantropia. No seu depoimento, Dama Theresa culpou a "atenção da imprensa aos processos legais que estavam em curso nos Estados Unidos".[45] O nome da família estava com uma reputação cada vez pior. "Cinco anos antes, a família Sackler era considerada uma das dinastias mais estimadas e generosas de Nova York", observou o jornal *The New York Post*. "Agora não conseguem que nenhum museu aceite o dinheiro deles."[46]

No entanto, não foi só o mundo dos museus que passou a considerar os Sackler tóxicos. A Achievement First, uma rede de escolas públicas independentes que tinha Jonathan Sackler como um de seus principais doadores, anunciou que "decidiu não aceitar mais doações da família Sackler".[47] Um fundo hedge chamado Hildene Capital Management, que já tinha investido com a riqueza da família, disse que não se sentia mais confortável para fazer negócios com os Sackler.[48] Brett Jefferson, o gestor do fundo, revelou que alguém muito próximo da firma tinha sofrido uma "tragédia envolvendo opioides" e afirmou: "Minha consciência me levou a terminar esse relacionamento." Até mesmo o banco da Purdue, o JPMorgan Chase, cortou seus vínculos com a empresa.[49]

Para a maioria dos Sackler, que cresceram com a sensação de que seu nome lhes conferia certo prestígio, se não poder, a rapidez com que se tornaram párias deve ter sido perturbadora. No entanto, esse choque não parece ter ocasionado nenhum exame de consciência mais profundo sobre as ações da empresa e tudo que tinha causado. Numa troca de mensagens por WhatsApp, os herdeiros de Mortimer Sackler discutiam seus problemas puramente sob a perspectiva dos desafios de relações públicas.[50] Dama Theresa reclamava que os "advogados do julgamento fizeram uma campanha para colocar a imprensa contra a família". Marissa Sackler considerou os protestos de Nan Goldin um "golpe". Samantha Sackler discutiu a necessidade urgente de criarem uma "narrativa alternativa". Em nenhum momento, nas mensagens de texto trocadas durante meses, algum Sackler expressou qualquer receio particular ou fez perguntas difíceis sobre o comportamento da família.

As alas de Mortimer e Raymond podiam bater de frente em relação a muitas coisas, mas eles compartilhavam da plena convicção de que não tinham feito nada de errado. "A imprensa está ávida para distorcer e pintar tudo que dizemos ou fazemos como algo maldoso ou grotesco", reclamou Jonathan num e-mail.[51] Para ele, parecia que a empresa tinha sido vítima da cultura de "culpabilização" amplamente em voga nos Estados Unidos. "A 'culpabilização' já resultou em encarceramento em massa e despesas públicas", afirmou ele. Inspirado talvez pelo filme da filha Madeleine, Jonathan via paralelos entre a situação dos encarcerados e o escrutínio de que a família era alvo por causa dos bilhões de dólares que receberam com a venda de opioides. "O direito civil, com toda a sua genialidade, descobriu como posicionar a indústria farmacêutica como o mais novo (e cheio da grana) 'bandido'", escreveu Jonathan. Por que ninguém estava falando do fentanil, que era muito mortal e cujo uso estava aumentando?, perguntou-se ele. Talvez a Purdue devesse criar "um painel de palestrantes" para falar sobre isso. Era importante enfatizar que a empresa era *confiável*, enfatizou.

David Sackler concordava, acreditando que a questão fundamental não era algo que a Purdue ou a família tivessem feito, mas, sim, a *narrativa*. "Não fizemos um bom trabalho no que diz respeito a falar sobre o assunto", dizia ele. "Esse é meu maior arrependimento."[52] David achava que a família tinha uma história convincente para contar. Em vez de terem se acovardado na defensiva, deveriam ter se exposto para contá-la.

Mortimer, por sua vez, parecia acreditar que os Sackler estavam em "guerra".[53] Ele compartilhava da opinião de Jonathan de que parte do problema era o "sistema de direito civil", mas argumentou num e-mail para outros membros da família que, ainda mais fundamentalmente, a prescrição de opioides "NÃO são a CAUSA do uso abusivo de drogas, do vício nem da chamada 'crise de opioides'." Era revelador que, em pleno 2019, Mortimer Sackler ainda estivesse usando aspas para descrever a epidemia. "Também acho que não deveríamos usar o termo 'crise de opioides' nem mesmo 'crise de vício em opioides' nas nossas mensagens", continuou ele. Como alternativa, Mortimer sugeriu que falassem "uso abusivo de drogas e vício".[54] Em particular, os Sackler ainda estavam apegados à antiga noção de que o medicamento não era o problema, mas, sim, os viciados.

Em determinado momento, Mortimer escreveu para o novo consultor-geral da Purdue, Marc Kesselman, com cópia para Mary Jo White e várias outras pessoas, a fim de pedir alguns dados estatísticos que, acreditava, poderiam ajudar na defesa da família.[55] Queria saber se era possível conseguir informações sobre as pessoas que tinham tido overdose, como as vítimas citadas no caso de Massachusetts, para descobrir se elas tinham seguro de vida. Alguém lhe disse que as apólices cobriam "overdose acidental de drogas", mas não suicídios. Isso fez Mortimer pensar, e ele escreveu: "Creio que é justo supor que parte das overdoses talvez tenha sido suicídio."

Mortimer também entrou em contato discretamente com pessoas poderosas de Nova York em busca de apoio. "Vou me encontrar com Michael Bloomberg amanhã", informou aos executivos da Purdue em determinado momento, dizendo que um dos assuntos seria "a narrativa atual *versus* a verdade".[56] A família vinha tentando mudar o foco da discussão para a heroína e o fentanil; talvez Michael Bloomberg pudesse ter alguma ideia. Eles se encontraram no escritório do ex-prefeito, que aconselhou Mortimer por mensagem, dizendo que a família deveria fazer uma lista com dez tópicos de discussão e repeti-los. (Depois da reunião, Mortimer terceirizou o projeto para a equipe de comunicação da Purdue, instruindo-os a propor uma lista para ele revisar.)

Outra pessoa para quem Mortimer pediu conselhos nesse período foi George Soros, o bilionário do mercado financeiro e filantropo, que fora alvo de teorias da conspiração (loucas e, em geral, antissemitas) que o transformaram num poderoso manipulador de massas de todo o mundo. Talvez Soros se identificasse um pouco com as questões que os Sackler estavam enfrentando e oferecesse orientações sobre como navegar naquela tempestade de publicidade negativa. Mortimer apresentou seu caso para alguém da organização de Soros, pedindo para agendar uma conversa com o empresário, mas Soros recusou o pedido.

Em determinado momento, David e Joss decidiram vender o apartamento na 66th Street, em Nova York, e se mudar para a Flórida.[57] "Não sou uma pessoa medrosa", disse Joss, invocando suas credenciais de alpinista. "Se o K2 não me assusta, não vai ser a Flórida que vai surtir esse efeito em mim."[58] (Ela não escalou o K2.) As colunas de fofoca logo alardearam: "Os Sackler estão fugindo de Nova York."[59] O casal comprou uma mansão em Boca Raton por 7,4 milhões de dólares. Àquela altura, o litígio contra os Sackler já era tão abrangente que David e Joss estavam se mudando de Nova York, uma jurisdição que estava processando a família, para o condado de Palm Beach, que também estava processando a família.[60]

Para se ter uma ideia de como as coisas estavam intensas, um homem de Nova Jersey que também se chamava David Sackler entrou com um processo contra vários veículos de imprensa que usaram uma fotografia dele, em vez da do seu homônimo, o David da família Sackler, numa série de artigos sobre a família. Ser confundido com o "outro David Sackler acabou com a minha reputação", dizia o processo, mencionando que esse David Sackler foi obrigado a usar um pseudônimo para reservar uma mesa num restaurante.[61] Com receio de uma associação, a Universidade Purdue, em West Lafayette, em Indiana, emitiu uma nota de imprensa esclarecendo que "nunca teve qualquer ligação com a Purdue Pharma".[62]

A história tomou um caminho sem volta. O apresentador Stephen Colbert fez uma piada sobre os Sackler dizendo que eles corrigiram o juramento de Hipócrates para "nunca (...) causar dano ou mal a alguém, a não ser que isso seja incrivelmente lucrativo".[63] Ele mostrou uma fotografia de Richard, Jonathan, Raymond e Beverly em que eles pareciam "não dar a mínima". John Oliver, o comediante do noticiário satírico *Last Week Tonight*, fez um quadro sobre a família.[64] A invisibilidade de longa data dos Sackler "parece deliberada", refletiu John Oliver, dizendo que Richard nunca concedera entrevistas. No entanto, o litígio estava mostrando "vislumbres da profundidade do envolvimento de Richard". O apresentador ainda mencionou o vazamento do depoimento de Kentucky e levantou uma questão sutil: como só a transcrição vazou, e não o vídeo, era difícil fazer muita coisa para a transmissão no noticiário noturno. Como ilustrar as palavras de uma página?

O programa conseguiu uma solução diabolicamente criativa. John Oliver convidou diversos atores proeminentes para fazer uma leitura dramática do depoimento e das correspondências de Richard. O ator Michael Keaton, com uma expressão séria de indiferença, encenou o momento em que Richard recebeu um artigo que informava que 59 pessoas tinham morrido de overdose num único estado e respondeu: "Até que não é tão ruim." Bryan Cranston, que interpretou o chefão da metanfetamina na série *Breaking Bad*, fez uma leitura do discurso de Richard Sackler no lançamento do OxyContin em Wigwam. Michael K. Williams, que representou Omar Little na série *The Wire*, fez outra leitura, com uma expressão calculada de frieza. E um quarto ator, Richard Kind, apresentou uma versão mais cômica de todas as vezes que Sackler respondeu às perguntas sobre sua empresa e seu próprio comportamento com as palavras "Eu não sei". John Oliver avisou aos espectadores que criara um site, sacklergallery.com, para disponibilizar mais clipes como aquele. Explicou ainda que escolheu esse nome para o endereço do site porque "eles amam ver a porra do nome deles em galerias".

A família ficou sabendo sobre o quadro do *Last Week Tonight* um pouco antes da transmissão. A mulher de Mortimer, Jacqueline, entrou em pânico. Representantes da família sondaram os produtores, dizendo que ela gostaria de se encontrar pessoalmente com John Oliver para se defender. No entanto, o apresentador não costumava fazer reuniões com as pessoas que seriam representadas no programa e recusou a oferta. Jacqueline enviou um e-mail irado para outros membros da família: "Este é o programa favorito do meu filho. Ele assiste toda semana com os amigos. Esta situação está destruindo nosso trabalho, nossas amizades, nossa reputação e nossa capacidade de fazer parte da sociedade. E pior: vai afetar os meus filhos. Como é que meu filho vai começar o Ensino Médio em setembro?"[65]

Assim como o marido e outros membros da família, Jacqueline estava se sentindo perseguida, com raiva por estarem fazendo toda a família sofrer. "Estou farta de ver nossa família sendo usada como saco de pancadas para problemas que já existiam bem antes do OxyContin e vão continuar existindo depois", escreveu ela. "Eu ainda não vi NADA de ilegal nem de imoral que esta companhia tenha feito." Essa difamação era uma "punição" que estava "sendo dada a todo homem, toda mulher e toda criança das gerações passadas, presentes e futuras de toda a família", declarou Jacqueline Sackler. "A vida das crianças está sendo destruída."

Capítulo 28

A FÊNIX

UM DIA, EM AGOSTO DE 2019, David Sackler pegou um avião para Cleveland a fim de representar a família em uma conferência com os muitos advogados envolvidos no processo multidistrital. Ele tinha uma proposta para apresentar. David era atarracado e forte, com o cabelo castanho-escuro, os olhos claros do avô, Raymond, o queixo pronunciado do pai, Richard, e uma barba grisalha. Havia se tornado o principal representante da família diante do processo. David tinha um pouco mais de traquejo social que o pai, mas não tendia a pedir desculpas. Ele estava irritado:[1] com os promotores e com os advogados dos querelantes que processavam a família, com a imprensa, com os museus que vinham rejeitando as doações dos Sackler. Ele achava que a grande generosidade da família tinha de repente se "voltado contra eles".

David acreditava piamente que os Sackler não tinham feito nada de errado, alegando que a ciência evoluíra.[2] A compreensão das pessoas acerca da dependência química mudara. Era um assunto complexo. A indústria farmacêutica era muito *complexa*. A FDA aprovou tudo que os Sackler fizeram. Além disso, todos os concorrentes fizeram a mesma coisa. David achava que a família deveria ter sido mais direta ao contar a própria história. De fato, ele mesmo concedeu uma entrevista para Bethany McLean, uma jornalista experiente que cobria o mercado financeiro para a *Vanity Fair*.[3] Aquela foi a primeira vez, em seis décadas desde a aquisição da Purdue pelos Sackler, que um membro da família concedeu uma entrevista substancial para falar sobre os negócios. David desabafou a respeito do "rancor hiperbólico" e do "castigo infinito" que a família vinha sofrendo. "Eu tenho três filhos pequenos", disse ele. "Meu filho de quatro anos chegou da escola e me perguntou: 'Por que meus amiguinhos estão dizendo que nossa família mata gente?'"

David apresentou todos os argumentos da família. Os processos tinham como premissa a noção de que os Sackler administravam a Purdue, e isso "simplesmente não era verdade". No entanto, os próprios consultores da McKinsey que trabalhavam para a Purdue chegaram à conclusão, mesmo que não de forma pública, de que os Sackler estavam "envolvidos em todos os tipos de decisão com uma regularidade semanal".[4] Porém, David alegava que, quando era membro do conselho diretor, de 2012 a 2018, fazia pouco mais do que votar com base nas "informações que recebia". Não era como se a família fosse a *mandachuva*. "Não causamos a crise", disse ele de forma categórica. Na verdade, o maior erro que estava disposto a admitir foi o fracasso dos Sackler em corrigir a narrativa errônea de que eles *eram* a causa. Ele explicou que sua fala era parte de uma campanha para "começar a fazer com que as pessoas os vissem como uma família normal".

No entanto, a entrevista não teve o resultado que David esperava. Bethany McLean era uma excelente jornalista que, ainda como jovem repórter da revista *Fortune*, em sua primeira grande reportagem lançou dúvidas sobre a Enron e depois acompanhou o colapso da empresa.[5] Não era o tipo de jornalista que simplesmente aceitaria a palavra de David. Na reportagem, ela analisou cada argumento dele, levando-o a sério, considerando o que dissera e depois mostrando por que estava errado. Não havia nenhum consenso científico que sustentasse a ideia de que menos de 1% dos pacientes se viciava em opioides, como David sugeria. Ao apontar que a própria FDA tinha aprovado as decisões da Purdue, ele ignorava em que medida a agência havia sido comprometida pelas grandes farmacêuticas em geral e pela Purdue em particular. Quando ela perguntou sobre os processos contra a empresa, David o desconsiderou com um gesto evasivo, sugerindo que as queixas se resumiam a "Ah, vocês não deveriam ter comercializado esse produto", e então ele respondeu, sem paciência: "Creio que esse é um debate que deveria ter acontecido no passado."

Àquela altura, praticamente todos os estados do país estavam processando a Purdue.[6] Vinte e quatro estados tinham se juntado a Massachusetts e Nova York para processar os Sackler pessoalmente. E havia ainda milhares de outros casos abertos por cidades, condados, hospitais, distritos escolares e populações indígenas. Quando a Califórnia abriu um processo no verão, o procurador-geral citou o pai de David, dizendo que Richard tinha "começado o incêndio".[7] No início daquele ano, Richard prestou mais um depoimento para um novo grupo de advogados em Stamford.[8] Embora estivesse envelhecido e tivesse perdido parte do vigor, não parecia ter abrandado sua visão das coisas. Quando lhe perguntaram se ele deveria ter sentido a necessidade de contar com algum embasamento científico antes de disponibilizar um narcótico no mercado e alegar que era menos suscetível ao uso abusivo, ele respondeu com um monólogo fragmentado que poderia ter sido escrito por David Mamet: "Creio que, em retrospecto... para cada infortúnio na vida, você poderia perguntar, se soubesse o que aconteceria: você faria alguma coisa para evitar aquilo? A resposta é: claro. Mas nós não esperávamos que algo assim fosse acontecer."

Quando perguntaram se a empresa tinha conduzido estudos sobre o risco de vício ou uso abusivo antes de comercializar o OxyContin como um medicamento menos viciante e menos sujeito ao uso abusivo, Richard parou para pensar: "Pensando depois de tanto tempo, talvez tivesse sido uma boa ideia fazer isso. Talvez tivéssemos evitado alguns... infortúnios. Mas isso não passa de especulação. Eu não sei."[9]

No mesmo mês do depoimento de Richard, a Purdue fez um acordo com um dos estados, concordando em pagar 270 milhões de dólares para Oklahoma, sendo que a maior parte do dinheiro financiaria um centro de estudos sobre o vício e o tratamento.[10] É provável que os Sackler tenham sentido que não havia escolha: a data do julgamento já tinha sido definida, e a intenção era a de que o julgamento fosse televisionado, repleto de depoimentos que seriam horríveis para a imagem da Purdue. Além disso, o júri é sempre imprevisível, sendo conhecido por dar penas pesadas em casos em que os querelantes sejam empáticos e corporações ricas sejam os réus. Ainda assim, os Sackler foram enfáticos ao declarar que o acordo com Oklahoma não era um "modelo financeiro viável para futuros acordos".

"Estamos falando de dois mil casos. Quanto tempo isso vai demorar para passar pelo sistema?", disse Mary Jo White. A família não queria lidar com esses casos individualmente — nem de forma nenhuma, na verdade. Por quase 25 anos, os Sackler tinham sido bem-sucedidos em manter os casos *fora* dos tribunais. O que o clã queria era algo que Mary Jo descreveu como uma "solução global".[11] A Purdue estava prestes a enfrentar outro processo, dessa vez em Ohio, no início de outubro, a não ser que conseguissem um acordo.[12]

Então, David Sackler foi o escolhido para ir até Cleveland e fazer uma oferta em nome da família.[13] Por volta de dez procuradores-gerais estavam presentes na reunião que ocorreu num tribunal federal no centro da cidade. David e seu time de advogados apresentaram a proposta. Cada estado trouxe seus próprios advogados separadamente, mas o que os Sackler propunham era uma solução geral que abarcaria todos os querelantes de todos os processos. O conceito que David e sua equipe delinearam foi o de que os Sackler abririam mão do controle da Purdue e a transformariam num fundo beneficente público.[14] Além disso, a família doaria uma grande quantidade de dinheiro para lidar com a crise dos opioides. Em troca, ganharia imunidade contra "toda e qualquer responsabilidade federal" relacionada com o OxyContin. Era uma grande negociação, um único pacto que resolveria todos os casos de uma só vez, dando aos Sackler a paz de espírito de saber que não passariam o resto da vida enfrentando processos. Assim que a oferta foi feita, os termos vazaram para a imprensa. Uma onda de manchetes anunciou: "Purdue Pharma oferece entre 10 e 12 bilhões como acordo para todos os casos envolvendo opioides."

Aquela era uma proposta genuinamente significativa, bem diferente de qualquer quantia que ofereceram no passado. Talvez não bastasse como resposta à epidemia de opioides, longe disso, mas representaria uma boa garfada na riqueza dos Sackler. A oferta parecia, num primeiro momento, sinalizar uma grande vitória para Maura Healey em Massachusetts e Letitia James em Nova York, assim como para o advogado Mike Moore e todos os querelantes e seus respectivos advogados. No entanto, outras especificidades da proposta de Cleveland vieram à tona, e a negociação dos Sackler acabou sendo percebida como mais complexa e consideravelmente menos espetacular. O plano era que a Purdue declarasse falência e, então, fosse convertida num "fundo beneficente público". De acordo com os advogados da Purdue, esse fundo incluiria mais de 4 bilhões de dólares em novos medicamentos para tratar o vício e reverter episódios de overdose, quantia que seria oferecida como uma doação em espécie.[15] A esse valor seria seriam somados mais 3 ou 4 bilhões de dólares em vendas de medicamentos pela versão da Purdue que surgiria depois da falência como um fundo público. Então, a contribuição pessoal dos Sackler não seria de 10 bilhões de dólares (muito menos de 12 bilhões), mas, sim, de 3 bilhões.[16] Mesmo assim, esse dinheiro não sairia do bolso deles. Os Sackler sugeriram que a contribuição fosse financiada pela venda da Mundipharma, a farmacêutica de atuação global que continuava a formar novos mercados para os opioides no exterior. Como concessão, os Sackler indicaram que *talvez* estivessem dispostos a incluir mais 1,5 bilhão de dólares, aumentando a contribuição total para 4,5 bilhões de dólares. Mas só se vendessem a Mundipharma por mais de 3 bilhões. Havia também uma notável cláusula não monetária: sob os termos da negociação que David Sackler apresentou, a família não faria nenhuma admissão de culpa por qualquer delito cometido.

A cobertura inicial da imprensa apresentou a proposta como se fosse uma rendição incondicional. Para Maura Healey e seus advogados, porém, o acordo parecia profundamente problemático. "É uma piada", declarou Gillian Feiner, a principal promotora de Maura Healey, argumentando que a premissa de toda a proposta eram grandes contingências.[17] E parecia significativo que os Sackler, expostos como o protótipo de predador ganancioso, continuassem incapazes de contribuir com o dinheiro do próprio bolso além do que poderiam gerar com a venda da Mundipharma. (Para fins de comparação, só entre 2008 e 2016 a família retirou da empresa 4,3 bilhões de dólares referentes aos lucros obtidos com a venda do OxyContin.)[18] Além disso, num nível mais simbólico, Gillian Feiner ficou surpresa pelo fato de que, numa controvérsia jurídica sobre como a venda exagerada do remédio tinha sido destrutiva, um dos principais pontos da proposta de David Sackler era que, depois que a empresa fosse transformada em fundo beneficente, os querelantes continuariam ganhando dinheiro para lidar com a crise de opioides, dando continuidade aos negócios da Purdue, ou seja, continuando a vender o medicamento que tinha dado início a toda aquela crise. Isso criaria um incentivo perverso para que os estados, ao herdar a empresa, se vissem comercializando opioides. "Essa seria a grande vitória para os Sackler",[19] comentou Sandy Alexander, colega da promotora. "Se os estados ocuparem o lugar deles e começarem a vender os mesmos medicamentos para os mesmos pacientes por meio dos mesmos médicos, e as pessoas continuarem morrendo no mesmo ritmo, os Sackler vão usar isso para se exonerar da culpa de forma bastante convincente."

Letitia James, a procuradora-geral de Nova York, não mediu palavras para se referir à proposta de David como "um insulto, pura e simplesmente".[20] Para Maura Healey, parecia altamente significativo que a proposta não envolvesse nenhuma admissão de culpa.[21] Aquilo permitiria que os Sackler comprassem o silêncio, exatamente como sempre fizeram no passado. "É fundamental que tudo que essa empresa e seus executivos e diretores fizeram venha à tona e que eles peçam desculpas por todos os danos que causaram e que isso mostre que ninguém pode desrespeitar a lei e ficar impune", declarou Maura Healey. Em determinando momento durante as negociações em Cleveland, ela e sua subprocuradora, Joanna Lydgate, cruzaram com David Sackler e seu séquito a caminho do elevador.[22] Ele se apresentou e disse:

— Estou muito feliz por vocês terem vindo.

Maura Healey notou nele certa arrogância, como se estivesse acostumado a impor respeito.

— Bem, David, sua família fez mal a muita gente — disse Maura sem papas na língua.

Então, ela e Lydgate entraram no elevador sem apertar a mão dele.

Alguns negociadores fizeram uma contraproposta aos Sackler, sugerindo que eles comprometessem uma parte maior de sua fortuna pessoal.[23] Queriam que a família concordasse em adiantar mais 1,5 bilhão de dólares, em vez de submeter a quantia à expectativa de vender a Mundipharma por um valor maior. Mas os Sackler não cederam.[24] "Quase todos os estados aceitariam a negociação se a família Sackler garantisse 100% do valor", disse o procurador-geral da Carolina do Norte, Josh Stein, que negociou com a família.[25] No entanto, a posição dos Sackler era a de "pegar ou largar".

Tal resistência deixou os negociadores do lado dos querelantes, todos enojados. "Acho que eles são bilionários hipócritas que mentiram e enganaram só para lucrar com isso", disse o procurador-geral da Pensilvânia, Josh Shapiro. "Eu realmente acredito que a mão deles está suja de sangue."[26]

O juiz Poster, que presidia as negociações, indicou que queria incluir pelo menos 35 estados no acordo. A não ser que convencessem as partes a assinar, os Sackler seriam obrigados a enfrentar um julgamento em Ohio no outono. No entanto, a família ainda tinha uma carta na manga. Como a Purdue nunca apresentou nenhum outro produto de sucesso depois do OxyContin, e como a empresa vinha gastando fortunas para pagar honorários advocatícios astronômicos, e como os Sackler vinham *tirando* dinheiro da empresa em toda e qualquer oportunidade, os cofres da Purdue Pharma estavam praticamente vazios.[27] Tendo faturado praticamente 35 bilhões de dólares com as vendas de OxyContin no decorrer de duas décadas, a empresa talvez estivesse, de acordo com relatos da imprensa, com pouco mais de 500 milhões de dólares em caixa. No dia 19 de agosto, a Purdue enviou uma carta para antigos representantes de vendas informando que a empresa talvez não conseguisse arcar com sua aposentadoria.[28]

Os Sackler deram indicações de que, se os estados não aceitassem a oferta generosa, a Purdue simplesmente entraria com pedido de falência sem fechar o acordo.[29] Fazer isso daria à família uma vantagem: depois que uma empresa entra com pedido de falência, o juiz que preside o caso costuma congelar todos os processos contra a empresa para que ela se reestruture. Os Sackler não queriam que a empresa fosse a julgamento em outubro. Se a proposta de acordo não mantivesse a empresa fora dos tribunais, o pedido de falência faria isso. E, se a Purdue fosse à falência, isso deixaria praticamente todos os estados e outras entidades que processaram a empresa sem nenhuma outra escolha a não ser brigar pelos bens que sobrassem no tribunal de falência. Peguem o dinheiro logo, avisou Mary Jo White, ou a alternativa será "pague honorários advocatícios por anos e anos pela frente".[30]

Tratava-se de uma ameaça em luva de pelica. Ao incitar os querelantes a assinar a proposta de Cleveland, os advogados da Purdue disseram que o valor total que esperavam recuperar num procedimento de falência (e, de alguma forma, dividi-lo) poderia ser mais ou menos 1 bilhão de dólares.[31] É verdade que a Purdue não valia muito mais que isso. Os Sackler conseguiram estender a patente de exclusividade do OxyContin diversas vezes desde 1996, muito mais do que qualquer pessoa pensava ser possível. No entanto, o despenhadeiro estava finalmente se aproximando: as patentes da nova fórmula de OxyContin logo expirariam. "A festa acabou", disse um ex-executivo da Purdue. "A declaração pública é: 'Tudo bem, sociedade, vocês venceram.' Mas, para mim, chega a parecer que esse era o plano o tempo todo."

No dia 8 de setembro, foram publicadas reportagens indicando que o diálogo entre os dois lados tinha terminado.[32] A família se recusava a ter que pagar mais, e muitos dos promotores estaduais eram contra a proposta. Os Sackler rejeitaram duas ofertas alternativas dos estados, por conta da forma como os pagamentos seriam feitos, e depois se recusaram a apresentar outras contrapropostas. "Como resultado, as negociações chegaram a um impasse, e esperamos que a Purdue entre com um pedido de falência em breve", disseram os negociadores dos querelantes.

No dia seguinte, enquanto as pessoas que acompanhavam o caso esperavam para ver se a Purdue realmente declararia falência, Joss Sackler chegou ao Hotel Bowery, na parte baixa de Manhattan, para o desfile de primavera da coleção de 2020 da sua marca, a LBV. Era a Fashion Week de Nova York, e Joss estava animada para apresentar a nova coleção. Tinha contratado Elizabeth Kennedy, uma estilista que já trabalhara para Isaac Mizrahi e outras marcas famosas. As duas mulheres se conheceram num dos eventos de degustação de vinho promovidos por Joss, e Elizabeth assinou a coleção dizendo: "Joss e eu estamos tentando criar algo inovador e moderno." Elizabeth não via o menor problema em aceitar o dinheiro de Joss, explicando que a marca "não tinha nada a ver" com o OxyContin.[33] Joss chegou ao Bowery com um vestido vermelho sem manga, acompanhada por dois seguranças. Mesmo que seu marido estivesse envolvido nos trâmites jurídicos delicados de tentar fazer 35 estados assinarem a proposta de acordo dos Sackler. Embora ele tentasse adotar uma nova postura de compaixão melancólica em público (os Sackler sentiam empatia, insistiu ele na entrevista para a *Vanity Fair*, "muita empatia"),[34] Joss não permitiria que nada daquilo interferisse no seu momento. Os convites para o desfile, amplamente distribuídos entre a mídia e os influenciadores de moda, descreviam Joss Sackler como a "'fênix' destemida".[35] Ela não participou da entrevista para a *Vanity Fair*; os negociantes da empresa talvez temessem que ela dissesse algo imprudente. Mesmo assim, Joss deu um jeito de aparecer de perfil na fotografia que acompanhava a reportagem, como uma estátua ao lado do seu homem, enquanto ele encarava a câmera. Joss publicou a foto no Instagram e escreveu: "Palavras potentes do meu marido."[36]

Antes do desfile, o site *Page Six* publicou: "Fashionistas 'planejam faltar' ao desfile de Joss Sackler na Fashion Week de Nova York."[37] No entanto, Joss e sua equipe (sim, ela tinha uma equipe) estavam tentando convencer as pessoas a irem, oferecendo serviço de chofer gratuito, além de cabeleireiro e maquiador para diversas jovens personalidades do mundo da moda, algumas das quais nunca nem tinham ouvido falar da controvérsia dos Sackler, muito menos de Joss. Nesse tipo de evento, não era incomum que estilistas procurassem pessoas famosas para se sentarem na primeira fila, gerando publicidade e uma aprovação implícita. Uma das celebridades que Joss queria levar para o desfile era a cantora polêmica e ícone dos tabloides Courtney Love. A equipe de Joss enviou um convite para a cantora, dizendo que Joss e Elizabeth Kennedy eram "grandes fãs" dela e que Courtney personificava o tipo de mulher "forte e destemida" na qual a LBV se inspirava.[38] Como incentivo, ofereceram à cantora 100 mil dólares e um vestido "personalizado de 'fênix' da LBV bordado com fios de ouro de 24 quilates".

Courtney Love estava acostumada àquele tipo de convite, e 100 mil dólares parecia uma quantia razoável para assistir a um desfile de vinte minutos. No entanto, quando a cantora descobriu quem Joss Sackler era, ficou chocada. Num e-mail, os representantes da estilista enfatizaram que a "marca não tinha nenhuma relação com a Purdue... além do fato de Joss ser casada com um membro da família".[39] Mas aquilo parecia uma relação e tanto! O mais estranho do convite feito por Joss Sackler (entre tantas pessoas) a Courtney Love (entre tantas pessoas) foi o fato de a própria cantora ser conhecida por ter uma relação mais do que acidental com os opioides. Kurt Cobain, seu falecido marido e pai da sua filha, foi viciado em heroína e se matou em 1994. A própria Courtney lutou contra o vício não só em heroína, mas também em OxyContin. Era ironia demais até para a imaginação.

Assim como, ao sair da clínica de reabilitação, Nan Goldin expressou toda a sua raiva contra a família cujo medicamento a colocara lá, Courtney Love se manifestou: "Entre as pessoas que se livraram do vício em drogas, eu sou uma das mais famosas do planeta", disse ela para o *Page Six*, que era uma publicação inimiga de Joss. "De onde Joss Sackler tirou que eu poderia dizer: 'Vou me vender para você?'" Ela debochou do clube de vinhos da magnata (com seu "braço filantrópico") e ridicularizou sua marca de moda. "Esse convite é descarado e ofensivo, depois de tudo que eu, muitos amigos e milhões de outros viciados passamos com o OxyContin", proclamou. "Estou sóbria agora, mas serei sempre viciada em opioides." No final, Courtney disse que nenhum "fio de ouro de 24 quilates" poderia limpar a mancha moral que encobria a família Sackler.[40]

Courtney Love não estava presente quando a música começou a tocar e as modelos, equilibrando-se em saltos precários, tomaram a passarela improvisada no terraço do Bowery. David Sackler também não. No entanto, muitos amigos e apoiadores de Joss compareceram, e, quando os repórteres questionaram os convidados sobre a controvérsia, eles descreveram os negócios de Joss usando uma linguagem de empoderamento feminino. "É injusto", disse uma das pessoas presentes ao *Daily Beast*. "Ela é dona do próprio nariz e as pessoas deveriam conferir a coleção antes de abrir a boca. Ela só é vista como a esposa daquele homem, mas administra um negócio incrível."[41] Essa também era a opinião de Joss. No Instagram, ela trocou farpas com Courtney Love e citou a letra de uma das músicas da própria cantora: "Vai com calma @courtneylove. Eu não trabalho nem nunca trabalhei para a Purdue. Não foi você que disse que nós não somos as pessoas com quem transamos? '*we are not who we fuck*'?"[42] Quando o desfile acabou, Joss estava radiante, em triunfo, ladeada pelos seguranças.[43] "Foi um sucesso", disse ela.

Seis dias depois, a Purdue Pharma entrou com o pedido de falência.[44] Uma peculiaridade da lei de falência dos Estados Unidos é que uma corporação pode até escolher o juiz que vai assumir o caso.[45] Em março, seis meses antes de entrar com o pedido de falência, a Purdue pagou uma taxa de 30 dólares para mudar o endereço que respondia aos processos, designando um prédio comercial desconhecido em White Plains, Nova York.[46] Em White Plains, há um tribunal federal cuja vara de falências tinha um único juiz, chamado Robert Drain.[47] Antes de ser nomeado para o cargo, em 2002, ele trabalhou como sócio na firma de direito corporativo Paul, Weiss. A empresa foi cuidadosa ao escolher Robert Drain. Ele poderia exercer um enorme controle sobre o que aconteceria com os Sackler e a Purdue.

A primeira coisa que se esperava que o juiz fizesse, como de costume em qualquer pedido de falência, era congelar todos os processos contra a empresa, até a resolução dos procedimentos. A empresa, então, seria poupada de uma sequência de julgamentos que estavam prestes a começar em Ohio.

Mas, numa coletiva de imprensa organizada às pressas em Boston, Maura Healey incitou o povo a se perguntar como precisamente uma empresa tão poderosa poderia se encontrar à beira da falência. "Os Sackler fizeram um ótimo trabalho em sugar a vida da Purdue. Ano após ano, mês após mês, drenando centenas de milhões de dólares", disse ela. Tudo que sobrou, resumiu a procuradora-geral, foi "basicamente a carcaça".[48]

Maura Healey não fez o menor esforço para esconder a indignação que sentia ao pensar que os Sackler tinham deixado a própria empresa ir à falência, por não ser mais útil para eles, e levado os bilhões que tiraram dela. Os advogados dos Sackler enfatizaram que a proposta deles quanto ao acordo global ainda estava valendo, mas Maura Healey estava cética em relação às garantias e a todo o bem que a família faria se os estados aceitassem o plano. "Eles tiveram várias oportunidades para fazer algo construtivo, mas continuaram nos enfrentando a cada passo do caminho", disse ela. Os membros da família ainda estavam "pensando na imagem da marca", debochou. No entanto, aquele gerenciamento cuidadoso de imagem em que a família se especializou não era mais viável. Nós sabemos quem os Sackler são", concluiu a procuradora-geral.

Ela estava se esforçando para manter a coalizão dos estados contra a proposta da família.[49] A questão era que, embora vários procuradores-gerais achassem a proposta ofensivamente baixa diante da fortuna e da magnitude da culpa que os Sackler carregavam, ainda se tratava de uma quantia considerável de dinheiro. Muitos estados, em dificuldades por causa da epidemia e precisando desesperadamente de recursos, estavam tentados a aceitar o que conseguissem.[50] "Acho que é o melhor acordo que podemos obter", disse Dave Yost, procurador-geral de Ohio. O do Tennessee, Herbt Slatery, concordou, dizendo que o plano "asseguraria bilhões de dólares" em resposta à epidemia e "resultaria na renúncia dos interesses da família Sackler na indústria farmacêutica para sempre".

Curiosamente, surgiu uma divisão partidária entre os promotores públicos.[51] Os procuradores-gerais dos estados republicanos estavam mais inclinados a aceitar a proposta dos Sackler, ao passo que os democratas queriam mais. Alguns especularam que isso tinha a ver com o quanto os estados republicanos precisavam de fundos emergenciais ou com as diferentes culturas políticas. Os republicanos tendiam mais a acomodar os interesses corporativos, ao passo que os democratas eram mais zelosos na redistribuição de renda. No entanto, outro fato pode ter se desenrolado por trás dos panos, uma vez que os Sackler estavam ativamente angariando mais votos. Muito antes, a família já tinha aprendido a usar a influência política e valorizar solucionadores com boas conexões. Em 2006, quando precisaram acabar com a ameaça de uma acusação criminal, eles usaram o experiente promotor federal Rudy Giuliani. Já em 2019, diante de um grupo de procuradores-gerais, colocaram outro solucionador na folha de pagamentos: um ex-senador do Alabama chamado Luther Strange, que já tinha sido procurador-geral. Até 2017, Strange presidiu um grupo nacional chamado Associação de Procuradores-Gerais Republicanos (RAGA, na sigla em inglês). A Purdue já tinha feito doações generosas para o grupo, assim como para sua contraparte democrata, doando para ambas as organizações um total de 800 mil dólares entre 2014 e 2018.[52] Notavelmente, a empresa continuou contribuindo para ambos os grupos, mesmo depois de declarar falência e de praticamente todos os procuradores-gerais, democratas ou republicanos, os processarem.[53] No verão de 2019, Luther Strange participou de uma reunião do RAGA na Virgínia Ocidental como emissário dos Sackler e fez lobby junto aos procuradores-gerais republicanos que estavam presentes na ocasião.[54]

Para complicar ainda mais, os advogados dos querelantes, como Mike Moore, que entraram com processos contra a Purdue em nome dos governos locais e que serviram como aliados importantes para aqueles que queriam responsabilizar os Sackler também pareciam inclinados a aceitar o acordo. Esses advogados trabalhavam com base em contingência e receberiam um terço de qualquer acordo a que chegassem, o que significava que tinham incentivos próprios para aceitar um desfecho multimilionário, em vez de tentar conseguir mais dinheiro e acabar sem nada. Eles também consideravam o caso da Purdue mais uma peça de um quebra-cabeças ainda maior que envolvia fabricantes de medicamentos, distribuidores e farmácias. Alguns dos advogados envolvidos na falência desconfiavam de que o próprio Mike Moore teria desempenhado algum papel por baixo dos panos na concepção da proposta que os Sackler apresentaram em Cleveland. Seria um compromisso no qual todos os estados receberiam os fundos de que precisavam para lidar com a crise, os Sackler conseguiriam um desfecho suportável para eles e os advogados dos querelantes receberiam centenas de milhares de dólares em honorários. Essas suspeitas se confirmaram: Mike Moore reconheceu, numa entrevista subsequente, que tinha trabalhado com outro advogado dos querelantes, chamado Drake Martin, para "montar aquela proposta" para a Purdue.[55]

Para os promotores democratas, uma das principais questões era que a Purdue até podia se lamentar por estar na miséria, mas a família Sackler continuava sendo uma das mais ricas do país.[56] "Quando uma campanha ilegal de marketing provoca uma crise nacional, não se pode ficar com quase todo o dinheiro", escreveu a coalizão dos estados que não aceitaram a proposta dos Sackler, porque a oferta "não corresponde ao que eles devem".[57]

Essa era a premissa do processo de Nova York: a família tinha saqueado a própria empresa. E, mesmo enquanto o processo de falência corria, Letitia James ainda queria obter mais informações detalhadas sobre a finança deles. A fortuna dos Sackler estava dispersa por uma vasta rede global composta por centenas de empresas de fachada, fundos e sociedades de responsabilidade limitada, muitos dos quais em paraísos fiscais cuja jurisdição era regida por poderosas leis de sigilo bancário.[58] A estrutura dos negócios financeiros parecia deliberadamente obscura, com uma quantidade infinita de entidades jurídicas anônimas, todas organizadas como bonecas russas. Em agosto, Letitia intimou 33 instituições financeiras e consultorias de investimentos que tinham laços com a família.[59] Ela apostava na teoria legal de "condução fraudulenta", argumentando que a família tinha escondido o dinheiro para se esquivar de potenciais credores. As intimações foram entregues não só a grandes instituições como Citibank, Goldman Sachs e HSBC, mas também a empresas menores que tinham elos com a família e registro em paraísos fiscais no exterior, como as ilhas Virgens e a ilha de Jersey.

Os Sackler resistiram às intimações, sugerindo que eram uma forma de "assédio".[60] Um porta-voz de Mortimer emitiu uma declaração descrevendo esse recurso como uma "tentativa cínica e hostil do gabinete da procuradoria-geral de gerar manchetes difamatórias". Mas o juiz aprovou as intimações, e, em questão de semanas, Letitia James já tinha informações reveladoras. A resposta de uma única instituição financeira permitiu que seu gabinete localizasse cerca de 1 bilhão de dólares em transferências feitas pelos Sackler, incluindo fundos que o próprio Mortimer tinha mandado para contas bancárias na Suíça.

Quando o juiz Drain congelou todos os processos contra a Purdue, Maura Healey achou que ela, Letitia James e outros promotores poderiam continuar com seus casos contra os Sackler, uma vez que a *família* não tinha entrado com um pedido de falência. Os Sackler "tiraram quase todo o dinheiro da Purdue e levaram a carcaça da empresa a entrar com o pedido de falência", disse Josh Stein, procurador-geral da Carolina do Norte.[61] "Multibilionários são tudo, menos falidos." No entanto, em 18 de setembro, a Purdue entrou com uma apelação especial para o juiz Drain.[62] Depois de manter, por décadas, a alegação de que a família e a Purdue eram entidades separadas, os advogados passaram a argumentar que os Sackler estavam "intrinsecamente envolvidos" em qualquer processo contra a empresa. A equipe legal sugeriu que por ora eles estavam dispostos a cumprir sua parte no acordo proposto em Cleveland. No entanto, se o juiz Drain permitisse que os procedimentos legais contra a família prosseguissem, os Sackler talvez fossem forçados a reconsiderar e não mais "concordar" em pagar nem mesmo os 3 bilhões de dólares oferecidos no acordo.

Não foi apenas a ameaça implícita que enfureceu Maura Healey, mas também o fato de os Sackler estarem jogando com os procuradores: a família jogava a responsabilidade na Purdue quando lhe convinha e se distanciava dela quando não convinha. Eles não queriam nenhuma das responsabilidades inerentes de ser proprietário de uma empresa e fazer parte do conselho diretor, mas queriam desfrutar de todas as proteções. Uma coisa seria pedir proteção contra o litígio se a fortuna pessoal dos réus estivesse em questão nos procedimentos de falência, mas eles *não estavam declarando falência!* O que a família estava fazendo era brincar com as leis de falência no esforço de "evitar que fossem responsabilizados individualmente", escreveram Maura Healey e outros procuradores-gerais em sua defesa para o tribunal.[63] "Os Sackler querem que o tribunal de falências paralise todos os processos contra eles para que possam manter no bolso bilhões de dólares de lucros do OxyContin e se safar sem serem sequer minimamente responsabilizados", disse Maura Healey. "Isso é inaceitável."[64]

Havia, na lei de falência, alguns precedentes desse tipo de manobra. Em 1985, uma farmacêutica da Virgínia, a A. H. Robins Company, entrou com um pedido de falência.[65] A empresa fabricava um dispositivo contraceptivo intrauterino chamado Dalkon Shield,[66] que se provou muito perigoso, pois causava diversos tipos de ferimentos e levava inclusive à morte, o que incitou milhares de processos em busca de uma compensação estimada em centenas de milhares de dólares. Assim como a Purdue, a A. H. Robins era uma empresa familiar, e os membros da família Robin foram acusados de saber sobre os riscos e ocultar tais evidências. Esse clã também era conhecido pela filantropia: na Universidade de Richmond, tanto o centro desportivo quanto a faculdade de administração levavam o nome da família. Embora se acumulassem as evidências de que o dispositivo era prejudicial, a empresa continuou sustentando que ele era seguro e eficaz "quando usado de forma correta".[67] (Confrontados com relatos de que o Dalkon Shield causava infecções uterinas, os advogados da família tentaram questionar as declarações das mulheres que sofreram tais efeitos, sugerindo que o problema não estava no dispositivo, mas nos "hábitos de higiene" e na "promiscuidade".)[68] Quando a empresa dos Robin entrou com um pedido de falência, a família não fez o mesmo. Ainda assim, o tribunal de falências concordou em paralisar todos os processos, não apenas contra a empresa, mas também contra a família.[69] Em Massachusetts, Sandy Alexander, o advogado que trabalhava para Maura Healey, descobriu um livro esgotado sobre o caso Dalkon Shield. Ele comprou dez exemplares usados e os distribuiu entre os colegas como uma indicação do precedente que seriam obrigados a combater em White Plains. O título do livro era *Bending the Law* ("Dobrando a lei", em tradução livre).

No entanto, o próprio juiz Drain já tinha lidado com essa questão pelo menos uma vez antes. Num caso de falência em 2014, ele deu uma autorização similar a terceiros que não declararam falência pessoalmente.[70] Era tentador se perguntar se a receptividade de Drain ao conceito não foi parte do motivo por que a Purdue o escolhera como juiz. Numa petição, a ala de Raymond da família sugeriu que, se Drain aceitasse paralisar todos os processos contra os Sackler, talvez desse à família um pouco de "espaço" para finalizar o acordo com os estados.[71] Numa audiência, um dos advogados da família disse: "Um processo contra os Sackler *é* um processo contra a Purdue."[72]

Em 11 de outubro de 2019, o juiz Drain decidiu a favor dos Sackler. Ele reconhecia ser um passo "extraordinário", mas acreditava ser o correto.[73] Os advogados debateram a questão por horas, durante as quais Drain deu sinais claros de impaciência com os advogados de oposição. Ele garantiu aos Sackler um adiamento temporário, com a possibilidade de extensão. Numa declaração, a Purdue comemorou a decisão, sugerindo que era "em benefício do povo norte-americano".[74]

Capítulo 29

RETIRANDO O NOME

DOIS MESES DEPOIS QUE A PURDUE PHARMA declarou falência, em novembro de 2019, uma equipe de economistas lançou um estudo interessante: "Overdoses envolvendo opioides cresceram drasticamente desde meados da década de 1990, levando à pior epidemia de overdoses por medicamentos na história dos Estados Unidos."[1] No entanto, existem "evidências empíricas limitadas sobre as causas". Mas o que eles queriam descobrir, com rigor acadêmico, era de que forma aquela crise realmente tinha começado.[2] Havia teorias diferentes sobre o evento catalisador. Em geral, as pessoas concordavam que a mudança na cultura de prescrições médicas dos Estados Unidos fora um fator importante, mas era difícil identificar o que a ocasionara. Em anos recentes, alguns analistas começaram a sugerir que a crise de opioides é, na verdade, sintoma de um problema social e econômico mais profundo, e que o suicídio e as mortes relacionadas a bebidas alcoólicas, também em ascensão, são fatalidades que devem ser compreendidas como parte de uma categoria mais ampla de "mortes por desespero".[3]

No entanto, os economistas Abby Alpert, da Wharton School, William Evans e Ethan Liebe, da Universidade de Notre Dame, e David Powell, da Rand, estavam interessados especificamente no papel da Purdue Pharma. Muitos especialistas em saúde pública, jornalistas e procuradores como Maura Healey já tinham sugerido, de forma incidental, que o marketing utilizado pela Purdue para promover o OxyContin dera início à crise. Os economistas queriam verificar se os dados confirmariam a hipótese.

Mas como fazer isso? Havia muitas variáveis sociais, médicas e econômicas que também podiam ter contribuído. Como seria possível isolar o impacto do OxyContin? Os economistas estavam curiosos sobre o papel do marketing farmacêutico e fizeram uma descoberta interessante ao obter documentos internos da Purdue, revelados durante o litígio. Quando o medicamento começou a ser comercializado, em 1996, a Purdue identificara uma barreira importante à entrada em alguns estados do país. Alguns tinham o que era conhecido como programa de "prescrição em três vias": uma política que exigia que os médicos preenchessem um formulário especial, em três vias, sempre que quisessem prescrever narcóticos de nível II. Uma cópia de cada formulário deveria ser registrada no estado para que as agências estaduais mantivessem um banco de dados de prescrição a fim de monitorar desvios e outras irregularidades. Tais programas foram implementados décadas antes da crise de opioides; o primeiro foi estabelecido em 1939 por causa da preocupação, já naquela época, em relação a desvios de uso de medicamentos à base de ópio. Os programas de prescrição em três vias acabaram caindo em desuso em 2004. No entanto, na época do lançamento do OxyContin, cinco estados ainda tinham essas restrições: Califórnia, Idaho, Illinois, Nova York e Texas.

Quando os economistas consultaram os documentos da Purdue, descobriram diversas referências aos programas de prescrição em três vias. A empresa os identificara como um problema. Grupos focais sugeriam que, nos estados com programas de prescrição em três vias, os médicos evitavam prescrever opioides por conta da burocracia e por "não quererem dar motivos para o governo monitorar suas atividades". A equipe relatou que "os médicos dos estados com programas de prescrição em três vias não demonstraram qualquer entusiasmo pelo produto". Então, no lançamento inicial do OxyContin, a Purdue optou por limitar os esforços de marketing em tais estados, preferindo concentrar os recursos naqueles com regulamentação mais branda, pois poderia ter maior retorno sobre os investimentos. Como consequência desse marketing mais moderado (e das próprias restrições do programa de prescrição em três vias), os acadêmicos perceberam que a distribuição do OxyContin nesses cinco estados acabou sendo 50% inferior à média nos anos iniciais após o lançamento.

Esses dados pareceram promissores, pois a partir deles se poderiam obter conclusões empíricas sólidas sobre o impacto do medicamento. Os estados não tinham nada em comum em termos geográficos. Nesse mesmo grupo, estavam quatro dos estados mais populosos do país, mas também o menos populoso. Os cinco eram diferentes entre si em termos econômicos. Não havia nenhum fio comum que os ligasse, o que poderia ser autoexplicativo; ou melhor, nenhum fio além do programa de prescrição em três vias e do fato de que, ao longo dos anos iniciais, o OxyContin estava menos disponível nesses estados do que em qualquer outro. Então, como foi a experiência deles em relação à crise de opioides em comparação ao restante do país?

Antes de 1996, os estados com o sistema de prescrição em três vias apresentavam, na verdade, uma taxa maior de mortes por overdose do que o restante do país. No entanto, a equipe de economistas descobriu que, logo depois do lançamento do OxyContin, essa proporção se inverteu de forma súbita. As taxas de overdose em todos os outros estados começaram a subir de forma muito mais acentuada do que nos estados com sistema de prescrição em três vias. Os acadêmicos descobriram que aqueles cinco estados ficaram protegidos, apresentando um crescimento "exclusivamente baixo" nas mortes por overdose. Na verdade, mesmo depois que o programa de prescrição em três vias foi descontinuado, após alguns anos, "o atraso inicial na divulgação e na adoção do OxyContin teve efeitos de longo prazo sobre as mortes por overdose nesses estados". Em contraste, os estados com maior exposição ao medicamento durante os primeiros anos de lançamento "tiveram um crescimento mais acentuado no número de mortes por overdose praticamente em todos os anos a partir de 1996".

Outros estudos já tinham mostrado a conexão causal entre a reformulação do OxyContin em 2010 e o aumento no uso abusivo de heroína e fentanil. No entanto, os economistas descobriram que, nos cinco estados que mantinham os programas de prescrição em três vias na época do lançamento do medicamento, as mortes por uso de heroína e fentanil cresceram de forma bem menos drástica. Na verdade, mesmo em 2019, quase 25 anos depois da "avalanche de prescrições", nos estados com sistema de prescrição em três vias, o número de mortes por overdose de *todos* os opioides continuou sendo o menor do país. Os acadêmicos concluíram que tais disparidades não poderiam ser explicadas por outros fatores, como políticas de controle de substâncias não relacionadas ou considerações econômicas. "Nossos resultados mostram que o lançamento e a divulgação do OxyContin explicam uma parte substancial das mortes por overdose nas duas últimas décadas."

David Sackler ficava muito irritado pelo fato de a procuradora-geral de Nova York, Letitia James, descrever o medicamento lançado por seu pai, Richard, como "a raiz" da epidemia de opioides. Ele disse: "Você até pode apresentar esse argumento, mas precisa prová-lo."[4] Isso, porém, era algo que podia ser provado. Nas trocas privadas de e-mails, os Sackler reclamavam de levar a culpa pelas overdoses de heroína e fentanil, sendo que tudo que fizeram foi comercializar um medicamento de uso legal e aprovado pela FDA. Eles tiveram reuniões estratégicas com médicos da empresa sobre como mudar de assunto e colocar o fentanil como foco das conversas. No entanto, um estudo separado, realizado por uma dupla de economistas da Rand e da Universidade do Sul da Califórnia, revelou que, embora a reformulação de 2010 possa ter causado um declínio no uso abusivo do OxyContin, "ela aumentou as taxas gerais de overdose".[5] A Purdue criou uma geração de pessoas viciadas em opioides, por meio do cultivo cuidadoso e implacável da demanda pelo medicamento. Quando fizeram a nova fórmula, a demanda não desapareceu: só foi redirecionada. O estudo estabeleceu que até mesmo o aumento da busca por fentanil ilícito, assim como no uso da heroína ocorrido antes, "foi causado pela demanda existente nos anos que antecederam a introdução do fentanil". O uso abusivo de opioides sintéticos era desproporcionalmente maior em estados que tinham altas taxas de uso inadequado de OxyContin. Além disso, os autores do estudo concluíram que os efeitos indiretos da re-formulação não se dissiparam depois de alguns anos, mas cresceram com o tempo, à medida que os mercados se desenvolveram e inovaram, levando a uma emergência de saúde pública.

Nas suas primeiras iterações conhecidas, na poesia de Hesíodo, o mito grego de Pandora surgiu de uma parábola sobre tecnologia.[6] Prometeu desa-fiou os deuses ao roubar o fogo do Olimpo para dá-lo aos humanos. O fogo é um presente volátil, capaz de criar e destruir, mas os humanos aprenderam a controlá-lo e ele se tornou a base da civilização. Como punição pela insu-bordinação, os deuses enviaram a "linda mas maligna" Pandora. Dizia-se que foi a primeira mulher e chegou com um vaso (ou, como vem sido traduzido, uma "caixa") que continha todos os males, doenças e outros terrores, como "trabalho pesado" e "doenças mortais para os homens".[7] Prometeu alertou aos humanos para ficarem atentos a qualquer presente dado pelos deuses. No en-tanto, os humanos não deram atenção, e Pandora abriu a caixa. Em algumas versões da história, a mulher parece ser malévola, libertando deliberadamente um turbilhão de tormentas. Em outros relatos, ela é inocente, tendo como grande pecado apenas a curiosidade. Enquanto buscavam se esquivar de uma crise histórica que eles mesmos tinham criado, os Sackler às vezes pareciam Pandora, olhando, boquiabertos, para as consequências sérias de suas próprias decisões. Eles disseram para o mundo, e para si mesmos, que a caixa estava cheia de bênçãos, que era um presente dos deuses. Mas estavam errados.

Um dia de manhã, os funcionários da Purdue Pharma chegaram para traba-lhar no One Stamford Forum e se depararam com uma escultura gigantesca que tinha sido instalada na calçada, do dia para a noite, em frente ao prédio.[8] Pesava mais de 350 quilos e retratava uma colher com o cabo retorcido para trás, evocando o teste da "colher e injeção" que a Purdue tinha feito com o OxyContin antes de lançar o medicamento. A concha da colher estava manchada, para simbolizar heroína queimada. A escultura era uma obra de Domenic Esposito, um artista que tinha uma conexão pessoal com a questão: seu irmão começou tomando OxyContin e acabou viciado em heroína. "É um símbolo do que basicamente acabou com minha família",[9] disse Esposito, explicando que a mãe encontrava colheres como aquela "sempre que o irmão tinha uma recaída". O dono de uma galeria de Stamford achou que seria adequado instalar a escultura bem em frente à sede da Purdue. No entanto, alguém chamou a polícia, que prendeu o curador por "obstrução de via pública". Em questão de duas horas, as autoridades competentes chegaram para remover a escultura, o que exigiu o uso de uma escavadeira.

O prédio passou a ter mais segurança.[10] Às vezes, os carros eram revistados ao chegar. Manifestantes começaram a aparecer, por vezes apenas um ou dois, outras vezes, dezenas.[11] Em geral, eram mães carregando fotos ampliadas dos filhos que perderam, num comportamento que lembrava muito o das Mães da Praça de Maio, na Argentina. Algumas gritavam o nome dos filhos; outras ficavam paradas, em silêncio, apenas como testemunhas, personificando, com dignidade decidida, a ideia de geração perdida que Nan Goldin continuava repetindo.

A própria artista apareceu para protestar, de óculos escuros, segurando uma faixa que dizia TOME VERGONHA NA CARA, FAMÍLIA SACKLER. A família não trabalhava mais no nono andar. Com os procedimentos de falência em andamento, eles finalmente se desprenderam, mesmo que em parte, do dia a dia da empresa. Porém, ainda eram os proprietários do prédio. E, considerando a afinidade da família com o mundo das artes, pareceu extremamente adequado que, entre os manifestantes, houvesse artistas. Por um tempo, ficou aparecendo por lá um homem de Massachusetts chamado Frank Huntley, que levava uma escultura de esqueleto feita com trezentos frascos de remédio e um crânio de plástico. Ele era um pintor e instalador de papel de parede, e o OxyContin lhe foi receitado depois que se machucou em 1998. Todos aqueles frascos tinham sido prescritos para ele. "Esse fui eu por quinze anos", declarou Frank Huntley, mostrando o esqueleto. "Esse medicamento controlava todos os meus dias."[12]

Durante duas décadas, a sede envidraçada em Stamford ficou cercada por placas adornadas com a logomarca da Purdue. Mas, por fim, a empresa decidiu que seria uma boa ideia retirá-las.[13] Nan Goldin sentiu satisfação com aquele reconhecimento furtivo de desonra por parte da Purdue, mas continuava decidida a ver o nome da família Sackler na lama. Naquele período, muitas instituições culturais e educacionais começaram a questionar sua disposição de levar o nome de benfeitores de moral questionável. Em 2017, o presidente de Yale anunciou que a universidade trocaria o nome da ala residencial, que homenageava John C. Calhoun, porque o legado dele como supremacista branco entrava em conflito direto com a "missão e os valores" da universidade.[14] Em Oxford, um aluno sul-africano que recebia a bolsa Rhodes ajudou a organizar uma campanha pela retirada da estátua de Cecil Rhodes, colonizador britânico que teve um importante papel nos esforços imperialistas do Reino Unido na África e que instituiu essa bolsa de estudos na universidade em 1903.[15]

No entanto, em 2018, diversas universidades, inclusive Yale, continuavam aceitando doações dos Sackler,[16] apesar dos processos, da intensificação do escrutínio da imprensa e do fato de diversas outras instituições terem procurado se distanciar da família. Somente em 2019 Yale cortou os vínculos com os Sackler, anunciando que não aceitaria mais doações da família.[17] Mas a universidade não tinha intenção de remover o nome das doações recebidas no passado. Harvard adotou uma postura semelhante. Elizabeth Warren, candidata à Presidência que lecionou em Harvard antes de entrar para o Senado dos Estados Unidos, pediu que a universidade retirasse o nome da família.[18] O presidente de Harvard, Lawrence Bacow, respondeu que isso seria "inadequado" porque Arthur Sackler havia patrocinado o Museu Sackler antes mesmo que o OxyContin fosse lançado.[19] Ele disse ainda que havia "obrigações contratuais legais" que impediam a universidade de dar tal passo.

Nan Goldin não se deu por satisfeita. No dia 1º de julho de 2019, ela apareceu em Paris para fazer um protesto diante do Louvre.[20] Com o apoio da família de Mortimer, a ala Sackler do museu consistia de doze salas cheias de antiguidades orientais. Aos olhos de centenas de turistas e vendedores de suvenires de Paris, Goldin e cerca de quarenta manifestantes se juntaram na praça central perto da entrada do museu. A artista subiu na fonte diante da grande pirâmide de vidro bem no centro e gritou: "Tirem o nome da família Sackler!" Os Sackler gozavam de considerável prestígio na França, onde tanto Mortimer quanto Raymond foram condecorados com a Ordem Nacional da Legião de Honra. No entanto, Goldin também gozava de certa credibilidade. Suas fotografias estavam expostas no Louvre, e ela tinha sido condecorada com a Ordem das Artes e das Letras pelo governo francês. (Ela usou a medalha durante o protesto.) Alguns membros do seu grupo PAIN descobriram que havia algum tipo de cláusula no Louvre que talvez permitisse que tivessem suas demandas atendidas. Ao consultar os estatutos do museu, eles descobriram que o Louvre se reservava ao direito de revisar quaisquer acordos depois de vinte anos.[21] E a ala Sackler já tinha esse nome havia mais de duas décadas. Duas semanas depois do protesto, o então diretor do Louvre, Jean-Luc Martinez, anunciou que a ala não "teria mais o nome 'Sackler'".[22] O museu alegou que a decisão não tinha nada a ver com a Purdue Pharma nem com o OxyContin nem com o protesto, mas era apenas um ajuste de rotina. As salas não estavam sendo "*desbatizadas*", insistiu um porta-voz, mas, sim, atualizadas.[23] No entanto, ninguém se deixou iludir e, do dia para a noite, todas as placas que indicavam *Aile Sackler des Antiquités Orientales* e o nome dos sete filhos vivos de Mortimer — Ilene, Kathe, Mortimer, Samantha, Marissa, Sophie, Michael — foram retiradas das paredes, e todas as referências à família foram apagadas do site oficial do Louvre. "Os Sackler queriam tudo que Nan Goldin tem em termos de mundo das artes", disse Megan Kapler, amiga de Nan e ativista. "E ela se levantou e disse: 'Não, este é o meu mundo e vocês não podem estar nele.'"[24]

Jillian, a viúva de Arthur, começou a dizer que estava relutante em usar seu sobrenome.[25] Ela se ressentia "da designação genérica 'família Sackler'" e continuou seu esforço defensivo de "separar" o nome de Arthur do nome dos irmãos, enviando cartas raivosas para a imprensa nas quais exigia "esclarecimentos".[26] Ela criou uma nova designação, "OxySackler", para que fosse usada em referência à família de Raymond e Mortimer. No entanto, depois de anos de silêncio diante da destruição provocada pelo medicamento, talvez fosse tarde demais para pessoas como Jillian ou a filha de Arthur, Elizabeth, adotarem, de forma convincente, o caminho da moralidade. Jillian reconheceu que sua campanha era como "palavras ao vento",[27] mas continuou insistindo que, se estivesse vivo, Arthur teria feito algo para impedir que os irmãos divulgassem o OxyContin de forma tão agressiva.[28] (Nan Goldin perguntou: "Será que alguém realmente acredita nisso? É muito cinismo.")[29]

Apesar de todos os esforços de Jillian e Elizabeth, o Smithsonian, para o qual Arthur tinha doado sua coleção depois de anos de flerte com o Met, em troca de que o museu desse o nome dele à coleção, acabou se distanciando sutilmente da família.[30] Por questões contratuais, o museu não podia retirar o nome "Sackler", então anunciou a decisão de "criar uma nova marca", renomeando as galerias Sackler e Freer como Museu Nacional de Arte Asiática. A partir daquele momento, a instituição minimizaria o uso do nome da família sempre que possível, lançando uma nova logomarca e colocando em letras miúdas qualquer referência à Galeria Arthur M. Sackler, para enterrá-la. O filho de Arthur, Arthur Felix, fez uma visita ao primo Richard, em Connecticut, e lhe passou um sermão por ter manchado o nome da família.[31] Jillian ficou se perguntando se a reputação do falecido marido seria "recuperada um dia".[32]

Talvez o acerto de contas mais completo em relação o legado dos Sackler tenha acontecido na Universidade Tufts. O relacionamento entre os Sackler e a Tufts começou na década de 1980, quando Arthur, Mortimer e Raymond fizeram uma grande doação com o entendimento de que a Faculdade de Ciências Biomédicas seria nomeada em homenagem à família.[33] Uma cláusula da doação estabelecia, de forma precisa, onde e como o nome deveria ser exibido. Três anos depois, Arthur fez um acordo separado para que a Tufts nomeasse o prédio em sua homenagem. Em 1986, quando o Centro de Comunicação em Saúde Arthur M. Sackler foi inaugurado, Arthur foi homenageado num baile de gala. Na ocasião, ele comparou o centro que carregaria seu nome com "a biblioteca de Alexandria, mas do século XXI".[34] Ao longo de décadas, a família continuou fazendo doações para a universidade, totalizando 15 milhões de dólares, e patrocinando pesquisas em oncologia, neurociência, entre outras áreas.[35] Em 2013, numa cerimônia privada, Raymond recebeu um ph.D. honorário na sede da Purdue por causa da sua idade avançada.[36] "É impossível calcular quantas vidas você já salvou. Você é um homem que muda o mundo", declarou para Raymond o presidente da universidade, Anthony Monaco. Para marcar a ocasião, a universidade incluiu a biografia de Raymond no seu site, detalhando as muitas contribuições filantrópicas dele, mas sem fazer qualquer menção à Purdue.[37]

Quando a Purdue se declarou culpada das acusações federais de propaganda enganosa, ninguém na Tufts demonstrou a menor preocupação. Em 2015, ano em que Sam Quinones publicou *Dreamland*, a Faculdade de Medicina tomou a decisão discreta de retirar o livro da bibliografia recomendada aos alunos.[38] Na verdade, foi só em 2017, depois que dois artigos foram publicados quase simultaneamente nas revistas *The New Yorker* e *Esquire*, que a relação da Tufts com a família começou a ser questionada.[39] Estudantes de medicina expressaram constrangimento em participar de palestras em prédios nomeados em homenagem à família ou em se formar numa faculdade dos Sackler. Alguns desses alunos começaram a se organizar, exatamente como Nan Goldin, formando um grupo chamado "Sack Sackler" (Pé na bunda dos Sackler, em tradução livre). Um aluno do primeiro ano chamado

Nicholas Verdini fez uma súplica passional à diretoria da universidade, informando que a própria irmã tivera um vício em opioides que a levara à morte por heroína dois anos antes.[40] Ela tinha 25 anos e deixou duas filhas.

Em sua denúncia contra os Sackler, Maura Healey pegou a Tufts como exemplo dos tentáculos malignos da influência da família. Richard fez parte do conselho consultivo da Faculdade de Medicina de 1999 a 2017.[41] A família oferecia o que era descrito como "doação com alvo específico" para fundar um novo programa de mestrado em "Pesquisa, Educação e Política da Dor", sendo que Richard tinha um relacionamento próximo com o professor indicado para dirigir o programa, o dr. Daniel Carr. "Nossa contínua colaboração é uma prioridade para mim", disse ele para Richard em 2001.[42] Quando a controvérsia acerca do OxyContin surgiu, Carr assegurou a Richard que quem deveria se culpar não era ele, mas, sim, "os perpetradores que nos culpam pelos erros prejudiciais que cometem". Em 2002, o professor apareceu num anúncio da Purdue no jornal *The Boston Globe*, de jaleco branco, elogiando a empresa por "fazer alguma coisa" em relação à crise de opioides.[43] O programa de especialização em dor indicou um novo professor adjunto, chamado David Haddox, que usava as credenciais da Tufts como um sinal de independência acadêmica.[44] Nas suas aulas para os alunos da universidade, David Haddox usava materiais com a marca da Purdue.[45] De acordo com o jornal estudantil *The Tufts Daily*, em 2010, um dos assuntos de suas aulas era o "pseudovício".

Depois do protesto dos alunos, a Tufts contratou Donald Stern, ex-promotor federal, para conduzir uma revisão interna. Quando a revisão foi concluída, em dezembro de 2019, o presidente Monaco e o chefe-executivo do conselho consultivo enviaram um e-mail para a comunidade da universidade: "Nossos alunos, professores, funcionários administrativos, ex-alunos e demais pessoas que compartilharam conosco o impacto negativo do nome 'Sackler' no dia a dia."[46] A resposta que anunciaram no comunicado foi radical: a universidade removeria o nome da família de todas as cinco instalações e dos programas de ensino. "Nossos alunos acham constrangedor entrar num prédio que tem o nome 'Sackler'", explicou Harris Berman, o reitor da Faculdade de Medicina, afirmando que o nome era "incongruente com a missão que tinham e com o que tentavam ensinar aos alunos".[47] O problema não era só o OxyContin, continuou o reitor, mas o legado de Arthur também. "O nome 'Sackler' é um problema, seja no nome de Arthur ou em qualquer outro membro da família", concluiu.

Os alunos ativistas ficaram radiantes. "O que nosso corpo docente e nossos reitores nos ensinam todos os dias é que devemos cuidar dos nossos pacientes e respeitá-los, tratando as pessoas com dignidade. Por isso, entrar num prédio com o nome 'Sackler' parecia extremamente hipócrita", declarou Mary Bridget Lee, aluna de medicina.[48] Ela ainda sugeriu que, ao tomar uma atitude moral e direta, a Tufts talvez "abrisse um precedente para outras instituições fazerem o mesmo".

Talvez temendo exatamente isso, os Sackler tentaram resistir à decisão. Jillian expressou toda a sua indignação por Arthur estar "levando a culpa pelas ações dos irmãos e outros OxySackler".[49] Quanto a estes, Daniel Connolly, um dos advogados da família, lamentou a decisão da universidade, chamando-a de "intelectualmente desonesta", alegando ainda que os Sackler tinham "feito as doações de boa-fé".[50] Daniel Connolly ameaçou entrar com uma ação legal, exigindo que eles "voltassem atrás". A família enviou uma carta para a Tufts, acusando a universidade de violação contratual.[51] Era um exemplo claro da vaidade dos Sackler e de sua negação patológica o fato de estarem dispostos a passar pela humilhação de tentar reverter a decisão da universidade, cujo corpo estudantil dissera, de forma praticamente explícita, que os achava moralmente repugnantes. Mas os gestores universitários se mantiveram firmes.

Quando soube da notícia, Nicholas Verdini estava na cafeteria e correu para ver os trabalhadores retirando as placas com o nome "Sackler".[52] Ele ficou um pouco surpreso. As pessoas à sua volta estavam aplaudindo. Nicholas pensou na irmã e sentiu que aquela "era uma grande vitória em nome dela".

Nos lugares em cujas paredes o nome "Sackler" estava pintado, os trabalhadores o cobriram com uma nova camada de tinta. Nos lugares onde letras de bronze anunciavam o nome, eles usaram martelos e cinzéis para arrancar cada letra, até que tudo que restasse fosse a marca desbotada, o contorno do lugar antes ocupado pelo nome.[53]

Os Sackler até podiam ter se tornado párias da sociedade, mas, em White Plains, o juiz Robert Drain, selecionado a dedo por eles, estava se provando uma excelente escolha. Uma declaração de falência sugere fracasso e vergonha, mas, para os Sackler, o tribunal do juiz Drain se tornou um porto seguro. Ele renovou duas vezes a liminar relativa a qualquer processo contra a família, apesar das objeções de Letitia James de que os Sackler estavam se beneficiando "da proteção do processo de falência sem terem, eles mesmos, declarado falência".[54]

Como juiz de falências, Drain parecia se considerar um tecnocrata criativo, uma pessoa que fazia acordos e cuja principal preocupação era a eficiência. Ele costumava evocar o elevado custo de um processo de falência, com a grande quantidade de advogados da empresa, dos Sackler, além dos diversos credores e todos os honorários advocatícios. Também tentava simplificar os procedimentos, citando a necessidade daqueles que sofreram com a crise de opioides e sugerindo que qualquer valor que a Purdue ainda tivesse, por menor que fosse, deveria ser usado para ajudar as pessoas que lutavam contra o vício, não para enriquecer os advogados.

Com uma ideia tão estreita do próprio dever, Drain demonstrou pouco interesse em questões mais amplas de justiça e responsabilidade, como se não passassem de conceitos teóricos que eram estranhos à negociação que tinha em mãos. Às vezes ele chegava até a demonstrar a própria frustração em relação aos promotores e aos advogados das vítimas que tinham perdido entes queridos por causa da crise, expressando impaciência com a exigência e a insistência desses atores jurídicos em responsabilizar a empresa e a família. O acordo oferecido pelos Sackler para resolver todos os processos ainda estava em jogo, e, numa audiência, Drain afirmou que a recusa reiterada de Maura Healey e outros procuradores-gerais em aceitá-lo era um passo político, que a recusa deles de "algo que seria bom para todos" era "quase repulsiva".[55]

Uma grande fonte de rivalidade nos procedimentos de White Plains era descobrir qual a capacidade que os promotores do estado e os advogados que representavam os credores da Purdue tinham de juntar informações sobre a empresa e as finanças dos Sackler. Quanto dinheiro a família ainda tinha? Como se poderia chegar a uma resolução, perguntou Letitia James, sem uma noção de "quanto dinheiro foi escondido?"[56] Havia certo nível de absurdo no espetáculo que o juiz Drain e todos aqueles advogados de falência faziam ao argumentar em tom sério como deveria ser a distribuição do que restava da Purdue Pharma, que, naquele momento, contava com cerca de 1 bilhão de dólares em ativos. Enquanto isso, os Sackler assistiam a tudo de camarote, parecendo intocáveis, e além disso guardavam muito mais dinheiro do que o estimado. De acordo com o depoimento de um dos próprios especialistas da Purdue, a família tinha retirado pelo menos 13 bilhões de dólares da empresa.[57]

Um acadêmico da área de direito, refletindo sobre o caso, notou que peritos em falência às vezes agem como se a especialidade deles fosse "o canivete suíço" do sistema jurídico.[58] O juiz Drain parecia inflexível na crença de que seu tribunal era o local ideal para resolver todas as pendências relacionadas ao papel da Purdue e dos Sackler na crise de opioides.[59] Ele falava o mesmo dialeto dos advogados de falência que defendiam o caso, o idioma frio da "eficiência", do "consenso", da "maximização do valor", de se chegar a um "acordo".

416 PATRICK RADDEN KEEFE

Quando se tratava de descobrir coisas, o juiz Drain dizia para os advogados de falência "ficarem de olho" nos advogados que *não eram* especializados em falência para se certificarem de que todas as informações obtidas da Purdue ou dos Sackler fossem consideradas não "descobertas a serem usadas em julgamento", mas sim a "devida diligência" num possível acordo. O juiz Drain não acreditava em julgamentos. "Eles não constituem um espelho da verdade", disse ele em tom casual. Ele preferia "negociações que levassem a acordos".[60]

Alguns dos advogados envolvidos se sentiram incomodados com o ambiente excessivamente amigável em torno dos procedimentos. Os Sackler eram uma família de elite que contratara advogados formados em faculdades de elite que trabalhavam em firmas de elite para representá-los em casos nos quais os advogados de oposição também vinham daquelas mesmas instituições de elite, assim como os juízes. Isso resultou numa "atmosfera conivente", nas palavras de um dos advogados que processavam a Purdue. O tribunal de falências é pequeno e insular. O novo presidente do conselho diretor da Purdue, um especialista em reestruturação chamado Steve Miller, conhecia o juiz Drain havia anos. Em sua autobiografia, publicada em 2008, ele contou que tirou um cochilo no gabinete desse juiz.[61] Kenneth Feinberg, o especialista em compensação de vítimas nomeado para ser um dos dois mediadores no caso de falência, já tinha trabalhado na Purdue e recebido cerca de 12 milhões de dólares.[62] Parecia que todo mundo se conhecia. Certa noite, Gillian Feiner, a principal promotora da procuradoria-geral de Massachusetts, passou a noite em White Plains para uma audiência.[63] Ficou hospedada no Ritz pelo preço da diária especial cobrada do estado. Muitos outros advogados envolvidos no caso também estavam hospedados lá, pois o hotel ficava a uma caminhada curta do tribunal. Gillian conversou com alguns promotores de outros estados que estavam processando a empresa e descobriu que eles iam jantar com Mike Kesselman, o consultor-geral da Purdue. A promotora não foi com eles, preferindo jantar sozinha no restaurante do hotel, e enviou uma mensagem de texto para uma amiga: "Sozinha com meus princípios."

Para Nan Goldin e os ativistas do grupo PAIN, era uma imensa frustração perceber que aquele talvez fosse o local onde os Sackler dariam sua cartada final. O problema não era apenas o fato de que o processo de falência valoriza mais o comprometimento econômico do que todos os outros princípios e valores, mas também constatar que a lei de falências é tão técnica e antisséptica que é difícil para os leigos entenderem. "Estamos lutando nos termos deles", reclamou Harry Cullen, um dos ativistas do PAIN.[64] "O tribunal fala em termos de números. Tudo tem a ver com *fundos*." No início, o grupo fazia performances com a temática da morte na escadaria do tribunal. No entanto, com o início da pandemia de Covid-19, em março de 2020, o juiz Drain deixou de realizar audiências presenciais, que foram substituídas por conferências por telefone, e isso deixou os manifestantes sem um palco para protestar. "Foi como se tivessem quebrado nossas pernas. Como podemos cobrar que sejam responsabilizados?", perguntou Harry Cullen. Nan Goldin interveio ativamente nos procedimentos, ajudando a organizar um comitê de vítimas para aumentar a pressão por uma maior responsabilização no caso de falência. Eles criaram uma petição a fim de solicitar um consultor independente para o caso, alguém que pudesse avaliar o trabalho do juiz Drain.[65] Esse recurso tinha sido utilizado em diversos casos de falência que receberam grande cobertura da mídia — como o da Enron e o da WorldCom —, e que incluíam alegações de sérios delitos corporativos. No entanto, o juiz Drain não achou que isso seria necessário no caso em questão.

Um dia, naquele verão, o jornal *The New York Times* publicou um artigo de opinião do jornalista Gerald Posner e de um acadêmico da área de falências chamado Ralph Brubaker, sugerindo que os Sackler provavelmente "se safariam", mantendo a maior parte de sua fortuna e sem precisar lidar com nenhum tipo de represália significativa.[66] Quando um advogado mencionou o artigo numa audiência, o juiz Drain explodiu: "Não importa o que algum jornalista idiota escreveu."[67] Ele encorajou os advogados presentes a não "clicarem" em publicações como o *The New York Times*, nem comprar esse tipo de jornal, e anunciou que não "queria nem ouvir o que algum repórter idiota ou algum blogueiro tinha a dizer sobre o caso".

Apesar do ataque do juiz Drain, ao longo dos meses parecia cada vez mais provável que os Sackler realmente fossem se safar. Uma questão que pairava sobre o processo de falência era se o Departamento de Justiça faria uma denúncia contra a empresa ou contra a família.[68] Promotores federais de diversas jurisdições vinham investigando a Purdue nos últimos anos, fazendo intimações discretas e juntando provas. O juiz Drain definiu 30 de julho como a data final para a submissão da documentação ao tribunal por parte de qualquer requerente que achasse que deveria ser "credor" da Purdue no caso de falência. Mais de cem mil pessoas entraram com ações individuais, declarando que os opioides da Purdue acabaram com a vida delas e que deveriam receber algum tipo de compensação.[69] Um único plano de saúde, a United Health, entrou com um processo surpreendente, revelando que, após uma análise, tinham descoberto que "centenas de milhares" de indivíduos que haviam recebido uma prescrição de opioides da Purdue acabaram diagnosticados com algum transtorno provocado pelo uso do medicamento.[70] Isso ia de encontro à ideia de que as pessoas não se viciavam sob supervisão médica.

Em cima do prazo, o Departamento de Justiça fez uma denúncia própria, revelando que, segundo diversas investigações civis e criminais, a Purdue enviara, entre 2010 e 2018, representantes de vendas para fazer visitas a médicos que a empresa sabia que "estavam facilitando prescrições desnecessárias".[71] A Purdue supostamente havia feito uma série de pagamentos: para os médicos, a fim de motivá-los a prescrever ainda mais medicamentos; para uma empresa de registros médicos eletrônicos, no intuito de criarem alertas digitais que estimulassem os médicos a recomendar opioides durante consultas com pacientes; e para farmácias especializadas, com o objetivo de induzi-las a atender prescrições que outras farmácias se recusavam a atender. Os funcionários da Justiça disseram que todas essas condutas "davam margem à responsabilidade criminal".

O que era mais incômodo nesse inventário de delitos era a grande semelhança com o processo no qual a Purdue se declarara culpada em 2007. Os detalhes eram diferentes, mas, no geral, a questão era a mesma: a empresa vinha impondo seus opioides de forma fraudulenta e agia com total indiferença em relação aos riscos inerentes a esses medicamentos. O próprio governo federal poderia se tornar credor da Purdue, sugeria a denúncia do Departamento de Justiça, caso a empresa fosse condenada em qualquer um daqueles casos ou fizesse um acordo. Considerando que as críticas ao acordo de 2007 sugeriam que uma multa de 600 milhões de dólares não era suficiente, e que a Purdue parecia ser *reincidente* ao cometer o mesmo tipo de crime, alguns observadores se perguntaram se, daquela vez, o governo federal de fato entraria com uma denúncia de crime contra alguns executivos. Por coincidência, em outro caso recente, o Departamento de Justiça fez exatamente isso: em janeiro de 2020, John Kapoor, ex-CEO e ex-presidente da diretoria da farmacêutica Insys, recebeu uma sentença de cinco anos e meio de prisão por seu papel na promoção e no marketing do perigoso opioide produzido pela empresa, um produto à base de fentanil chamado Subsy.[72] Seria Craig Landau, o CEO da Purdue, o próximo?

Não seria, pois fazia meses que Mary Jo White e outros advogados dos Sackler e da Purdue vinham negociando discretamente com a administração Trump. No Departamento de Justiça, a fila de promotores que apresentaram casos civis e criminais começou a sofrer uma tremenda pressão da liderança política para encerrar as investigações contra a Purdue e os Sackler antes da eleição presidencial em novembro de 2020.[73] No mais alto escalão da administração Trump, foi decidido que aquela questão deveria ser resolvida de forma rápida e suave. Alguns advogados de carreira no Departamento de Justiça ficaram tão insatisfeitos que escreveram memorandos confidenciais deixando registradas todas as suas objeções a fim de preservar um registro do que acreditavam ser um erro de justiça.

Certa manhã, duas semanas antes da eleição, Jeffrey Rosen, o subprocurador-geral da administração Trump, realizou uma coletiva de imprensa na qual anunciou uma "resolução global" das investigações federais sobre a Purdue e os Sackler.[74] Rosen anunciou que a empresa se declarava culpada de conspiração para cometer fraude contra o governo dos Estados Unidos e violar a Lei Federal de Alimentos, Medicamentos e Cosméticos dos Estados Unidos, assim como de duas acusações de conspiração no intuito de violar o estatuto contra pagamento de subornos. Nenhum executivo enfrentaria acusações individuais. De fato, nenhum executivo foi mencionado: foi como se a corporação tivesse agido como entidade autônoma, como um carro sem motorista. (Em depoimentos relacionados ao processo de falência da Purdue, feitos *depois* do acordo do Departamento de Justiça, dois ex-CEOs, John Stewart e Mark Timney, se recusaram a responder às perguntas invocando o direito constitucional de ficarem calados, previsto na Quinta Emenda, para não se incriminarem.)[75] Jeffrey Rosen estipulou o valor total das penas federais contra a Purdue em "mais de 8 bilhões de dólares".[76] E, ao manter o que àquela altura já tinha virado um padrão, a imprensa repetiu o número nas manchetes dos jornais.[77]

Obviamente, qualquer pessoa que estivesse prestando atenção sabia que a Purdue só tinha 1 bilhão de dólares em ativos e dinheiro em caixa, e ninguém estava sugerindo que os Sackler deveriam pagar as multas da empresa. Desse modo, o valor de 8 bilhões de dólares era tão enganoso quanto a estimativa de 10-12 bilhões da proposta de acordo anterior dos Sackler, um número artificial, sem qualquer significado prático real, fabricado apenas para ser reproduzido nas manchetes dos jornais. Em relação aos Sackler, Jeffrey Rosen anunciou que os membros da família concordaram em pagar 225 milhões para resolver o processo civil individual, de acordo com o qual eles tinham violado a Lei de Alegações Falsas. Segundo a investigação, Richard, David, Jonathan, Kathe e Mortimer "intencionalmente submeteram alegações falsas e fraudulentas aos programas de benefício de saúde pública do governo federal" a respeito de opioides "prescritos para usos que não eram seguros, eficazes nem necessários".[78] No entanto, não haveria denúncias criminais contra nenhum deles. De fato, segundo um depoimento de David Sackler, o Departamento de Justiça concluiu a investigação sem nem ao menos ter falado com qualquer membro da família. As autoridades viam os Sackler com tanta deferência que ninguém nem se preocupou em interrogá-los.[79]

Quando Jeffrey Rosen abriu para as perguntas, um repórter comentou que os 225 milhões de dólares que os Sackler seriam obrigados a pagar representavam "pouco menos de 2% dos 10 bilhões de dólares que eles tiraram da empresa", e perguntou:

— Por que você deixou que ficassem com o dinheiro?[80]

O subprocurador-geral respondeu que, na opinião dele, os Sackler estavam pagando um "preço muito alto".

Outra repórter questionou:

— Você tentou obter esse dinheiro?[81]

— Não existe nenhuma lei que diz que você precisa arrancar todos os bens de uma pessoa que cometeu um crime — respondeu Jeffrey Rosen, na defensiva. — Não é assim que as coisas funcionam.

— Por que o governo não vai entrar com um processo criminal contra os Sackler? — indagou um terceiro repórter.[82]

O subprocurador-geral se recusou a responder.

"Era a história de 2007 se repetindo", declarou Barry Meier logo depois da coletiva.[83] No caso da Virgínia, treze anos antes, os promotores reuniram uma quantidade imensa de provas incriminadoras só para os advogados poderosos dos Sackler apelarem para a liderança política do Departamento de Justiça de modo a enfraquecer o caso. Assim como o caso de 2007 incluía um memorando da promotoria com o detalhamento das alegações, neste caso também havia sinais do trabalho correto dos promotores. Os documentos oficiais do acordo citavam especificamente exemplos de representantes de vendas que visitavam médicos nitidamente problemáticos, incluindo uma que fora apelidada de "Doceira", de acordo com a denúncia, "porque ela prescrevia a dosagem mais alta para todos os pacientes".[84] Os advogados dos Sackler argumentavam que a família não tinha tirado dinheiro da empresa para se adiantar a um possível acerto de contas futuro, argumentando: "Antes de 2017, nenhuma pessoa com o mínimo de discernimento acreditaria que a Purdue enfrentaria um número significativo de processos e julgamentos relacionados ao uso de opioides."[85] No entanto, o documento do acordo incluía e-mails dos Sackler de 2007 nos quais eles reconheciam a probabilidade de futuros processos que "poderiam chegar à família" e discutiam a intenção de fazer retiradas de dinheiro.[86] Os Sackler tinham concordado em pagar 225 milhões de dólares de multa, mas se recusavam a reconhecer qualquer crime, embora a empresa tivesse se declarado culpada pelas acusações criminais.

"Aqui estamos nós, tantos anos depois. O Departamento de Justiça ganha uma segunda chance de fazer o que é certo, e mais uma vez eles passam pano para a família", declarou Maura Healey em entrevista para a MSNBC. "Ninguém vai para a cadeia. A justiça não foi feita. Os Sackler não enfrentaram nenhuma admissão de culpa", continuou ela. O acordo correspondia a pouco mais do que uma declaração de "culpa de uma empresa que já está falida".[87]

No gabinete de Maura Healey, Gillian Feiner e Sandy Alexander conseguiram uma aprovação do juiz Drain para interrogar membros da família.[88] Gillian já tinha interrogado David Sackler em agosto, mas os outros interrogatórios, de Kathe, Mortimer e Richard, estavam marcados para novembro, depois das eleições. Feiner e Alexander esperavam que o governo federal não tivesse escolha a não ser adiar qualquer acordo enquanto os Sackler ainda estivessem prestando depoimentos. Afinal, o que aconteceria se alguma nova prova importante viesse à tona? No entanto, em determinado momento, os advogados do Departamento de Justiça simplesmente pararam de ir aos depoimentos. "Eu ainda não terminei meu trabalho contra a Purdue e os Sackler", garantiu Maura Healey, afirmando que os depoimentos iriam acontecer, apesar do acordo.[89] "Vamos continuar pressionando o estado a levar o caso para os tribunais."[90]

No entanto, ela e outros procuradores-gerais estaduais ainda estavam de mãos atadas por causa da decisão do juiz Drain de suspender os casos. E, enquanto discutia sua visão sobre a solução final do caso de falência, Drain deixou bem claro que o que realmente queria fazer era tornar permanente a restrição temporária dos processos contra os Sackler. Quando eles entraram em acordo nos casos do Kentucky e de Oklahoma, tentaram ficar totalmente livres de toda e qualquer responsabilização futura.[91] Estavam preparados para pagar alguma quantia no intuito de dar um fim ao caso, mas só se conseguissem uma garantia irrefutável de que ele desapareceria para sempre. Na carta de intenções da proposta de acordo que David Sackler apresentou em Cleveland em 2019, a família indicava estar preparada para pagar 3 bilhões de dólares e abrir mão do controle da Purdue, mas só em troca da liberação total de qualquer responsabilidade criminal ou civil.[92] Os

Sackler não queriam ter que se preocupar com aquilo para o resto da vida. E o juiz Drain, com sua fixação em conservar o valor em casos de falência, parecia simpático a essa ideia. Numa audiência preliminar em fevereiro de 2020, ele sugeriu que a única forma de se chegar a uma "verdadeira paz" era por meio de uma "liberação de terceiros", um veredito que garantiria não apenas à Purdue, mas também à família, ficar livre de qualquer processo futuro relacionado à crise de opioides.[93] Esse era um assunto controverso, considerando que 24 estados estavam prontos para retomar o caso contra os Sackler assim que o processo de falência fosse concluído. O juiz Drain levantou a questão logo no início dos procedimentos, porque, em algumas partes do país, seria ilegal que um juiz federal da vara de falências impedisse autoridades estaduais de processarem terceiros, como os Sackler, que não tinham nem sequer declarado falência naquele tribunal. A jurisprudência estava evoluindo, disse o juiz.

Um advogado da Purdue chamado Marshall Huebner assegurou ao juiz que sua firma, a Davis Polk, estava acompanhando a jurisprudência "com olhos de águia".

— Talvez vocês precisem fazer mais do que apenas acompanhar — disse o juiz Drain, deixando registrado o que, estranhamente, se assemelhava muito a um conselho jurídico. — Talvez vocês precisem entrar com um *amicus curiae* (uma carta amistosa ao tribunal), para neutralizar alguns...

Ele parou de falar.

— Bem, acho melhor parar por aqui.

Huebner, demonstrando uma consciência que o juiz Drain parecia não ter, respondeu:

— Eu não sei se o mundo quer uma *amicus curiae* da Purdue Pharma, mas vamos levar isso em consideração.

Numa petição apresentada ao tribunal em março, os estados que se opunham aos termos do acordo dos Sackler deixaram claro que o tipo de tratamento que o sistema jurídico estava dispensando naquele caso era uma prerrogativa exclusiva dos ricos, "enviando ao público a mensagem errada sobre a equidade dos nossos tribunais".[94]

No entanto, também existia um precedente para isso. No caso de falência da Dalkon Shield, envolvendo o dispositivo contraceptivo perigoso, a família proprietária da empresa acabou fazendo o mesmo acordo.[95] Ao paralisar todos os processos contra a família Robins durante o processo de falência (embora a família não tivesse declarado falência), o juiz aceitou um acordo segundo o qual os Robins contribuiriam com 10 milhões de dólares. Então, proibiu qualquer novo processo contra a família e a empresa relacionado com o dispositivo defeituoso. Quando as mulheres que foram prejudicadas pela Dalkon Shield foram ao tribunal e pediram para falar, foram retiradas, à força, pelos seguranças. Depois que o processo de falência foi concluído, a empresa dos Robins foi adquirida pela American Home Products. A família recebeu 385 milhões de dólares na transação. Parecia quase certo que os Sackler iriam acabar pagando alguns bilhões de dólares, mas se safariam com muito mais do que isso. Também se livrariam de qualquer futura acusação contra eles. E nunca admitiriam culpa de nada.

Na audiência final de falência de 2020, o juiz Drain estava conversando numa teleconferência com os advogados do caso para resolverem detalhes de uma petição processual quando a voz de um homem os interrompeu:

— Meu nome é Tim Kramer e eu tenho algumas coisas a dizer.[96]

— Você está representando alguma das partes? Qual é seu papel no caso? — perguntou o juiz Drain.

— Meu papel é que minha noiva morreu — respondeu Kramer. — E eu fiquei com a guarda da filha dela.

Segundo ele, a Purdue e os Sackler "deviam à sua enteada, porque foram eles que fabricaram os medicamentos que tiraram a vida de sua noiva".

— Tudo bem, sr. Kramer, a questão em pauta hoje é uma petição para estender o prazo que a devedora tem para apresentar um plano para o Capítulo 11 — disse o juiz. — Então, eu compreendo sua confusão, considerando que o senhor não é advogado, mas essa petição não tem ligação direta com as reivindicações que faz em nome de sua nora.

Kramer representava a enteada, não a nora. Mas não importava; o juiz disse que ele teria a oportunidade de ter sua reivindicação contra a Purdue revisada em alguma data no futuro. Mas, independentemente do que ele tivesse a dizer, aquela audiência não era o momento.

— Ah — disse Kramer, no tom constrangido de alguém que tinha acabado de ser colocado no lugar. — Então eu devo desligar? Ou devo permanecer na teleconferência?

— Como preferir, senhor — respondeu Drain. — O senhor pode desligar, se quiser.

Kramer disse que colocaria o telefone no mudo e "apenas ouviria o que eles tinham a dizer".

A audiência prosseguiu, mas pouco depois houve outra interrupção, dessa vez de uma mulher:

— Vossa excelência? Com licença.

Ela se apresentou como Kimberly Krawczyk e disse que gostaria de falar "em nome do falecido irmão". A voz estava trêmula e chorosa. Ela contou que tinha escrito uma carta ao juiz.

— Posso ler a carta? — pediu ela. — Falando em nome dele?

— Bem, senhora, eu...

O juiz Drain fez uma pausa e todos ficaram em silêncio na teleconferência.

— Sou obrigado a dizer...

Ele parou novamente. Por mais de um ano, Drain presidira os procedimentos e periodicamente ignorara as muitas vítimas da crise de opioides, que, para ele, só existiam fora do tribunal, como uma abstração. No entanto, elas quebraram o protocolo pedindo para serem ouvidas, e o juiz, ao ser confrontado com seres humanos cujo sofrimento ele tinha citado de forma casual e frequente, pareceu incomodado e ávido para voltar aos procedimentos reconfortantes da lei.

— Eu só faço audiências agendadas — declarou ele. — Existem literalmente centenas de milhares de pessoas que perderam entes queridos por causa de opioides.

Outra pausa. Drain prosseguiu:

— Eu... hum... Eu não creio que este seja o fórum adequado para isso.

Kimberly tentou intervir, mas o juiz continuou, assegurando que o sofrimento e a mágoa de famílias como a dela estavam "no centro e na frente da minha mente" e na mente dos "advogados e financistas também". Mas concluiu:

— Simplesmente não podemos transformar essas audiências em algo que a lei não contempla. Portanto, não vou permitir que fale mais do que isso.

Ele afirmou ainda que não a culpava por achar que teria a oportunidade de falar:

— É compreensível. Não acho que seja culpa sua. Você não é advogada.

— Queira me perdoar — disse ela. — Eu gostaria de falar em algum momento. Ele era meu último parente, e toda a minha família foi afetada por essa epidemia por meio da família da Purdue Pharma. Então eu realmente gostaria de falar do sofrimento que tudo isso causou e que me deixou sozinha, sem família.

Nas décadas que se seguiram à formatura na Universidade de Colúmbia, onde eles fizeram medicina, Richard Kapit e Richard Sackler tiveram alguns contatos ocasionais. Kapit especializou-se em psiquiatria e trabalhou durante muitos anos na FDA. Com interesse e até admiração, assistiu à ascensão do ex-colega de apartamento como o grande empresário por trás do OxyContin. Ainda achava incrível que aquela pessoa, de quem fora tão próximo um dia, fosse responsável pelo lançamento de um medicamento que transformou a indústria farmacêutica, fez dele um multibilionário e deu início a uma crise de vício e morte nos Estados Unidos. Uma coisa que Kapit sempre admirou em Sackler é o entusiasmo. Ele era corajoso, contagiante e igualmente irresponsável. É assim que Richard Kapit se lembra dele, como "um cara que sempre se deixa levar".[97] "Eu ia atrás das ideias dele com muita frequência, também me deixava levar. Acho que eu poderia usar o termo 'vendedor', mas essa palavra não descreve totalmente como é." Ele tinha excesso de confiança, uma cegueira em relação às consequências dos seus atos e uma certeza inabalável das próprias convicções. Se havia um atributo que Richard Sackler compartilhava com seu tio Arthur, além do sobrenome, da genialidade em relação ao marketing e de uma ambição insaciável, era sua teimosia em se recusar a admitir ter dúvidas, mesmo diante de evidências contrárias, e uma capacidade correspondente de se iludir com uma fé cega na própria virtude.

Algumas semanas depois que a Purdue Pharma declarou falência, Beverly Sackler faleceu. Era a última integrante da geração mais velha, sem contar Jillian e Theresa, as esposas mais jovens de Arthur e Mortimer. Antes da morte de Raymond, Beverly participava dos eventos da empresa em Stamford e conversava com os funcionários. Eles a consideravam calorosa e charmosa. Ela ainda usava a aliança de ouro simples do casamento deles, em 1944, e contava que ela e Raymond tinham tão pouco dinheiro na época que aquilo era tudo que podiam comprar.

Em algum momento ao longo dos procedimentos de falência, Richard Sackler se mudou para a casa dos pais, a mansão em Field Point Circle Greenwich, com vista para o estuário de Long Island. O lugar era grande, solitário e permanecera quase inalterado desde a morte dos pais. Jonathan e sua esposa, Mary, moravam perto dali, mas ele estava lutando contra um câncer e, no verão de 2020, também faleceu. Ao contrário do que ocorreu no caso dos tios e do pai, seus obituários abordaram o OxyContin e mal mencionaram a filantropia.[98]

Richard ficou praticamente sozinho. Continuou próximo dos filhos, mas, como os procedimentos de falência se baseavam na separação formal da Purdue e da família dona da empresa, ele de repente se viu privado de uma das grandes paixões da sua vida, o microgerenciamento dos negócios. O ex-

-presidente da Purdue ficou amargo e frustrado, observando tudo, como um atleta no banco de reservas, enquanto outras empresas farmacêuticas corriam para conquistar o pioneirismo na cura da Covid-19. Ele não podia sequer lançar mão do que restava da Purdue para participar dessa corrida, nem ao menos fazer doações em apoio à pesquisa, porque, àquela altura, ninguém queria seu dinheiro. Ainda tinha alguns amigos, além dos muitos consultores na folha de pagamentos. Quando conversava com as pessoas sobre suas dificuldades, mantinha sua posição de que o OxyContin era um medicamento seguro e insistia que todas as evidências em contrário eram mentirosas, que os casos de vício eram "extremamente raros" quando as pessoas tomavam o medicamento com acompanhamento médico. A família continuou alegando que poucas pessoas tinham sido tão contundentes quanto eles no *combate* à crise de opioides. Um dos advogados de Richard descreveu a reformulação do OxyContin, em 2010, como a atitude "mais ambiciosa e impactante" que a Purdue e os Sackler tomaram nesse sentido.[99] Em setembro de 2020, porém, a FDA publicou os resultados de uma década de estudos, descrevendo que as pessoas que já eram viciadas no OxyContin tendiam a procurar heroína e outras drogas, e que não era possível considerar que a reformulação "reduziu as overdoses por opioides" em geral.[100] A FDA praticamente concluiu, como outros estudos anteriores, que a reformulação, na verdade, *provocou* a crise da heroína. No entanto, ao analisar todos os dados disponíveis, a agência dizia que "não estava claro" se a nova fórmula trazia qualquer "benefício para a saúde pública".

Um dia depois que a resolução do Departamento de Justiça foi finalizada, a Faculdade de Medicina da NYU, onde Richard Sackler se formara, anunciou os planos de tirar o nome da família do Instituto de Pós-Graduação em Ciências Biomédicas e "de outros programas que levavam o nome".[101] A Tufts não era mais uma exceção no movimento de exclusão do nome, e as coisas estavam mudando, quase em tempo real, em outras instituições. No dia seguinte à decisão da NYU, o Met declarou que o nome da Ala Sackler, que abrigava o famoso Templo de Dendur e foi o local do primeiro protesto de Nan Goldin, estava oficialmente "em revisão".[102] Três dias depois, Harvard anunciou a formação de um comitê de "renomeação", observando que alguns nomes de família que adornavam os prédios do campus estavam associados a comportamentos que "muitos membros da comunidade atual considerariam abomináveis", e indicando que mudanças estavam para ocorrer.[103]

Nan Goldin e seus aliados no PAIN, que passaram boa parte do ano anterior se sentindo paralisados pelos procedimentos de falência e pela pandemia da Covid-19, perceberam que estavam presenciando uma torrente de energia e de esperança. Eles iam redobrar os esforços nas universidades, no Guggenheim e principalmente no Met. O grupo estava determinado a continuar lutando até verem o nome Sackler na lama.

Nas últimas semanas de 2020, de repente surgiu uma possibilidade de que a justiça fosse feita no caso dos Sackler. O Comitê de Supervisão e Reforma da Câmara dos Deputados dos Estados Unidos anunciou que realizaria uma audiência intitulada "O papel da Purdue Pharma e da família Sackler na epidemia de opioides", e eles convidaram Richard, Kathe, Mortimer e David Sackler para participar.[104] Embora o Departamento de Justiça e o Tribunal Federal de Falências tivessem dado passe livre para os Sackler, talvez o Congresso, pelo menos, os fizesse pagar. Parecia uma oportunidade para os legisladores reviverem o momento icônico no qual, em 1994, os chefes de sete das principais empresas tabagistas foram colocados diante do Congresso para responderem perguntas sobre o que sabiam e quando ficaram sabendo da questão do vício em cigarros.

Os advogados dos Sackler só se manifestaram uma semana após o recebimento do convite, enviando uma mensagem educada agradecendo a oportunidade, mas declinando. Nos bastidores, membros da família fizeram um lobby pesado para que o comitê cancelasse a audiência ou para mandarem representantes da empresa como porta-vozes, como sempre fizeram no passado. No entanto, Caroline Maloney, deputada por Nova York que presidia o comitê, enviou uma carta em 8 de dezembro indicando que, se a família não aceitasse voluntariamente o convite, seria intimada.

Nove dias depois, a audiência foi marcada. Os procedimentos seriam feitos remotamente por causa da pandemia do coronavírus, e naquela manhã David Sackler, vestido com um terno escuro e sentado num lugar iluminado com luz fluorescente e sem personalidade, que mais parecia um escritório improvisado, ergueu a mão direita e jurou dizer a verdade. Quando a família percebeu que alguns membros não teriam escolha a não ser comparecer, eles acordaram que David e Kathe iriam, junto com Craig Landau, da Purdue. Seis décadas antes, quando o senador Kefauver presidiu suas audiências no Congresso, Félix Martí-Ibáñez alegou estar doente para evitar testemunhar, ao passo que Bill Frohlich disse que estava inacessível, na Alemanha. Agora, de acordo com uma pessoa por dentro das negociações, os advogados de Mortimer Sackler diziam que ele não poderia comparecer porque estava num "lugar remoto da Ásia". Mesmo enquanto administrava a Purdue, Richard sempre preferiu deixar outras pessoas falarem por ele. Diante da perspectiva de um interrogatório brutal, que provavelmente se concentraria no seu próprio comportamento e em seus comentários, ele optou não por ir para se defender, mas por deixar o próprio filho falar em seu nome.

— Quero expressar aqui a profunda tristeza que minha família sente em relação à crise de opioides — começou David, que, embora tivesse quarenta anos de idade, tinha raspado a barba e penteado o cabelo como o de um estudante, de modo que parecia mais novo. — O que quer que tenham ouvido sobre os Sackler na imprensa está quase certamente errado e altamente distorcido.[105]

Antes do seu testemunho, o comitê convidara diversas pessoas para falar sobre o angustiante impacto do OxyContin na própria vida. Uma mãe californiana chamada Barbara van Rooyan contou sobre a perda do filho, Patrick, depois que ele tomou um único comprimido do OxyContin e parou de respirar em 2004.

— No primeiro ano, eu acordava todas as manhãs desejando estar morta também — disse ela. — O luto pela perda de um filho não é um processo. É um peso que se carrega todos os dias. Um peso que eu carrego por culpa da Purdue e dos Sackler.

Nan Goldin compareceu, e havia um exemplar do livro de Barry Meier bem visível na estante atrás dela.

— O vício destruiu meu relacionamento com meus amigos e familiares e quase pôs fim à minha carreira — declarou ela. — Agora eu tento falar em nome de meio milhão de pessoas que não podem mais falar.

Aquilo provavelmente era uma experiência nova para David, ficar cara a cara com pessoas cujas vidas foram arruinadas pelo medicamento criado pela família e ser obrigado a ouvir cada uma delas.

— Lamento profunda e imensamente que o OxyContin tenha causado o vício ou a morte de alguém — disse ele. — Embora eu acredite que a história completa, que ainda não veio a público, vá mostrar que a família e o conselho diretor agiram de forma legal e ética, assumo uma profunda responsabilidade moral por isso porque acredito que nosso produto, o OxyContin, apesar de todos os nossos esforços e boas intenções, foi associado ao uso abusivo e ao vício.

Esses pontos foram elaborados com cuidado. A família demonstraria compaixão e até pesar, mas não reconheceria ter feito nada de errado.

IMPÉRIO DA DOR 429

— Eu contei com a administração da Purdue para que a empresa se mantivesse atualizada em relação à medicina e se assegurasse de que estava agindo de acordo com todas as leis — declarou David.

Usando uma linguagem de advogado, ele insistia que o OxyContin tinha sido "associado" ao vício. Mas não estava convencendo.

— Você usou a voz passiva quando disse que o medicamento foi "associado" ao uso abusivo — comentou Jamie Raskin, deputado por Maryland. — Isso quer dizer que, de alguma forma, você e sua família não sabiam exatamente o que estava acontecendo.

Clay Higgins, que antes de concorrer ao Congresso tinha sido policial na Louisiana, disse que todo mundo "nas ruas" sabia que o OxyContin viciava. Como os *Sackler* não sabiam? Kelly Armstrong, deputado por Dakota do Norte, comentou que, àquela altura, era difícil acreditar que qualquer negação era plausível. A família poderia ter encontrado evidências do surgimento da crise nacional "só ao olhar para o balanço da empresa".

Um a um, todos os deputados metralharam David.

— Nosso comitê é bipartidário, então não concordamos em muitas coisas — disse James Comer, do Kentucky. — Mas creio que nossa opinião sobre a Purdue Pharma e as ações perpetradas pela sua família é a mesma. Acho que todos concordamos que tudo isso é repugnante.

Em alguns momentos, David parecia comicamente fora da realidade, em relação não apenas aos detalhes da crise de opioides, mas à realidade dos estadunidenses. Quando lhe perguntaram se ele já tinha ido à região dos Apalaches e visto o impacto do OxyContin no local, ele respondeu que já *tinha* ido lá, não com o objetivo de "apurar algum fato", mas de férias com Joss. Em determinado momento, o congressista de Illinois Raja Krishnamoorthi colocou na tela uma foto da mansão que David e Joss compraram em Los Angeles em 2018 e perguntou:

— Essa é sua casa em Bel Air, na Califórnia, correto?

— Não — respondeu David. — Eu nunca passei nenhuma noite lá.

Para David, aquilo deve ter parecido algum tipo de desculpa convincente; afinal, era apenas um investimento imobiliário. No entanto, Raja Krishnamoorthi ficou confuso.

— Você é o dono da casa ou não é?

— A casa pertence ao fundo em meu benefício — esclareceu David, antes de acrescentar: — Como um investimento imobiliário.

— Ah, o *fundo* é o proprietário — disse Raja Krishnamoorthi.

É claro. O fundo.

— Sim, sr. Sackler, o *fundo* comprou essa propriedade por 22 milhões de dólares à vista — disse o congressista, completando: — Muitos cidadãos do país se viciaram no OxyContin, mas eu suponho que o senhor e sua família sejam viciados em dinheiro.

Kathe Sackler chegou retraída, parecendo cansada. Isso talvez fosse parte do espetáculo. Num depoimento recente para os trâmites de falência, insistiu em usar uma lente de aumento para ler os documentos colocados diante dela. Ela começou a tecer seus comentários preparados com cunho bastante pessoal.

— Nada é mais trágico que a perda de uma criança — disse ela. — Embora cada tragédia familiar seja única, eu sei bem como isso dói. Perdi meu irmão, Robert, para uma doença mental e o suicídio. Aprendi, por experiência própria, que nossos entes queridos não podem ser culpados nem por uma doença mental nem pelo vício.

Aquela era uma reviravolta surpreendente. Em todos aqueles anos, desde 1975, a família nunca tinha falado publicamente sobre a morte de Bobby, muito menos a respeito de sua vida. No entanto, naquele momento, Kathe escolheu fazer isso. Talvez ela tenha levado em consideração, entre outras coisas, o fato de ter sido informada, algumas semanas antes do depoimento, de que os detalhes da morte de Bobby logo viriam à tona neste livro. De qualquer forma, mesmo que essa revelação tenha sido uma tentativa de despertar empatia ou uma expressão genuína de compaixão, pareceu vazia. No restante do depoimento, Kathe aplicou as mesmas táticas evasivas de David. Ela "sofria" ao pensar que o OxyContin era "associado" a tanto sofrimento.

Peter Welch, deputado por Vermont, mencionou o chefe mexicano do tráfico de drogas Joaquín "El Chapo" Guzmán, que havia sido recentemente condenado num tribunal federal de Nova York.

— El Chapo foi condenado à prisão perpétua e vai pagar 12 bilhões de dólares — observou Welch. — A família Sackler, por meio da Purdue, tem três condenações criminais, mas ninguém foi para a prisão, e a família ainda tem seus bilhões.

— Com licença — disse Kathe, de repente exaltada e até mesmo irritada. — A família *Sackler* não tem nenhuma condenação criminal. A *Purdue Pharma* tem uma condenação criminal. Eu sou uma pessoa física.

Kathe disse que a verdade era que ela não estava muito feliz com os negócios da família.

— Eu sinto raiva porque algumas pessoas que trabalham na Purdue desrespeitaram a lei — continuou ela, reconhecendo que aquilo aconteceu mais de uma vez. — Tenho raiva disso desde 2007 e continuo zangada hoje, em 2020.

Maloney perguntou a Kathe se ela pediria desculpas, não de forma genérica do tipo "lamento que esteja chateado", mas, sim, um pedido genuíno "pelo papel que *você* desempenhou na crise de opioides".

— Tenho refletido muito sobre essa pergunta — começou Kathe. — Eu tentei chegar a alguma conclusão. Será que eu poderia ter feito alguma coisa de forma diferente, considerando tudo que eu sabia na época e não o que sei hoje?

Mas, depois de muito pensar, ela completou:

— Não. Não existe nada que eu pudesse ter feito de forma diferente.

David falara sobre o desejo de "humanizar" sua família, mas um dos problemas dos Sackler era que, diferentemente de muitas pessoas, parecia que eles não aprendiam com o que viam acontecer ao seu redor. Podiam até ensaiar um simulacro de empatia, mas pareciam incapazes de compreender o papel que tinham desempenhado na história, o que impedia qualquer epifania moral genuína. Eles se ressentiam de serem considerados os vilões de um drama, mas eram as próprias cegueira e teimosia que os faziam se encaixar tão bem no papel. Eles não conseguiam mudar.

Havia algo inegavelmente ritualístico na audiência daquela manhã. Mesmo que a comunidade não responsabilizasse a família, iria pelo menos constrangê-la. É bem provável que Kathe e David tenham achado que tudo aquilo foi um teatro: os legisladores estavam demonstrando indignação, assim como demonstravam compaixão. No entanto, o procedimento também foi, de forma fundamental, uma expressão democrática: o OxyContin tinha levado tanta destruição a tantas comunidades que os representantes de tais comunidades se reuniram para dar voz, como em um terrível coro grego, a toda a indignação coletiva.

Um dos membros do comitê era Jim Cooper, um congressista veterano pelo Tennessee, um estado devastado pelo medicamento. Ele era cortês e falava devagar, uma cadência professoral e escolhendo as palavras com grande cuidado. Em relação à recusa implacável da família em reconhecer todo o mal que tinham feito, Cooper disse:

— Acho que Upton Sinclair uma vez escreveu que um homem terá dificuldade de entender alguma coisa se o salário dele depender dessa falta de compreensão.

Ele continuou falando com voz suave e deliberada:

— Assistir ao depoimento de vocês faz meu sangue ferver. Não sei se já conheci uma família dos Estados Unidos pior do que a de vocês.

A pandemia da Covid-19 e o colapso econômico concomitante intensificaram ainda mais a crise de opioides à medida que o isolamento social e o estresse econômico fizeram muitas pessoas sofrerem recaídas, e as taxas de morte por overdose tiveram um pico em muitas regiões do país.[106] Pouco depois que David e Joss fugiram de Nova York, Mortimer e Jacqueline venderam discretamente sua casa na East 75th Street por 38 milhões de dólares numa transação feita fora do mercado.[107] Segundo rumores, eles se mudaram para Londres, uma cidade que atraía oligarcas com fortunas não muito palatáveis, o que talvez lhes oferecesse uma base mais agradável de operações.

Maura Healey se esforçava para conversar regularmente com as famílias que perderam entes queridos para a pandemia. Eles sentiam uma tremenda indignação, mas muitos disseram a ela que o que queriam não era dinheiro, mas, sim, a verdade. Numa petição no tribunal de falências, os estados estimaram o custo total da crise em mais de 2 trilhões de dólares.[108] "O que estamos tentando fazer é contar a história, para que haja um ajuste de contas. Porque coletar as provas e contar a história — a história verdadeira, a história completa, a história que foi escondida por tanto tempo — tinha um valor próprio. "Nunca seremos capazes de conseguir dinheiro suficiente para dar conta dos danos da crise perpetrada pelos membros dessa família", comentou Maura Healey.[109] Nenhum dinheiro será o bastante. Ao mesmo tempo, porém, nenhuma quantia que os Sackler venham a pagar será suficiente para apagar a história do mal que fizeram", concluiu ela. Quase um século antes, no ápice da Depressão, Isaac Sackler dissera para seus três filhos que alguém que perdesse uma fortuna sempre poderia fazer outra, mas, se perdesse a boa reputação do seu nome, jamais se recuperaria. Soando muito como Isaac Sackler, a procuradora-geral concluiu: "Eles não podem pagar para reaver a própria reputação."

Um fato estranho sobre a solução do Departamento de Justiça foi que ela endossou a proposta dos Sackler de transformar a Purdue numa corporação pública beneficente, que continuaria vendendo opioides, mas distribuiria os lucros para os estados para combaterem a crise de opioides. Ninguém comentou nada, mas havia uma ironia nessa proposta. Na década de 1940, numa esquina fria e nevada de Nova York, Arthur, Mortimer e Raymond firmaram um pacto com seu melhor amigo, Bill Frohlich. Eles trabalhariam juntos de forma tão próxima que seria difícil dizer onde começavam os interesses de um e terminavam os do outro. Compartilhariam os negócios e apoiariam uns aos outros para que o empreendimento se tornasse maior do que a soma de suas partes, e, quando o último deles morresse, todos os ativos seriam transformados num fundo beneficente.

Richard Leather, o advogado que formalizou aquele grande acordo quase seis décadas antes, ficava com raiva ao ver a família usar a promessa daquele acordo como um jeito de resolver um litígio. "O acordo não foi pensado para enriquecer Richard Sackler, mas para servir como um presente para a humanidade. Para beneficiar o público geral", disse Richard Leather.[110]

Em 1947, quando Richard Sackler ainda era bebê, seu pai e seus tios incorporaram uma das primeiras fundações da família "em memória de Isaac Sackler, como tributo de seus filhos a um homem que tinha um amor infinito e um interesse e uma visão ilimitados". O objetivo deles era "avançar nos ideais que ele sempre valorizou e ajudar a aliviar o sofrimento humano", escreveram os irmãos.[111]

POSFÁCIO

UMA TARDE, ENQUANTO eu escrevia este livro, no verão de 2020, saí de casa com minha esposa e meus filhos para resolver algumas coisas. Estávamos chegando ao nosso carro quando uma vizinha se aproximou e disse: "Não quero assustá-los, mas tem um cara numa SUV parado ali o dia inteiro. Parece que ele está vigiando a casa de vocês."

Moro em um bairro do subúrbio de Nova York, numa rua residencial pacata, na qual não há muitos motivos para carros aleatórios ficarem estacionados. Então, aquilo me deixou um pouco tenso. Agradecemos à vizinha, entramos no carro e subimos a rua, passando bem ao lado da SUV. Vi um homem forte, de cerca de cinquenta anos, sentado atrás do volante. Quando passamos, ele parecia muito entretido com o próprio telefone. Nós nos afastamos, mas demos meia-volta na tentativa de surpreendê-lo. Ele deve ter saído do carro assim que fomos embora, porque, quando nos aproximamos, estava se espreguiçando perto do para-choque traseiro. Estava de chinelo. Tiramos uma foto.

Aquele foi um momento estressante para meus filhos, que estão no ensino fundamental, mas tentamos não dar importância demais ao ocorrido. Compramos binóculos e eles ficaram vigiando para ver se ele voltaria. Nunca mais vimos o homem, embora ele tenha voltado pelo menos mais uma vez: outro vizinho, que também o notara da primeira vez, nos disse que o homem tinha passado outro dia vigiando nossa casa. Estava num carro diferente, mas com certeza era o mesmo homem. Ele parecia apreciar determinada árvore por oferecer uma boa sombra. Em agosto, uma forte tempestade tropical atingiu Nova York, com ventos de mais de cem quilômetros por hora. Acabamos ficando sem energia elétrica. Depois que a chuva passou, saí de casa com os meninos, tomando bastante cuidado com os cabos de energia caídos. Caminhamos pela rua e vimos que a árvore tinha sido arrancada pela raiz. Eu esperava que o homem aparecesse ali de novo para que visse que a árvore tinha sido violentamente arrancada do chão e se perguntasse se alguma força superior estava mandando um sinal. Mas ele não voltou mais, e nunca mais voltamos a vê-lo.

É claro que, quando aquele visitante apareceu, eu logo pensei em Nan Goldin e no detetive particular que a perseguia quando ela saía de casa no Brooklyn e que seguira sua colega e ativista Megan Kapler. Ela não tinha provas contundentes de que aquele homem fora contratado pelos Sackler. É difícil provar esse tipo de coisa. Detetives particulares costumam ser contratados por terceiros, que servem como intermediários, a exemplo de firmas de advocacia ou especialistas em gerenciamento de crise, em parte por razão de negação. Em geral, nem o próprio detetive sabe quem é o verdadeiro cliente. No entanto, parecia ser mais do que coincidência que Goldin, Kapler e eu tivéssemos passado pela mesma experiência. Quando perguntei à Purdue Pharma a respeito de vigilância, a empresa foi enfática em negar qualquer conhecimento sobre o assunto.[1] Quando fiz a mesma indagação aos Sackler, diferente da empresa, um representante da família não contestou, mas se recusou a comentar.[2] Na época dessas visitas, eu estava em quarentena por causa da Covid-19. Fiquei imaginando o que um detetive poderia querer descobrir vigiando um escritor que não saía de casa. Foi quando me dei conta de que quase certamente eles não queriam descobrir alguma coisa, mas sim me intimidar.

Quando comecei a trabalhar neste projeto, em 2016, eu o abordei de forma indireta. Escrevi por muitos anos sobre o tráfico de drogas entre México e Estados Unidos. Meu objetivo particular era compreender os cartéis mexicanos, não apenas como uma organização criminosa, mas também como um negócio. Escrevi uma longa reportagem que foi uma espécie de estudo de caso de um sindicato de drogas, explorando de que formas o cartel de Sinaloa espelhava de forma obscura um empreendimento de commodities legais.[3] Uma das coisas que descobri nessa pesquisa foi que os cartéis estavam dando uma nova ênfase à heroína. Foi isso que me levou ao OxyContin. Os cartéis eram criminalizados, com razão, por sua disposição de vender produtos que provocam vício e destroem vidas. No entanto, fiquei chocado ao descobrir que a família que presidia a empresa fabricante do OxyContin era uma dinastia filantrópica que gozava de uma reputação irretocável. Li *Dreamland*, de Sam Quinones, e, em seguida, *Pain Killer*, de Barry Meier, e o relatório investigativo sobre a Purdue no *Los Angeles Times*. Eu conhecia o nome Sackler, que, na minha mente, era sinônimo de filantropia. Até ler sobre a crise de opioides, eu não sabia nada sobre os negócios da família.

IMPÉRIO DA DOR   437

Passei boa parte do ano seguinte pesquisando e escrevendo a reportagem que foi publicada na revista *The New Yorker* em 2017. À medida que comecei a descobrir a fascinante história dos três primeiros irmãos e a compreender como a Purdue, sob a liderança de Richard Sackler, promoveu o OxyContin, fiquei surpreso com os ecos da carreira de Arthur Sackler em tudo que veio depois. Àquela altura, a família nunca tinha falado publicamente sobre o papel que desempenhou na crise de opioides. Eu queria saber o que diriam. No entanto, minhas tentativas de conseguir uma entrevista com os Sackler sempre eram respondidas com um silêncio frio.

A maioria das matérias que um jornalista escreve não produz nem uma marola, pois elas não passam de uma crônica da realidade e apenas em raras ocasiões resultam em alguma mudança. No entanto, a reportagem da *The New Yorker* deixou uma marca, de formas que eu jamais teria imaginado. Recebi centenas de mensagens de leitores que descobriram a história dos Sackler porque eles, ou alguém que conheceram, travavam uma luta contra o vício em opioides. Nan Goldin foi uma das pessoas que entraram em contato comigo, e eu assisti, de longe, enquanto ela criava um movimento.

Na época, não achei que seria possível escrever um livro sobre os Sackler porque a família se mantinha totalmente reservada, e a Purdue, como empresa de capital fechado, continuava impenetrável. No entanto, comecei a ouvir pessoas que trabalharam na Purdue ou que conheciam os Sackler e queriam contar sua história. Em janeiro de 2019, Maura Healey divulgou sua denúncia no caso de Massachusetts, que estava recheado de correspondências privadas da família.

Existem muitos ótimos livros sobre a crise de opioides. Minha intenção, porém, era contar uma história diferente: a saga de três gerações de uma dinastia familiar e o que elas fizeram para mudar o mundo, uma história sobre ambição, filantropia, crime e impunidade, corrupção das instituições, poder e ganância. Dessa forma, alguns aspectos da crise de saúde pública não são abordados profundamente neste livro, desde questões ligadas à ciência do vício até as melhores práticas de tratamento e redução dos danos vivenciados pelas pessoas que lidam com algum tipo de distúrbio provocado pelo uso de opioides. A questão da dor e do seu tratamento adequado é de uma complexidade imensa, e este livro, embora apresente uma forte crítica à comercialização em massa de opioides para casos de dor moderada, não explora, em nenhum nível, uma questão mais difícil que envolve debates acalorados sobre o valor terapêutico de longo prazo dos opioides para o tratamento de dor crônica grave. Recebi mensagens de vários leitores que sofrem de dor crônica e que expressaram o receio de que minhas reportagens investigativas sobre a Purdue prejudicassem o acesso deles à medicação adequada ao estigmatizar os opioides e os pacientes que dependem desses medicamentos para viver. Não tenho o menor desejo de contribuir com a estigmatização das pessoas que tomam o OxyContin e outros opioides, seja de forma legal ou ilegal. Isso posto, espero que o livro tenha demonstrado que a Purdue Pharma e a família Sackler invocaram, por décadas, os interesses dos pacientes que sofrem de dor como justificativa para a própria ganância, e creio que seria um grande erro dar a eles um passe livre com base nessa questão da estigmatização.

Como deixo bem claro no decorrer do livro, o OxyContin não foi o único opioide a ser comercializado de maneira fraudulenta ou usado de forma abusiva, e minha escolha de focar a Purdue não é, de modo algum, uma sugestão de que as outras empresas farmacêuticas não merecem ser devidamente culpadas pela crise. O mesmo pode ser dito em relação à FDA, aos médicos que prescreviam os opioides, aos vendedores e distribuidores desses medicamentos e às farmácias que atendiam os pedidos. Há culpa para dar e vender. No entanto, compartilho do ponto de vista de muitos médicos, funcionários públicos, promotores e acadêmicos que acreditam que a Purdue representou um papel especial por ter sido a pioneira.

Nenhum dos três ramos da família Sackler demonstrou qualquer animação com a perspectiva do lançamento deste livro. A viúva e os filhos de Arthur recusaram meus convites para uma conversa, assim como a ala de Mortimer. A ala de Raymond optou por um papel mais antagônico, contratando um advogado chamado Tom Clare, da Virgínia, que tem uma firma de advocacia especializada em ameaçar jornalistas na tentativa de abafar as matérias antes mesmo de serem publicadas.[4] O primeiro ato de Tom Clare, mesmo antes de eu começar a escrever o livro, no verão de 2019, foi mandar uma carta de onze páginas com espaçamento simples para a *The New Yorker* me acusando de "parcialidade tendenciosa" contra seus clientes e exigindo uma série de correções na reportagem que eu tinha publicado quase dois anos antes.[5] O advogado insistia que a crise de opioides fora causada por "fentanil ilícito trazido ilegalmente para os Estados Unidos vindo da China e do México". A revista contratou uma pessoa para checar novamente todos os fatos em resposta à crítica de Clare. No entanto, tal averiguação não apontou nenhum erro factual, e a revista não mudou nenhuma palavra. Logo depois, o advogado entrou em contato direto comigo dizendo que os

Sackler estavam pensando na "possibilidade de entrar com um processo" e me instruindo formalmente a não destruir nenhuma "prova" de antemão, e ele ainda tomou o cuidado de marcar todas a cartas com a mensagem: *Confidencial, extraoficial, proibida a publicação ou atribuição*, embora qualquer pessoa com o mínimo de conhecimento acerca do funcionamento do jornalismo saiba que ele precisaria da minha anuência para estabelecer tal condição e que aquele pronunciamento unilateral nada significava, mesmo grafado em destaque.

No decorrer dos dezoito meses seguintes, Tom Clare enviou dezenas de cartas e e-mails para a *The New Yorker* e para a Doubleday, a editora que publicou a versão original deste livro. À medida que eu estudava como Arthur Sackler usara seu poderoso advogado Clark Clifford para lidar com a comissão de Kefauver, como o conselheiro da família Howard Udell tentou controlar o *The New York Times* e como a Purdue e os Sackler usaram Mary Jo White para minar uma investigação federal em 2007 e outra em 2020, fiquei chocado com a continuidade da tática da família. Sou casado com uma advogada. Muitos dos meus melhores amigos são advogados. Eu mesmo fiz direito. No entanto, fiquei surpreso (você pode até me chamar de ingênuo) com a disposição mercenária de alguns advogados ostensivamente respeitáveis de se prestarem ao papel de meros criados de magnatas suspeitos. Em determinado momento, Joanna Lydgate, subprocuradora-geral de Massachusetts, relembrou um ditado que ouviu pela primeira vez de um professor de direito da faculdade: "Todo mundo tem direito a um advogado, mas não precisa ser você."[6]

Depois que a NYU anunciou sua decisão de retirar o nome dos Sackler, logo após a Purdue fazer a declaração de culpa no outono de 2020, um dos advogados da família, Daniel Connolly, disse: "Assim que os documentos da Purdue forem liberados, eles vão ver a história da empresa e dos Sackler que foram membros do conselho diretor e sempre agiram de forma ética e dentro da lei."[7] Isso me pareceu uma postura estranha. Os documentos que vieram a público até hoje deixam os Sackler com uma péssima imagem; se a família tivesse *outros* documentos escusatórios contando outra história, por que esperariam para divulgá-los? Escrevi para Tom Clare, dizendo que adoraria ter acesso a tais documentos para incluí-los no livro. Ele respondeu que, como seus clientes não acreditavam que eu "agiria de forma responsável" diante de tais provas, eles não queriam me dar o "acesso preferencial a tais materiais".[8]

Nas minhas entrevistas com dezenas de ex-funcionários da Purdue, fossem representantes de vendas, médicos, cientistas ou executivos, um tema que sempre me surpreendeu foi a névoa de negação coletiva. Na época do lançamento do OxyContin, a empresa (assim como os Sackler) dizia que somente pessoas que faziam uso abusivo do medicamento se viciavam, e que foram apenas poucos representantes de vendas que fizeram propaganda enganosa, e que a empresa era movida apenas pelo desejo altruísta de ajudar as pessoas que sofriam com dor. Essa narrativa, assim como as narrativas que Arthur usava para falar dos medicamentos que ele comercializava, se tornaram insustentáveis diante dos fatos. Ainda assim, muitos funcionários da Purdue pareciam continuar acreditando nelas, permanecendo, por décadas, em estado de negação. "Nós fomos cúmplices por motivos financeiros", disse-me Nicholas Primpas, que trabalhou na empresa como gerente de contabilidade regional de 1987 a 2005. "Nós demoramos a entender. E o motivo para isso talvez tenha sido a ganância."[9] No entanto, muitos ex-funcionários, amando ou odiando os Sackler, pareciam relutantes em admitir até mesmo isso.

Havia uma ausência notável de dedos-duros no caso do OxyContin. Talvez porque, sempre que alguém tentava denunciar a Purdue, a empresa se esforçava ao máximo para acabar com a pessoa, exatamente como os advogados fizeram com Karen White, a representante de vendas que perdeu o processo contra a farmacêutica em 2005. No entanto, passei a acreditar que isso também ocorreu por causa de uma postura de negação. Eu passava horas conversando com pessoas inteligentes que trabalharam para a empresa, e elas reconheciam todo tipo de problema na cultura corporativa e faziam observações bastante sagazes sobre as personalidades envolvidas, mas, quando se tratava do papel do OxyContin na crise de opioides, elas se esforçavam para apresentar justificativas. Mesmo diante de uma pilha de provas, declarações de culpa em processos criminais, centenas de processos, estudos e mais estudos, além de tantas mortes, elas se voltavam para as antigas verdades sobre uso abusivo *versus* vício, sobre heroína e fentanil. Fiquei me perguntando se, para algumas dessas pessoas, a desmoralização envolvida em assumir a própria cumplicidade não seria um fardo pesado demais para se carregar.

Um dia, fui de carro até o vilarejo de Amagansett, bem próximo da extremidade de Long Island, para me encontrar num restaurante com um homem, o qual vou chamar de Jeff. Ele me contou sobre sua luta contra o vício. Uma década antes, ainda adolescente, ele começara a usar opioides de forma abusiva. Esses medicamentos estavam "por todos os lados", disse ele, que gostava particularmente do OxyContin por proporcionar uma onda limpa. Depois de raspar o revestimento vermelho do comprimido, ele o esmagava com um isqueiro e cheirava o pó resultante. Não injetava. "Desde bem novo, eu sempre disse que nunca enfiaria uma agulha no braço", contou.

Em tom suave e inalterado, Jeff me contou como foi a década seguinte da sua vida: ele continuou com o uso abusivo de analgésicos, conheceu uma mulher, se apaixonou e a apresentou aos opioides. Um dia, o fornecedor estava sem comprimidos e disse: "Tenho aqui um saquinho de heroína. Vendo para você por vinte pilas." Jeff ficou relutante, mas acabou aceitando quando sentiu os efeitos da abstinência. No início, ele e a namorada cheiravam a droga. "Mas começamos a desenvolver tolerância, exatamente como aconteceu com os comprimidos", relatou ele. No fim das contas, começaram a injetar. Estavam chapados quando se casaram. A mulher de Jeff deu à luz um bebê que já nasceu com dependência química. "Os médicos davam a ele gotinhas de morfina", contou.

Depois de um longo tempo de reabilitação, Jeff conquistou a sobriedade e se manteve sóbrio por mais de um ano. O filho estava saudável, e a mulher, sóbria também. Em retrospecto, Jeff sentia que a decisão impulsiva que tomara na juventude de cheirar comprimidos esmagados o colocou num caminho do qual não conseguia sair. "Tudo na minha vida tinha a ver com a droga", disse ele. "Eu criei um furacão de destruição."

Pagamos o almoço, saímos do restaurante e caminhamos por uma rua arborizada e cheia de mansões. Amagansett é um destino de veraneio das famílias ricas de Nova York. Nos piores anos do vício, Jeff trabalhou como vendedor naquela área. Pedi que me mostrasse uma propriedade específica que atendia e, numa rua tranquila, ele parou perto da entrada de uma imensa casa praticamente escondida por uma densa cerca viva. Era a casa de verão de Mortimer e Jacqueline Sackler. Jeff já sabia sobre os negócios da família quando trabalhava para eles. Ele percebeu como aquilo era irônico. Os Sackler sempre pareceram protegidos pelo fato de que a destruição provocada pelo medicamento que fabricavam não acontecia no quintal deles. Ainda assim, ali estava Jeff, praticamente no quintal deles. "Não sei nem dizer quantas vezes já cheguei a essa casa e, sentado no caminhão do trabalho, cheirei um comprimido", contou.

Nos aproximamos de um portão de madeira todo ornamentado, atrás do qual havia um quintal dominado por um salgueiro-chorão. Enquanto eu admirava a árvore, Jeff disse que as pessoas que cuidavam da casa consideravam aquela árvore uma "dor de cabeça". Sempre que ventava, os galhos quebravam e soltavam flores, folhas e galhos pelo gramado. "Mas o lugar tinha que estar imaculado. Não podia haver nenhuma folha no chão", contou ele. Então, a equipe tinha que varrer tudo com cuidado, para acabar com qualquer bagunça.

AGRADECIMENTOS

VOU COMEÇAR AGRADECENDO a todos aqueles que generosamente dedicaram um pouco de tempo para conversar comigo no decorrer dos últimos dois anos e que confiaram em mim para compartilhar sua história. Foram tantas pessoas que é difícil nomear todas aqui, sem contar que nem posso revelar o nome de algumas delas. Muito obrigado. Agradeço também à equipe dos arquivos que consultei, todos os quais estão listados nas notas de fim do livro. Meus agradecimentos também vão para o Consórcio Internacional de Jornalistas Investigativos, por me dar acesso a dados bancários vazados, que incluíam detalhes das contas dos Sackler. Minha gratidão a Katie Townsend e seus colegas do Comitê de Repórteres pela Liberdade de Imprensa, que intervieram no caso de falência para tirar o sigilo de arquivos contendo provas bastante reveladoras.

Este livro começou como uma reportagem para a revista *The New Yorker*, e tenho uma dívida imensa com meu editor de longa data, Daniel Zalewski, que me ensinou muito do que sei sobre a arte de contar histórias. Muito obrigado a E. Tammy Kim e Nicolas Niarchos, que fizeram a checagem dos originais do livro, a Peter Canby, que supervisionou a checagem e a rechecagem, e a Fabio Bertoni. Meu agradecimento também a David Remnick, por fazer várias coisas parecerem fáceis e por, além de tudo, ser um grande chefe. Muito obrigado a Dorothy Wickenden, Henry Finder, Pam McCarthy, Deirdre Foley-Mendelssohn, Mike Luo, David Rohde, Linnea Feldman Emison, Sean Lavery, Alexander Barasch, Ave Carrillo, Natalie Raabe e todos os meus colegas na revista. Agradeço a meu amigo Phillip Montgomery, cujo ensaio fotográfico impactante "Faces of an Epidemic" ("Retratos de uma epidemia", em tradução livre) foi publicado acompanhando meu texto na *The New Yorker*.

Sinto que tenho uma tremenda sorte por publicar outro livro com Bill Thomas, da Doubleday, que se arriscou ao assinar um contrato para que eu escrevesse *The Snakehead* em 2006. Bill entendeu como deveria ser o produto final deste livro logo na nossa primeira conversa e foi um grande aliado, um interlocutor profundamente perceptivo em cada passo do caminho. Um imenso agradecimento a Daniel Novack, meu incansável advogado na Doubleday, que, de alguma forma, é neuroticamente meticuloso e, ao mesmo tempo, imperturbavelmente tranquilo. Obrigado também aos maravilhosos Michael Goldsmith e Todd Doughty, Anke Steinecke, Maria Massey, Ingrid Sterner, Lydia Buechler, Kathy Hourigan, Khari Dawkins, John Fontana e toda a equipe da Doubleday. Thea Traff ajudou com as fotografias. Oliver Munday fez uma linda capa. Kimon de Greef lidou com as notas de referência num prazo brutal. Julie Tate fez a checagem de todos os fatos citados no livro com incríveis atenção, cuidado e alegria. Quaisquer erros que possam ter passado são de minha inteira responsabilidade.

Tenho uma grande dívida com Tina Bennett, minha agente há mais de vinte anos. Na WME, sou muito grato a Tracy Fisher, Svetlana Katz, Matilda Forbes Watson, Eric Simonoff, Ben Davis, Anna DeRoy e Christina Lee. Minha gratidão também a Ravi Mirchandani e seus colegas no Picador.

Meus agradecimentos, por diversos motivos, a: Rachel Aviv, Joel Lovell, Raffi Khatchadourian, Andrew Marantz, Henry Molofsky, David Grann, Tyler Foggatt, Micah Hauser, Victoria Beale, Phil Keefe, Jim Keefe, Laura Poitras, Daniel Gorman, Sravya Tadepalli, Sam Rosen, David De Jong, Naomi Fry, Nick Paumgarten, Bart Gellman, Tim Weiner, Paul DeMarco, Jennifer Kinsley, Paulina Rodríguez, Peter Smith, Pauline Peek, Scott Podolsky, David Juurlink, Andrew Kolodny, Ed Bisch, David Fein, David Segal, Larissa MacFarquhar, Jillian Fennimore, Evan Hughes, Lily Bullitt, Ed Conlon, Mark Rosenberg, Oriana Hawley, Mark Bomback, Andy Galker, Jason Burns, Dave Park, Noah Harpster, Micah Fitzerman-Blue, Will Hettinger, Eric Newman, Alex Gibney, Svetlana Zill, John Jordan, Jed Lipinski, Mike Quinn, Sarah Margon, Sarah Stillman, Ed Caesar, Sheelah Kolhatkar, Ben Taub, Gideon Lewis-Kraus, Sai Sriskandarajah e para "os Michaels", como meus filhos se referem a Michael Wahid Hanna e Michael Shtender-Auerbach. Um agradecimento enorme e especial a Alex Godoy.

Enquanto eu escrevia este livro, pensei muito sobre família, o que a une e o que a destrói, o que significa carregar um sobrenome, e a experiência me deixou com a sensação de ser uma pessoa profundamente afortunada por ter nascido na minha família. Agradeço aos meus pais, Jennifer Radden e Frank Keefe, por seu apoio infinito e seu exemplo firme, e aos meus sogros, Tadeusz e Ewa. Um agradecimento especial para minha irmã, Beatrice, e meu irmão, Tristram. Embora hoje moremos longe e cada um tenha sua carreira e sua família, sou o que sou hoje por causa da infância que compartilhamos, e eu amo e admiro vocês dois e suas respectivas famílias. Este livro é dedicado a vocês.

Escrevi o manuscrito durante a pandemia da Covid-19, no isolamento com minha mulher, Justyna, e nossos filhos, Lucian e Felix. É estranho dizer, mas aprendi muito sobre adaptação ao ver meus filhos se reconciliarem, em tempo real, com a catástrofe que se desdobrava diante deles. Temos muita sorte, considerando tudo, e as pequenas coisas nas quais a pandemia nos testou não precisam ser mencionadas, em comparação ao que aconteceu com outras pessoas. Mas a resiliência dos meus filhos me inspirou. Foi o que me deu esperança quando eu precisei.

Justyna me avisou que estes agradecimentos tinham "que ser bons", e esse, na verdade, é um ótimo exemplo do que eu amo nela, uma inteligência que não é anuviada pelos sentimentos, sua aliança com as grandes coisas combinada com um ceticismo vocal em relação a todas as coisas pequenas. Compartilhar uma risada, uma taça de vinho, uma vida e dois filhos com Justyna é mais do que eu poderia desejar. Ainda parece uma pegadinha.

UMA OBSERVAÇÃO SOBRE AS FONTES

A FAMÍLIA SACKLER não cooperou na pesquisa para este livro. Nenhum membro da família aqui retratado concordou em conceder entrevistas. Tom Clare, o advogado, sempre respondeu aos meus insistentes pedidos de entrevista com Richard e David Sackler desta maneira, por escrito: "Até que o sr. Keefe reconheça (e corrija) os erros do artigo de sua autoria para o *The New Yorker* (...), não temos motivos para acreditar que ele conduzirá uma entrevista imparcial e justa." Além de questionar a premissa geral do artigo, os Sackler pareciam preocupados com a questão relacionada à indicação do OxyContin para uso pediátrico. Exigiam que eu fizesse uma correção no artigo e afirmasse, erroneamente, que eles não tinham buscado de forma voluntária a indicação pediátrica, mas que tinham dado tal passo apenas após serem instigados pela FDA. Por mais que eu quisesse conversar diretamente com os clientes do sr. Clare, aquela não era uma condição que eu pudesse aceitar.

Em vez disso, Tom Clare propôs uma reunião com os advogados da família e equipes de relações públicas, durante a qual eu poderia informá-los em detalhes o que eu pretendia escrever no livro, e eles poderiam me explicar melhor os supostos erros do meu artigo anterior. Eu certamente estava preparado para ouvi-los, mas a posição de Tom Clare parecia ir mudando com o tempo, e os convites do meu editor para marcarmos uma reunião foram ignorados por meses. Em um e-mail para mim, Tom Clare escreveu que os Sackler foram "obrigados", diante da minha recusa a fazer alterações no meu artigo para o *The New Yorker*, a lidar comigo "desta forma (por escrito e por intermédio de advogados)".

Quando eu já estava na fase de conclusão do livro, enviei uma lista detalhada de perguntas para as alas de Raymond e Mortimer. Tom Clare tinha sido inflexível ao dizer que seus clientes precisariam de um longo tempo para responder a quaisquer perguntas em relação à verificação de fatos. Então, eu lhes dei um mês.

Um pouco antes do fim do prazo, Tom Clare marcou uma reunião com o advogado da Doubleday, que era responsável por analisar o manuscrito, com um advogado da família e representantes de relações públicas das duas alas da família. Nenhuma dessas pessoas daria autorização para serem citadas nominalmente, mas fizeram uma apresentação em PowerPoint na qual alegaram que o OxyContin representava apenas uma pequena fração do mercado de opioides, sendo raríssimo que pessoas que se tratavam com OxyContin prescrito por médicos desenvolvessem dependência química, e que os membros da família Sackler que faziam parte do conselho diretor não tiveram nenhum papel significativo na administração da empresa deles.

Uma das minhas fontes, que trabalhou como executivo sênior da Purdue, certa vez me disse que parte do problema da empresa estava justamente na relação que tinham com a FDA. "A FDA, por muitos anos, não admitiu que também deixara passar muita coisa", contou ele. Quando o assunto eram os opioides da Purdue, a agência tinha um longo histórico de negligência e tolerância. Mas, em Stamford, continuou o executivo, a impressão era de que a empresa contava com a bênção da FDA havia tanto tempo que estava tudo bem se comportar daquele jeito. Com o passar dos anos, aquela dinâmica "deixou a Purdue em uma posição muito confortável". Na apresentação dos representantes dos Sackler, eles se voltavam sempre para a FDA. Para rebater a acusação de que Michael Friedman e Paul Goldenheim mentiram para o Congresso, em depoimento, ao dizer que não existia uso abusivo do MsContin, os representantes mostraram uma declaração de um funcionário da FDA em 2002 dizendo exatamente a mesma coisa. No entanto, não há motivos para acreditar que a FDA soubesse, mais do que a própria Purdue, que o medicamento estivesse sendo usado de forma abusiva, e parecia completamente plausível que, quando testemunhara em 2002, o tal funcionário da FDA confiasse no depoimento prestado pelos executivos da Purdue sob juramento. Os negociantes dos Sackler e os representantes da Purdue também não conseguiram explicar os e-mails internos da empresa que sugeriam que o medicamento vinha, na verdade, sendo amplamente usado de forma abusiva e que a empresa tinha recebido relatos de tal abuso "o tempo todo e de todos os lugares". De forma semelhante, o advogado da família afirmou nessa reunião com a Doubleday que o OxyContin é consistentemente eficaz durante um ciclo de dosagem de doze horas — apesar das abundantes evidências em contrário — porque a FDA continua assinando embaixo da bula da Purdue que afirma isso.

No dia que o prazo do meu pedido de verificação dos fatos terminou, Tom Clare anunciou que as duas alas da família estavam trabalhando juntas para responder — mas precisariam de mais tempo. Àquela altura, eu me preparava para uma resposta longa e estava disposto a incorporar no decorrer do livro os comentários e as contestações da família. No entanto, quando Tom Clare mandou a resposta formal cinco dias depois, o texto consistia apenas de meia página. Observando que eu ainda "não tinha corrigido os erros do meu primeiro artigo sobre a família Sackler", a nota alegava que minhas perguntas para verificação de fatos estavam "repletas de afirmações equivocadas feitas a partir de premissas falsas sobre: os negócios da família Sackler, afiliações políticas, casa, estudo, comportamento durante as reuniões do conselho diretor (incluindo afirmações falsas sobre uso inadequado de medicamento)". Esta última pareceu ser uma contestação específica do incidente no qual, dizia-se, Richard Sackler tomara um comprimido de OxyContin diante dos colegas de trabalho, embora, na história que me foi contada, isso não tenha ocorrido em uma reunião do conselho. E a lista continuava: "e membros do conselho, envolvimento no desenvolvimento de medicamentos, e-mails claramente enviados de brincadeira ou envolvendo pessoas que nunca trabalharam na Purdue, alegações sobre a potência do OxyContin e outros dados". Na verdade, a "infinidade de erros não lhes dava segurança de que o livro como um todo apresentará os fatos de forma precisa de modo algum". Assim, a família decidiu boicotar o processo de verificação dos fatos e não negar nenhuma das muitas alegações específicas que apresentei. Enviei mais de cem perguntas relacionadas a ambas as alas da família e aos negócios. Eu lhes dei tempo suficiente, mas, no fim das contas, eles optaram por não responder.

Ainda assim, este relato foi totalmente construído com base nas próprias palavras da família. Porque a Purdue e, em menor escala, os próprios Sackler se envolveram em litígios por décadas, e a fonte mais significativa para este livro são as dezenas de milhares de páginas de documentos dos tribunais: depoimentos, testemunhos sob juramento, relatórios, queixas, transcrições de julgamento e centenas de e-mails, memorandos e outros materiais confidenciais que foram descobertos nas investigações. Todo esse material está devidamente organizado na seção de referências. Um memorando da promotoria ou uma denúncia é, por natureza, um documento de acusação. No entanto, em vez de aceitar as acusações das autoridades estaduais e federais pelo que eram, para contar a minha história usei as evidências e as provas que eles descobriram. Em muitos casos, a minha interpretação das evidências foi diferente da dos procuradores-gerais, do mesmo modo que diferiu, de maneira considerável, da interpretação apresentada nos diversos documentos de defesa apresentados pela Purdue e pelos Sackler.

Quando cito e-mails ou cartas, elas estão devidamente referenciadas de diversas formas, as quais, em nome da clareza e da transparência, quero registrar aqui. Em alguns casos, a citação é de uma comunicação que acessei integralmente, por ter sido produzida no momento da descoberta ou entregue a mim. Em outros, cito documentos que não possuo, mas que foram citados em arquivos legais; nesses casos, cito o documento original para que seja devidamente identificado e acrescento "citado na denúncia de Massachussets", ou algo do tipo, para deixar evidente que estou me baseando na caracterização dos documentos do tribunal e que não tenho o documento citado.

Esta é uma obra narrativa de não ficção: nenhum detalhe foi inventado ou imaginado; nos casos em que atribuo pensamentos ou sentimentos às pessoas, é porque elas mesmas os descreveram para mim ou a outra pessoa ou estou me baseando na descrição feita por alguém que conhecia a pessoa. Usei pseudônimos em dois casos: para a secretária de Howard Udell, a quem chamo de Martha West, e o homem que no posfácio eu chamo de Jeff. Ao organizar o livro, senti imensa gratidão pelo trabalho inovador de pesquisadores e jornalistas que exploraram diferentes aspectos desta história, principalmente John Lear, Scott Podolsky, David Herzbert, Andrea Tone, Richard Harris, Adam Tanner, Barry Meier, Sam Quinones, David Armstrong, Christopher Glazek, Beth Macy, Chris McGreal, Bethany McLean, Gerald Posner e a equipe de reportagens do *Los Angeles Times*: Lisa Girion, Scott Glover e Harriet Ryan.

Entrevistei mais de duzentas pessoas, muitas das quais trabalharam para os Sackler, seja na Purdue ou em outra empresa; outras conheciam a família socialmente; outras os investigaram. Boa parte dessas entrevistas foram gravadas. Houve, no entanto, diversas fontes que, por um motivo ou outro, só aceitaram falar comigo sob a condição de não terem o nome citado no livro. As fontes que foram gravadas são citadas na seção de referências; as fontes anônimas não aparecem nas referências. Este livro conta com muitas notas de referência, então, se você se deparar com uma citação ou afirmação no texto e não encontrar uma nota correspondente no fim do livro, isso significa que ela veio de uma fonte anônima. Entrevistei algumas dezenas de fontes mais de uma vez no período de dois anos, e verifiquei suas recordações, comparando com outras fontes, buscando confirmação documental e testando a lembrança de outras pessoas. Além disso, o livro passou por uma verificação independente de fatos, e o responsável por tal verificação conhecia a identidade verdadeira de cada fonte e comparou cada citação e afirmação com a transcrição da entrevista concedida, e, em muitos casos, conduziu entrevistas adicionais com as fontes anônimas com o objetivo de confirmar algumas informações.

Na parte 1 do livro, eu me baseei fortemente em uma biografia de Marietta Lutze, publicada de forma independente em 1997. Apenas 225 exemplares foram impressos; comprei um pela internet. Marietta tinha um ponto de vista forte, e busquei confirmar seus relatos por meio de entrevistas com pessoas que conheciam Arthur e sua família na época. Também me baseei em uma biografia de Arthur M. Sackler, escrita por um pupilo devotado e publicada em 2012 pela AMS Foundation for the Arts, Sciences, and Humanities. Essa obra apresenta Arthur como um herói de proporções quase míticas, mas, mesmo assim, foi muito útil. As colunas que Arthur escreveu na *Medical Tribune*, as quais consultei no College of Physicians, na Filadélfia, forneceram detalhes adicionais e me deram um senso da personalidade de Arthur. Os irmãos Sackler sempre foram discretos demais para deixar suas cartas em qualquer arquivo, mas muitos dos amigos fizeram isso, então consegui reunir cartas e artefatos de documentos doados por colegas e confidentes. Consultei doze arquivos, todos os quais indicados nas referências, mas vale a pena mencionar os documentos de Félix Martí-Ibáñez em Yale, essenciais para conhecer melhor os irmãos Sackler e Bill Frohlich, e para se ter uma ideia da vida que levavam nos anos 1960.

Os Arquivos Nacionais têm um vasto repositório de arquivos da investigação Kefauver, cerca de quarenta caixas no total, as quais, salvo engano, fui o primeiro pesquisador a consultar. Havia uma quantidade imensa de novas informações sobre Arthur e seus irmãos nos arquivos dessa investigação. O número volumoso de registros associados à batalha pelo espólio de Arthur, no qual passei o pente-fino em um tribunal em Long Island, incluía depoimentos de membros da família, atas de reunião familiar e outros documentos repletos de detalhes minuciosos.

Ao escrever a parte 2, tive a sorte de conseguir entrar em contato com Richard Kapit, o colega que dividiu o apartamento com Richard Sackler na época da faculdade, e dois outros amigos de Roslyn, um dos quais compartilhou comigo as cartas que Richard Sackler escreveu no mesmo período. Também entrevistei dezenas de ex-funcionários da Purdue que trabalharam na empresa desde a década de 1960. Os documentos dos tribunais foram essenciais: dois depoimentos de Richard Sackler, totalizando quase oitocentas páginas de testemunho; o depoimento de Kathe Sackler; além de depoimentos de outros funcionários da Purdue e pilhas e pilhas de e-mails internos e outros arquivos. Alguns desses documentos vieram à luz por meio dos procedimentos legais; outros foram confiados a mim por pessoas que acreditavam que deveriam vir a público.

Uma noite, quando eu estava no estágio final do livro, recebi um envelope na caixa de correio da minha casa. Não havia remetente, apenas um pendrive e um bilhete com uma citação do *Grande Gatsby*: "Eles eram pessoas descuidadas (...) destruíam coisas e criaturas e, em seguida, escondiam-se atrás de sua riqueza ou de sua vasta falta de consideração, ou do que quer que os mantivesse juntos, e deixavam os outros limparem a bagunça que eles haviam feito." O pendrive continha milhares de páginas de depoimentos e arquivos de polícia, além de registros internos que foram produzidos nos diversos processos contra a Purdue. Também acionei a FDA, usando a Lei de Liberdade de Informação, e obriguei a agência a produzir milhares de páginas de seus próprios registros internos. Isso não rendeu tantos frutos quanto eu esperava — a agência me informou que os e-mails de Curtis Wright não "foram localizados" (!) —, mas, mesmo assim, os documentos lançaram luz sobre a aprovação do OxyContin pela FDA.

O memorando da promotoria do Departamento de Justiça preparado por Rick Mountecastle na região Leste da Virgínia constituiu uma fonte crucial. Espero que um dia esse documento venha a público na sua integralidade. Eu mesmo gostaria de publicá-lo, mas condições impostas a mim pela pessoa que o compartilhou comigo me impediram de fazer isso, pelo menos por ora. Em e-mail, um advogado de Paul Goldenheim alegou que Paul não mentiu sobre o OxyContin no testemunho prestado ao Congresso, afirmando que tudo que ele disse "não era enganoso, era verificável, preciso e verdadeiro". Achei essa alegação nada persuasiva por motivos que detalho nas referências. (Também busquei entrar em contato com Michael Friedman, mas não fui bem-sucedido.)

Na parte 3, eu me baseei nas muitas entrevistas com pessoas que trabalharam na Purdue ou que conheciam os Sackler de uma forma ou de outra. No decorrer do meu trabalho investigativo, descobri que existe uma categoria de funcionários que poderiam parecer quase invisíveis para a família — desde porteiros, passando por empregados domésticos e professores de ioga, até assistentes administrativos —, mas que possuíam um ponto de vista surpreendentemente íntimo e único dos seus empregadores. Também consegui obter diversos e-mails particulares de alguns membros da família que não tinham vindo a público nos diversos litígios, mas que foram compartilhados comigo. Nos procedimentos de falência, uma conversa privada por WhatsApp de oitenta páginas entre os herdeiros da ala de Mortimer Sackler serviu como uma janela fascinante para entender a forma como alguns membros da família traçavam suas estratégias para responder à minha reportagem no *The New Yorker* e a visão deles em relação à controvérsia mais ampla que logo os envolveu.

Como repórter, dou muita credibilidade aos documentos — acredito na ideia de que uma pilha de documentos às vezes pode ser mais valiosa do que uma entrevista. Mas esse foi o primeiro projeto que assumi no qual havia uma *quantidade excessiva* de documentos. Eu me senti como os promotores em Abingdon, Virgínia, quando estavam montando o caso contra a Purdue: soterrado nos papéis. Ainda assim, o que consegui acessar é só uma pequena fração do que um dia ainda virá à tona. Parece que a falência em White Plains resultará em um repositório de documentos da Purdue que pode chegar a dezenas de milhões de páginas. Se esse for o caso, então este livro dificilmente será a última palavra sobre essas pessoas e esses eventos. Mas espero que o meu trabalho sirva como um mapa para que futuros repórteres e pesquisadores naveguem por um número muito maior de documentos que em algum momento terão o sigilo retirado, e que os inspire a trazer à luz toda a verdade sobre essa importante história.

NOTAS

PRÓLOGO: A RAIZ PRINCIPAL

1 "Debevoise & Plimpton Posts Record Revenue, Profits", Yahoo Finance, 12 mar. 2019.

2 Salvo indicação em contrário, o relato sobre o depoimento de Kathe Sackler vem de duas pessoas que estavam na sala naquele dia e da transcrição do depoimento, *In re National Prescription Opiate Litigation*, MDL nº 2804, Caso nº 1:17-MD-2804, 1º abr. 2019 (doravante citado como Depoimento de Kathe Sackler).

3 "Interview with Mary Jo White", Corporate Crime Reporter, 12 dez. 2005.

4 Mary Jo White Executive Branch Personnel Public Financial Disclosure Report, 7 fev. 2013.

5 "Street Cop", *The New Yorker*, 3 nov. 2013.

6 "A Veteran New York Litigator Is Taking On Opioids. They Have a History", STAT, 10 out. 2017.

7 "The OxyContin Clan", *Forbes*, 1º jul. 2015.

8 "Convictions of the Collector", *The Washington Post*, 21 set. 1986.

9 Thomas Hoving, *Making the Mummies Dance: Inside the Metropolitan Museum of Art* (Nova York: Simon & Schuster, 1993), p. 93.

10 "OxyContin Goes Global", *Los Angeles Times*, 18 dez. 2016.

11 "Understanding the Epidemic", site do CDC.

12 Mary Jo White Oral History, ABA Women Trailblazers Project, 8 fev. 2013, 1º mar. 2013, 7 jul. 2015.

13 "Cigarette Makers and States Draft a $206 Billion Deal", *The New York Times*, 14 nov. 1998.

14 First Amended Complaint, *State of New York v. Purdue Pharma LP et al.*, Index nº: 400016/2018, 28 mar. 2019 (doravante citado como Denúncia de Nova York).

15 First Amended Complaint, *Commonwealth of Massachusetts v. Purdue Pharma LP et al.*, C.A. nº 1884-cv-01808 (BLS2), 31 jan. 2019 (doravante citado como Denúncia de Massachusetts).

16 "Purdue's Sackler Family Wants Global Opioids Settlement: Sackler Lawyer Mary Jo White", *Reuters*, 23 abr. 2019.

CAPÍTULO I: UM BOM NOME

1 Arthur nasceu em 22 de agosto. "Dr. Arthur Sackler Dies at 73", *The New York Times*, 27 mai. 1987.

2 Dados sobre Abraham M. Sackler, Censo dos Estados Unidos, 1920.

3 Fotografia em Marietta Lutze, *Who Can Know the Other? A Traveler in Search of a Home* (Lunenberg, Vermont: Stinehour Press, 1997), p. 167.

4 Dados sobre Sophie Sackler: Censo dos Estados Unidos, 1930.

5 De acordo com um formulário do censo de 1910, Isaac chegou em 1904. Seus pais e vários de seus irmãos chegaram um ano antes; um de seus irmãos, Mark, em 1897. Dados sobre Isaac Sackler: Censo dos Estados Unidos, 1910.

6 Lutze, *Who Can Know the Other?*, p. 166.

7 Miguel Angel Benavides Lopez, *Arthur M. Sackler* (Nova York: AMS Foundation, 2012), p. 11.

8 Formulário de recrutamento de Isaac Sackler para a Primeira Guerra Mundial, 1917-1918; "Food Board Fines Bakers and Grocers", *Brooklyn Daily Eagle*, 2 nov. 1918.

9 "Raymond Sackler: Obituary", *Times* (Londres), 21 jul. 2017.

10 Lutze, *Who Can Know the Other?*, p. 166.

11 Beth S. Wenger, *New York Jews and the Great Depression: Uncertain Promise* (Syracuse, Nova York: Syracuse University Press, 1999), p. 89.

12 Alfred Kazin, *A Walker in the City* (Nova York: Harcourt, 1974), p. 9.

13 Lopez, *Arthur M. Sackler*, p. 12.

14 Lutze, *Who Can Know the Other?*, p. 167.

15 Ibid.

16 Dados sobre Isaac e Sophie Sackler, Censo dos Estados Unidos, 1920.

17 Lopez, *Arthur M. Sackler*, p. 11.

18 Lutze, *Who Can Know the Other?*, p. 166.

19 Ibid., p. 110.

20 Lopez, *Arthur M. Sackler*, p. 12.

21 Lutze, *Who Can Know the Other?*, p. 167.

22 Janna Malamud Smith, *My Father Is a Book: A Memoir of Bernard Malamud* (Berkeley, Califórnia: Counterpoint, 2013), p. 40. Bernard Malamud foi colega de sala de Arthur na Erasmus, embora só tenham se tornado amigos muito tempo depois.

23 Herbert Jacobson, "How I Rigged the Elections at Erasmus Hall", fragmento de memórias não publicadas (1976), em Bernard Malamud Papers, 11.7, Harry Ransom Center, Universidade do Texas.

24 Malamud Smith, *My Father Is a Book*, p. 40.

25 Jacobson, "How I Rigged the Elections at Erasmus Hall".

26 Philip Davis, *Bernard Malamud: A Writer's Life* (Oxford: Oxford University Press, 2007), p. 34.

27 Jacobson, "How I Rigged the Elections at Erasmus Hall".

28 Lopez, *Arthur M. Sackler*, p. 11.

29 Jacobson, "How I Rigged the Elections at Erasmus Hall".

30 "An Open Letter to Bernard Malamud", *Medical Tribune*, 14 nov. 1973.

31 Lopez, *Arthur M. Sackler*, p. 11.

32 Ibid., p. 12; "The Name of Arthur M. Sackler", *Tufts Criterion* (inverno de 1986).

33 Lopez, *Arthur M. Sackler*, p. 12.

34 Ibid.

35 Ibid.

36 Lutze, *Who Can Know the Other?*, p. 168; "Name of Arthur M. Sackler".

37 Lopez, *Arthur M. Sackler*, p. 12.

38 Ibid., p. 168.

39 Lutze, *Who Can Know the Other?*, p. 14.

40 "Raymond Sackler: Obituary", *Times* (Londres), 21 jul. 2017.

41 *The Chronicles: A History of Erasmus Hall High School from 1906 to 1937* (Brooklyn: Erasmus Hall High School, 1937), p. 17.

42 Ibid., p. 49.

43 Jacobson, "How I Rigged the Elections at Erasmus Hall".

44 Lopez, *Arthur M. Sackler*, p. 12.

45 "Erasmus Hall Jobs Bureau Now Helps Parents Find Work", *Brooklyn Daily Eagle*, 10 mai. 1932; Lopez, *Arthur M. Sackler*, p. 12.

46 Lopez, *Arthur M. Sackler*, p. 11.

47 Ibid., p. 13.

48 "Art Collector Honored Guest at Philbrook Opening", *Tulsa World*, 8 dez. 1975; Lopez, *Arthur M. Sackler*, p. 12.

49 Lopez, *Arthur M. Sackler*, p. 12.

50 Lutze, *Who Can Know the Other?*, p. 167.

51 "Erasmus Hall Jobs Bureau Now Helps Parents Find Work."

52 "Name of Arthur M. Sackler."

53 "The Temple of Sackler", *Vanity Fair*, set. 1987.

54 Lopez, *Arthur M. Sackler*, p. 11.

55 "Name of Arthur M. Sackler."

56 "Raymond Sackler: Obituary", *Times* (Londres), 21 jul. 2017.

57 John C. Burnham, "American Medicine's Golden Age: What Happened to It?", *Science*, 19 mar. 1982.

58 Lopez, *Arthur M. Sackler*, p. 13.

59 "Name of Arthur M. Sackler."

60 Lopez, *Arthur M. Sackler*, p. 11.

61 "Name of Arthur M. Sackler."

62 Arthur M. Sackler, nota do editor, *Medical Violet*, New York University College of Medicine, 1937.

63 Lopez, *Arthur M. Sackler*, p. 13.

64 Ibid.

65 Lutze, *Who Can Know the Other?*, p. 168.

66 Lopez, *Arthur M. Sackler*, p. 15.

67 Ibid., p. 14.

68 A edição da *Medical Bulletin* de maio de 1936 lista Arthur como editor no alto do cabeçalho. *Medical Bulletin* 1, nº 3 (mai. 1936).

69 A foto acompanha uma nota do editor escrita por Arthur em *Medical Violet*, o anuário escolar, em 1937.

70 Essa frase é da coluna inaugural de Arthur no *Medical Tribune*, 2 ago. 1972.

71 "Of Dreams and Archaeology, of Methylmercury Poisoning", *Medical Tribune*, 24 out. 1973.

72 A descrição desse episódio é extraída de uma coluna que Arthur escreveu sobre o tema. "We Are Our Brother's Keeper", *Medical Tribune*, 17 set. 1975.

73 "Raymond Sackler: Obituary", *Times* (Londres), 21 jul. 2017; Lutze, *Who Can Know the Other?*, p. 167.

CAPÍTULO 2: O MANICÔMIO

1 Lutze, *Who Can Know the Other?*, p. 65.

2 Ibid., pp. 95-97.

3 Ibid., p. 98.

4 Ibid., p. 99.

5 Arquivo do FBI sobre Raymond Raphael Sackler, 23 jun. 1945, arquivo 100-NY-73194-1 do Federal Bureau of Investigation, obtido por meio da Lei da Liberdade de Informação.

6 Leon Sokoloff, "The Rise and Decline of the Jewish Quota in Medical School Admissions", *Bulletin of the New York Academy of Medicine* 68, nº 4 (nov. 1992).

7 "In a Time of Quotas, a Quiet Pose in Defiance", *The New York Times*, 25 mai. 2009.

8 "Biography of Mortimer Sackler", site da Universidade de Glasgow. O detalhe sobre a terceira classe provém de "Dr. Mortimer Sackler", *Telegraph*, 28 abr. 2010.

9 "Raymond Sackler", obituário, *Herald* (Glasgow), 28 jul. 2017.

10 Lopez, *Arthur M. Sackler*, p. 16.

11 Entrevista a Richard Leather.

12 Lutze, *Who Can Know the Other?*, p. 100.

13 O fato de a festa ter sido no hospital provém de Ibid., p. 206.

14 Ibid., p. 99.

15 Lutze, *Who Can Know the Other?*, p. 168.

16 Lopez, *Arthur M. Sackler*, p. 11.

17 Ibid., p. 99.

18 Ibid., p. 100.

19 Ibid.

20 "The Lost World of Creedmoor Hospital", *New York Times*, 12 nov. 2009.

21 Susan Sheehan, *Is There No Place on Earth for Me?* (Nova York: Vintage, 1982), p. 9. No fim dos anos 1940, havia quase seis mil pacientes. Relatório Anual, Creedmoor State Hospital, 1947. A superlotação é abordada no Relatório Anual do Creedmoor State Hospital, 1950.

22 Lutze, *Who Can Know the Other?*, p. 124.

23 O detalhe sobre camisas de força provém de Sheehan, *Is There No Place on Earth for Me?*, p. 9.

24 "New Hope for the Insane", *Pageant*, out. 1951. O hospital era o Lincoln Hospital. Lopez, *Arthur M. Sackler*, p. 15.

25 Lopez, *Arthur M. Sackler*, p. 15.

26 "New Hope for the Insane." Veja também "From Waltzing Mice to MBD", *Medical Tribune*, 6 jul. 1977; e "A Sentimental Journey", *Medical Tribune*, 9 ago. 1978.

27 "Breaking Ground at the Site Where American Psychoanalysis and the Space Age There Launched", *Medical Tribune*, 13 jul. 1983.

28 Lopez, *Arthur M. Sackler*, p. 16.

29 H. P. J. Stroeken, "A Dutch Psychoanalyst in New York (1936-1950)", *International Forum of Psychoanalysis* 20, nº 3 (2011).

30 O contemporâneo era o psiquiatra canadense Heinz Lehmann. Citado em Andrea Tone, *The Age of Anxiety: A History of America's Turbulent Affair with Tranquilizers* (Nova York: Basic Books, 2009), p. 89.

31 Ibid.

32 Lopez, *Arthur M. Sackler*, p. 16.

33 Memorando do FBI sobre a Schering Corporation, 23 jun. 1942, Federal Bureau of Investigation (FBI), 65-HQ-4851, v. 3 Serial 73, obtido por meio da Lei de Liberdade de Informação.

34 Lopez, *Arthur M. Sackler*, p. 16.

35 Virginia Woolf, "On Being Ill", *Criterion*, jan. 1926.

36 Anne Harrington, *Mind Fixers: Psychiatry's Troubled Search for the Biology of Mental Illness* (Nova York: Norton, 2019), pp. 48-50.

37 Robert Whitaker, *Mad in America: Bad Science, Bad Medicine, and the Enduring Mistreatment of the Mentally Ill* (Nova York: Basic Books, 2002), pp. 84, 147.

38 Relatório Anual, Creedmoor State Hospital, 1952.

39 "New Hope for the Insane"; Lopez, *Arthur M. Sackler*, p. 18.

40 Lopez, *Arthur M. Sackler*, p. 18.

41 Depoimento de Arthur M. Sackler, Audiência diante da Subcomissão de Dotações, Senado dos Estados Unidos, 15 mar. 1950 (doravante citado como Depoimento AMS 1950).

42 Ibid.

43 Ibid.

44 Depoimento de Johan H. W. van Ophuijsen, Audiência diante da Subcomissão de Dotações, Senado dos Estados Unidos, 15 mar. 1950.

45 Depoimento AMS 1950.

46 Harrington, *Mind Fixers*, pp. 48-49.

47 Whitaker, *Mad in America*, pp. 80-82.

48 Harrington, *Mind Fixers*, pp. 65-68; Whitaker, *Mad in America*, pp. 96-97; Edward Shorter, *A History of Psychiatry: From the Era of the Asylum to the Age of Prozac* (Nova York: Wiley, 1997), p. 219.

49 Whitaker, *Mad in America*, p. 99.

50 Shorter, *History of Psychiatry*, pp. 207-8.

51 Ibid., p. 221.

52 Relatório Anual, Creedmoor State Hospital, 1947; Relatório Anual, Creedmoor State Hospital, 1948.

53 Sylvia Plath, *The Bell Jar* (Nova York: Harper, 2006), p. 143. [Edição brasileira: *A redoma de vidro*. RJ: Biblioteca Azul, 2019.]

54 Anthony DeCurtis, *Lou Reed: A Life* (Nova York: Little, Brown, 2017), p. 32.

55 Shorter, *History of Psychiatry*, p. 208.

56 Relatório Anual, Creedmoor State Hospital, 1952.

57 "New Hope for the Insane."

58 Shorter, *History of Psychiatry*, p. 228.

59 Whitaker, *Mad in America*, p. 132.

60 Ibid. A lobotomia foi introduzida no Creedmoor em 1952. Sheehan, *Is There No Place on Earth for Me?*, p. 9.

61 Lopez, *Arthur M. Sackler*, p. 18.

62 "New Hope for the Insane."

63 Laburt tornou-se director do Creedmoor em 1943 e se manteve no posto até 1969. "Harry A. LaBurt, 91, Ex-chief of Creedmoor", *The New York Times*, 6 out. 1989.

64 Sheehan, *Is There No Place on Earth for Me?*, p. 13.

65 Donald F. Klein, entrevista em *An Oral History of Neuropsychopharmacology: The First Fifty Years, Peer Interviews*, org. Thomas A. Ban e Barry Blackwell (Brentwood, Ten-

nessee: ACNP, 2011), 9:205.

66 Relatório Anual, Creedmoor State Hospital, 1953.

67 Entrevista com Rachel Klein.

68 Depoimento AMS 1950.

69 Lutze, *Who Can Know the Other?*, p. 100.

70 Ibid.

71 Ibid., pp. 72-73.

72 Ibid., p. 97.

73 Ibid., pp. 79-81.

74 Relatório do FBI sobre a Schering, com o nome de Arthur Sackler listado na liderança, 18 jul. 1941, FBI, 65-HQ-4851 v. 1 Serial 21.

75 Lutze, *Who Can Know the Other?*, p. 100.

76 Ibid., p. 101.

77 Ibid., p. 100.

78 "New Hope for the Insane."

79 "Recoveries Double in Mental Cases Using Histamine", *Globe and Mail,* 12 mai. 1949.

80 "New Treatment with Hormones Aids Psychotics", *New York Herald Tribune*, 15 mai. 1950.

81 "New Hope for the Insane."

82 Ibid.

83 "Biochemical for Emotional Ills", *Philadelphia Inquirer Public Ledger*, 12 jun. 1949.

84 "If You Live to Be a Hundred", *Maclean's*, 1º dez. 1951.

85 "A Shot You Take to Help You 'Take It'", *Better Homes and Gardens*, abr. 1950.

86 "Three Brothers, Doctors All, Join in Winning Award", *Brooklyn Daily Eagle*, 21 mai. 1950.

87 Lopez, *Arthur M. Sackler*, p. 25.

88 O relato sobre a morte de Isaac é extraído de ibid., p. 18, e "To Live and Die with Dignity", *Medical Tribune*, 10 mar. 1976.

89 Veja, por exemplo, "A Three-Year Follow-Up Study of Nonconvulsive Histamine Biochemotherapy, Electric Convulsive Pos-

thistamine Therapy, and Electric Convulsive Therapy Controls", *Psychiatric Quarterly* 27 (jan. 1953).

90 "Three New York Brothers Honored for Medical Research", *New York Herald Tribune*, 13 mai. 1950; "New Treatment with Hormones Aids Psychotics".

91 "New Hope for the Insane."

92 Depoimento de Else Sackler, *Matter of Sackler*, Surrogates Court, Nassau County, N.Y. (doravante citado como Depoimento de EJS). A cópia desse depoimento que obtive no tribunal estava sem data.

93 Petição de Naturalização de Jans Jorgensen (pai de Else), U.S. District Court, Los Angeles, nº 123391 (1945).

94 Declaração juramentada de Emma Zakin, 5 dez. 1990, *Matter of Sackler*, Surrogates Court, Nassau County, N.Y.

95 Lopez, *Arthur M. Sackler*, p. 15.

96 Depoimento de EJS.

97 Lutze, *Who Can Know the Other?*, p. 101.

98 De Arthur Sackler para Marietta Lutze, citado em ibid., pp. 106-7.

99 Lutze, *Who Can Know the Other?*, pp. 103-5.

100 Ibid., p. 107.

CAPÍTULO 3: MED MAN

1 *Medicine Ave.: The Story of Medical Advertising in America* (Huntington, Nova York: Medical Advertising Hall of Fame, 1999), p. 23.

2 Joseph G. Lombardino, "A Brief History of Pfizer Central Research", *Bulletin of the History of Chemistry* 25, nº 1 (2000).

3 David Herzberg, *Happy Pills in America: From Miltown to Prozac* (Baltimore: Johns Hopkins University Press, 2010), p. 22.

4 Comissão Federal de Comércio, *Economic Report on Antibiotics Manufacture* (Washington, D.C.: U.S. Government Printing Office, 1958), p. 6.

5 Herzberg, *Happy Pills in America*, p. 22.

6 Scott H. Podolsky, *The Antibiotic Era:*

Reform, Resistance, and the Pursuit of a Rational Therapeutics (Baltimore: Johns Hopkins University Press, 2015), p. 19.

7 Ibid.

8 Lopez, *Arthur M. Sackler*, p. 18.

9 L. W. Frohlich, "The Physician and the Pharmaceutical Industry in the United States", *Proceedings of the Royal Society of Medicine*, 11 abr. 1960.

10 Tom Mahoney, *The Merchants of Life: An Account of the American Pharmaceutical Industry* (Nova York: Harper, 1959), pp. 237-38.

11 Podolsky, *Antibiotic Era*, p. 23.

12 Mahoney, *Merchants of Life*, p. 243.

13 Podolsky, *Antibiotic Era*, p. 25.

14 "Becker, Corbett, Kallir: An Industry Comes to Life", *Medical Marketing and Media*, jan. 1997.

15 "W. D. M'Adams, 68, Advertising Man", *New York Times*, 16 ago. 1954.

16 *Happy Pills in America*, pp. 29-30.

17 "McAdams Forms Division to Focus on Latest Drugs", *The New York Times*, 16 dez. 1991.

18 "Advertising: Generic Drugs and Agencies", *The New York Times*, 12 set. 1985; Herzberg, *Happy Pills in America*, pp. 29-30.

19 Declaração e biografia preparadas por Arthur Sackler. Audiências diante da Subcomissão de Antitruste e Monopólio do Judiciário, Senado dos Estados Unidos, 30 jan. 1962.

20 "The Name of Arthur M. Sackler", *Tufts Criterion* (inverno de 1986).

21 De Arthur Sackler para Félix Martí--Ibáñez, 27 ago. 1954, Félix Martí-Ibáñez Papers, Sterling Memorial Library, Yale University (doravante citado como Papéis de FMI).

22 Lopez, *Arthur M. Sackler*, p. 18.

23 Em seu livro de 2020, *Pharma*, Gerald Posner cita Michael Sonnenreich, advogado de Arthur, dizendo a Arthur: "Se houver um *pogrom*, eu não me importo com o que quer que você diga a eles, você estará no mesmo

vagão de gado que eu. Pare de bricadeira... Você pode se casar com meninas cristãs se quiser, não vai funcionar. Eles vão colocá-lo no trem." Gerald Posner, *Pharma: Greed, Lies, and the Poisoning of America* (Nova York: Avid Reader, 2020), p. 287.

24 "The Temple of Sackler", *Vanity Fair*, set. 1987.

25 Lopez, *Arthur M. Sackler*, p. 18.

26 *Medicine Ave.*, p. 16.

27 Arthur M. Sackler, *One Man and Medicine: Selected Weekly Columns (1972-1983) by the International Publisher of "Medical Tribune"* (Nova York: Medical Tribune, 1983), p. 29.

28 Entrevista com Kallir.

29 Adam Tanner, *Our Bodies, Our Data: How Companies Make Billions Selling Our Medical Records* (Boston: Beacon Press, 2017), pp. 23-24.

30 Declaração e biografia preparadas por Arthur Sackler. Audiências diante da Subcomissão de Antitruste e Monopólio do Judiciário, Senado dos Estados Unidos, 30 jan. 1962.

31 De Arthur Sackler para Félix Martí-Ibáñez, 27 ago. 1954, Papéis de FMI. O endereço Bartlett Street, nº 11, provém do cabeçalho de John McKeen, incluído nos arquivos da investigação sobre o monopólio de preços de medicamentos conduzida pela Subcomissão de Antitruste e Monopólio, da Comissão do Judiciário do Senado dos Estados Unidos, hoje guardados na Administração Nacional de Arquivos e Registros. (Esse arquivo doravante será citado como Arquivos de Kefauver.)

32 O contemporâneo era William G. Castagnoli. "Remembrance of Kings Past", *Medical Marketing and Media*, jul. 1996.

33 De acordo com Scott Podolsky, "O termo 'amplo espectro' parece ter entrado na literatura com o primeiro anúncio da Terramicina, da Pfizer, em julho de 1950. Antes, William Kirby, da Universidade de Washington, nas Reuniões Científicas Gerais da Associação Médica Americana, em junho de 1950, falou

do 'amplo espectro de ação dos antibióticos mais novos'." Veja Scott H. Podolsky, "Antibiotics and the History of the Controlled Clinical Trial, 1950-1970", *Journal of the History of Medicine and Allied Sciences* 65, nº 3 (2010).

34 *Medicine Ave.*, p. 22. Esse pode ter sido um caso em que a necessidade foi a mãe da invenção, já que Arthur *não podia* mencionar o nome do medicamento nessa fase, porque este ainda não recebera a aprovação formal da Associação Médica Americana. Veja Podolsky, *Antibiotic Era*, 206n70; e Comissão Federal de Comércio, *Economic Report on Antibiotics Manufacture*, p. 141.

35 "Pfizer Put an Old Name on a New Label", *Business Week*, 13 out. 1951; Podolsky, *Antibiotic Era*, p. 25.

36 Podolsky, *Antibiotic Era*, p. 25.

37 "Advertising: Generic Drugs and Agencies", *The New York Times*, 12 set. 1985.

38 John Pekkanen, *The American Connection: Profiteering and Politicking in the "Ethical" Drug Industry* (Chicago: Follett, 1973), p. 89.

39 Ibid.

40 Ibid., p. 91.

41 "News of the Advertising and Marketing Fields", *The New York Times*, 28 fev. 1954.

42 Charles D. May, "Selling Drugs by 'Educating' Physicians", *Journal of Medical Education* 36, nº 1 (jan. 1961).

43 Ensaio não publicado de Arthur Sackler, "Freedom of Inquiry, Freedom of Thought, Freedom of Expression: 'A Standard to Which the Wise and the Just Can Repair': Observations on Medicines, Medicine, and the Pharmaceutical Industry", Papéis de FMI.

44 Ibid. Veja também Jeremy A. Greene e Scott H. Podolsky, "Keeping the Modern in Medicine: Pharmaceutical Promotion and Physician Education in Postwar America", *Bulletin of the History of Medicine* 83 (2009).

45 "Advertising: Generic Drugs and Agencies."

46 Harry Zelenko, e-mail.

47 *Medicine Ave.*, p. 18.

48 Lutze, *Who Can Know the Other?*, p. 112. Arthur Jr. nasceu em 9 de fevereiro de 1950, no mesmo dia em que o novo centro foi formalmente inaugurado.

49 Relatório Anual, Creedmoor State Hospital, 1951.

50 Depoimento AMS 1950.

51 "Psychobiologic Institute Is Dedicated", *Psychiatric Quarterly* 24, nº 1 (jan. 1950).

52 Ibid.

53 "UN President Dedicates New Unit at Creedmoor", *Long Island Star-Journal*, 10 fev. 1950.

54 Relatório Anual, Creedmoor State Hospital, 1950.

55 "Psychobiologic Institute Is Dedicated."

56 "UN President Dedicates New Unit at Creedmoor."

57 *Who Can Know the Other?*, p. 112.

58 Lopez, *Arthur M. Sackler*, p. 25. O livro foi publicado pela AMS Foundation for the Arts, Sciences and Humanities, supervisionado pela terceira esposa de Arthur, Jillian Sackler. Essa é uma caracterização com a qual os filhos de Else quase certamente discordariam.

59 Lutze, *Who Can Know the Other?*, p. 115.

60 Ibid., p. 116. Vários relatos sugerem que a casa foi construída, na verdade, nos anos 1920, com o uso de madeiras, portas e outros elementos de uma casa de fazenda do século XVIII que ficava em Flushing e foi danificada num incêndio. Veja "Rare in Nassau: A Large Tract with Right Zoning", *The New York Times*, 27 jul. 1997; Michael J. Leahy, org., *If You're Thinking of Living In...* (Nova York: Times Books, 1999), p. 255.

61 Lutze, *Who Can Know the Other?*, p. 115.

62 Ibid., p. 108.

63 Essa fala é usada em Lopez, *Arthur M. Sackler*, p. 25. Embora Lopez seja o autor do livro, trata-se de um relato amplamente hagiográfico, publicado em privado por um

protegido de Arthur que descreve o projeto como tendo sido desenvolvido a partir de comentários e escritos de Arthur.

64 Lutze, *Who Can Know the Other?*, p. 108.

65 Ibid., p. 113.

66 Ibid., p. 109.

67 Ibid., p. 117.

68 Lopez, *Arthur M. Sackler*, p. 23.

69 Ibid., p. 20.

70 Depoimento AMS 1950.

71 Lopez, *Arthur M. Sackler*, p. 23.

72 Lutze, *Who Can Know the Other?*, p. 110.

73 Ibid., p. 125.

74 John Kallir, que o conheceu nos anos 1950, me contou: "Eu certamente não notava o sotaque do Brooklyn. Ele tinha uma voz macia, suave." Pude também ouvir a voz de Arthur num episódio de 1984 do programa de televisão *Smithsonian World*, intitulado "Filling in the Blanks". Arquivos do Smithsonian Institution Archives, Accession 08-081, caixa 10.

75 Depoimento AMS 1950.

76 "Becker, Corbett, Kallir: How It Began", *Medical Marketing and Media*, nov. 1996.

77 Entrevista com Wolff.

78 Lopez, *Arthur M. Sackler*, p. 15; Sam Quinones, *Dreamland: The True Tale of America's Opiate Epidemic* (Nova York: Bloomsbury, 2015), p. 28.

79 Arquivo do FBI nº 100-HQ-340415, obtido nos Arquivos Nacionais por meio da Lei da Liberdade de Informação.

80 Entrevista com Kallir.

81 Ibid.

82 Entrevista com Wolff.

83 "Becker, Corbett, Kallir: An Industry Comes to Life."

84 "Remembrance of Kings Past."

85 Harry Zelenko, e-mail.

86 Entrevista com John Kallir. Quando John Kallir deixou a McAdams, Arthur o processou por quebra de contrato, num caso que acabou sendo resolvido fora do tribu-

nal. Pude corroborar as impressões de Kallir. Uma ex-funcionária de Arthur, Hara Estroff Marano, me contou uma história incrivelmente semelhante sobre a contratação de comunistas por Arthur. "Todos os redatores da lista negra", disse ela, "Sackler contratava — e depois os explorava."

87 Entrevista com Kallir.

88 Entrevista com Wolff.

89 Ibid.

90 Zelenko, e-mail.

91 Ibid. Harry Zelenko, um diretor de arte associado que começou a trabalhar na agência na época em que McAdams a dirigia, me contou que Haberman "esperava presidir a agência", mas que Arthur "pôs a mulher para fora". Entrevista com Zelenko.

92 Helen Haberman, *How About Tomorrow Morning?* (Nova York: Prentice-Hall, 1945), pp. 11, 13.

93 Zelenko, e-mail.

94 Entrevista com Keusch.

95 "L. W. Frohlich, the Gay Jewish Immigrant Whose Company Sells Your Medical Secrets", *Forward*, 12 jan. 2017.

96 De Frohlich para John Talbott, 28 jul. 1959, Arquivos de Kefauver.

97 Frohlich, "Physician and the Pharmaceutical Industry in the United States."

98 Tanner, *Our Bodies, Our Data*, p. 23; *Medicine Ave.*, p. 18.

99 Depoimento de EJS.

100 *Medicine Ave.*, p. 22. Não se sabe ao certo se ele abriu a agência em 1943 ou 1944.

101 Entrevista com Kallir.

102 "L. W. Frohlich, the Gay Jewish Immigrant Whose Company Sells Your Medical Secrets."

103 Entrevista com Kallir.

104 Frohlich, "Physician and the Pharmaceutical Industry in the United States."

105 Depoimento de Arthur Sackler, Audiências diante da Subcomissão de Antitruste e Monopólio do Judiciário, Senado dos Estados Unidos, 30 jan. 1962.

106 "Critics Fail to Inhibit Ethical Drug

Ad Growth", *Advertising Age*, 1º fev. 1960.

107 Entrevista com Kallir.

108 Tanner, *Our Bodies, Our Data*, p. 26.

109 "L. W. Frohlich, the Gay Jewish Immigrant Whose Company Sells Your Medical Secrets."

110 Ibid.

111 Ibid.

112 De Arthur Sackler para Félix Martí-Ibáñez, 27 ago. 1954, Papéis de FMI.

113 Sheehan, *Is There No Place on Earth for Me?*, p. 10.

114 Anúncio de Thorazine, *Mental Hospitals* 7, nº 4 (1956).

115 Tone, *Age of Anxiety*, p. 80.

116 Harrington, *Mind Fixers*, p. 103. Harrington oferece um relato mais complexo sobre a desinstitucionalização de doentes mentais, argumentando que seria uma simplificação exagerada atribuir esse advento exclusivamente, ou mesmo principalmente, à medicação. Ela cita outros fatores, como novos regulamentos, custos e formas de tratamento alternativas baseadas na comunidade. Veja ibid., p. 113.

117 Tone, *Age of Anxiety*, pp. 80-81.

118 "1957 | When Pfizer and the Times Worked Closely", *New York Times*, 27 nov. 2015.

119 Depoimento de EJS.

120 Tanner, *Our Bodies, Our Data*, p. 24.

121 Entrevista com Richard Leather.

122 Tanner, *Our Bodies, Our Data*, 25. Veja também "An Art Collector Sows Largesse and Controversy", *The New York Times*, 5 jun. 1983.

123 Posner, *Pharma*, 618n10.

124 Entrevista com Richard Leather.

125 Lutze, *Who Can Know the Other?*, p. 117.

126 Entrevista com Leather.

127 Entrevista com Leather.

128 "2 Doctors to Be Privates", *The New York Times*, 8 mai. 1953.

129 Relatório Anual, Creedmoor State Hospital, 1952.

130 Entrevista com Kallir.

131 Arquivos do FBI sobre Raymond e Beverly Sackler, 100-NY-73194-1.

132 "2 Doctors Dismissed over Oath", *New York Herald Tribune*, 8 mai. 1953; "2 Doctors to Be Privates".

133 Recordação de Louis Lasagna sobre Arthur Sackler, *Studio International* 200, suplemento 1 (1987).

134 "2 Doctors to Be Privates."

135 Entrevista com Leather.

136 Em depoimento quase setenta anos depois, perguntaram a Richard Sackler: "Você sabe quanto a família pagou para adquirir a Purdue?" Ele respondeu: "Sei, sim. US$ 50 mil." Depoimento de Richard Sackler, *In re National Prescription Opiate Litigation*, MDL no 2804, U.S. District Court for the Northern District of Ohio, 8 mar. 2019 (doravante citado como Depoimento RDS 2019).

137 "Norwalk Firm Finds Niche Among Pharmaceutical Giants", *Hartford Courant*, 23 jul. 1992.

CAPÍTULO 4: PENICILINA PARA MELANCOLIA

1 Tone, *Age of Anxiety*, p. 120.

2 Pekkanen, *American Connection*, p. 60.

3 Tone, *Age of Anxiety*, p. 131.

4 Ibid., p. 124.

5 "Adventurous Chemist and His Pill", *Washington Post*, 20 jan. 1980.

6 Tone, *Age of Anxiety*, p. 78.

7 Ibid., p. 124.

8 "Adventurous Chemist and His Pill."

9 Ibid.

10 Tone, *Age of Anxiety*, p. 145.

11 "Adventurous Chemist and His Pill."

12 Ibid.

13 Herzberg, *Happy Pills in America*, p. 40.

14 "Adventurous Chemist and His Pill."

15 Entrevista com John Kallir.

16 Entrevista com Rudi Wolff.

17 Pekkanen, *American Connection*, p. 71.

18 Jeremy Greene e David Herzberg, "Hidden in Plain Sight: Marketing Prescription Drugs to Consumers in the Twentieth Century", *American Journal of Public Health*

100, nº 5 (mai. 2010).

19 "New Way to Calm a Cat", *Life*, 18 abr. 1960.

20 Pekkanen, *American Connection*, pp. 74-75.

21 Tone, *Age of Anxiety*, p. 136.

22 Pekkanen, *American Connection*, pp. 75-76.

23 Ibid., p. 82.

24 Gerson iria ser diretor da McAdams. "Looking Back, Looking Forward", *Medical Marketing and Media*, abr. 1998.

25 Trata-se de uma série de anúncios de Librium e Valium publicada massivamente no *Medical Tribune* (e em numerosas outras publicações médicas) ao longo dos anos 1960. É difícil encontrar exemplares antigos do *Medical Tribune*, mas o College of Physicians, na Filadélfia, tem a maior coleção que pude localizar, e eu a consultei pessoalmente.

26 Herzberg, *Happy Pills in America*, p. 51.

27 Pekkanen, *American Connection*, p. 75.

28 Tone, *Age of Anxiety*, pp. 137-38.

29 Pekkanen, *American Connection*, p. 75.

30 "Adventurous Chemist and His Pill."

31 Entrevista com Wolff.

32 "The Tranquilizer War", *New Republic*, 19 jul. 1975.

33 Pekkanen, *American Connection*, p. 79.

34 Herzberg, *Happy Pills in America*, p. 40. A citação original é H. Angus Bowes, "The Role of Diazepam (Valium) in Emotional Illness", *Psychosomatics* 6, nº 5 (1965).

35 "Looking Back, Looking Forward."

36 Tone, *Age of Anxiety*, p. 157. Trata-se de um anúncio do Valium que saiu em *Archives of General Psychiatry* 22 (1970).

37 "Valium and the New Normal", *The New York Times*, 30 set. 2012. Anúncio do Librium que saiu em *Journal of the American College Health Association* 17, nº 5 (jun. 1969).

38 Tone, *Age of Anxiety*, p. 156.

39 Pekkanen, *American Connection*, p. 80.

40 Tone, *Age of Anxiety*, p. 153.

41 Ibid.

42 Herzberg, *Happy Pills in America*, p. 40.

43 "Adventurous Chemist and His Pill."

44 Tone, *Age of Anxiety*, p. 154.

45 De vez em quando, sugere-se que Arthur recebia uma comissão por cada comprimido vendido, mas, de acordo com uma entrevista que Barry Meyer conduziu com Michael Sonnenreich, advogado de Arthur, não foi isso o que aconteceu. Sonnenreich sustenta que Arthur recebeu uma série ascendente de bônus em vez de royalties. Barry Meier, *Pain Killer: An Empire of Deceit and the Origin of America's Opioid Epidemic* (Nova York: Random House, 2018), p. 199.

46 Pekkanen, *American Connection*, p. 60.

47 Lutze, *Who Can Know the Other?*, pp. 126-27.

48 Depoimento juramentado de Miriam Kent, *Matter of Sackler*, 29 mai. 1992.

49 Entrevista com Keusch.

50 Lopez, *Arthur M. Sackler*, p. 23.

51 Eu analisei quase duas décadas de edições do *Medical Tribune* no College of Physicians, na Filadélfia. Anúncios grandes do Librium e do Valium aparecem em quase todas as edições.

52 "An Art Collector Sows Largesse and Controversy", *The New York Times*, 5 jun. 1983.

53 Declaração juramentada em apoio ao pedido de Else Sackler para julgamento sumário parcial sobre pedido de pagamento em nota promissória, Arquivo nº 249220, *Matter of Sackler*, New York State Surrogate's Court, 1990.

54 "O dr. Sackler e eu éramos funcionários e diretores da McAdams e, durante muitos anos, os únicos acionistas. Em 1978, o dr. Sackler transferiu duas de suas ações para as filhas, igualando assim nossa participação em 44 ações cada." Ibid.

55 De Else Sackler para Stanley Salmen, 18 dez. 1959, Columbia University Central Files, caixa 507. (Esse arquivo doravante será citado como CUCF.)

56 Entrevista com Michael Rich e uma entrevista confidencial com um amigo próximo da família.

57 Depoimento de EJS.

58 "The Sackler Collection, Cont'd", *Washington Post*, 30 jul. 1982.

59 Declaração juramentada de Zakin.

60 Lutze, *Who Can Know the Other?*, pp. 123, 120.

61 Ibid, p. 117.

62 Ibid, p. 122.

63 Ibid, p. 115.

64 Entrevista com Michael Rich.

65 Lutze, *Who Can Know the Other?*, 117.

66 Depoimento de EJS.

67 Entrevista com Kallir.

68 Tone, *Age of Anxiety*, p. 146.

69 Herzberg, *Happy Pills in America*, p. 109.

70 Tone, *Age of Anxiety*, pp. 141-42.

71 Ibid., p. 142.

72 Ibid., p. 146.

73 Ibid.

74 Herzberg, *Happy Pills in America*, pp. 110-12.

75 "A Psychiatrist Discusses What's Good About Tranquilizers", *Vogue*, 1º abr. 1976.

76 "The Constant Griper", *Pittsburgh Sun-Telegraph*, 14 mar. 1957.

77 "Tranquilizer War." Veja também "U.S. Acts to Curb 2 Tranquilizers", *The New York Times*, 16 ago. 1973.

78 Lopez, *Arthur M. Sackler*, p. 13; Posner, *Pharma*, pp. 262-63.

79 "Tranquilizer War."

80 "Adventurous Chemist and His Pill."

81 Tone, *Age of Anxiety*, p. 142.

82 "Abuse of Prescription Drugs: A Hidden but Serious Problem for Women", *The New York Times*, 19 abr. 1978; Audiência sobre o uso e abuso de benzodiazepínicos, Subcomissão de Saúde e Pesquisa Científica, Comissão de Trabalho e Recursos Humanos, Senado dos Estados Unidos, 10 set. 1979.

83 "Americans Are Spending Almost Half a Billion Dollars a Year on a Drug to Relieve Their Anxiety — a Fact That Is in Itself Considerable Cause for Anxiety", *The New York Times*, 1º fev. 1976.

84 "Mother's Little Helper", Rolling Stones, 1966.

85 "Looking Back, Looking Forward."

86 Quinones, *Dreamland*, p. 30.

87 Veja, por exemplo, "On a Deadly Hazard", *Medical Tribune*, 10 jan. 1979.

88 "The Other Sackler", *The Washington Post*, 27 nov. 2019.

89 "Adventurous Chemist and His Pill."

90 Sternbach não ficou chateado. Disse que não era "uma vítima da exploração capitalista. Se muito, sou um exemplo da iluminação capitalista... sou grato à empresa por nos trazer da Europa, por proporcionar certa segurança à minha família." Tone, *Age of Anxiety*, p. 138.

91 Ibid., pp. 138-39.

92 "Adventurous Chemist and His Pill."

CAPÍTULO 5: FEBRE CHINESA

1 Lutze, *Who Can Know the Other?*, p. 149.

2 Ibid., p. 150. De acordo com um relato do próprio Arthur, ele começou a colecionar obras de arte depois de se formar em medicina, nos anos 1940. De início, "focou no pré e no início do renascimento e em pinturas impressionistas e pós-impressionistas francesas. Nessa época, também apoiou ativamente alguns pintores americanos contemporâneos. Depois, nos anos 1950, começou a colecionar obras de arte chinesa." Biografia de Arthur Sackler, fornecida por Jillian Sackler a Harry Henderson, 1º out. 1986, Papéis de Harry Henderson, Penn State University.

3 "East Meets West in LI Ranch House", *Newsday*, 17 jul. 1963.

4 O irmão era Robert Drummond. "Ex-Oak Parker Heads Chinese Furniture Shop", *Chicago Daily Tribune*, 24 fev. 1957.

5 "The Smithsonian's Mystery Building", *The Washington Post*, 30 ago. 1987.

6 "East Meets West in LI Ranch House."

7 Rascunho de um tributo a Arthur Sackler feito por Harry Henderson, Papéis de Henderson.

8 Lutze, *Who Can Know the Other?*, p. 150.

9 Ibid.

10 Rascunho de um tributo a Sackler feito por Henderson.

11 Lutze, *Who Can Know the Other?*, p. 154.

12 Jean Strouse, *Morgan: American Financier* (Nova York: Random House, 1999), p. xii.

13 Lutze, *Who Can Know the Other?*, p. 154.

14 Ibid., p. 153.

15 Ibid., p. 160.

16 Hoving, *Making the Mummies Dance*, p. 95.

17 Lutze, *Who Can Know the Other?*, p. 151.

18 "Trove of Asian Art Is Left to the Smithsonian", *The New York Times*, 9 set. 1999.

19 "In Memoriam", *Studio International* 200, suplemento 1 (1987).

20 "The Temple of Sackler", *Vanity Fair*, set. 1987.

21 Karl Meyer e Shareen Blair Brysac, *The China Collectors: America's Century-Long Hunt for Asian Art Treasures* (Nova York: Palgrave, 2015), pp. 339-40.

22 "In Memoriam", *Studio International* 200, suplemento 1 (1987).

23 "Temple of Sackler."

24 Lutze, *Who Can Know the Other?*, p. 152.

25 Ibid., p. 153.

26 Ibid., p. 151.

27 Ibid., p. 153.

28 Li Ling, *The Chu Silk Manuscripts from Zidanku, Changsha (Hunan Province)*, vol. 1, *Discovery and Transmission* (Hong Kong: Chinese University of Hong Kong, 2020), p. 167.

29 Lutze, *Who Can Know the Other?*, p. 160.

30 Ling, *Chu Silk Manuscripts from Zidanku*, 1:167.

31 "Art Collector Honored Guest at Philbrook Opening", *Tulsa World*, 8 dez. 1975.

32 Minutas de um encontro de executores de 22 de julho de 1987, citado na declaração juramentada de Gillian T. Sackler, Index nº 249220, *Matter of Sackler*, 13 jun. 1990.

33 "Temple of Sackler."

34 Hoving, *Making the Mummies Dance*, p. 93.

35 "Temple of Sackler."

36 Hoving, *Making the Mummies Dance*, p. 94.

37 Ibid.

38 Lutze, *Who Can Know the Other?*, p. 164.

39 Ibid., p. 155.

40 Ibid., p. 164.

41 Ibid., pp. 156-57.

42 Hoving, *Making the Mummies Dance*, pp. 93-94.

43 Lutze, *Who Can Know the Other?*, pp. 156-57.

44 De Grayson Kirk para Arthur Sackler, 8 jan. 1960, CUCF.

45 De Arthur Sackler para Stanley Salmen, 10 dez. 1959, CUCF.

46 "700 See Treasures of Frick Gallery", *The New York Times*, 12 dez. 1935.

47 De Arthur Sackler para Stanley Salmen, 10 dez. 1959.

48 De Robert Harron para Davidson Taylor, 26 fev. 1964, CUCF.

49 De Arthur Sackler para Stanley Salmen, 10 dez. 1959.

50 "Art Collector Honored Guest at Philbrook Opening."

51 De Arthur Sackler para Stanley Salmen, 10 dez. 1959.

52 "Meeting with Professor Mahler and Professor Baughman", Memorando, 5 out. 1960, CUCF.

53 De Raymond Sackler para William O'Donoghue, 14 dez. 1959; de Marietta Lutze Sackler para Stanley Salman, 17 dez.

1959; de Else Sackler para Stanley Salmen, 18 dez. 1959, CUCF.

54 "Arthur M. Sackler", Memorando, 1º dez. de 1961, CUCF.

55 O nome de Goldburt aparece repetidamente na correspondência de Colúmbia. Ele era contador dos três irmãos Sackler havia muito tempo. Entrevista com Richard Leather.

56 Lutze, *Who Can Know the Other?*, p. 158.

57 Ibid.

58 Programa da exposição *The Ceramic Arts and Sculpture of China: From Prehistoric Times Through the Tenth Century a.d.*, CUFC.

59 Memorando de arquivo, 25 abr. 1961; Memorando confidencial, 1º mar. 1965, CUCF.

60 De Stanley Salmen para Arthur Sackler, 23 ago. 1960, CUCF.

61 Posner, *Pharma*, p. 280.

62 Grayson Kirk à Comissão de Curadores de Honra, memorando, 19 fev. 1964, CUCF.

63 De Arthur Sackler para Stanley Salmen, 17 dez. 1965, CUCF.

64 "Sackler Funds", Memorando confidencial, 1º mar. 1965, CUCF.

65 De Arthur Sackler para Grayson Kirk, 12 dez. 1967, CUCF.

66 De Arthur Sackler para Grayson Kirk, 12 dez. 1967, CUCF.

67 Lutze, *Who Can Know the Other?*, p. 155.

68 Ibid., p. 148.

69 Ibid., p. 162.

70 "In Memoriam", *Studio International* 200, suplemento 1 (1987).

71 Lutze, *Who Can Know the Other?*, p. 156.

CAPÍTULO 6: O POLVO

1 "Antibiotic Symposium for 1957", Memorando de Welch para George Larrick, 8 mar. 1957, Arquivos de Kefauver.

2 Depoimento de Warren Kiefer, Audiências diante da Subcomissão de Antitruste e Monopólio do Judiciário, Senado dos Estados Unidos, 1º jun. 1960 (doravante citado como Depoimento de Kiefer).

3 "Drug Aide Quits; Blames Politics", *The New York Times*, 20 mai. 1960; Depoimento de Gideon Nachumi, Audiências diante da Subcomissão de Antitruste e Monopólio do Judiciário, Senado dos Estados Unidos, 1º jun. 1960 (doravante citado como Depoimento de Nachumi).

4 "Defends FDA Aide's Outside Pay: Drug Maker Says It Was OK'd", *Chicago Tribune*, 13 set. 1960. Welch havia sido um jogador de beisebol semiprofessional. História oral do dr. Lloyd C. Miller, History of the U.S. Food and Drug Administration, 27 jan. 1981; "Drug Aide Quits; Blames Politics".

5 Telegrama de Dwight D. Eisenhower, em *Antibiotics Annual, 1956-1957* (Nova York: Medical Encyclopedia, 1957).

6 "Dr. Félix Martí-Ibáñez Is Dead; Psychiatrist and Publisher, 60", *The New York Times*, 25 mai. 1972; Herman Bogdan, "Félix Martí-Ibáñez — Iberian Daedalus: The Man Behind the Essays", *Journal of the Royal Society of Medicine* 86 (out. 1993).

7 "3 Brothers Find Insanity Clews by Blood Test", *New York Herald Tribune*, 2 nov. 1951.

8 De Arthur Sackler para Henry Welch, 28 fev. 1956, Arquivos de Kefauver.

9 "Physician Is Top Expert", *Atlanta Constitution*, 5 jan. 1960; "Dr. Félix Martí-Ibáñez Is Dead; Psychiatrist and Publisher, 60".

10 "The Romance of Health", *Cosmopolitan*, jul. 1963.

11 "Advertising News: Madness in the Method", *New York Herald Tribune*, 4 mar. 1955.

12 Bogdan, "Félix Martí-Ibáñez–Iberian Daedalus".

13 "Doctors' Pains", *Newsweek*, 20 jun. 1960.

14 De Martí-Ibáñez para Welch, 16 jan. 1957, Arquivos de Kefauver.

15 Depoimento de Barbara Moulton, Audiências diante da Subcomissão de Antitruste e Monopólio do Judiciário, Senado dos Estados Unidos, 2 jun. 1960 (doravante citado como Depoimento de Moulton).

16 História oral do dr. Lloyd C. Miller, 27 jan. 1981.

17 "Antibiotic Symposium for 1957", Memorando de Welch para George Larrick, 8 mar. 1957.

18 Richard E. McFadyen, "The FDA's Regulation and Control of Antibiotics in the 1950s: The Henry Welch Scandal, Félix Martí-Ibáñez, and Charles Pfizer & Co.", *Bulletin of the History of Medicine* 53, nº 2 (verão de 1979).

19 De Martí-Ibáñez para Welch, citado em "Public Health at 71/2 Percent", *Saturday Review*, 4 jun. 1960.

20 Welch, comentários de abertura no Quarto Simpósio Anual sobre Antibióticos, publicados em *Antibiotics Annual, 1956-1957*.

21 Depoimento de Moulton.

22 "Some of Deadliest Ills Defeated by Antibiotics", *The Washington Post*, 19 out. 1956.

23 Depoimento de Kiefer.

24 Lutze, *Who Can Know the Other?*, p. 137.

25 Ibid., pp. 123-24.

26 Ibid., p. 138.

27 Ibid., pp. 137-38.

28 Ibid., p. 138.

29 Ibid., p. 118.

30 Ibid., pp. 142-43.

31 Garrafa de Gray's Glycerine Tonic, em exposição no National Museum of American History.

32 "New in Town: Purdue for Pain", *U.S. 1*, 8 mai. 2002.

33 "Arabian Remedy Yields New Drug", *Maryville (Mo.) Daily Forum*, 22 jul. 1955.

34 De Martí-Ibáñez para Mortimer e Raymond Sackler, memorando, 28 set. 1955, Arquivos de FMI.

35 De Mortimer Sackler para Martí-Ibáñez, 7 fev. 1960, Arquivos de FMI.

36 De Arthur Sackler para Martí-Ibáñez, 11 ago. 1958, Arquivos de FMI.

37 "Sackler Brothers", memorando de John Blair para Paul Rand Dixon, 16 mar. 1960, Arquivos de Kefauver.

38 "Hiroshima, U.S.A.", *Collier's*, 5 ago. 1950.

39 Podolsky, *Antibiotic Era*, pp. 70-71. Podolsky especula que o médico pesquisador não identificado era Maxwell Finland.

40 Richard Harris, *The Real Voice* (Nova York: Macmillan, 1964), p. 19.

41 "Taking the Miracle Out of the Miracle Drugs", *Saturday Review*, 3 jan. 1959.

42 Harris, *Real Voice*, p. 19.

43 Ibid.

44 "Public Health at 7½ Percent".

45 "Taking the Miracle Out of the Miracle Drugs."

46 "The Certification of Antibiotics", *Saturday Review*, 7 fev. 1959.

47 Ibid.

48 Harris, *Real Voice*, p. 25.

49 "Crime: It Pays to Organize", *Time*, 12 mar. 1951; Harris, *Real Voice*, p. 10.

50 "Crime: It Pays to Organize."

51 Harris, *Real Voice*, pp. 25-26.

52 "Crime: It Pays to Organize."

53 "The Senator and the Gangsters", *Smithsonian*, 18 abr. 2012.

54 "Kefauvercasts Prove a Real Tele Bargain", *Billboard*, 31 mar. 1951.

55 *Time*, 12 mar. 1951, 24 mar. 1952, 17 set. 1956.

56 Essa fala tem sido com frequência atribuída equivocadamente ao próprio Kefauver. Na verdade, foi dita por Paul Rand Dixon. Harris, *Real Voice*, p. 47.

57 "Crime: It Pays to Organize."

58 Harris, *Real Voice*, p. 106.

59 Ibid., p. 41.

60 Depoimento de Moulton.

61 Jeremy A. Greene e Scott H. Podolsky, "Keeping the Modern in Medicine: Pharmaceutical Promotion and Physician Education in Postwar America", *Bulletin of the History of Medicine* 83 (2009).

62 Harris, *Real Voice*, pp. 58, 117.

63 Depoimento de John McKeen, Audiências diante da Subcomissão de Antitruste e Monopólio do Judiciário, Senado dos Estados Unidos, 4 mai. 1960.

64 Depoimento de Nachumi.

65 "Drugmakers and the Govt. Who Makes the Decisions?", *Saturday Review*, 2 jul. 1960.

66 Depoimento de Kiefer.

67 "Sackler Brothers", Memorando de John Blair para Paul Rand Dixon, 16 mar. 1960, Arquivos de Kefauver.

68 Ibid.

69 Ibid.

70 "Public Health at 7½ Percent."

71 De Lear para Blair, 24 mai. 1960, Arquivos de Kefauver.

72 "Public Health at 7½ Percent."

73 De Lear para Blair, 24 mai. 1960.

74 De Lear para Blair, carta e cartuns inclusos, 27 jun. 1961, Arquivos de Kefauver.

75 "Further Information Concerning M.D. Publications and the Sackler Brothers", memorando de John Dixon para John Blair, 17 mai. 1960, Arquivos de Kefauver.

76 Ibid.

77 "Senators Study Income of High Food-Drug Aide", *The Washington Post*, 18 mai. 1960; Declaração de Michael F. Markel, Audiências diante da Subcomissão de Antitruste e Monopólio do Judiciário, Senado dos Estados Unidos, 17 mai. 1960.

78 "U.S. Scientist Held Outside Jobs, Flemming Tells Drug Inquiry", *The New York Times*, 18 mai. 1960.

79 De Martí-Ibáñez para Frohlich, 2 mar. 1960, Arquivos de Kefauver.

80 "Public Health at 7½ Percent."

81 Ibid.

82 "Dr. Henry Welch Earnings from Editorship of M.D. Publications, Journals and from Medical Encyclopedia, Inc., 1953 Through March 1960", Memorando, Arquivos de Kefauver.

83 "Senators Study Income of High Food-Drug Aide."

84 "Welch Resigns as Head of FDA; Denies Wrong", *The Washington Post*, 20 mai. 1960.

85 "Drug Aide Quits; Blames Politics."

86 "Henry Whelch, FDA Ex-official, Dies", *The Washington Post*, 29 out. 1982.

87 "FDA Plans Second Look at Drugs OK'd by Welch", *Chicago Tribune*, 4 jun. 1960.

88 Audiências diante da Subcomissão de Antitruste e Monopólio do Judiciário, Senado dos Estados Unidos, 31 jan. 1962.

89 "Kefauver Subpoenas Advertising Records", UPI, 24 dez. 1961.

90 Lutze, *Who Can Know the Other?*, p. 125.

91 Lopez, *Arthur M. Sackler*, p. 24.

92 De Arthur Sackler para Welch, 28 fev. 1956, Arquivos de Kefauver.

93 Troca de cartas entre Perrin H. Long e Martí-Ibáñez, mai. 1957, Arquivos de Kefauver.

94 De Martí-Ibáñez para Perrin H. Long, 9 mai. 1957, Arquivos de Kefauver.

95 "Doctors' Pains."

96 Lopez, *Arthur M. Sackler*, p. 24.

97 Ibid.

98 Salvo indicação em contrário, essa cena é extraída de uma transcrição das Audiências diante da Subcomissão de Antitruste e Monopólio do Judiciário, Senado dos Estados Unidos, 30 jan. 1962.

99 Rascunho de um roteiro de possíveis perguntas e respostas, Arquivos de Kefauver.

100 Hoving, *Making the Mummies Dance*, p. 95.

101 De Welch para Arthur Sackler, "Personal and Confidential", 23 fev. 1956, Arquivos de Kefauver.

102 De Arthur Sackler para Welch, 28 fev. 1956, Arquivos de Kefauver.

103 De Arthur Sackler para Welch, 9 mar. 1959, Arquivos de Kefauver.

CAPÍTULO 7: O DERBY DE DENDUR

1 Dieter Arnold, *Temples of the Last Pharaohs* (Nova York: Oxford University Press, 1999), p. 244.

2 Dieter Arnold e Adela Oppenheim, "The Temple of Dendur: Architecture and Ritual", disponível no site do Metropolitan Museum.

3 "642 Stones Will Soon Regain Form as an Egyptian Temple", *The New York Times*, 29 nov. 1974.

4 "The Boomerang Graffito (or Bad, Bad, Luther B!)", NPR, 7 jun. 2013.

5 "642 Stones Will Soon Regain Form as an Egyptian Temple."

6 "Imperiled Heritage", *Hartford Courant*, 13 mar. 1960.

7 Ibid.

8 "Floating Laboratories on the Nile", *Unesco Courier*, out. 1961; "Metropolitan Due to Get Temple of Dendur", *The New York Times*, 25 abr. 1967.

9 "Cairo Offers U.S. a Temple Saved from Aswan Flooding", *The New York Times*, 27 mar. 1965.

10 "Metropolitan Due to Get Temple of Dendur."

11 Michael Gross, *Rogues' Gallery: The Secret Story of the Lust, Lies, Greed, and Betrayals that Made the Metropolitan Museum of Art* (Nova York: Broadway Books, 2010), p. 24.

12 Calvin Tomkins, *Merchants and Masterpieces: The Story of the Metropolitan Museum of Art* (Nova York: Dutton, 1970), capítulo 3.

13 Uma lei estadual de 1893 que instituía o apoio ao Met sustentava que o museu "será mantido aberto e acessível ao público sem qualquer cobrança". "The Met Files a Formal Proposal to Charge Admission to Out-of-State Visitors", *The New York Times*, 5 mai. 2017.

14 Winifred Eva Howe, *A History of the Metropolitan Museum of Art* (Nova York: Metropolitan Museum of Art, 1913), p. 200.

15 "Museum Gets Rembrandt for $2.3 Million", *The New York Times*, 16 nov. 1961.

16 "To Keep the Museums Open", *The New York Times*, 9 jan. 1961.

17 "Attendance Soars at Museums Here", *The New York Times*, 27 nov. 1961.

18 Ibid.

19 "James Rorimer of Metropolitan, Duncan Phillips, Collector, Die", *The New York Times*, 12 mai. 1966.

20 "Museum Sets 1964 as Building Date", *The New York Times*, 22 out. 1961.

21 "James Rorimer of Metropolitan, Duncan Phillips, Collector, Die"; Hoving, *Making the Mummies Dance*, p. 95.

22 Entrevista com Leather.

23 "James Rorimer of Metropolitan, Duncan Phillips, Collector, Die."

24 Hoving, *Making the Mummies Dance*, p. 95.

25 Ibid.

26 Ibid.; Gross, *Rogues' Gallery*, p. 344.

27 Gross, *Rogues' Gallery*, p. 344.

28 "James Rorimer of Metropolitan, Duncan Phillips, Collector, Die."

29 "The Met's Sackler Enclave: Public Boon or Private Preserve?", *ARTnews*, set. 1978.

30 Hoving, *Making the Mummies Dance*, p. 95.

31 "The Temple of Sackler", *Vanity Fair*, set. 1987.

32 *Rogues' Gallery*, p. 344.

33 "Temple of Sackler."

34 Hoving, *Making the Mummies Dance*, p. 95.

35 De Frederick Dookstader para Arthur Sackler, 31 mai. 1996, Smithsonian/Museum of the American Indian Files.

36 "James Rorimer of Metropolitan, Duncan Phillips, Collector, Die."

37 "A Happening Called Hoving", *The New York Times Magazine*, 10 jul. 1966.

38 "Metropolitan Due to Get Temple of Dendur."

39 "Feud over a Temple Boils into a Tempest", *The New York Times*, 29 set. 1966.

40 "A Panel of 5 Will Choose Site in U.S. for Temple of Dendur", *The New York Times*, 23 jan. 1967.

41 "Suggested for Art Museum", *Chicago Tribune*, 25 abr. 1967.

42 "Metropolitan Due to Get Temple of Dendur."

43 "Feud over a Temple Boils into a Tempest."

44 "Metropolitan Due to Get Temple of Dendur"; "Feud over a Temple Boils into a Tempest."

45 "Charity Fund-Raisers Know the Value of Art", *The New York Times*, 21 mai. 1967.

46 "Museum Wing Will Cost $15 Million", *The New York Times*, 23 jan. 1973.

47 Hoving, *Making the Mummies Dance*, pp. 240-42.

48 Ibid., p. 95.

49 Em sua correspondência com Félix Martí-Ibáñez, Arthur sempre se desculpa por não escrever ou procurá-lo com mais frequência. Isso também ecoa nas lembranças de Marietta Lutze.

50 Hoving, *Making the Mummies Dance*, p. 241.

51 Ibid., pp. 240-42.

52 Gross, *Rogues' Gallery*, p. 345.

53 "Drills Sing in Park as Museum Flexes Wings", *The New York Times*, 28 mar. 1974.

54 "642 Stones Will Soon Regain Form as an Egyptian Temple."

55 Gross, *Rogues' Gallery*, p. 345.

56 "Drills Sing in Park as Museum Flexes Wings."

57 "642 Stones Will Soon Regain Form as an Egyptian Temple."

58 "Temple of Sackler."

59 Hoving, *Making the Mummies Dance*, p. 95.

60 "An Art Collector Sows Largesse and Controversy", *The New York Times*, 5 jun. 1983.

61 "Temple of Sackler."

62 Ibid.

63 Ibid.

64 Gross, *Rogues' Gallery*, pp. 345-46.

65 "Art Collector Sows Largesse and Controversy."

66 Hoving, *Making the Mummies Dance*, p. 94.

67 Essa fala aparece no manuscrito datilografado de *Making the Mummies Dance*, guardado em Hoving Papers, em Princeton, mas não no livro.

68 "King's Treasures Open at Museum", *Asbury Park Press*, 12 dez. 1978.

69 "Treasures of Tut Glitter in Daylight", *The New York Times*, 12 dez. 1978.

70 "King's Treasures Open at Museum"; "Weekend Notes", *Newsday*, 4 out. 1985; "Dance: Miss Graham 'Frescoes'", *The New York Times*, 23 abr. 1980.

71 "King's Treasures Open at Museum."

72 "The Mayor's 'Stroke Diary'", *Newsday*, 13 ago. 1987.

73 "Exhibit of King Tut Expected to Draw 1.3 Million Visitors", AP, 19 set. 1978.

74 "Martha Graham Opens New Dance Work", AP, 11 dez. 1978.

75 "Sackler Brothers", Memorando de John Blair para Paul Rand Dixon, 16 mar. 1960, Arquivos de Kefauver.

CAPÍTULO 8: AFASTAMENTO

1 Obituary, *The New York Times*, 9 out. 2009; "Miriam (*sic*) Sackler", Petition for Naturalization nº 413227, Distrito Sul de Nova York, 1942. De acordo com este documento, o nome que Muriel recebeu ao nascer pode ter sido Miriam; não se trata de erro tipográfico — ela escreve Miriam em letra cursiva na linha da assinatura.

2 Gertraud "Geri" Wimmer tinha 35 anos em setembro de 1981, então ela nasceu por volta de 1946. Ibid.

3 De Martí-Ibáñez para Mortimer Sackler, 30 jul. 1969, Arquivos de FMI.

4 Lutze, *Who Can Know the Other?*, p. 164.

5 Ibid., p. 143.

6 De Mortimer Sackler para Martí-Ibáñez, 13 ago. 1966, Arquivos de FMI.

7 "Dr. Mortimer Sackler", Obituary, *Telegraph*, 27 abr. 2010.

8 Entrevista com Panagiotis "Taki" Theodoracopulos; "Mortimer Sackler and Me", *Spectator*, 4 abr. 2019.

9 "Paul Gallico, Sportswriter and Author, Is Dead at 78", *The New York Times*, 17 jul. 1976; De Mortimer Sackler para Martí-Ibáñez, 6 ago. 1968, Papéis de FMI; entrevista com Paul Gallico em 1973, em *Publishers Weekly, The Author Speaks: Selected "PW" Interviews, 1967–1976* (Nova York: R. R. Bowker, 1977), pp. 54-57.

10 Mortimer Sackler para Martí-Ibáñez, 13 ago. 1966, Papéis de FMI.

11 De Mortimer Sackler para Martí-Ibáñez, 24 jul. 1968, Papéis de FMI.

12 De Mortimer Sackler para Martí-Ibáñez, 13 ago. 1966, Papéis de FMI.

13 De Mortimer Sackler para Martí-Ibáñez, 24 jul. 1968.

14 De Martí-Ibáñez para Mortimer Sackler, 30 jul. 1969, Papéis de FMI.

15 Ibid.; Depoimento juramentado de Mortimer D. Sackler, *Mortimer Sackler v. Gertraud Sackler*, Suprema Corte do Estado de Nova York, 31 jul. 1984 (doravante citado como Depoimento juramentado de MDS).

16 Maureen Emerson, *Riviera Dreaming: Love and War on the Côte d'Azur* (Londres: I. B. Tauris, 2008), pp. 19, 120, 139.

17 De Mortimer Sackler para Martí-Ibáñez, 2 jul. 1969, Papéis de FMI.

18 Entrevista com Elizabeth Bernard, empregada doméstica de Mortimer; De Martí-Ibáñez para Mortimer Sackler, 11 dez. 1972, Papéis de FMI; convite para jantar de Geri e Mortimer Sackler a Martí-Ibáñez, 13 dez. (ano não especificado), Papéis de FMI. O convite cita o endereço como East Sixty-Fourth Street, nº 10.

19 Depoimento juramentado de MDS.

20 De Mortimer Sackler para Martí-Ibáñez, 4 out. 1963, Papéis de FMI.

21 De Mortimer Sackler para Martí-Ibáñez, 6 jun. 1967, Papéis de FMI.

22 De Mortimer Sackler para Martí-Ibáñez, mar. 1967, Papéis de FMI.

23 De Mortimer Sackler para Martí-Ibáñez, 15 abr. 1966, Papéis de FMI.

24 Anúncio do nascimento de Mortimer D. Alfons Sackler, 9 mai. 1971, Papéis de FMI.

25 De Mortimer Sackler para Martí-Ibáñez, 15 abr. 1966.

26 Depoimento juramentado de MDS.

27 Barry Meier, *Pain Killer: A "Wonder" Drug's Trail of Addiction and Death* (Emmaus, Pensilvânia: Rodale, 2003), p. 217. Há duas edições de *Pain Killer*, que diferenciarei nas notas por ano: a original (2003) e a revisada (2018).

28 De Mortimer Sackler para Martí-Ibáñez, 11 mai. 1972, Papéis de FMI.

29 De Martí-Ibáñez para Mortimer Sackler, 8 jun. 1971, Papéis de FMI.

30 De Mortimer Sackler para Martí-Ibáñez, 2 jul. 1969.

31 Entrevista com Rich.

32 Entrevista com Richard Leather.

33 Entrevista com John Kallir. Eu consultei duas décadas de edições do *Medical Tribune*, e os anúncios de Senokot, Betadine e outros produtos da Purdue Frederick aparecem em praticamente todas as edições.

34 Entrevista com John Kallir.

35 Ibid.

36 Entrevista com Richard Kapit; De Martí-Ibáñez para Mortimer Sackler, 8 jun. 1971, Papéis de FMI.

37 De Arthur Sackler para Martí-Ibáñez, 11 ago. 1958, Papéis de FMI.

38 De Mortimer Sackler para Martí-Ibáñez, 4 abr. 1966, Papéis de FMI.

39 De Raymond Sackler para Martí-Ibáñez, 5 out. 1963, Papéis de FMI.

40 De Raymond e Mortimer Sackler para Martí-Ibáñez, 10 set. 1971, Papéis de FMI.

41 Convite para jantar de Geri e Mortimer para Martí-Ibáñez, 13 dez. (ano não especificado), Papéis de FMI; convite de nascimento, 7 dez. (ano não especificado), Papéis de FMI.

42 De Arthur, Mortimer e Raymond Sackler para Martí-Ibáñez, 19 jun. 1969, Papéis de FMI.

43 De Mortimer Sackler para Paul Ghalioungui, 3 jan. 1967, Papéis de FMI.

44 Lutze, *Who Can Know the Other?*, p. 143.

45 "Of Dreams and Archaeology, of Methylmercury Poisoning", *Medical Tribune*, 24 out. 1973.

46 Lutze, *Who Can Know the Other?*, p. 145.

47 Entrevista com Rich.

48 Lutze, *Who Can Know the Other?*, p. 164.

49 Declaração juramentada de Zakin.

50 Declaração juramentada em resposta de Else Sackler, *Matter of Sackler*, 1º mar. 1991.

51 A pintura era *Les Peupliers*, de 1891. A família Sackler a vendeu na Christie's, em 2000, por US$ 22 milhões.

52 Declaração juramentada de Zakin.

53 A terceira esposa de Arthur Sackler escrevia seu nome de várias maneiras — Gillian, Jill e Jillian. Por motivo de facilidade e clareza, irei me referir a ela apenas como Jillian, exceto em casos em que o nome é escrito de forma diferente nos documentos originais.

54 "The Other Sackler", *The Washington Post*, 27 nov. 2019.

55 Declaração juramentada de Gillian T. Sackler, *Matter of Sackler*, Index nº 249220, Tribunal de Substituição do Estado de Nova York, Condado de Nassau, 13 jun. 1990 (doravante citado como Depoimento juramentado de GTS).

56 "Other Sackler."

57 Depoimento juramentado de GTS.

58 "Other Sackler."

59 Entrevista com Rich.

60 Tanner, *Our Bodies, Our Data*, p. 30.

61 Ibid., p. 28.

62 De Mortimer Sackler para Martí-Ibáñez, 29 ago. 1969, Papéis de FMI.

63 *Our Bodies, Our Data*, p. 28.

64 Entrevista com Richard Leather.

65 Tanner, *Our Bodies, Our Data*, p. 28.

66 Ibid., p. 29.

67 Entrevista com Richard Leather; Tanner, *Our Bodies, Our Data*, p. 29.

68 Entrevista com Richard Leather.

69 Ibid.

70 *Our Bodies, Our Data*, p. 29.

71 Ibid.

72 Depoimento RDS 2019.

73 Tanner, *Our Bodies, Our Data*, p. 29.

74 Minutas de uma Reunião de Estado, 7 ago. 1987.

75 Minutas de uma Reunião de Estado, 29 jul. 1987.

76 Minutas de uma Reunião de Estado, 7 ago. 1987.

77 Minutas de uma Reunião de Estado, 29 jul. 1987; Minutas de uma Reunião de Estado, 7 ago. 1987.

78 De Martí-Ibáñez para Robert Sackler, 14 out. 1964, Papéis de FMI.

79 Entrevista com Elizabeth Bernard. Muito mais tarde, Bernard abriu um processo mal-sucedido contra a Purdue por benefícios empregatícios que ela alegou que lhe haviam sido negados. Mas, tendo trabalhado para a família por quase três décadas, ela tinha lembranças frescas e vívidas de Mortimer D. Sackler, e eu a achei inteiramente convincente.

80 Entrevista com Welber.

81 Depoimento de Kathe Sackler.

82 "Teen-Age Use of 'Angel Dust' Stirs Concern", *The New York Times*, 10 nov. 1977.

83 Entrevista com Bernard.

84 O relato sobre o suicídio de Bobby baseia-se numa entrevista com Ceferino Perez, que foi uma testemunha ocular. Elizabeth Bernard — que depois foi chamada pela família para limpar o apartamento de Muriel — corroborou a maioria dos detalhes das lembranças de Perez, com uma exceção: Bernard não se lembra de a janela ter sido quebrada. Ela acha que Bobby pode ter aberto a janela e pulado. Dos dois, Perez parece possuir uma lembrança mais nítida do suicídio, por tê-lo testemunhado, portanto apresentei a cena do ponto de vista dele.

CAPÍTULO 9: MARCAS-FANTASMA

1 Lutze, *Who Can Know the Other?*, p. 165.

2 Ibid., p. 176.

3 Ibid., p. 171.
4 Ibid., p. 174.
5 Ibid., pp. 174-75.
6 Ibid., p. 175.
7 Ibid., p. 171.
8 Ibid., p. 178.
9 É difícil apontar o momento preciso dessa revelação: em suas memórias, Marietta não cita um ano, mas descreve essa conversa como tendo ocorrido antes da festa de aniversário de sessenta anos de Arthur, em 1973, mas depois de ela e Arthur comprarem o apartamento no UN Plaza, em 1970. Em declaração juramentada, Jillian Sackler escreve que ela e Arthur se conheceram em 1967 e que nessa época ele já estava, como ela diz, "afastado" de Marietta. De acordo com duas pessoas que conheciam a segunda esposa nesse período, ela talvez estivesse em negação diante dos sinais óbvios de que o casamento estava terminando. No fim, porém, ela e Arthur permaneceram formalmente casados até dezembro de 1981.
10 Ibid., p. 178.
11 Ibid., p. 180.
12 Ibid., p. 179.
13 Ibid.
14 Ibid., p. 181.
15 "Royalty & Raves at a Sparkling World Premiere", *The Washington Post*, 17 nov. 1986.
16 "Series of Bubbly Parties Salutes a New Champagne", *Los Angeles Times*, 23 set. 1982.
17 "Tenor Talks of Loving the Public and His Favorite Opera Composers", *Medical Tribune*, 1º nov. 1978; "Pavarotti Talks of Sex and Sunshine", *Medical Tribune*, 15 nov. 1978; "The Quiet Scholar: King of Sweden", *Medical Tribune*, 1º nov. 1972.
18 A citação é de Sidney Wolfe. "A Financial Man and the Fogg", *Boston Globe*, 16 fev. 1982.
19 "The Temple of Sackler", *Vanity Fair*, set. 1987.
20 "Art Collector Honored Guest at Philbrook Opening", *Tulsa World*, 8 dez. 1975.

21 Ibid.
22 "The Chariots of the Gods - and the 747", *Medical Tribune*, 3 out. 1973.
23 "Remembrance of Kings Past", *Medical Marketing and Media*, jul. 1996.
24 "Sadat Urges U.S. to Back Liberation of the Third World", AP, 8 ago. 1981; "Koch and City Lionize Sadat", *Newsday*, 8 ago. 1981.
25 Gail Levin, *Becoming Judy Chicago* (Oakland: University of California Press, 2007), 363.
26 "A Halo and a Vision", *Medical Tribune*, 25 jul. 1973; "The Colors of Love - I", *Medical Tribune*, 12 abr. 1978; "The Colors of Love - II", *Medical Tribune*, 26 abr. 1978; "An Open Letter to Bernard Malamud", *Medical Tribune*, 14 nov. 1973.
27 Entrevista com Janna Malamud Smith.
28 Veja, por exemplo, "FDA Chief Defends Position on Package Inserts", *Medical Tribune*, 11 fev. 1976.
29 "Sackler - Robert, M.", *The New York Times*, 6 jul. 1975.
30 Entrevista com Elizabeth Bernard.
31 Numa nota de falecimento paga para Mortimer D. Sackler em 2010, a Universidade de Tel Aviv observou: "O Robert M. Sackler Memorial Scholarship Fund continuará a tranformar vidas por muito tempo." Curiosamente, porém, não há nenhuma informação pública associada a esse fundo: é uma bolsa de estudos "em memória" sem qualquer descrição do indivíduo homenageado.
32 Entrevista com Judith Schachter.
33 Entrevista com Elizabeth Bernard.
34 Depoimento juramentado de MDS; "Suzy Says", *New York Daily News*, 13 set. 1977.
35 Ela nasceu em 1949, portanto tinha 31 anos completos ou a completar quando se casou em 1980. "Drugs Mogul with Vast Philanthropic Legacy", *Financial Times*, 23 abr. 2010.
36 O endereço é Chester Square, nº 67. Veja "Meet the Chester Square Candys", *Telegraph*, 8 mar. 2016.

37 "Valentino's Art Presented at Met Museum", *Los Angeles Times*, 24 set. 1982.
38 "A Party at the Museum…", *New York Daily News*, 22 set. 1982.
39 "'Waiting for Valentino' in New York", *Desert Sun* (Palm Springs), 27 set. 1982; "Valentino's Art Presented at Met Museum."
40 "'Waiting for Valentino' in New York."
41 Notas de Thomas Hoving sobre Arthur Sackler nos Papéis de Thomas Hoving, Princeton University Library (doravante citadas como Notas de Hoving).
42 Ibid.
43 Entrevista com Rich.
44 "The Met's Sackler Enclave: Public Boon or Private Preserve?", *ARTnews*, set. 1978.
45 "Temple of Sackler."
46 "Met's Sackler Enclave"; entrevista com Charles Brody.
47 "The Sackler Collection, Cont'd", *The Washington Post*, 30 jul. 1982.
48 Gross, *Rogues' Gallery*, p. 346.
49 "Arthur Sackler's Inner Resources", *The Washington Post*, 7 jun. 1987.
50 "Financial Man and the Fogg."
51 Notas de Hoving.
52 Ibid.
53 "An Art Collector Sows Largesse and Controversy", *The New York Times*, 5 jun. 1983.
54 De Arthur Sackler para Pauling, 21 jun. 1980, Papéis de Ava Helen e Linus Pauling, Oregon State University. (Este arquivo doravante será citado como Papéis de Pauling.)
55 Posner, *Pharma*, p. 280.
56 De Jillian Sackler para Pauling, 21 jun. 1983, Papéis de Pauling.
57 Gross, *Rogues' Gallery*, p. 347.
58 Notas de Hoving.
59 De Ripley para Arthur Sackler, 10 mar. 1980, Arquivos do Instituto Smithsonian. (Esta coleção será citada doravante como Arquivos do Smithsonian.)
60 De Arthur Sackler para Ripley, 4 abr. 1980, Arquivos do Smithsonian.

61 Memorando com fins de registro, de James McK. Symington, 8 abr. 1980, Arquivos do Smithsonian.
62 De Ripley para Arthur Sackler, 18 set. 1980, Arquivos do Smithsonian.
63 Memorando com fins de registro, de Ripley, 6 out. 1981, Arquivos do Smithsonian.
64 Arthur Sackler/Contrato com o Instituto Smithsonian, Quinto Anteprojeto, abr. 1982, Arquivos do Smithsonian.
65 Carta de Ripley (essa cópia não tem destinatário, mas foi para várias pessoas), 10 ago. 1982, Arquivos do Smithsonian.
66 Instituto Smithsonian, comunicado à imprensa, abr. 1986, Arquivos do Smithsonian.
67 "Sackler Collection, Cont'd."
68 "Art Collector Sows Largesse and Controversy."
69 Lutze, *Who Can Know the Other?*, p. 181.
70 Ibid., pp. 181-82. Esse é um exemplo em que a história contada por Marietta pode não ser inteiramente confiável, porque, de acordo com um amigo da família, ela saiu do casamento com muitas pinturas valiosas. Ela ficou com um Braque, um Picasso, um Kandinsky e outros. "Ela pode não ter pedido isso", disse o amigo. "Mas os advogados pediram."
71 Ibid., p. 182.
72 Ibid.
73 Ibid., p. 185.
74 Ibid.
75 O divórcio foi finalizado em 28 de dezembro de 1981. Jillian e Arthur se casaram no dia seguinte. Depoimento juramentado de GTS.
76 Lutze, *Who Can Know the Other?*, p. 202.

CAPÍTULO 10: CONTRARIAR A INEVITABILIDADE DA MORTE

1 Site do Sander Theatre, Office of the Arts, Harvard University.
2 "A New Millennium Begins", Dedicatory Address, Harvard University, 18 out. 1985.

3 Programa para "Lectures Celebrating the Dedication of the Arthur M. Sackler Museum", 18 out. 1985; Convite para homenagem do Arthur M. Sackler Museum, 18 out. 1985, Papéis de Louis Lasagna, University of Rochester.

4 "The Miracle on Quincy Street", *Harvard Crimson*, 17 out. 1985.

5 "The Man Who Made It Real", *Harvard Crimson*, 17 out. 1985.

6 "Arty Party", *Harvard Crimson*, 17 out. 1985.

7 "Architecture", *Boston Globe*, 8 set. 1985.

8 "New Millennium Begins."

9 Instituto Smithsonian, comunicado à imprensa, abr. 1986, Arquivos do Smithsonian; Programa da Grande Inauguração do Centro de Comunicação em Saúde Arthur M. Sackler em Tufts University, 20 e 21 fev. 1986.

10 De Arthur Sackler para colegas da McAdams, 28 dez. 1967.

11 Instituto Smithsonian, comunicado à imprensa, abr. 1986.

12 De Thomas Lawton para Milo Beach, 12 mai. 1993, Arquivos do Smithsonian.

13 "Digging Museums", *The Washington Post*, 22 jun. 1983.

14 De Thomas Lawton para Milo Beach, 12 mai. 1993.

15 "Convictions of a Collector", *The Washington Post*, 21 set. 1986; "Forbes 400", *Forbes*, out. 1986. (Se você olhar a capa da revista com atenção, o nome "Arthur Mitchell Sackler" está bem ali, em fonte cursiva, junto aos outros.)

16 "During Medical Tribune's Life Span", *Medical Tribune*, 7 mai. 1980.

17 De Jillian Sackler para Harry Henderson, 1º out. 1986, Papéis de Henderson.

18 De Jillian Sackler para Harry Henderson, 18 out. 1986, Papéis de Henderson.

19 "Sua agenda exigiria": Louis Lasagna, *Studio International* 200, suplemento 1 (1987).

20 "Of Time and Life, Part I", *Medical Tribune*, 2 abr. 1975.

21 "Art Collector Sows Largesse and Controversy", *The New York Times*, 5 jun. 1983.

22 "The Other Sackler", *The Washington Post*, 27 nov. 2019.

23 Depoimento de EJS. Foi no outono de 1986. De Thomas Lawton para Tom Freudenheim, 12 dez. 1986, Arquivos do Smithsonian.

24 Há fotos do bolo numa página do site worldofsugarart.com. Scott Clark Woolley, por e-mail.

25 "Party Palace", *New York*, 9 jan. 1989.

26 Entrevista com Michael Rich.

27 Lutze, *Who Can Know the Other?*, p. 207.

28 De Arthur Sackler para Gillian Sackler, memorando, 15 abr. 1987.

29 A exposição esteve aberta de 1º de maio a 28 de junho de 1987. "Jewels of the Ancients", *RA: The Magazine for the Friends of the Royal Academy*, nº 14 (primavera de 1987).

30 "Jewels with a Frown", *Sunday Times* (Londres), 3 mai. 1987.

31 "In the Shadow of the Ancients", *RA: The Magazine for the Friends of the Royal Academy*, nº 15 (verão de 1987).

32 Alice Beckett, *Fakes: Forgery and the Art World* (Londres: Richard Cohen Books, 1995), p. 106.

33 Ibid.

34 Ibid., p. 109.

35 "Jewels with a Frown."

36 Beckett, *Fakes*, p. 113.

37 "Experts Query Jewels", *The Sunday Times* (Londres), 5 jul. 1987; Beckett, *Fakes*, pp. 113-14.

38 "Doctor's Collection Is a Prescription for Controversy", *Independent*, 3 nov. 1988.

39 "Of Dreams and Archaeology, of Methylmercury Poisoning", *Medical Tribune*, 24 out. 1973.

40 Lutze, *Who Can Know the Other?*, p. 207.

41 Entrevista com Michael Rich; Lutze, *Who Can Know the Other?*, p. 207.

42 Entrevista com Michael Rich.

43 Lutze, *Who Can Know the Other?*, p. 207.

44 Ibid.; "Dr. Arthur Sackler Dies at 73", *The New York Times*, 27 mai. 1987.

45 Programa do funeral em celebração à vida do dr. Arthur Mitchell Sackler, Harvard University, Memorial Church, 5 out. 1987.

46 Convite a amigos de Arthur M. Sackler para o concerto, Kennedy Center, 12 set. 1987, Papéis de Henderson; "The Fanfare of Friends", *The Washington Post*, 14 set. 1987.

47 Programa do funeral de Arthur M. Sackler, 17 jun. 1987, Papéis de Henderson.

48 Elogio de Jillian Sackler para Arthur Sackler, Funeral do dr. Arthur M. Sackler, Ala Sackler, Metropolitan Museum of Art, 17 jun. 1987.

49 "Other Sackler."

50 "In Memoriam", *Studio International* 200, suplemento 1 (1987).

51 Levin, *Becoming Judy Chicago*, p. 362.

CAPÍTULO 11: APOLLO

1 A não ser quando explicitado de outra forma, os detalhes da amizade entre Richard Kapit e Richard Sackler foram tirados de diversas entrevistas com Kapit.

2 Roslyn High School, anuário de 1960.

3 Barbara Schaffer, por e-mail.

4 Obituário da dra. Marjorie Ellen Yospin Newman, disponível em <legacy.com>.

5 De Richard Sackler para uma amiga chamada Roslyn, 26 out. 1963.

6 De Richard Sackler para uma amiga chamada Roslyn, 5 mai. 1964.

7 Ibid.

8 Em 5 de maio de 1964, na carta que escreveu para sua amiga Roslyn: "Algumas orgias, de ordem sexual ou não, devem ajudar muito a corrigir valores e apêndices distorcidos, a ira daqueles que se voltaram contra si mesmos por muito tempo."

9 Richard Kapit, por e-mail.

10 Esta sequência se baseia em imagens da aterrissagem que estão amplamente disponíveis na internet.

11 "NASA Turned to Norwalk Firm to Kill Potential Moon Germs", *Hartford Courant*, 23 jul. 1992; "Scientists Cannot Rule Out Possibility of Germs on Moon", *Chicago Tribune*, 14 jul. 1969.

12 "Local Firm Acquired by Purdue Frederick", Progress-Index (Petersburg, Va.), 30 mar. 1966.

13 Anúncio do Betadine.

14 Kapit recorda que o escritório ficava em Connecticut, mas, no fim dos anos 1960, ficava em Yonkers. (Eles só se mudaram para Norwalk em 1972.) Entrevista com Bob Jones.

15 Depoimento de RDS, 2019.

16 De Martí-Ibáñez para Richard Sackler, 7 jun. 1971, Papéis de FMI.

CAPÍTULO 12: HERDEIRO APARENTE

1 "William T. Grant, Store Founder, Dies", *The New York Times*, 7 ago. 1972.

2 "Buyers Scarce When the Price Is $1.8 Million, Hospital Finds", *The New York Times*, 21 jan. 1973.

3 "W. T. Grant Estate Sold", *The New York Times*, 3 jun. 1973.

4 O prédio no nº 50 da Washington Street em Norwalk foi construído em 1970.

5 "Drug Company Moving to Norwalk", *Hartford Courant*, 30 nov. 1972.

6 "A Family, and a Transformative Legacy", *Medicine@Yale*, jul./ago. 2014.

7 Declaração de Robert Josephson para a *New Yorker*, 19 out. 2017. No seu depoimento de 2019, solicitaram que Richard confirmasse isso e ele disse que, embora não se lembrasse de ter começado a trabalhar na Purdue como assistente de Raymond, "essa informação não vai de encontro com nenhuma lembrança em contrário".

8 "A Financial Man and the Fogg", *Boston Globe*, 16 fev. 1982. A empresa comercializava o Cerumenex desde a década de 1950. Anúncio da Purdue Frederick, *Medical Tribune*, 2 jul. 1962.

9 Entrevista com Francine Shaw.

10 De Nelson para Hon. James P. Jones, 11 jul. 2007.

11 Entrevista com Olech.

12 Entrevista com Carlos Blanco.

13 Folheto do Mundipharma International Group.

14 "Sharing Ideas", *Boston Globe*, 16 fev. 1986.

15 "Psychiatrists Give $3M. to T.A. Medical School", *Jerusalem Post*, 19 out. 1972.

16 Entrevista com Carlos Blanco.

17 "Skiers Covet Clear Skies, Warm Weather", *Salt Lake City Tribune*, 25 dez. 1985.

18 "Penn Speaker Hails U.S. Achievements", *Philadelphia Inquirer*, 23 mai. 1972; "Beth M. Bressman", *Item of Millburn and Short Hills* (Millburn, N.J.), 6 nov. 1969.

19 "PhD. Degree Is Awarded Beth Sackler", *Item of Millburn and Short Hills* (Millburn, N.J.), March 20, 1980.

20 De acordo com o Registro de Casamentos de Connecticut, eles se casaram em 3 jun. 1979.

21 A biografia oficial de Richard Sackler, que antes aparecia na página do Instituto Koch de Pesquisa Oncológica Integrativa no MIT, foi retirada.

22 Depoimento de Kathe Sackler.

23 Depoimento de RDS, 2019.

24 Site do Departamento de Patentes e Marcas Registradas dos Estados Unidos.

25 Depoimento de RDS, 2019.

26 Ibid.

27 Anúncio do nº 50 da Washington Street, "o único prédio comercial de luxo em Connecticut com helicóptero e heliporto disponível para os locatários", *Bridgeport Post*, 28 mar. 1972.

28 Entrevista com Cobert.

29 "Pain Relief", *Corporate Counsel*, set. 2002.

30 "The Simple Things in Life Are Fine but Howard Udell Loves Complexity", artigo publicado num folheto interno (outono de 1999); "Pain Relief", *Corporate Counsel*, set. 2002.

31 Entrevista com Cobert.

32 "The Simple Things in Life Are Fine but Howard Udell Loves Complexity", artigo publicado num folheto interno (outono de 1999)

33 Entrevista com Larry Wilson.

34 "Takesue Named", *Bernardsville (N.J.) News*, 11 set. 1975; "Dr. Edward Takesue" *Morristown (N.J.) Daily Record*, 4 jun. 1985.

35 Entrevista com Cobert.

36 Ibid.

37 Depoimento juramentado de MDS.

38 Ibid.

39 Entrevista com Carlos Blanco.

40 Depoimento juramentado de MDS.

41 Ibid.

42 Ibid.; entrevista com Elizabeth Bernard.

43 Depoimento juramentado de MDS.

44 Ibid.

45 Ibid.

46 Lutze, *Who Can Know the Other?*, p. 205.

47 Folheto do Mundipharma International Group.

48 "Dr. Mortimer Sackler", *The Times* (Londres), 13 abr., 2010.

49 E-mail de Twycross para o autor. Já falaram que Mortimer Sackler tinha participado pessoalmente do início das tratativas com a clínica St. Christopher, mas Twycross não se recorda disso, e eu não encontrei nenhuma indicação de envolvimento direto dos Sackler nos documentos de Cicely Saunders na Kings College em Londres.

50 O medicamento para asma se chamava Uniphyl. "Thrust Under Microscope", *Hartford Courant*, 2 set. 2001.

51, Thomas H. Maugh II, "Mortimer Sackler Dies at 93", *Los Angeles Times*, 8 mar. 2014.

52 O nome original no Reino Unido era MST. MS Contin era o nome de marca nos Estados Unidos.

53 Depoimento de Kathe Sackler.

54 "Morphine Making a Welcome Return", *The Times* (Londres), 15 set. 1983.

55 Folheto do Mundipharma International Group.

56 Propaganda/anúncio de emprego da Napp Laboratories, *The Guardian*, 27 out. 1988.

57 Entrevista com Cobert.

58 "Purdue Frederick Will Submit NDA for MS Contin", *Pink Sheet*, 8 jul. 1985.

59 Ibid.

60 "Purdue Frederick MS Contin Continued Marketing", *Pink Sheet*, 15 jul. 1985.

61 "Thrust Under Microscope", *Hartford Courant*, 2 set. 2001.

CAPÍTULO 13: A CAUSA SACKLER

1 A não ser quando explicitado de outra forma, os detalhes dessa reunião dos executores no prédio da Fifty-Seventh Street foram retirados das Minutas do Espólio de Arthur M. Sackler, 29 jul. 1987. Essas minutas, juntamente com as minutas das demais reuniões dos executores, podem ser encontradas no arquivo da Causa Sackler no tribunal em Mineola.

2 Depoimento juramentado de GTS.

3 Entrevista com Michael Rich.

4 Entrevista com Michael Rich e outro amigo próximo da família.

5 Comentários de Jill Sackler no Funeral de Arthur M. Sackler, Museu de Arte Metropolitan, 17 jun. 1987.

6 Entrevista com Michael Rich.

7 Minutas do Espólio de Arthur M. Sackler, 19 jul. 1987.

8 Memorando de Edward J. Ross para Hon. C. Raymond Radigan. "Estate of Arthur M. Sackler-Index nº 249220", 16 jun. 1988 (doravante citado como Memorando de Ross).

9 O advogado era Michael Sonnenreich. Minutas de uma reunião dos advogados da família, 8 jul. 1987.

10 Depoimento de EJS.

11 Minutas de reuniões sobre o Espólio de Arthur M. Sackler, 22 jul. 1987, citadas em depoimentos de GTS.

12 Depoimento juramentado de GTS.

13 Minutas do Espólio de Arthur M. Sackler, 29 jul. 1987.

14 Resposta verificada de Carol Master, Else Sackler, Arthur F. Sackler e Elizabeth Sackler na Causa Sackler, arquivo nº 249220. A versão deste documento que recuperei nos arquivos de Mineola estão sem data. "Antes e durante o seu casamento com o dr. Sackler, Gillian raramente o acompanhava nas visitas aos filhos e netos. O dr. Sackler explicou para Else e Arthur em ocasiões diferentes que isso acontecia porque, como não queria ter mais filhos, ele achava que seria insensibilidade envolver Gillian com seus filhos e netos."

15 Entrevista com Michael Rich e um amigo próximo da família que falou com vários dos filhos dele na época.

16 Depoimento juramentado de Thomas J. Schwarz, arquivo nº 249220, 8 mai. 1990, Causa Sackler.

17 Depoimentos de GTS.

18 Christopher Rowland, "The Other Sackler", *The Washington Post*, 27 nov. 2019; Minutas do Espólio de Arthur M. Sackler, 29 jul. 1987.

19 Minutas do Espólio de Arthur M. Sackler, 29 jul. 1987.

20 Ibid.

21 Ibid.

22 Minutas de uma reunião entre os advogados do Espólio de Arthur M. Sackler, 9 jul. 1987.

23 Minutas do Espólio de Arthur M. Sackler, 29 jul. 1987.

24 Ibid.

25 Ibid.

26 Resposta ao depoimento de Else Sackler, Causa Sackler, 1º mar. 1991.

27 Memorando de Direito da Ré Else Sackler em apoio ao seu pedido de julgamento sumário que indefere o processo, Causa Sackler. A versão deste memorando que encontrei nos arquivos de Mineola não tem data.

28 Jill Sackler para J. Kartiganer, 6 mar. 1989.

29 Depoimento juramentado de GTS.
30 "Doctor's Collection Is a Prescription for Controversy", *Independent*, 3 nov. 1988.
31 Resposta ao memorando enviado em nome dos executores Carol Master e Arthur F. Sackler, Causa Sackler, 25 set. 1992; depoimento juramentado de GTS.
32 Jill Sackler para Linus Pauling, 27 abr. 1991; documentos de Pauling.
33 Memorando dos advogados de Arthur F. Sackler e Elizabeth Sackler, citados na reposta ao memorando enviado em nome dos executores Carol Master e Arthur F. Sackler, Causa Sackler, 25 set. 1992.
34 "Feud Spoils Christie's Bid Day". *Times*, 13 jan. 1993.
35 "Depositions of Smithsonian Employees in Litigation Concerning the Estate of Arthur M. Sackler", memorando de Ildiko D'Angelis para Constance B. Newman, 24 mai. 1993, Arquivos do Smithsonian.
36 Depoimento juramentado de GTS.
37 Ibid.
38 De Katz para Elizabeth Sackler, 18 nov. 1988.
39 "She's Here for the Summer", *Burlington (Vt.) Free Press*, 13 jun. 1968.
40 Gail Levin, *Becoming Judy Chicago*, pp. 376, 377; "The Girl Who Won the Title", *Brattleboro (Vt.) Reformer*, 31 ago. 1968.
41 Entrevista com Michael Rich.
42 "The Princess and the Porcupine Quills", *Medical Tribune*, 29 nov. 1972.
43 "The Temple of Sackler", *Vanity Fair*, set. 1987.
44 Comentários de Elizabeth Sackler na National Portrait Gallery, 18 nov. 1996, documentos de Henderson.
45 O Smithsonian tentou resolver a diferença usando a versão mais curta ("Coleção Singer") no painel introdutório e a versão mais longa ("Coleção do dr. Paul Singer de arte chinesa da Galeria Arthur M. Sackler") como crédito de cada objeto. De Milo Beach para Elizabeth Sackler, 21 set. 1999. Eliza-

beth não ficou satisfeita e escreveu: "Como o conteúdo do painel é enganoso, errôneo e ofensivo, assim como uma violação do Acordo de Liquidação, eu estou boquiaberta que dois eventos relativamente significativos, uma recepção e um jantar, já tenham ocorrido na Galeria Sackler desde a instalação do Singer. Também estou chocada de saber que a visita da comissão de fiscalização já está agendada." De Elizabeth Sackler para Milo Beach, 30 de set. 1999. Arquivos do Smithsonian.
46 De Singer para M. M. Weller, 24 mar. 1996, Arquivos do Smithsonian.
47 Entrevista com Leather.
48 Minutas da reunião dos executores, 22 jul. e 7 ago. 1987; Depoimento de EJS.
49 Depoimento de EJS.
50 Entrevista com Leather.
51 Minutas do Espólio de Arthur M. Sackler, 24 jun. 1987.
52 Minutas do Espólio de Arthur M. Sackler, 29 jul. 1987.
53 Ibid.
54 Minutas de uma reunião do Espólio, 29 jul. 1987.
55 Minutas de uma reunião dos Advogados do Espólio de Arthur M. Sackler, 9 jul. 1987.
56 Memorando de Ross.

CAPÍTULO 14: O TEMPO ESTÁ SE ESGOTANDO

1 Catherine L. Fisk, "Removing the 'Fuel of Interest' from the 'Fire of Genius': Law and the Employee-Inventor, 1830-1930", *University of Chicago Law Review* 65, nº 4, outono de 1998.
2 "An Uphill Fight for Generics", *Newsday*, 18 mar. 1986.
3 "Drug Makers Fighting Back Against Advance of Generics", *The New York Times*, 28 jul. 1987.
4 L. W. Frohlich, "The Physician and the Pharmaceutical Industry in the United States", *Proceedings of the Royal Society of Medicine*, 11 abr. 1960.

5 "Cliffhanger", *The Economist*, 3 dez. 2011.

6 *Advances in the Management of Chronic Pain: International Symposium on Pain Control*. Toronto: Purdue Frederick, 1984, p. 3.

7 "Dr. Romagosa on Symposium in Toronto", *Lafayette (La.) Daily Advertiser*, 19 ago. 1984.

8 Kaiko ministrou uma palestra e foi o presidente de uma sessão. *Advances in the Management of Chronic Pain: International Symposium on Pain Control*. Toronto: Purdue Frederick, 1984.

9 Biografia de Robert Kaiko, ph.D., diretoria científica consultiva, Ensysce.

10 Depoimento de Richard Sackler no caso *Commonwealth of Kentucky v. Purdue Pharma LP et al.*, 28 ago. 2015 (doravante citado como Depoimento de RDS, 2015).

11 Latif Nasser, "The Amazing Story of the Man Who Gave Us Pain Relief", TED talk, mar. 2015. Bonica chegou aos Estados Unidos em 1927, de acordo com o *The New York Times*; outras fontes sugerem que ele chegou em 1928. "John J. Bonica, Pioneer in Anesthesia, Dies at 77", *The New York Times*, 20 ago. 1994.

12 "John Bonica Devoted His Life to Easing People's Pain", *University of Washington Magazine*, 1º dez. 1994; John J. Bonica, *Management of Pain* (Philadelphia: Lea & Febiger, 1953).

13 "John J. Bonica, Pioneer in Anesthesia, Dies at 77", *The New York Times*, 20 ago. 1994.

14 "Conquering Pain", *New York*, 22 mar. 1982.

15 "An Interview with John J. Bonica M.D.", *Pain Practitioner*, primavera de 1989.

16 "Conquering Pain", *New York*, 22 mar. 1982.

17 Depoimentos de RDS, 2015.

18 *Advances in the Management of Chronic Pain: International Symposium on Pain Control*. Toronto: Purdue Frederick, 1984, p. 36.

19 "Medical Essays", *Lafayette (La.) Advertiser*, 4 fev. 1997; "Morphine Safest to Control Pain", *Lafayette (La.) Advertiser*, 17 fev. 1985.

20 "Morphine Safest to Control Pain", *Lafayette (La.) Advertiser*, 17 fev. 1985.

21 *Advances in the Management of Chronic Pain: International Symposium on Pain Control*. Toronto: Purdue Frederick, 1984, p. 3.

22 Ibid., p. 150.

23 "Morphine Safest to Control Pain", *Lafayette (La.) Advertiser*, 17 fev. 985.

24 Entrevista com Larry Wilson.

25 De Kaiko para Richard Sackler, memorando, 16 jul. 1990, citado no relatório do perito, da autoria de David Kessler, no litígio multidistrital dos opiáceos, 1:17-md--02804-DAP, 19 jul. 2019 (doravante citado como Relatório de Kessler).

26 Jared S. Hopkins, "OxyContin Made the Sacklers Rich. Now It's Tearing Them Apart", *The Wall Street Journal*, 13 jul. 2019.

27 Depoimento de Kathe Sackler.

28 Ibid.

29 Christopher Glazek, "The Secretive Family Making Billions from the Opioid Crisis", *Esquire*, 16 out. 2017.

30 Depoimento de Kathe Sackler.180

31 Ibid.

32 Depoimento de RDS, 2019.

33 De Kaiko para Richard Sackler, memorando, 16 jul. 1990, citado do Relatório de Kessler.

34 Entrevista com Wilson.

35 Ibid.

36 Denúncia de Massachusetts.

37 Depoimento de RDS, 2019

38 Denúncia de Nova York.

39 "Thrust Under a Microscope", *Hartford Courant*, 2 set. 2001.

40 Depoimento de RDS, 2015.

41 "OxyContin: The Most Significant Launch in Purdue History!", *Teamlink* (comunicado interno da Purdue), inverno de 1996.

42 "On the Move", *New York Daily News*, 5 mar. 1993.

43 Memorando da Equipe do Projeto

Oxycontin, 14 dez. 1993, citado no depoimento de RDS, 2015.

44 De Mark F. Pomerantz e Roberto Finzi para Hon. James P. Jones, 16 jul. 2007.

45 Barry Meier. *Pain Killer* (2018), p. 105.

46 De Mark F. Pomerantz e Roberto Finzi para Hon. James P. Jones, 16 jul. 2007.

47 "OxyContin: The Most Significant Launch in Purdue History!", *Teamlink* (comunicado interno da Purdue), inverno de 1996.

48 "Product Pipeline and Strategy-VERY CONFIDENTIAL", Memorando de Michael Friedman, 24 dez. 1994.

49 Ibid.

CAPÍTULO 15: DEUS DOS SONHOS

1 Martin Booth, *Opium: A History* (Nova York: St. Martin's Press, 1996), p. 15.

2 Ibid., p. 16.

3 Ibid., p. 18.

4 Ibid., p. 20.

5 Veja Althea Hayter, *Opium and the Romantic Imagination: Addiction and Creativity in De Quincey, Coleridge, Baudelaire, and Others* (Nova York: HarperCollins, 1988).

6 Booth, *Opium*, p. 58.

7 Ibid., pp. 68-69.

8 Ibid., p.78.

9 Ibid., p. 74.

10 "How Aspirin Turned Hero", *The Sunday Times* (Londres), 13 set. 1998.

11 "Uncle Sam Is the Worst Drug Fiend in the World", *The New York Times*, 12 mar. 1911.

12 Lucy Inglis, *Milk of Paradise: A History of Opium* (Londres: Picador, 2018), pp. 240, 241; Booth, *Opium*, pp. 77, 78.

13 Walter Sneader, "The Discovery of Heroin", *Lancet*, 21 nov. 1998; Booth, *Opium*, p.78.

14 Booth, *Opium*, p. 78.

15 John Phillips, "Prevalence of the Heroin Habit", *Journal of the American Medical Association*, 14 dez. 1912.

16 Booth, *Opium*, p. 78.

17 "How Aspirin Turned Hero", *The Sunday Times* (Londres), 13 set. 1998.

18 John H. Halpern; David Blistein, *Opium: How an Ancient Flower Shaped and Poisoned Our World* (Nova York: Hachette, 2019), p. 174.

19 Booth, *Opium*, p. 84.

20 "What Lenny Bruce Was All About", *The New York Times*, 7 jun. 1971.

21 E-mail de Richard Sackler, 22 mai. 1999, citado no Depoimento de RDS, 2015.

22 E-mail de Friedman para Richard Sackler, 23 dez. 1996, citado do depoimento de RDS, 2019.

23 "OxyContin: The Most Significant Launch in Purdue History!"

24 Memorando de pesquisa de mercado da Purdue Pharma, 9 jul. 1992, citado no depoimento de Kathe Sackler.

25 Troca de e-mails de Friedman com Richard Sackler, 28 mai. 1997, citada no depoimento de RDS, 2015.

26 Ibid.

27 Minutas da reunião com a equipe de lançamento, 31 mar. 1995.

28 Depoimento de Paul Goldenheim, Comitê de Saúde, Educação, Trabalho e Fundos de Pensão, Senado dos Estados Unidos, 12 fev. 2002 (doravante citado como Depoimento de Goldenheim, 2002).

29 Depoimento do dr. Russell K. Portenoy no caso *State of Oklahoma v. Purdue Pharma et al.*, 17 jan. 2019 (doravante citado como Depoimento de Portenoy).

30 Thomas Catan e Evan Perez, "A Pain-Drug Champion Has Second Thoughts", *The Wall Street Journal*, 17 dez. 2012.

31 Ibid.

32 Depoimento de Portenoy.

33 Russell Portenoy e Kathleen Foley. "Chronic Use of Opioid Analgesics in Non-malignant Pain: Report of 38 Cases", *Pain*, mai. 1986.

34 Depoimento de Portenoy.

35 Ibid.

36 "A Pain-Drug Champion Has Second Thoughts."

37 Paul Tough, "The Alchemy of Oxy-Contin", *The New York Times*, 29 jul. 2001.

38 Memorando de Richard Sackler, 30 nov. 1991, citado do depoimento de Kathe Sackler.

39 "Norwalk Firm Finds Niche Among Pharmaceutical Giants", *Hartford Courant*, 23 jul. 1992.

40 Veja Jeremy A. Greene e Scott H. Podolsky, "Reform, Regulation, and Pharmaceuticals the Kefauver-Harris Amendments at 50", *New England Journal of Medicine* 367, nº 16, out. 2012.

41 "OxyContin: The Most Significant Launch in Purdue History!"

42 Depoimento de Curtis Wright, no caso Processo Nacional de Opiáceos Controlados, MDL nº 2804, Tribunal Distrital dos Estados Unidos, Distrito Norte de Ohio, 19 dez. 2018 (doravante citado como Depoimento de Wright, 2018).

43 Submissões de pré-lançamento da Purdue na FDA, citadas no memorando da promotoria sobre a investigação da Purdue Pharma, L.P. et al., Advocacia da União dos Estados Unidos, Distrito Oeste de Virgínia, 28 set. 2006 (doravante citado como memorando da promotoria). Um manual de treinamento da Purdue instruía os representantes de venda a informar os médicos de que "casos de uso abusivo do Oxycontin são menos prováveis porque é mais difícil extrair a oxicodona do sistema de liberação controlada".

44 Conclusão geral da Revisão da FDA de 1995, Curtis Wright, out. 1995. Citada na Denúncia de Massachusetts.

45 Teleconferência de 19 mar. 1993, citada no Relatório de Kessler.

46 Memorando de Friedman para Mortimer, Raymond e Richard Sackler, 1994 (não há data mais específica), citado no depoimento de RDS, 2015.

47 Entrevista com Wilson.

48 Depoimento de RDS, 2015.

49 "OxyContin: The Most Significant Launch in Purdue History!"

50 Sumário executivo de 1996 do Centro de Pesquisas da Purdue, citado no Depoimento de RDS, 2019.

51 Relatório de contato da equipe de projeto, 17 set. 1992, citado no memorando da promotoria.

52 E-mail de Richard Sackler, citado no depoimento de Kathe Sackler (sem data especificada).

53 Relatório de contato da equipe de projeto, Reder & Wright, 28 dez. 1994, citado no memorando da promotoria.

54 Caitlin Esch, "How One Sentence Helped Set Off the Opioid Crisis", *Marketplace*, 13 dez. 2017.

55 Depoimento de Curtis Wright, Processo Multidistrital de Opiáceos, MDL nº 2804, 1 dez. 2018 (doravante citado como Depoimento de Wright, 2018.)

56 "How One Sentence Helped Set Off the Opioid Crisis."

57 Depoimento de Wright, 2018. "P: Você se recorda de ter proposto esse tipo de linguagem para Robert Reder? R: Eu não me lembro de ter feito isso especificamente, mas talvez eu tenha sugerido."

58 E-mail de Schnitzler para Wright, 21 nov. 1995, citado no memorando da promotoria.

59 E-mail de Wright para Schnitzler, 21 nov. 1995.

60 The Most Significant Launch in Purdue History!", *Teamlink* (comunicado interno da Purdue), inverno de 1996.

61 E-mail de Richard Sackler, citado no Depoimento de Wright, 2018.

62 "OxyContin: The Most Significant Launch in Purdue History!"

63 Da Purdue para Wright, 9 out. 1998, citado no memorando da promotoria.

64 Depoimento de Wright, 2018.

65 Depoimento de Wright, 2018: "P: Isso justifica sua ligação para Robert Reder na Pur-

due menos de dez dias depois de ter deixado a FDA? R: Provavelmente."

66 Depoimento de RDS, 2015.

CAPÍTULO 16: A BOMBA H

1 Os detalhes sobre a vida e a morte de Calixto Rivera foram tirados da cobertura de imprensa feita pelo *The Record*, conforme citado nas notas a seguir. Tentei localizar a família de Rivera ou as pessoas que o conheceram, mas sem sucesso. "Lodi: Explosion, Human Drama Both Developed Gradually", *Hackensack (N.J.) Record*, 28 mai. 1995.

2 "Communications Glitch Before Lodi Blast?", *Hackensack (N.J.) Record*, 24 abr. 1995.

3 "Tougher Chemical Pushed", *Associated Press*, 24 abr. 1995.

4 "A Preventable Tragedy", *Hackensack (N.J.) Record*, 27 abr. 1995.

5 Andy Newman, "Company Plans Not to Rebuild Its Lodi Plant", *The New York Times*, 28 abr. 1995.

6 Robert Hanley, "Chemical Plant Explosion Kills 4 in New Jersey Town", *The New York Times*, 22 abr. 1995.

7 "Lodi Betrayed the People's Trust", *The Hackensack (N.J.) Record*, 18 out. 1995.

8 Robert Hanley, "Chemical Plant Explosion Kills 4 in New Jersey Town", *The New York Times*, 22 abr. 1995.

9 "Chemical Plant Has History of Problems", *Hackensack (N.J.) Record*, 27 abr. 1995.

10 "As Grief Replaces Shock, Families Mourn Four Victims of Plant Explosion", *The New York Times*, 24 abr. 1995.

11 "'Our Friends Are Dead; Our Jobs Are Gone'", *Hackensack (N.J.) Record*, 30 abr. 1995.

12 "Lodi: Explosion, Human Drama Both Developed Gradually", *Hackensack (N.J.) Record*, 28 mai. 1995.

13 "Napp: Investigation Finds Chain of Errors Before Fatal Blast", *Hackensack (N.J.) Record*, 17 out. 1995.

14 "Lodi Chemical Blast Had Many Facets" *Hackensack (N.J.) Record*, 28 mai. 1995.

15 Relatório da investigação conjunta da Agência de Meio Ambiente e de Proteção e Segurança do Trabalho, Napp Technologies Inc., out. 1997 (doravante citado como Relatório de Lodi).

16 "Chemical Plant Has History of Problems", *Hackensack (N.J.) Record*, 27 abr. 1995.

17 "Napp: Investigation Finds Chain of Errors Before Fatal Blast", *Hackensack (N.J.) Record*, 17 out. 1995.

18 Relatório de Lodi.

19 "Lodi: Explosion, Human Drama Both Developed Gradually", *Hackensack (N.J.) Record*, 28 mai. 1995.

20 Relatório de Lodi.

21 "Napp: Investigation Finds Chain of Errors Before Fatal Blast", *Hackensack (N.J.) Record*, 17 out. 1995.

22 "Lodi: Explosion, Human Drama Both Developed Gradually", *Hackensack (N.J.) Record*, 28 mai. 1995.

23 Ibid.

24 "Lodi: No Charges, but a Reprimand", *Hackensack (N.J.) Record*, 26 abr. 1995.

25 Relatório de Lodi.

26 Ibid.

27 Robert Hanley, "Chemical Plant Explosion Kills 4 in New Jersey Town", *The New York Times*, 22 abr. 1995.

28 Relatório de Lodi.

29 "Coffee Break Saved Worker's Life", *Hackensack (N.J.) Record*, 25 abr. 1995.

30 "Lodi: Explosion, Human Drama Both Developed Gradually", *Hackensack (N.J.) Record*, 28 mai. 1995.

31 "Lodi: No Charges, but a Reprimand", *Hackensack (N.J.) Record*, 26 abr. 1995.

32 Relatório de Lodi.

33 "Coffee Break Saved Worker's Life", *Hackensack (N.J.) Record*, 25 abr. 1995.

34 "Lodi: Explosion, Human Drama Both Developed Gradually", *Hackensack (N.J.) Record*, 28 mai. 1995.

35 Ibid.

36 Ibid.

37 Ibid.

38 Ibid.

39 "Lodi: No Charges, but a Reprimand", *Hackensack (N.J.) Record*, 26 abr. 1995.

40 "Lodi: Explosion, Human Drama Both Developed Gradually", *Hackensack (N.J.) Record*, 28 mai. 1995.

41 Robert Hanley, "Chemical Plant Explosion Kills 4 in New Jersey Town", *The New York Times*, 22 abr. 1995.

42 "Lodi: Explosion, Human Drama Both Developed Gradually", *Hackensack (N.J.) Record*, 28 mai. 1995.

43 Ibid.

44 "'Our Friends Are Dead; Our Jobs Are Gone'", *Hackensack (N.J.) Record*, 30 abr. 1995.

45 "Lodi: No Charges, but a Reprimand", *Hackensack (N.J.) Record*, 26 abr. 1995.

46 "Chain of Errors Left 5 Dead", *Hackensack (N.J.) Record*, 17 out. 1995.

47 "Lodi: Explosion, Human Drama Both Developed Gradually", *Hackensack (N.J.) Record*, 28 mai. 1995.

48 "Green Liquid Leaks in Lodi", *Hackensack (N.J.) Record*, 2 mai. 1995.

49 Robert Hanley, "Chemical Plant Explosion Kills 4 in New Jersey Town" *The New York Times*, 22 abr. 1995.

50 Richard Perez-Pena, "Toxic Spill in Lodi Blast Killed Thousands of Fish, EPA Says", *The New York Times*, 24 abr. 1995; Andy Newman, "Company Plans Not to Rebuild Its Lodi Plant", *The New York Times*, 28 abr. 1995.

51 Robert Hanley, "State Rules Out Manslaughter in Lodi Chemical Plant Blast", *The New York Times*, 15 mar. 1996.

52 "Napp: Investigation Finds Chain of Errors Before Fatal Blast", *Hackensack (N.J.) Record*, 17 out. 1995.

53 Ibid.

54 "Chemical Plant Owners Won't Rebuild in Lodi", *Camden (N.J.) Courier-Post*, 28 abr. 1995.

55 De Jonathan Goldstein para Hon. James P. Jones, 9 jul. 2007.

56 "Napp Chemicals Appoints Boncza", *Passaic (N.J.) Herald-News*, 27 dez. 1969.

57 "Company Officials Failed Repeatedly", *Hackensack (N.J.) Record*, 17 out. 1995.

58 "Napp: Investigation Finds Chain of Errors Before Fatal Blast", *Hackensack (N.J.) Record*, 17 out. 1995.

59 "Lodi Plant Owners Known for Wealth, Philanthropy", *Hackensack (N.J.) Record*, 27 abr. 1995.

60 "Executive: Napp Put Safety First", *Hackensack (N.J.) Record*, 8 nov. 1995.

61 "Connecticut Man to Be Knighted by the British", *Associated Press*, 20 out. 1995.

CAPÍTULO 17: VENDER, VENDER, VENDER

1 Robert D. McFadden, "Coastal Blizzard Paralyzes New York and Northeast", *The New York Times*, 8 jan. 1996.

2 Previsão do tempo, Arizona Republic, 9 jan. 1996; "OxyContin: The Most Significant Launch in Purdue History!"

3 De Robert F. Bedford (FDA) para James H. Conover (Purdue Pharma), carta de aprovação, 12 dez. 1995.

4 "Taking Home the 'Wampum'! Wigwam Contest Winners", *Teamlink* (comunicado interno da Purdue), inverno de 1996.

5 Janet Nelson, "Where Cactus Is Par for the Course", *The New York Times*, 10 mar. 1991.

6 "OxyContin: The Most Significant Launch in Purdue History!"

7 Depoimento de RDS, 2015.

8 Depoimento de Stephen Seid, Processo Nacional de Opiáceos Controlados, MDL nº 2804, 12 dez. 2018 (doravante citado como Depoimento de Seid).

9 Boletim de vendas da Purdue, 25 jan. 1999.

10 Entrevista com Steven May.

11 Ibid.

12 Observação da representante de vendas da Purdue Carol Neiheisel, em visita a Nancy Swikert, 11 jan. 2000.

13 Observação da representante de vendas da Purdue Holly Will, em visita a Richard Gruenewald, 12 jul. 1997.

14 Observação do representante de vendas da Purdue John Bullock, em visita a Raymond Timmerman, 19. jul. 1997.

15 Observação do representante de vendas da Purdue John Wethington, em visita ao WalMart #689, 20 jul. 1997.

16 Depoimento de Seid.

17 Jane Porter e Hershel Jick. "Addiction Rare in Patients Treated with Narcotics", *New England Journal of Medicine*, 10 jan. 1980.

18 "Sloppy Citations of 1980 Letter Led to Opioid Epidemic", *NPR*, 16 jun. 2017.

19 Entrevistas com diversos antigos representantes de vendas da Purdue. Um estudo subsequente descobriu mais de seiscentas citações à carta. Veja, Pamela T. M. Leung et al., "A 1980 Letter on the Risk of Opioid Addiction", *New England Journal of Medicine*, 1º jun. 2017.

20 Entrevistas com Steven May e Dodd Davis; Paul TOUGH. "The Alchemy of OxyContin", *The New York Times*, 29 jul. 2001.

21 Depoimento de RDS, 2015.

22 "OxyContin Abuse and Diversion and Efforts to Address the Problem", relatório da Contabilidade Geral dos Estados Unidos (GAO, na sigla em inglês), dez. 2003 (doravante citado como Relatório da GAO).

23 Barry Meier e Melody Petersen, "Sales of Painkiller Grew Rapidly, but Success Brought a High Cost", *The New York Times*, 5 mar. 2001.

24 Entrevista com Steven May.

25 Denúncia de Nova York.

26 Ibid.

27 Depoimento de Portenoy.

28 Entrevista com Steven May.

29 Colette Dejong et al., "Pharmaceutical Industry - Sponsored Meals and Physician Prescribing Patterns for Medicare Benefits", *JAMA Internal Medicine* 176, 2016. Veja também: Scott E. Hadland et al., "Association of Pharmaceutical Industry Marketing of Opioid Products to Physicians with Subsequent Opioid Prescribing", *JAMA Inter-*

nal Medicine 178, 2018.

30 Informações de orçamento de 16 de junho de 2014, citadas na Denúncia de Massachusetts.

31 De Richard Sackler para Friedman, 23 out. 1996.

32 Entrevista com David Juurlink.

33 Materiais de marketing da Purdue citados na denúncia *State of Tennessee v. Purdue Pharma LP*, Tribunal de Knox County, Tennessee, Sexto Distrito Judicial, Caso nº 1-173-18, 15 mai. 2018 (doravante citado como Denúncia do Tennessee).

34 "Awaken the Sleeping Giant!", *Teamlink* (comunicado interno da Purdue), inverno de 1996.

35 Entrevista com May. Steven May começou subsequentemente um processo de delação contra a Purdue, o qual foi arquivado por questões de procedimento.

36 Depoimento de Goldenheim, 2002. May não tinha a recordação exata de quanto tempo o treinamento durou, mas, de acordo com o depoimento de Goldenheim, o treinamento envolvia cerca de "três semanas em sala de aula e na sede".

37 "Em 1996, os mais de 300 representantes de venda da Purdue tinham uma lista total de médicos para visitar com um número de nomes que variava entre 33.400 e 44.500. Em 2000, os quase 700 representantes tinham uma lista de visitas com uma quantidade de médicos que variava entre 70.500 e 94.000 nomes." Relatório da GAO.

38 Entrevista com May.

39 Entrevista com Rick Mountcastle.

40 Depoimento de RDS, 2015.

41 Entrevista com May.

42 Entrevistas com diversos antigos representantes de vendas: Denúncia de Massachusetts.

43 Entrevista com May.

44 Minutas da Reunião de Equipe sobre os Comprimidos de Oxycontin de Fase II, 13 jun. 1997.

45 E-mail de Mike Cullen, citado no depoimento de RDS, 2015. A mesma troca

também foi citada na Denúncia de Massachusetts.

46 Entrevista com Robin Hogen.

47 E-mail de Richard Sackler, 11 jan. 1997. De acordo com o memorando da promotoria do Gabinete da Procuradoria-Geral do Oeste da Virgínia: "A gênese da ideia daqueles vídeos parece ter sido do presidente Richard Sackler."

48 *I Got My Life Back*, vídeo produzido pela Purdue, 1998.

49 E-mail de Mike Cullen, 15 dez. 1997, citado no memorando da promotoria. De fato, foi exibido no Encontro Nacional de Vendas de janeiro de 1998.

50 E-mail entre Jonathan Sackler, Michael Friedman e Mark Alfonso, 28-29 out. 1998.

51 Memorando da promotoria.

52 Jim Lang, "Sales & Marketing Update", *Teamlink* 11, nº 1, inverno de 1996: "As pessoas têm uma percepção do produto como sendo tão bom que ele se vende sozinho." Em uma postagem anônima no fórum CafePharma, um antigo funcionário da Purdue atribuiu um sentimento semelhante a Lang: "Eu me lembro de ele dizer para os Sackler num desses eventos de fim de ano das empresas que o OxyContin se 'vendia sozinho'." Postagem CafePharma, 12 fev. 2018.

53 Walter Sneader, "The Discovery of Heroin", *Lancet*, 21 nov. 1998.

54 "Down for the Downers", *Maclean's*, 18 fev. 1980.

55 Relatório da GAO. Um porta-voz da Purdue confirmou esse número.

56 Purdue Pharma, "Long-Acting OxyContin® Tablets Now Available in 160 mg Strength to Relieve Persistent Pain", lançamento para a imprensa, 9 jul. 2000; Entrevista com Larry Wilson.

57 Tabela 2: Total de vendas e prescrições de Oxycontin entre 1996 e 2002 no relatório da GAO.

58 Memorando de Friedman para Raymond, Mortimer e Richard Sackler, 13 out. 1999.

59 Principais pontos do discurso do dr. Richard Sackler, 24 jan. 2000, Encontro Nacional de Vendas.

60 Bethany McLean, "'We Didn't Cause the Crisis': David Sackler Pleads His Case on the Opioid Epidemic", *Vanity Fair*, 19 jun. 2019.

61 E-mail de Richard Sackler para Cornelia Hentzsch, 29 mai.1999.

62 Troca de e-mails entre Richard Sackler e Paul Goldenheim, 14 mar. 1997, citado no depoimento de RDS, 2015.

63 De Kaiko para Richard Sackler, 27 fev. 1997, citado no depoimento de RDS, 2015, e na denúncia de Massachusetts.

64 E-mail de Richard Sackler para Walter Wimmer, 2 mar. 1997, citado no depoimento de RDS, 2015, e na denúncia de Massachusetts.

65 De Kaiko para Richard Sackler, 27 fev. 1997, citado no depoimento de RDS, 2015, e na denúncia de Massachusetts.

66 E-mail de Richard para Walter Wimmer, data não disponível, citado no depoimento de RDS, 2015.

67 Entrevista com May; entrevista com Dodd Davis.

68 De Richard Sackler para Friedman, 22 abr. 1997, citado no depoimento de RDS, 2015.

69 Entrevista com May.

70 Principais pontos do discurso do dr. Richard Sackler, 24 jan. 2000, Encontro Nacional de Vendas.

71 Depoimento de RDS, 2015.

72 Memorando para os representantes de vendas, 19 ago. 1996, reproduzido pelo *Los Angeles Times*, 15 mai. 2016.

73 Depoimento de RDS, 2015.

74 "Awaken the Sleeping Giant!"

75 Postagem anônima no fórum CafePharma, 25 jul. 2018.

76 "Sales of Painkiller Grew Rapidly, but Success Brought a High Cost."

77 Depoimento de RDS, 2015.

78 Relatório da GAO.

79 Denúncia de Nova York.
80 E-mail de Friedman, 13 out. 1999.
81 Entrevista com May.
82 Ibid.

CAPÍTULO 18: ANN HEDONIA

1 Barry Meier, "Cigarette Makers and States Draft a $206 Million Deal", *The New York Times*, 14 nov. 1998.
2 Entrevista com Meier.
3 O Relatório da GAO de 2003 observou que essa linguagem "pode ter alertado inadvertidamente as pessoas que fazem uso abusivo sobre um método de usar o medicamento de forma errada".
4 Entrevista com Meier.
5 E-mail de Friedman, 30 nov. 2000, citado na denúncia de Massachusetts.
6 E-mail de Mortimer D. Sackler, 1 dez. 2000, citado na denúncia de Massachusetts.
7 Ibid. Sobre a atribuição de Friedman especificamente, veja a denúncia do estado de Delaware, *ex rel. v. Richard Sackler et al.*, Caso nº N19C-09-062 MMJ, Tribunal Superior de Delaware, 9 set. 2019 (doravante citada como Denúncia de Delaware).
8 Francis X. Clines e Barry Meier, "Cancer Painkillers Pose New Abuse Threat", *The New York Times*, 9 fev. 2001.
9 "Pain Pill Is Meal Ticket, Problem for Drug Maker", *Hackensack (N.J.) Record*, 8 jul. 2001.
10 E-mail de Richard Sackler para Friedman, 17 jun. 1999, citado na denúncia de Massachusetts.
11 Apresentação das defesas referentes ao caso Purdue Pharma LP et al., apresentado no tribunal de falências (e retirado) por Joseph Hage Aaronson LLC, advogado da família de Raymond Sackler, 20 dez. 2019 (doravante citado como Defesas do Lado B).
12 Denúncia de Massachusetts.
13 "Thrust Under Microscope", *Hartford Courant*, 2 set. 2001.
14 Entrevista com Nancy Camp.
15 De Ronald D. Levine para Hon. James P. Jones, 28 mai. 2007.

16 De Mary T. Yelenick para Hon. James P. Jones, 26 jun. 2007.
17 Depoimento de "Martha West". (Não estou incluindo todas as informações da documentação do tribunal relacionadas a Martha West para proteger sua privacidade.)
18 De Jeffrey Udell para Hon. James P. Jones, 1º jul. 2007.
19 Depoimento de West.
20 E-mail de Richard Sackler, 3 set. 1996.
21 E-mail de Udell, verão de 1999, citado na denúncia de Nova York.
22 Memorando da promotoria.
23 Depoimento de West.
24 Pedido de patente nos Estados Unidos nº 20030126215, 12 ago. 2002.
25 Depoimento de Kathe Sackler.
26 Depoimento de West.
27 Paul Tough, "The Alchemy of Oxy-Contin", *The New York Times*, 29 jul. 2001.
28 Entrevista com May; entrevista com Rick Mountcastle.
29 Entrevista com Rick Mountcastle; "The Alchemy of OxyContin".
30 Beth Macy, *Dopesick: Dealers, Doctors, and the Drug Company That Addicted America* (Nova York: Little, Brown, 2018), p. 35.
31 "The Alchemy of OxyContin."
32 Veja, por exemplo: Macy, *Dopesick*, p. 49.
33 Depoimento de Jay P. McCloskey, audiência com o Comitê do Judiciário, Senado dos Estados Unidos, 31 jul. 2007.
34 "Pain Relief", *Corporate Counsel*, set. 2002.
35 "Cancer Painkillers Pose New Abuse Threat."
36 Transcrição de uma entrevista que Meir fez com Udell, Friedman e Paul Goldenheim, 24 ago. 2001.
37 "Pain Relief."
38 Depoimento de RDS, 2015.
39 Depoimento de RDS, 2019.
40 E-mail de Jim Speed, 30 nov. 1999.
41 E-mail de Mark Alfonso, 21 set. 1999, citado no depoimento de RDS, 2019.
42 Depoimento de RDS, 2019.

43 E-mail de Richard Sackler, 14 jan. 1997.

44 E-mail de Friedman, 10 mai. 2000, citado no depoimento de RDS, 2019.

45 Troca de e-mails entre Robin Hogen e Mark Alfonso, jun. 2000, citada no depoimento de RDS, 2019.

46 E-mail de Joseph Coggins, 26 jan. 2001, citado na denúncia de Massachusetts.

47 E-mail de Mortimer D. A. Sackler, 8 fev. 2001, citado na denúncia de Massachusetts.

48 De Richard Sackler para Robin Hogen e David Haddox, 8 fev. 2001. Nas Defesas do Lado B, os advogados de Richard sugerem que ele não estava se referindo ao número de mortes, mas ao artigo como um todo, que "não era tão ruim quanto o esperado".

49 Edward Mahony para Hon. James P. Jones, 11 jul. 2007.

50 Entrevista com Robin Hogen.

51 Carta citada na denúncia de Massachusetts.

52 Depoimento de RDS, 2019.

53 Christopher Rowland, "The Other Sackler", *The Washington Post*, 27 nov. 2019.

54 E-mail de Richard Sackler, 1º fev. 2001, citado na denúncia de Massachusetts.

55 Entrevista com Ritchie.

56 "Thrust Under Microscope", *Hartford Courant*, 2 set. 2001.

57 Troca de e-mails em 2001 entre Richard Sackler e um conhecido, citada na denúncia emendada, *State of Connecticut v. Purdue Pharma LP et al.*, nº X07 HHD-CV-19-6105325-S, 6 mai. 2019 (doravante citada como Denúncia de Connecticut).

58 Entrevista com Skolek Perez; "A Chilling Attempt at Damage Control", *Star Ledger*, 5 mar. 2003.

59 Entrevista com Hogen.

60 Harriet Ryan, Lisa Girion e Scott Glover, "'You Want a Description of Hell?': OxyContin's 12-Hour Problem", *Los Angeles Times*, 5 mai. 2016.

61 [Editada] para Kevin McIntosh, 14 mai. 2001; [Editada] para Purdue Pharma, 16 abr. 2001.

62 Entrevista com Davis.

63 "Baseado nos próprios documentos internos da Purdue, incluindo dados da IMS Health, a empresa estava ciente, desde 1998, de que 12,1% de todas as prescrições de Oxycontin eram feitas com um regime de 8/8 horas ou uma frequência maior. Essa tendência de prescrever o medicamento fora da dosagem recomendada continuou aumentando com o passar dos anos, passando para 14% em 2000 e 20,2% em 2001 antes de cair um pouco para 18% em 2002." Petição de solicitação para que a Purdue Pharma LP revise a bula do OxyContin® para reforçar os avisos de maior potencial de desenvolvimento de efeitos colaterais e reações adversas ao medicamento devido ao aumento na frequência das doses recomendadas. Requerimento submetido por Richard Blumenthal para a Food and Drug Administration (FDA), 23 jan. 2004. Um porta-voz da empresa negou essa afirmação, dizendo que era baseada em um estudo qualitativo pequeno... que não incluiu anestesiologistas e médicos especializados em dor", sem oferecer nenhum dado alternativo. Na sua petição, Richard Blumenthal indicou que tais dados eram provavelmente uma subestimativa, citando outro estudo de revisão da frequência de dosagem do medicamento que "indicava que 86,8% dos pacientes que faziam uso do Oxycontin tomavam uma dose de 8/8 horas ou com maior frequência."

64 Ibid.

65 Declaração de Fatos Acordada, *United States v. The Purdue Frederick Company Inc., Michael Friedman, Howard Udell, Paul Goldenheim*, Tribunal Distrital dos Estados Unidos para o Distrito Oeste da Virgínia, 9 mai. 2007.

66 "FDA Strengthens Warnings for Oxy-Contin", *FDA Talk Paper*, 25 jul. 2001.

67 Depoimento de West.

68 Barry Meier e Melody Petersen, "Sales of Painkiller Grew Rapidly, but Success Brought a High Cost", *The New York Times*, 5 mar. 2001.

69 Depoimento de David Haddox, audiência sobre abuso de medicamentos, Hartford, 11 dez. 2001.

70 "Deadly OxyContin Abuse Expected to Spread in U.S.", *AP*, 9 fev. 2001.

71 "Cancer Painkillers Pose New Abuse Threat."

72 "Maker of Often-Abused Painkiller Faces Suits over Addiction, Deaths", *AP*, 27 jul. 2001.

73 David Weissman; J. David Haddox, "Opioid Pseudoaddiction", *Pain* 36, nº 3, 1989.

74 Partners Against Pain, "Dispelling the Myths About Opioids", folheto desenvolvido para médicos, 1998.

75 Depoimento de West. Em 19 out. 2017, uma declaração do porta-voz Robert Josephson da Purdue para o *The New Yorker* reconhecia: "Os pacientes que tomam o OxyContin de acordo com as instruções da bula aprovadas pela FDA podem vir a desenvolver dependência física."

76 Entrevista com Meier.

77 Ibid.

78 Ibid.; Meier, *Pain Killer* (2003), p. 299.

79 Barry Meier, "At Painkiller Trouble Spot, Signs Seen as Alarming Didn't Alarm Drug's Maker", *The New York Times*, 10 dez. 2001.

80 Entrevista com Meier.

81 "At Painkiller Trouble Spot, Signs Seen as Alarming Didn't Alarm Drug's Maker."

82 Entrevista com Meier.

83 Macy, *Dopesick*, p. 70. Este é um episódio famoso da doutrina da Purdue, relatado por diversos ex-funcionários e descrito anonimamente em postagens do fórum CafePharma.

84 Troca de e-mails de 2001 entre Richard Sackler e um conhecido, citada na denúncia de Connecticut.

85 Depoimento de West.

86 Queixa-crime em um processo que West entrou contra a Purdue.

87 O memorando é citado no memorando da promotoria. Uma porta-voz da Purdue também corroborou a existência em resposta à minha apuração.

88 Purdue Pharma, "Long-Acting Oxy-Contin® Tablets Now Available in 160 mg Strength to Relieve Persistent Pain", comunicado à imprensa, 9 jul. 2000.

89 Depoimento de West.

90 De Richard Silbert para Hon. James P. Jones, 13 jul. 2007; de Jay McCloskey para Hon. James P. Jones, 9 jul. 2007.

91 Depoimento de West.

CAPÍTULO 19: O PABLO ESCOBAR DO NOVO MILÊNIO

1 "Prescription Abuses Turn a New Drug Bad", *Philadelphia Inquirer*, 29 jul. 2001.

2 "Pain Relief", *Corporate Counsel*, set. 2002.

3 Entrevista com Cobert.

4 Anúncio da Purdue Pharma, *Philadelphia Daily News*, 27 mar. 2003.

5 E-mail de Goldenheim, 16 jan. 1997.

6 "Painkiller Maker Fights Back", *Hartford Courant*, 18 jul. 2001.

7 Esse é um argumento que os Sackler usam até hoje: num e-mail para o *The New Yorker* de 4 de outubro de 2020, Davidson Goldin contestou que o OxyContin tenha dado início à crise dos opioides ao mencionar evidências de níveis crescentes de uso abusivo de medicamentos controlados antes da introdução do OxyContin no mercado.

8 Nat Ives, "The Maker of OxyContin, a Painkiller That Is Addictive, Sponsors a Campaign on Drug Abuse", *The New York Times*, 4 set. 2003.

9 Memorando da promotoria.

10 E-mail de Mark Alfonso para Jim Lang, com cópia para Michael Friedman, 3 out. 1997, citado no memorando da promotoria.

11 De Michael Friedman para Richard Sackler, 6 fev. 2001.

12 Depoimento de Paul Goldenheim, 2002. Em resposta a um pedido para comentar, um advogado de Goldenheim alegou: "Nenhuma das comunicações envolvendo incidentes de diversificação e abuso

que vocês citam desacredita, nem um pouco, a sinceridade do depoimento de Paul Goldenheim em relação ao nível de abuso do MS Contin e que o aumento anormal e inesperado da diversificação e do abuso do Oxycontin não era conhecido até o início de 2000." No entanto, ele não ofereceu explicações em relação a evidências abundantes de que a Purdue estava ciente, bem antes de 2000, dos problemas significativos e difundidos com o OxyContin e com relatos de amplo uso abusivo do MS Contin, que foram exemplificados nas próprias palavras de Mark Alfonso, "o tempo todo e em todos os lugares". Ao notar que o Departamento de Justiça havia investigado Goldenheim, o advogado alegou que "não acharam o depoimento falso nem enganador". Na verdade, o memorando da promotoria preparado pelo Departamento de Justiça concluiu exatamente isso, afirmando que Goldenheim e Friedman deram um depoimento "falso e fraudulento" em relação a essas duas questões. Michael Friedman nunca mais voltou a falar em público sobre esses eventos desde a declaração de culpa em 2007. Meus esforços consistentes de entrar em contato com ele não foram bem-sucedidos.

13 Memorando da promotoria.

14 E-mail de Kaiko para Mortimer Sackler et al., 3 mar. 1997, citado no memorando da promotoria.

15 Memorando do departamento jurídico de Udell para Mortimer D. Sackler et al., 19 mar. 1998, citado no memorando da promotoria. O artigo original foi "Prescription Drugs Marked Up 5,000% on B.C. Black Market", *Ottawa Citizen*, 16 fev. 1998.

16 Memorando do departamento jurídico de Udell para John Stewart, com cópia para Michael Friedman, 10 dez. 1998, citado no memorando da promotoria. O artigo original foi "Chasing the Dragon's Tail", *Calgary Herald*, 29 ago. 1998.

17 Memorando do departamento jurídico de Udell para John Stewart, com cópia para Michael Friedman, 5 jan. 1999, citado no memorando da promotoria.

18 "OxyContin: Its Use and Abuse", audiência com o Subcomitê de Supervisão e Investigação, Comitê de Energia e Comércio do Congresso dos Estados Unidos, 28 ago. 2001.

19 Depoimento de Goldenheim, 2002.

20 De Blumenthal para Richard Sackler, 31 jul. 2001.

21 De Udell para Blumenthal, 10 ago. 2001.

22 Meier, *Pain Killer* (2018), p. 185. Transcrição de uma mensagem de voz de Hogen, 15 mar. 2001, citada no memorando da promotoria.

23 "Drug Maker Tied to Fatal Overdoses Avoids Blame", *Daily Report (Fulton County, Ga.)*, 30 abr. 2002.

24 "Pain Relief", *Corporate Counsel*, set. 2002.

25 Para mais informações sobre esse fenômeno, veja Jesse Eisinger, *The Chickenshit Club: Why the Justice Department Fails to Prosecute Executives* (Nova York: Simon & Schuster, 2017).

26 "Pill Maker Attacks Negative Publicity", *Orlando Sentinel*, 21 out. 2003.

27 Bob Drogin, "A Rocky Road to Riches", *Los Angeles Times*, 25 jan. 2008.

28 Ibid.

29 Ibid.

30 Berry Meier e Erik Lipton, "Under Attack, Drug Maker Turned to Giuliani for Help", *The New York Times*, 28 dez. 2007.

31 "Ex-prosecutor Became Adviser to OxyContin", *Courier-Journal*, 23 nov. 2001.

32 Depoimento de Jay P. McCloskey, Comissão do Judiciário, Senado dos Estados Unidos, 31 jul. 2007.

33 Depoimento de RDS, 2019.

34 E-mail de Foley para Richard Sackler, 4 abr. 2001.

35 De Foley para Hon. James P. Jones, 2 jul 2007. A Academia Americana de Medicina da Dor era um grupo um pouco mais antigo, tendo sido fundada em 1983.

36 "Pro-painkiller Echo Chamber Shaped Policy amid Drug Epidemic", *AP*, 19 set. 2016.

37 E-mail de Richard Sackler para Jonathan Sackler, 28 mai. 2001, citado no depoimento de RDS, 2019.

38 De Richard Sackler para Goldenheim, 13 abr. 2001.

39 De Hogen para David Haddox, 5 ago. 2000, citado no relatório de Kessler.

40 "Fueling an Epidemic: Exposing the Financial Ties Between Opioid Manufacturers and Third Party Advocacy Groups", Ranking Member's Office, Comitê de Segurança Interna e Assuntos Governamentais, Senado dos Estados Unidos, fev. 2018.

41 "The Pit Bull of Public Relations", *BusinessWeek*, 17 abr. 2006.

42 "Heroic Dopeheads?", *The New York Post*, 1º ago. 2001.

43 De Dezenhall para Hogen, Udell e Friedman, 1 ago. 2001.

44 David Armstrong, "Inside Purdue Pharma's Media Playbook: How It Planted the Opioid 'Anti-story'", *ProPublica*, 19 nov. 2019.

45 De Dezenhall para Udell, 30 ago. 2001. Aparentemente tendo esquecido deste e-mail, ou sem saber que eu o tinha, um porta-voz da Purdue disse: "Qualquer sugestão de que Eric Dezenhall contratou os serviços da Kroll para conduzir tais investigações é falsa."

46 William Finnegan, "The Secret Keeper", *New Yorker*, 19 out. 2009.

47 "Pain Relief", *Corporate Counsel*, set. 2002.

48 "They Haven't Got Time for the Pain", *Corporate Counsel*, 1º fev. 2004.

49 Meier, *Pain Killer* (2018), p.144.

50 "Saleswoman Sues OxyContin Maker over Dismissal", *Tampa Tribune*, 1º fev. 2005.

51 Ibid.

52 Depoimento de Karen White, 17 dez. 2003, citado no Relatório de Kessler.

53 "Did Drug Maker Know of OxyContin Abuse?", *ABC News*, 5 out. 2007.

54 Depoimento de Karen White em *Karen White v. Purdue Pharma LP*, Tribunal Distrital dos Estados Unidos, Distrito Médio da Flórida, 8:03-CV-1799-7: T-26MSS, 5 mai. 2004.

55 Petição do autor da causa em Limine, *Karen White v. Purdue Pharma LP*, Tribunal Distrital dos Estados Unidos, Distrito Médio da Flórida, 8:03-CV-1799-7: T-26MSS, 13 jan. 2005.

56 "Saleswoman Sues OxyContin Maker over Dismissal", *Tampa Tribune*, 1º fev. 2005.

57 Ibid.

58 "How Florida Ignited the Heroin Epidemic", *Palm Beach Post*, 1º jul. 2018.

59 "Purdue Fights Back with Media Blitz, Legal Offensive", *Orlando Sentinel*, 21 out. 2003.

60 "OxyContin Maker Sues to Get Plans Back", *Orlando Sentinel*, 14 dez. 2002; Memorando do Procurador-Geral da Lei em Oposição à Reclamação de Emergência Verificada para Liminar Temporária e Permanente, *Purdue Pharma LP v. State of Florida*, Caso nº 02-23184 CACE 02, Tribunal do Circuito, Condado de Broward, Fla., 23 dez. 2002.

61 Eric Dezenhall, *Glass Jaw: A Manifesto for Defending Fragile Reputations in an Age of Instant Scandal*. Nova York: Twelve, 2014, p. 32.

62 Mark I. Pinsky, "Right Too Soon", *Columbia Journalism Review*, 23 ago. 2017.

63 De Timothy Bannon para Hon. James P. Jones, 12 jul. 2007.

64 Ibid.; "Inside Purdue Pharma's Media Playbook: How It Planted the Opioid 'Anti-story'."

65 "Right Too Soon."

66 "The Accidental Addict", *Slate*, 25 mar. 2004.

67 "Sentinel Finishes Report About Oxy-Contin Articles", *Orlando Sentinel*, 22 fev. 2004.

68 Transcrição da entrevista de Meier com Udell, Friedman e Goldenheim, 24 ago. 2001. A transcrição, que foi feita pela

Purdue e entregue subsequentemente aos promotores, não especifica quem falou o quê nas citações dos três executivos. As atribuições que fiz aqui têm como base as lembranças de Barry Meier.

69 De Udell para Meier, 9 jan. 2003. Na carta de 20 de junho de Udell para Steven Murphy, ele menciona que reiterou a oferta de outra carta para Meier em 5 de junho.

70 De Howard Udell para Steven Murphy, 20 de jun. 2003.

71 De Wettlaufer para Richard Sackler, 27 jul. 2001.

72 De Richard Sackler para Wettlaufer, 29 jul. 2001.

73 Um segundo e-mail de Richard Sackler para Wettlaufer, 29 jul. 2001.

74 De Wettlaufer para Richard Sackler, 29 jul. 2001.

75 De Richard Sackler para Wettlaufer, 30 jul. 2001.

76 De Wettlaufer para Richard Sackler, 30 jul. 2001.

77 De Richard Sackler para Wettlaufer, 30 jul. 2001.

78 E-mail citado na Denúncia emendada, *State of Connecticut v. Purdue Pharma*, nº X07 HHD-CV-19- 6105325-S, May 6, 2019. Para mais detalhes sobre o e-mail e o remetente, veja o Depoimento de RDS, 2019.

79 Troca de e-mails citada no depoimento de Kathe Sackler.

80 Meier, *Pain Killer* (2003), p. 12.

81 Ibid., pp. 293-294.

82 "Correcting the Record: Times Reporter Who Resigned Leaves Long Trail of Deception". *The New York Times*, 11 mai. 2003.

83 Jacques Steinberg, "The Times Chooses Veteran of Magazines and Publishing as Its First Public Editor", *The New York Times*, 27 out. 2003.

84 Margaret Sullivan, "Repairing the Credibility Cracks", *The New York Times*, 4 mai. 2013.

85 Jacques Steinberg, "The Times Chooses Veteran of Magazines and Publishing as Its First Public Editor", *The New York Times*, 27 out. 2003.

86 Ibid.

87 Barry Meier, "The Delicate Balance of Pain and Addiction", *The New York Times*, 25 nov. 2003.

88 Daniel Okrent, "The Public Editor: You Can Stand on Principle and Still Stub a Toe", *The New York Times*, 21 dez. 2003.

89 Entrevista com Okrent.

90 Entrevista com Meier.

91 Daniel Okrent, "The Public Editor: You Can Stand on Principle and Still Stub a Toe", *The New York Times*, 21 dez. 2003.

92 Entrevista com Meier.

93 Ibid.

CAPÍTULO 20: QUEM VAI PAGAR O PATO?

1 A não ser que esteja expresso em contrário, todos os detalhes sobre John Brownlee foram tirados de uma entrevista com o próprio Brownlee.

2 "7 Plead Guilty to Selling OxyContin", *Staunton (Va.) News Leader*, 20 set. 2001.

3 Chris McGreal, *American Overdose: The Opioid Tragedy in Three Acts* (Nova York: PublicAffairs, 2018), p. 137.

4 "Doctor Who Dispensed OxyContin Is Indicted", *AP*, 2 fev. 2002.

5 Entrevistas com Rick Mountcastle, Brownlee e outro promotor que trabalhava com Brownlee na época.

6 Entrevista com Mountcastle.

7 Entrevista com Mountcastle.

8 Declaração de John L. Brownlee diante da Comissão do Judiciário do Senado dos Estados Unidos, 31 jul. 2007 (doravante citado como Depoimento de Brownlee).

9 Entrevista com Mountcastle.

10 Ibid.

11 Foto entregue ao autor por Brownlee.

12 Depoimento de Brownlee.

13 Para mais informações sobre este fenômeno, veja Jesse Eisinger, *The Chicken-*

shit Club: Why the Justice Department Fails to Prosecute Executives (Nova York: Simon & Schuster, 2017).

14 Depoimento de Howard Shapiro, *Commonwealth of Kentucky v. Purdue Pharma LP et al.*, Ação Civil nº 07-CI-01303, 15 abr. 2015 (doravante citado como Depoimento de Shapiro).

15 Entrevistas com Mountcastle e Brownlee; Depoimento de Brownlee.

16 Entrevista com Mountcastle.

17 Depoimento de Brownlee.

18 Depoimento de West.

19 E-mail de Alfonso para Hogen, com cópia para Friedman e encaminhado para Udell, 19 jun. 2000, citado no memorando da promotoria.

20 Os resultados deste estudo incluíram a Revisão Médica de Curtis Wright das solicitações da Purdue à FDA. No entanto, quando ele foi subsequentemente questionado sobre o porquê de as evidências de abstinência não estarem refletidas na bula aprovada por ele, Curtis Wright não ofereceu nenhuma explicação, alegando não lembrar quando, como nem por que o texto final acabou na bula. Memorando da promotoria.

21 Memorando da promotoria.

22 Transcrição da entrevista de Barry Meier com Friedman, Goldenheim e Udell, 24, ago. 2001.

23 Memorando da promotoria; Depoimento de Brownlee.

24 Memorando da promotoria.

25 Relatório de Contato da Equipe do Projeto, 17 set. 1992, citado no memorando da promotoria.

26 E-mail de Reder para Udell e outros 24 mar. 1995, citado no memorando da promotoria.

27 Entrevista com Mountcastle.

28 Entrevista com Brownlee.

29 Memorando da promotoria.

30 Anotações da ligação de vendas de Patricia Carnes, 20 jan. 1999, citadas no memorando da promotoria.

31 Transcrição da entrevista de Fleishman-Hillard com Friedman, 12 mai. 1999, citada no memorando da promotoria.

32 De Spanos para Adam Rodriguez, 16 jun. 1999.

33 *I Got My Life Back Part II*, vídeo promocional produzido pela Purdue Pharma, 2000.

34 "What Happened to the Post Children of OxyContin?", *Milwaukee Journal Sentinel*, 8 set. 2012.

35 Ibid.

36 Ibid.

37 Depoimento de Kathe Sackler.

38 De acordo com a GAO, as vendas do OxyContin nos Estados Unidos chegaram a 1,5 bilhão de dólares em 2002. Ao incluir outros produtos disponíveis dos Estados Unidos e a receita de seus negócios internacionais, a receita total da empresa devia estar por volta dos 2 bilhões de dólares.

39 Presidente Jacques Chirac para Mortimer Sackler, 4 abr. 1997.

40 Phil Davison, "Drugs Mogul with Vast Philanthropic Legacy", *Financial Times*, 23 abr. 2010.

41 "Blessed Are the Very, Very Rich", *Harpers & Queen*, fev. 1992.

42 Depoimento de RDS, 2019.

43 E-mail de Russell Gasdia, 8 mar. 2008, citado na denúncia de Massachusetts.

44 Entrevista com Hogen.

45 E-mail de Friedman para Richard Sackler, 2006, citado na denúncia em *State of Oregon v. Richard S. Sackler et al.*, Tribunal de Circuito, Estado do Oregon, nº 19CV22185, 30 ago. 2019.

46 Depoimento juramentado de Jonathan Sackler, Kathe Sackler e Mortimer Sackler, citadas na Denúncia de Massachusetts.

47 Denúncia de Massachusetts.

48 De Kathe Sackler para Mortimer Sackler, citado no depoimento de Kathe Sackler.

49 Entrevista com Brownlee.

50 Entrevista com Mountcastle.

51 Entrevista com Brownlee.

52 Memorando da promotoria.

53 Depoimento de Shapiro. Rick Mountcastle não questionou esse número.

54 Entrevistas com Paul Pelletier, Rick Mountcastle e outros ex-funcionários envolvidos no caso.

55 Memorando da promotoria.

56 De Ogrosky para Steve Tyrrell e Paul Pelletier (Divisão Criminal, Departamento de Justiça), memorando interno, 6 out. 2006.

57 Ibid.

58 Depoimento de Shapiro.

59 "Top Justice Official Admits Abramoff Fueled His Regal Life", *McClatchy*, 22 abr. 2008.

60 Depoimento de Shapiro; entrevistas com Mountcastle, Brownlee e outro advogado que estava na reunião.

61 Entrevista com Alice Fisher.

62 Entrevista com Brownlee.

63 Entrevista com Paul McNulty.

64 Entrevista com Pelletier.

65 Depoimento de Shapiro.

66 De John Brownlee para Andrew Good, Mark F. Pomerantz e Mary Jo White, 18 out. 2006. Uma indicação que o subprocurador-geral estava envolvido na distribuição desse caso é que um dos destinatários desta carta, copiado junto com Alice Fisher, Rudy Giuliani e outros, é Ronald Tempas, que era o subprocurador adjunto.

67 Depoimento de Brownlee.

68 Ibid.

69 Entrevista com Paul McNulty.

70 Depoimento de Brownlee.

71 Entrevistas com Pelletier e Mountcastle.

72 Depoimento de Brownlee.

73 Ibid.

74 Barry Meier, "Ruling Is Upheld Against Executives Tied to OxyContin", *The New York Times*, 15 dez. 2010.

75 Barry Meier, "Three Executives Spared Prison in OxyContin Case", *The New York Times*, 21 jul. 2007.

76 Declaração do advogado da união John Brownlee, 10 mai. 2007.

77 Fotografias de Don Petersen para o *The New York Times*. Barry Meier. "Narcotic Maker Guilty of Deceit over Marketing", *The New York Times*, 11 mai. 2007.

78 Entrevista com Meier.

79 Barry Meier, "In Guilty Plea, OxyContin Maker to Pay $600 Million", *The New York Times*, 10 mai. 2007.

80 Depoimento de Lynn Locascio, *United States v. Purdue Frederick et al.*, Tribunal Distrital dos Estados Unidos, Leste da Virgínia, 1:07CR29, 20 jul. 2007.

81 Depoimento de Ed Bisch, *United States v. Purdue Frederick et al.*, Tribunal Distrital dos Estados Unidos, Oeste da Virgínia, 1:07CR29, 20 jul. 2007.

82 Depoimento de Kenny Keith, *United States v. Purdue Frederick et al.*, Tribunal Distrital dos Estados Unidos, Distrito Oeste da Virgínia, 1:07CR29, 20 jul. 2007.

83 Declaração do advogado da união John Brownlee, 10 mai. 2007.

84 Comentários de Howard Shapiro, *United States v. Purdue Frederick et al.*, Tribunal Distrital dos Estados Unidos, Oeste da Virgínia, 1:07CR29, 20 jul. 2007.

85 De Ira Friedman para Hon. James P. Jones, 7 jun. 2007.

86 De Anne Goldenheim para Hon. James P. Jones, 16 jul. 2007.

87 De Silbert para Hon. James P. Jones, 13 jul. 2007.

88 De Jeffrey Udell para Hon. James P. Jones, 1º jul. 2007.

89 Entrevista com Mountcastle.

90 De McCloskey para Hon. James P. Jones, 9 jul. 2007.

91 Comentários de Mary Jo White, *United States v. Purdue Frederick et al.*, Tribunal Distrital dos Estados Unidos, Oeste da Virgínia, 1:07CR29, 20 jul. 2007.

92 Declaração de John Brownlee na declaração de culpa da Purdue Frederick e seus executivos por propaganda enganosa e ilegal do OxyContin, 10 mai. 2007.

93 Mike Gangloff, "Brownlee Resigns;

May Run for Office", *Roanoke (Va.) Times*, 17 abr. 2008; "Brownlee Announces Run for Attorney General", *Richmond Times-Dispatch*, 20 mai. 2008.

94 Entrevista com Mountcastle.

95 Minutas da diretoria, 14 fev. 2008, citadas na Denúncia de Massachusetts.

96 Minutas da diretoria, 25 out. 2006, citadas na Denúncia de Massachusetts.

97 De Silbert para Hon. James P. Jones, 13 jul. 2007.

98 Depoimento de Kathe Sackler.

99 Entrevista com Ritchie.

100 Minutas da diretoria, 14 fev. 2008, citadas na Denúncia de Massachusetts.

101 Minutas da diretoria, 21 nov. 2008, citadas na Denúncia de Massachusetts.

102 Minutas da diretoria, 6 nov. 2008, citadas na Denúncia de Massachusetts.

103 Depoimento de Gary Harney, *United States v. Purdue Frederick et al.*, Tribunal Distrital dos Estados Unidos, Oeste da Virgínia, 1:07CR29, 20 jul. 2007.

104 Declaração do senador Arlen Specter, Comissão do Judiciário, Senado dos Estados Unidos, 31 jul. 2007.

105 Entrevista com Camp. A Purdue demitiu Camp em 2014, e ela logo depois reclamou dos termos da demissão. Eu averiguei grande parte do que ela me contou durante as várias longas entrevistas e a achei convincente.

106 Minutas do Conselho Diretor, 8 fev. 2008.

107 Depoimento de RDS, 2015.

CAPÍTULO 21: TURKS

1 "Rainmakers and Amanyara Villas", *The New York Times*, 14 set. 2007.

2 "Two Looks, Two Lives", *Savvy*, set. 1981. A empresa de Geri se chamava Cultura Inc.

3 Biografia de Mortimer D. A. Sackler, site do Instituto Vitality.

4 "Wild at Heart", *Vogue*, out. 2013.

5 "The New Dot.com Society", *Vogue*, abr. 2000; "Wild at Heart".

6 "Wild at Heart."

7 "Sackler Family Member Sells Upper East Side Townhouse for $38 Million", *The New York Times*, 31 jan. 2020.

8 Salvo indicação em contrário, a descrição de Amanyara se baseia em entrevistas com um amigo de Mortimer que o visitou ali e um instrutor de ioga que a família levou para Amanyara. "Inside Amanyara, a Peaceful Sanctuary in Turks and Caicos", *Vanity Fair*, 15 mai. 2018.

9 "Inside Amanyara, a Peaceful Sanctuary in Turks and Caicos"; "First Look at Amanyara", *Travel + Leisure*, 2 abr. 2009.

10 "First Look at Amanyara."

11 Entrevista com o instrutor de ioga.

12 "First Look at Amanyara."

13 Entrevista com o ex-instrutor de ioga; "Moment of Silence Held by Country Leaders for Drowned Haitians", Magnetic Media, 25 jan. 2017.

14 "Donatella's New York State of Mind", *Women's Wear Daily*, 7 fev. 2006.

15 "Cocktails for Arts: Museums Compete for Young Patrons", *International Herald Tribune*, 13 jan. 2006.

16 Depoimento de Kathe Sackler; Defesas do Lado B.

17 E-mail de Mortimer D. A. Sackler para Richard e Jonathan Sackler, datado de fevereiro de 2008, citado em denúncia emendada, *State of Connecticut v. Purdue Pharma LP et al.*, nº X07 HHD-CV-19-6105325-S, Supremo Tribunal de Connecticut, 6 mai. 2019.

18 "At Purdue Pharma, Business Slumps as Opioid Lawsuits Mount", *The Wall Street Journal*, 30 jun. 2019. Em resposta a uma consulta para verificação de fatos, a Purdue Pharma me disse que a renda com o Oxy-Contin teve um pico, em 2019, de 2,3 bilhões de dólares, mas, considerando abatimentos e outras complicações, o cálculo desse tipo de número pode ser feito de várias maneiras.

19 Declaração de John Brownlee sobre a Declaração de Culpa da Purdue Frederick e

seus Executivos por Rotular Ilegalmente o OxyContin, 10 mai. 2007.

20 Representantes da família Sackler enfatizaram a mim várias vezes, desde 2017, que esse período se caracterizou por um tremendo *compliance*.

21 A Denúncia de Massachusetts apresenta numerosos exemplos desse comportamento.

22 Veja, por exemplo, *Clinical Issues in Opioid Prescribing*, folheto da Purdue, de 2008, citado na Denúncia de Massachusetts, e "Providing Relief, Preventing Abuse", também distribuído pela Purdue, citado na Denúncia do Tennessee. Em documentos judiciais, um ex-funcionário da Purdue que ingressou na empresa em 2009 e trabalhou como representante de vendas durante seis anos disse: "Eu também discuti o pseudovício com os médicos." Declaração de Sean Thatcher, *State of Montana v. Purdue Pharma LP et al.*, Caso nº ADV-2017-949, 1ª Vara Criminal de Montana, 16 fev. 2018.

23 Notas de cadernos de treinamento de representantes de venda da Purdue, datados de 2009 e 2012, reproduzidos na Denúncia de Tennessee.

24 Pamela Taylor, e-mail, 16 mai. 2008; notas da Comissão Executiva, 16 abr. 2008; apresentação de Luntz, Pesquisa Estratégica Maslansky, 16 abr. 2008, citado na Denúncia de Massachusetts.

25 "Providing Relief, Preventing Abuse" (2008), citado na Denúncia de Massachusetts.

26 Site In the Face of Pain, citado na Denúncia de Massachusetts.

27 Relatório do Conselho, 15 out. 2008, citado na Denúncia de Massachusetts.

28 "Unnecessarily Dangerous Drug Combo Caused Heath Ledger's Death", *Wired*, 6 fev. 2008.

29 Declaração Inicial do então senador Joe Biden, Audiência sobre Prescrição e Uso Abusivo de Drogas de Balcão, Subcomissão de Crime e Drogas, Comissão do Judiciário, Senado dos Estados Unidos, 12 mar. 2008.

30 Denúncia em *City of Everett v. Purdue Pharma*, Caso nº 17 2 00469 31, Supremo Tribunal do Estado de Washington, 19 jan. 2017; "More Than 1 Million OxyContin Pills Ended Up in the Hands of Criminals and Addicts. What the Drugmaker Knew", *Los Angeles Times*, 10 jul. 2016.

31 "More Than 1 Million OxyContin Pills Ended Up in the Hands of Criminals and Addicts."

32 Ibid.

33 De Ringler para Jack Crowley, 2 set. 2009; "More Than 1 Million OxyContin Pills Ended Up in the Hands of Criminals and Addicts".

34 De Ringler para Jack Crowley, 2 set. 2009.

35 De Ringler para Jack Crowley, 1º set. 2009.

36 De Crowley para Ringler, 1º set. 2009.

37 "More Than 1 Million OxyContin Pills Ended Up in the Hands of Criminals and Addicts."

38 Ibid.

39 "OxyContin Closely Guards Its List of Suspect Doctors", *Los Angeles Times*, 11 ago. 2013.

40 "More Than 1 Million OxyContin Pills Ended Up in the Hands of Criminals and Addicts."

41 Ibid.

42 Ibid.

43 Ibid.

44 De Kathe Sackler para Ed Mahony et al., 11 mar. 2008, citado na Denúncia de Massachusetts e reproduzido nas Defesas do Lado B.

45 Depoimento de Burt Rosen, *In re National Prescription Opiate Litigation*, Tribunal Distrital dos Estados Unidos, Norte de Ohio, 1:17-MD-2804, 16 jan. 2019 (doravante citado como Depoimento de Rosen).

46 "Let Me Stay in the Game: Purdue's Ex-G.C. Fights a Prohibition Against Working with the Government", *Corporate Counsel*, 1º fev. 2011.

47 Obituário de Howard Udell, *New York Times*, 5 ago. 2013.

48 Denúncia de Massachusetts.

49 Derek McGinnis, *Exit Wounds: A Survival Guide to Pain Management for Returning Veterans and Their Families* (Washington, D.C.: Waterford Life Sciences, 2009), p. 5.

50 Ibid., p. 106.

51 Ibid., p. 107.

52 "Howard Udell: Helped Hundreds of Veterans with Legal Problems", *Hartford Courant*, 3 set. 2013.

53 Ibid.

54 Ibid.

55 Depoimento de Kathe Sackler.

56 Ibid.

57 Essa linguagem parece ter origem num memorando de F. Peter Boer para Richard: CEO *CONSIDERATIONS*, datado de 12 de abril de 2008. Porém, a Denúncia de Massachusetts sugere que o próprio Richard endossou essa linguagem, presumivelmente corrigindo ou aprovando o memorando. De forma significativa, nas Defesas do Lado B, os advogados que representavam Richard citaram a linguagem relevante na Denúncia de Massachusetts e não contestaram a caracterização de Richard como tendo "escrito" o memorando. (As "defesas" levantadas por advogados de Richard nesse caso são de que a discussão do CEO sobre lealdade surgiu no contexto de uma possível venda da Purdue e "não tinha relação com alegações de marketing enganoso".)

58 De Robert Josephson para *New Yorker*, e-mail, 19 out. 2017; Denúncia de Massachusetts.

59 Denúncia de Massachusetts.

60 De Jonathan Sackler para Theresa Sackler, 23 jun. 2016.

61 Mortimer D. A. Sackler, e-mails, 23 e 24 nov. 2010, citado na Denúncia de Massachusetts.

62 Troca de e-mails entre David, Jonathan e Richard Sackler, 12 nov. 2014.

63 Plano Decenal da Purdue, 24 jun. 2010, citado na Denúncia de Massachusetts.

64 "Em 2011, Mortimer D. A. Sackler exigiu que o orçamento de 2012 reduzisse os gastos com pesquisa e desenvolvimento: 'Devemos cortar gastos e investimentos em P&D a um nível apropriado considerando as reais vendas que temos e a falta de diversificação dessas vendas.'" Denúncia em *State of Oregon v. Richard S. Sackler et al.*, Tribunal do Circuito do Estado do Oregon, nº 19CV22185, 30 ago. 2019.

65 De Jonathan Sackler para Richard Sackler et al., e-mail, 12 out. 2014, citado em Acordo Firmado entre o Departamento de Justiça dos Estados Unidos e o dr. Richard Sackler, David Sackler, Mortimer D. A. Sackler, Kathe Sackler, e a Propriedade de Jonathan Sackler, 21 out. 2020 (doravante citado como Acordo DOJ Sackler).

66 "Judge Says Maker of OxyContin Misled Officials to Thin Patents", *New York Times*, 6 jan. 2004.

67 Opinião e Ordem, *Purdue Pharma LP v. Endo Pharmaceuticals Inc.,* 00 Civ. 8029 (SHS), Distrito Sul de Nova York, 5 jan. 2004.

68 De Edward Mahony para Hon. James P. Jones, 11 jul. 2007.

69 Opinião, *Purdue Pharma LP et al. v. Endo Pharmaceuticals*, Tribunal de Apelações dos Estados Unidos para o Circuito Federal, 1º fev. 2006.

70 A história legal e comercial é complexa demais para ser relatada por completo aqui, mas em resumo: a Endo contestou a validade da patente do OxyContin da Purdue e ganhou o julgamento, invalidando a exclusividade de patente da Purdue em 2004. Depois dessa decisão, a Endo e várias outras empresas lançaram versões genéricas do medicamento. No entanto, a Purdue ganhou o julgamento num tribunal de apelação em 2006, anulando a decisão, e acabou fazendo um acordo com as outras empresas (que retiraram suas versões genéricas do mercado), recuperando a exclusividade da patente. Veja "Endo Defiant over Generic OxyCon-

tin Knockback", *Pharma Times*, 7 fev. 2006; "Purdue Fends Off Generic OxyContin Competition", Law360, 29 ago. 2006; Acordo Firmado, 28 ago. 2006, assinado por Mortimer Sackler, Michael Friedman e outros, Arquivos SEC.

71 Entrevista com Nancy Camp.

72 Mike Innaurato, e-mail, 3 dez. 2009, citado na Denúncia de Massachusetts.

73 Mahony, e-mail, 26 fev. 2008, citado na Denúncia de Massachusetts.

74 Richard Sackler, e-mail, 12 jul. 2009, citado na Denúncia de Massachusetts.

75 Richard Sackler, e-mail, 8 out. 2009, citado na Denúncia de Massachusetts.

76 Robert Barmore, e-mail, 8 out. 2009; Dipti Jinwala, e-mail, 8 out. 2009; David Rosen, e-mail, 8 out. 2009, todos citados na Denúncia de Massachusetts.

77 "Identifying Granular Growth Opportunities for OxyContin: Addendum to July 18th and August 5th Updates", de McKinsey & Company para John Stewart e Russ Gasdia, memorando confidencial, 8 ago. 2013.

78 Apresentação da McKinsey, 11 set. 2009, citado na Denúncia de Massachusetts.

79 De Jonathan Cain para colegas da McKinsey, e-mail, 16 out. 2008.

80 "Dr. Mortimer Sackler", *Times* (Londres), 13 abr. 2010.

81 "Choir's on Song as Star Cricketer Makes His Catch", *South Wales Evening Post*, 6 jan. 2010.

82 Ibid.

83 "Inside the Sackler Scandal", *Tatler*, 22 mar. 2019.

84 "Choir's on Song as Star Cricketer Makes His Catch."

85 "Dr. Mortimer Sackler", *Times* (Londres), 13 abr. 2010.

86 Obituário no *The New York Times*: "Mortimer D. Sackler, Arts Patron, Dies at 93", *The New York Times*, 31 mar. 2010.

87 "Dr. Mortimer Sackler", *Times* (Londres), 13 abr. 2010. Algumas versões publicadas desse obituário incluíram uma referência ao OxyContin; outras, não.

CAPÍTULO 22: À PROVA DE ADULTERAÇÃO

1 William N. Evans, Ethan Lieber e Patrick Power, "How the Reformulation of OxyContin Ignited the Heroin Epidemic", *Review of Economics and Statistics* 101, n° 1 (mar. 2019).

2 Entrevista com Craig Landau.

3 Mortimer Sackler, e-mail, 12 fev. 2008, citado na Denúncia de Massachusetts.

4 Veja, por exemplo, Patente dos Estados Unidos n° 7727557, "Pharmaceutical Formulation Containing Irritant", arquivado em 22 set. 2006, Departamento de Patentes e Marcas Registradas dos Estados Unidos.

5 Denúncia em *State of Oregon v. Richard S. Sackler et al.*, Tribunal do Circuito do Estado do Oregon, n° 19CV22185, 30 ago. 2019.

6 FDA, "FDA Approves New Formulation of OxyContin", comunicado à imprensa, 5 abr. 2010.

7 "Purdue Pharma L.P. Statement on FDA Approval of New Label for Reformulated OxyContin® (Oxycodone HCL Controlled-Release) Tablets CII and Citizen Petition Regarding Withdrawal of Original Formulation due to Safety", 18 abr. 2013.

8 FDA, "FDA Approves New Formulation of OxyContin." A nova fórmula foi aprovada em 2010; a nova linguagem sobre as propriedades dissuasoras de abuso foi aprovada em 2013. No entanto, os estudos, anunciados em 2010, dificilmente haviam sido concluídos na época em que o novo rótulo foi aprovado; na verdade, só em 2020 a FDA liberou os resultados completos desses estudos.

9 Roger Collier, "Drug Patents: The Evergreening Problem", *Canadian Medical Association Journal*, 11 jun. 2013.

10 De Alfonso para Friedman, 25 jan. 2001.

11 Veja "OxyContin Maker Guards Exclusivity", *Wall Street Journal*, 27 jun. 2012;

"Purdue Pharma Is Taking Advantage of Patent Law to Keep OxyContin from Ever Dying", *Quartz*, 18 nov. 2017.

12 Petição Cidadã da Purdue Pharma LP, nº FDA-2012-P-0760 (13 jul. 2012), argumentando que, se versões genéricas do OxyContin fossem permitidas, "o uso abusivo de oxicodona de liberação prolongada poderia retornar aos níveis experimentados antes do lançamento da nova fórmula do Oxycontin". Caso houvesse alguma incerteza sobre os motivos da empresa, um consultor da Purdue explicou à FDA que, se a agência permitisse versões genéricas do OxyContin, isso "reduziria substancialmente" os "incentivos significativos para investir em pesquisa e desenvolvimento necessários para levar ao mercado produtos resistentes à adulteração". Denúncia em *State of Washington v. Purdue Pharma, L.P. et al.*, 28 set. 2017.

13 "Abuse-Deterrent Properties of Purdue's Reformulated OxyContin (Oxycodone Hydrochloride) Extended-Release Tablets", Memorando de Douglas Throckmorton para Janet Thoodcock, 16 abr. 2013; "FDA Bars Generic OxyContin", *New York Times*, 16 abr. 2013.

14 "Purdue Pharma L.P. Statement on FDA Approval of New Label for Reformulated Oxycontin® (Oxycodone HCL Controlled-Release) Tablets CII and Citizen Petition Regarding Withdrawal of Original Formulation due to Safety."

15 De Richard Sackler para Gasdia, 30 jan. 2011.

16 Denúncia de Delaware.

17 De Richard Sackler para Gasdia, 16 jun. 2011.

18 De Gasdia para Weinstein, 16 jun. 2011.

19 De Weinstein para Gasdia, 16 jun. 2011.

20 Memorando de Lei em Apoio à Moção dos Diretores Individuais para Dispensar por Falta de Jurisdição Pessoal, *Commonwealth of Massachusetts v. Purdue Pharma LP et al.*, Ação Civil nº 1884-CV-01808(B), 1º abr. 2019; a Defesa do Lado B nota que Richard "fez uma visita acompanhada em 2011 ao Condado de Fairfield", acrescentando que ele não se envolveu *pessoalmente* "em promoção ou marketing".

21 De Gasdia para Stewart, 7 mar. 2012.

22 De Stewart para Gasdia, 8 mar. 2012.

23 Richard Sackler, e-mail, 20 jul. 2011, citado na Denúncia de Massachusetts.

24 Richard Sackler, e-mail, 9 mar. 2011, citado na Denúncia de Massachusetts.

25 De Richard Sackler para Russell Gasdia, e-mail, 16 mar. 2011.

26 Mortimer Sackler, e-mails, 5 e 8 abr. 2011, citado na Denúncia de Massachusetts.

27 Anotações da Comissão Executiva, 12 mai. 2011, citado na Denúncia de Massachusetts.

28 De Richard Sackler para Gasdia, 16 jun. 2011.

29 Gasdia, e-mail, 27 fev. 2014, citado na Denúncia de Massachusetts.

30 Richard Sackler, e-mail, 10 jun. 2014, citado na Denúncia de Massachusetts.

31 Apresentação do Conselho, 14 abr. 2011, citado na Denúncia de Massachusetts.

32 Stuart Baker, e-mail, 16 ago. 2010; Apresentação de Paul Coplan, 19 ago. 2010.

33 De Stewart para Richard Sackler, 22 fev. 2008, citado na Denúncia de Massachusetts.

34 Denúncia de Massachusetts.

35 "Drug Is Harder to Abuse, but Users Persevere", *The New York Times*, 15 jun. 2011.

36 Tara Gomes et al., "Reformulation of Controlled-Release Oxycodone and Pharmacy Dispensing Patterns near the US-Canada Border", *Open Med*, 13 nov. 2012.

37 Robert Josephson, e-mail, 19 out. 2017.

38 Evans, Lieber e Power, "How the Reformulation of OxyContin Ignited the Heroin Epidemic".

39 "CDC Guidelines for Prescribing Opioids for Chronic Pain", Centros para o Con-

trole e Prevenção de Doenças, 18 mar. 2016.

40 Em 2020, a FDA liberou os resultados de estudos "pós-mercado" sobre a eficácia da nova fórmula de OxyContin em conter o uso abusivo. "OxyContin Abuse Deterrent Formulation (ADF)", Documento Informativo da FDA, Reunião Conjunta da Segurança de Medicamentos e Gestão de Risco (DSaRM, na sigla em inglês) e Comissão Consultiva de Medicamentos Anestésicos e Analgésicos (AADPAC, na sigla em inglês), 10-11 set. 2020.

41 Howard Chilcoat et al., "Changes in Prescriptions of OxyContin and Opana After Introduction of Tamper Resistant Formulations Among Potentially Problematic and Comparator Prescribers", *Drug and Alcohol Dependence*, 1º jul. 2014. Um porta-voz da Purdue confirmou esse número.

42 Entrevista com Craig Landau.

43 Acordo Sackler DOJ.

44 "Drug Is Harder to Abuse, but Users Persevere."

45 Quinones, *Dreamland*, p. 65.

46 Declaração da família Sackler (das alas Raymond e Mortimer), enviada por Davidson Goldin, representante da ala Raymond, que coordenava com representantes da ala Mortimer, 1º out. 2020. ("Os membros da família têm grande compaixão por aqueles que estão sofrendo com o vício, e está totalmente comprometida com soluções para a complexa crise de abuso de opioides que assola a nação. De acordo com dados do governo dos Estados Unidos, o aumento do número de mortes relacionadas a opioides é motivado predominantemente pela heroína e por fentanil ilícitos contrabandeados por traficantes de drogas da China e do México para os Estados Unidos.")

47 "A Family, and a Transformative Legacy", *Medicine@Yale*, jul./ago. 2014.

48 *Opioid Addiction: 2016 Facts & Figures*, Sociedade Americana de Medicina do Vício.

49 Theodore J. Cicero and Matthew S. Ellis, "Abuse-Deterrent Formulations and the Prescription Opioid Abuse Epidemic in the United States: Lessons Learned from OxyContin", *JAMA Psychiatry* 72, nº 5 (2015).

50 Entrevista com Davis.

51 Evans, Lieber e Power, "How the Reformulation of OxyContin Ignited the Heroin Epidemic". É claro que outros fatores podem ter contribuído para o aumento do uso abusivo de heroína: a restrição de receitas por médicos, o fechamento de fábricas de prescrições, o maior suprimento descrito por Quinones. Mas os argumentos que levam em conta o suprimento não podem responder pelo aumento repentino ocorrido em 2010, que coincide tão precisamente com o lançamento da nova fórmula. Em 2020, a FDA liberou as constatações de uma década de estudos sobre a reformulação do OxyContin, concluindo que havia evidências insuficientes para deduzir que a nova fórmula causou uma redução do uso abusivo de OxyContin em geral (porque as pessoas continuavam a fazer uso abusivo oralmente) e, na categoria de "consequências adversas indesejadas", que "qualquer redução da overdose de opioides controlados pode ter sido compensada, ou mais do que compensada, pelo aumento de overdoses de opioides ilícitos devido à substituição". Christina R. Greene, "Literature Review: Impact of Reformulated OxyContin on Abuse and Opioid-Related Morbidity and Mortality", FDA, 10-11 set. 2020.

CAPÍTULO 23: EMBAIXADORES

1 "Democrats Reap $91,000 from Charter Schools Advocate and His Family", *Hartford Courant*, 21 jun. 2014.

2 "Sackler Family Opioid Fortune Backed CT Charter Schools", *The New Haven (Conn.) Register*, 9 mar. 2019; Formulário 990 da Declaração de Imposto da Fundação Bouncer relativa ao ano de 2017.

3 "The 'Dangerous' Filmmaking of Madeleine Sackler", *Backstage*, 8 jul. 2014.

4 "Q&A: Madeleine Sackler", C-SPAN,

24 jun. 2010.

5 Lista de candidatos a melhor documentário, Oscar de 2010.

6 "A Prison Film Made in Prison", *The New Yorker*, 29 jan. 2018.

7 Entrevista com Jeffrey Wright.

8 "Prison Film Made in Prison."

9 Biografia de Madeleine Sackler, em seu site pessoal na internet.

10 "OxyContin Heiress Madeleine Sackler Pays Cash on L.A.'s Eastside", Dirt. com, 30 jan. 2020.

11 Denúncia de Massachusetts.

12 "Prison Film Made in Prison."

13 "Indiana - Opioid-Involved Deaths and Related Harms", Instituto Nacional de Abuso de Drogas, abr. 2020.

14 Mapas das Taxas de Prescrição de Opioides nos Estados Unidos em 2015, site do CDC.

15 De David Bursten (Departamento Penitenciário Público de Indiana) para *The New Yorker*, e-mail.

16 Ibid.

17 "A 'Rare Case Where Racial Biases' Protected African-Americans", *The New York Times*, 6 dez. 2019.

18 "Pence Reinstates Mandatory Minimum Prison Terms for Some Drug Crimes", *Times of Northwest Indiana*, 21 mar. 2016.

19 "Quick Facts: Heroin Trafficking Offenses", Comissão de Sentença dos Estados Unidos.

20 "Madeleine Sackler's Films Praised, but She Faces Scrutiny over Opioid Wealth", *The Guardian*, 2 mai. 2018.

21 De Jonathan Sackler para Kathey Walsh, 2 jan. 2014, reproduzido nas Defesas do Lado B.

22 Zach Perlman, e-mail, 9 dez. 2015, citado na Denúncia de Massachusetts.

23 Denúncia de Delaware.

24 Jonathan Sackler, e-mail, 2 jan. 2014, citado na Denúncia de Massachusetts.

25 "Prison Film Made in Prison."

26 "Prison Film Made in Prison"; "The Premiere of 'O.G.,' the Film Made Inside an Indiana Prison", *The New Yorker*, 24 abr. 2018.

27 Acervo da Getty Images sobre "'The O.G.' Experience", evento oferecido pela HBO no Studio 525 em 23 fev. 2019.

28 De Jeffrey Wright para Madeleine Sackler, 26 out. 2017.

29 Entrevista com Jeffrey Wright.

30 A Oposição da Família de Raymond Sackler à Moção de Exceções do Comitê Oficial de Credores Quirografários, *In re Purdue Pharma LP et al., Debtors*, Tribunal de Falência dos Estados Unidos, Distrito Sul de Nova York, Capítulo 11, Caso nº 19-23649 (RDD), 14 out. 2020.

31 Moab Partners LP, Comissão de Segurança e Câmbio dos Estados Unidos, Formulário D.

32 Denúncia de Massachusetts.

33 "'We Didn't Cause the Crisis': David Sackler Pleads His Case on the Opioid Epidemic", *Vanity Fair*, 19 jun. 2019.

34 "Cash Transfers of Value Analysis", 16 dez. 2019, auditoria realizada por AlixPartners e submetida ao tribunal de falência em White Plains.

34 Ibid.

35 Entrevista com Champ.

36 Esses tópicos são incluídos em e-mail de Mortimer D.A. Sackler para Kerry Sulkowicz, 16 jul. 2017.

37 Todos esses detalhes e citações são de David Sackler para Richard, Beth e Joss Sackler, 12 jun. 2015.

38 "Inside the Room Where Tech Actually Vies for Military Jobs", *Wired*, 12 mar. 2019; site de Clare Sackler.

39 Depoimento de Marianna Sackler, *In Re: Purdue Pharma LP et al., Debtors*, Tribunal de Falência dos Estados Unidos, Distrito Sul de Nova York, Caso nº 19-2649 (RDD), 2 set. 2020.

40 De David Sackler para Richard, Beth e Joss Sackler, 12 jun. 2015.

41 De Tuija Catalano para Rich Hillis da Comissão de Planejamento de São Francisco, re: 2921 Vallejo Street, 16 out. 2017 (citan-

do uma denúncia de Marianna e seu marido, James Frame, em disputa de propriedade).

42 "Hedge Fund Tosses Family That Controls Maker of OxyContin", *Wall Street Journal*, 7 mar. 2019; "On Hospitality with Jeff Lefcourt of the Smith and Jane", Open-Table, 2 abr. 2016.

43 "Homes Gossip", *Evening Standard*, 20 jul. 2010.

44 "How Family Fortune Bankrolls London Arts", *Evening Standard*, 19 mar. 2018.

45 Detalhes sobre Marissa Sackler em "Marissa Sackler: Busy Bee", *W*, 19 mai. 2014. A afirmação sobre sua maneira de falar se baseia em vários discursos que ela deu, disponíveis no YouTube.

46 "New Serpentine Sackler Gallery Opens as Michael Bloomberg Steps In as Chairman", *Evening Standard*, 25 set. 2013.

47 Site da Abadia de Westminster.

48 "How Family Fortune Bankrolls London Arts."

49 2011 Honouree: Theresa Sackler. Arts and Business Cymru.

50 O endereço da Mundipharma House é Par La Ville Road, 14, Hamilton HM 08, Bermudas.

51 Entrevista com um ex-consultor financeiro da família. Veja também "The Sackler Files: How the Tax Haven of Bermuda Played Key Role in £10 Billion Family Fortune", *Evening Standard*, 11 mai. 2018.

52 "OxyContin Goes Global", *Los Angeles Times*, 18 dez. 2016.

53 Ibid.

54 Ibid.

55 Ibid.

56 Minuta de Nota ao Conselho, de Richard Sackler para David Sackler, 12 nov. 2014.

57 De Jonathan Sackler para Richard Sackler et al., e-mail, 12 out. 2014, citado em Acordo DOJ Sackler.

58 "China Rises as Key Market for Leading Opioid Producer", *Nikkei Asian Review*, 25 jan. 2019.

59 "OxyContin Goes Global."

60 "How Big Pharma Is Targeting India's Booming Opioid Market", *Guardian*, 27 ago. 2019.

61 "China Rises as Key Market for Leading Opioid Producer."

62 "Fake Doctors, Pilfered Medical Records Drive Oxy China Sales", *AP*, 20 nov. 2019.

63 Ibid.

64 Ibid.

65 Ibid.

66 Ibid.

67 "OxyContin Goes Global."

68 Apresentação do Conselho sobre a Estratégia de Dissuasão do Vício, 21 mar. 2013, citada na Denúncia de Massachusetts.

69 Relatório e Recomendações sobre o Relacionamento da Família Sackler e a Purdue Pharma com a Universidade Tufts, preparado por Yurko, Salvesen & Remz, PC, para a Universidade Tufts, 5 dez. 2019 (doravante citado como Relatório Tufts).

70 Depoimento RDS 2019.

71 Ibid.

72 Damas, e-mail, 20 out. 2014, citado na Denúncia de Vermont.

CAPÍTULO 24: É UMA DURA VERDADE, NÃO?

1 Memorando em Apoio à Ação da Purdue para Mudar de Endereço, *Commonwealth of Kentucky v. Purdue Pharma LP*, Tribunal do Circuito de Pike, Divisão II, Ação Civ. nº 07-CI-01303, 10 jun. 2013.

2 Entrevistas com Mitchel Denham e Tyler Thompson.

3 "Professor Bobbitt", *New York Observer*, 14 out. 2008.

4 Minuta de Nota ao Conselho, de Richard Sackler para David Sackler, 12 nov. 2014.

5 De David Sackler para Jonathan e Richard Sackler, 12 nov. 2014.

6 De David Sackler para Jonathan e Richard Sackler, 7 out. 2014, reproduzido nas Defesas do Lado B.

7 De Raymond Sackler para Richard, Jonathan e David Sackler, 5 mai. 2014. O memorando anexado em si não está incluído no e-mail que eu tenho, mas é caracterizado na Denúncia de Delaware e na Denúncia de Massachusetts.

8 De Arnab Ghatak para colegas da McKinsey, e-mail, 23 ago. 2013.

9 De Martin Elling para Rob Rosiello, e-mail, 24 ago. 2013.

10 Richard nasceu em 10 de março de 1945.

11 Gravação em vídeo do Depoimento RDS, 2015.

12 Entrevista com Denham.

13 Salvo indicação em contrário, a descrição do depoimento de Richard em Kentucky é extraída da transcrição de um vídeo do Depoimento RDS 2015.

14 Entrevista com Thompson.

15 "OxyContin Maker to Pay State $24 Million to Settle Claim It Marketed Powerful Painkiller Improperly", *Lexington (Ky.) Herald-Leader*, 23 dez. 2015.

16 "How Judges Added to the Grim Toll of Opioids", Reuters, 25 jun. 2019.

17 Julgamento Acordado e Estipulação de Demissão por Dano, *Commonwealth of Kentucky v. Purdue Pharma et al.*, Ação Civil nº 07-CI-01303, Comunidade de Kentucky, Tribunal do Circuito de Pike, 22 dez. 2015.

18 "STAT Goes to Court to Unseal Records of OxyContin Maker", STAT News, 15 mar. 2016.

19 Ordem, *Boston Globe Life Sciences Media LLC, d/b/a STAT v. Purdue Pharma LP et al.*, Ação nº 07-CI- 01303, Comunidade de Kentucky, Tribunal do Circuito de Pike, 11 mai. 2016.

20 "Purdue Pharma Files Appeal of Decision to Unseal OxyContin Records", STAT News, 17 mai. 2016.

21 "OxyContin Maker Closely Guards Its List of Suspect Doctors", *Los Angeles Times*, 11 ago. 2013.

22 Entrevista com Davis.

23 "OxyContin Maker Closely Guards Its List of Suspect Doctors."

24 Damas, e-mail, 30 jun. 2014, citado na Denúncia de Massachusetts.

25 Scott Glover, e-mail, 14 ago. 2014, citado na Denúncia de Massachusetts.

26 Richard Sackler para Damas, 18 nov. 2013, citado na Denúncia de Massachusetts.

27 Damas, e-mail, 18 nov. 2013, citado na Denúncia de Massachusetts.

28 "'You Want a Description of Hell?': OxyContin's 12-Hour Problem", *Los Angeles Times*, 5 mai. 2016.

29 "OxyContin Goes Global", *Los Angeles Times*, 18 dez. 2016.

30 De Katherine Clark et al. para dra. Margaret Chan, 3 mai. 2017.

31 "CDC Guidelines for Prescribing Opioids for Chronic Pain - United States, 2016", site do CDC, 18 mar. 2016.

32 "OxyContin Maker Closely Guards Its List of Suspect Doctors."

33 Atualização Semestral, 8 jun. 2016, citado na Denúncia de Massachusetts.

34 Conselho de Diretores: Relatório Semestral da Purdue, jun. 2017, citado na Denúncia de Massachusetts.

35 Ibid.

36 Ibid.

37 "A Pain-Drug Champion Has Second Thoughts", *The Wall Street Journal*, 17 dez. 2012.

38 Ibid.

39 E-mail de 2016 de Richard Sackler, citado em denúncia emendada, *State of Connecticut v. Purdue Pharma LP et al.*, nº X07 HHD-CV-19- 6105325-S, Supremo Tribunal de Connecticut, 6 mai. 2019.

40 Robert Josephson, e-mail, 3 nov. 2016, citado na Denúncia de Massachusetts.

41 Robert Josephson, e-mail, 28 nov. 2016, citado na Denúncia de Massachusetts.

42 Robert Josephson e Raul Damas, e-mail, 1º dez. 2016, citado na Denúncia de Massachusetts.

43 Minutas de uma reunião sobre o Oxy-Contin entre representantes da Purdue Pharma e da FDA, 23 abr. 2001.

44 "Former FDA Head: Opioid Epidemic One of the 'Great Mistakes of Modern Medicine'", CBS News, 9 mai. 2016.

45 Entrevista com Tom Frieden.

46 "Prescription Painkiller Overdoses at Epidemic Levels", comunicado à imprensa, 1º nov. 2011.

47 De Rosen para colegas da Purdue, 9 set. 2015.

48 De Haddox para colegas da Purdue, 9 set. 2015.

49 "Propainkiller Echo Chamber Shaped Policy amid Drug Epidemic", *AP*, 19 set. 2016.

50 "Pharma Lobbying Held Deep Influence over Policies on Opioids", *AP*, 18 set. 2016.

51 Ibid.

52 "Opioid Epidemic: Ex-DEA Official Says Congress Is Protecting Drug Makers", *The Guardian*, 31 out. 2016.

53 David Haddox, "Pain, Analgesics, and Public Policy", relatório de intenções preparado para o Fórum de Cuidados com a Dor e o CDC, 11 jan. 2012.

54 Denúncia de Massachusetts.

55 De Rosen para Udell, Alan Must e Pamela Bennett, 7 jan. 2005; Depoimento de Rosen.

56 Thomas R. Frieden e Debra Houry, "Reducing the Risks of Relief - the CDC Opioid-Prescribing Guideline", *New England Journal of Medicine*, 21 abr. 2016.

57 "New Vital Signs Report - Today's Heroin Epidemic", CDC Briefing, 7 jul. 2015.

58 Entrevista com Frieden.

59 Diretrizes do CDC para a Prescrição de Opioides para Dor Crônica, 2016.

60 Haddox, "Pain, Analgesics, and Public Policy".

61 "Pro-painkiller Echo Chamber Shaped Policy amid Drug Epidemic."

62 Depoimento de Alan Must, *In re National Prescription Opiate Litigation*, MDL nº 2804, Caso nº 1:17-MD-2804, Tribunal Distrital dos Estados Unidos, Distrito Norte de Ohio, 14 mar. 2019 (doravante citado como Depoimento de Must), citando um documento em que Richard Sackler disse que "era importante" para a Fundação Americana de Dor e para a Purdue "que a Fundação Americana de Dor fosse vista como independente".

63 Depoimento de Rosen.

64 Depoimento de Must. Em resposta a uma indagação de checagem, um representante da Purdue sustentou que os pagamentos foram maiores em 2016 "porque eram para 2016 e 2017".

65 "Pro-painkiller Echo Chamber Shaped Policy amid Drug Epidemic."

66 "Painkiller Politics", *AP*, 18 dez. 2015.

67 Para uma abordagem profundamente matizada, atenta e acessível desse dilema, veja Travis Rieder, *In Pain: A Bioethicist's Personal Struggle with Opioids* (Nova York: HarperCollins, 2019).

68 Apresentação de Landau, 2 mai. 2017, citado na Denúncia de Massachusetts.

69 "High Impact Interventions to Rapidly Address Market Access Challenges: Innovative Contracts", conjunto de slides confidencial da Purdue, dez. 2017. Veja também "McKinsey Proposed Paying Pharmacy Companies Rebates for Oxy-Contin Overdoses", *The New York Times*, 1º dez. 2020.

70 Depoimento RDS 2019.

CAPÍTULO 25: TEMPLO DA GANÂNCIA

1 Salvo indicação em contrário, o material relacionado a Nan Goldin provém de várias entrevistas com ela.

2 "Nan Goldin's Life in Progress", *The New Yorker*, 27 jun. 2016.

3 Nan Goldin, *Soeurs, saintes et sibylles* (Paris: Regard, 2005).

4 Ibid.

5 Ibid.

6 Stephen Thestfall, "Nan Goldin", *BOMB*, 1º out. 1991.

7 Ibid.

8 "Downtown Legend Richard Hell Interviews Nan Goldin About Art, Opioids, and the Sadness of Life on the Fringes", Artnet News, 8 nov. 2018; entrevista com Goldin.

9 "Nan Goldin on Art, Addiction, and Her Battle with the Sacklers", *Financial Times*, 8 nov. 2019.

10 "A Voyeur Makes Herself at Home in the Louvre", *The New York Times*, 8 dez. 2011.

11 "Nan Goldin Survived an Overdose to Fight the Opioid Epidemic", *T Magazine*, 11 jun. 2018.

12 "Receipt of Services for Substance Use and Mental Health Issues Among Adults: Results from the 2016 National Survey on Drug Use and Health", Revisão de Dados, Pesquisa Nacional sobre Uso de Drogas e Saúde, set. 2017.

13 De acordo com o site do Hospital Fernside/McLean, a taxa era de 1.985 dólares por dia, e não se aceitava nenhum seguro de saúde ou reembolso por terceiros.

14 Pujah Seth et al., "Quantifying the Epidemic of Prescription Opioid Overdose Deaths", *American Journal of Public Health* 108, nº 4 (abr. 2018).

15 CDC, "Opioid Overdoses Treated in Emergency Departments", informe à imprensa, 6 mar. 2018.

16 "Empire of Pain", *The New Yorker*, 23 out. 2017.

17 "House of Pain", *Esquire*, 16 out. 2017.

18 "Elizabeth A. Sackler Supports Nan Goldin in Her Campaign Against OxyContin", *Hyperallergic*, 22 jan. 2018.

19 "Meet the Sacklers", *The Guardian*, 13 fev. 2018.

20 "Joss and Jillian Sackler on OxyContin Scandal and Opioid Crisis Accusations", *Town & Country*, 16 mai. 2019.

21 Lopez, *Arthur M. Sackler*, p. 122.

22 "Dr. Arthur M. Sackler, 1913-1987", biografia disponível em www.sackler.org.

23 Nan Goldin, "Pain/Sackler", *Artforum*, jan. 2018.

24 Elizabeth Sackler, carta ao editor, *Artforum*, fev. 2018.

25 "'Direct Action Is Our Only Hope': Opioid Crisis Activist Nan Goldin on Why People Need to Go Offline to Fight for Their Beliefs", *Artnet News*, 4 set. 2018.

26 De Tom Clare para Fabio Bertoni, 10 jul. 2019. A falta de sinceridade dessa afirmação é amplamente demonstrada em documentos da própria Purdue que indicam que a empresa estava mais interessada em assegurar a extensão da patente do que em cumprir com abnegação o que a FDA requisitava. Em conversa com o advogado que examinou este livro na Doubleday, os representantes dos Sackler citaram a Lei de Equidade em Pesquisas Pediátricas, mas, quando pressionados a responder se a Purdue teve ou não algum critério para gastar milhões de dólares em ensaios clínicos, ou se a empresa havia apresentado algum protesto ou pedido de renúncia à agência, eles se recusaram a dar qualquer esclarecimento. Na realidade, a empresa teve algum critério. Quando, *pela primeira vez*, a FDA solicitou à Purdue a realização de ensaios pediátricos com o OxyContin, mais de uma década antes, a empresa iniciou os ensaios, mas depois os abandonou, citando o alto custo e, assim, recusando-se a ceder à agência. Portanto, a noção de que a Purdue não teve escolha a não ser cumprir está em desacordo com a história real. Somente quando a patente de OxyContin estava perto de expirar foi que a empresa retomou a iniciativa. Veja "After Delay, OxyContin's Use in Young is Under Study", *The New York Times*, 6 jul. 2012.

27 Landau, e-mail, descrevendo seus "objetivos e metas" para o ano seguinte, 5 jan. 2011, citado na Denúncia de Massachusetts.

28 Apresentação de Orçamento para 2010 da Purdue Pharma LP, 2 e 3 nov. 2009.

29 De Mortimer Sackler para Ed Mahony et al., 28 set. 2009.

30 Jonathan Sackler, e-mail, 21 nov. 2017, citado na Denúncia de Massachusetts.

31 Paul Madeiros, e-mail, 10 abr. 2018, citado na Denúncia de Massachusetts.

32 "Assessing Benefits and Harms of Opioid Therapy for Chronic Pain", site do CDC, 3 ago. 2016.

33 Patente dos Estados Unidos nº 9.861.628 ("Buprenorphine-Wafer for Drug Substitution Therapy"), designado a Rhodes Pharmaceuticals LP, 22 abr. 2016.

34 Apresentação de Slides do Projeto Tango, 12 set. 2014.

35 "BDC Meeting - Project Tango", apresentação de slides na Purdue, 12 set. 2014.

36 Apresentação de Slides do Projeto Tango, 12 set. 2014.

37 De Davidson Goldin para *New Yorker*, e-mail, 1º out. 2020.

38 "Gifts Tied to Opioid Sales Invite a Question: Should Museums Vet Donors?", *The New York Times*, 1º dez. 2017.

39 "How Family Fortune Bankrolls London Arts", *Evening Standard*, 19 mar. 2018.

40 Salvo indicação em contrário, o relato sobre o protesto no Met é extraído de várias entrevistas com Goldin, Megan Kapler e Harry Cullen.

41 Gravação em vídeo do protesto.

42 "Opioid Protest at Met Museum Targets Donors Connected to OxyContin", *The New York Times*, 10 mar. 2018.

CAPÍTULO 26: PRONTOS PARA A GUERRA

1 Keith Bradsher, "Shake-up on Opium Island", *The New York Times*, 19 jul. 2014.

2 "How an Island in the Antipodes Became the World's Leading Supplier of Licit Opioids", *Pacific Standard*, 11 jul. 2019.

3 Keith Bradsher, "Shake-up on Opium Island", *The New York Times*, 19 jul. 2014.

4 De Michael B. Kindergan (Noramco of Delaware Inc.) para Ed Miglarese (PF Laboratories), 15 out. 1998.

5 Peter Whoriskey, "How Johnson & Johnson Companies Used a 'Super Pop-

py' to Make Narcotics for America's Most Abused Opioid Pills", *The Washington Post*, 26 mar. 2020.

6 Ibid.

7 Ibid.

8 "Review of the Drug Enforcement Administration's Regulatory and Enforcement Efforts to Control the Diversion of Opioids". Gabinete do Inspetor-Geral, Departamento de Justiça dos Estados Unidos, set. 2019.

9 De Tom Clare para Fabio Bertoni, 10 jul. 2019.

10 Steve Zollo para David Domann et al., 21 fev. 2001.

11 Bethany McLean, "'We Didn't Cause the Crisis': David Sackler Pleads His Case on the Opioid Epidemic". *Vanity Fair*, 19 jun. 2019.

12 Memorando da Lei da Purdue em Apoio à sua Moção de Indeferimento da Denúncia Emendada, Commonwealth Massachusetts v. Purdue Pharma LP et al., Ação Civil nº 1884-CV-01808 (BLS2), 1 mar. 2019.

13 David Armstrong e Jeff Ernsthausen, "Data Touted by OxyContin Maker to Fight Lawsuits Doesn't Tell the Whole Story", *ProPublica*, 9 set. 2019.

14 No Tennessee, por exemplo, a Purdue treinou as forças de vendas para "desenvolver um plano específico para fazer os médicos passarem sistematicamente para o próximo nível de comportamento prescritivo". Denúncia do Tennessee.

15 Joseph Walker e Jared S. Hopkins, "Purdue Led Its Opioid Rivals in Pills More Prone to Abuse", *The Wall Street Journal*, 19 set. 2019.

16 David Armstrong e Jeff Ernsthausen, "Data Touted by OxyContin Maker to Fight Lawsuits Doesn't Tell the Whole Story", *ProPublica*, 9 set. 2019.

17 Esmé E. Deprez e Paul Barrett. "The Lawyer Who Beat Big Tobacco Takes On the Opioid Industry", *Bloomberg Businessweek*, 5 out. 2017.

18 Declaração de Robert Josephson para a *New Yorker*, 19 out. 2017.

19 Denúncia de Nova York.

20 "RI Is Home to Major Oxycodone Manufacturer and Marketing - State Is Suing Parent Company", *GoLocal Prov*, 11 set. 2018.

21 Denúncia de Nova York; David Crow, "Billionaire Sackler Family Owns Second Opioid Drugmaker", *Financial Times*, 9 set. 2018.

22 David Crow, "How Purdue's 'One-Two' Punch Fuelled the Market for Opioids", *Financial Times*, 10 set. 2018.

23 Ibid.

24 Depoimento de Richard J. Fanelli, *In re National Prescription Opiate Litigation*, MDL nº 2804, Tribunal Distrital dos Estados Unidos, Distrito Norte de Ohio, 7 dez. 2018 (doravante citado como Depoimento de Fanelli).

25 De Baumgartner para Richard Fanelli, por e-mail, citado no Depoimento de Fanelli.

26 Denúncia de Nova York.

27 Memorando de Kessler.

28 "Duragesic Disease Modeling", apresentação da McKinsey para a Johnson & Johnson, 29 abr. 2002.

29 Entrevista com Mike Moore.

30 Carrick Mollenkamp et al., *The People vs. Big Tobacco* (Nova York: Bloomberg Press, 1998), p. 28.

31 "The Lawyer Who Beat Big Tobacco Takes On the Opioid Industry."

32 Mollenkamp et al., p. 30.

33 Stuart Elliott, "Tobacco Industry Still Has Many Advertising Weapons Available", *The New York Times*, 21 jun. 1997.

34 "Big Tobacco in the Balance", *The Guardian*, 6 mai. 2000.

35 "Mike Moore vs. the Opioid Industry", *60 Minutes*, 30 jun. 2019.

36 "The Lawyer Who Beat Big Tobacco Takes On the Opioid Industry."

37 Ibid.

38 Ibid.

39 Entrevista com Mike Moore.

40 "CDC Foundation's New Business Pulse Focuses on Opioid Overdose Epidemic", site do CDC, 15 mar. 2017.

41 Transcrição dos procedimentos, *In re National Prescription Opiate Litigation*, MDL nº 2804, 9 jan. 2018.

42 Denúncia de Ohio *vs.* Purdue Pharma LP et al., Tribunal de Apelações Comuns, Ohio, 31 mai. 2017.

43 "The Lawyer Who Beat Big Tobacco Takes On the Opioid Industry."

44 Kimiko de Freytas-Tamura. "Amid Opioid Overdoses, Ohio Coroner's Office Runs Out of Room for Bodies", *The New York Times*, 2 fev. 2017.

45 "Confidential Program Recommendation", de Matt Well (Herald Group) para Josie Martin e Keith Wood (Purdue Pharma), 20 jun. 2017. Um porta-voz da Purdue negou que a empresa tivesse contratado o Herald Group, mas disse que talvez "terceiros" tenham contratado "em nome da empresa".

46 "State AGs Target Painkiller Makers to Pad Their Budgets", *The Wall Street Journal*, 31 jul. 2017; de Matt Well para Alan Must, 1º ago. 2017, e-mail.

47 De Matt Well para Alan Must, 1 ago. 2017, e-mail.

48 Mary Louise Kelly, "Litigation over America's Opioid Crisis Is Heating Up", *NPR*, 25 jul. 2019.

49 Joanna Walters, "Meet the Sacklers", *The Guardian*, 13 fev. 2018.

50 Declaração feita pela presidente e CEO do Research!America, Mary Woolley, sobre o falecido filantropo Raymond Sackler, 19 jul. 2017.

51 Mary Woolley e Mark Rosenberg, um dos dois laureados que protestaram, confirmaram esse relato em entrevista concedida a mim.

52 Jonathan Sackler, por e-mail, 26 fev. 2018.

53 "South London Gallery Returned Funding to Sackler Trust Last Year", *Art Newspaper*, 22 mar. 2019.

54 David Cohen, "How Family Fortune Bankrolls London Arts", *Evening Standard*, 19 mar. 2018.

55 Jonathan Sackler, por e-mail, 5 mar. 2018.

56 David Armstrong, "Purdue's Sackler Embraced Plan to Conceal OxyContin's Strength from Doctors, Sealed Deposition Shows", *STAT*, 21 fev. 2019.

57 Jared S. Hopkins, "OxyContin Made the Sacklers Rich. Now It's Tearing Them Apart", *The Wall Street Journal*, 13 jul. 2019.

58 Claude Brodesser-Akner, "New Jersey Is About to Hit Opioid Makers with a Major Lawsuit". *NJ.com*, 4 out. 2017.

59 Denúncia de Massachusetts.

60 Entrevista com Megan Kapler.

61 Thessaly La Force, "Nan Goldin Survived an Overdose to Fight the Opioid Epidemic," *T Magazine*, 11 jun. 2018.

62 "Guggenheim Targeted by Protesters for Accepting Money from Family with OxyContin Ties", *The New York Times*, 9 fev. 2019.

63 Jasmine Weber, "Guggenheim Museum 'Does Not Plan to Accept Any Gifts' from the Sackler Family", *Hyperallergic*, 22 mar. 2019; "Guggenheim Museum Says It Won't Accept Gifts from Sackler Family", *The New York Times*, 22 mar. 2019.

64 "British Gallery Turns Down $1.3 Million Sackler Donation", *The New York Times*, 19 mar. 2019.

65 "Tate Galleries Will Refuse Sackler Money Because of Opioid Links", *The New York Times*, 21 mar. 2019.

66 Ibid.

67 "Guggenheim Museum Says It Won't Accept Gifts from Sackler Family."

68 "Nan Goldin Threatens London Gallery Boycott over £1M Gift from Sackler Fund", *Observer*, 17 fev. 2019.

69 "British Gallery Turns Down $1.3 Million Sackler Donation", *The New York Times*, 19 mar. 2019.

70 Julia Michalska e Hannah McGivern, "'Like Being Married to a Serial Killer': Hito Steyerl Denounces Sackler Sponsorship of Museums", *Art Newspaper*, 10 abr. 2019.

71 Ibid.

72 Entrevistas com Nan Goldin, Megan Kapler e Harry Cullen.

73 "The Met Will Turn Down Sackler Money amid Fury over the Opioid Crisis", *The New York Times*, 15 mai. 2019.

74 Entrevista com Megan Kapler.

75 Joanna Walters, "Madeleine Sackler's Films Praised, but She Faces Scrutiny over Opioid-Linked Wealth", *The Guardian*, 2 mai. 2018.

76 Entrevista com Nan Goldin.

77 "Madeleine Sackler's Films Praised, but She Faces Scrutiny over Opioid-Linked Wealth."

78 Ibid.

79 "OxyContin Maker Purdue Pharma Stops Promoting Opioids, Cuts Sales Staff", *Reuters*, 10 fev. 2018.

80 The States' Notice of Public Health Information to Protect Purdue Patients, *In re Chapter 11 Purdue Pharma LP et al.*, 1º Caso nº 19-23649, Tribunal de Falências dos Estados Unidos, Distrito Sul de Nova York, 9 dez. 2019.

81 "OxyContin Maker Purdue Pharma Cuts Remaining Sales Force."

82 Declaração de Russel Portenoy.

83 Denúncia de Massachusetts.

CAPÍTULO 27: O NOME DOS RÉUS

1 A não ser quando explicitado de outra forma, os detalhes deste parágrafo foram retirados do artigo: "Joss and Jillian Sackler on OxyContin Scandal and Opioid Crisis Accusations", *Town & Country*, 16 mai. 2019.

2 De David Sackler para Richard, Beth e Joss Sackler, 12 jun. 2015.

3 Jaseleen Ruggles, *The Degree of Certainty System in Written Spanish in Mexico*. Tese de doutorado. Universidade Municipal de Nova York, 2014.

4 Site da LBV.

5 "Joss and Jillian Sackler on OxyContin Scandal and Opioid Crisis Accusations."

6 Biografia de Joss Sackler, site da LBV.

7 Ashley Baker, "Last Sackler Standing", *Air Mail*, 17 ago. 2019.

8 Carta aberta de Joss Sackler para Matthew Schneier, postagem no Facebook (já apagada).

9 Matthew Schneier, "Uptown, Sackler Protests. Down town, a Sackler Fashion Line", *The New York Times*, 19 fev. 2019.

10 Carta aberta de Joss Sackler para Matthew Schneier, postagem no Facebook (já apagada).

11 "Joss and Jillian Sackler on OxyContin Scandal and Opioid Crisis Accusations."

12 "OxyContin Heir David Sackler Scores Dope $22.5 Mil BelAir Mansion", TMZ, 8 mar. 2018.

13 "Joss and Jillian Sackler on OxyContin Scandal and Opioid Crisis Accusations."

14 Olli Coleman, "Joss Sackler Flips Off Page Six". *The New York Post*, 22 ago. 2019.

15 Entrevista com Maura Healey; Akilah Jonhson, "Maura Healey Setting Her Course as Attorney General", *Boston Globe*, 12 nov. 2014; Anna Brand, "Massachusetts AG Maura Healey May Send Your Gay Marriage Story to SCOTUS", *MSNBC*, 3 mar. 2015.

16 Entrevista com Maura Healey e Joanna Lydgate.

17 Entrevista com Alexander; Denúncia de Massachusetts.

18 "AG Healey Sues Purdue Pharma, Its Board Members and Executives for Illegally Marketing Opioids and Profiting from Opioid Epidemic", Gabinete da Procuradora-Geral de Massachusetts Maura Healey, 12 jun. 2018.

19 Coletiva de imprensa da procuradora-geral Maura Healey, 12 jun. 2018.

20 Entrevista com Maura Healey e Joanna Lydgate

21 Veja Jennifer D. Oliva, "Opioid Multidistrict Litigation Secrecy", *Ohio State Law Journal*, vol. 80, 2019.

22 Entrevista com Sandy Alexander.

23 Pedido para Manter sob Sigilo a Denúncia Emendada no Caso *Massa-chusetts v. Purdue Pharma Inc. et al.*, 1884-CV-01808, 3 dez. 2018.

24 Transcrição de uma audiência no caso *Massachusetts v. Purdue Pharma Inc. et al.*, 1884-CV-01808, Tribunal Superior de Massachusetts, 21 dez. 2018.

25 Memorando da Decisão e Ordem do Pedido Emergencial para Rescindir o Pedido de Sigilo no Caso *Massachusetts v. Purdue Pharma Inc. et al.*, Ação Civil nº 1884-01808-BLS2, Tribunal Superior de Massachusetts, 28 jan. 2019.

26 Njamin Lesser, Dan Levine, Lisa Girion, Jaimi Dowdell, "How Judges Added to the Grim Toll of Opioids", *Reuters*, 25 jun. 2019.

27 Transcrição dos procedimentos no caso Processo Nacional de Opiáceos Controlados, Ação Civil nº 1:17MD02804, 30 jan. 2019.

28 Veja os arquivos de documentos sobre a verdade da indústria do tabaco, armazenados pela Universidade da Califórnia, biblioteca de São Francisco, disponíveis em <www.industrydocuments.ucsf.edu>.

29 Denúncia de Massachusetts.

30 "Naquele mesmo mês, a equipe entrou em contato com Richard e Jonathan Sackler por recearem que os 'documentos da empresa' pudessem causar problemas se as investigações sobre a crise de opioides se ampliassem." Denúncia de Delaware.

31 Milton J. Valencia, "Pain Doctor Who Prescribed Large Amounts of Oxycodone Pleads Guilty to Fraud", *Boston Globe*, 15 mar. 2017; Departamento de Justiça, "Physician Sentenced to Prison for False Billing Scheme", comunicado à imprensa, 6 fev. 2019.

32 Denúncia de Massachusetts.

33 Ibid.

34 Declaração de Raymond Sackler e Beacon Company em Apoio ao Pedido de uma Ordem Preliminar por Parte dos Devedores, Tribunal de Falências dos Estados Unidos, Distrito Sul de Nova York, Capítulo 11, Caso nº 19-23649 (RDD), 8 de out. 2019.

35 Dana Schuster, "NYC Society Shuns

Sackler Family over OxyContin Fortune", *The New York Post*, 11 mai. 2019.

36 Os réus, dr. Richard Sackler e dra. Kathe Sackler, entram com pedido de arquivamento do caso na Divisão de Ação e Citação de Agência, no caso da Purdue Pharma LP et al., Arquivo Legal DCP nº CP-2019-005, Caso DCP nº 107102, 9 abr. 2019.

37 Lei do Memorando em Apoio ao Pedido dos Diretores Individuais para Arquivamento por Falta de Jurisdição Pessoal, *Commonwealth of Massachusetts v. Purdue Pharma LP et al.*, Ação Civil nº 1884-CV-01808(B), 1 abr. 2019.

38 A juíza de Massachusetts, Janet Sanders, negou o pedido da Purdue tanto para arquivar o caso quanto para separar os Sackler de outros diretores. Memorando da Decisão e Ordem sobre o Pedido de Arquivamento da Ré Purdue, *Commonwealth of Massachusetts v. Purdue Pharma LP and Others*, Tribunal Superior de Massachusetts, Ação Civil nº 1884CV01808, 16 set. 2019; Memorando da Decisão e Ordem sobre o Pedido de Arquivamento dos réus diretores e executivos, Rule 12(b)(2) Motion to Dismiss, *Commonwealth of Massachusetts v. Purdue Pharma LP and Others*, Tribunal Superior de Massachusetts, Ação Civil nº 1884CV01808, 8 out. 2019.

39 Entrevista com Sandy Alexander e Gillian Feiner; vídeo publicado no Instagram por Maura Healey em 8 de outubro de 2019.

40 Denúncia de Nova York.

41 Acordos dos Sackler com o Departamento de Justiça.

42 De Jonathan Sackler para Mortimer D. A. Sackler, 8 set 2014, citado no Acordo dos Sackler com o Departamento de Justiça.

43 De Martin Elling para Arnab Ghatak, e-mail, 4 jul. 2018.

44 De Arnab Ghatak para Martin Elling, e-mail, 4 jul. 2018.

45 Alex Marshal, "Museums Cut Ties with Sacklers as Outrage over Opioid Crisis Grows", *The New York Times*, 25 mar. 2019.

46 "NYC Society Shuns Sackler Family over OxyContin Fortune."

47 Matt Barnum, "Charter Network Says No to Further Donations from Opioid-Linked Sackler Family", *Chalkbeat.org*, 6 jun. 2019.

48 Juliet Chung, Sara Randazzo e Gregory Zuckerman. "Hedge Fund Tosses Family That Controls Maker of OxyContin", *The Wall Street Journal*, 7 mar. 2019.

49 Bethany McLean, "'We Didn't Cause the Crisis': David Sackler Pleads His Case on the Opioid Epidemic", *Vanity Fair*, 19 jun. 2019.

50 Essas mensagens foram tiradas de um registro que foi produzido nos procedimentos de falência a partir de mensagens de um grupo de WhatsApp formado pelos membros da família de Mortimer Sackler entre outubro de 2017 e maio de 2019.

51 De Jonathan Sackler para Davidson Goldin, Ted Wells e David Bernick, 17 fev. 2019.

52 "'We Didn't Cause the Crisis': David Sackler Pleads His Case on the Opioid Epidemic."

53 De Mortimer D. A. Sackler para Craig Landau et al., 11 nov. 2018.

54 De Mortimer D. A. Sackler para Jonathan Sackler et al., 17 fev. 2019.

55 De Mortimer Sackler Jr. para Kesselman et al., 18 dez. 2018.

56 Hannah Dreier, "When the Billionaire Family Behind the Opioid Crisis Needed PR Help, They Turned to Mike Bloomberg", *ProPublica*, 7 fev. 2020.

57 Vivian Marino, "The Year Ended with Another Big Sale at 220 Central Park South", *The New York Times*, jan. 3, 2020.

58 Ashley Baker, "Last Sackler Standing", *Air Mail*, 17 ago. 2019. Joss realmente parece ser uma exímia alpinista que escalou algumas montanhas e que às vezes usa um boné com a estampa "K2". Ela chegou até

o acampamento-base da montanha no verão de 2019, mas passou mal e teve que voltar para casa. Ela atribui o episódio a uma doença autoimune. Ibid.

59 Oli Coleman, "Sacklers Fleeing NYC Following Family's OxyContin Scandal", *Page Six*, 20 mai. 2019.

60 Memorando da Lei em Apoio ao Pedido dos Diretores Individuais para Arquivamento por Falta de Jurisdição Pessoal, *Commonwealth of Massachusetts v. Purdue Pharma LP et al.*, Ação Civil nº 1884-CV-01808(B), 1 abr. 2019; Alexandra Clough, "Sackler Family Company Pays $7 Million for Mansion near Boca Raton", *Palm Beach Post*, 25 out. 2019.

61 Aaron Elstein, "This David Sackler Wants the World to Know He's Not That David Sackler", *Crain's*, 3 jun. 2019.

62 "Purdue University Statement RE: Purdue Pharma", 7 mar. 2019.

63 *The Late Show* com Stephen Colbert, 14 set. 2018. A imprecação foi censurada com um bipe e não dá para ver a boca de Colbert quando ele diz, então eu devo alertar aos que conferem as notas de fim de que existe a possibilidade de ele ter dito "não ligo para essa porra". Não conseguimos contato com Colbert para que pudesse comentar.

64 *Last Week Tonight* com John Oliver, HBO, 14 abr. 2019.

65 De Jacqueline Sackler para Maura Kathleen Monaghan et al., 10 abr. 2019.

CAPÍTULO 28: A FÊNIX

1 Bethany McLean, "'We Didn't Cause the Crisis': David Sackler Pleads His Case on the Opioid Epidemic", *Vanity Fair*, 19 jun. 2019.

2 Laura Strickler, "Purdue Offers $10-12 Billions to Settle Opioid Claims", *NBC News*, 27 ago. 2019.

3 "'We Didn't Cause the Crisis.'"

4 E-mail de Jonathan Cain para colegas da McKinsey, 22 out. 2008.

5 Bethany McLean, "Is Enron Over-priced?", *Fortune*, 5 mar. 2001.

6 De acordo com um e-mail de averiguação de fatos de um representante da Purdue Pharma em 1º out. 2020, 29 estados, além do distrito federal, apontaram indivíduos da família Sackler como réus.

7 Joanna Walters, "Purdue Pharma: Oxy-Contin Maker Faces Lawsuits from Nearly Every U.S. State", *Guardian*, 4 jun. 2019.

8 Depoimento de RDS, 2019.

9 Ibid.

10 Sara Randazzo, "Purdue Pharma Begins Resolution of Opioid Cases with $270 Million Deal", *Wall Street Journal*, 26 mar. 2019.

11 Joanna Walters, "Sackler Family Want to Settle Opioids Lawsuits, Lawyer Says", *Guardian*, 25 abr. 2019.

12 Mike Spector; Jessica DiNapoli, "Exclusive: OxyContin Maker Prepares 'Free-Fall' Bankruptcy as Settlement Talks Stall", *Reuters*, 3 set. 2019.

13 "Purdue Offers $10-12 Billion to Settle Opioid Claims."

14 Ibid.

15 Lenny Bernstein; Scott Higham, "Purdue Pharma in Talks over Multibillion-Dollar Deal to Settle More Than 2,000 Opioid Lawsuits", *Washington Post*, 27 ago. 2019.

16 "Purdue Offers $10-12 Billion to Settle Opioid Claims."

17 Entrevista com Feiner.

18 "Purdue Pharma in Talks over Multibillion-Dollar Deal to Settle More Than 2,000 Opioid Lawsuits."

19 Entrevista com Alexander.

20 "Declaração da procuradora-geral James sobre as discussões acerca dos opioides", Gabinete da Procuradoria-Geral de Nova York, 11 set. 2019.

21 Jan Hoffman, "Purdue Pharma Tentatively Settles Thousands of Opioid Cases", *The New York Times*, 11 set. 2019.

22 Entrevistas com Maura Healey e Joanna Lydgate.

23 "Purdue Pharma Tentatively Settles

Thousands of Opioid Cases", *The New York Times*, 11 set. 2019.

24 Geoff Mulvihill; Mark Gillispie. "Email: Opioid Talks Fail, Purdue Bankruptcy Filing Expected", *AP*, 8 set. 8, 2019.

25 The Associated Press, "Luther Strange's Role in the Purdue Pharma Opioid Settlement Embraced by GOP States", *AP*, 14 set. 2019.

26 "Email: Opioid Talks Fail, Purdue Bankruptcy Filing Expected."

27 "Exclusive: OxyContin Maker Prepares 'Free-Fall' Bankruptcy as Settlement Talks Stall." Depois que a Purdue entrou com um pedido de falência, foi revelado que a empresa, na verdade, tinha pouco mais de 1 bilhão de dólares em caixa.

28 "Purdue Pharma in Talks over Multibillion-Dollar Deal to Settle More Than 2,000 Opioid Lawsuits."

29 "Exclusive: OxyContin Maker Prepares 'Free-Fall' Bankruptcy as Settlement Talks Stall."

30 "Sackler Family Want to Settle Opioids Lawsuits, Lawyer Says."

31 "Exclusive: OxyContin Maker Prepares 'Free-Fall' Bankruptcy as Settlement Talks Stall."

32 "Email: Opioid Talks Fail, Purdue Bankruptcy Filing Expected."

33 Alexandra Mondalek, "Can a Fashion Line Backed by Joss Sackler Ever Find Success Without Controversy?", *Fashionista. com*, 10 set. 2019.

34 "'We Didn't Cause the Crisis.'"

35 Convite de Elizabeth Kennedy e Joss Sackler para o desfile da LBV, 9 set. 2019.

36 Publicação de Joss Sackler no Instagram, 19 jun. 2019.

37 Dana Schuster, "Fashionistas 'Skipping' Joss Sackler's New York Fashion Week Show", *New York Post*, 7 set. 2019.

38 Emily Smith, "OxyContin Heiress Offered Ex-opioid Addict Courtney Love $100K to Attend Fashion Show", *Page Six*, 8 set. 2019.

39 Ibid.

40 Ibid.

41 Alaina Demopoulos, "Supporters Back Joss Sackler, OxyContin Heiress, as She Stages NYFW Show: 'What Scandal?'", *Daily Beast*, 9 set. 2019.

42 Publicações no Instagram de Joss Sackler, 6 out. 2019.

43 Rosemary Feitelberg, "Security Detail Was Out in Force for LBV's Ready-to-Wear Debut", *Women's Wear Daily*, 9 set. 2019.

44 Petição Voluntária de Pessoas Jurídicas para Declaração de Falência pela Purdue Pharma LP, Tribunal de Falências dos Estados Unidos para o Distrito Sul de Nova York, 15 set. 2019.

45 Renae Merle; Lenny Bernstein, "Purdue's Choice of NY Bankruptcy Court Part of Common Forum Shopping Strategy, Experts Say", *Washington Post*, 10 out. 2019.

46 Certificado de Alteração, registrado por Norton Rose Fulbright em nome da Purdue Pharma Inc., Departamento do Estado de Nova York, 1º mar. 2019.

47 Jan Hoffman; Mary Williams Walsh, "Purdue Pharma, Maker of OxyContin, Files for Bankruptcy", *The New York Times*, 15 set. 2019.

48 Coletiva de imprensa da procuradora-geral de Massachusetts, 16 set. 2019.

49 Brian Mann, "Partisan Divide Grows over Opioid Settlement Plan", *NPR*, 20 out. 2019.

50 "Purdue Pharma Tentatively Settles Thousands of Opioid Cases."

51 "Partisan Divide Grows over Opioid Settlement Plan."

52 Laura Strickler, "Opioid Firms Kept Donating to State AGs While Negotiating Settlements", *NBC News*, 9 set. 2019.

53 Matthew Cunningham-Cook, "Purdue Pharma Made Political Contributions After Going Bankrupt", *Intercept*, 7 jul. 2020.

54 "Partisan Divide Grows over Opioid Settlement Plan."

55 Entrevista com Moore.

56 Renae Merle; Lenny Bernstein, "Purdue Pharma's Bankruptcy Plan Includes Special Protection for the Sackler Family Fortune", *Washington Post*, 18 set. 2019.

57 Oposição Limitada e Compromisso Voluntário dos Estados que não Consentiram em Resposta à Moção da Purdue de Estender a Liminar, *In re Purdue Pharma LP et al., Debtors*, Tribunal de Falências dos Estados Unidos, Distrito Sul de Nova York, Caso nº 19-23649 (RDD), 12 mar. 2020.

58 Adam Geller, "A Pharmaceutical Fortune, Dispersed in a Global Labyrinth", *AP*, 29 ago. 2019.

59 Roni Caryn Rabin, "New York Subpoenas Banks and Financial Advisers for Sackler Records", *The New York Times*, 15 ago. 2019.

60 Danny Hakim, "New York Uncovers $1 Billion in Sackler Family Wire Transfers", *The New York Times*, 13 set. 2019.

61 Josh Stein, Gabinete da Procuradoria-Geral da Carolina do Norte, comunicado à imprensa, 4 out. 2019.

62 Memorando Jurídico em Apoio à Moção para uma Liminar, Capítulo 11, Caso nº 19-23649, 18 set. 2019.

63 Oposição Coordenada dos Estados ao Pedido de Liminar dos Devedores para Ações dos Estados contra os Sackler, *In re Purdue Pharma LP et al.*, Capítulo 11, Caso nº 19-23649 (RDD), Tribunal de Falências dos Estados Unidos, Distrito Sul de Nova York, 4 de out. 2019. (Doravante citado como Oposição Coordenada dos Estados ao Pedido de Liminar.)

64 Gabinete da Procuradoria-Geral de Massachusetts, "Procuradora-geral Healey implora que o tribunal rejeite o pedido da Purdue Pharma para interromper os processos contra a empresa e os Sackler", comunicado à imprensa, 4 out. 2019.

65 Michael Isikoff, "A. H. Robins Files Bankruptcy Petition", *The Washington Post*, 22 ago. 1985.

66 Richard B. Sobol, *Bending the Law: The Story of the Dalkon Shield Bankruptcy* (Chicago: University of Chicago Press, 1991), p. x.

67 Ibid., p. 11.

68 Ibid., p. 13.

69 Ibid., p. 64.

70 Renae Merle; Lenny Bernstein, "Purdue Bankruptcy Venue May Be Part of Strategy Seeking Favorable Ruling, Experts Say", *Washington Post*, 10 out. 2019.

71 Declaração de Raymond Sackler e Beacon Company em Apoio ao Pedido de Liminar dos Devedores, Tribunal de Falências dos Estados Unidos, Distrito Sul de Nova York, Capítulo 11, Caso nº 19-23649 (RDD), 8 de out. 2019.

72 Renae Merle, "Judge Grants Purdue Pharma, Sackler Family Pause in Civil Lawsuits", *Washington Post*, 11 out. 2019.

73 Transcrição da Purdue Pharma LP, devedora, Tribunal de Falências, Distrito Sul de Nova York, Caso nº 19-23649 (RDD), 11 out. 2019; "Judge Grants Purdue Pharma, Sackler Family Pause in Civil Lawsuits."

74 "Judge Grants Purdue Pharma, Sackler Family Pause in Civil Lawsuits."

CAPÍTULO 29: RETIRANDO O NOME

1 Abby E. Alpert et al., "Origins of the Opioid Crisis and Its Enduring Impacts", artigo acadêmico nº 26500 do Departamento Nacional de Pesquisa Econômica dos Estados Unidos, nov. 2019.

2 Entrevista com David Powell, da Rand, um dos autores.

3 Veja, por exemplo, Anne Case; Angus Deaton, "The Media Gets the Opioid Crisis Wrong. Here Is the Truth", *Washington Post*, 12 set. 2017; Ross Douthat, "The Age of American Despair", *The New York Times*, 7 set. 2019; Anne Case; Angus Deaton, *Deaths of Despair and the Future of American Capitalism* (Princeton, N.J.: Princeton University Press, 2020).

4 Bethany McLean, "'We Didn't Cause the Crisis': David Sackler Pleads His Case on the Opioid Epidemic", *Vanity Fair*, 19 jun. 2019.

5 David Powell; Rosalie Liccardo Pacula, "The Evolving Consequences of OxyContin Reformulation on Drug Overdoses", artigo acadêmico. Departamento Nacional de Pesquisa Econômica dos Estados Unidos, abr. 2020.

6 Dora Panofsky; Erwin Panofsky, *Pandora's Box: The Changing Aspects of a Mythical Symbol* (Princeton, N.J.: Princeton University Press, 1991), p. 7.

7 Hesíodo, *Theogony and Works and Days*, trad. M. L. West (Oxford: Oxford University Press, 1999), pp. 91, 92. [Edição brasileira: *Teogonia*. São Paulo: Hedra, 2013.]

8 Entrevista com Domenic Esposito.

9 Barry Lytton, "Protesters Place Giant Heroin Spoon Outside Stamford's Purdue Pharma", *Stamford Advocate*, 22 jun. 2018.

10 Juliet Chungfollow; Sara Randazzo; Gregory Zuckerman, "Hedge Fund Tosses Family That Controls Maker of OxyContin", *The Wall Street Journal*, 7 mar. 2019.

11 Paul Schott, "Hundreds Protest Outside Purdue Stamford HQ", *Stamford Advocate*, 21 ago. 2018.

12 Paul Schott, "OxyContin Maker Purdue Pharma Takes Down Signs at Stamford HQ", *Stamford Advocate*, 13 mai. 2019.

13 Ibid.

14 "Yale Changes Calhoun College's Name to Honor Grace Murray Hopper", *Yale Daily News*, 11 fev. 2017.

15 Rachael Pells, "Rhodes Must Fall Activist Accepts £40,000 Rhodes Scholarship to Study at Oxford University", *Independent*, 24 jan. 2017.

16 Collin Binkley; Jennifer McDermott, "Prestigious Universities Around the World Accepted More Than $60M from OxyContin Family", *AP*, 3 out. 2019.

17 "Yale Won't Accept Sackler Donations", *Yale Daily News*, 25 set. 2019.

18 Astead W. Herndon, "Elizabeth Warren, Unveiling Opioid Plan, Says Sackler Name Should Come Off Harvard Buildings", *The New York Times*, 8 mai. 2019.

19 Ellen Barry, "Tufts Removes Sackler Name over Opioids: 'Our Students Find It Objectionable'", *The New York Times*, 5 dez. 2019.

20 Entrevistas com Goldin e Megan Kapler; Angelique Chrisafis, "Artist Nan Goldin Protests Against Sackler Wing at the Louvre", *The Guardian*, 1 jul. 2019.

21 Entrevistas com Goldin e Kapler.

22 Angelique Chrisafis; Joanna Walters, "Louvre Removes Sackler Name from Museum Wing amid Protests", *The Guardian*, 17 jul. 2019.

23 Naomi Rea, "The Louvre Museum Has Removed the Sackler Name from Its Walls and Website Following Protests by Nan Goldin's Activist Army", *Artnet News*, 17 jul. 2019.

24 Entrevista com Kapler.

25 Norman Vanamee, "Joss and Jillian Sackler on OxyContin Scandal and Opioid Crisis Accusations", *Town & Country*, 16 mai. 2019.

26 Jillian Sackler, "Stop Blaming My Late Husband, Arthur Sackler, for the Opioid Crisis", *The Washington Post*, 11 abr. 2019; Christopher Rowland, "The Other Sackler", *The Washington Post*, 27 nov. 2019.

27 "The Other Sackler."

28 Ibid.

29 Ibid.

30 Peggy McGlone, "Don't Call It the Freer/Sackler. Call It the National Museum of Asian Art", *The Washington Post*, 4 dez. 2019.

31 Jared S. Hopkins, "OxyContin Made the Sacklers Rich. Now It's Tearing Them Apart", *The Wall Street Journal*, 13 jul. 2019.

32 "The Other Sackler."

33 Relatório da Tufts.

34 "A Historical Opening for Tufts' New Sackler Center", *Tufts Criterion* (inverno de 1986).

35 Andrew Joseph, "'We Owe Much to the Sackler Family': How Gifts to a Top

Medical School Advanced the Interests of Purdue Pharma", *STAT*, 9 abr 2019.

36 Christopher Glazek, "The Secretive Family Making Billions from the Opioid Crisis," *Esquire*, 16 out. 2017.

37 "'We Owe Much to the Sackler Family': How Gifts to a Top Medical School Advanced the Interests of Purdue Pharma."

38 Relatório da Tufts.

39 Ibid.

40 Entrevista com Verdini; Obituário de Katelyn Marie Hart, Conway Cahill-Brodeur Funeral Home.

41 "'We Owe Much to the Sackler Family': How Gifts to a Top Medical School Advanced the Interests of Purdue Pharma."

42 Relatório da Tufts.

43 "Inside the Purdue Pharma - Tufts Relationship", *Tufts Daily*, 19 mai. 2019.

44 Relatório da Tufts.

45 "Inside the Purdue Pharma - Tufts Relationship", *Tufts Daily*, 19 mai. 2019.

46 E-mail de Peter R. Dolan e Anthony P. Monaco para a comunidade da Tufts, 5 dez. 2019.

47 Ellen Barry, "Tufts Removes Sackler Name over Opioids: 'Our Students Find It Objectionable'", *The New York Times*, 5 dez. 2019

48 Ibid.

49 Ibid.

50 Ibid.

51 Kate Taylor, "Sackler Family Members Fight Removal of Name at Tufts, Calling It a 'Breach'", *The New York Times*, 19 dez. 2019.

52 Entrevista com Verdini.

53 Spencer Buell, "Tufts Has Purged the Sackler Name. Who Will Do It Next?", *Boston Magazine*, 6 dez. 2019.

54 Declaração de Letitia James, 7 abr. 2020.

55 Transcrição da audiência, *Purdue Pharma LP*, Devedora, Tribunal de Falências dos Estados Unidos, Distrito Sul de Nova York, Caso nº 19-23649 (RDD), 18 mar. 2020.

56 Declaração de Letitia James, 13 mai. 2020.

57 Depoimento de Jesse DelConte da AlixPartners, citado na oposição coordenada dos estados à liminar. Na defesa do lado B, a família de Raymond Sackler apresenta uma estimativa mais conservadora (mas muito significativa!) de 10,3 bilhões de dólares tirados da empresa entre 2008 e 2017.

58 Postagem do Twitter da professora Melissa B. Jacoby (@melissabjacoby), 7 out. 2020.

59 Transcrição da audiência, *Purdue Pharma LP*, Devedora, Tribunal de Falências dos Estados Unidos, Distrito Sul de Nova York, Caso nº 19-23649 (RDD), 26 ago. 2020. Veja também a transcrição de 23 julho na qual o juiz Drain expressa o mesmo ponto de vista.

60 Transcrição da audiência, *Purdue Pharma LP*, Devedora, Tribunal de Falências dos Estados Unidos, Distrito Sul de Nova York, Caso nº 19-23649 (RDD), 30 set. 30, 2020.

61 Steve Miller, *The Turnaround Kid: What I Learned Rescuing America's Most Troubled Companies* (Nova York: Harper Business, 2008), p. 223.

62 Becky Yerak, "Purdue Pharma Paid Kenneth Feinberg Millions Before Seeking to Hire Him as Mediator", *The Wall Street Journal*, 28 fev. 2020.

63 Entrevista com Gillian Feiner.

64 Entrevista com Harry Cullen.

65 "Exigimos responsabilização e transparência por parte da Purdue e dos Sacklers!" Petição Change.org. Essa proposta foi repetida numa carta de 2019 assinada por vários professores de direito. De Jonathan Lipson para William Harrington, 5 nov. 2019.

66 Gerald Posnere; Ralph Brubaker, "The Sacklers Could Get Away with It", *The New York Times*, 22 jul. 2020.

67 Transcrição da audiência, *Purdue Pharma LP*, Devedora, Tribunal de Falências dos Estados Unidos, Distrito Sul de Nova York, Caso nº 19-23649 (RDD), 23 jul. 2020.

68 Sara Randazzo, "Purdue Pharma in Talks with Justice Department to Resolve Criminal, Civil Probes", *The Wall Street Journal*, 6 set. 2019.

69 Resumo de Queixas-Crimes Individuais. (Queixas-crime processadas até 12 jul. 2020), *Purdue Pharma LP*, Devedora, Tribunal de Falências dos Estados Unidos, Distrito Sul de Nova York, Caso nº 19-23649 (RDD), 30 jul. 2020.

70 Anexo Como Prova de uma Queixa-Crime, United HealthCare Services Inc., contra *Purdue Pharma LP*, Devedora, Tribunal de Falências dos Estados Unidos, Distrito Sul de Nova York, Caso nº 19-23649 (RDD), 30 jul. 2020.

71 Prova de Denúncia, Departamento de Justiça dos Estados Unidos, contra *Purdue Pharma LP*, Devedora, Tribunal de Falências dos Estados Unidos, Distrito Sul de Nova York, Caso nº 19-23649 (RDD), 30 jul. 2020.

72 Procurador-geral do distrito de Massachusetts, "Fundador e ex-presidente da diretoria Insys Therapeutics recebeu uma sentença de 66 meses de prisão", comunicado à imprensa, 23 jan. 2020.

73 Patrick Radden Keefe, "The Sackler Family's Plan to Keep Its Billions", *The New Yorker*, 4 out. 2020.

74 Departamento de Justiça, coletiva de imprensa, 21 out. 2020; Acordo de declaração de culpa entre o Departamento de Justiça e a Purdue Pharma, 20 out. 2020.

75 Depoimento de John Stewart, *In Re: Purdue Pharma LP et al.*, Devedora, Tribunal de Falências dos Estados Unidos, Distrito Sul de Nova York, Caso nº 19-23649 (RDD), 27 out. 2020; Depoimento de Mark Timney, *In Re: Purdue Pharma LP et al.*, Devedora, Tribunal de Falências dos Estados Unidos, Distrito Sul de Nova York, Caso nº 19-23649 (RDD), 30 out. 2020.

76 Departamento de Justiça, coletiva de imprensa, 21 out. 2020; Departamento de Justiça, "O Departamento de Justiça anuncia a resolução global das investigações civil

e criminal contra a fabricante de opioides Purdue Pharma e o acordo civil com os membros da família Sackler", comunicado à imprensa, 21 out. 2020.

77 Michael Balsamo; Geoff Mulvihill, "OxyContin Maker Purdue Pharma to Plead to 3 Criminal Charges in \$8 Billion Settlement", *AP*, 21 out. 2020; Siladitya Ray, "OxyContin Maker Purdue Pharma Reaches \$8 Billion Settlement in Opioid Crisis Probe", *Forbes*, 21 out. 2020.

78 Departamento de Justiça, Acordo dos Sacklers.

79 Depoimento de David Sackler, *In Re: Purdue Pharma LP et al.*, Devedora, Tribunal de Falências dos Estados Unidos, Distrito Sul de Nova York, Caso nº 19-23649 (RDD), 28 ago. 2020.

80 Kadhim Shubber, do jornal *Financial Times*, foi quem fez a pergunta.

81 Esta pergunta foi feita por Hannah Kuchler, também do *Financial Times*.

82 Desta vez, foi Jef Feeley do *Bloomberg News*.

83 Entrevista com Meier.

84 Departamento de Justiça, acordo dos Sackler.

85 Defesa do Lado B da família Sackler.

86 De David Sackler para Jonathan e Richard Sackler, 17 mai. 2007, citado no acordo do Departamento de Justiça com os Sackler. Os Sackler e seus advogados continuaram afirmando, de forma nada convincente, que a família não tinha nenhuma expectativa séria de entrar em litígio antes de 2017. No entanto, outros documentos internos que perderam o sigilo e foram subsequentemente revelados sugerem o contrário. Veja Jonathan Randles; Sara Randazzo; Andrew Scurria, "Sackler Family Debated Lawsuit Risk While Taking Billions From Purdue", *The Wall Street Journal*, 22 dez. 2020.

87 Healey em entrevista no *The Rachel Maddow Show*, MSNBC, 23 out. 2020.

88 Entrevistas com Feiner e Alexander.

89 Postagem de Maura Healey no Twitter,

21 out. 2020.

90 Healey em entrevista no *The Rachel Maddow Show*, MSNBC, 23 out. 2020.

91 Acordo de Liquidação e Liberação Geral, *Commonwealth of Kentucky v. Purdue Pharma, LP et al.*, Tribunal de Pike Circuit, 2ª divisão, Ação Civil nº 07-CI-01303, 22 dez. 2015; Sentença de consentimento quanto à ré Purdue, *State of Oklahoma v. Purdue Pharma, LP, et al.*, Tribunal Distrital do Condado de Cleveland, Caso nº CJ-2017-816, 26 mar. 2019.

92 Sumário da carta de intenções para a proposta de um acordo abrangente.

93 Transcrição de audiência, Devedora, tribunal de Falências dos Estados Unidos, Distrito Sul de Nova York, Caso nº 19-23649 (RDD), 21 fev. 2020.

94 Compromisso voluntário e oposição limitada dos estados não anuentes em resposta à petição da Purdue para prorrogar a liminar preliminar, *In re: Purdue Pharma LP et al.*, Devedores, Tribunal de Falências dos Estados Unidos, Distrito Sul de Nova York, Caso nº 19-23649 (RDD), 12 mar. 2020.

95 Sobol, p. 180.

96 Transcrição no caso *Purdue Pharma LP*, Devedora, Tribunal de Falências dos Estados Unidos, Distrito Sul de Nova York, Caso nº 19-23649 (RDD), 15 dez. 2020. (A transcrição oficial não marca as longas pausas do discurso do juiz Drain; eu estava na teleconferência e ouvi tudo enquanto acontecia.)

97 Entrevista com Kapit.

98 "Jonathan Sackler, Co-owner of Purdue Pharma, Dies", *AP*, 6 jul. 2020; Joanna Walters, "Jonathan Sackler, Joint Owner of Opioid Maker Purdue Pharma, Dies Aged 65", *The Guardian*, 6 jul. 2020.

99 De Tom Clare para Fabio Bertoni, 10 jul. 2019.

100 OxyContin "Abuse Deterrent Formulation (ADF)", Documento da FDA, Reunião Conjunta dos Comitês Consultivos de Segurança de Medicamentos e Gestão de Riscos (DSaRM, na sigla em inglês) e Medicamentos Anestésicos e Analgésicos (AADPAC, na sigla em inglês), 10-11 set. 2020.

101 E-mail de Robert I. Grossman para a comunidade da NYU Langone, 22 out. 2020.

102 Sarah Cascone, "After Purdue Pharma Reached a \$225 Million Settlement with US Authorities, the Met Says the Name of Its Sackler Wing Is 'Under Review'", *Artnet News*, 23 out. 2020.

103 "Charge to the Committee to Articulate Principles on Renaming", Gabinete da Presidência, Universidade Harvard, 26 out. 2020.

104 Memorando da audiência "O papel da Purdue Pharma e da família Sackler na epidemia de opioides". Comitê de supervisão e reforma, Câmara dos Deputados dos Estados Unidos, 14 dez. 2020.

105 "O papel da Purdue Pharma e da família Sackler na epidemia de opioides", Audiência do Comitê de Supervisão e Reforma na Câmara dos Deputados dos Estados Unidos, 17 dez. 2020.

106 Jon Kamp; Arian Campo-Flores, "The Opioid Crisis, Already Serious, Has Intensified During Coronavirus Pandemic", *The Wall Street Journal*, 8 set. 2020; Hilary Swift; Abby Goodnough, "'The Drug Became His Friend': Pandemic Drives Hike in Opioid Deaths", *The New York Times*, 29 set. 2020.

107 E. B. Solomont; Mary Diduch, "Israel Englander Buys Sackler Townhouse for \$38M", *Real Deal*, 7 jan. 2020.

108 Anexo à Prova Consolidada de Reivindicação dos Estados, Territórios e de Outras Entidades Governamentais, *Purdue Pharma LP, et al*, Devedores, Tribunal de Falências dos Estados Unidos, Distrito Sul de Nova York, Caso nº 19-23649 (RDD), 30 jul. 2020.

109 Entrevista com Healey.

110 Entrevista com Leather.

111 Arquivo da Fundação Sackler, 1947, citado em Martin L. Friedman, da Chap-

man, Wolfsohn and Friedman (advogados da Purdue Frederick e de Mortimer e Raymond Sackler), ao senador Estes Kefauver, 28 nov. 1961, Arquivos Kefauver.

POSFÁCIO

1 Resposta a checagens de fatos da Purdue Pharma, 14 dez. 2020.

2 Resposta a checagens de fatos das famílias de Raymond e Mortimer Sackler, 18 dez. 2020. Perguntei se algum membro da família sabia se um detetive tinha sido enviado para monitorar Nan Goldin, Megan Kapler ou a mim, e se a família ou qualquer entidade que atuava em nome dela tinha contratado algum tipo de vigilância. Em resposta a mim, a família respondeu a várias outras perguntas que enviei, mas optou (de forma bastante ostensiva, na minha opinião) por não responder.

3 Patrick Radden Keefe, "How a Mexican Drug Cartel Makes Its Billions", *The New York Times Magazine*, 17 jun. 2012.

4 Lachlan Cartwright, "The New York Times, NBC, and '60 Minutes' Bigwigs Hired These Media Assassins to Fight #MeToo Stories", *Daily Beast*, 20 jul. 2018.

5 De Clare para Fabio Bertoni, 10 jul. 2019.

6 Entrevista com Lydgate.

7 "NYU to Remove Sackler Name Following Purdue Pharma Deal", *AP*, 22 out. 2020.

8 De Clare para o autor, 29 out. 2020.

9 Entrevista com Primpas.

ÍNDICE

adesivo transdérmico Butrans, 308-310

Agência de Combate às Drogas (DEA), 234-235, 249, 295, 363

Alemanha, 30-31, 38, 42, 50, 55 , 74, 98, 12, 180, 186, 215-216, 383, 427

Amanyara (resort), 289, 290-291

analgésicos, 163, 327-329, 339
 Ver medicamentos específicos

antibióticos:
 combinação sinérgica de terapias, 93-95
 desenvolvimento e marketing do Sigmamycin, 87, 90-91, 93-95, 268
 desenvolvimento e marketing do Terramycin,43-49, 86-87
 medicamentos de amplo espectro, 46, 86-87
 penicilina, 43, 84, 86
 periódicos, 85-86
 simpósio em Washington,84-85, 86-87, 90, 93-95
 terceira era de, 86-87, 90, 91-92, 93-94

apelido da heroína, 313-314

Apollo, 21, 149-150

arte, 25, 27, 75-76, 64n66
 Ver mobiliário e arte chineses Fundação Arthur M. Sackler, 169-170

audiências da era McCarthy, 52, 59, 96

Baker, Stuart, 298-300, 301, 340, 342-343

Bermudas, 217, 299, 327-330

Bernard, Elizabeth, 123-124, 159

Bonica, John J., 176-177, 183

Brownlee, John:
acusação criminal contra, 271-274

ambição de, 261, 277
 declaração de culpa e sentença no caso, 277-283
 depoimento depois do caso da Virgínia, 283-284

investigação do uso abusivo de OxyContin, 261-265, 26

multas pagas no caso por, 278-279, 281-284

pressão para arquivar o caso, 276-278

reunião de Comey com, 264-265

revisão do caso pelo Departamento de Justiça, 274-276

volta ao direito privado, 282-283

Centros de Controle e Prevenção de Doenças (CDC), 14, 344-348, 353, 358, 363, 369

China:
 embargo de mercadorias, 75
 força de vendas, 330
 história dos opioides, 330
 museu de arte e arqueologia em Pequim, 14, 330
 venda de OxyContin e outros opioides, 329-330

Clifford, Clark, 99, 102, 439

Cobert, Bart, 156-157, 158, 159, 239

cobertura da imprensa, *ver* prisões em jornais/revistas:
 guerra contra as drogas e sentenciamento de pessoas não brancas, 320
 Unidade Penitenciária de Pendleton, filmes, 318–19, 322, 376

Comey, James, 264-265, 271

Congresso, Estados Unidos:

audiência para requerimento de fundos para pesquisas do Instituto Creedmoor, 51-53, 100

audiência sobre o OxyContin na Pensilvânia, 238, 241, 242-243, 244-245

depoimento de Arthur, 98-102

depoimento de David na Câmara dos Deputados, 427-430, 430-432

depoimento de Kathe na Câmara dos Deputados, 430-432

investigação da indústria farmacêutica, 91, 92-95
investigação da máfia, 92-93
investigação dos irmãos Sackler, 95-98
relatório do Senado sobre o movimento da dor, 249
Connecticut:
centro legal de veteranos, 296, 297
Hospital Silver Hill, 257
mensagem de voz de Hogan para o procurador-geral, 245-246
Palace Theatre, Stamford, restauração, 132
preocupações sobre vício e uso abusivo do procurador-geral, 245-246
Purdue Pharma, sede, 14, 153, 204, 205, 221-222, 24-246
Corson, Mary, 315, 317

Dalrymple, Jamie, 303-qqas304
Davis, Dodd, 231, 315, 338
de Montebello, Philippe, 130, 131-132, 132
Denham, Mitchel, 335, 337
Departamento de Justiça dos Estados Unidos:
acordo com os Sackler, 419-421, 432
acusações contra a Purdue Pharma, 417-420
caso da Virgínia, esforços para arquivar, 264-265, 271
caso da Virgínia, revisão, 273-276
influência política sobre as atividades, 264, 276, 419
investigações, 236
lealdade política dos promotores federais, 277
desenvolvimento e marketing da heroína pela Bayer, 186-187, 188, 193, 214
Dezenhall, Eric, 249, 254
distribuição clandestina de prescrições/clínicas de dor:
fechamento, 312-313
Lake Medical, clínica, 294-296
lista de prescritores da Região Zero, 295, 338-339
Myrtle Beach, clínicas, 234-235
Paolino, clínica na Pensilvânia, 238, 242-243
doença mental:
componentes químicos/bioquímicos, 37, 38, 39-40
declínio nas internações de pacientes em hospitais psiquiátricos, 56

desinstitucionalização de pacientes com doença mental, 56
gênero e diagnóstico, 34-35, 66
pesquisa de histamina para o tratamento, 39-41, 49
resposta cultural e institucionalização de pacientes, 32-33, 34-35
terapia e análise de tratamento, 34, 37
tratamento bioquímico, 51-52, 56-57
tratamentos de pacientes em Creedmoor, 35-37
dor:
complexidade do tratamento adequado da dor, 437-438
compra de médicos por pacientes com dor, 224
crise de dor não tratada, 176, 184, 213-214, 327, 346
foco de Richard em pesquisa e desenvolvimento, 180-182
grupos de defesa da comunidade de dor, 248-249, 296, 342-343, 345-346, 347-348
marketing do OxyContin, 182-184, 189, 191-193, 194, 205, 206-211
movimento do tratamento paliativo, 160-161, 175
relato de pacientes, 175
revisão do tratamento, 175-178, 189-191
simpósio de controle da dor, 175-178, 189, 248
Dreamland (Quinones), 313, 330, 412, 436
Drummond, Bill, 74-75

Egito, 103-104, 108-113, 127
Eli Lilly, 47, 54, 158
Elston, Michael, 276-277
Endo, 301, 364, 365, 369
Escola de Ensino Médio Erasmus Hall, 22-26, 27, 36, 41-42, 50, 66, 128
Esquire, 354, 360, 372, 412
esquizofrenia, 34, 36, 3, 40, 57, 175
Estados Unidos:
atitudes antigermânicas e xenofobia, 39-31, 39, 50
famílias mais ricas, 13
realocação de judeus europeus pela Roche, 62

Exit Wounds (McGinnis), 297

IMPÉRIO DA DOR 523

fábrica de produtos químicos da Napp, 197-203

Feldman, Beverly, *ver* Sackler, Beverly Feldman

fentanil, 14, 315, 353, 368, 387-388, 407-408, 418, 438, 440

filantropia:
analogia entre a família Médici e a Sackler, 14, 77-78
anonimato e estipulações ligadas às doações, 78-79
caridade comparada com, 82, 131
cobertura da mídia, 321, 330-331, 436-437
doações da família Sackler, 12-13, 105-106, 271-272, 315-316, 359-360
doações para instituições educacionais, 12-13
doações para museus, 12-13
imortalidade, 104-105, 271-272
influência dos doadores, 106, 130
investimentos sociais, 32
marca e associação do nome Sackler, 12-13, 78-82, 107, 110-111, 112, 169-170, 235, 326-327, 327
origens esquecidas e legado filantrópico das famílias, 104-105
papel dos Sackler no uso abusivo do OxyContin e aceitação de doações, 330-331, 353, 360
renomeação, devolução e rejeição de doações, 371-372, 373-374, 386, 410-414, 426
tratamento do vício, fundação para dar apoio, 244-245, 342-343
vantagens fiscais, 107, 112

firma de investigação Kroll, 250-253

Fisher, Alice, 274-275

Foley, Kathleen, 190, 191. 248

Food and Drug Administration (FDA):
aprovação do MS Contin, 160-163, 191
aprovação do OxyContin, 15-16, 191-196, 204, 206, 266-267, 343-345, 452
aviso de caixa preta do OxyContin, 231
controles do Librium e do Valium, 71-72
entrevista do chefe feita por Arthur, 128
indicação pediátrica, 356-358
influência nas atividades, 363, 392
investigação de Welch, 90-91
investigação do Librium e do Valium, 71-72
pedido de demissão de Welch, 98
policiamento do marketing do medicamento, 92-93
processo de requerimento para aprovação de um novo medicamento, 162, 163
propaganda direta ao consumidor, 62
rejeição de genéricos de OxyContin, 307-308
relacionamento com a Purdue, 343-345
Welch como chefe de antibióticos, 84, 86, 94, 194-195, 344-345

Friedman, Michael:
acusações criminais, 275, 276, 277-279
como o rosto da Purdue, 238-243, 271-274
contratação por Richard, 183, 270
declaração de culpa e sentença, 277-283, 296, 298-299
história, 183
lançamento do OxyContin para dor oncológica, 193-194
liderança da Purdue Pharma, 270
plano de marketing para o OxyContin, 181-184, 187-189
posição de marketing, 183
presença, 183
programas de jantares e prescrições de OxyContin escritas, 210
quantia paga depois da declaração de culpa, 283
reunião com McCloskey, 225-226
saída da Purdue Pharma, 296
uso abusivo do OxyContin e estratégia para desviar a atenção dos proprietários da empresa, 221
vídeo promocional sobre o OxyContin, 214

Frohlich, Ludwig Wolfgang "Bill":
acordo dos mosqueteiros e IMS, 121-123, 170-171, 211-212
acordo dos mosqueteiros entre os irmãos Sackler e, 58-59
acordo dos mosqueteiros para os filhos não herdarem os negócios, 58-59, 170-173, 298, 432-433
amizade com Arthur, 55-56, 57-58
amizade com os irmãos Sackler, 58
emprego de Schering, 55-56
expectativa de vida comercial dos medicamentos de marca, 55-56, 71-72
história e reputação, 55-57

IMS, 120-123, 211-212
intimação do Congresso, 98
morte, 120
natureza confidencial, 55-56, 57
Ver também L. W. Frohlich, agência
fundo beneficente, acordo dos mosqueteiros
e herança dos negócios, 58-59, 170-173,
298-299, 432-433
Fundo Sackler, 326-327, 386

Gasdia, Russell, 227-228, 308-310
Gerson, Win, 64, 65, 72
Giuliani, Rudolph "Rudy", 247, 271, 401
Goldburt, Louis, 80, 81, 96
Goldenheim, Paul:
  acusações criminais, 275, 276, 277-279
  como o rosto público da Purdue, 238-243,
    271-273
  credenciais, 239
  declaração de culpa e sentença, 277-283,
    296-297, 299-300
  papel da patente do OxyContin, 302
  saída da Purdue Pharma, 296-297
Goldin, Nan:
  artigo e fotografias na *Artforum*, 356
  crise da AIDS, exposição para chamar
    atenção, 351-352
  experiências com reabilitação, 351, 353
  fotografia, 350-351
  grupo PAIN e ativismo contra o uso
    de opioides, 360-361, 372-373,
    375-376, 409, 410-411, 417, 426
  grupo Sack Sackler, 413
  história e família, 350-351
  overdose de fentanil, 353
  uso de heroína, 351, 353
  uso e uso abusivo de OxyContin,
    353-353
Grande Depressão, 26, 27, 29, 44, 51, 53,
  75, 127
Grant, W. T., 152-153
Grupo Herald, 369-370

Haberman, Helen, 54
Haddox, David, 232-233, 340, 341-343,
  344-345, 346, 413
Hall da Fama da Publicidade Médica, 48
Hanly, Paul, 12, 14, 123
Healey, Maura, 379-380, 394-395, 400,
  403, 432
heroína:

amostras grátis da Bayer, 214
amostras grátis, 313-314
ânsia e tolerância, 186-187
como cura para o vício em morfina, 186, 187
dependência química, 187
desenvolvimento e marketing da Bayer,
  186-187, 189, 193-194
mortes relacionadas ao uso abusivo,
  315-316, 498–9n316
riscos de vício associados, 186, 187,
  193-194
transição de OxyContin para, 14, 312-316,
  352-353, 408, 426, 440-441
uso de, por Bobby, 123-124
uso medicinal, 186-187
venda de fentanil como, 353
Hogen, Robin, 230, 232, 235, 245, 247,
  249, 253, 270
Hospital Creedmoor:
  célula comunista, suspeita de, 59
  demissão de Mortimer e Raymond, 59
  desequilíbrio de gênero nas alas, 34-36,
    66
  diretor, 37-38, 49
  esvaziamento, 56
  história, 32-33
  investigação da residência de Marietta, 32,
    38
  pedido de demissão de Arthur, 59
  pesquisa de eletrochoque e histamina,
    39-41
  pesquisa de queimaduras por radiação, 59
  procedimentos de lobotomia, 37
  residência de Arthur, 32, 34-38
  residência de Mortimer, 37
  residência de Raymond, 37
  terapia de eletrochoque, 34-37

IMS, 120-123, 172, 212, 225, 242, 295, 311
indústria farmacêutica:
  aprovação do medicamento e práticas
    de prescrição dos médicos, 194
  comportamento de manada, 61
  criação de divulgação farmacêutica por
    Arthur, 54, 355-356
  estudos científicos subscritos, 45
  expectativa comercial de medicamen-
    tos de marca, 55, 71-72, 174-175,
    300-301
  homens dos detalhes, 46-47
  inovação e dinheiro, 48

IMPÉRIO DA DOR 525

inovação pós-guerra, 43-44
investigação das atividades de marketing, 89-95
medicamentos éticos, 44, 45
medicamentos genéricos, 172-173
pesquisa, desenvolvimento e custo dos medicamentos, 172
propaganda falsa, 100-101
representantes farmacêuticos, 206-211
revolução farmacológica, 55, 57
zelo competitivo, 57
Ver empresas específicas
Instituto Creedmoor de Psicobiologia, 49-50, 51, 51-52, 100
Instituto Smithsonian:
biografia de Arthur, 136
doações de Singer, 169-170
Museu e Galeria Sackler, 132-133, 136-137, 140-141, 169-170 478n169
negociação com Arthur, 132-133
PAIN, ativismo, 372
reposicionamento da marca do museu e da galeria, 411-412
Templo de Dendur, negociações, 108-109, 132
irmãos Sackler:
acordo dos mosqueteiros com Frohlich, 58-59, 170-173, 298, 432-433
acordo dos mosqueteiros e IMS, 121-123, 171, 211-212
acordos nacionais e internacionais, 172-173
amizade com Frohlich, 58
analogia do polvo, 96-97
aquisição da Purdue Frederick, 17
comportamento clandestino, 95-96, 282
contador, 79, 80, 96
contribuições para o fundo Sackler, 79, 106
doação de propriedade em Saratoga Springs, 80
doações para Colúmbia, discórdia acerca do foco das, 81-81
filosofia socialista, 59
foco empreendedor, 17
investigação de Kefauver, 95-98, 106
investigação do FBI por laços comunistas, 59
Metropolitan Museum, doação, 110-111
posição de autoridade, 27-28, 29,

40-41, 59-60, 116-117
relacionamento com a mãe, 88-89, 114, 119
relacionamento, 117-119
rompimento de relações, 118-119, 120-123, 141, 166-167, 171-172
Ver Sackler, Arthur; Sackler, Mortimer; Sackler, Raymond
Israel:
bolsa em memória na Universidade de Tel Aviv, 128
conflito com Egito, 109-110, 112-113
Faculdade de Medicina Sackler, Universidade de Tel Aviv, 13, 136, 154-155
visita de Raymond, 154-155

James, Letitia, 385-386, 394-395, 402, 407, 414-41
Johnson & Johnson, 362-366, 369-370, 378
jornais/revistas:
cobertura da mídia sobre filantropia, 320-321, 330-331, 436-437
cobertura da mídia sobre o uso abusivo de OxyContin, 220-221, 229, 232, 253-255, 321, 330-331, 338-339, 342-343, 352-355, 356-358, 436-437, 487n229
cobertura da pesquisa sobre química cerebral, 40-41
esforços de relações públicas como contra-ataque à narrativa da imprensa, 249-251, 321, 330-331, 343-344, 386-388
periódico de psicobiologia, Arthur como editor, 51
posições de Arthur como editor e vendedor, 24, 27, 28, 40-41
publicidade nativa, 57
Ver o título de publicações específicas

Kaiko, Robert, 176, 179, 181, 215-216, 241, 301
Kallir, John, 45, 53, 56, 62, 69, 118
Kapit, Richard, 145-149, 150-151, 322-323, 424-426, 451
Kefauver, Estes:
Arthur como testemunha final, 98-102
história, 91
investigação da indústria farmacêutica,

91, 92-95
investigação da máfia, 91-92, 96
investigação de Welch e Martí-Ibáñez, 90-92, 93-98
investigação dos irmãos Sackler, 95-98, 106
opinião de Arthur, 98-100
Kentucky:
    acordo pago pela Purdue, 336-338
    caso de marketing enganoso contra a Purdue, 332
    depoimento de Richard, 332, 334-338, 371-372
    sigilo das provas do caso, 336-338
    uso abusivo e overdoses de OxyContin, 220-221, 224, 332, 336-337
Keusch, Phil, 55, 67
Koch, Ed, 113, 141

L. W. Frohlich, agência:
    Arthur como sócio silencioso, 57-58, 96, 121
    concorrência com McAdams, 52-55, 57
    conflito de interesses nos acordos entre Sackler e Frohlich 57-58, 96, 121-122
    encerramento depois da morte de Frohlich, 121
    sucesso, 121

Landau, Craig, 342-344, 357, 359, 418, 427
Lear, John, 89-91, 92, 96-97, 102, 268, 450
Leather, Richard, 58-59, 105, 121, 171-172, 298, 433
Librium:
    anúncios no *Medical Tribune*, 67
    desenvolvimento, 61-62
    marketing, 62-65, 65-67, 184, 205
    nome, 62
    patente, 69-71, 71-72
    sucesso, 63-64, 65-66, 66-67, 205
    uso abusivo e vício, 69-73
Los Angeles Times, cobertura da Purdue no, 313-314, 338-340
Louvre, 13, 303, 352, 410-411
Love, Courtney, 398-399
Lutze, Marietta, *ver* Sackler, Marietta Lutze

Maine:
    consumo de OxyContin, 227
    carta de McCloskey alertando para os riscos de uso abusivo, 227, 228, 240, 281-282
    exoneração de McCloskey e trabalho para a Purdue, 247-248, 281-282
    uso abusivo e overdoses de OxyContin, 222, 226, 227
marcas-fantasmas, 134
Martí-Ibáñez, Félix:
    amizade com Arthur,85, 95
    carta para Bobby em nome dos Sackler, 123
    carta para Richard em nome dos Sackler, 152, 325-326
    como representante dos Sackler, 97
    história e carreira, 85
    intimação do Congresso, 97
    investigação, 95-98
    papel da MD Publications, 85, 95, 96, 148-149
    presença, 85
    questionamento sobre emprego para Welch, 97
    relacionamento com Welch, 85-95, 91, 97-98, 194-195
    trabalho na McAdams, 85
Massachusetts:
    apreensão de documentos, 380-382
    documento de queixa contra os Sackler, 380-385
    investigação de opioides, 384-385
    membros da família acusados no processo, 376
    pedido de arquivamento do processo, 384-385
    processo contra a família Sackler, 15, 376, 379-385, 392, 394
    uso abusivo e overdoses de opioides, 379
May, Steven, 211-213, 216-218, 225, 226, 265
McAdams, William Douglas, 44-46, 49, 52-53
Ver agência de William Douglas McAdams
McCloskey, Jay, 225, 226, 227, 240, 247, 281
McGinnis, Derek, 297-298
McKinsey, 301-302, 334-335, 348, 358, 366, 386, 391
McNulty, Paul, 275, 276-277
MD Publications:
    honorários de Welch, 97-98

papel de Martí-Ibáñez, 85-86, 94, 95, 148-149
papel editorial de Welch, 85-86, 91, 97-98
periódicos sobre antibióticos, 85-86, 91
Pfizer adquire reimpressões do discurso de Welch, 94-95, 102
revista *MD*, 148-149
sócio secreto, 85, 95-98, 99, 102, 148-149
Medical Tribune:
  acordo de liquidação de propriedade e herança para os filhos, 165-166, 172-173
  anúncios da Purdue Frederick, 118
  anúncios farmacêuticos, 67-68
  Arthur como editor, 67-68, 72-73
  bens e capital para beneficiar os herdeiros de Arthur, 172-173
  coluna escrita por Arthur, 72-73, 154, 451
  críticas a medicamentos genéricos, 175
  entrevista do chefe da FDA feita por Arthur, 128
  lista de primeiros, 137
  sobreposição com McAdams, 67-68, 118
  tópicos para coluna escrita por Arthur, 127, 128, 169-170
medicina:
  amor e reverência de Arthur, 27, 45, 210
  cotas antissemitas em faculdades de medicina, 30-31, 105-106
  era de ouro da medicina norte-americana, 26
  procedimento cirúrgico que resultou em morte, 27-28
  responsabilidades dos médicos, 27, 51-52
médicos:
  como embaixadores pagos, 327-329
  como se fossem escolhidos pelos deuses, 151
  endosso, 45-46, 89-91, 213-214, 327-328
  hábitos de prescrição e não conseguir comprar, 210
  impulso para confiar na especialização de, 28-29
  processos judiciais e hábitos de prescrição, 312-313

propaganda/marketing direto, 44, 45-49, 64, 205-214, 216-218, 221, 224, 240, 243-244, 262, 292-295, 336-337, 364
refeições, dinheiro gasto com, 210
suspensão e perda de licenças, 234-235, 251-252, 253, 267
Meier, Barry:
  história, 219
  fonte interna no programa Toppers, 233-235
  entrevistas com pessoas da Purdue, 232-235, 266
  carreira no jornalismo investigativo, 219-220
  carreira no *The New York Times*, 219, 220
  cobertura sobre o uso abusivo de OxyContin, 220-221, 232-235, 254-255, 258-260
  Pain Killer, 330-331, 436
  livro *Pain Killer*, 254-255, 257-259, 277
  presença na audiência no tribunal da Virgínia, 277-279, 420
  pesquisa sobre a família Sackler, 255
  cobertura do litígio contra as empresas tabagistas, 220, 367
Metropolitan Museum of Art:
  acesso público gratuito, 105, 106
  acordos para exposição de arte asiática, 106-107
  Ala e Galerias Sackler, 13, 106-107, 110-111, 112-113, 129-130, 132, 138
  Ala Rockefeller e Galeria Lehman, 109, 110-111, 112
  aquisição do Templo de Dendur, 108-113
  ar-condicionado, 104-105
  armazenamento/enclave da coleção de Arthur, 104-106, 110-111, 112, 113, 129-130, 133
  condições para doações, 110-111
  confidencialidade acerca dos acordo de armazenamento, 108
  desfile de moda, 128-129
  doações da família Sackler, 359-360
  doações para, 104-105
  doadores judeus, 112
  exclusividade e cachê de doações, 106

festa de aniversário de Mortimer, 138

história, 104-105

indicação para a diretoria, 111-112, 130

nome e assinatura dos Sackler em objetos, 107, 110-111, 112

opiniões sobre Arthur, 111-112, 113, 130

orçamento, 10-106

pagamento de doações em mais de vinte anos, 111, 112

protestos na Ala Sackler, 360-361

quebra de contrato com a família Sackler, 130

rejeição de doações dos Sackler, 375

revisão do uso do nome dos Sackler, 426

rompimento na relação com Arthur, 129-133

Miltown, 61-63, 64, 70, 85

mobiliário e arte chineses:

abrindo as caixas de novas aquisições, 78, 82

anonimato na aquisição, 77-78

coleção e obsessão de Arthur, 74-78

depósito de armazenamento, 168

depósito de armazenamento/enclave no Met, 107-108, 110-111, 112, 113, 129-131, 133

empréstimo de dinheiro para compra, 165

estilo de negociação de Arthur, 78

Exposição na Universidade de Colúmbia, 88, 149

função cívica da coleção, 78-80

peças de jade, 77, 82

possibilidade de imortalidade através do, 79

promessas de obras para herdeiros de Arthur, 167

ritmo maníaco de compras de Arthur, 82

Moore, Mike, 366-370, 394, 401-402

morfina:

administração intravenosa, 160-161

aumento no consumo, 190-191

comprimido para tratamento paliativo, 158-161

dependência, 187

desenvolvimento, 186

estigma, 176-177, 183-185, 188

heroína como cura para o vício, 186, 187

mortes por overdose, 187

não ocorrência de vício quando usada como tratamento para dor, 176-178

personalidade, 188

relutância de médicos a administrar, 176-177, 188-189

riscos de vício associados, 175-177

segurança e eficácia, 176-177

taxas de vício depois da Guerra Civil norte-americana, 186

Ver MS Contin

mortes:

mortes por overdose comparadas com mortes por outras causas, 14, 340-341

mortes relacionadas com o uso de OxyContin, 14, 218, 224-225, 228, 229-230, 232, 235, 312, 330-331, 406-407

overdoses relacionadas ao uso de opioides, 13-14, 187, 294-295, 330-331, 340-341

Mountcastle, Rick, 262-264, 265, 266-268, 273, 274-276,277, 281-282, 452

MS Contin:

apelido de "descascador roxo", 241

apresentação no simpósio de controle da dor, 175-178

aprovação da FDA, 15, 161-163, 192

desenvolvimento pela Napp, 160-161, 175-176, 315

investimentos pessoais de Richard, 161-162

marketing do OxyContin contra, 188, 209

penhasco da patente e concorrência dos genéricos, 179, 180, 183, 188

produção e marketing na Purdue Frederick, 161-164, 178-179, 315

reunião de lançamento, 162

sistema de liberação contínua, 161, 179, 180-181

sucesso financeiro, 163, 173, 178-179, 183, 192

sucessor/substituto, 179-183, 187-188

uso abusivo ou recreativo, 240, 241-242, 266

uso para tratamento paliativo e dor oncológica, 160-161, 162, 163, 182-184

Mundipharma, 325-327, 327-330, 340, 343, 394-39

IMPÉRIO DA DOR 529

Museu do Brooklyn, 25, 75, 104, 169, 34, 360

Museu Guggenheim:
ativismo do grupo PAIN, 372-373
Centro Sackler de Educação Artística, 12-13, 374
doações da família Sackler, 359-360
festas de gala, 291-292
Mortimer David Alfons como membro da diretoria, 291-292
rejeição das doações dos Sackler, 373-374
revisão do uso do nome Sackler, 426

Myrtle Beach, Carolina do Sul, 234-235

Nachumi, Gideon, 94
Naloxone, 370
Napp Laboratories, 115, 160, 172
Ver também MS Contin
New York Times, The:
cobertura do uso abusivo de OxyContin, 220-221, 232, 254-255, 257-260, 320-321
incidente de Blair e a reputação do jornal, 257-260
investigação sobre o uso abusivo de OxyContin, 220-221
matéria sobre a venda do imóvel de Grant, 152-153
propaganda da Pfizer, 57
New Yorker, The:
agência McAdams no mesmo prédio, 53-54
indicação pediátrica para o uso de OxyContin, 356-358
OxyContin e a reportagem sobre os Sackler, 352-354, 359-360, 372, 437
perfil de Madeleine, 320-321
Nova Jersey:
fábrica de produtos químicos da Napp, 197-203
indústria química e farmacêutica, 197
Nova York:
investigação do enclave dos Sackler pelo procurador-geral, 113, 131
processo contra a família Sackler, 14-17, 385, 392, 394, 395, 401-403

Ohio:
anotações dos representantes de vendas, 267
processo, 369, 393, 396

reunião para acordo de resolução do processo multidistrital, 391-397
roubo de OxyContin, 227
uso abusivo e overdoses de OxyContin, 221, 225, 369
Oklahoma, acordo no caso de, 393, 421
opioides:
ânsia e tolerância, 186-187, 216
como presente da natureza, 185, 189-190
crise de saúde pública causada pelo vício em opioides, 293-296, 311-312, 369
custo econômico da crise de opioides, 369
dependência química, 187
desfazer as percepções, 184, 213-214, 243-244, 296-297, 314
diretrizes do CDC para prescrição, 344-348
estatísticas do CDC sobre overdoses de opioides, 13-15, 352-353
fazendeiros de papoula na Tasmânia, 362-363
história do uso, 185-186
livros sobre a crise de opioides, 437-438
medicamentos genéricos, 365-366
mercados no exterior, 327-330
miopia dos Sackler, 310
mitos, 178
mortes por overdose, 13-15, 187, 294-295, 330-331, 340-341, 406-407
não ocorrência de vício quando usados no tratamento para dor, 177-178, 190-191, 213-214
OxyContin no centro da epidemia de uso abusivo, 14-16, 311-313, 385, 405-408
papoulas, 185, 297-298
participação de mercado das empresas, 363-366
personalidades com tendência ao vício e uso abusivo, 191
picos e vales do vício, 186-187, 191-192, 192-194, 208, 229-231
práticas de prescrição para afro-americanos, 319-320
principais causas da epidemia de uso abusivo, 14-16
riscos de vício associados, 183-184, 186, 187, 189-191, 207-211, 342-343
segurança e eficácia, 187, 189-191, 209-210, 342-343, 345-346

Organização Mundial de Saúde (OMS), 330
oxicodona:
    altas doses de oxidona líquida, 190-191
    crédito pela ideia do uso, 178, 180, 269-271
    desenvolvimento do mecanismo de liberação contínua, 178-184
    força/potência, 180-181, 183-184, 188-189, 212, 224, 244
    nenhum estigma anterior, 188
    personalidade, 188-189
    riscos de vício associados, 183-184
OxyContin:
    acordo de bônus para os representantes de vendas, 211, 217-218, 233-234
    amostras grátis e programa de cupons, 214-215, 255, 314-314
    aprovação da FDA, 15-16, 191-196, 204, 207, 266-267, 342-345, 451
    aviso de tarja preta, 231
    bula, 194-196, 207
    como sucessor do MS Contin, 178-183, 187
    comprimidos de 160 miligramas, 214, 216, 228, 236-238
    crédito pela ideia, 178, 180-181, 269-271
    crença de Richard, 187-188, 205-206, 214-216, 227, 232
    crescimento das vendas, 211-218, 234-235, 358-360
    declínio nas prescrições e lucros, 301-302, 332-335
    defesa da comunidade de dor, 248-249, 345, 346-348
    desenvolvimento e patente, 177-184, 193-194, 301
    diminuição nas vendas depois da reformulação, 311-312
    esquema de dosagem e práticas de prescrição, 14, 216, 229-231, 266, 293, 338-340, 358-359, 364
    expansão da força de vendas, 283-284
    faixa de dosagem e teto de dosagem, 214, 216
    festa de lançamento, 204-206, 335-337
    força/potência, 180-181, 184-185, 188-189, 212, 224, 244, 364
    introdução, 13-14
    limites terapêuticos das doses, 216
    marketing agressivo para médicos por parte dos representantes de vendas, 205-214, 216-218, 221, 224, 240, 243-244, 261-262, 292-295, 335-337, 364
    marketing contra o MS Contin, 188, 207
    marketing, 183-184, 187-189, 191-193, 204-206, 211-218, 221, 405-408
    medicamento revolucionário, 14, 205, 207, 244, 364
    mercados no exterior, 327-330, 339-340
    nome, 182-183
    orgulho da ideia, 15-17, 269-271
    patente e aprovação para uso pediátrico, 357-358
    patente e versão genérica, 301
    patente na reformulação de OP, 306-308
    personalidade, 188-189
    precificação e lucros, 216, 222, 364
    pseudovício, 233-234, 340-341
    reformulação do OP resistente a adulterações, 305-308, 310-313, 315, 348-349, 365, 407-408
    revestimento e potencial de causar vício, 192-194, 195-196, 207-208
    riscos de vício associados, 192-193, 194-195, 207-211, 214-216, 227, 342, 393
    segurança e eficácia, 15-16, 188-189, 192-196, 209-211, 213-215, 221, 266-269, 308, 336-337, 342-343, 345-346
    sintomas de abstinência entre as doses, 230-231, 233, 235, 268
    sucesso financeiro e receitas, 13-14, 211, 214-215, 216, 217, 222, 244-245, 262, 272, 274, 292-293, 301-302, 326-327, 356-358, 358-360
    uso do símbolo de marca registrada, 308
    vendas como medicamento "não controlado" na Alemanha, 215-216
    vendas como narcótico com doses programadas, 193
    vídeos promocionais, 213-214, 268-269, 336-337
OxySackler, 411, 414

pacientes com câncer:
    marketing de OxyContin, 182-184, 188-189, 193-194, 205

OMS, tratamento de preferência, 330
uso de morfina, 161
uso de MS Contin, 161, 162, 163, 183-184
PAIN (Prescription Addiction Intervention Now), 360-361, 372-373, 374-375, 410-411, 417, 426
Pain Killer (Meier), 254-255, 257-260, 277, 330-331, 436
pandemia de Covid-19, 417, 426, 437
patentes:
  expectativa comercial de medicamentos de marca, 55, 72, 174-175, 300-301
  expiração e medicamentos genéricos, 174-175, 300-301
  patente do OxyContin e aprovação da indicação para uso pediátrico, 356-358
  patente do OxyContin e reformulação, 306-309
  penhasco da patente e lucros, 175, 179
  publicação, 174
  tática da perenização, 306-309
Pauling, Linus, 131, 135
penicilin para melancolia, 66
penicilina, 43, 66, 84, 86, 94
Pensilvânia:
  audiência com Paolino em Bensalem, 238, 241, 242-242, 244-245
  uso abusivo e overdoses de OxyContin, 221, 224
Percocet, 181, 183, 189, 194, 267, 368
Percodan, 181, 189
Perez, Ceferino, 124
pesquisa de eletrochoque e histamina, 39-41, 49
Pfizer:
  Arthur lidando com a conta, 46-49
  calmante para uso infantil, 66
  desenvolvimento de medicamentos patenteados, 43
  desenvolvimento e propaganda do Sigmamycin, 87, 89-90, 93-95, 268
  desenvolvimento e propaganda do Terramycin, 43-49, 88-89, 459n37
  nova sede, 80-81
  publicidade nativa, 56
  reimpressão do discurso de Welch, aquisição do, 93-98, 102
  vendas de substâncias químicas, 43

Pollack, Bill, 156
Polster, Dan Aaron, 369-370, 381, 396-397
Portenoy, Russell, 190, 209-210, 248, 342, 376
processos/litígios:
  acordo para aprimoramento de conduta depois da declaração de culpa, 293-294
  acusações criminais no caso da Virgínia, 271-276, 421
  acusações de uso indevido de marca, 272, 275, 278, 412
  ameaça de processo por causa do livro, 438-439, 447-448
  arrogância de Richard e Udell, 224
  audiência final de falência, 423-424
  bodes expiatório dos Sackler, 14-16
  casos da indústria tabagista, 14, 220, 299, 367
  casos de marketing enganoso, 332, 334-335, 369, 420-421
  controle de danos feito por Udell, 223-224, 237-238, 240-241, 255, 258-260
  Declaração Acordada de Fatos na declaração de culpa, 280-283, 283-284
  declaração de falência e acordo, 399-401, 403, 404, 421-424, 452-43
  declarações de culpa e sentença no caso da Virgínia, 277-283, 293-294, 296, 298-299, 368
  depoimento de Kathe, 11-14, 15-17
  depoimento de Richard, 332, 334-338, 371-372
  desafios de patente do OxyContin, 224
  esforços de relações públicas como contra-ataque, 369-371, 286-288
  litígio do OxyContin, 15-17, 246-249, 249-252
  multa de corporações e licenças por conduta imprópria, 283-284
  multas pagas no caso da Virgínia, 279-280, 281-284, 293-294
  preferências de acordos para resolução no lugar de litígios, 338, 368-369, 370
  processo de rescisão injusta de White, 252–4, 440
  processo multidistrital, 369-370, 376, 380-381

processos contra a Purdue abertos por Moore, 366, 367-371
processos particulares, 296
proposta de acordo para resolução do processo multidistrital, 391-397, 421-422
registro de processos contra a Purdue, 251
resolução do caso de Oklahoma, 393, 421
sigilo de provas do caso do Kentucky, 336-338
produtos para médicos, 150
publicidade:
antissemitismo no mercado publicitário, 45, 52, 53
criação da publicidade farmacêutica por Arthur, 54, 356-357
educação médica continuada por meio de, 49, 344
endosso por médicos, 45-46, 89-90, 213-214
gênero e propaganda de calmantes, 66
investigação sobre a indústria farmacêutica, 89-95
marca/nome da empresa tão importante quanto o nome do medicamento, 45-46, 49, 175
propaganda direta ao consumidor final, 55 médicos, marketing direto para, 44, 45-49, 64, 205-214, 216-218, 221, 224-225, 240, 243-244, 262, 293-294, 336-337, 364
propaganda enganosa, 101
publicidade nativa, 57
refeições para médicos, dinheiro gasto com, 210
Purdue Frederick:
administração de Raymond e Mortimer, 60, 117-118, 155
aniversário tendo os Sackler como donos, 269-270
Arthur como sócio secreto, 60, 155
atmosfera antiquada, 153-154
Betadine, produção e propaganda, 148-149, 153, 160-161, 179, 193
cargo e estilo de liderança de Richard, 153, 155-159, 179, 182
compra pelos irmãos Sackler, 59-60
declaração de culpa no caso do OxyContin, 282-283

escritórios, 14, 16-17, 60, 147, 153-154, 181
foco de Mortimer na expansão internacional, 89-90, 116, 118, 155, 160, 172-173
foco de Raymond nos negócios nacionais, 89-90, 118, 153-154, 155
herdeiros de Arthur, venda da participação, 167, 172-173
Kathe como procuradora de Mortimer, 179-180
lealdade e poder das conexões dos Sackler, 157-158
matérias jornalísticas, 191
Medical Tribune, propagandas, 118
membros da diretoria, 181-182
mudança para Norwalk, 153-154
organização familiar unida, 154, 157
patrocínio do simpósio sobre tratamento da dor, 175-178, 189-191, 248
práticas de contratação, 156-157
produção de removedor de cera de ouvido, 89-90, 153, 183
produção e propaganda do Senokot, 89-90, 149-150, 153, 157, 161, 179, 183, 358-359
propriedade da família Sackler, 14, 269-271
receitas, 269
relações com Purdue Pharma, 14, 181-182
reuniões de orçamento, 118
sucesso, 89-90, 114, 153, 172-173, 269
trabalho diário de Raymond, 154
transferência de participação no exterior para beneficiar Mortimer e Raymond, 172-173
transição para tratamento de dor com Richard, 175-178
valor, 172-173
Purdue Pharma:
acordo de bônus para os representantes de vendas, 211, 216-219, 234-235 acordo para aprimoramento de conduta depois da declaração de culpa, 293
aniversário da empresa com os Sackler como donos, 269-271
biblioteca jurídica de Udell, 297, 342
campanha de base para a responsabilização, 280
concentração de risco no OxyContin, 299-300, 301, 332-334, 358-360

IMPÉRIO DA DOR   533

cultura, 333, 339-342, 348-349
declaração de culpa pela Purdue358-360 Frederick, 282-283
declaração de falência, 396-397, 399-401, 403, 404, 414-417, 421-424, 452-453
demissões, 376
desenvolvimento e marketing do Butrans, 308-310
diretrizes da empresa em relação à prescrição inadequada, 294-296
diversificação das linhas de produtos, 358-360, 376
entrevistas com funcionários, 439-440, 450-451, 452
estabelecimento, 182
estratégia de consolidações dos opioides, 348-349
estratégia para impulsionar os lucros, 334-335
fontes de informação, 447-453
liderança, 182, 215-216, 222-223, 232, 270, 333, 339-342, 344, 348-349
lobby, 250, 345–6, 347–8
membros, 283, 298-300, 302, 323, 347-348, 359-360
membros da diretoria, abdicação da posição, 372
nomeação do CEO, 299
novo desenvolvimento de produto, 182-183
opiniões sobre a família Sackler, 323-324
participação de mercado, 363-366
plano financeiro e fundos de reinvestimento, 300, 333-334, 376
práticas de contratação, 183, 195-196
programa Toppers para os representantes de vendas, 217, 234-235, 252, 293
propriedade da família Sackler, 14, 182-183, 232, 269-271, 348-349
protestos e ativismo diante da sede, 408-411
Purdue Frederick, relacionamento, 14, 182
receitas, 269
representação legal e conexões políticas, 246-249
rosto da empresa, 191, 238-243, 244-245, 271-273
sede, 179-180, 221-223, 235

sentimento dos representantes de vendas em relação à empresa, 216-218
sucesso, 269
táticas agressivas de marketing, 205-2014, 216-218, 221, 240, 243-244, 262, 292-293, 335-336, 364
venda, discussões sobre, 292-293, 299-300

quartel general da família Sackler:
East Sixty-Second Street, 17, 59-60, 87-88, 96
entidades corporativas ligadas ao prédio, 96, 281-282
vigilância e investigação, 89, 95-98
Quinones, Sam, 313, 330, 353, 412, 436, 450

Ramseyer, Randy, 262-264, 274-275
Reder, Robert, 195, 257, 266
Reino Unido:
filantropia da família Sackler, 327, 359-360
rejeição das doações dos Sackler, 373-374
suspensão das doações, 386
Rhodes Pharmaceuticals, 365-366
Rich, Michael, 117, 118-119, 125
Ringler, Michele, 294-296
Ripley, S. Dillon, 108, 133-134
Rivera, Calixto, 197-198, 200-201
Robins (família) e A. H. Robins, 403-404, 422-423
Roche:
acordo de bônus com Arthur para o marketing de medicamentos, 67-68, 211
desenvolvimento e marketing do Librium, 61-67, 205
desenvolvimento e marketing do Valium, 65-67
Hoffmann-LaRoche, empresa-mãe, 62
importância da conta para McAdams, 65
lucros e sucesso, 66
pagamento dos químicos da equipe, 72-73
patentes do Librium e do Valium, 70-71, 72-73
propaganda, 47-48
realocação de judeus europeus nos Estados Unidos, 62

534 PATRICK RADDEN KEEFE

vício em Librium e Valium, resposta, 69-73

Rorimer, James, 105-108, 112

Rosen, Burt, 249, 341-342, 344, 345, 346-347

Sackler, Arthur Felix:
Arthur como pai, 59
Bar Mitzvah, 88-89
bússola para ir à escola, 87-88
carreira, 125
espólio de Arthur, acordo, 164-167
na IMS e rixa entre os irmãos, 123
nascimento, 51, 67
relacionamento com o pai, 68-69, 119, 125
vida de contracultura, 119

Sackler, Arthur:
acordo aberto com Marietta, 126
acordo dos mosqueteiros e IMS, 121-123, 171-172, 212
acordo dos mosqueteiros para os filhos não herdarem os negócios, 58-59, 170-173, 299, 432-433
adulação e poder, energia, 51, 125, 137-138
almoço com Marietta, 137-139
amizade com Frohlich, 55-56, 57-58
amizade com Martí-Ibáñez, 85, 95
Artie, apelido, 22-23, 51
aspirações universitárias dos pais, 26
casa em Long Island, 50, 67-68, 88, 134
casa em Manhattan, 87-88
casamento com Jillian, 134, 137-138, 165-166
casamento e família com Else, 39, 41, 42, 58-59
casamento e família com Marietta, 49-50, 59, 67
círculo social e importância, 127-128
curiosidade sobre povos e culturas, 38
deixar o mundo um lugar melhor, preceito, 141
desentendimentos com Marietta, 120, 125-126
discrição e fuga de publicidade, 38, 57, 68, 77-78, 78-80, 99, 140, 154, 191, 343
divórcio de Else, 50, 57
divórcio de Marietta, 133-134, 137-138, 164

egoísmo e senso da própria importância, 51, 55, 133-134
emprego na Schering, 56
energia e vigor, 22, 24, 120
estilo de liderança, 52-55
estilo de negociação, 78
estudos na Erasmus, 22-26, 27, 128
expectativas, 22
experiência com antissemitismo, 38, 44-45, 51-52, 99-100, 112
experiência e ética de trabalho, 22, 24, 25-26, 44-45, 117
festa de aniversário de dezesseis anos, 126
foco nos negócios e sensibilidade empresarial, 26-28, 28-29
foco numa única área, 98
genialidade e talento, 55, 96
habilidades e empregos em vendas e publicidade, 24, 28-29, 40-41, 44-45, 55, 66
ideia de publicidade em seus próprios termos, 127
imagem pública, 71-72
indecisão e dificuldade de fazer escolhas, 42, 133-134
infarto, 141
inteligência e ambição, 22, 120
interesses ecléticos, 23, 26, 28-29
interesses no comunismo, 52-53, 59
legado, 141, 167, 168-170, 354-356, 411-412, 414
maleta, 67
Marietta, encontro, 32
morte e funeral, 140-141
mudança de nome, 21
nascimento e família, 21-22
negócios fechados com um aperto de mãos, 77, 165
opiniões, 111-112, 112-113, 130
parcimônia, 127
participação em conferência médica com Marietta, 38-39
participação nos negócios e incorporação de entidades, 50-51, 71
interesse de Marietta, 32, 38-39, 41-42
posição de autoridade, 27-28, 28-29, 39-41, 59-60, 117-119
preocupação com dinheiro, 138-139
preparatório para medicina e faculdade de medicina, 27-28, 105-106

IMPÉRIO DA DOR   535

presença, 24, 41, 45, 51-52, 120
propriedade, acordo, 164-170
relacionamento com a mãe, 87-88, 114, 119-120
relacionamento com Else depois do divórcio, 67-69, 119-120
relacionamento com Jillian, 120, 126
relacionamento com os filhos, 67, 68, 119-120, 137-138, 165-166, 169-170
ressentimento em relação a Mortimer, 117
sucesso, 67, 68, 71-73, 135-138
tempo como inimigo, 137-138
tenacidade e visão, 39
título do Dr. Sackler, 51-52, 68
troca de cartas com Welch, 103, 344
Valium e publicidade médica como fonte da primeira fortuna, 71-73, 78-79, 136, 148, 355-356
vida compartimentalizada, 98-99, 16-166
vida dupla, 68-69
vislumbres de uma vida além do Brooklyn e trabalho, 25-26
voz e dicção, 51-52, 100
Sackler, Beth Bressman, 155, 215, 309
Sackler, Beverly Feldman:
abdicação da diretoria, 372
casamento e família com Raymond, 53, 58, 118, 154
interesse no comunismo, 53-54, 118
morte, 425
participação na diretoria e distribuição de lucros, 299, 300
vida na mansão de Greenwich, 154
Sackler, Carol, 41, 58, 68, 69, 119, 164-167
Sackler, Clare, 317, 325-326
Sackler, David:
abdicação da diretoria, 372
casamento e família com Joss, 377-379
depoimento no Congresso, 427-430, 431-432
despesas, 325-326
educação, 323
Flórida, mudança, 388-389
participação na diretoria e distribuição de lucros, 299, 300, 322-323, 334
proposta para resolução do processo multidistrital, 391-397, 421-422
relacionamento com o pai, 325
retirada de capital da empresa, 385-386

Richard como pai, 215, 323
trabalho incansável para enriquecer ainda mais a família, 325-326
Sackler, Denise:
Arthur como pai, 9, 76
desejo por um cachorro, 78-79
faculdade e exposição de arte, 117, 119
mudança de sobrenome, 138
namoro e casamento com Rich, 117, 119, 125
nascimento, 76
relacionamento com o pai, 69, 125, 138, 169-170
Sackler, Elizabeth:
Arthur como pai, 41, 59
experiência com dança, 169-170
espólio de Arthur, acordo, 164-170
administração da fundação, 168-169
IMS e rixa entre os irmãos, 123
legado de Arthur, administração, 168-170, 353-356, 411-412
relacionamento com o pai, 67-68, 69, 119, 168-170
Sackler, Else Jorgensen:
acordo dos mosqueteiros, conhecimento sobre, 170-171
apartamento, 67, 68-69, 119
casamento e família com Arthur, 39, 41, 42, 58-59
contribuições do Fundo Sackler, 79-80
divórcio de Arthur, 50, 57
espólio de Arthur, acordo, 165-168
McAdams, posse de ações, 57, 68-69, 165
relacionamento com Arthur depois do divórcio, 68-69, 119-120
Sackler, família:
como pilares da sociedade, 314-316
delitos, não admissão, 305, 337-338, 341-342, 337-338, 341-343, 367-368, 371-372, 386-388, 394-395
donos da Purdue, 14, 182-183, 232, 269-271
efeitos das manchetes sobre o OxyContin, 292-293
escrutínio, 353-356
foco míope na crise dos opioides, 310
fonte de riqueza, 13-14, 71-73, 77-78, 136, 330-331
fontes de informação, 447-453
intimidação e críticas posteriores, 374-375, 435-436

lado A e lado B, 179-180, 258, 292-293, 298-300, 334

lealdade dos funcionários da Purdue, 158, 223, 244, 297, 299, 333, 339-342, 348-349

livro sobre, atitude, 438-439, 447-449

pagamento para, votação, 283, 300

participação na diretoria e distribuição de lucros, 299, 300, 343-344

patologias relacionadas com dinheiro, 324-326

plano de dez anos para distribuição de lucros, 300, 301-302

pontos de vista libertários, 229, 368

proteção a todo custo, 298-299

proteção e isolamento por causa do uso abusivo de OxyContin, 271-273, 276-283, 298-300, 303, 320-321, 330-331, 343, 353-354, 371, 441

retirada de capital da empresa, 385-386

retirada de dinheiro dos fundos, 326-327

reuniões de diretoria da Purdue Pharma, 283, 298-300, 302, 360

riqueza, 13-14, 330-331, 401-403, 415-417

risco relacionado com investimentos na Purdue Pharma, 299, 300, 333-334, 358-360

segunda geração, 292 , 322-326

tensão entre as alas, 298-300, 325, 334, 353-355

terceira geração, 322-323, 325-326

venda da empresa, discussões, 293, 299

Sackler, Gertraud Wimmer "Geri", 114, 115-117, 118, 129, 159-160, 325-326

Sackler, Ilene:
abdicação da diretoria, 80-81
filho, 325-326
Mortimer como pai, 58, 114
participação na diretoria e distribuição de lucros, 181-182, 299, 300, 325-326
relacionamento com o pai, 115

Sackler, Isaac:
aspirações para os filhos, 22, 26-27
bom nome como presente para os filhos, 26, 40-41, 141, 432-433
casamento e família, 21-22
dinheiro para a família dado por Arthur, 27-28

doações financeiras para terra natal judaica, 154

emprego, 25

investimentos imobiliários, 22, 25, 26

mercearia, 21-22, 25

morte, 40-41

situação financeira e educação dos filhos, 26

vida como imigrante, 21

vida familiar, 22

Sackler, Jacqueline Pugh, 290-293, 372, 390, 432, 441

Sackler, Jeffrey, 326

Sackler, Jillian Tully:
Ala Sackler, presença na inauguração, 113
casamento com Arthur,134, 138, 165-166
coleção de joias antigas, 139-141
despesas, 139
discurso no funeral, 141
espólio de Arthur, acordo, 165-168
Festschrift, organização, 137
grafia do nome,
legado de Arthur, administração, 354-356, 411-412, 414
mudança de nome para Sackler, 120
relacionamento com Arthur, 120, 126
relacionamento com os filhos de Arthur, 165-166
tensão entre os herdeiros de Arthur e, 167-168

Sackler, Jonathan:
abdicação da diretoria, 372
casamento e família com Mary Corson, 314-315, 317
cobertura da mídia sobre o problema com o OxyContin, 321, 358
filantropia, 314-316
frugalidade, 325
interesse em charter school, 317
morte, 425
papel na Rhodes Pharmaceuticals, 366
participação na diretoria e distribuição de lucros, 181-182, 299, 300, 319, 334
personalidade, 317
posisão na Purdue Pharma, 222-223, 270, 292-293
Raymond como pai, 58, 118
retirada de capital da empresa, 385-386
tensão entre as alas da família, 298-300
vídeo promocional sobre o OxyContin, 214

IMPÉRIO DA DOR 537

Sackler, Joss, 377-379, 388-389, 397-399
Sackler, Kathe:
bdicação da diretoria, 372
arrogância, 179-180, 299, 322-324
como procuradora de Mortimer, 179-180
depoimento no Congresso, 430-432
depoimento, 11-14, 15-17
educação, 14, 178-179
Mortimer como pai, 17, 58, 114
MS Contin, 161
nome, 178
orgulho da ideia do OxyContin, 16-17, 271-273
papel na Rhodes Pharmaceuticals, 366
participação na diretoria e distribuição de lucros, 180-181, 299, 300
personalidade, 179, 322-324
posição na Purdue Pharma, 222-223, 271-272, 292-293
presença, 12
relacionamento com o pai, 115
relacionamento com Richard, 179-180, 271-273, 299
sobre o vício do irmão, 123-124
tensão entre as alas da família, 298-300
Sackler, Madeleine:
carreira de cineasta, 317-322
cobertura do uso abusivo de OxyContin, 330-331
filmes sobre o sistema carcerário, 318-319, 375
financiamento para filmes, 320-322
Jonathan como pai, 317
sentimentos em relação aos negócios da família, 319-320, 321-322, 325-326, 378
Sackler, Marianna:
sem uma carreira, 325-326
Richard como pai, 215
Sackler, Marietta Lutze:
abrir mão do trabalho, 51
acordo aberto com Arthur, 125
almoço com Arthur, 138-139
amizade com Mortimer e Raymond, 30, 31-32, 50
analogia entre a família Médici e os Sackler, 77-78
apartamento na UN Plaza, 133, 134, 139
Arthur, reunião, 32
Atlas, pensando em Arthur como, 51-52
biografia, 451

carreira médica, 87
casa em Long Island, 50, 68-69, 87-88, 133
casa em Manhattan, 87-88
casamento e família com Arthur, 49-50, 59, 67
desentendimentos com Arthur, 120, 125-126
diploma médico e residência nos Estados Unidos, 30, 31-32
divórcio de Arthur, 133-134, 138, 164
empresa de medicamentos da família na Alemanha, 38, 42, 125
felicidade com Arthur, 50
formação em psicanálise, 125
gestação, 42, 49-50
história e família na Alemanha, 38-39, 50
imigração para os Estados Unidos, 30, 38-39, 50
interesse por Arthur, 32, 38-39, 41-42
participação em conferência médica com Arthur, 38-39
pedido de residência em Creedmoor, 32, 38
relacionamento com Sophie, 88
tentativa de suicídio, 133-134, 164
trabalho de parto e nascimento do filho, 49-51
vida com Arthur, 51, 68-69, 118-120
Sackler, Marissa, 128, 325-326
Sackler, Michael, 128, 325-326
Sackler, Miles, 317, 325-326
Sackler, Mortimer David Alfons:
abdicação da diretoria, 372
abdicando dos negócios farmacêuticos, 293
aspirações à carreira médica, 117
casamento e família com Jacqueline, 290-291
educação, 290
filantropia, 292
investimento no resort Amanyara, 289, 290-292
investimentos e projetos, 293
Mortimer como pai, 116, 289
papel na Rhodes Pharmaceuticals, 366
participação na diretoria e distribuição de lucros, 299, 300, 334
posição na Purdue Pharma, 222-223, 292-293
presença, 290, 292

problemas de coluna, 291
problemas de fluxo de caixa e empréstimos, 324-325
propriedades, 290, 441
retirada de capital da empresa, 385-386
vida com a mãe, 159-160, 289-290
Sackler, Mortimer:
acordo dos mosqueteiros e IMS, 121-123, 171, 212-213
acordo dos mosqueteiros para os filhos não herdarem os negócios, 58-59, 170-172, 299, 432-433
ambição e inteligência, 31
amizade com Frohlich, 59
amizade com Marietta, 30, 31-32, 50
Arthur mais que um pai de, 28, 117-119
aspirações dos pais, 26
casamento e família com Geri, 114, 115-116, 325-326
casamento e família com Muriel, 59, 114
casamento e família com Theresa, 129, 325-326
cidadania austríaca, 116-117, 159
colunas de jornal sobre tranquilizantes, 70-71
cuidados com a mãe durante a doença, 87-88, 114
discrição e fuga da publicidade, 191, 343
divórcio de Geri, 129, 159-160
divórcio de Muriel, 114
empregos dados por Artie, 24, 27-28
espólio de Arthur, acordo, 166-167
ética profissional, 116
festa de casamento para Sophie, 302-304
festa do septuagésimo aniversário, 138
festa no hospital, 31-32
filantropia, 303-304, 326-327
fortuna, 114
interesse no comunismo, 53-54, 59
Kathe como procuradora, 180
morte e obituários, 303-304
nascimento e família, 21-22
negócios farmacêuticos no exterior em benefício de Raymond, 171-173
papel na Purdue Pharma, 222
participação na diretoria e distribuição de lucros, 299, 300
personalidade, 30, 31, 179-180, 302
preparatório e faculdade de medicina, 30-31, 106

presença, 30, 41
propriedades, 116, 128, 159-160, 290, 299
relacionamento com os filhos, 115, 117
relacionamento com Raymond, 118-119, 179-180
renúncia à cidadania americana, 116-117, 159
residências, 30, 31
ressentimento de Arthur, 117
sensualista e vida de playboy, 115, 159
suicídio de Bobby, reação, 129
título de cavaleiro, 269
viagem e mudança para Europa, 88-89, 114-117, 118
vida social, 116
visitas a Nova York, 118
Sackler, Muriel Lazarus:
apartamento, 117, 123-124, 128-129
casamento e família com Mortimer, 59, 114
divórcio de Mortimer, 114
formação em psicanálise, 128-129
nome,
suicídio de Bobby, 123-124, 128-129
vida com Bobby, 115, 117, 123-124
Sackler, Raymond:
acordo dos mosqueteiros e IMS, 121-123, 171-172, 211-212
acordo dos mosqueteiros para os filhos não herdarem os negócios, 59-60, 170-171, 298, 432-433
ambição e inteligência, 31
amizade com Frohlich, 59
amizade com Marietta, 30, 31-32, 50
Arthur mais que um pai de, 28, 117-119
aspirações universitárias dos pais, 26
casamento e família com Beverly, 53-54, 59, 118, 154
cobertura da imprensa sobre o problema com o OxyContin, preocupação, 320-321
compra de propriedade de Grant, 152-153
discrição e fuga da publicidade, 153-155, 191, 343-344
empregos dados por Artie, 24, 27-28
envolvimento na empresa, 222-223, 334-335
espólio de Arthur, acordo, 165-167

estratégia para aumentar os lucros da empresa, 334
festa no hospital, 31
interesse no comunismo, 53-54, 59, 118
morte, 348-349
nascimento e família, 21-22
negócios farmacêuticos no exterior em benefício de Mortimer e, 171-173
papel na Purdue Pharma, 222-223
participação no conselho diretor e distribuição de lucros, 299, 300
personalidade, 31, 118, 153-154, 179-180, 302
preparatório para faculdade de medicina e educação médica, 30-31, 105-106
presença, 30, 41
relacionamento com Mortimer, 118-119, 179-180
residência médica, 30, 31
Rosyln, residência, 118
título de cavaleiro, 203, 269
vida na mansão de Greenwich, 154
visita a Israel, 154-155
Sackler, Rebecca, 214-215, 325
Sackler, Richard:
abdicação da diretoria, 372
admiração por Arthur, 149
ambições para si e para a empresa, 155, 158-159, 163, 192-193, 205-206
amizades, 147
arrogância, 179-180, 299, 322-323, 335-336
atividades posteriores ao pedido de falência, 425-426
buldogue, 306
cargo na Purdue Pharma e estilo de liderança, 183, 214-216, 222-223, 232, 269-271, 292-293, 306
carta sobre o nome Sackler, 151, 325-326
casamento e família com Beth, 155, 215
cobertura da imprensa sobre o problema com o OxyContin, acompanhamento, 338-339, 342-343
declínio das prescrições de OxyContin, estratégias para reverter, 301-302
depoimento, 332, 334-338, 371-372
desenvolvimento de produtos e patentes, 155-156
devoção aos negócios da família, 149-151, 155, 187-188, 205-206, 214-216

dinheiro, 146-147
discrição e fuga da publicidade, 191, 238, 343
divórcio de Beth, 308
educação médica, 150-151, 153, 155, 325-326
estudos sobre orgasmo, 147-148, 150, 155
experiência na faculdade, 145-149, 322-323
filantropia, 314-316
foco de pesquisa e desenvolvimento em dor, 180-182
generosidade, 146, 147
influência política, 277
interesse na carreira médica, 118
julgamento, 158-159
marketing do Butrans, 308-310
natureza sensualista, 146, 148
negligência e falta de empatia, 147, 149-150, 157
opiniões sobre ele na Purdue Frederick, 156-159
participação na diretoria e distribuição de lucros, 182, 299, 300
personalidade, 146-147, 150, 155-156, 215, 244, 322-323, 424-425
posição na Purdue Frederick, 153, 155-159
práticas de contratação, 156-157, 183, 196-197
preparação para assumir a Purdue Frederick, 155
Raymond como pai, 58-59, 118
relacionamento com Kathe, 180, 269-271, 299
relacionamento com os filhos, 214-215, 325, 425
residência de Austin, 308, 333
resposta ao caso da Virgínia, 283-285
tensão entre as alas da família, 298-300
transição do tratamento de dor da Purdue Frederick, 175-178
vida na mansão de Greenwich, 155
Sackler, Samantha, 116, 159-160, 361
Sackler, Sophie Greenberg:
aspirações para os filhos, 22, 26-27
casamento e família, 21-22
desaprovação do casamento e Arthur e Marietta, 50
dinheiro para a família dado por Arthur, 27-28

540 PATRICK RADDEN KEEFE

doações financeiras para terra natal judaica, 154
doenças e cuidados por Mortimer, 88, 114
morte, 114
relacionamento com a família, 88-89, 114, 119
vida como imigrante, 21
vida familiar, 22
Sackler, Sophie, 129, 302-303
Sackler, Theresa Rowling:
a escolha do nome da rosa, 303-304
abdicação da diretoria, 372
casamento e família com Mortimer, 129, 325-326
festa de aniversário para Mortimer, 138
isolamento causado pela cobertura do uso abusivo de OxyContin, 330-331
medalha por filantropia, 326-327
papel na Rhodes Pharmaceuticals, 365-366
participação na diretoria e distribuição de lucros, 299, 300, 303-304
Santiago, Eleanor, 294-296
Saunders, Cicely, 160-161, 175-176
Schering, empresa farmacêutica, 29, 33-34, 38, 55-56
segmentos em programas de TV noturnos sobre os Sackler, 389-390
Shapiro, Howard, 264, 271, 274, 276, 280
Singer, Paul, 76, 83, 108, 170
Skolek, Marianne, 229-230, 280
Smith, Kline & French, 56-57
Sonnenreich, Michael, 57-58, 81-82, 122-123, 132, 172
STAT, site médico, 338, 372
Sternbach, Leo, 61-62, 63-64, 69, 72-73
Stewart, John, 309, 310, 419

Tasmanian Alkaloids, fábrica, 362-363
Templo de Dendur, 103-104, 108-113
Tennessee, 217, 293
Thompson, Tyler, 335-338
Thorazine, 46-57, 61, 175, 184
Timney, Mark, 333, 340-341, 342, 348-349, 419
tontina, 121-122
tráfico de drogas no México, 313, 436
tranquilizantes:
gênero e anúncios, 65

Guerra Fria e demanda, 63
tranquilizantes mais fracos, 64, 184
uso abusivo e personalidades com tendência ao vício, 70, 72, 228
uso abusivo e vício, 70-73
Ver Librium; Valium
Turks e Caicos, 289, 290-292

Udell, Howard:
acusações criminais, 275, 276, 277-279
biblioteca jurídica em homenagem, 297, 342
centro de trabalhos jurídicos para os veteranos, 296, 297
como o rosto da Purdue, 238-243, 244-245, 271-273
conduta ética, 223-224
controle de danos, 223-224, 236-237, 240-241, 255, 257-260
declaração de culpa e sentença, 277-283, 296, 298-299
departamento jurídico e contratação de advogados externos, 246-248, 297, 301
dinheiro pago depois da declaração de culpa, 283
explosão na fábrica da Napp, resposta jurídica, 202
fé no OxyContin, 223, 224-225, 232, 308
lealdade aos Sackler, 158, 223, 244, 297, 342, 249
McCloskey, reunião, 226
morte, 297
papel na aprovação do MS Contin pela FDA, 162, 163, 192
posição na Purdue Frederick, 158
retenção de documentos, preocupação, 236-237, 265
saída da Purdue Pharma, 296
serviço comunitário em vez de prisão, 296
sistema de autodestruição de documentos e mensagens, desenvolvimento, 223-224
Universidade de Colúmbia:
anonimato e estipulações ligadas às doações, 78-80
atribuições ligadas aos objetos dos Sackler, 81-82
ciências da vida, prédio, 81-82
conta do fundo Sackler, 78-79, 80, 105-106

doação dos Sackler, 78-79
influência de Arthur, 106-107
museu e coleção dos Sackler, 78-8, 80-81, 81-82, 149
Pfizer, doação de mobiliário, 80-82
status financeiro e relacionamento com os irmãos Sackler, 80-82
Universidade de New York:
Arthur fazendo o preparatório e a Faculdade de Medicina na NYU, 26-28, 105-106
atividades extracurriculares, 27
contribuição dos Sackler, 105-106
Faculdade de Medicina da NYU, 12-13, 13-14
graduações de Mortimer e Raymond, 30
remoção do nome da família Sackler, 426-427, 439
Universidade Harvard, 13, 106, 135-136, 141, 151, 379, 410
Universidade Tufts, 13, 136, 330-331, 411-412
Universidade Yale, 315, 410

Valium:
amostras grátis da Roche, 214
anúncios no *Medical Tribune*, 67
conexão e dinheiro dos Sackler, 71-73, 78, 136, 150, 356-357
conjunto de condições para prescrição, 65-66
desenvolvimento, 65
discrição e subestimação da associação por parte de Arthur, 71-73, 78
marketing, 65-67, 184   462n56
nome, 65
patente, 71-72, 73
promoção exagerada, 72
sucesso, 66-69, 72
uso abusivo e vício, 69-73
uso com OxyContin, 224
van Ophuijsen, Johan, 33, 34, 35, 39-40, 45
veteranos:
Purdue Pharma, apoio à prescrição de opioides, 296-297
trabalho de Udell no centro jurídico, 296, 297
vício e uso abusivo:
atitude de Richard, 235-237, 238, 255-257, 294
CDC, estatísticas de overdoses relacionadas ao uso de opioides, 14, 344

crise de saúde pública causada pelo vício em opioides, 293-296, 312-313, 346-347
financiamento para tratamento, 244-246, 370-371
níveis na comunidade afro-americana, 320
reconhecimento dos riscos pela comunidade de dor, 342-343
riscos associados aos opioides, 176–8, 184, 185, 186, 190–1
uso abusivo de calmantes e personalidades propensas ao vício, 70-71, 72-73, 228
uso abusivo de medicamentos prescritos, 240
uso abusivo de opioides e personalidades propensas ao vício, 191, 293-294, 314-315
vício em OxyContin:
atitude de Richard, 228-229, 235-236, 237, 293
audiência de falência e audiência com as famílias afetadas, 423-424
campanhas para a responsabilização, 279-280
cheirar o pó de comprimidos esmagados, 221, 223, 225-226, 227, 231, 311-312, 440
comparação com pseudovício, 233-234, 340-341
conhecimento por parte dos representantes de vendas, 218, 226-228, 233-234, 241, 266, 267
conhecimento por parte dos Sackler e da Purdue, 221, 226-228, 240-241, 265-269
controle de danos feito por Udell, 223-224, 236-237, 240-241, 255, 257-260
culpa, 228-231, 235-237, 239-240, 247, 293
dados sobre o número de prescrições, 211-212, 242-243, 294-296
esmagar os comprimidos para tirar o revestimento, 221, 223
estratégia para desviar a atenção dos proprietários da empresa, 221
estudo do uso da colher e da injeção, 223, 266, 310, 311, 408
financiamento do tratamento, 244-245, 371

mercado clandestino de comprimidos, 221, 225, 294-296, 311-313, 348, 352-353

mortes por, 14, 218, 224-226, 228, 229-231, 232, 235, 310, 330-331, 406-407

pacientes legítimos que sofrem de dor, vício, 229-231, 232-233, 236-237, 245, 268-269, 278-280, 314-315, 329

personalidades com tendência ao vício, 228-231, 293, 314-315

política da empresa em relação à prescrição inadequada, 293-296

pontos da Purdue, 238-245

Purdue como vítima, 229

reformulação e redução do uso abusivo, 315-316

reformulação resistente a adulterações e declínio, 310-316

regiões e comunidades afetadas, 221, 224-228, 232-235, 238, 243, 405-408, 430

resposta da Purdue e dos Sackler, 243-246, 255-257, 341-343

uso do Valium, 225

uso recreativo, 13-14, 220-221, 223, 256, 280, 313

Virgínia Ocidental, 212, 218, 221, 225-226, 232, 273, 362, 401

Virgínia:

Abington, escritório, 262, 263-264, 276

acordo para melhora de conduta depois da declaração de culpa, 293

acusações criminais contra a Purdue, 271-274

declarações de culpa e sentenciamento, 277-283, 293-294, 296, 298-299, 368, 420

equipe jurídica da Purdue no caso, 264, 265 271

intimações de documentos da Purdue, 263-264, 265, 453

investigação criminal da Purdue, 261-265, 266-267, 270

memorando da promotoria no caso, 271-272, 273, 276, 452

multa paga no caso, 277-278, 281, 281-285, 293

pressão para arquivar o caso, 276-278

revisão do caso pelo Departamento de Justiça, 273-276

uso abusivo e overdoses de OxyContin, 221, 225, 261, 273-274

Wallace Laboratories, 61, 70

Warburg, Edward, 112-, 127

Welch, Henry:

contribuição de guerra, 84

discurso no simpósio de antibióticos, 84-85, 86-87, 93-95

estilo de liderança, 86

intimação do Congresso, 97

investigação, 90-91, 95-98

papel do chefe do departamento de antibióticos da FDA, 84, 86, 94, 194-195, 344

papel na MD Publications, 85-87, 91, 97-98

relacionamento com Martí-Ibáñez, 85-86, 91, 97-98, 195

renda da reimpressão do discurso, 94-95, 102

renda do trabalho editorial, 97-98

resignação, 98, 194-195

suborno da Pfizer, 97, 102

troca de cartas com Arthur, 102, 344

West, Martha (Ann Hedonia):

demissão, 236, 237

desacreditada pela Purdue, 237, 251, 253

pesquisa sobre o uso abusivo de OxyContin, 223-224, 236-237, 240-241

preocupação de Udell em relação à retenção de documentos, 236-237, 26

uso e uso abusivo de OxyContin, 224-225, 231, 233, 236-237, 280

White, Karen, 251-253, 440

White, Mary Jo:

carreira jurídica, 11-12

clientes, 12

OxyContin, papel no litígio, 246, 271, 274, 276-277, 281-282

papel no depoimento dos Sackler, 11-12, 15-17

poder subestimado, 11

presença, 11

processo multidistrital, papel na resolução, 393

reunião em Boston antes do anúncio do processo, 380-381

William Douglas McAdams, agência:
  acordo de bônus com a Roche para o marketing de medicamentos, 66-67, 211
  Arthur como proprietário e gênio condutor, 43, 48-49, 52-53, 55, 57, 96
  campanha do Librium,62-64, 65-67, 184, 205
  campanha do Sigmamycin, 90-91, 93-94, 268
  campanha do Terramycin, 43-49
  campanha do Valium, 57–9, 183
  concorrência com Frohlich, 53-55, 57
  conflito de interesses nos acordos entre Sackler e Frohlich, 57-58, 96, 122
  contratação de Arthur, 44-45
  Else como acionista, 57, 68, 165
  estilo de liderança de Arthur, 52-54
  ética na publicidade, 100
  história, 44
  importância da conta da Roche, 65
  localização, 53
  práticas de contratação de Arthur, 52-53
  sobreposição com *Medical Tribune*, 67-68, 118
Wilson, Larry, 181, 194, 214
Wolff, Rudi, 53-54, 65
Wright, Curtis, 193-196, 207, 247, 266, 344
Wright, Jeffrey, 318, 320-321

Zelenko, Harry, 54

1ª edição	MARÇO DE 2023
impressão	IMPRENSA DA FÉ
papel de miolo	PÓLEN NATURAL 70G/M²
papel de capa	CARTÃO SUPREMO ALTA ALVURA 250G/M²
tipografia	ADOBE GARAMOND PRO